DAS CHRISTENTUM

Frontispiz: Aposteldarstellungen (Ausschnitt) aus einem Fresko des letzten Abendmahls (15. Jh.) in der Hl.-Kreuz-Kirche in Platanistasa (Zypern).

BILDATLAS DER WELTKULTUREN

DAS CHRISTENTUM

Herausgegeben von
Henry Chadwick und G.R. Evans

BECHTERMÜNZ VERLAG

Aus dem Englischen
übertragen von
Hans-Ludwig Heuss,
Gertraude Wilhelm

Genehmigte Lizenzausgabe für
Weltbild Verlag GmbH,
Augsburg 1998

Umschlaggestaltung:
Studio Höpfner-Thoma,
München
Umschlagmotiv:
Mauritius, Mittenwald
Landkarten: Zoë Goodwin,
Nicholas Harris, Olive Pearson
Gesamtherstellung:
Druckerei Appl, Wemding
Printed in Germany
ISBN 3-8289-0709-1

INHALT

CHRONOLOGISCHE ÜBERSICHT

0 — 200 — 400 — 600 — 800

MISSION UND KOLONISIERUNG

46–62 Missionsreisen des hl. Paulus

Christianisierung Irlands durch Palladius und Patrick

596 Mission Gregors I. des Großen, der Augustinus von Canterbury zur Bekehrung der Angelsachsen aussendet

Christianisierung der Germanen durch Wilfried aus York, Willibrord und Bonifatius

Christliche Symbole aus einer römischen Katakombe, um 200 n. Chr.

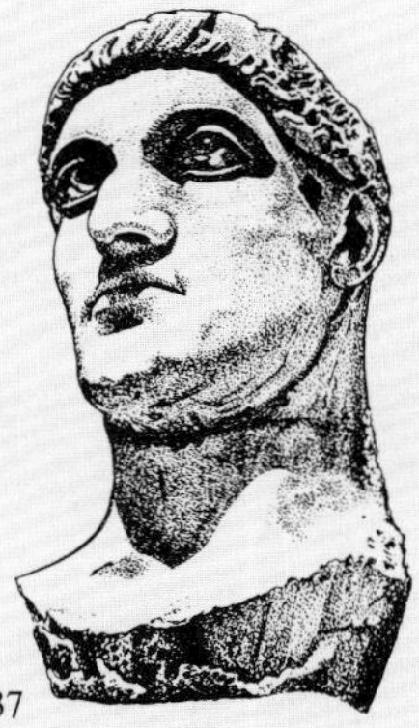

Konstantin d. Gr., † 337

Hagia Sophia, Konstantinopel, erbaut 523–537

Odo, Bischof von Bayeu um 1030–1097

KONZILIEN

325 Konzil von Nicaea, verurteilt den Arianismus (Nicänisches Glaubensbekenntnis); Erstes Ökumenisches Konzil

381 Konzil von Konstantinopel; Zweites Ökumenisches Konzil

431 Konzil von Ephesus; Drittes Ökumenisches Konzil

451 Konzil von Chalkedon; Viertes Ökumenisches Konzil

553 Konzil von Konstantinopel; Fünftes Ökumenisches Konzil

680/81 Konzil von Konstantinopel; Sechstes Ökumenisches Konzil

692 Trullanisches Konzil

787 Konzil von Nicaea; Wiederzulassung der Bilderverehrung; Siebentes Ökumenisches Konzil

SPALTUNGEN UND EINHEITSBESTREBUNGEN

Donatismus in Nordafrika

484–518 Akadianisches Schisma zwischen Rom und dem Osten

Kontroverse um Ikonoklasmus (Bildersturm)

KIRCHE UND STAAT

312 Konstantin gewinnt die Schlacht an der Milvischen Brücke

361–363 Kaiser Julian Apostata

378–395 Kaiser Theodosius

410 Eroberung Roms durch Alarich

527–565 Justinian und Theodora; mit ihrem Tod (548) endet die Hoffnung der Monophysiten im Reich

Arabische Eroberung Syriens, Palästinas und Ägyptens

800 Krönung Karls des Großen

CHRISTLICHE AUTOREN

Neues Testament

Ignatius von Antiochien † im frühen 2. Jahrhundert

Justin, † um 160

Tatian, 2. Jahrhundert

Irenaeus, 2. Jahrhundert

Origenes, 185–254

Tertullian, um 190–215

Clemens von Alexandria † vor 215

Hippolythus, † um 235

Cyprian, Bischof von Karthago, 249–258

Hilarius von Poitiers, um 315–367

Ambrosius von Mailand, † 397

Jerome, 347–419

Augustinus, Bischof von Hippo, 354–430

Theodorus von Mopsuestia, † 427

Gregorius der Große, um 540–604

Beda, um 672–735

Alkuin, um 735–804

Photius, um 810–895

RELIGIÖSE ORDEN

Wüstenväter

Pachomius, † 346

Antonius, † 357

Benedikt von Nursia

911 Gründung des Klosters Cluny

962 erste Klostergründung auf dem Berg Athos

1200 — 1400 — 1600 — 1800 — 2000

Predigtmission der Zisterzienser zur Bekehrung der Häretiker in Südfrankreich	Predigtmission der Dominikaner in Südfrankreich und Spanien	Jesuitenmissionare in Indien und Japan (Franz Xaver) Christianisierung der Neuen Welt – durch eine Reihe päpstlicher Bullen den spanischen und portugiesischen Königen übertragen	Protestantische Kolonisierung Nordamerikas (1607 Ansiedlung in Jamestown, Virginia; 1682 Gründung Philadelphias durch die Quäker) Calvinistisch orientierte Erweckungsbewegung in Nordamerika (Ostküste) *Great Awakening*	Missionierung Afrikas Um 1840: Wiederbelebung der katholischen Mission Um 1910: Nur Afghanistan, Nepal und Tibet sind dem Christentum verschlossen Baptistische Missionare in Indien seit etwa 1790
	Martin Luther, 1483–1546 	 St. Peter, Rom, vollendet 1614	 Notre-Dame-du-Haut, Ronchamp erbaut von Le Corbusier, 1950–1954	
	1215 Viertes Laterankonzil	1414 Beginn des Konstanzer Konzils 1545 Beginn des Konzils von Trient		1869/70 Erstes Vatikanisches Konzil 1962–65 Zweites Vatikanisches Konzil
1054 Schisma zwischen lateinischen und griechischen Christen Katharer und Albigenser	1309–1377 die Päpste in Avignon 1378–1417 Großes Schisma	Reformation 1452 Unionsdekret der Griechisch-Orthodoxen und Lateinischen Kirche proklamiert in der Hagia Sophia, Konstantinopel		1910 Beginn der Ökumenischen Bewegung in Edinburgh 1964 Zweites Vatikanisches Konzil; Dekret über Ökumenismus, *Unitatis Redintegratio*
1000–1003 Kaiser Otto III., Papst Sylvester II. 1096 Erster Kreuzzug 1122 Wormser Konkordat: vorübergehende Beilegung des Investiturstreits	1204 Vierter Kreuzzug	1453 Türken erobern Konstantinopel 1479 Spanische Inquisition; Grundsatz: *Cuius regio eius religio* 1555 Augsburger Religionsfriede 1572 Massaker der Bartholomäus-Nacht 1598 Edikt von Nantes (widerrufen 1685)	Kirchenreform in Rußland	Anti-Erastianische Bewegung 1828/29 in England werden die meisten Einschränkungen des bürgerlichen und politischen Lebens für protestantische Dissidenten und Römische Katholiken aufgehoben
Anselm von Canterbury 1033–1109	Thomas von Aquin, † 1274 John Wyclif, † 1384 Thomas à Kempis 1380–1471	Erasmus, 1466–1536 Luther, 1483–1546 Zwingli, 1484–1531 Ignatius von Loyola, 1491–1556 Calvin, 1509–1564	William Wilberforce, 1759–1833	John Henry Newman, 1801–1890 Karl Barth, 1886–1968
Zisterzienser Karmeliten	Franziskaner Dominikaner	Jesuiten Ursulinen	Barmherzige Schwestern Trappisten	Marianer Maristen Salesianer

160°
140°
120°
100°
80°
60°
40°
20°
0°
GRÖNLAND
ISLAND
Alaska
KANADA
Oberer See
VEREINIGTE STAATEN VON AMERIKA
Mississippi
MEXIKO
BAHAMAS
KUBA
JAMAICA
HAITI
DOMINIKAN. REP.
PUERTO RICO
KLEINERE ANTILLEN
BELIZE
GUATEMALA
HONDURAS
EL SALVADOR
NICARAGUA
COSTA RICA
PANAMA
TRINIDAD UND TOBAGO
Orinoco
VENEZUELA
GUYANA
FRZ.-GUYANA
SURINAM
KOLUMBIEN
ECUADOR
Amazonas
PERU
BRASILIEN
BOLIVIEN
PARAGUAY
URUGUAY
CHILE
ARGENTINIEN
Falkland-Inseln (Br)
PAZIFISCHER OZEAN
ATLANTISCHER OZEAN
Azoren
Madeira
Kanarische Inseln
KAPVERDISCHE INSELN
NORWEGEN
GROSS-BRITANNIEN
IRLAND
DÄNE-MARK
NL
BELGIEN
LUX.
BRD
TSCH.
FRANKREICH
ÖSTERREICH
SCHWEIZ
ITALIEN
PORTUGAL
SPANIEN
TUNESIEN
MAROKKO
ALGERIEN
WEST-SAHARA
MAURETANIEN
MALI
NIGER
SENEGAL
GAMBIA
GUINEA-BISSAU
GUINEA
Niger
BURKINA
SIERRA LEONE
LIBERIA
ELFENBEIN-KÜSTE
GHANA
TOGO
BENIN
NIGERIA
KAMERUN
GUINEA
SÃO TOMÉ & PRINCIPE
GABU
KON
Prozentualer Anteil der Christen an der Gesamtbevölkerung
über 80
60–79
40–59
20–39
5–19
weniger als 5
Maßstab 1 : 60 000 000

RUSSLAND
Ob
KASACHSTAN
Wolga
MONGOLEI
Amur
UKRAINE
SCHWARZES MEER
KASPISCHES MEER
USBEKISTAN
KIRGISISTAN
TURKMENISTAN
TADSCHIK.
TÜRKEI
SYRIEN
ZYPERN
LIBANON
IRAK
IRAN
AFGHANISTAN
JORDANIEN
ISRAEL
KUWAIT
PAKISTAN
NEPAL
BHUTAN
CHINA
Yangzi
N.KOREA
S.KOREA
JAPAN
PAZIFISCHER OZEAN
Nördl. Wendekreis
TAIWAN
SAUDI-ARABIEN
BAHRAIN
QATAR
VER. ARAB. EMIRATE
OMAN
Nil
BANGLA-DESH
INDIEN
MYANMAR
LAOS
HONG KONG
Hainan
VIETNAM
THAILAND
KAMBODSCHA
SÜD-CHINESISCHES MEER
PHILIPPINEN
ARABISCHES MEER
JEMEN
ERITREA
SUDAN
DJIBOUTI
ÄTHIOPIEN
SOMALIA
SRI LANKA
MALEDIVEN
BRUNEI
MALAYSIA
SINGAPUR
UGANDA
KENIA
Viktoriasee
RUANDA
BURUNDI
TANSANIA
INDISCHER OZEAN
Äquator
INDONESIEN
PAPUA NEUGUINEA
SALOMON-INSELN
SEYCHELLEN
KOMOREN
MALAWI
MOÇAMBIQUE
ZIMBABWE
MADAGASKAR
MAURITIUS
Réunion
SWASILAND
LESOTHO
AUSTRALIEN
Südl. Wendekreis
NEU-SEELAND
Tasmanien
40°
60°
80°
100°
120°
140°
160°
180°
20°

VORWORT

Um sich selbst und ihre Gesellschaft zu verstehen, müssen die Menschen auf ihre eigene und zwar nicht notwendigerweise immer die unmittelbare Vergangenheit zurückblicken. Die Geschichte ist ein wichtiges Element im Selbstverständnis einer Gesellschaft, auch wenn der Rückblick vielleicht deutlich vor Augen führt, wie weit Ideal und Wirklichkeit voneinander entfernt sind. So ist auch die Kirchengeschichte ein Studium, in dem es ein starkes Element der Selbstentdeckung gibt, nicht nur für den Gläubigen, sondern bis zu einem gewissen Grad auch für den Ungläubigen, dessen persönliche Kultur in der westlichen Traditon ihre Wurzeln hat. Um sich selbst zu erkennen, müssen die Christen die verschlungenen Wege erforschen, die ihre Gemeinschaft in der Geschichte gegangen ist, die heftigen Familienstreitigkeiten nachvollziehen, aber auch den Reichtum an vielfältigen Erfahrungen schätzen lernen, der auf diesen Wegen gewonnen wurde. Weil die christliche Tradition die westliche Gesellschaft und deren Wertesystem zutiefst beeinflußt hat, ist die in diesem Buch berichtete Geschichte auch von Bedeutung für jeden, der etwas von diesem Einfluß verstehen will.

Gegenwärtig bekennt sich annähernd ein Drittel der Weltbevölkerung zum christlichen Glauben. Die Zahl der Christen hat im 20. Jahrhundert beachtlich zugenommen, obwohl sie in einigen Regionen unter dem Druck des Kommunismus und durch das Vordringen einer materialistischen Denkweise in jüngster Zeit zurückgegangen ist. Eine Religion, in deren Zentrum das Vorbild des Erlösers Jesus steht, kann niemals einer Gesellschaft entsprechen, die von politischer Macht, wirtschaftlichem Reichtum und äußerem Ehrgeiz oder materiellem Streben bestimmt wird. Darüber hinaus hatte das Christentum in seinen klassischen Ausprägungen in seiner langen Geschichte häufig einen schweren Stand angesichts politischer Mächte, denen seine prinzipielle Überweltlichkeit und die Relativierung aller irdischen Souveränität ein Dorn im Auge war. Heute sind die christlichen Kirchen genauso wie zu jeder Zeit heimtückischer oder gewaltsamer Verfolgung ausgesetzt mit der Absicht, sie auszulöschen, und der Historiker kann nicht schlichtweg feststellen, daß die Unterdrückungsmaßnahmen mit Sicherheit erfolglos bleiben werden. Weltlich denkende Regierungen haben es freilich bequemer gefunden, die Kirche ihren eigenen Zwecken dienstbar zu machen, als den religiösen Glauben auszurotten.

In diesem Werk haben wir versucht, im Text zumindest die wichtigsten christlichen Traditionen in genauem Umriß darzustellen und durch die Karten und Abbildungen einige der eindrucksvolleren sichtbaren Erscheinungsformen des Christentums vor Augen zu führen. Indem wir uns auf die wichtigsten Traditionsströme konzentrierten, wollten wir die reiche Vielfalt anderer Ausdrucksformen des Christentums nicht ausschließen oder beiseite drängen: einige der Abbildungen sollen diese Vielfalt verdeutlichen und bewußtmachen. In den Augen des Historikers sind es allerdings die Haupttraditionen der sichtbaren Gemeinschaft, von denen die weniger geschichtsmäßigen Formen abhängen – oft in einem größeren Ausmaß, als ihren Anhängern vielleicht bewußt ist.

Das Christentum ist eine gemeinschaftliche Weise der Religionsausübung, geprägt von einer Lehre, die sich für gewöhnlich in Form einer Erzählung ausdrückt, und einer Ethik, die durch die zentrale Gestalt in dieser Erzählung bestimmt wird. Die Amtsträger der Gemeinschaft sind weit weniger wichtig als die ihnen übertragenen Ämter und Aufgaben; dennoch haben sie angesichts innerer Zwistigkeiten und äußerer Bedrohung eine entscheidende Rolle für den Zusammenhalt der Gemeinschaft gespielt. Die geschichtlich gewachsenen Glaubensformen messen der ständigen Erneuerung durch die Rückverbindung mit den Wurzeln der Gemeinschaft, vor allem vermittels der Bibel und der von Jesus eingerichteten Sakramente, überragende Bedeutung zu. Auch wenn das Vermächtnis im einzelnen äußerst verwickelt ist, sind doch diese Hauptlinien christlichen Selbstverständnisses und christlicher Glaubenspraxis klar und unkompliziert.

Das Christentum stellt ein Paradoxon dar. Als Religion, die sich in der Welt des Nahen Ostens herausbildete und deren Nährboden das hebräische Prophetentum war, breitete es sich in der griechisch-römischen Welt des Mittelmeerraums und im nordwestlichen Europa aus, überwand es die ihm von den Arabern zugefügten Niederlagen, als diese sich im 7. Jahrhundert zur militanten Religion des Islam bekehrten, und verband sich mit griechischer Philosophie sowie mit dem Rechtssystem und dem Staat des Römischen Reichs. Sprache und Kultur sowie die inneren Auseinandersetzungen um Macht und Autorität, die für die westliche Welt in Rom konzentriert waren, führten dazu, daß der griechische Osten und der lateinische Westen getrennte Wege gingen. Die meisten Gemeinschaften, die sich – aus politischen oder religiösen oder aus diesen beiden Gründen – im 16. Jahrhundert während der Reformation von Rom lossagten, definieren sich noch immer durch ihre Ablehnung der Strukturen und Formen der Vorreformationszeit, doch überlebt in ihnen auch einiges von dem, was sie damals ablehnten, insbesondere die Autoritätsgläubigkeit.

Es gab schon immer äußerst autoritäre Formen des Protestantismus – und es gibt sie noch heute –, die besonders dazu neigen, sich durch scharfumrissene Lehren zu definieren, mehr als eine Reaktion auf die Unbestimmtheit von Elementen im breiten Strom der protestantischen Tradition als in Abgrenzung gegen den westlichen Katholizismus oder die östliche Orthodoxie. Das späte 20. Jahrhundert hat Anstöße durch einen Protestantismus erfahren, der die geheiligten traditionellen Strukturen der Autorität (den Kanon der Bibel, die Glaubensbekenntnisse, das geistliche Amt) radikal in Frage stellt und in ihnen lediglich veraltete Konventionen und kulturell überlebte Erscheinungen sieht. Die Kontinuität der geschichtlich gewachsenen Gemeinschaft bietet jedoch die Gewähr dafür, daß nicht reiner Individualismus und pragmatisches Ad-hoc-Denken um sich greifen werden. Dieses Buch will demnach sowohl die Vielfalt des Christentums als auch dessen entscheidenden Zusammenhang mit den geschichtlichen Wurzeln ins Licht rücken.

ERSTER TEIL

DIE FRÜHE KIRCHE

DIE ANFÄNGE

Die ersten Christen und ihr Verhältnis zu den Juden

Judäa war unter römischer Herrschaft eine unruhige Provinz, in die nur unbedeutende Statthalter geschickt wurden. In der Regierungszeit des Kaisers Tiberius wurde unter dem Statthalter Pontius Pilatus etwa um das Jahr 30 unserer Zeitrechnung am Paschafest ein junger Mann durch die grausame Hinrichtungsart der Kreuzigung zu Tode gebracht. Er war wahrscheinlich etwa 33 Jahre alt, wurde also demnach geboren am Ende der Regierungszeit Herodes' des Großen, jenes von den Römern eingesetzten Marionettenkönigs, der von den Juden so gehaßt wurde, daß er uneinnehmbare Paläste wie Masada und Herodion bauen mußte.

Daß man Jesus auf Anordnung des Statthalters hinrichtete, zeigt, daß er irgendwie als potentielle politische Bedrohung angesehen wurde. Für seine Anhänger war er jedoch ausschließlich eine religiöse Gestalt; der Grund für seine Kreuzigung war nicht eigentlich die verleumderische Anklage wegen Aufruhrs, sondern daß er in einen unversöhnlichen Widerspruch nicht so sehr zur römischen Besatzungsmacht, als vielmehr zu den religiösen Führern seines eigenen Volkes, vor allem zu den sadduzäischen Hohenpriestern und zu einigen Pharisäern, geraten war. Die Pharisäer waren am strengsten auf Einhaltung nicht nur des mosaischen Gesetzes, sondern auch der überlieferten Schriftgelehrsamkeit mit ihrer spitzfindigen Gesetzesauslegung bedacht. In ihrer Sorge dafür, daß Gottes Wille geschehe, standen Jesus und die Pharisäer einander nahe, und einige von ihnen gesellten sich zu seinen Anhängern. Behaupteten die Pharisäer, das Wesen der Gottesliebe bestehe in der peinlich genauen Befolgung der zeremoniellen und moralischen Gesetze, so sagte Jesus, das Zeremoniell, wenn ihm der Vorrang eingeräumt werde, könne die Sittlichkeit blockieren.

Jesus kam aus dem ländlichen Norden nach Judäa, aus Nazareth in Galiläa – ein Land, umringt von nicht-jüdischen Städten wie Caesarea Philippi oder Gadara, wo Griechen z.B. so nach jüdischen Vorstellungen unreine Tiere wie Schweine hielten und hochkultivierte Bürger Gedichte und philosophische Abhandlungen schrieben. Er versammelte eine Gemeinde von Jüngern um sich, einen inneren Kreis mit einem besonderen Auftrag (*Apostel* = »Gesandte«): den Anbruch von Gottes Herrschaft auf Erden zu verkünden, die offenbar geworden sei in Jesu eigener Gegenwart und Lehre.

Stellt man die Frage, was er denn gelehrt habe, das einen so großen Sturm entfachte, so muß die Antwort verblüffen. Er rief die Menschen auf zu bereuen, jeden Tag so zu leben, als sei er ihr letzter, auch Außenseiter der Gesellschaft und Feinde zu lieben, nicht nur Ehebruch, Mord und Diebstahl zu unterlassen, sondern auch sinnliche Begierde, Haß und Habsucht zu überwinden. Im Reich Gottes, das nun seinen Anfang nahm, würde es keinen Platz für jedwede Art von Gewalt, für verletzendes Richten, für die Sorge um Wohlstand und gesellschaftliche Stellung, für Werte und Rangordnungen der gewöhnlichen Gesellschaft geben, die in den Zyklus von Geburt, Ehe und Tod, Gewinnen und Verlieren eingebunden ist. Diejenigen, die Jesus »selig« nannte, sind nicht die Erfolgreichen, sondern die Armen und Demütigen, die Herzensreinen, die um der Gerechtigkeit willen Verfolgten.

Konnte der Tod das Leben eines gottgesandten Lehrers und solch guten Menschen beenden? – Die Überlieferung sagt: Man fand das Grab leer.

Die ersten Jünger waren alle fromme Juden. Wie die Essener, die asketische Sekte vom Toten Meer, aus deren Bibliothek die Qumran-Rollen stammen, vertieften sie sich in die Bilderwelt des Alten Testaments. Besonders erfüllte sie die Vorstellung vom Leiden, das dann von Gott gerechtfertigt wird (der Knecht in Jesaja 53; der Menschensohn in Daniel 7). Ihr Herr war der Messias, der »Gesalbte« Gottes, auf griechisch *Christos*. Es gab zunächst keinen Anlaß, mit dem Judaismus zu brechen, innerhalb dessen bereits zahlreiche Sekten bestanden. Unter den über die gesamte mediterrane Welt verstreuten Griechisch sprechenden Gemeinden der Diaspora-Juden gab es einige, die sich vom jüdischen Partikularismus lossagten, obwohl sie heidnische Kulte weiterhin ablehnten. In Jerusalem schloß sich eine Kolonie griechischer Diaspora-Juden den Christen an. Ihr Anführer Stephanus fand im Alten Testament eine Ablehnung von Tieropfern und Tempelriten (was sich unschwer aus ihm herauslesen läßt). Er wurde wegen Gotteslästerung gesteinigt, als die kleine christliche Gemeinde von strenggläubigen Pharisäern verfolgt und vertrieben wurde. Ohne es zu wissen, säten die Verfolger damit den Keim für die universelle Sendung der Kirche, denn die vertriebenen Jünger brachten ihre Botschaft den außerhalb Judäas lebenden Heiden.

Der heilige Paulus

Einer der verfolgenden Pharisäer wurde in der Tat bekehrt. Er stammte ebenfalls aus der Diaspora, aus Tarsus in Kilikien, besaß das römische Bürgerrecht und sprach fließend (wenngleich ein wenig kantiges) Griechisch. Die leidenschaftlichen und außergewöhnlichen Briefe, die er an eine Gruppe von heidenchristlichen Kirchen richtete, zeigen einen Mann, der nach Persönlichkeit und Leistung wie kein anderer Christ des apostolischen Zeitalters energisch, dominierend, unermüdlich wirkte, der sich aber verzehrte im Dienst an der Aufgabe, die – wie er wußte – ihm anvertraut war.

Zwei Faktoren machen Paulus' Leistung vor allen anderen bedeutsam. Er bestritt, was die Christen von Jerusalem als selbstverständlich voraussetzten, daß nämlich ein getaufter Heide beschnitten werde und den Sabbat einhalten sowie das Zeremoniengesetz des Leviticus befolgen müsse. Paulus ging dabei von einer breitangelegten Vorstellung des göttlichen Heilsplans aus. Mit diesem war es seiner Überzeugung nach nicht vereinbar, daß die Erkenntnis von der Existenz des einen Gottes auf eine einzige Rasse beschränkt blieb. Gott erwählte die Juden und gab ihnen das Alte Testament; die dort ausgesprochene Sehnsucht erfüllte sich in dem Messias Jesus – einer Gestalt von universeller Bedeutung. In ihm hat die Weisheit Gottes menschliche Natur – Knechtsgestalt – angenommen. Der Tod dieses schuldlosen und gehorsamen Menschen ist ein hohepriesterliches Opfer, das er um der Menschheit willen Gott anbietet, und zugleich eine Sühne für die Sünden der Welt. Sein Tod, seine Auferstehung sind der Angelpunkt der Weltgeschichte. Die Gläubigen werden eins mit ihm durch den Glauben, sichtbar gemacht durch die Taufe in ihm und seiner Kirche. Vor

Die Apostelgeschichte berichtet, wie es dem hl. Paulus *(unten)*, dem Apostel der Heiden, gegen alle menschliche Planung und trotz Sturm und Schiffbruch gelang, Rom, die Hauptstadt der heidnischen Welt, zu erreichen.

Rechts: Malta, wo eine Statue des hl. Paulus an seine Anwesenheit auf der Insel, »wo sich zwei Meere trafen«, erinnert. Von dort ging er nach Puteoli bei Neapel, wo er von Christen begrüßt wurde.

Die christlichen Kirchen statteten oft in der Kunst ihre Dankesschuld gegenüber dem hl. Paulus ab. Das Bild *(ganz unten)* eines Schafes mit Körben voll Brot (offensichtlich eucharistische Symbole) stammt von dem römischen Friedhof von Commodilla in der Via delle Sette Chiese, wo die Matrone Commodilla ihren Besitz hatte. *Unten rechts:* Christus, die Apostel lehrend – ein Fresko aus dem 4. Jahrhundert.

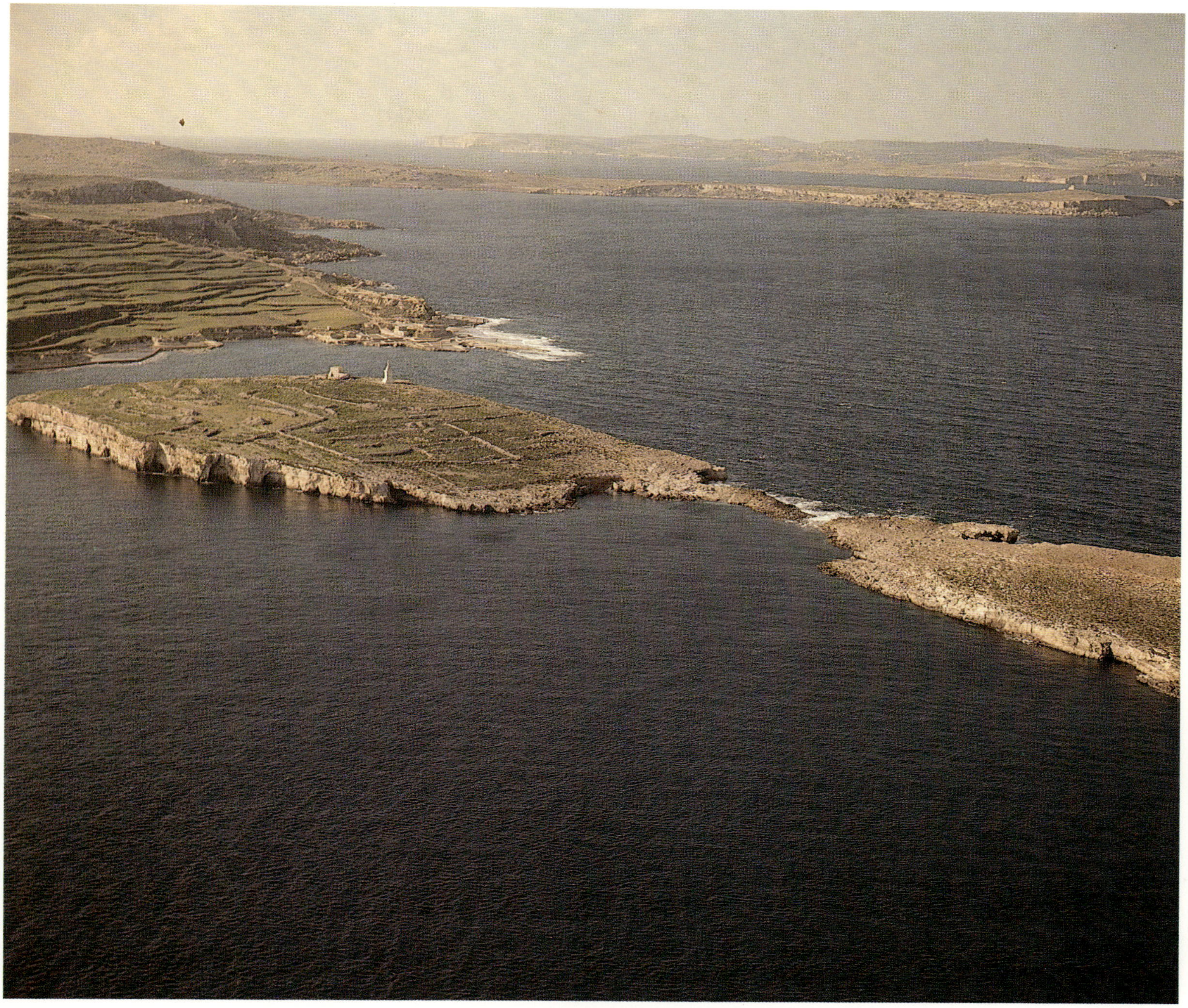

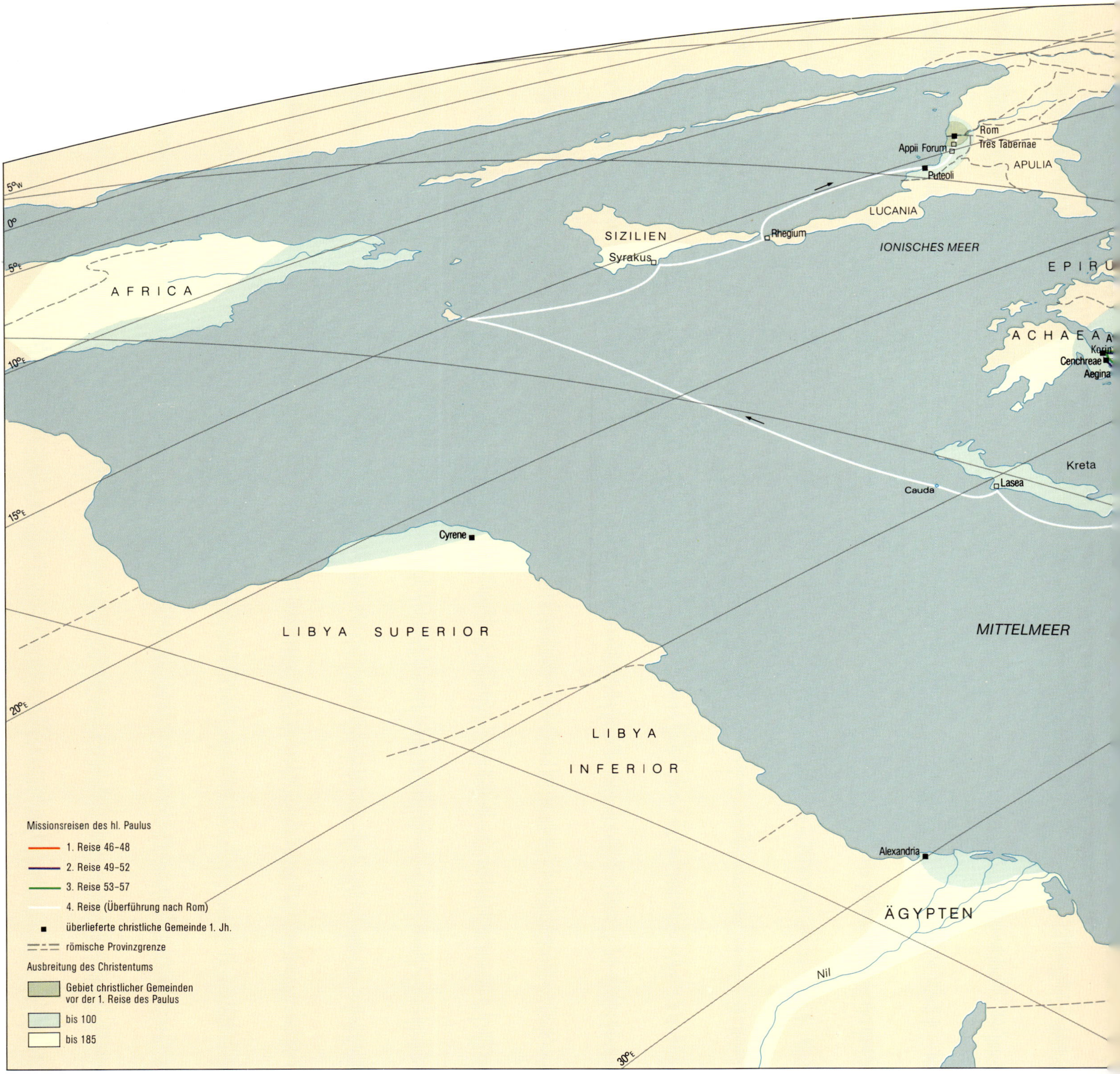

Moses besaßen die Juden kein geschriebenes Gesetz: Die Quelle von Abrahams Gerechtigkeit war der Glaube, den Gott ihm eingab. Nun aber ist das mosaische Gesetz in seiner zeitgebundenen Bedeutung nicht länger der allgemein gültige Ausdruck von Gottes Willen in bezug auf die ganze Menschheit. Die religiösen Juden glauben zu Recht, daß ihr Volk besonders auserwählt sei im Heilsplan Gottes. Dieser wird, wie Paulus sagt, nun verwirklicht durch die Gemeinschaft derer, die aus der ganzen Menschheit »berufen« sind (*elesia*).

Wenn Juden, die ihre religiösen Vorschriften befolgen, gemeinsam mit – in dieser Hinsicht unbefangenen – Heiden in feierlichem Gedenken und in der Teilnahme an Jesu Tod und Auferstehung allwöchentlich miteinander das Brot brechen und den Wein trinken sollten, dann konnten wegen der traditionellen jüdischen Speisegesetze Spannungen nicht ausbleiben. In Antiochia in Syrien (vermutlich auch anderswo, nach den Klagen des hl. Paulus zu schließen), von wo die Heidenmission ihren Anfang nahm, kam ein Kompromiß zustande, wonach Heidenchristen die jüdischen Speisegesetze befolgten. Der Kompromiß gefiel weder Paulus noch den Rigoristen auf der anderen Seite. Die Kirchen in Galatia, Kleinasien und Korinth waren eine Zeitlang von dem Kompromiß von Antiochia beeinflußt. An die junge christliche Gemeinde in Rom sandte Paulus eine ausführliche Erklärung seiner

Die Missionsreisen des hl. Paulus
Die Autorität in der Urkirche in Jerusalem war aufgeteilt zwischen der Heiligen Familie, vertreten durch Jacobus, den Bruder des Herrn, und den zwölf Aposteln, angeführt von Petrus sowie von Jacobus und Johannes, den Söhnen des Zebedäus. Die Heidenmission des hl. Paulus verwandelte die Kirche aus einer bestimmten Gruppe innerhalb des Judaismus in eine europäische Gemeinschaft mit universaler Sendung, die von den Bischöfen der großen Städte des Reiches, insbesondere vom Bischof von Rom, geführt wurde. Dort starben Petrus und Paulus unter Kaiser Nero den Märtyrertod.

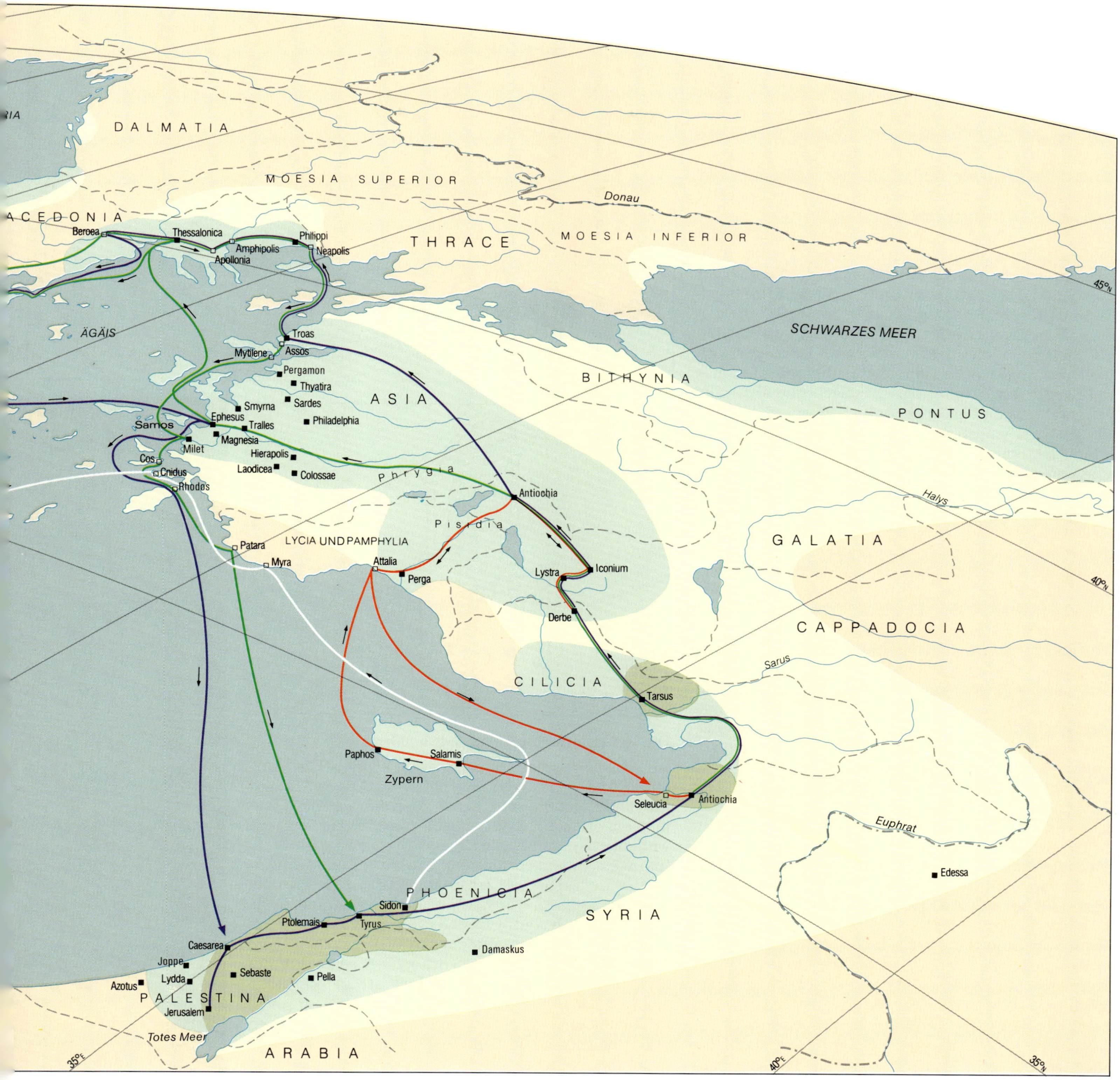

Die erhaltenen paulinischen Briefe sind nicht nur an Gemeinden in Kleinasien, sondern auch in Europa (Philippi, Korinth, Rom) gerichtet. Der Sprung von Kleinasien hinüber nach Europa wurde als folgenschwer angesehen (Apg. 16;9). Der hl. Lukas sah in der geographischen Ausweitung der Kirche gegen den Widerstand (aber auch mit teilweiser Unterstützung) der jüdischen Synagogen, der gebildeten griechischen Oberschicht und römischer Regierungsbeamter einen Triumph. Diese Ausdehnung der Kirche brachte den hl. Paulus dazu, nicht nur vor Philosophen in Athen (Apg. 17), sondern auch in der großen Stadt Rom selbst zu predigen.

Position, womit er der Hauptstadt der heidnischen Welt eine besondere Stellung einräumte.

Christentum und Platonismus

In der heidnischen Welt außerhalb der auf eine abgeschlossene Gemeinschaft beschränkten Tradition des Judaismus fehlten die dem Alten Testament innewohnenden Voraussetzungen vollständig. Es war eine Welt lokaler einheimischer Kulte, die einander gegenseitig tolerierten. Durch Riten und Zeremonien sollten die Götter dem Stamm und dem einzelnen gegenüber gnädig gestimmt werden. Die treibende Kraft aller antiken Kulte war das Bedürfnis, Überleben und Wohlstand zu sichern, gute Ernten und Fruchtbarkeit in der Ehe, Erfolg in Liebesangelegenheiten und Geschäften sowie Schutz vor feindlichem Zauber und vielleicht auch gegen Schicksalsschläge zu gewährleisten. Daher war in allen Gesellschaftsschichten der Glaube an Astrologie und Magie sehr verbreitet.

In der Welt der klassischen Antike von Griechenland und Rom war es nicht üblich, die Zeit in Perioden von sieben Tagen einzuteilen, wie es die Juden taten. Die Christen indessen feierten die Auferstehung Jesu am frühen Morgen nach dem Sabbat und übernahmen also die jüdische Wocheneinteilung. Verstärkt wurde dieser Trend durch Astrologen, die jeden Wochentag unter den unheilvollen Einfluß verschiedener Planeten stellten. Um 200 begannen Christen eine besondere Symbolik im Zusammenfallen des Sonnentages mit ihrer Danksagung (*eucharistia*) für den Aufgang der »Sonne der Gerechtigkeit« zu sehen. Obwohl einige Christen für die Wochentage die Planetennamen verwendeten, sprachen strengere Gläubige nicht von Sonntag, sondern vom Tag des Herrn (*dominica, kyriake*) und gebrauchten für die Wochentage Zahlen.

Diese Vermischung von Mythen und Religionen war der heidnischen Welt gemeinsam, in die nun die christlichen Missionare hinauszogen. Es herrschte die Überzeugung, daß es sich nur um verschiedene Ausdrucksformen für die gleichen Inhalte handelte. Manchmal zerbrach die Toleranz jedoch, und der Synkretismus (der Versuch der Aussöhnung) konnte ein Ausdruck von religiösem Imperialismus werden: So behaupteten die Priester der Isis, diese sei in der Tat die höchste Muttergottheit. Alle anderen Kulte seien minderwertige Versionen des Isiskultes. Noch deutlicher drückten sich in dieser Haltung Relativismus und Skepsis aus, d.h. für die Gläubigen sind alle Kulte gleich wahr, für die Philosophen gleichermaßen falsch und für die Herrschenden sind sie gleichermaßen nützlich.

Fünf Jahrhunderte vor dem Erscheinen des Christentums waren in der griechischen Welt religiöse Anschauungen Gegenstand kritischer philosophischer Erörterung gewesen. Die Mythen, die Götter als zornig, stolz oder begehrlich hinstellten, empörten Platon, und er verbannte Homer und die Dichter aus seinem idealen Staat. Für Platon war die Seele nicht in dieser materiellen Welt beheimatet. Der Platonismus sah die Welt ambivalent: Ihre Schönheit spiegelt eine höhere, außerhalb ihrer existierende, unwandelbare Schönheit wider, doch der ständige Fluß und der Verfall der Dinge machen sie auch zu einer Tretmühle, in die wir, durch Wiedergeburt (Reinkarnation) zu wiederholten Malen zurückkehren müssen, falls wir nicht durch die entschlossene Unterdrückung physischer Begierden unsere Seele befreien können, so daß sie ihre Verwandtschaft mit dem Himmel erkennt und zur Gottesschau gelangt.

Platon betrachtete den Kosmos als eine Dualität: Das Gute und Geistige durchdringt die Materie. Auf sehr ähnliche Weise durchdringt – im mikrokosmischen Maßstab – die menschliche Seele den menschlichen Körper, und so reiben sich das Böse (welches materiell ist) und das Gute ständig schmerzhaft aneinander. Ein solch pessimistischer Dualismus bot sich an als eine Philosophie für Menschen, die über die Ungerechtigkeit und das Elend im Leben der Menschen nachsannen. Fatalistische Mythen, die von der wiederholten Wiederverkörperung der Seele sprachen oder von deren Fall in die Materie, in der sie durch ihre Bindung an die Welt des Körperlichen gefangen ist, lieferten den Rahmen für eine Ethik der Weltablehnung.

Nicht nur Platon sprach vom Fall der Seele. Nach dem Buch Genesis resultiert der Zustand des Menschen aus einem Akt der Auflehnung des freien menschlichen Willens gegen die Gebote Gottes. In esoterischen Zirkeln nahmen Lehrer für sich in Anspruch, daß sie alle Religionen und Philosophien versöhnen und das tiefste Geheimnis des menschlichen Schicksals enthüllen könnten. Solche Zirkel wucherten am Rande des Judaismus. Vorausgesetzt, ihre Anhänger lebten gesetzestreu, konnten sie sich kabbalistischen Spekulationen frei hingeben.

Die jüdische Apokalyptik sagte dem Frommen, ihn erwarte für alle Leiden und Ungerechtigkeiten eine göttliche Rechtfertigung und daher gebe es einen verborgenen Sinn der Geschichte. Der Konflikt zwischen Gut und Böse sei kosmischer Natur, ein Krieg zwischen Elementarkräften, in welchem der gute Gott nicht allmächtig und seine Herrschaft noch nicht endgültig gesichert ist.

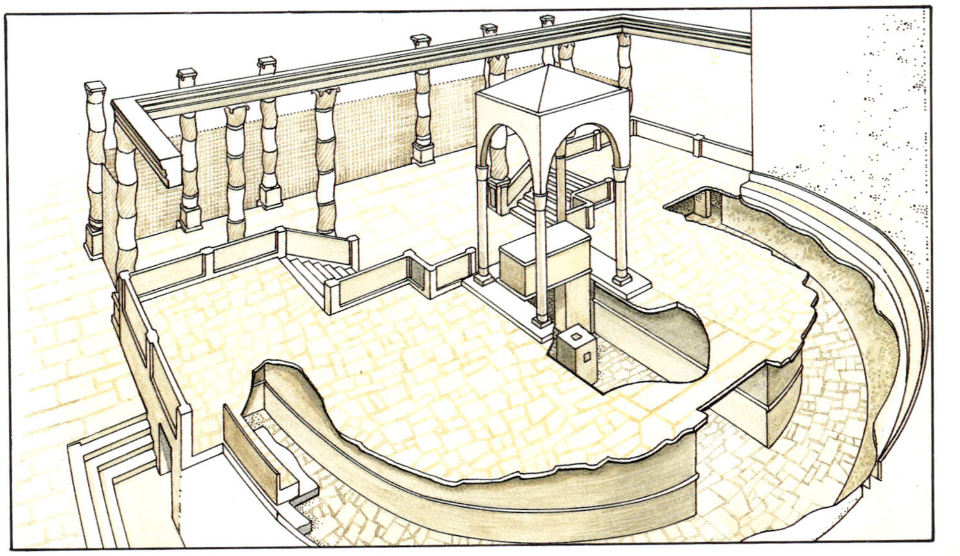

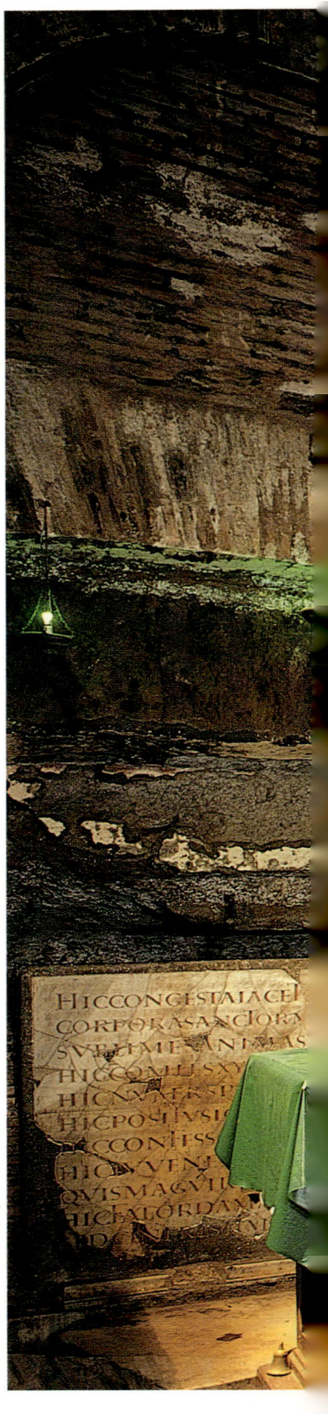

Die Herausforderung des 2. Jahrhunderts

Aus der berauschenden Mixtur von platonischer Metaphysik und Apokalyptik ging ein pessimistischer Dualismus und Determinismus hervor. Er nahm vielfältige Formen an, die alle mit dem Etikett *Gnostizismus* versehen wurden. Diese gnostische Religiosität stellte das Christentum vor schwierige Probleme. Die christliche »Großkirche« (wie ein Heide des 2. Jahrhunderts sie nannte) lehnte diese Randsekten vorwiegend aus zwei Gründen ab. Wenn nämlich die Christen von der Erlösung als Befreiung von einer entfremdeten Welt sprachen, dann wußten sie, daß ihr Erlöser der Schöpfer, der eine Gott, der allmächtige Vater ist. Die äußere Welt ist also nicht durch eine göttliche Emanation in einer Art peinlichem Anfall von Schluckauf entstanden, sondern hat einen positiven und guten Zweck, den die Erlösung wiederherstellen, nicht aber aufheben soll. Und das Ergebnis steht fest. Sodann waren die Gnostiker Fatalisten: Ob jemand verloren ist oder gerettet wird, ist vorherbestimmt und hängt nicht vom sittlichen Verhalten oder einem vorgeblich »freien« Glaubens- oder Willensakt ab. Die »Großkirche« glaubte nicht, daß die Verantwortung des Menschen ausgeklammert werden kann, und lehnte diesen Determinismus ab, obzwar das Thema in der ganzen Kirchengeschichte kontrovers geblieben ist.

Die Christen des 2. Jahrhunderts, Flavius Iustinus in Rom und Irenäus von Lyon, vertraten die Auffassung, daß Vernunft und Freiheit unveräußerlich zur menschlichen Natur gehören. Einige Gnostiker versuchten, die Besonderheit und das geschichtliche Element im Christentum zu eliminieren, indem sie es an Mysterienkulte wie die von Attis, Mithras oder Isis anglichen. Die Rechtgläubigen

Im 2. Jahrhundert wurden sich die römischen Christen bewußt, daß sie die Tradition ihrer Märtyrerapostel zu bewahren hatten. Dem hl. Paulus wurde ca. 165 an der Straße nach Ostia, Petrus und Paulus an der Via Appia, dem hl. Petrus in einem Friedhof auf dem Vatikanhügel (Rekonstruktion *links*) ein Denkmal errichtet. Konstantin errichtete die alte Basilika St. Peter (die von Bramante zerstört wurde, um den heutigen Bau zu schaffen) und stattete sie aus. Er errichtete den Altar über dem Reliquienschrein aus dem 2. Jahrhundert, der für die Grabstätte des hl. Petrus gehalten wurde (Rekonstruktion *unten links*). Die Pilger traten durch einen gewölbten Gang ein. Vor der Zeit Konstantins wurden die Päpste in der im Süden der Stadt gelegenen Kalixt-Katakombe in einer besonderen Gruft *(unten)* bestattet. Der erste in der Peterskirche beigesetzte Papst war Leo I. (gest. 461).

bestanden indessen darauf, daß das Christentum etwas Eigenes und Unverwechselbares sei.

Die Gnostiker, die sich untereinander heftig befehdeten, machten der Kirche im ganzen Mittelmeerraum zu schaffen: Saturninus in Antiochia, Basilides in Ägypten, Valentinus in Rom und viele andere. Nach Rom kam auch Marcion, ein radikaler Kritiker des Alten Testaments, der im Jahre 144 exkommuniziert wurde. Die von ihm gegründeten Gemeinden hatten lange Bestand. Er las die Briefe des Apostels Paulus und fand darin dessen Gegnerschaft gegen jene, für die das Christentum nichts Neues, sondern nur eine Fortsetzung des Judaismus in einem größeren Zusammenhang war; und er fand Hinweise darauf, daß die Kirche von Jerusalem und die zwölf Apostel Kompromisse mit dem alten Brauch suchten. Er las, daß Jesus neuen Wein in *neuen* Schläuchen forderte. Also folgerte er, die wahre Botschaft Christi sei – außer von Paulus – in der apostolischen Zeit mißverstanden worden. Die Evangelien und Episteln mußten daher dreist gefälscht worden

sein, um auch Paulus als einen Mann des Kompromisses erscheinen zu lassen, der die Autorität des Alten Testaments anerkannte, was der wirkliche Paulus nach Marcions Ansicht nicht getan haben konnte. Allegorische Interpretationen verwarf Marcion als bloße Ausflucht. Für ihn war der jüdische Gott eine primitive, rachsüchtige Gottheit, Schöpfer einer mangelhaften Welt (wie das Unbehagen an der menschlichen Sexualität bewies), der Gesetzgeber des mosaischen Gesetzes und ein ganz anderer als der von Jesus verkündete liebende Vater. Marcion stellte eine »korrigierte« Ausgabe der apostolischen Schriften her, die von den umfangreichen Einschüben, die er entdeckt zu haben glaubte, gereinigt war. In dualistischen Häresien hielt sich diese Auffassung von der Bibel bis ins Spätmittelalter und darüber hinaus, so etwa, wenn behauptet wurde, häretische Apokryphen enthielten mehr Wahrheit als die von der Kirche anerkannten kanonischen Texte. Die Gnostiker nahmen für sich in Anspruch, ihre esoterische Theosophie stelle eine höhere Erkenntnisstufe dar als der bloße Glaube, der in gewöhnlichen Gottesdiensten gelehrt wurde. Dieses Wissen war nur durch ein Mysterium zu erlangen.

Die Gnostiker waren nicht die einzigen Schriftsteller des 2. Jahrhunderts, die die Kirche bezichtigten, zuviele Zugeständnisse an ungebildete Mitglieder der unteren Schichten zu machen. Schon Paulus mußte sich im ersten *Korintherbrief* mit Spannungen in der korinthischen Gemeinde zwischen der verhältnismäßig kleinen Elite von gebildeten Gläubigen der oberen Schichten und dem einfachen Volk, das die Mehrheit bildete, auseinandersetzen. Auf heidnischer Seite griff um 177–180 ein Platoniker namens Celsus das Christentum an. Er fühlte sich beleidigt durch den christlichen Glauben an ein göttliches Eingreifen in diese Welt, an Wunder wie die jungfräuliche Geburt und die Auferstehung Christi (jene hielt er für eine Vertuschung der Unehelichkeit, diese für das Produkt »weiblicher Hysterie«), an Dinge, die ihm als unvernünftige Zumutungen an den Glauben erschienen: die Androhung des Höllenfeuers für Ungläubige, die Lehre von der Unvereinbarkeit des christlichen Monotheismus mit jeglicher Anerkennung heidnischer Kulte, die durch uraltes gesellschaftliches Brauchtum geheiligt waren. Celsus meinte, die christliche Missionierung mache (zu seiner großen Bestürzung) Fortschritte durch Ausbeutung von Ungebildeten und von Frauen und nicht aufgrund der geistigen Kraft und Klarheit ihrer Lehren. In seinen Augen bestand die Kirche im wesentlichen aus Menschen der unteren Schichten, welche einen unvernünftigen Aberglauben verbreiteten, dem einige Intellektuelle durch sophistische Argumente und allegorische Auslegung peinlicher Bibelstellen zu Ansehen verhülfen.

Eine eindrucksvolle Erwiderung auf Celsus schrieb 70 Jahre später Origenes. In seinen Augen entsprach das Verhältnis von Gebildeten und Ungebildeten in der Kirche dem in der gesamten Gesellschaft.

Die griechischen Philosophen hatten ihre sittlichen Ermahnungen nur einer gebildeten Elite vermitteln können. Es schien unbillig, sich darüber zu beklagen, daß die Christen den Außenseitern der antiken Gesellschaft, den Frauen, den Armen und Unterprivilegierten eine hohe Ethik näherbrachten. Zweifellos schlossen sich solche Leute nicht immer aus jenen Gründen der Kirche an, die Origenes für die richtigen gehalten hätte; einige kamen wegen ihres Wohlergehens oder Wohlbefindens in dieser Welt oder um einem Gönner zu gefallen. In der vorkonstantinischen Zeit waren jedoch von einer Bekehrung kaum gesellschaftliche Vorteile zu erhoffen.

Christen im antiken Rom

Im Rom des 4. Jahrhunderts traten die öffentlichen Feiern der christlichen Religion gleichberechtigt an die Seite derjenigen der alten staatlichen Religion. Am 29. Juni, an dem Romulus, der Gründer Roms, gefeiert wurde, wurde auch das Fest Peter und Paul prunkvoll und mit großen Prozessionen begangen. Das Alte und das Neue bestanden im christlichen Rom nebeneinander. Die Kaiser erzwangen Toleranz; heidnische Feiern waren nicht verboten, sie standen vielmehr unter kaiserlichem Schutz. Kaiser Valentinian (364–375) hatte eine Abneigung gegen Schwarze Kunst und Manichäismus. Doch 383 konnte der hl. Augustinus mit den Manichäern zusammentreffen, als er von Nordafrika nach Rom kam. Die staatliche Autorität neigte dazu, sich in kirchliche Angelegenheiten einzumischen. Das war nur zu natürlich; denn Rom wurde von seinen großen Familien beherrscht, die es gewohnt waren, Einfluß zu nehmen. Papst Damasus (366–384) wurde wegen seiner übertriebenen Gastfreundschaft kritisiert, aber diese trug dazu bei, daß die großen Familien der Oberschicht sich in Rom als Christen heimisch fühlen konnten. Damasus verhielt sich ähnlich wie die weltlichen Größen, indem er sich innerhalb der Kirche als Kunstmäzen betätigte.

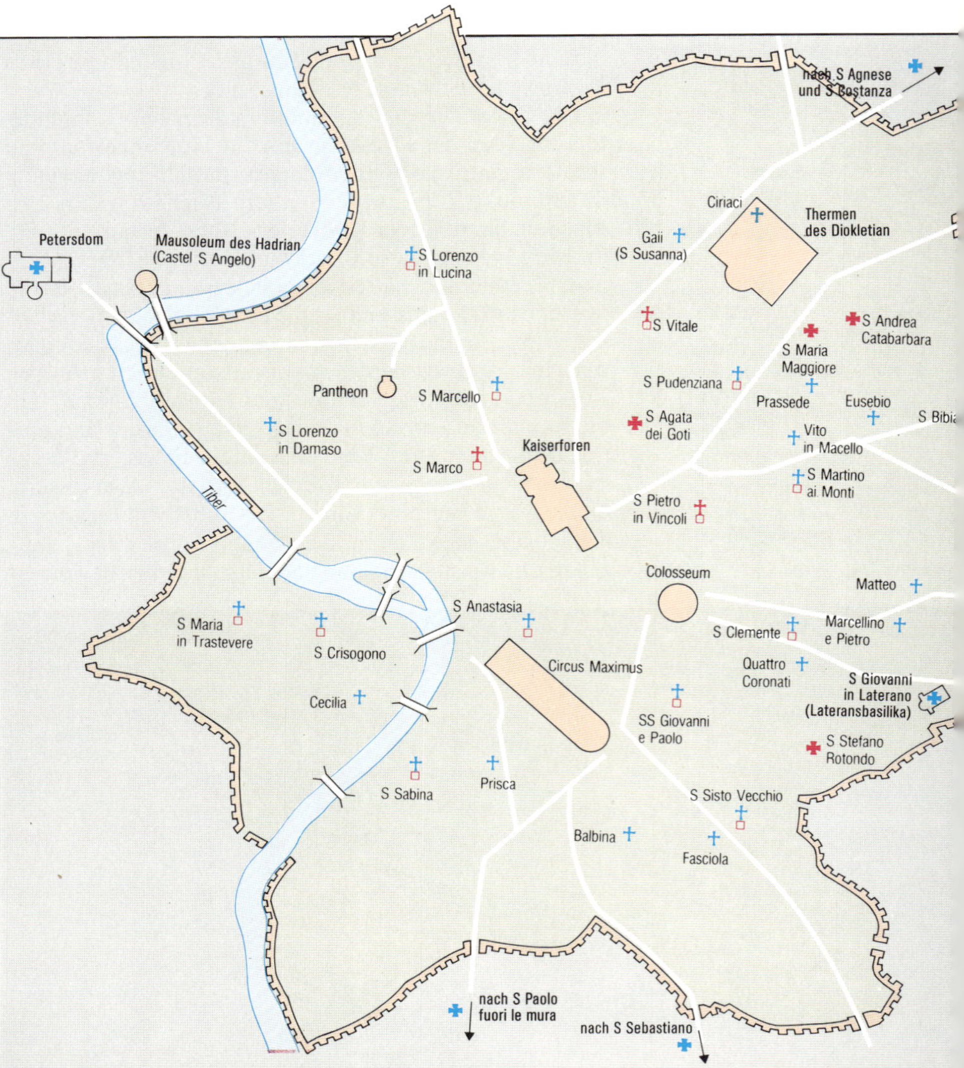

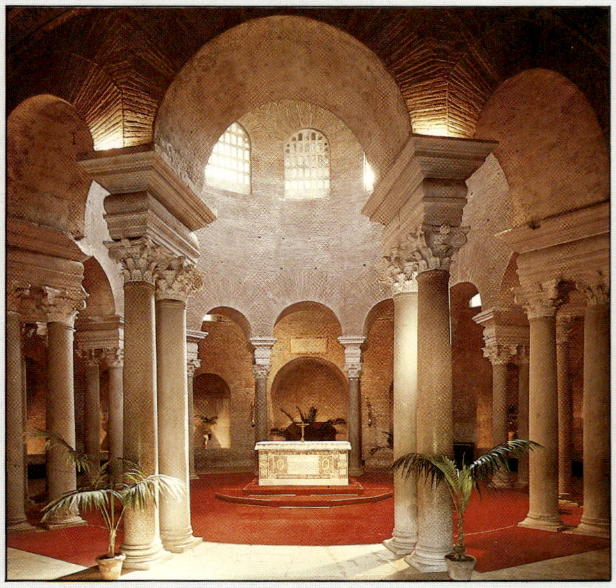

Oben rechts: Christus als Guter Hirte oder Petrus traten in der Skulptur an die Stelle von Gestalten aus der Vergangenheit, die in den Augen der Allgemeinheit als Gesetzgeber oder Kriegsherren berühmt waren. Auf Skulpturen und Mosaiken wird Petrus als ein neuer Moses, der das neue Gesetz gibt, oder als Anführer der Soldaten Christi dargestellt. Auf diesem Sarkophag aus dem Vatikan wird Christus als junger Hirte mit den zwölf Aposteln zu beiden Seiten vorgestellt. Der Sarkophag aus den Jahren 375–400 wurde nahe der Kirche San Lorenzo in Rom gefunden. Die Beine der Schafe wurden restauriert. Auch biblische Szenen, wie z. B. diese Reliefdarstellung von Adam und Eva *(oben),* dienten zur Verzierung der Sarkophage, wie auf diesem aus Syrakus.

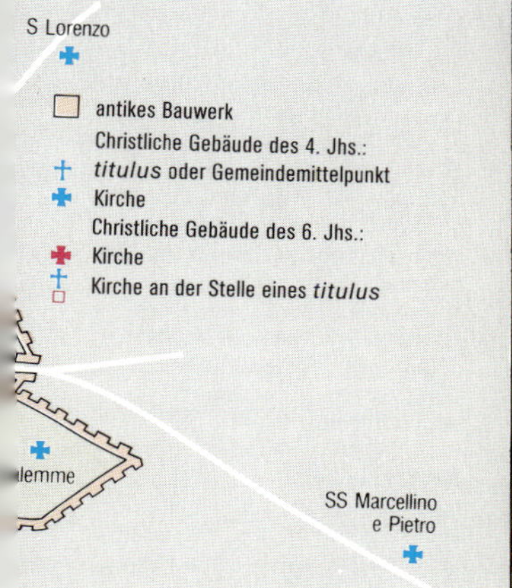

Unten: Auf dem Reliquienschrein zweier Märtyrer, des Exorzisten Petrus und des Priesters Marcellinus, in Rom wird Christus zwischen Petrus und Paulus dargestellt; darunter das Lamm Gottes zwischen vier Märtyrern: Gorgonius, Petrus, Marcellinus und Tiburtius.

Ganz links: Von etwa 355 an wurde nahe der Via Nomentana in Rom ein Mausoleum für den Porphyrsarkophag der Prinzessin Constantina (der hl. Konstanze) erbaut. Ein Jahrhundert später wurde der Sarkophag entfernt und ein Taufbecken errichtet. In dieser Zeit kamen Mosaiken hinzu, die Moses beim Empfang der Gesetzestafeln darstellen und Christus, der dem hl. Petrus das neue Gesetz übergibt. An dem Tonnengewölbe blieben die ursprünglichen Mosaiken (*links*) mit ausgelassenen Szenen von der Weinlese und bacchantischen Bildern, den herkömmlichen Motiven in der vorchristlichen Begräbniskunst erhalten. In der frühchristlichen Kunst, in der der Frühling die Auferstehung symbolisierte, fanden dieses Thema seine Fortsetzung, doch wurde die Bacchantik um einiges nüchterner.

Oben: Dieses Porträt einer christlichen Familie stammt von dem Kreuz der Galla Placidia in Brescia. Frauen hatten einen bedeutenden Einfluß darauf, daß das Christentum Eingang in die römischen Privathäuser fand. Der hl. Hieronymus schrieb an eine Anzahl von Frauen, die seinen Rat für eine christliche Lebensführung suchten. Eine von ihnen, Marcella, war sehr wohlhabend. Sie pflegte in ihrem Palais auf dem Aventin, wo Hieronymus lehrte, Hebräischkurse abzuhalten. Alle beteten gemeinsam und sangen Psalmen.

Die christlichen Apologeten

Die Notwendigkeit, der gnostischen Herausforderung auf der einen und derjenigen der heidnischen Intellektuellen auf der anderen Seite zu begegnen, zwang die Christen dazu, ihre Position klarzustellen. Sie mußten zeigen, daß hinter dem einfachen Glauben allerdings ein höheres Verständnis des Evangeliums stand, daß dieses aber nicht mit einem Eklektizismus aus gnostischer Theosophie zu verwechseln war. Eine Reihe hoch gebildeter und gedankenreicher Christen schrieb intelligente Verteidigungen ihres Glaubens, in denen sie an zwei Fronten, gegen heidnische Kritiker und gnostische Häretiker, kämpften: Flavius Iustinus, ein Laienprediger in Rom, der in den sechziger Jahren des 2. Jahrhunderts den Märtyrertod starb, Tatian, der um 170 in Mesopotamien schrieb, Irenäus, der um 180 Bischof von Lyon war, in Alexandrien Clemens um 190 und Origenes (184–254), der um 232 nach Caesarea in Palästina ging, in Karthago Tertullian um 190–215 sowie Minucius Felix. Sie schrieben Traktate, in denen sie das Christentum verteidigten als die wahre Philosophie, welche die sittliche Wahrheit darstellt, die Platon und die Stoiker erstrebt hatten; und sie verbanden diese Verteidigung mit heftigen Angriffen auf den Polytheismus, der den Glauben philosophisch gebildeter Menschen nicht mehr bestimme und der für die Gesellschaft eine Ursache moralischer Schwäche sei. Clemens sprach vom Christentum als von einem Fluß, in dem griechische Philosophie und biblischer Glaube zusammengeströmt seien; und tatsächlich hat sich, geschichtlich gesehen, genau dies ereignet, als man Begriffe und Formeln suchte, um christliche Glaubensüberzeugungen angemessen auszudrücken.

Eine etwas direktere Reaktion auf den Gnostizismus stellte das Auftreten des Montanus (160–189) dar, eines Charismatikers in Kleinasien, der mit seinen beiden Prophetinnen, Prisca und Maximilla, die bevorstehende tausendjährige Herrschaft Christi in dem »neuen« (in Phrygien gelegenen) Jerusalem verkündete. Das prophetische Trio hielt sich für das Sprachrohr des Heiligen Geistes und forderte puritanische Enthaltsamkeit im Sexuellen, im Essen und Trinken sowie strenge Disziplin. Die Montanisten erwarteten, daß das ganze Gottesvolk sie als Propheten anerkannte.

In Kleinasien führte die charismatische »Neue Prophetie« zur Spaltung. Da sich die Bischöfe für die Sache nicht begeistern konnten, kam Tertullian, der um 207 zu den Montanisten stieß, zu der Ansicht, daß die Kirche nur aus »geistlichen Menschen« bestehe und keiner Weihe durch apostolische Nachfolge bedürfe. Im Westen hielt sich der Montanismus nicht lange, doch im Osten blieb Phrygien die Hochburg bis in die Zeit des Kaisers Justinian.

Die Reaktion auf Gnostizismus und Montanismus führte nicht nur zu einem Neudurchdenken der christlichen Lehre, sondern beschleunigte auch die Entstehung des Kanons des Neuen Testaments, ein Vorgang, der im wesentlichen um 180–200 abgeschlossen war. Die Bibel reichte allein nicht aus, um einige wesentliche Punkte des christlichen Glaubens im Gegensatz zu häretischen Verzerrungen unzweideutig zu artikulieren. Die Kirche des 2. Jahrhunderts war sich stark dessen bewußt, Wächter einer geheiligten Tradition zu sein, von der die Heilige Schrift ein wichtiger, aber nicht der einzige Bestandteil war. Im Rhônetal schrieb Irenäus eine Widerlegung, in der er den apostolischen Glauben der Kirche an die Einheit von Schöpfung und Erlösung und daher des Alten und des Neuen Testaments betonte, wonach Christus als zweiter Adam eine verlorene Menschheit erneuert. Viele gnostische Sekten erkannten die Autorität der Heiligen Schrift zumindest teilweise an, doch tritt Irenäus (und nach ihm

Tertullian) für die Auslegungstradition der Kirche und für philosophische Begründung ein. Gegen Berufungen auf die Bibel seitens der Häretiker war es notwendig zu betonen, daß die Schrift nur in der lebendigen Tradition der katholischen Kirche gültig interpretiert wurde.

Irenäus und die Kirche des Rhônetals standen in enger Verbindung mit der Gemeinde in Kleinasien. Die Spaltung durch die montanistische Bewegung wurde von Irenäus sehr bedauert. In seiner Jugend hatte er zu Füßen des alten Polycarp, des Bischofs von Smyrna, gesessen, der im Alter von 86 Jahren vielleicht um 162 (das Jahr ist umstritten) den Märtyrertod starb, und konnte sich noch daran erinnern, wie Polycarp vom Apostel Johannes in Ephesos sprach. Er empfand sich gewissermaßen als die lebende Verkörperung der echten Tradition, als einen der letzten, der noch dem apostolischen Zeitalter der Offenbarung und göttlichen Wunder angehörte.

Sein Einfluß ist daran zu messen, was ihm seine Nachfolger verdanken, besonders Tertullian in Karthago, der als erster Theologie auf Lateinisch betrieb, und Hippolytus von Rom (gest. um 235), welcher Kommentare zum Alten Testament (zum Buch Daniel, dem Hohenlied Salomonis, den Sprüchen usw.), eine Ostertabelle, eine Chronik der Weltgeschichte, eine Kirchenordnung mit unschätzbaren liturgischen Informationen unter dem Titel *Apostolische Tradition* und vor allem eine *Widerlegung der Häresien* verfaßte. Wie Irenäus sah er im Gnostizismus eine spekulative Theologie, die keine Wurzeln im biblischen Glauben hat. Er versuchte zu zeigen, wie die gnostischen Sekten auf Mißverständnissen der alten griechischen Philosophen beruhten.

Tertullian teilte die Auffassung, daß die heidnische Philosophie die Mutter der Häresien war. Das Kennzeichen des wahren Glaubens war für ihn die Überzeugung von der Selbstoffenbarung Gottes in Christus. Siebenunddreißig lateinisch geschriebene Werke (von einigen veröffentlichte er auch griechische Ausgaben) sind von ihm erhalten, verfaßt in einer kräftigen, ungestümen Prosa. Kühn prägte er die Begriffssprache der westlichen Theologie, die ihm Termini wie z.B. »Trinität«, »eine Substanz in drei Personen«, Christus als »eine Person in zwei Naturen (oder Substanzen)« verdankt. Tertullian formulierte auch das Problem der »Erbsünde« oder »Urschuld«: das allen Menschen gemeinsame Begehren, welches das menschliche Streben nach Gerechtigkeit und Tugend ebenso bedingt wie beeinträchtigt.

Clemens und Origenes

Der Kampf gegen die Häresie mit philosophischen Mitteln bildet auch den Hintergrund für die Schriften der christlichen Platoniker von Alexandrien, Clemens und Origenes. Clemens (gest. vor 215) kam nach Alexandrien, um bei einem Christen namens Pantänus zu studieren, einem frei wirkenden Lehrer, der die Lehre der Stoa mit christlichem Glauben verband. Clemens' Hauptleistung ist seine Trilogie: (a) *Ermahnung (Protreptikos)* zur Bekehrung, (b) *Lehrer (Paidagogos)*, eine Anleitung zur Sittlichkeit und zu guten Sitten mit interessanten Anmerkungen zu den gesellschaftlichen Zuständen, (c) *Vermischtes (Stromateis)*, ein absichtlich unsystematisch gehaltenes Werk, das den Leser auf einem verschlungenen Pfad zur Sprache der Gottesschau des Mystikers führen soll. Diese drei Werke entsprechen den drei Stadien der geistlichen Wanderschaft vom anfänglichen Akt des Glaubens zum Verstehen und – durch die Unterdrückung ablenkender Leidenschaften – zur ekstatischen Vereinigung mit Gott. Hielte Gott in seiner Rechten den Besitz der Erlösung und in seiner Linken ein unaufhörliches Fortschreiten in der Erkenntnis, so würde Clemens die Linke ergreifen. So

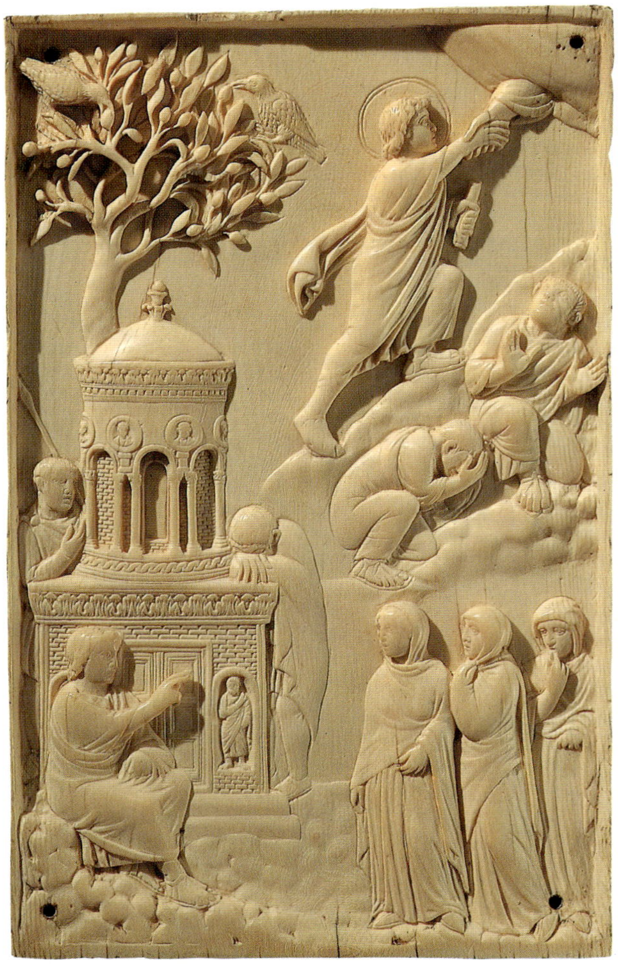

Links: Eine Elfenbeinplastik (ca. 400) aus München zeigt drei Marias am Grabe Christi, die von einem ungeflügelten Engel angesprochen werden, eine in eine Toga gehüllte Gestalt in einer Nische und im Hintergrund einen Olivenbaum. Oben rechts auf einem Hügel steigt Christus, eine Schriftrolle in der Linken, empor und ergreift die ihm aus den Wolken entgegengestreckte rechte Hand Gottes. Zwei Apostel kauern zu seinen Füßen.

Rechts: Ein Fresko von der Katakombe an der Via Latina in Rom aus dem 4. Jahrhundert zeigt Samson, der die Philister in die Flucht schlägt.

Unten rechts: Der hl. Paulus im Gefängnis von dem Sarkophag des Junius Bassus, der 359 Präfekt von Rom war und sich auf seinem Sterbebett taufen ließ.

Unten: Ein Fresko aus dem 3. Jahrhundert in der Krypta der Lucina in der Kalixt-Katakombe in Rom zeigt den Guten Hirten, der einen Krug mit Milch (vielleicht auch mit Honig) trägt, den die Neugetauften als Symbol des Eintritts in das Gelobte Land erhalten.

meint auch der »Zorn Gottes« in der Sprache der Bibel einen erzieherischen Vorgang, durch den Gott, wie ein Arzt oder Schulmeister, die Menschheit lehrt, auf rechte Weise zu lieben. Das »verzehrende Feuer« Gottes reinigt von dem Bösen, um seine vernunftbegabten Geschöpfe für seine Gegenwart zu öffnen.

Clemens' Nachfolger in Alexandrien, Origenes, erregte durch seine außergewöhnliche Bildung und Meisterschaft in der Philosophie Aufsehen bei Christen und Heiden seiner Zeit. Der Märtyrertod seines Vaters in Alexandrien um 203 prägte ihm eine tiefe Abneigung gegen den heidnischen Charakter der Kultur ein, in der er dank seiner Ausbildung gleichwohl zu Hause war. Den Hauptteil seines umfangreichen Werks bilden Homilien und Kommentare zur Bibel. Er war der erste Christ, der von der Bibel als von einem einzigen Buch sprach und wohl einer der ersten, die die ganze christliche Bibel in einer einzigen Handschrift zusammengestellt sahen. In seiner Auslegung suchte Origenes einen Mittelweg zwischen den zügellosen und unorthodoxen Allegorien eines Valentinus und anderer Gnostiker einerseits und beispielsweise Marcion, der jegliche Allegorie verwarf, andererseits. In der Schrift *Über die Urgründe (De principiis)* lehnte er jeden pessimistischen Dualismus und Determinismus ab. Der unwandelbare, transzendente, gute Schöpfer schuf vernünftige, mit freiem Willen begabte Geschöpfe, die ihn lieben sollten; aber die Mißachtung des Göttlichen führte dazu, daß sie gleichgültig wurden. Um die Menschen zu lehren, bildete der Schöpfer diese materielle Welt, zu deren Schönheit und Ordnung (die in den geringsten und größten von Gottes Geschöpfen zu erkennen sind) seine Macht und Herrlichkeit widerspiegelt, aber gleichzeitig so sehr von Unsicherheit und Schmerz bedrängt ist, daß die Seelen erkennen, ihre wahre Heimat müsse in einer höheren Welt liegen. Origenes folgte der platonischen Tradition, wenn er das Übel in dieser Welt entweder auf den Mißbrauch des freien Willens oder aber auf das unterschiedliche Funktionieren der verschiedenen Bestandteile der Welt zurückführte. Die platonische Vorstellung, daß das Böse von der Widerspenstigkeit der zur Schöpfung verwendeten Materie herrührt, machte er sich wegen der Möglichkeit einer gnostischen Deutung nicht zu eigen. Vielmehr sagte er, daß Gott alles, einschließlich der Materie, aus nichts erschaffen habe. Daher schickt die göttliche Vorsehung auch Widrigkeiten und sogar Katastrophen, damit die Seelen nicht glauben, ihre letzte Bestimmung liege im Materiellen. Die Propheten des Alten Testaments leiteten einen Prozeß der Erlösung ein, welcher gipfelte in der Menschwerdung des göttlichen Wortes, des Logos, der allen Dingen innewohnt und sie ordnet und dessen Werk fortgesetzt wird durch den Heiligen Geist in den Heiligen der Kirche und durch sie.

In die hymnische Begeisterung, mit der Origenes über die Heiligkeit der Kirche und der Bischöfe und Presbyter spricht, denen die »Schlüsselgewalt« anvertraut ist, mischt sich die herbe Enttäuschung angesichts der tatsächlichen Verhältnisse. Dennoch ist die Kirche dasjenige Instrument, durch das Gottes Versöhnungswerk in diesem Leben fortgesetzt wird; und das läuternde Feuer Gottes wird das Dickicht hinwegbrennen, das die auf dem von Christus gelegten Fundament der Taufe stehenden Gläubigen behindert. Gottes Güte geht niemals aus; auch im Schlimmsten glimmt noch ein Funke seiner Güte. Ja, wenn der Teufel ein gefallener Engel ist, dann ist sogar Satan nur böse aufgrund seines Willens, nicht als geschaffene Natur, und behält die Fähigkeit, seinen Willen auf Reue und Erlösung auszurichten. Das Höllenfeuer wird gewiß wirklich erlitten, aber der Zweck des Leidens ist Heilung und nicht bloße Vergeltung.

STRUKTUR UND AUSBREITUNG DER FRÜHEN KIRCHE

Einer der Faktoren, die für den Zusammenhalt der frühen christlichen Kirchen verantwortlich waren, war die ziemlich früh erfolgende Ausbildung ihrer geistlichen und seelsorgerischen Struktur. Daß das Volk Gottes Hirten braucht, welche die Gemeinde im Gottesdienst und in der Mission leiten und sie in der Zucht halten, ist ein in den Schriften des Neuen Testaments (z. B. *Epheser* 4) mannigfach belegter Grundsatz. Die Apostel Christi, zwölf an der Zahl und daher für das erneuerte Israel stehend, erhielten von ihm den feierlichen Auftrag zu predigen und wurden beim Letzten Abendmahl aufgefordert, das Andenken an sein Erlösungsopfer zu bewahren. Als die Apostel von der Bühne abtraten, kam es regional zu Streitigkeiten darüber, wer die Autorität auszuüben hätte. In Korinth nahm die Gemeinde an, daß sie, da sie an der Auswahl ihrer Geistlichen einen Anteil gehabt hatte, über ein demokratisches Recht verfügte, sie wieder abzusetzen, sobald sich begabtere und redegewandtere Prediger fänden. Die Kirche von Rom ließ durch Clemens, der als Presbyter den Vorsitz führte, einen Protestbrief schreiben, in welchem sie betonte, daß der Klerus, der aufgrund der apostolischen Nachfolge ernannt und geweiht ist durch die Heiligkeit seiner liturgischen Aufgabe, außer bei schwerwiegenden moralischen Verfehlungen nicht dem Willen der Laien unterworfen sei. In den Briefen an Timotheus und Titus ist festgelegt, daß die Geistlichen, die den Vorsitz führen, lehren und predigen, einen Anspruch auf finanzielle Unterstützung durch die Gläubigen haben. Sie tragen auch eine besondere Verantwortung für die Bewahrung der authentischen Tradition in der Lehre. Bald darauf erklärte Ignatius, Bischof von Antiochia, daß der Bischof, offensichtlich nun in herausgehobener Stellung gegenüber den Presbytern, die ihm bei der Feier der Eucharistie zur Seite stehen, für die Ordnung in der Ortskirche allein zuständig sei und daß ein Abendmahl, welches im Widerspruch zu ihm gefeiert werde, ungültig sei. Am Ende des Jahrhunderts betrachtete es Tertullian als ein Merkmal der katholischen Kirche gegenüber den Häresien, »daß wir die Eucharistie von niemand anderem als dem Vorsitzer empfangen«.

Die pastorale Struktur der Kirche

Tertullian beschreibt in seiner *Apologie* (*Apologeticum,* 39,1–6), wie er und die Gemeinde zusammen den Gottesdienst feiern. Wir treffen uns, sagt er, in einer Versammlung, um uns Gott gemeinsam im Gebet zu nähern. Wir beten für die Kaiser und alle, die Verantwortung tragen, für Sicherheit auf der Welt, für Frieden auf Erden und für einen Aufschub des Weltendes (um Zeit zur Reue zu haben).

Es gibt in jener Zeit eine Art, die Bibel zu lesen, die aus dem Text der Heiligen Schrift eine Prophezeiung herausholen soll, die sich auf die Gegenwart bezieht und die Christen die Zeitumstände klarer erkennen läßt. Die Lesung nährt auch den Glauben, erhebt die Gemüter zur Hoffnung und stärkt die Zuversicht; und sie schärft Gottes Gebote und Vorschriften ein.

Ebenso wird gepredigt, und die Gemeindemitglieder werden getadelt. Es wird Gericht gehalten über diejenigen, die gesündigt haben, »und diesem Gericht wird große Bedeutung beigemessen, wie es der Fall sein muß bei Menschen, die überzeugt sind, daß Gott sie sieht«.

Schließlich bringt jedes Mitglied der Gemeinde einmal im Monat »ein bescheidenes Geldstück . . . wenn es dazu in der Lage ist; denn niemand wird genötigt; es ist eine freiwillige Gabe«.

Viele christliche Gemeinden empfanden die Notwendigkeit, die wesentlichen Punkte des christlichen Glaubens in einem Abriß darzulegen. Der Neugetaufte bekannte seinen Glauben vor der ganzen Gemeinde, und jedes Gemeindemitglied wurde gleichzeitig an die Glaubensartikel erinnert, die es selbst bei der Taufe bekannt hatte. Auf diese Weise trug die Taufhandlung zum Zusammenhalt der Gemeinde und zur Reinheit und Unversehrtheit des Glaubens bei. Die genaue Form des Bekenntnisses war von Ort zu Ort verschieden, aber in den Hauptpunkten herrschte große Übereinstimmung. Der zum Christentum Bekehrte, der sich um das Jahr 200 in Rom taufen ließ, wurde geheißen, Satan, all seinen Dienern und allen seinen Werken zu entsagen, wie Tertullian es beschreibt; und wenn der Presbyter ihn zum Zeichen der Austreibung der bösen Geister mit Öl gesalbt hatte, fragte er ihn: »Glaubst du an Gott den allmächtigen Vater? Glaubst du an Jesus Christus, den Sohn Gottes, der geboren wurde aus dem Heiligen Geist von der Jungfrau Maria, der gekreuzigt wurde unter Pontius Pilatus, tot war und begraben wurde, der am dritten Tage lebendig von den Toten auferstand und zum Himmel auffuhr und der zur Rechten des Vaters sitzt und wiederkommen wird, zu richten die Lebenden und die Toten? Glaubst du an den Heiligen Geist, die heilige Kirche und die Auferstehung des Fleisches?«

Links: Eine Frau mit zum Gebet erhobenen Händen von einem Friedhof in Tarragona, Spanien, um 400.

Oben: Die Ausbreitung des Christentums
Die Schnelligkeit, mit der das Christentum sich ausbreitete, setzte die Kirche selbst in Erstaunen. Die christlichen Gemeinden waren Stadtgemeinden. Erst allmählich entstanden christliche Gemeinschaften auch auf dem Lande. Während einige Christen das Reich als diabolisch und weltlich ansahen, gestanden ihm andere eine Rolle in der göttlichen Vorsehung zu. Die Missionierung ging über die Reichsgrenzen hinaus. Armenien wurde schon vor 300 christlich. Im griechischen Osten (lang-

samer im Westen) gewann die Kirche rasch einen beträchtlichen Anteil der Bevölkerung. Ursachen für diesen Erfolg waren die allumfassenden Aussagen des Monotheismus mit seinem starken sittlichen Interesse, eine Vorliebe für die Armen und die Bereitschaft, den Besitz mit anderen zu teilen, die Zusicherung der Vergebung im jetzigen Leben und die Verheißung des ewigen Lebens mit Christus, ein durchgängiges soziales System, geleitet von einem Klerus mit gesicherter Nachfolge sowie die Fähigkeit der christlichen Intellektuellen, den biblischen Glauben mit einer Offenheit für die Philosophie und einer positiven Bewertung des römischen Reiches zu verbinden.

Beziehungen zur heidnischen Gesellschaft

Die allmähliche kirchliche Durchdringung der höheren – vor allem der weiblichen – römischen Gesellschaft erfuhr einen Rückschlag im Jahre 251. Angriffe von außen, Bürgerkrieg, ein Rückgang des Handels und eine einschneidende Inflation führten zu einer Instabilität, die den Christen angelastet wurde. Cyprian, Bischof von Karthago von 249 bis 258, konnte in einer Zeit schwerer Verfolgung die bischöfliche Autorität nur mit Mühe aufrechterhalten. Wer konnte diejenigen, die den Göttern Roms götzendienerisch Weihrauch gestreut hatten, wieder in die Kirche aufnehmen? Und sollten die Bedingungen für die Wiederaufnahme streng oder milde sein? In Rom selbst führte diese Streitfrage zu einer Spaltung: Es wurden zwei rivalisierende Bischöfe gewählt, Cornelius (nachsichtig) und Novatian (streng). Cyprian lehnte Novatian ab und verwarf dessen sakramentale Handlungen als außerhalb der einen Gemeinschaft stehend, für die der Stuhl Petri das Symbol ist. »Der kann nicht Gott zum Vater haben, der nicht die Kirche zur Mutter hat.« Doch im Jahre 256 widersprach dem ein neuer Papst, Stephanus, in scharfer Form, indem er feststellte, daß auch Sakramente, die von einem schismatischen Geistlichen in der richtigen Weise gespendet werden, gültig seien; diejenigen aber, die außerhalb der katholischen Kirche getauft wurden, sollten durch Handauflegung aufgenommen und nicht noch einmal getauft werden. Stephanus unterschied dabei zwischen häretischen und rechtgläubigen Schismatikern – eine

Unterscheidung, die schon Origenes erörterte bei der Frage, in welche Kategorie die Montanisten fielen.

Das Wort »Häresie« stammt aus dem Griechischen und bedeutet eine eigene Auslese im Gegensatz zur übereinstimmenden Ansicht der Gemeinschaft. Flavius Iustinus, der Märtyrer, und Hippolytus bekämpften nicht nur Gnostiker, sondern auch Häretiker (»Modalisten«), welche jeden realen Unterschied in Gott zwischen Vater und Sohn leugneten, eine Auffassung, die bald mit dem römischen Presbyter Sabellius in Verbindung gebracht wurde. Andere glaubten, daß der Vater seine Kraft, den Heiligen Geist, sandte, um den Sohn Jesus zu inspirieren.

Um das Jahr 180 hatte sich Celsus, ein heidnischer Kritiker des Christentums, für eine stärkere Teilnahme der Christen am öffentlichen und geistigen Leben ausgesprochen. Die Christen des 3. Jahrhunderts nahmen in zunehmendem Maße daran teil, und je mehr sie dies taten, desto gespannter wurden ihre Beziehungen zur heidnischen Gesellschaft. In Nordafrika griffen militante christliche Gruppen heidnische Heiligtümer und Feste an. Die neuplatonische Schule Plotins tendierte zur Spaltung: Die eine Seite suchte die Annäherung an das Christentum, die andere (vor allem von Porphyrios vertreten) bekämpfte es erbittert. Christen waren in die oberen Ränge der Armee und des Hofes aufgerückt. Kaiser Diokletian, der in der Zurückgezogenheit von Split starb (sein Grabmal befindet sich in der dortigen katholischen Kathedrale), reorganisierte das Reich. Wahrsager am Hof, die aus Eingeweiden die Zukunft lasen, sahen ihre Bemühungen vereitelt durch christliche Armeeoffiziere, die das Kreuzzeichen schlugen (ein Zeichen christlicher Frömmigkeit, welches mindestens bis ins 2. Jahrhundert zurückgeht). Die entscheidende Schlacht an der Milvischen Brücke bei Rom im Jahre 312, welche Konstantin den Großen an die Macht brachte, wurde gewonnen nach einem Traum, der Konstantin eingab, er solle auf seinem Schild ein Monogramm Christi sowie die Worte anbringen: »In diesem Zeichen wirst du siegen.«

Oben: Die Kirche und der römische Staat
Von der Zeit der Apostel an beteten die Kirchen für den Kaiser und die Statthalter, von deren Umsicht und Macht Gerechtigkeit und Frieden, die Sicherheit der Straßen und Meere, die Rechtssicherheit und die rechtliche Ordnung abhingen, welche Voraussetzung für die missionarische Arbeit waren. Gründeten sich die frühen Gemeinden auf die Städte, so wurden die Reichsprovinzen kirchliche Verwaltungseinheiten. Den Vorsitz über die Bischöfe einer Provinz führte entweder (wie in Nordafrika) derjenige, der am längsten die Weihe hatte, oder – was üblicher war – der Bischof der Hauptstadt. Die Bischöfe der großen Bischofssitze (Rom, Konstantinopel ab 330, Alexandria, Antiochia, Jerusalem ab 451) waren Berufungsinstanzen für die zu ihnen gehörenden Kirchenprovinzen, die Patriarchate genannt wurden, analog der Gerichtsbarkeit der Präfekten.

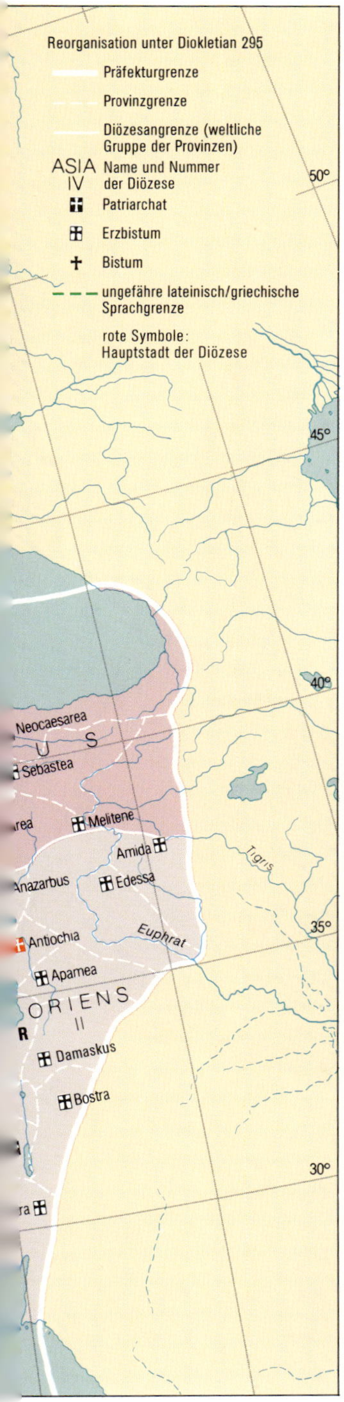

Griechischer Osten und lateinischer Westen: Die Kluft vertieft sich

Konstantin mit seinem Bewußtsein göttlicher Sendung fühlte sich bedroht durch die Uneinigkeit der Christen in Nordafrika und Alexandrien. Die Nachwirkungen der Verfolgung ließen die Gemeinde in Karthago gespalten zurück in Gläubige, die in ihr einen kompromißlosen Kampf gegen den Satan sahen, und solche, die sich still verhalten wollten, bis der Sturm vorüberging. Die Spannungen führten zum Schisma: Die eine Seite, anerkannt und unterstützt vom Kaiser, trat für die Einheit mit der katholischen Kirche in Rom ein, die andere, bald angeführt von Donatus, entschied sich unnachgiebig für die rituelle Frömmigkeit und die vollständige Trennung von Kirche und Staat.

In Alexandria bereitete Arius, ein Presbyter aus dem Hafenviertel, seinem Bischof Schwierigkeiten (erfreute aber andere) durch die Lehre, daß der Sohn Gottes, als er gekreuzigt wurde, litt, wie es eine Gottheit nicht kann, und daher in der Seinsordnung vom transzendenten Vater, der Erstursache aller Dinge, verschieden sei und dessen Willen entspringe. Die daraus entstehende schwerwiegende Kontroverse veranlaßte Konstantin, eine große Synode von 220 Bischöfen nach Nicaea in Kleinasien einzuberufen, der nicht nur Vertreter zahlreicher griechischer Provinzen, sondern auch zwei Presbyter als Vertreter Silvesters, des Bischofs von Rom, angehörten. Das Konzil von Nicaea wurde so das erste allgemeine oder »ökumenische« Konzil. Durch das dort formulierte Glaubensbekenntnis wurden die Thesen des Arius verdammt, Sohn und Vater als »wesenseins«, als »von einer Natur« erklärt.

Die Ungeklärtheit des Begriffes »Wesenseinheit« führte zu ein halbes Jahrhundert währenden Auseinandersetzungen. Griechische Bischöfe fanden, er berücksichtige nicht die Verschiedenheit des Sohnes vom Vater. Athanasius, Bischof von Alexandrien von 328 bis 373, sorgte dafür, daß der Westen das Glaubensbekenntnis von Nicaea unterstützte, was jedoch zur Folge hatte, daß die Kluft zwischen dem griechischen Osten und dem lateinischen Westen sich vertiefte. Über den Zank zwischen den verschiedenen Parteien, von denen jede mit ihren eigenen Schlagwörtern um sich warf, wurde beim Barbier geklatscht und in Varietés gewitzelt. Der bedeutendste heidnische Historiker im Reich des 4. Jahrhunderts, Ammianus Marcellinus, machte bissige Bemerkungen über die erbitterten innerchristlichen Streitigkeiten, die zum Abfall Julians (Kaiser von 361 bis 363) beitrugen. Julians Tod im Kampf gegen Persien war ein schwerer

Rechts: Ein Freskogemälde des volkstümlichen Künstlers Symeon Axenti (1513) in der Kirche St. Sozomenos in Galata auf Zypern zeigt den Kaiser auf dem Konzil von Ephesos im Jahre 431, wie er Nestorios und andere Häretiker verbannt. Die Synoden entschieden zunächst über Fragen der Disziplin, dann auch über Fragen der Lehre. Sie verkündeten Glaubenssätze, die durch Bannflüche gegen Abweichler und Abweichungen bekräftigt wurden. Einige Probleme ließen sich nur durch Einberufung von Konzilien aus mehreren Kirchenprovinzen oder sogar »ökumenischer« Versammlungen regeln. Bei letzteren kamen zu der griechischen Mehrheit Vertreter Roms hinzu. Die sieben ersten ökumenischen Konzilien wurden alle von oströmischen Kaisern einberufen: Nicaea (325), Konstantinopel (381 – Lehre von der Eucharistie), Ephesos (431), Chalkedon (451), Konstantinopel (553), Konstantinopel (680–81) und Nicaea (787).

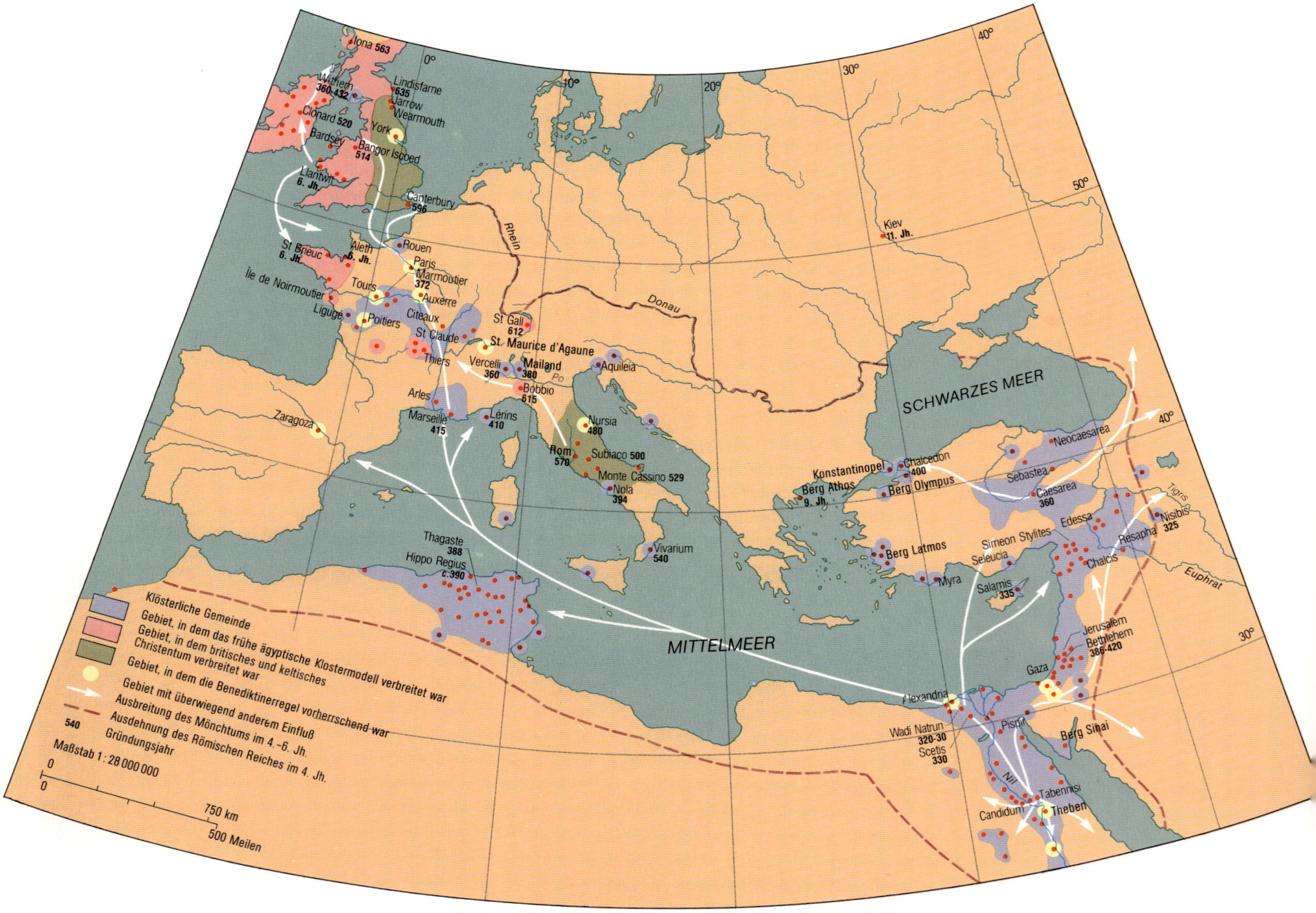

Schlag für die von ihm ausgehende Wiederbelebung des Polytheismus, dem die meisten Bürger im Herzen immer noch anhingen. Theodosius I. (Kaiser von 378 bis 395) entschied den arianischen Streit zugunsten des Credos von Nicaea, das auf dem Konzil von Konstantinopel (381) verbessert wurde. Er verbot heidnische Opfer und schloß die Tempel (391), von denen viele, wie z.B. das Parthenon auf der Akropolis, später in Kirchen umgewandelt wurden. Der Fall Roms durch die Goten Alarichs (410) hatte damals eher emotionale als politische Auswirkungen. Die Sehnsucht nach den alten Göttern als Beschützern Roms veranlaßte Augustinus, Bischof von Hippo (= Annaba in Algerien) von 396 bis 430, mit seiner Schrift *Über den Gottesstaat* (*De civitate Dei*) zu beginnen, einer großangelegten Rechtfertigung des Christentums gegenüber imperialistischer Ideologie und platonischer Philosophie.

Augustinus' Bekehrung in Mailand (386) ging zu einem großen Teil auf den Einfluß seiner Mutter Monica und der philosophischen Denkweise des Ambrosius (Bischof von Mailand 374–397) zurück. Ambrosius war (ungetaufter) Provinzstatthalter gewesen, bevor er Bischof von Mailand wurde, wo der Kaiser residierte. Er verteidigte die Unabhängigkeit der Kirche und sah es als eine Pflicht des christlichen Kaisers an, sie zu schützen. In enger Zusammenarbeit mit dem damaligen Papst Damasus (366–384) trat Ambrosius entschieden für die Unabhängigkeit der Kirche von der kaiserlichen Gewalt ein und zugleich machte er sich für die Westkirche gegenüber der Ostkirche stark. Aristokraten wetteiferten miteinander bei der Ausschmückung von Reliquienschreinen, und an den kirchlichen Hochfesten wurden öffentliche Prozessionen abgehalten.

In der Sicht von Ambrosius waren Kirche und Reich durch die Vorsehung miteinander verbunden. Als Theodosius, erzürnt über die Bürger von Thessalonike, ein Massaker anordnete, forderte Ambrosius ihn auf, Buße zu tun. Die Kaiser des 4. Jahrhunderts verstanden sich als Autokraten, die über dem Gesetz standen. Für Ambrosius hingegen war der Kaiser als Sohn der Kirche nicht nur der natürlichen Sittlichkeit verpflichtet, sondern er hatte auch die wahre Religion gegen teuflischen Polytheismus zu verteidigen.

Schisma im Osten

Im Osten ließ sich der Unabhängigkeit der Kirche von der kaiserlichen Gewalt nicht so leicht durchsetzen, denn dort betonte die christliche politische Theorie, formuliert von Eusebius von Caesarea (gest. 339), die Stellung des christlichen Kaisers als Priester und König. Eingeschränkt war sie nur durch die Forderung, daß die Rechtgläubigkeit gewahrt blieb. Ein Kaiser, der eine Häresie begünstigte, mußte mit Konflikten rechnen.

Als jedoch Johannes Chrysostomus, Patriarch von Konstantinopel von 398 bis 408, begann, von den Kaisern ein

Oben: Mönchtum
Als Mönch zu leben heißt allein zu leben. Doch der Mensch ist ein auf Gemeinschaft angelegtes Wesen, und das Evangelium gebietet die Liebe zum Nächsten. Im Niltal schuf Pachomius um 320 Gemeinschaften zur gegenseitigen Unterstützung auf der ökonomischen Basis von ländlichen Genossenschaften. Sie waren von einer Mauer umgeben und bildeten so einen geheiligten Bezirk. Ähnliche Gemeinschaften wurden in Ägypten im Wadi Natrun, in der Wüste von Judäa, in Kleinasien (von Basilios von Caesarea in den Jahren 370–79) und in Nordafrika von Augustinus begründet, der in Mailand und Rom derartige Häuser vorgefunden hatte. Diese neuen Gründungen führten zu einer Umwandlung des wirtschaftlichen Lebens auf dem Lande.

Rechts: In Ravenna fanden die westlichen Kaiser von 404 an eine sichere Zitadelle. Die Kirchenbauten – mit Mosaiken und Marmor – zählen zu den vornehmsten der Spätantike. Die dem Schutzheiligen von Ravenna, Apollinaris, geweihte Basilika am nahegelegenen Hafen von Classis wurde 549 erbaut. Das Mosaik in der Apsis stellt das Kreuz Christi mit Moses und Elias und die Schafe des Paradieses dar – ein Gleichnis für die Verklärung Christi und seine triumphale Wiederkunft.

+SANCTVS
APOLENARIS

christlicher Sittlichkeit gemäßes Verhalten zu verlangen, verlor er sehr bald die Unterstützung des Hofes. Der Bischof von Alexandria, Theophilus (385–412), der von ägyptischen Mönchen dazu angestiftet worden war, die Bewunderer des Origenes zu verdammen, war verärgert, als Johannes dieselben in Schutz nahm; er kam nach Konstantinopel und erreichte mit der Unterstützung vieler, die über Johannes' Reformeifer befremdet waren, dessen Verurteilung auf einer Synode.

Politisch gesehen war der Fall von Johannes eine unglückselige Auswirkung der Rivalität zwischen Alexandria, das von altersher als die zweite Stadt nach Rom galt, und Konstantins Stadt in Byzanz am Bosporus, die 330 gegründet worden war und das Neue Rom sein sollte. Die Rivalität zwischen diesen beiden Städten zog auch die Kirchen in Mitleidenschaft, und seit 429 verfilzte sie sich mit heiklen Debatten über die Frage, in welcher Weise Jesus Christus zugleich Gott und Mensch sei. In den sechziger Jahren des 4. Jahrhunderts hatte Apollinaris von Laodicea (Syrien) dieses Problem dadurch gelöst, daß er sagte, es gebe in Christus keine Dualität, da der göttliche Logos an die Stelle der menschlichen Seele getreten sei. Er handelte sich damit die Kritik ein, daß er die volle Menschlichkeit des Erlösers leugne.

Bekämpft wurde er von der »Schule von Antiochien«, deren theologisches Haupt der Bischof Theodor von Mopsuestia (gest. 427) war. Für Theodor lag die Erlösung in der vollkommenen Nachfolge Christi als des Wegbereiters des Heils (ein Thema des *Hebräerbriefes*). Die alexandrinische Schule lehnte Apollinaris ab, betonte aber, daß kein bloßer Mensch die Welt, von der er ein Teil ist, retten könne. Die Auseinandersetzung spitzte sich zu einem schwerwiegenden Konflikt zu zwischen Kyrill, Bischof von Alexandria von 414 bis 444, und Nestorius, Bischof von Konstantinopel von 428 bis 431 (gest. ca. 449) und Schüler Theodors von Mopsuestia.

Nestorius wurde auf dem dritten Ökumenischen Konzil von Ephesos (431) nach stürmischen Auseinandersetzungen verurteilt, weil er nicht die grundlegende Einheit (»hypostatische Union«) der Person Christi anerkannte. Kyrill sprach von »einer Natur nach der Vereinigung«, Nestorius von »zwei Naturen vereinigt in einer Person«.

Das Konzil von Chalkedon einigte sich auf eine Definition, die immer noch Gültigkeit besitzt und sich weitgehend an die Formulierungen Kyrills von Alexandria anlehnt, außer daß es heißt, daß Christus eine Person ist, die sich »*in* zwei Naturen« offenbart. Kyrill hätte »*aus* zwei Naturen« gesagt.

Es waren hauptsächlich zwei Faktoren, die den Westen vor den schlimmsten Auswirkungen des christologischen Streits bewahrten, welcher den griechischen Osten erschütterte und zu spalten drohte. Unter Papst Leo I. (440–461) hatte das Amt des Bischofs von Rom eine anerkannte Vorrangstellung, nicht nur als Berufungsinstanz für lokale Synoden, sondern auch als positive Lehrautorität im Namen des hl. Petrus. Sodann hatte es im Westen eine Reihe erstrangiger Persönlichkeiten gegeben: Hilarius von Poitiers (ca. 315–367), Ambrosius von Mailand, den gelehrten Mönch Hieronymus (347–419, ab 386 in Bethlehem lebend), dessen Bibelkommentare und verbesserte lateinische Bibel (die *Vulgata*) Werke von hoher Gelehrsamkeit waren, und vor allem Augustinus.

Augustinus, einer der größten Schüler und zugleich Kritiker Platons, besonders im *Gottesstaat* und in *Über die Dreifaltigkeit* (*De trinitate*), überragte geistig alle seine Zeitgenossen. Gegen die Manichäer verteidigte er den Stellenwert der Autorität in Übereinstimmung mit der Vernunft (»Ich hätte dem Evangelium nicht geglaubt, wenn mich nicht die Autorität der allgemeinen Kirche genötigt hätte«). Gegen die Donatisten führte er ins Feld, daß die authentische Kirche nicht in nur einer Provinz existieren kann. In der Auseinandersetzung mit dem britischen Mönch Pelagius (von 412 an) vertrat er den Standpunkt, daß der Mensch unfähig ist, Gott zu gefallen, ohne die innere Gnade Christi (*sola gratia*).

Links: Augustinus (354–430), ein den Büchern ergebener Junge aus den (heute algerischen) Bergen wurde Lehrer in lateinischer Rhetorik und Platoniker. Im Alter von 32 Jahren bekehrte er sich zum Christentum und wurde 387 in Mailand von Ambrosius getauft. Nachdem er seine Mutter Monica in Ostia begraben hatte, kehrte er 388 nach Nordafrika zurück. Im Jahre 391 wurde er Presbyter, dann 395–96 Bischof von Hippo (Annaba). Seine bedeutendsten Schriften verfaßte er nach 396, so die *Konfessionen, Über die Trinität* und den *Gottesstaat;* dazu zahlreiche großartige Briefe und Predigten. Im Westen war und ist sein Einfluß groß.

Unten: Ungefähr aus der Zeit von Augustinus' Geburt stammt der Silberfund von Water Newton, Huntingdonshire, der sich jetzt im Britischen Museum befindet. Zu dem Schatz gehört eine Anzahl von dreieckigen Schmuckplatten, die heidnischen Votivgaben ähneln, denen aber christliche Symbole aufgeprägt sind. Abgebildet ist eine silberne Schale mit der Inschrift: Ich, Publianus, der demütig auf dich meinen Herrn, vertraut, ehre deinen heiligen Altar.

ZWEITER TEIL

DIE MITTEL-ALTERLICHE KIRCHE

DIE KIRCHE IM OSTEN

Das Zeitalter Justinians

Justinian I. (527–565) war nicht der erste byzantinische Kaiser, der den Anspruch erhob, von Gott berufen zu sein oder der glaubte, daß er von Gott dazu ausersehen sei, den rechten Glauben durchzusetzen. Seit der Zeit Konstantins des Großen hatten die Kaiser weitreichende Rechte in Anspruch genommen und schon Theodosius I. hatte Schritte unternommen, um das Reichsgesetz in Einklang mit den christlichen Lehren zu bringen. Justinian behauptete, das Sprachrohr Gottes und sogar die »auf Erden wandelnde Gottheit« zu sein.

Bestrebt, Gottes Zorn von sich und seinem Reich abzuwenden und seine Gunst zu erringen, legte er eine Sammlung kaiserlicher Erlasse an und systematisierte das Recht seines Reiches. »Wenn wir uns bemühen, unter allen Umständen den staatlichen Gesetzen Geltung zu verschaffen, deren Vollmacht Gott in seiner Güte uns zur Sicherheit unserer Untertanen anvertraut hat, um wieviel eifriger sollten wir dann danach streben, die heiligen Vorschriften und die göttlichen Gesetze durchzusetzen, die für das Heil unserer Seelen gemacht worden sind!« – »Ein Reich, ein Recht, eine Kirche« war Justinians Losung.

Gegen auffallende Abweichungen von der christlichen Norm – der »Orthodoxie« (griech. *orthos* = »richtig«, *doxe* = »Meinung, Lehre«), wie er sie verstand, – ging Justinian mit aller Schärfe vor. Juden wurden verfolgt, und diejenigen, die Heiden oder einfach ungetauft blieben, gerieten in harte Bedrängnis. (Der größte Schlag, der gegen die heidnischen Intellektuellen geführt wurde, war die Schließung der Akademie von Athen im Jahre 529.) Viel zu tun gab es auf dem Lande, sogar in Gebieten wie Lydien mit seit langer Zeit bestehenden christlichen Traditionen. Johannes, der Titularbischof von Ephesus, rühmte sich, in den Berggegenden des westlichen Kleinasiens 80000 Menschen bekehrt zu haben; dabei wurden die Tempel zerstört und an ihrer Stelle zahlreiche Kirchen erbaut.

Justinian machte sich auch Gedanken über die Lebensführung und Moral der christlichen Geistlichkeit. Mit der Begründung, daß ein sittlicher Lebenswandel des Klerus »unserem Reich großen Vorteil und Aufschwung bringt, wodurch es uns vergönnt ist, die Barbaren zu unterwerfen«, verbot er den Geistlichen, sich am Glücksspiel zu beteiligen und Theater oder Pferderennen zu besuchen. Für Justinian, wie für andere byzantinische Kaiser, war die Kirche keine für sich bestehende oder gänzlich eigenständige Institution, die ihren eigenen Gesetzen folgt. Vielmehr betrachtete er sie als eine Art staatliches Ministerium, das mit Aufgaben von einzigartiger Bedeutung für das Gemeinwohl betraut ist.

Weder Justinian noch irgendein anderer byzantinischer Kaiser beanspruchten das Recht, das Abendmahl zu spenden oder andere spezifisch priesterliche Aufgaben wahrzunehmen. Doch wollte er als Gönner und Schutzherr der Kirche Einfluß auf die Besetzung der Bischofsstühle und Patriarchate ausüben, und er erwartete Disziplin, Beachtung des »öffentlichen Interesses« und von den Kirchenmännern oftmals absoluten Gehorsam. Er entließ sogar Patriarchen, wenn deren Verhalten ihm mißfiel. Vor allem verkündete Justinian es als sein Recht und seine Pflicht, für die Wahrung der Orthodoxie zu sorgen. Nach außen hin unterstützte er stets die Entscheidungen und die Autorität der Priester, fügte aber bedeutungsvoll hinzu: »Gottes wahre Lehre und die Würde der Priester sind daher unser erstes Anliegen.« Papst Vigilius (537–555) kritisierte, daß der Kaiser Erlasse herausbrachte, welche die Orthodoxie definierten, und dann Synoden einberief, um sie von ihnen absegnen zu lassen. Als Antwort führt Justinian in den an das allgemeine zweite Konzil von Konstantinopel (553) gerichteten *sacra* ausführlich die vorhergehenden Beispiele für Eingriffe der Kaiser in Dogmenfragen auf. Als Vigilius sich immer noch uneinsichtig zeigte, wurde er einfach für abgesetzt erklärt. Die praktischen Grenzen von Justinians Macht traten am deutlichsten zutage im Streit um die Monophysiten *(monos* = »eins«, *physis* = »Natur«). Diese glaubten, daß der inkarnierte Christus eine *einzige* und unteilbare Natur hätte, wenn diese auch *aus* zwei Naturen, einer göttlichen und einer menschlichen stammte. Die offizielle Lehre, formuliert auf dem Konzil von Chalkedon (451), wo Christus in *zwei* Naturen, einer göttlichen und einer menschlichen, existierte, wurde von ihnen abgelehnt, weil sie die Person Christi zweiteile.

Unten: Das Bild als Botschaft: Kaiser und Kirchenführer drückten ihren Anspruch und ihre Vorstellungen durch Bilder aus. Diese Medaille Justinians (geprägt zwischen 534 und 538 – Kopie) feiert Byzanz' Rückeroberungen im Westen. Justinian erscheint darauf als Krieger mit einem Speer, dem die Siegesgöttin voranschreitet. In Wirklichkeit überließ Justinian das Kriegführen seinen Generälen.

Rechts: Ein Kloster als »Zeitmaschine«. Das Katharinenkloster auf dem Berg Sinai, von Justinian um 557 gegründet, ist heute noch ein orthodoxes Kloster. Es enthält Ikonen aus den ersten Jahrhunderten und Handschriften von unschätzbarem Wert. Seine Anlage – die Kirche im Zentrum der Gemeinschaft, die von einer hohen Mauer umschlossen ist – war die Norm in byzantinischen Klöstern.

Unten: Justinians Reich
Justinian sah seine Herrschaft als absolut und seinen Staat als christlich und geeint, doch in Wirklichkeit lebte das Heidentum in den abgelegenen Gebieten fort, und heftige Kontroversen bezüglich der Lehre trennten die Provinzen des Nahen Ostens von den Konstantinopel nähergelegenen. Die Mehrheit der Bevölkerung in Italien befand sich, obwohl sie die religiöse Überzeugung Konstantinopels teilte, bei Justinians Thronbesteigung im Jahre 527 außerhalb seines Machtbereichs. Sie wurde von den Ostgoten beherrscht, die häretische Christen (Arianer) waren. Es gelang Justinian nicht, unter seinen Kirchenmännern Übereinstimmung über die wahre Natur Christi herbeizuführen. Dafür dehnte er sein Reich eindrucksvoll aus und suchte es durch ein ehrgeiziges Bauprogramm zu schützen. Er gab auch zahlreiche Kirchenbauten in Auftrag, um dadurch den hinzukommenden Territorien seinen kaiserlichen Stempel aufzudrücken.

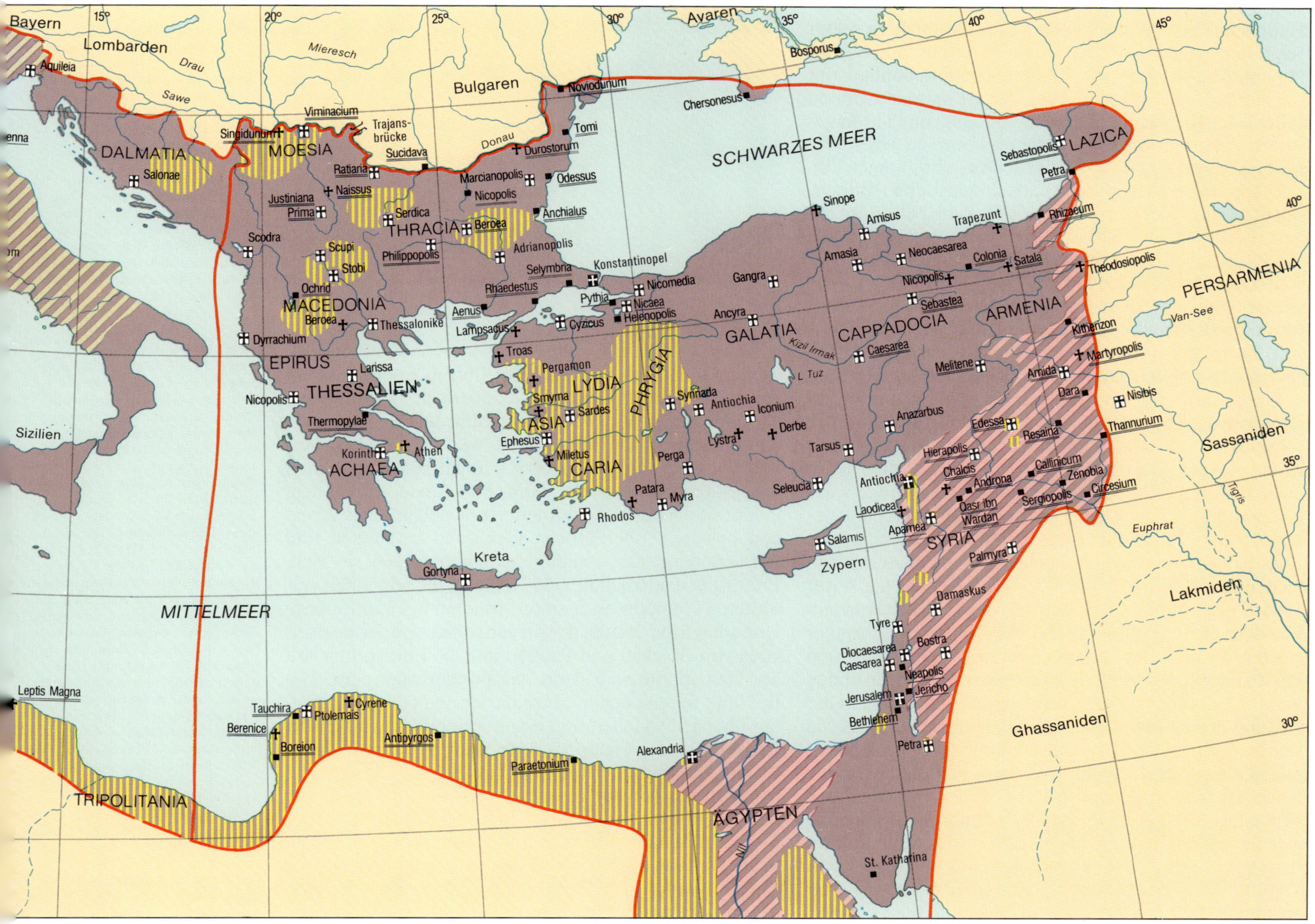

Monophysiten und Chalkedonenser

Im 6. Jahrhundert fand der Monophysitismus Verbreitung in den mittelöstlichen Provinzen des byzantinischen Reichs: in Syrien, Ägypten und im östlichen Kleinasien. In Konstantinopel hatte ein syrischer Mönch das Pech, von einer erregten Menge für das Haupt der Monophysiten, den Patriarchen Severus von Antiochia, gehalten zu werden. Die Bürger, Chalkedonenser, ergriffen den Mönch, und er wurde hingerichtet. Andererseits hatten in manchen Gegenden einfache Leute eine Abneigung dagegen, die Kommunion aus den Händen von chalkedonensisch gesinnten Geistlichen zu empfangen, die sie beinahe mit physischem Abscheu betrachteten.

Justinian war der Mann in der Mitte, der versuchte, Monophysiten und Chalkedonenser zu versöhnen. Bei allem Pomp der Rhetorik und des imperialen Rituals und bei all seiner Geschicklichkeit war der Spielraum des Kaisers doch begrenzt. Übte er Zwang gegen die Monophysiten aus, riskierte er Unruhen in einem Gebiet, auf das der Schatten seines mächtigeren Nachbarn, des Königs Chosrau I. von Persien, fiel. Die große Statt Antiochia fiel an Chosrau bei einem Scharmützel im Jahre 540. Die Monophysiten neigten zu Überreaktionen. Allein die Entlassung einiger monophysitischer Bischöfe in Ägypten in den frühen vierziger Jahren des 6. Jahrhunderts veranlaßte sie zu dem Aufschrei »Verfolgung«. Doch wenn Justinian den Monophysiten Zugeständnisse machen wollte, riskierte er den Zorn der chalkedonensischen Mehrheit in Konstantinopel; und die Gewalttätigkeit des Pöbels ebenso wie die Instabilität von Justinians Herrschaft über seine Hauptstadt hatte sich schon in den Anfangsjahren seiner Regierung gezeigt. Im Jahre 532 hätte ein Aufruhr im Hippodrom, hervorgerufen durch Unzufriedenheit mit der harten Besteuerung und mit den Gewaltmaßnahmen seitens der Regierung, Justinian beinahe vom Thron gestürzt. Ein zu großzügiges Entgegenkommen gegenüber Monophysiten konnte zu ähnlichen Ausschreitungen führen. Doch die Mägen der chalkedonensischen Bürgerschaft wurden gefüllt mit Getreide, das von Nilbauern angebaut wurde, und viele von denen waren Monophysiten. Auch die ägyptischen Städter pflegten der monophysitischen Richtung anzuhängen, und der Patriarch von Alexandria war, ebenso wie der Patriarch von Jerusalem, Monophysit. Bereits in den letzten Jahren der Regierungszeit Justinians formierten sich die Monophysiten von Syrien zu einer eigenen Kirche mit eigener Organisation.

Die Streitigkeiten über die Natur bzw. die Naturen Christi gingen nach dem Tode Justinians weiter, und die Kaiser schwankten zwischen Duldung und Verfolgung der Monophysiten. Die Chalkedonenser suchten in den neunziger Jahren die aktive Unterstützung Papst Gregors des Großen. Meist lehnte er es aber ab, sich in die theologischen Streitigkeiten der Ostkirche hineinziehen zu lassen.

Es ist schwer zu sagen, inwieweit das Leben der einfachen Christen durch die Streitigkeiten über die Natur Christi oder durch die Auflösung des Ostreiches beeinflußt wurde, die ja schon begonnen hatte, bevor die Araber aus den Wüsten des Südens eindrangen. Wie im Westen zur Zeit der Barbareneinfälle im 5. Jahrhundert, ersetzten praktisch die Bischöfe die Vertreter der Regierung in der Leitung der Gemeinwesen. Darüber hinaus entwickelte sich beim Kirchenvolk in wachsendem Maße ein Heiligen- oder Ikonenkult. Er wurde vor allem von den Mönchen gefördert, war aber auch für Bischöfe von Bedeutung, besonders wenn es an ihrem Sitz einen Reliquienschrein gab, der von Wallfahrern aufgesucht wurde. Mochte Justinian die Bischöfe als Staatsangestellte betrachten, die bestimmte Jurisdiktionsbefugnisse über Laien ausüben durften, so waren sie doch in mancherlei Hinsicht praktisch unabhängig und autark. Bischöfe in ländlichen Diözesen besaßen ausgedehnte Ländereien, während die Kirche in den Städten Bodenzins und Marktzölle erhob. Dienstältere kaiserliche Beamte wie z. B. Stadtgouverneure bekleideten ihr Amt oft nur für kurze Zeit. Sie sahen ihre Aufgabe häufig nur darin, ihre Kasse aufzufüllen, indem sie die ihnen Anvertrauten mit willkürlichen Abgaben belegten, übertriebene Gebühren verlangten und Bestechungsgelder annahmen. Selten hatten sie Zeit, Erfahrung oder auch nur die Neigung, die von ihnen verwalteten Gemeinwesen zu reformieren oder zu fördern. Um alltägliche lokale Angelegenheiten wie Instandsetzung von Brücken und Straßen und die Einrichtung von Märkten mußte sich dann der Bischof kümmern. Die Bischöfe waren auch meist redlicher und fähiger, verfügten über Hilfsquellen und einen ansehnlichen Stab von Untergebenen. Viele Bischöfe stammten aus ihrem Bistum, und zwar meist aus landbesitzenden Familien; sie brachten also gewisse Kenntnisse in der Gutsverwaltung mit. Als größter Vorteil wirkte sich aber wohl aus, daß der Bischof normalerweise sein Leben lang bei seiner Herde lebte. Da man ab dem Alter von 30 Jahren zum Bischof geweiht werden konnte, konnte ein Episkopat viele Jahre dauern, und ein Bischof konnte damit rechnen, daß seine

Oben: Diese große Kirche im Qalaat Seman in Syrien wurde am Ende des 5. Jahrhunderts zum Gedenken an den hl. Simeon den Styliten (ca. 390 bis 459) erbaut. Die kreuzförmig angelegte Kirche wurde um die Säule herum gebaut, auf der Simeon seinen Sitz gehabt hatte. Die Säulenbasis ist noch in der Mitte der Kirche zu sehen. Simeon lebte 30 Jahre auf der Säule. Er trug eine Kette und ein eisernes Halsband, vermutlich um die Gefahr des Abstürzens zu verringern. Er trat für die chalkedonische Rechtgläubigkeit ein.

Links: Dem entgegengesetzten – monophysitischen – Lager gehörte der koptische Mönch an, der auf diesem Kalksteinrelief des 6. oder 7. Jahrhunderts mit zum Gebet erhobenen Händen dargestellt ist. »Kopte« ist die arabische Entstellung von »Ägypter«. Siehe unten, S. 169.

Rechts: Im Schatten des Islam
Während des 7. Jahrhunderts verwandelte sich Byzanz von einem Weltreich, das auf drei Kontinente übergriff und vier Patriarchate umfaßte, in eine regional begrenzte Macht mit nur einem Patriarchat. Die Araber, vereint im Eifer für den »heiligen Krieg« *(jihad)*, drangen in byzantinische Provinzen ein, die von theologischen Streitigkeiten zerrissen waren. Das christliche Leben der monophysitischen Mehrheit ging in den Kirchen und Klöstern unter moslemischer Herrschaft weiter. Es ist wohl kein Zufall, daß Kleinasien, das den Moslems widerstand, vorwiegend chalkedonisch und also geeint war. Nach dem frühen 8. Jahrhundert versuchten die Araber nur selten, Byzanz zu erobern; vielmehr begnügten sie sich mit periodisch wiederkehrenden Überfällen auf byzantinisches Gebiet. Diese wurden von gutorganisierten Stützpunkten südöstlich des Taurusgebirges gestartet. Im 9. und 10. Jahrhundert waren die Angriffe moslemischer Piraten ein weiterer Schicksalsschlag für die byzantinischen Provinzen. Die Bischofssitze waren wenig mehr als herausgeputzte – und befestigte – Dörfer. Die Kirche in den Provinzen war als Institution durch die ständigen moslemischen Überfälle geschwächt.

Amtszeit diejenige mehrerer Gouverneure überdauern würde. So konnte er den kaiserlichen Beamten mehr oder weniger gleichrangig gegenübertreten.

Nicht auf jedem Bischofsstuhl saß ein hl. Demetrius oder ein hl. Johannes der Almosenspender. Auch waren nicht viele Bischofsstellen so gut dotiert oder so sicher wie die von Alexandrien oder von Thessalonike. Johannes der Almosenspender kümmerte sich um die Flüchtlinge aus Syrien, wo die Perser eingefallen waren. Unter ihnen befanden sich zahlreiche Bischöfe. Die ohne seelsorgische Betreuung in Syrien und Palästina Zurückgelassenen gerieten mit hoher Wahrscheinlichkeit in den Bann »heiliger Männer«. Diese lebten extrem asketisch an abgeschiedenen Wüstenstellen oder in versteckten Winkeln des Landes. Die Menschen der betreffenden Gegenden begegneten ihnen zunächst mit Neugier, dann aber brachten sie ihnen fromme Verehrung entgegen. So wurden diese Einsiedler oft durch Zufall zu Seelenhirten. Vom Wind gezauste Gestalten wie der hl. Symeon der Stylit waren schon im 5. Jahrhundert vom Volk verehrt worden. Nun gab es einen Beweggrund, bewußt Anhänger zu werben: den erbitterten Konkurrenzkampf zwischen Monophysiten und Chalkedonensern.

Johannes von Ephesus schreibt über die Verdienste der heiligen Männer und Frauen im Erzbistum Amida (Dijarbakir) am Oberen Tigris nahe der persischen Grenze. Sie trotzten den Persern und der Unterdrückung durch die Chalkedonenser, speisten die Armen und pflegten die Kranken, ob diese nun »im Frieden oder in der Verfolgung, zu Hause oder in der Fremde« lebten. Im Gegenlager schrieb Johannes Moschus im frühen 7. Jahrhundert zum Ruhme der chalkedonensischen Asketen. Während einige von ihnen viele Jahre in vollkommener Stille lebten, ohne auch nur jemand zu sehen, wetteiferten andere mit den Monophysiten. Moschus erzählt z. B. die erbauliche Geschichte von zwei Säulenheiligen – der eine Monophysit, der andere Chalkedonenser, die nur 10 km voneinander entfernt lebten. Sie waren stets uneins, wobei der Monophysit ständig durch Botschaften versuchte, den Chalkedonenser zu sich herüberzuziehen. Eines Tages suchte der letztere beim Monophysiten um ein Stück von dessen Kommunionbrot nach. Als er es erhielt, warf er es in einen Kessel mit siedendem Wasser, und alsobald löste es sich auf. Dann warf er ein Stück von der »heiligen Hostie der orthodoxen Kirche« in den Kessel. Der Kessel erkaltete sofort, und die orthodoxe Hostie »war unver-

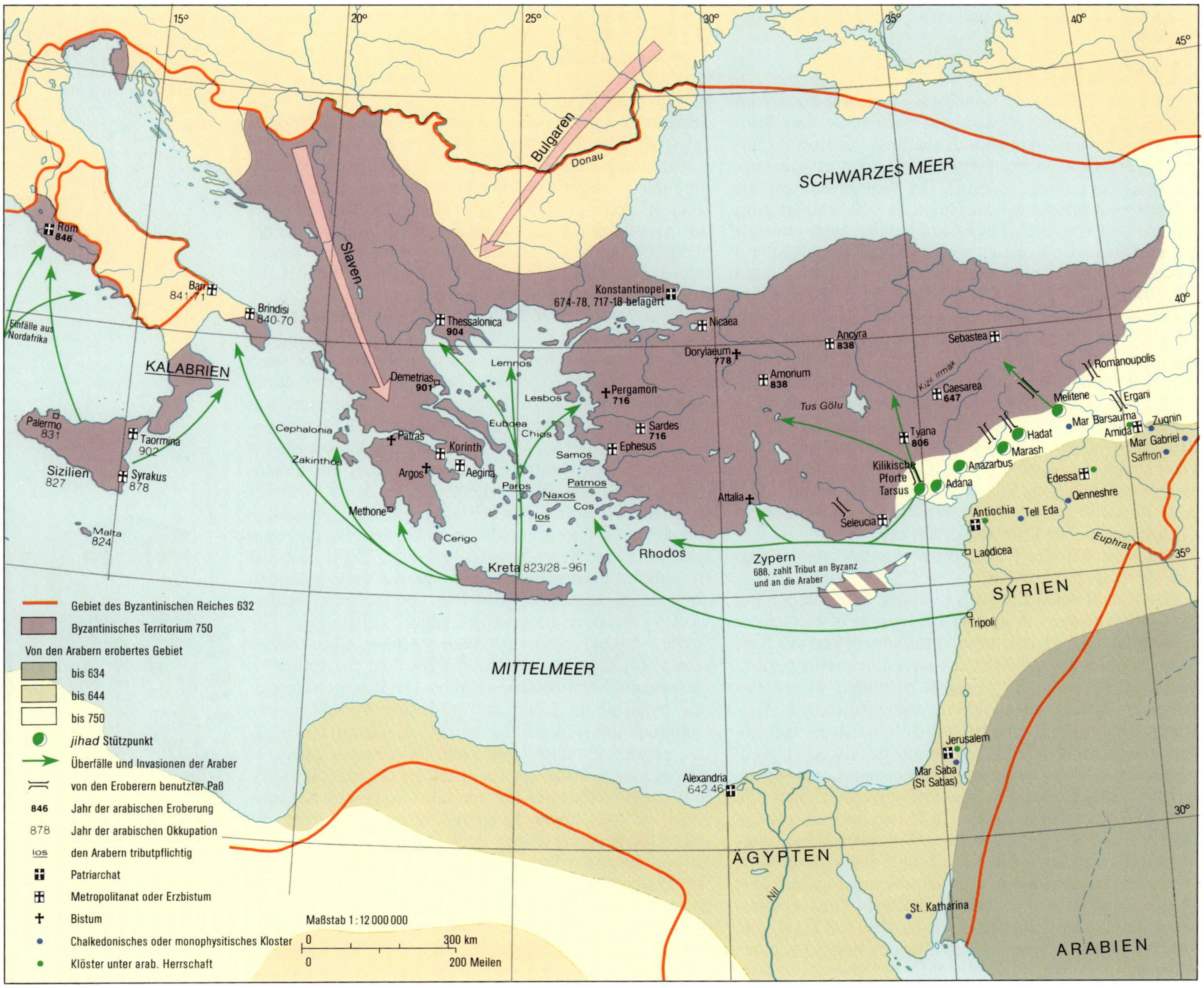

sehrt und unbenetzt, und er hat sie bis heute aufbewahrt und zeigte sie uns, als wir ihn besuchten«. Genüßlich berichtet Johannes Moschus auch, wie sich eine stinkende und schmutzige Taube auf dem Kopf eines fromm scheinenden monophysitischen Mönchs niederließ, als dieser betete und sang. An anderer Stelle erzählt Moschus, wie die Monophysiten durch von Gott gesandte Erscheinungen daran gehindert wurden, an den heiligen Stätten von Jerusalem Gottesdienst zu halten.

Die schwankende Politik der Kaiser erzeugte Gegenströmungen in dieser verworrenen Situation. Was auch immer sie von der Lehre des Monophysitismus hielten, mußten sie auf jeden Fall bestrebt sein, sich das Wohlwollen derjenigen zu erhalten, die nahe der persischen Grenze lebten. Erst in jüngster Zeit wurde nachgewiesen, daß die byzantinischen Kaiser in dieser Periode Kirchendekorateure, kostbare Geschenke und sogar jährliche Unterstützungen in Form von Gold an das Kloster von Qartmin im Tur Abdin schickten. Als Gegenleistung für diese kaiserlichen Wohltaten wurde von den Mönchen wohl erwartet, daß sie ihren beträchtlichen Einfluß auf das einfache Volk in dieser Gegend dahingehend nutzten, daß es die Politik des Kaisers unterstützte und natürlich nicht murrte über all die Abgaben und Requisitionen, welche die Stationierung byzantinischer Truppen an der Grenze mit sich brachte.

Das Trullanische Konzil von 692

Das sogen. Trullanische Konzil des Jahres 692 wurde von Vertretern aller Patriarchate mit Ausnahme von Rom besucht. Da Papst Sergius I. es ablehnte, die dort formulierten Grundsätze anzuerkennen, war es jedoch kein vollgültiges ökumenisches Konzil. (Es wird gewöhnlich als *Concilium Quinisextum* bezeichnet, da es Nachträge zum fünften und zum sechsten Konzil lieferte, oder eben als das »Trullanische Konzil«, weil es in der Kuppelhalle – *trullus* – des kaiserlichen Palastes in Konstantinopel tagte.) Das Konzil erließ strenge Richtlinien für das sittliche Verhalten der Priester. So wiederholte es das Verbot von Glücksspielen, das schon Justinian I. ausgesprochen hatte, und die Strafen wurden drastisch verschärft. Einige Vorschriften enthielten eine Kritik an westlichen Gepflogenheiten, z. B. am Zölibat der Pfarrgeistlichkeit, und drückten eine Mißbilligung von Abweichungen aus, die sich bei den eigenwilligen Christen des Westens zeigten. Der Laienstand wurde auf seinen Platz verwiesen durch das Verbot, öffentlich die Hl. Schrift auszulegen, und durch eine strenge Regelung für die Benutzung von Kapellen in Privathäusern. Die Priester wurden angewiesen, ihre Predigten an denen der Kirchenväter auszurichten, anstatt ihre eigenen zu schreiben.

Das Konzil versuchte auch Ordnung in das Leben der Mönche zu bringen. Auch hier wiederholte es die Gesetzgebung Justinians I. und unternahm weitere Versuche, die Mönche unter die Aufsicht der Kirchenhierarchie zu bringen. Bevor jemand für geeignet befunden wurde, das Leben eines Eremiten zu führen, mußte er jetzt eine vierjährige Probezeit in einem Gemeinschaftshaus verbringen, und es mußte die Genehmigung des für den Ort zuständigen Bischofs eingeholt werden. Jeder, der Mönch werden wollte, mußte sich einer Prüfung unterziehen: »So muß sein Bekenntnis, daß er ein Leben im Einklang mit Gott führen will, gefestigt und mit Wissen und Urteilsvermögen abgelegt sein.« Ein Novize sollte daher mindestens zehn Jahre alt sein. Das Konzil hielt aber noch fest an einer Politik der »offenen Tür« für alle, die in ein Kloster eintreten wollten: Es steht jedem Christen frei, das asketische Leben zu wählen, sich von den Stürmen und Sorgen des Alltagslebens zurückzuziehen und in ein Kloster einzutreten und sich nach Mönchsweise scheren zu lassen, was auch immer seine Schuld gewesen sein mag.« Dennoch läßt der Kanon 42 des Konzils Unwillen erkennen über die Leichtigkeit, mit der zweifelhafte Charaktere geistliche Kleidung für sich in Anspruch nehmen konnten: »Was die sogenannten Eremiten angeht, welche schwarze Kleider tragen, ihr Haar lang wachsen lassen und in den Städten umherziehen, mit Laienmännern und -frauen in Berührung kommen und ihrem eigenen Berufsstand gegenüber spotten, so bestimmen wir, daß sie, wenn sie ihren Kopf scheren lassen und die Kleidung der anderen Mönche annehmen, sich in einem Kloster ansiedeln und unter ihre Mitbrüder aufgenommen werden sollen. Wenn sie dies aber nicht tun, sollen sie aus den Städten vertrieben werden und in verlassenen Gegenden wohnen . . .«

Der Ikonoklasmus und seine Folgen

Das Trullanische Konzil sollte nach dem Willen Justinians II. das stark angewachsene Unterlagenmaterial früherer Kirchenkonzile kodifizieren und für die strenge Einhaltung christlicher Lebensweise Sorge tragen. Obwohl es einberufen wurde zu einer Zeit, als die arabische Flut schon etwas abgeebbt war, ging es davon aus, daß die Barbaren weiterhin die Christen bedrängen und die Gesellschaft allgemein vor eine Zerreißprobe stellen werden. Die Bestimmungen des Konzils stellen – auch heute noch – die wahrscheinlich bedeutendste Sammlung der orthodoxen Kirche dar. Das Konzil hat aber auch seine Bedeutung als Vorspiel zur ikonoklastischen Krise, welche einige Jahrzehnte später Kirche und Reich erschütterte. Denn es zeigt, wie sehr der Kaiser sowohl über jede Einzelheit des Rituals und des Gottesdienstes wacht als auch die Behandlung der großen theologischen Fragen im Auge behält. Auch als sich innerhalb des geschrumpften Reiches unter der Ägide des Kaisers allmählich ein Konsens über die Natur Christi herausbildete, nahmen die Meinungsverschiedenheiten über Fragen des Rituals, z. B. über die Rolle von Heiligenbildern, eher zu.

Die auf dem Trullanischen Konzil beschlossenen Kanones waren inspiriert vom Gefühl der Verantwortung für die Ordnung des religiösen Lebens im Reich und ebenso von dem Bestreben, einem Zerfall des Reiches durch Angriffe von außen entgegenzuwirken. Ein ähnliches Bewußtsein, verstärkt durch die Belagerung Konstantinopels durch die Araber 717/18 sowie durch den gewaltigen Ausbruch eines Meeresvulkans bei der Insel Thera (Santorini), bestimmte Kaiser Leon III. im Jahre 726, sich gegen den weiteren Gebrauch von Heiligenbildern auszusprechen, die ihm nunmehr reine Götzenbilder zu sein schienen. Ihre Verehrung hatte Gottes Zorn über die Byzantiner, Gottes neues auserwähltes Volk, gebracht, ähnlich wie einst die Anbetung des goldenen Kalbes Gottes Zorn über die Israeliten gebracht hatte.

Die »ikonoklastischen« (*eikon* = »Bild«, *klazo* = »zerschlagen«) Kaiser zogen Nutzen aus dem geschwächten Zustand der byzantinischen Kirche. Der Patriarch Germanus bedachte in jenen Jahren Leons Vorschlag, den Gebrauch von Heiligenbildern im Gottesdienst zu verbieten, verwarf ihn aber schließlich. Dem Kaiser gelang es jedoch, eine Synode einzuberufen, die Germanus absetzte und ein Verbot der Bilderverehrung beschloß. Dabei wurde er von einigen Kirchenmännern unterstützt, die seine Überzeugung teilten; doch gibt es keine gesicherten Hinweise auf das Bestehen einer organisierten »Partei« von Bilderstürmern vor dem Jahre 726. Die ersten Maßnahmen scheinen vom Kaiser ausgegangen zu sein, und der geringe Widerstand im Klerus spricht für die Macht, die der Kaiser über die Kirche ausübte. In der Tat erklärte Leon III.: »Ich bin Priester und König.«

Rechts: Photios in Bedrängnis, im Jahre 886. Die Hände ausgestreckt, als wollte er etwas von sich weisen, sitzt der alte Mann gekrümmt vor seinen Anklägern. Die erfundenen Beschuldigungen wurden von einer Hofclique vorgebracht, die ihn weiterhin anschwärzen wollte, auch nachdem er bereits von seinem Patriarchenamt zurückgetreten war. Dazu hatte ihn der neue Kaiser, Leo VI., gedrängt. Photios hatte viele Feinde innerhalb der Kirche, aber der junge Kaiser fand ohnehin keine Zeit für seinen strengen früheren Hauslehrer. Leo machte seinen eigenen Bruder, Stephan, zum neuen Patriarchen. So konnte sich ein Kaiser, wenn die politischen Umstände günstig waren, in der Kirche durchsetzen, insbesondere bei Ernennungen. Die Ansprüche, die Patriarch Photios in seinem Vorwort zur *Epanagoge* (siehe unten, S. 40) erhoben hatte, konnten ihn nicht vor der Verbannung in ein Kloster bewahren.

Unten: Die Basilika St. Demetrios in Thessalonike soll Mitte des 5. Jahrhunderts erbaut worden sein. Sie beherbergte das Ziborium des Heiligen. Die Einwohner (wenn auch nicht der höhere Klerus) glaubten, es sei sein Grab, und richteten ihre Gebete dorthin. Die große, über 60 m lange Kirche steht im Zentrum der mittelalterlichen Stadt. Die Größe der Kirche und die zahlreichen Emporen zeigen, daß die Verehrung des hl. Demetrios bereits zur Zeit der Erbauung der Kirche ausgeprägt war. Von angesehenen Persönlichkeiten und den Bischöfen der Stadt gefördert, erfreute sie sich großer Beliebtheit. Die Aufzählung der *Wunder des hl. Demetrios* zeigt ihn als Wunderheiler, vor allem aber als militärischen Beschützer der Einwohner gegenüber den Barbaren. Am Rande des Balkans gelegen, brauchte Thessalonike lange Zeit den Schutz des hl. Demetrios. Doch nicht einmal er konnte die Plünderung der Stadt durch moslemische Piraten im Jahre 904 verhindern (siehe Karte, S. 35).

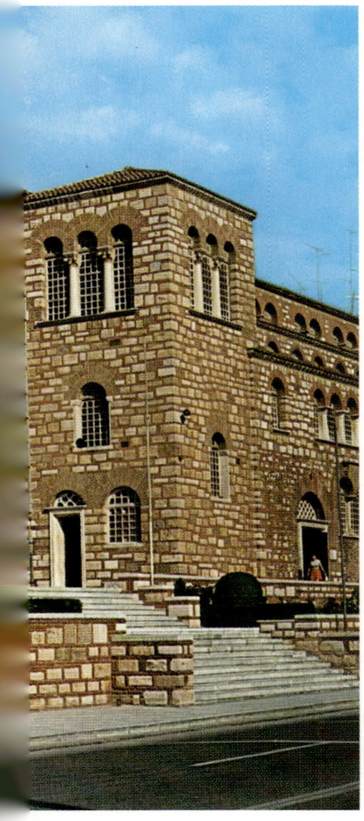

Die Machtstellung des Kaisers in der Kirche brachte am stärksten Leons Sohn Konstantin V. (741–775) zur Geltung. Er ging energischer und gründlicher gegen die Bilderanbeter und gegen Darstellungen Christi sowie der Heiligen und Apostel in menschlicher Gestalt vor. Er wollte zeigen, daß die Bilderlosigkeit im Einklang mit der wahren Lehre stand, und suchte dies mit sorgfältig aufgebauten Argumenten zu beweisen. Er berief eine Kirchenversammlung ein, die diese Lehre sanktionieren sollte. Im Jahre 754 versammelten sich die meisten Bischöfe des Reiches zur Synode von Hieria (bei Chalkedon). Konstantin V. war dabei die treibende Kraft und auch in der Erklärung, zu der man nach langer Diskussion gelangte, hieß es, daß der heilige Kaiser vom Heiligen Geist bewogen worden sei, den neuen, vom Teufel inspirierten Götzendienst zu beseitigen. Konstantin, ein hochintelligenter Mann, überwachte wahrscheinlich die Abfassung der Erklärung. In seiner Regierungszeit erreichte die Herrschaft des Kaisers über die Kirche einen Höhepunkt. Die Klauseln der Erklärung von 754 weisen den kaiserlichen Behörden eine führende Rolle bei der Unterdrückung der Bilderverehrung und bei der Aufrechterhaltung der Ordnung in der Religionsausübung zu. Jeder, der ein Heiligenbild macht oder verehrt oder es auch nur in einer Kirche oder in einem Privathaus versteckt hält, »soll, sei er Laie oder Mönch, mit dem Kirchenbann belegt und nach kaiserlichem Gesetz für schuldig befunden werden als Feind der Gottesgebote und der Lehren der Kirchenväter«.

Man war jedoch darauf bedacht zu verhindern, daß es zu blindwütiger Zerstörung der Innenausstattung der Kirchen kam. Wenn also jemand Bilder von kirchlichen Gefäßen oder Altartüchern entfernen wollte, »dann soll er nicht glauben, daß er dies ohne Einwilligung und Wissen des heiligsten und seligsten Ökumenischen Patriarchen und ohne die Erlaubnis unserer gottesfürchtigsten und allerchristlichsten Kaiser tun darf, damit nicht unter diesem Vorwand der Teufel die Gotteshäuser entehre«. Kurze Zeit nach dem Konzil von Hieria brachte Konstantin V. einen Erlaß heraus, wonach alle Häretiker als Rebellen gegen den Staat zu behandeln seien. Kirche und Staat waren jetzt nahezu eine Einheit, mehr noch als sie es in der Glanzzeit Justinians gewesen waren. Auf Betreiben des jeweiligen Herrschers wurde die Bilderverehrung auf dem 7. Ökumenischen Konzil von Nicaea (787) wiedereingeführt, durch ein Konzil im Jahre 815 von neuem verboten, um dann durch ein Konzil im Jahre 843 endgültig rehabilitiert zu werden. Bei all diesen Kehrtwendungen, insbesondere den beiden erstgenannten, gab es Proteste, doch jedesmal trug die kaiserliche Gewalt den Sieg davon.

Die auf den Ikonoklasmus folgende Ära war ebenfalls von bitteren persönlichen Streitigkeiten unter den Kirchenmännern gekennzeichnet – Streitigkeiten, die sich offenbar an der Frage entzündeten, wie frühere Bilderstürmer behandelt werden sollten. Die Verfechter der Bilderverehrung – darunter waren sehr viele Mönche – hofften auf eine führende Rolle im religiösen Leben des Reiches. Sie protestierten heftig gegen kirchliche Ernennungen, durch die ihr persönlicher Ehrgeiz berührt oder ihr Sinn für Redlichkeit verletzt wurde.

Als Photius, nachdem er längere Zeit Regierungsbeamter gewesen und seinen gelehrten Interessen nachgegangen war, im Jahre 858 zum Patriarchen ernannt wurde, erhoffte sich die nun von Bardas Cäsar geführte kaiserliche Regierung zweifelsohne, daß er, der als früherer Staatsdiener einwandfrei als Bilderverehrer beglaubigt war, sich gegenüber Mönchen und anderen selbsternannten Wächtern der Orthodoxie entgegenkommend zeigen und von ihnen akzeptiert werden würde. Aber Photius hatte eine sehr erhabene Auffassung vom Amt des Patriarchen, und zahlreiche Mönche, besonders diejenigen aus dem großen Hause des hl. Johannes von Studios, verbündeten sich mit der Sache des vertriebenen Ignatius, an dessen Stelle Photius Patriarch geworden war. Photius selbst beschrieb die kirchliche Szene wortreich, aber glaubhaft folgendermaßen: »Diejenigen, die für ihr Volk hätten Prediger des Friedens sein sollen, führten untereinander einen erbarmungslosen Krieg; jene welche ihrer Herde ein Beispiel christlicher Nächstenliebe und Eintracht hätten geben sollen, brüteten Haß aus. Wer am härtesten zuschlug, galt als der beste Priester. Die Situation war absurd: Oberhirten und Priester kämpften mit Priestern und Oberhirten.« Der Streit entbrannte wegen der Frage nach der Gültigkeit von Ordination bzw. Deposition (Weihe bzw. Absetzung eines Priesters), hatte aber seine eigentlichen Wurzeln in persönlichen Machtgelüsten.

Kirche und Staat zur Zeit des Patriarchen Photius

Diese Ereignisse müssen auf folgendem Hintergrund gesehen werden: Erstens war die Macht, die der Kaiser über den Patriarchen und die Kirche ausübte, zwar sehr weitreichend, aber keinesfalls absolut, und sie hing ab von der politischen Lage, in der sich der Kaiser befand, sowie von der jeweiligen Persönlichkeit. Kaiser waren in der Lage, Ignatius und Photius abzusetzen, ebenso Bischöfe,

Ikonen und Ikonoklasmus

Das griechische Wort *eikon* (»Bild«) behält auch in dem eingeschränkten Sinn des »religiösen Bildes« die Bedeutung einer wirklichen Ebenbildlichkeit. Im 6. und 7. Jahrhundert nahm die Verehrung von Heiligen, heiligmäßigen Personen und deren Bildern zu. In dieser Entwicklung zeigt sich, daß das Christentum die einfachen Menschen erreicht hatte, die einen persönlichen, sichtbaren Bezugspunkt für ihre Gebete suchten. Sie ist aber auch Ausdruck der Suche nach übernatürlicher Hilfe, da das byzantinische Reich Einfällen von Barbaren und Naturkatastrophen ausgesetzt war. Einige der frühesten erhaltenen Ikonen stammen aus dem Katharinenkloster auf dem Berg Sinai, das Kaiser Justinian I. im Jahre 537 gründete. Das Trullanische Konzil (692) legte auch Regeln für die Ikonenmalerei fest, wie für viele andere Aspekte der religiösen Praxis. In der Münzprägung Justinians II. findet das Interesse des Konzils an Bildern seinen Ausdruck. Als erster Kaiser prägte er Münzen mit dem Bild Christi.

In den Jahren 717/18 belagerten die Araber Konstantinopel. Byzantiner wie der spätere Chronist Theophanes führten den Abbruch der Belagerung zurück auf »den Beistand Gottes vermittels der Fürsprache der vollkommen unbefleckten Mutter Gottes«. Indessen hielten die arabischen Einfälle an. Einige fragten sich, ob die Ikonen, weit davon entfernt, eine Verbindung zu den Heiligen her-

Unten: Diese enkaustische Ikone, welche die Jungfrau Maria mit dem Christuskind auf dem Schoß zeigt, wurde wahrscheinlich im 6. oder 7. Jahrhundert in Konstantinopel gemalt. Damals entwickelte sich der Kult der Jungfrau Maria als der besonderen Beschützerin Konstantinopels gegen Angriffe der Barbaren.

Links: Dieses Brustbild Christi, das aus dem 6. Jahrhundert stammen soll, wird im Katharinenkloster auf dem Sinai aufbewahrt. Die rechte Hand Christi ist zum Segen erhoben, während seine Linke ein mit Edelsteinen verziertes Evangeliar umfaßt. Das Antlitz Christi trägt sehr vermenschlichte Züge, ist jedoch in seinem Ausdruck majestätisch und zurückhaltend. Die Ikone wurde zu einer Zeit gemalt, als die Streitigkeiten über das Verhältnis der göttlichen zur menschlichen Natur Christi in vollem Gange waren. Der feindseligen Einstellung der Ikonoklasten gegenüber den Ikonen lag die Überzeugung zugrunde, daß die göttliche Natur Christi nicht bildlich dargestellt werden kann. In der aus dem 11. Jahrhundert stammenden Handschriftenmalerei *(rechts)* sieht man ikonoklastische Kirchenmänner, die ein Bild Christi aufspießen.
Das Elfenbeinrelief aus dem 10. Jahrhundert *(unten)* war wohl ursprünglich der Mittelteil eines Triptychons. Christus thront über den 40 Märtyrern von Sebaste. Ihre sich windenden Körper vermitteln uns den schneidenden Schmerz beim Tod in eiskaltem Wasser.

Unten: Diese Goldmünze Leos III. (717–741) wurde zwischen 720 und 732 geprägt. Leo trägt eine Krone mit aufgesetztem Kreuz und einen Kaisermantel *(chlamys)*. In der Rechten hält er den Reichsapfel, ebenfalls mit aufgesetztem Kreuz, während er in seiner Linken eine *akakie* hält, eine beiderseits geschlossene, rollenförmige Tasche, die eine Handvoll Staub enthält und so an die Sterblichkeit gemahnt. Den Rand säumt eine lateinische Inschrift: »Dem Gebieter Leo, Augustus auf Lebenszeit, viele Jahre.« Auf der Rückseite der Münze trägt Leos Sohn, Konstantin V., eine ähnliche Krone und einen ähnlichen Mantel und hält die gleichen Insignien. Wie der Vater, so der Sohn: Die Frömmigkeit geht mit der Macht.

zustellen, nicht vielmehr Gottes Zorn herausforderten. Der Ansturm der Araber konnte nämlich die Strafe Gottes für Götzendienst sein. Papst Leo III. (795–816) hatte selbst solche Bedenken. Das Bild Christi über dem Bronzetor des kaiserlichen Palastes wurde entfernt und die Bilderverehrung in aller Form verboten. Wer sich dem Verbot widersetzte, wurde verfolgt. In der Lehrdefinition über Ikonen von 754 wurden die Einwände der »Bilderstürmer« (Ikonoklasten) gegen die Darstellungen Christi in der Ikonenmalerei zusammengefaßt. Diese wurden als »Verwirrung« und »eitle Phantasiegebilde« bezeichnet. Demnach gibt es für »die falschen und gottlosen Bilder keine Grundlage in der Tradition Christi, der Apostel und der Kirchenväter, noch gibt es ein heiliges Gebet, das ein Bild rechtfertigen und es aus dem gewöhnlichen in einen Zustand der Heiligkeit umzuwandeln vermöchte«. Die einzigen echten »Abbilder« oder heiligen Gegenstände waren in den Augen der Ikonoklasten die Objekte der Eucharistiefeier, Kirchen, die von Bischöfen geweiht worden waren, und das Zeichen des Kreuzes, das dem ersten christlichen Kaiser, Konstantin, von Gott gegeben worden war und in der Form dem Kreuz Christi glich. Das Beharren Leos III. und Konstantins V. auf einer strengen Kirchenordnung traf sich mit dem der Kirchenkonzilien des 7. Jahrhunderts, die peinlich genaue Verhaltensvorschriften für Priester erließen und den Gottesdienst praktisch reglementierten. Die Bilderverehrung durch Laien konnte Mißbräuche hervorrufen. Wenn man diese Mißbräuche nicht ausrottete, würde Gottes Zorn auf sein Volk fallen.

Die Zerstörung der Ikonen und die Verfolgung ihrer Verehrer scheint am gründlichsten zwischen 760 und 775 betrieben worden zu sein. Auf dem Konzil von Nicaea im Jahre 787 wurde die Ikonenverehrung rehabilitiert, um dann 815, nachdem das Reich eine Reihe weiterer Niederlagen und Demütigungen erfahren hatte, die an diejenigen des frühen 8. Jahrhunderts erinnerten, erneut verboten zu werden. Durch Kaiserin Theodora wurde sie im Jahre 843 endgültig wiedereingeführt.

die nachhaltig gegen solche Maßnahmen protestierten. Jedoch luden sie damit auch Haßgefühle auf sich und die dadurch entstehende Unruhe trug nicht gerade zur Stabilität des Reiches bei. So scheint Basilius I. es nicht vermocht zu haben, die Kirche von allen Bischöfen zu säubern, die nach 867 Photius ergeben blieben.

Zweitens sicherte der Einfluß, den der Kaiser auf die Besetzung der Bischofsstühle und anderer Kirchenstellen hatte, ihm keine Kontrolle über die Mönche. Diese konnten jederzeit (was sie auch taten) ihnen mißliebige Patriarchen und andere Kirchenmänner mit einem Sperrfeuer der Kritik belegen. Für gewöhnlich schleuderten sie ihre Schmähungen nicht direkt gegen den Kaiser. Doch ihre Anklagen wegen ungerechter und unkanonischer Entlassungen und ihre Weigerung, Neugeweihte anzuerkennen, zielten auf den Kaiser und störten dessen Politik.

Drittens war das Verhältnis zwischen Kaiser und Patriarch nicht nur in der Praxis, sondern auch in der Theorie durchaus ambivalent. Die von Historikern so oft zitierten Worte des Photius im Vorwort zu »einer revidierten Ausgabe der alten Gesetze«, der *Epanagoge*, die Basilius I. in Auftrag gab, stellen weniger eine Aussage über die damalige Praxis oder eine allgemein anerkannte Theorie dar, sie sind vielmehr ein Mönchen, Kaisern und Untergebenen des Patriarchen gleichermaßen hingeworfener Fehdehandschuh (vergleichbar etwa dem *Dictatus Papae* Gregors VII.). »Der Kaiser ist eine Rechtsautorität, ein Segen für alle seine Untertanen ... Er waltet als eine Art Schiedsrichter, der bei einem Spiel die Preise zuerkennt ... Das höchste Ziel des kaiserlichen Amtes ist es, Wohltaten zu spenden. Deshalb wird der Kaiser Wohltäter genannt, und wenn er dieser seiner Aufgabe überdrüssig ist, dann verfälscht er – mit den Worten der Alten zu sprechen – das königliche Siegel und den königlichen Charakter seines Amtes. Der Kaiser soll zuvörderst all dem Geltung verschaffen und für die Bewahrung all dessen eintreten, was in der Heiligen Schrift niedergelegt ist, sodann die Lehren, die von den sieben heiligen Konzilien festgelegt wurden, durchsetzen und außerdem die überlieferten römischen Gesetze ... Bei der Auslegung der Gesetze muß er den im Staat geltenden Brauch beachten. Was im Gegensatz zu den Vorschriften der Kirche steht, ist ... kein Beispiel, dem man folgen darf.«

Das Bild, das Photius von der Rolle des Patriarchen entwirft, ist mit mehr Schwung und Enthusiasmus gezeichnet. »Das erste Ziel des Patriarchen ist es, über diejenigen zu wachen, die ihm von Gott anvertraut sind, damit sie ein Leben in Frömmigkeit und Mäßigkeit führen; sodann soll er, soweit er dies vermag, alle Häretiker zur Orthodoxie und zur Einheit der Kirche hinführen ... Die dem Patriarchen gestellte Aufgabe ist die Rettung der ihm anvertrauten Seelen, die für Christus leben und für die Welt abgestorben sein sollen.« Der Patriarch soll, Photius zufolge, ein Lehrer und ein gerechter Richter sein, und er soll »seine Stimme für die Wahrheit und zur Verteidigung der Lehren der Kirche ohne Scheu auch vor dem Kaiser erheben ... Allein dem Patriarchen steht es zu, die überkommenen kirchlichen Vorschriften und die von den heiligen Konzilien gefaßten Beschlüsse gültig zu interpretieren. ... Die Oberaufsicht in allen geistlichen Angelegenheiten ist dem Patriarchen vorbehalten.«

Indes, solange das Reich geeint und stark und der Kaiser reich und seine Stellung gefestigt war, pflegte dieser auch in kirchlichen Belangen das Sagen zu haben. Photius selbst anerkannte diese Stellung des Kaisers in der Kirche, wenn er seine eigene Wahl zum Patriarchen nicht nur den ranghöchsten Kirchenmännern, sondern auch dem Kaiser zuschrieb, »der mit ihnen zusammen der Garant des wahren christlichen Glaubens ist«.

Es gab in der östlichen Kirche keinen klar definierten Codex des kanonischen Rechts. Die gesetzgebende Gewalt wurde in unbestimmter Weise von Synoden, Kirchenkonzilien und dem Kaiser ausgeübt. Synoden von rangälteren Kirchenmännern wurden normalerweise vom Patriarchen einberufen. Sie konnten aber ebensogut vom Kaiser einberufen werden, und wichtige Synodalbeschlüsse wurden oft von ihm bestätigt. Die Kirche blieb noch lange Zeit auf die Autorität eines »Schiedsrichters« angewiesen. Noch im 12. Jahrhundert, als die Kirche schon von neuen Strömungen erfaßt wurde, beschrieb der Kirchenrechtler Theodor Balsamon die Kontrollfunktion des Kaisers wie folgt: »Weil es ein Rechtsprinzip ist, daß niemandem von einem anderen Unrecht zugefügt werden darf, soll auch der Patriarch, falls er selbst ein Sakrileg begeht oder unorthodoxe Auffassungen vertritt oder auf andere Weise irrt, dem Urteilsspruch des Kaisers, des Zuchtmeisters der Kirche, unterworfen sein.«

Während Photius in seinem Vorwort zur *Epanagoge* den Rang der Patriarchen des 9. Jahrhunderts überhöhte, traf er fast ins Ziel, als er schrieb: »Der Frieden und das leibliche und seelische Wohl der Untertanen hängen in allem ab von dem Gleichklang des Denkens und Fühlens des Kaisers und der Erzpriesterschaft.« Es konnte keine länger anhaltenden Spannungen zwischen diesen beiden geben, ohne daß beide schweren Schaden nahmen, sowenig wie sich siamesische Zwillinge bekämpfen dürfen. Auch lagen ihre Residenzen nahe beieinander, nicht wie die der deutschen Kaiser und der römischen Päpste, die durch die Alpen getrennt waren. Konstantinopel war eine starkbewachte Stadt, wie wahrscheinlich auch die anderen größeren Städte des Reiches. Es kann gut sein, daß religiöse Abweichung oder Heterodoxie bald entdeckt und im Keim erstickt wurde, ähnlich wie auch Fehlverhalten von Kirchenmännern den Regierungsbeamten zu Ohren kam, wenn auch die Bestrafung Sache der Kirchenbehörden war. Von der unbeweglichen und glatten Oberfläche des staatlichen und kirchlichen Lebens im mittleren Byzanz sollte nicht auf »natürliche« oder zwangsläufige Stagnation geschlossen werden. Staat und Kirchenverwaltung hielten ständig Ausschau nach Anzeichen von Aufsässigkeit, Abweichung oder Häresie.

Das Patronat und die Ausdehnung der Klöster

Die herrschende Dynastie des späten 11. und des kommenden 12. Jahrhunderts behielt die Tradition des Patronats bei, auch wenn sie die Zunahme der Zahl der Klöster und das Anwachsen des klösterlichen Landbesitzes beklagte. Alexios I. Komnenos (1081–1188) förderte den hl. Kyrill von Phileas und suchte dessen Fürbitte für das Wohl des Reiches und seine eigenen Siege. Manuel Komnenos (1143–1180) ließ einige Anzeichen erkennen, daß er die Tradition des freigebigen Patronats umkehren wollte. Dennoch sollte man sich nicht wundern, daß gelegentlich erlassene Gesetze, welche die Gründung neuer Klöster verbieten oder derselben einen Riegel vorschieben sollten, unwirksam blieben, und da der Staatsapparat im 12. Jahrhundert geschwächt wurde, wurden seine Möglichkeiten, regulierend auf die Klöster einzuwirken, weiter beschnitten. Schon die Gesetzgebung von Nikephoros II., die erfolgte, als das Reich noch in seiner Vollkraft war, und die die Neugründung von Klöstern verbot, bestand nur auf dem Papier und wurde bald wieder zurückgezogen. Kein Verbot konnte etwas daran ändern, daß die Befähigung der Mönche, Fürsprache bei Gott einzulegen, hoch geschätzt wurde. Eine goldene Bulle Basilios' II. aus dem Jahre 978 schwärmt von den Mönchen des Klosters Lavra auf dem Berg Athos: »Denn wer zweifelt daran, daß oftmals das, was Schwert, Bogen und Soldaten nicht zuwege

Oben: Die Kirche Mariä Schlaf, Orchomenos, von Nordosten gesehen. Erbaut im Jahre 874, liegt sie etwa 30 km nordwestlich von Theben und ist ein seltenes Beispiel bedeutender frühmittelalterlicher Kirchenbauten in Griechenland. Als Baumaterial dienten Steinblöcke von einem nahegelegenen klassischen Theater und Säulentrommeln aus einem Tempel der Grazien. Die byzantinischen Kirchenbauer – ebenso wie im Mittelalter die westlichen – »schlachteten« häufig klassische Bauformen »aus«.

Rechts: Die Kirche von Qalb Louzeh, von Westen gesehen. Diese Basilika ist eine der schönsten Kirchen in Syrien. Sie ist reich ausgeschmückt: Klassische Formen stoßen zusammen mit Kreuzen und anderen christlichen Symbolen. Um 460 erbaut, verdankt sie ihren guten Erhaltungszustand der unzugänglichen Lage. Zwar ist sie nur etwa 50 km Luftlinie von Antiochia entfernt, doch liegt sie in einer Berggegend und konnte noch in den 70er Jahren unseres Jahrhunderts bei dem rauhen Boden nur auf einem Maulesel erreicht werden. In der Nähe von Qalb Louzeh befinden sich einige der »Toten Städte« Nordsyriens. Sie sind meist schwer zu erreichen und haben daher nur unter dem Verschleiß durch die Zeit gelitten, da ihre Bewohner sie zur Zeit des Persereinfalls und der arabischen Eroberung im 7. Jahrhundert verließen.

gebracht haben, allein durch das Gebet leicht und glänzend bewerkstelligt worden ist? ... Und wenn Gott oft gnädig gestimmt wurde durch das Gebet eines einzigen Mönchs und reichlich das gewährt hat, wofür gebetet wurde, wer zweifelt dann daran, daß dies noch mehr durch 150 Gebete oder vielleicht noch mehr [d.h. durch die Gebete aller Mönche des Klosters Lavra] herbeigeführt wird? Daher sind die Gebete guter Menschen für jeden einzelnen und besonders für das Reich in Krisenzeiten sehr nützlich und hilfreich.« Diese Gefühle, die in zahlreichen anderen kaiserlichen Schenkungsurkunden anklingen, sind nicht weniger aufrichtig, weil sie einer bestimmten Formelhaftigkeit des Ausdrucks unterliegen.

Im 11. Jahrhundert entstanden auf dem Berg Athos immer neue Häuser und viele wurden mit ausgedehntem Landbesitz in der an die Halbinsel anschließenden Gegend ausgestattet. Doch das Emporschießen neuer Klöster war nicht auf den Berg Athos beschränkt. Auch ging die Initiative nicht immer von Laienprotektoren aus. Charismatische heilige Männer gründeten kleine Häuser, wo es für Menschen, die aufgrund ihrer Verinnerlichung für würdig befunden wurden, die Möglichkeit gab, allein in einer Zelle zu leben. Andere Mönche gründeten größere Häuser, in denen alle Brüder zusammen leben sollten. Sie zu unterhalten kam teuer, weshalb ein großer Landbesitz benötigt wurde. Hier war die Protektion durch Laien schlechterdings notwendig, und im 11. Jahrhundert wurden die verschiedenen Rechte und Befugnisse von Laien bei Klostergründungen bis in alle Einzelheiten gesetzlich geregelt. Die Zunahme der Zahl der Mönche und Klöster ist ein Charakteristikum des gesamten byzantinischen Reiches im 10. und 11. Jahrhundert.

Eine rein byzantinische Kultur?

Die Schwächen ihrer Position ließen die Byzantiner stets auf der Hut sein vor Fremden und deren Absichten in bezug auf das Reich argwöhnisch belauern. Im Zweifelsfall entschieden sie zuungunsten von Ausländern. Diese Haltung wurde nicht gemildert durch die Tatsache, daß die Byzantiner weitgehend selbst eine Nation von Einwanderern waren, von denen ein Teil immer noch nicht assimiliert war. Der herrschenden Führungsschicht konnte diese Heterogenität kaum verborgen geblieben sein. Michael III. soll sogar Kyrill gedrängt haben, zusammen mit Methodius eine Mission nach Mähren zu unternehmen, indem er erklärte: »Ihr seid Thessaloniker, und jeder in Thessalonike spricht einwandfreies Slawonisch.« Weit davon entfernt, andere Kulturen und Sprachen in ihren Horizont einzubeziehen, bestärkte das Vorkommen von Fremdländischem die gebildeten Byzantiner vielmehr nur in ihrer Entschlossenheit, das Niveau nicht durch Eingehen von Kompromissen zu senken. Sie wendeten den sie umgebenden Kulturen der damaligen Welt den Rücken zu, darauf bedacht, ihre eigene Kultur rein zu bewahren. Diese Kultur bestand selbst in einer amorphen Mischung aus der Hl. Schrift, den Kirchenvätern und späteren christlichen Schriften wie z.B. Heiligenviten, klassischen griechischen Historikern und späteren Weltgeschichten in griechischer Sprache, klassischer griechischer Rhetorik, vermischten Überlieferungen und Literatur (besonders den Werken Homers) sowie aus Gesetzen und dem vom römischen Reich übernommenen Hofzeremoniell. Diese ganze Bildung wurde sozusagen zusammengehalten durch die »Reinheit« der griechischen Sprache und durch die Bewahrung einer von Häresie oder Neuerungen ungetrübten Kirchenlehre. Im Mittelpunkt des byzantinischen Kulturlebens stand auch die Kirchenliturgie, in welcher die Theologie und die Lehren der Orthodoxie einen ergreifenden Ausdruck fanden.

Die Klöster des Berges Athos
Athos darf für sich beanspruchen, das wahre Zentrum der orthodoxen Welt zu sein. Auf dem Höhepunkt der byzantinischen Macht im 10. Jahrhundert gegründet, zog es schon bald Fremde an: einige für einen kurzen Aufenthalt, andere fürs ganze Leben. Obwohl vom Meer her leicht zugänglich, bot die Halbinsel Einsamkeit und herbe Schönheit. Slawische und georgische Mönche, die dort in ihren eigenen Klöstern lebten, übersetzten griechische Werke in ihre Sprachen. Die Klöster waren auch Seminare, deren Mönche in ihr Heimatland zurückgingen, um dort hohe Normen für das Mönchsleben zu setzen. Als das byzantinische Reich verfiel, boten serbische, walachische und andere orthodoxe Herrscher den Häusern auf dem »Heiligen Berg« ihre Schirmherrschaft und finanzielle Unterstützung an. Athos hielt seine internationalen Verbindungen und seinen Ruf als Ort der Frömmigkeit im 15. und 16. Jahrhundert aufrecht, indem es die türkische Oberherrschaft anerkannte und sogar einem Sultan einen feierlichen Empfang bot. Dafür behielt Athos seinen Status als sich selbst verwaltender Bund von Klöstern.

Links: Das Kloster Dionysiou erhebt sich auf einem mehr als 75 m hohen Felsen über der Ägäis, sicher vor irdischen Feinden. Von dem griechischen Herrscher von Trapezunt im späten 14. Jahrhundert gegründet, ist Dionysiou eines der bedeutenderen Klöster auf Athos. Die Kirche weist hervorragende Wandgemälde auf, die Bibliothek beherbergt 804 Handschriften und über 5000 gedruckte Bücher.

Reinheit der Sprache und Reinheit der Lehre waren in den Augen der Byzantiner eng miteinander verknüpft. Über Johannes Italus, einen halb normannischen Philosophen des 11. Jahrhunderts, wurde bemerkt, daß seine Aussprache unvollkommen war und seine Schriften »von Sprachfehlern wimmelten«. Derselbe Italus wurde auch der Häresie bezichtigt. Laut Anna Komnena »spuckte er Lehren aus, die der Kirchenlehre fremd sind; in Gegenwart kirchlicher Würdenträger spöttelte er weiter und gab sich Dingen von primitiver und barbarischer Art hin«. Barbarentum, dürftiges Griechisch und Irrlehre gingen zusammen. Es geschah daher nicht allein aus Sorge um ihren Stil, daß Anna sich dafür entschuldigte, daß sie die slawischen und die Turknamen von Rebellenanführern an der Donau angab, »was die Tonart meiner Geschichte beeinträchtigt«.

Ähnliche Entschuldigungen brachte Theophylakt von Ochrid, Erzbischof von Bulgarien im späten 11. Jahrhundert, vor. In Briefen an Freunde schrieb er, daß »die Natur der Bulgaren der Pflegevater alles Bösen ist«, und er klagte über die barbarischen slawischen Ortsnamen. Theophylakt war wahrscheinlich der Verfasser der Vita des hl. Clemens. In dieser Vita eines gebürtigen slawischen Missionars äußert sich Theophylakt nicht ohne Sympathie über die Verwendung des Slawischen durch Kirchenmänner, da dies ein Ausfluß des Pfingstwunders sei. In Theophylakts Brust kämpfte der Seelenhirte mit dem Beamten, und genauso mochte es anderen byzantinischen Kirchenmännern ergehen, die sich unter Barbaren aufhielten. Es ist jedoch kaum bestreitbar, daß der Beamte in ihm siegte. Noch in seinen späteren Briefen, die er schrieb, nachdem er schon viele Jahre in Ochrid verbracht hatte, legt er eine Abneigung gegen die »grobe Lebensweise«, zu der er jetzt gezwungen war, an den Tag.

Gegen Ende des 11. Jahrhunderts waren die slawische Liturgie und die slawische religiöse Literatur eine vollendete Tatsache, mit der die Byzantiner sich abfinden mußten, auch nachdem sie 1017 Bulgarien wieder in ihr Reichsgebiet eingegliedert hatten. Aber es war keine neidlose Anerkennung, und es verdient festgehalten zu werden,

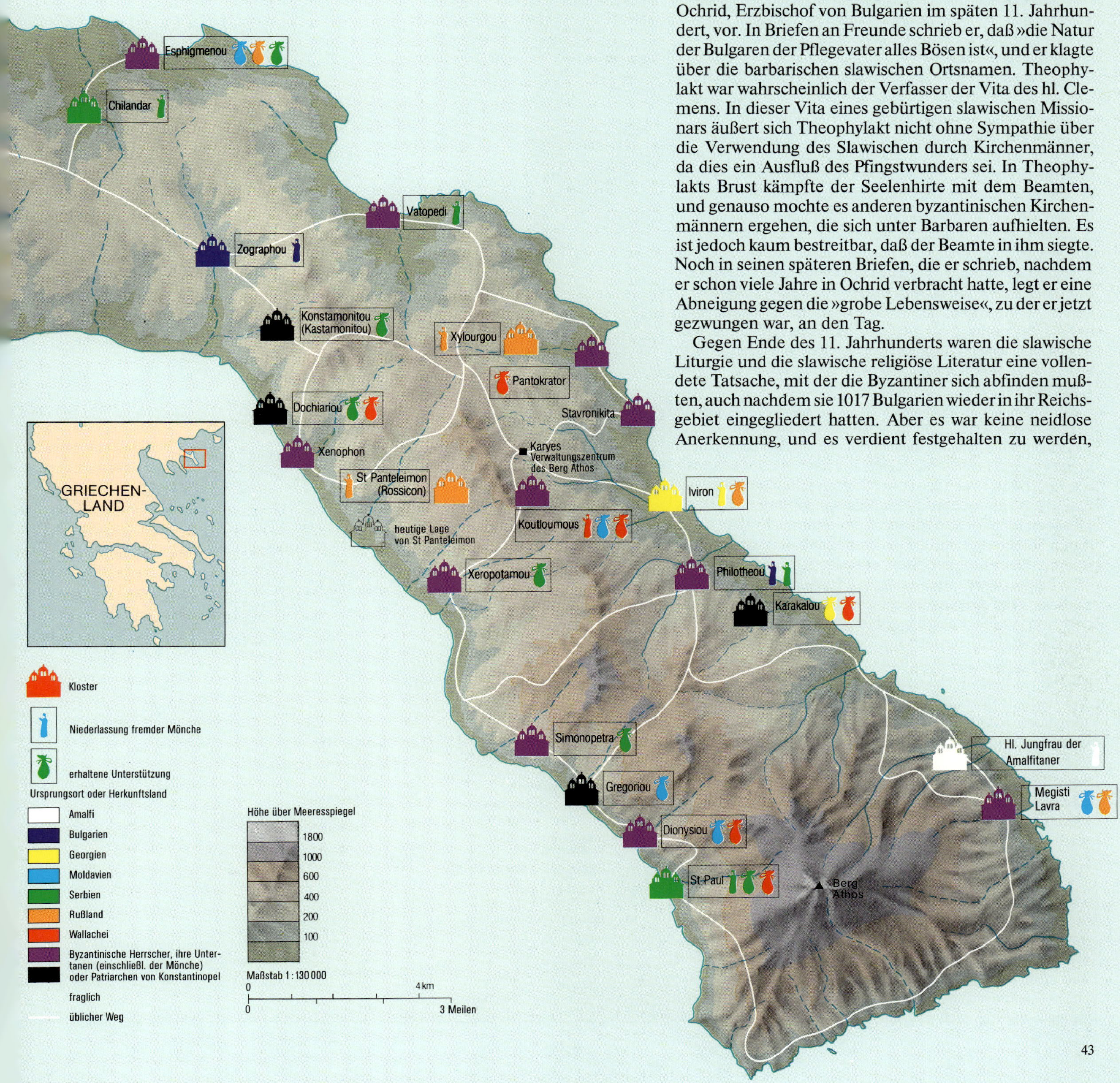

daß das *Leben* des hl. Clemens in griechischer und nicht in slawonischer Sprache geschrieben ist. Auch für einen so gewissenhaften Missionar wie Theophylakt war Griechisch das Medium der Kultur und Zivilisation das Monopol einer einzigen Stadt, nämlich Konstantinopels.

Beim Patriarchen Photius tritt der hohe Beamte offenkundiger und auf typisch byzantinische Weise zutage. Die Lebensbeschreibung von Methodius stellt, von Wunschdenken erfüllt, Photius als der mährischen Mission wohlgesonnen gegenüberstehend dar, und zweifellos nahm er auch ein Interesse an der Missionsarbeit, wenn diese in strengem Einklang mit der eigenen kulturellen Ordnung und mit den Interessen des Reiches erfolgte. Sein Brief an Boris von Bulgarien und sein Stolz über die Arbeit der ersten byzantinischen Mission zu den wikingischen Rus um etwa 867 bezeugen das. Man darf dabei jedoch nicht vergessen, daß er mit seiner *Bibliothek* der byzantinischen Vernarrtheit in die klassische Antike eines ihrer großen Denkmäler gesetzt hat. Als klassisch gebildeten Gelehrten und Nacheiferer der antiken Schriftsteller – so hat sich Photius vor allem verstanden. Für ihn gab es nur eine Sprache, in der Geist und Religiosität zuhause waren: Griechisch. Der hervorragende tschechische Gelehrte V. Vavrînek hat auf einen Brief von Photius an Katholikos Zacharias von Armenien aufmerksam gemacht, in welchem Griechisch als die Sprache bezeichnet wird, die Christus für die Ausbreitung des Glaubens auserwählt hätte: »Als unser Herr . . . zu seinem Vater aufgestiegen war, vertraute er die prophetische Tradition den heiligen Aposteln an und erlegte ihnen auf, sie in den griechischsprachigen Ländern und auf diesem Wege in allen Heidenländern zu verbreiten.« In seinen Kommentaren zu den Briefen des Apostels Paulus geht Photius auf die Rolle ein, die die Welt bei der Vermittlung von Ideen spielt. Seine Annahme, daß das Griechische das Medium für die richtige Übermittlung war, macht bei all ihrer Unbewiesenheit einen gewissen Eindruck.

Kultureller Chauvinismus zieht sich durch die Werke der byzantinischen Literatur. Ausländer werden für gewöhnlich nur erwähnt, wenn sie – wie von Barbaren nicht anders zu erwarten – das Reich attackieren oder es sonstwie bedrohen. Auch dann werden sie selten bei ihren damaligen Namen genannt. Statt dessen gibt man ihnen als Decknamen die Namen ihrer Vorläufer, die den römischen Staat in der Antike bedrohten. So werden die Normannen als »Kelten«, Steppennomaden im Norden als »Skythen« und orientalische Feinde als »Perser« maskiert! Ein Augenzeugenbericht aus dem 10. Jahrhundert von einem Feldzug gegen wikingische Rus an der Donau befaßt sich mehr mit der Frage, wie einige ihrer Bräuche und religiösen Vorstellungen denen der alten Skythen ähneln als mit dem Verlauf der Feldzüge, die diese Wikinger unternahmen. Man könnte nun sagen, dies alles lasse lediglich auf eine Vorliebe für die klassische Überlieferung schließen, doch steckt sicherlich noch etwas anderes dahinter. Die Byzantiner mystifizierten die Ereignisse ihrer Zeit, wie es ihr Zeremoniell und ihre diplomatischen Berichte auch taten. Für die gebildeten Byzantiner hatte sich sozusagen seit Jahrhunderten nichts Nennenswertes außerhalb der Reichsgrenzen, ja Konstantinopels, ereignet und konnte sich auch gar nicht ereignen.

Obwohl die offizielle byzantinische Ideologie »apostolische« und »universalistische« Ideale vor sich hertrug, wurde die Politik der byzantinischen Herrscher nicht von ihnen bestimmt. Die vorherrschende kulturelle Strömung wandte sich nach innen, zum Hofe und zur Hauptstadt hin, und war zugleich rückwärtsgerichtet auf eine christliche »Auslese« aus der klassischen Antike. Es bestand wenig Neigung, sich mit der Welt auseinanderzusetzen.

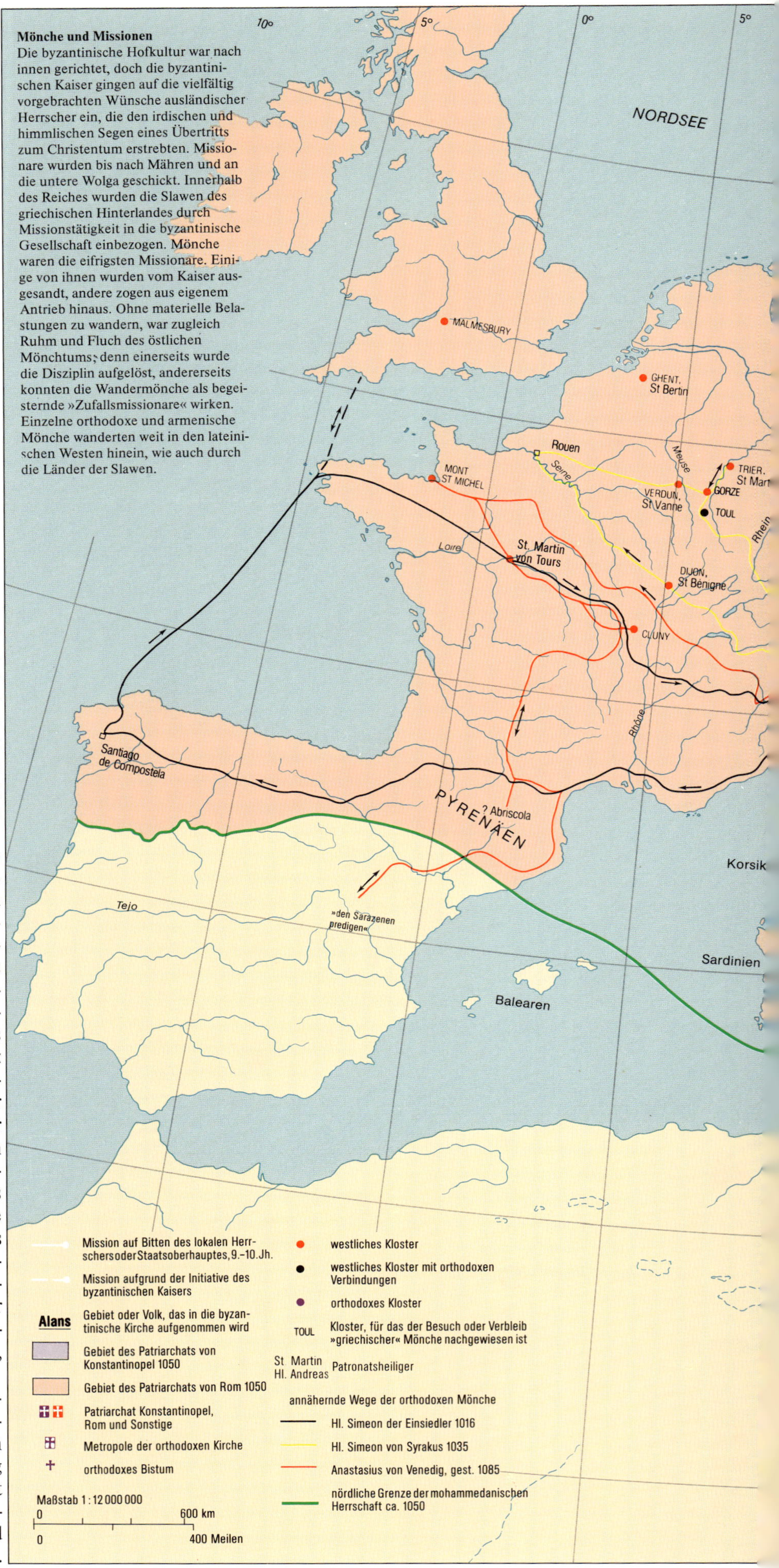

Mönche und Missionen
Die byzantinische Hofkultur war nach innen gerichtet, doch die byzantinischen Kaiser gingen auf die vielfältig vorgebrachten Wünsche ausländischer Herrscher ein, die den irdischen und himmlischen Segen eines Übertritts zum Christentum erstrebten. Missionare wurden bis nach Mähren und an die untere Wolga geschickt. Innerhalb des Reiches wurden die Slawen des griechischen Hinterlandes durch Missionstätigkeit in die byzantinische Gesellschaft einbezogen. Mönche waren die eifrigsten Missionare. Einige von ihnen wurden vom Kaiser ausgesandt, andere zogen aus eigenem Antrieb hinaus. Ohne materielle Belastungen zu wandern, war zugleich Ruhm und Fluch des östlichen Mönchtums; denn einerseits wurde die Disziplin aufgelöst, andererseits konnten die Wandermönche als begeisternde »Zufallsmissionare« wirken. Einzelne orthodoxe und armenische Mönche wanderten weit in den lateinischen Westen hinein, wie auch durch die Länder der Slawen.

OSTSEE
Rußland
nach Nordrußland
Pripyat
Weichsel
Oder
Elbe
Prag
Sázava-Kloster
MÄHREN
Vladimir Kloster des »Heiligen Berges«
Kiev Höhlenkloster
Dnjepr
Wolga
Sarkel
Chazaren
Dnjestr
c. 860-70
c. 988
c. 920
Alaner
Visegrád Kloster des Hl. Andreas
Veszprém, Konvent der Muttergottes
Tihany Höhlen-Kloster
Pentele (Panteleimon)
Ungarn
Drau
Save
Marosvár, Kloster des Hl. Johannes d. Täufers
Oroszlamos Kloster des Hl. Georg
Venedig
Vidin
Belgrad
Sirmium, Szavaszentdemeter-Kloster
863
c. 952
Donau
Dristra
Preslav
Tmutarakan
Cherson
860
c. 910
SCHWARZES MEER
GEORGIEN
Narentaner
c. 870-90
Raš
Niš
Lipljan
Sofia
Serbien
Bulgarien
c. 860-80
Prizren
Skopje
Rila
Philippopolis
870
864-65
Konstantinopel
Grottaferrata
MONTE CASSINO
Amalfi
Dyrrachium
Ochrid
Prespa
Thessalonike
Berg Athos
Berg Olympus
ARMENIEN
c. 860-90
Rossano
Patirion, Kloster der Hl. Maria
Sizilien
Syrakus
PELOPONNES
Berg Latmos
Antiochia
Zypern
Kreta
MITTELMEER
Jerusalem
Alexandria
Nil
St. Katharina
15°
20°
25°
30°
35°
40°
45°
50°

DIE KIRCHE IM WESTEN

Der Fall Roms und das Überleben des Christentums
Der Niedergang des Römischen Reiches erregte bei vielen gläubigen Christen den Eindruck, das Weltende stehe nahe bevor – und dies in einer Zeit höchster Gefahr für den Glauben. Gregor, Bischof von Tours (geb. um 540), schrieb eine *Geschichte der Franken* bis auf seine Zeit, in der, wie er behauptet, »Kirchen von Häretikern angegriffen worden sind« und »der christliche Glaube, der einstmals in den Herzen der Menschen glühte, ein schwaches Fünkchen geworden ist«. Er hielt es für äußerst wichtig, zweierlei aufzuzeichnen: eine klare Darlegung des christlichen Glaubens, die er zu Beginn des Ersten Buchs gibt, und einen chronologischen Bericht, der bis zum Anfang der Welt zurückreicht, um so den jüngsten Ereignissen ihren Platz im göttlichen Heilsplan zuzuweisen und denjenigen zu helfen, »welche die Zeichen nicht erkennen, da das Ende dieser Welt nahe ist«.

Von den in das Reich eindringenden Barbaren ging eine zweifache Bedrohung des Glaubens aus. Einige waren Arianer; ihr Sieg hätte in den Augen der katholischen

Christen zu einer Entstellung des christlichen Glaubens geführt. Und die Heiden unter den Barbaren drohten in den Ländern, die sie eroberten, das Christentum überhaupt auszulöschen.

Obgleich das Christentum seit den Tagen Kaisers Konstantins des Großen (306–337) Reichsreligion war, hatte es in den Randprovinzen wenig Rückhalt. Weder das Reich noch das Christentum hatten den Rhein überschritten. Im nördlichen Gallien, wo Gregor Bischof war, in Britannien und in Irland hatte es einige Bekehrungen gegeben, doch scheint das Christentum in Britannien schwer unter den eindringenden Sachsen gelitten zu haben, welche die Briten nach Wales und Strathclyde vertrieben. In Gallien zog sich die christliche Bevölkerung nicht zurück, sondern hielt – zunächst unter Gefahr – unter den Eroberern aus. Wie Gregor von Tours es ausdrückt: »Die Väter achteten die Bischöfe des Herrn und hörten auf das, was sie sagten; ihre Söhne wollen ihnen nicht nur nicht zuhören, sondern verfolgen sie sogar. Die Väter beschenkten die Klöster und Kirchen; die Söhne verwüsteten sie.«

Die Barbaren waren jedoch in einigen Fällen der Bekehrung zugänglich, z.B. wenn sie davon überzeugt werden konnten, daß der Gott der Christen für diejenigen, die eine gerechte Sache vertraten, ein mächtiger Verbündeter war. Schon am Ende des 5. Jahrhunderts »drängte« die christliche Gemahlin des fränkischen Herrschers Chlodwig I. »den König unaufhörlich, den wahren Gott anzunehmen und seine Götzen aufzugeben«. Ihre Worte waren jedoch solange wirkungslos, bis er in eine Schlacht mit den Alemannen verwickelt wurde, in welcher er empfindliche Verluste einstecken mußte. »Der König sah, was geschah, und sein Gewissen plagte ihn.« Er glaubte, daß der christliche Gott ihm zürnte. Er wandte sich Christus auf eine ähnliche Weise zu, wie es Kaiser Konstantin fast zwei Jahrhunderte früher getan hatte: Er sagte, daß er, wenn er die Schlacht gewönne, sich taufen lassen würde. Nach dem Sieg, wohl im Jahre 496, ließen sich zusammen mit ihm 3000 seiner Soldaten taufen. Dies geschah aus dem gleichen Antrieb, der schon zur Bekehrung Konstantins geführt hatte, und die politischen Konsequenzen waren beinahe ebenso bedeutsam für das Überleben des Christentums im Westen, wie es die Bekehrung Konstantins für die Stellung des Christentums im Reich gewesen war.

Die Eroberungsfeldzüge der Barbaren zeichneten sich oft durch Grausamkeit aus; doch die bekehrten Herrscher interessierten sich zuweilen für die Grundlagen des von ihnen angenommenen Glaubens, was ihr Christentum doch als etwas mehr erscheinen läßt, als die bloße Anerkennung eines mächtigen Gottes als Schlachtenhelfer. Gregor von Tours berichtet, wie König Chilperich um 580 »einen Traktat über die Heilige Dreifaltigkeit verfaßte«. Darin führte er aus, daß die Trinität nur als ein Gott zu verstehen sei, indem Vater und Sohn und Heiliger Geist derselbe, also miteinander identisch seien. Es schien ihm unangemessen, Gott eine »Person« zu nennen wie einen gewöhnlichen Menschen. Gregor selbst versuchte dem König zu erklären, daß sich dies nicht so verhalten könne. Nur der Sohn war Fleisch geworden, und so konnte er nicht derselbe sein wie der Vater; das Wort »Person« sei in einem geistigen Sinne zu verstehen. Chilperich war sehr verärgert und sagte, er würde sich mit weiseren Männern darüber unterhalten.

Dort, wo die Eroberer Arianer waren, war ihr Verhalten gegenüber den katholischen Christen manchmal gewalttätig. Gregor schreibt darüber, wie der Vandalenkönig Trasamund eine Christenverfolgung begann und »durch Folter und auf verschiedene Weise durch Mord ganz Spanien dazu zu bringen suchte, sich der gottlosen Sekte der Arianer anzuschließen«.

Auf dieser Wandtafel aus der Mitte des 11. Jahrhunderts stehen zwei fränkische Edelleute mit erhobener Hand zu beiden Seiten der Gestalt Johannes' des Täufers. Dieser hält eine Darstellung des Lamm Gottes, auf das er hindeutet. Die Edelleute geben durch die wie beim Segnen erhobene Hand zu erkennen, daß sie sich vom Heidentum abkehren und den christlichen Glauben annehmen.

Wohl die allgemeinste Auswirkung der Eroberungen war diejenige, auf die Gregor zu Beginn seiner *Geschichte* Bezug nimmt: der Niedergang der Kultur und der Verwaltung des alten römischen Systems. In Gallien gab es gebildete Männer – Gregor selbst und beispielsweise sein Zeitgenosse Venantius Fortunatus, ein gebildeter gallischer Bischof und Dichter, der im kaiserlichen Ravenna seine Ausbildung erhalten hatte und zu einem Mittelpunkt römischer Kultur am fränkischen Hof wurde –, aber ihre Zahl war gering, und es wurden ihrer immer weniger. Das Christentum des Reiches war in starkem Maße ein römisches Christentum gewesen, und der Verfall der alten Normen sowie das Schwinden der römischen Lebensatmosphäre hatten zur Folge, daß es nicht in der Lehre oder Verwaltungsstruktur, aber kulturell und politisch neue Wege gehen mußte.

Invasionen, Wanderungen und Missionen

Der Entschluß des hl. Paulus, zu den Heiden hinauszugehen und sie zum Glauben an Christus zu bekehren, war ein entscheidender Schritt für die Geschichte des Christentums. Das Römische Reich bot, solange es bestand, günstige Voraussetzungen für seine Ausbreitung. Christliche Soldaten trugen den Glauben bis an die äußersten Grenzen des Imperiums. Angesichts des Zusammenbruchs des Reiches und des Rückzugs oder Verschwindens zahlreicher christlicher Bevölkerungsgruppen mußte man nun planvoller vorgehen. Um 600 war Europa heidnisch vom heutigen Belgien bis zum Balkan, doch auf die Rettung des Christentums aus höchster Gefahr folgte seine Wiederherstellung, und dann faßte es neuen Mut. Aus den Ruinen begann etwas Neues zu wachsen und das Christentum wandelte sich allmählich von einer mediterranen zu einer europäischen Religion.

Manchmal vollzog sich dieser Prozeß als natürliches Wachstum, manchmal war es eher eine gezielte Anpflanzung durch Missionare. Wir sahen, wie die Christen der

Katholiken, Häretiker und Barbaren im späten 6. Jahrhundert
Die Karte zeigt die Verbreitung des Arianismus im christlichen römischen Reich während des 6. Jahrhunderts. Die Westgoten und Langobarden konnten dort eindringen, wo das Reich strategisch am schwächsten war. Das Ergebnis war ein eher politischer als religiöser Wechsel, da die Angehörigen der unterworfenen Völker nicht notwendigerweise zur arianischen Überzeugung bekehrt wurden. Mit dem Königreich der Franken verhält es sich anders. Hier – wie auch in den keltischen Ländern – bedeutete das Christentum eine ganz neue Bindung für das Leben der Menschen.

eroberten Länder in einigen Fällen die heidnischen Barbaren bekehrten und diese von ihren Schreibkünsten und Kenntnissen auf dem Gebiet der Verwaltung profitieren lassen konnten. Die Missionare – auch Bischöfe – setzten sich mit den ältesten der Stammesgerichte zusammen und halfen ihnen dabei, ihr Gewohnheitsrecht in Gesetzbüchern niederzuschreiben und es an die Erfordernisse einer christlichen Gemeinschaft anzupassen.

Papst Gregor I., der Große (590–604), nahm ein lebhaftes Interesse an der Sicherstellung des Überlebens und an der Ausbreitung des Glaubens in den Randgebieten der christlichen Welt. Er hatte ein seelsorgerisches Interesse am Wohlergehen der Sklaven, die dort aufgekauft wurden. In einem Brief an Candidus, einen Priester, der in päpstlichem Auftrag nach Gallien geschickt wurde, wies er diesen an, er solle versuchen, englische Sklaven zu kaufen, damit sie Gott dargebracht und in Klöstern aufgezogen werden könnten. Gregor wußte, daß solche Knaben Heiden und daher ungetauft sein würden. Daher sagt er, Candidus solle dafür sorgen, daß ein Priester mit ihnen sei, damit sie, wenn sie erkrankten, ehe sie in ihre Klöster aufgenommen würden, sofort getauft werden könnten und so ihre Seelen gerettet wären.

Im darauffolgenden Jahr, 596, schickte Gregor eine Gruppe von 40 Mönchen nach Italien das Rhônetal hinauf nach Tours, Paris und England. Als Führer wählte Gregor Augustinus aus, der in der *familia* (dem bischöflichen Haushalt) des Bischofs von Messina geschult und von Gregor selbst für seine Aufgabe gut instruiert worden war. »Laßt euch nicht durch die Entbehrungen der Reise oder böse Zungen beirren«, ermutigte er sie in einem Brief. »Obgleich ich nicht an eurer Seite arbeiten kann, werde ich doch, weil ich mich danach sehne, es zu tun, die Freude über eure Belohnung mit euch teilen.«

Links: Diese Glasmalerei aus dem 15. Jahrhundert in der Kirche St. Mary, Stowting, Kent, stellt Augustinus von Canterbury (gest. 604 oder 605) dar. Augustinus führte die von Papst Gregor dem Großen zur Bekehrung der Angelsachsen ausgesandten Missionare an. Er erscheint hier gelassen und mit spätmittelalterlichen Bischofsgewändern angetan. Die Mission selbst erforderte jedoch Mut und einen zupackenden Pioniergeist. Augustinus war offensichtlich eher ein Mann der Praxis als ein Gelehrter, doch bewies er im Umgang mit den heidnischen Vorurteilen Intelligenz, Einfühlungsvermögen und gesunden Menschenverstand.

Rechts: Die keltischen Christen hatten eine höchst kultivierte und elegante Kunst entwickelt. Diese Seite aus dem Evangeliar von Lindisfarne (ca. 696–98) zeigte den hl. Markus bei der Arbeit, über ihm sein Symbol des Löwen. Der Löwe bläst eine Trompete als Darstellung des von ihm hervorgebrachten Wortes und trägt selbst das Evangelium, wie die menschliche Gestalt darunter. Die Symbolik ist klar und einfach und doch sehr eindrucksvoll, mit der für die keltische Kunst charakteristischen Vielfalt von Mustern und Tieren.

Die Kirche in England

Gregor hatte eine vor allem seelsorgerische Vorstellung von der Mission: Er wollte nicht, daß die Heiden in ihrer Sünde verharrten. Diese Art zu missionieren war auch sanft und ohne Zwang. Beda Venerabilis schreibt in seiner *Kirchengeschichte der Angeln* (731), wie Ethelbert von Kent Augustins Gesellschaft freundlich empfing, denn er hatte eine fränkische Frau, Bertha, Tochter des Merowingerkönigs in Paris, welcher Christ war. An ihrem Hof gab es einen Bischof, den ihre Eltern ihr beigegeben hatten, damit er ihr eine Stütze sei. Augustinus und seine Missionare erhielten eine Unterkunft, wo sie »begannen, in ihrer Lebensweise den Aposteln nachzueifern ... Sie brachten ihre Zeit mit Gebet, Nachtwachen und Fasten zu und predigten das Wort des Lebens, so vielen sie konnten.« Einige waren so beeindruckt von dem Beispiel, das sie gaben, »ihrer einfachen und unschuldigen Lebensweise und der Süße ihrer himmlischen Lehre«, daß sie sich taufen ließen. Auch der König selbst wurde zum Christentum bekehrt.

Die neue Kirche in England brauchte eine Liturgie als Grundlage für ihre Gottesdienste. Gregor schlug daher vor, Augustinus solle aus derjenigen der gallischen Kirche und irgendwelcher anderen ihm bekannten jene Elemente auswählen, die er für den Gebrauch in England für am geeignetsten hielt. Augustinus sollte sie vorsichtig einführen, »so daß die Engländer an sie gewöhnen können«. Diese Vorgehensweise einer schonenden und allmählichen Einführung christlicher Bräuche zeigte sich auch in der Verwendung früherer heidnischer Tempel als Kirchen und in der Ersetzung heidnischer Feiern durch christliche. Die Tempel des englischen Stammes sollten nicht zerstört werden, schrieb Gregor an Augustinus. »Laßt die Götzen in ihnen zerstört werden, aber die Tempel mit heiligem Wasser waschen und Altäre bauen mit darin eingelassenen Reliquien ... damit das Volk um so bereitwilliger solch vertraute Stätten aufsucht und, indem es den Irrtum aus seinem Herzen verbannt, kommt, um den wahren Gott kennenzulernen und anzubeten, und da sie an ... Teufelsopfer gewöhnt sind, laßt uns bei solchen Gelegenheiten andere Feiertage einrichten wie das Fest der Kirchenweihe oder die Geburtstage der heiligen Märtyrer, deren Reliquien hier ruhen ... Nicht mehr sollen sie dem Teufel Tiere opfern, sondern sie sollen das Vieh töten um es zu essen zur Ehre Gottes, indem sie dem Spender aller Gaben Dank sagen für ihre Versorgung mit Nahrung. Wenn man ihnen äußerlich etwas entgegenkommt, nehmen sie vielleicht eher die innere Erquickung durch die Gnade Gottes an. Denn es ist sicher unmöglich, alles mit einem Streich aus ihren starrsinnigen Herzen zu tilgen!«

Gregor ermunterte Augustinus dazu, den jungen Geistlichen mit niederen Weihen in seiner *familia* an der Christchurch in Canterbury das Heiraten zu gestatten, wenn sie dies wünschten. Die Absicht dabei war, in der *familia* auf die übliche römische Weise einen einheimischen Klerus heranzuziehen, damit die englischen Christen die christliche Religion selbst am Leben erhalten konnten.

Augustinus war nicht der einzige, der versuchte, England zu bekehren. Die keltischen Mönche aus Irland hatten schon früher damit begonnen. Irland hatte sein

Oben: Dieses älteste bekannte und erhaltene Porträt Gregors des Großen (ca. 540–604) stammt aus dem 7. Jahrhundert. Links ist Hieronymus (ca. 342–420) und in der Mitte Augustinus, der Bischof von Hippo, zu sehen. Die Einbeziehung Gregors stellt eine auffallend frühe Anerkennung seines Wirkens als Kirchenvater dar.

imago leonis

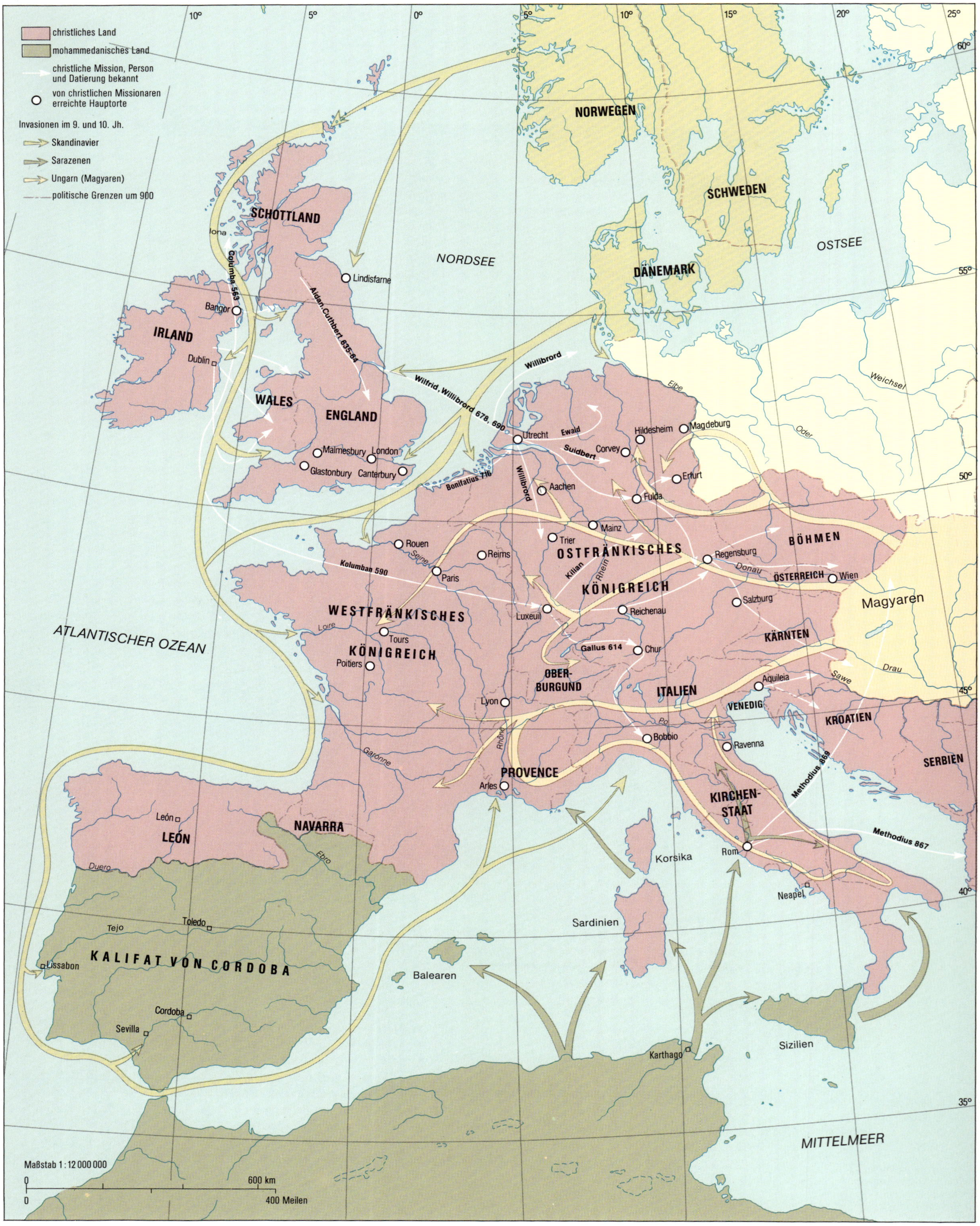
christliches Land
mohammedanisches Land
christliche Mission, Person und Datierung bekannt
von christlichen Missionaren erreichte Hauptorte
Invasionen im 9. und 10. Jh.
Skandinavier
Sarazenen
Ungarn (Magyaren)
politische Grenzen um 900
NORWEGEN
SCHWEDEN
DÄNEMARK
OSTSEE
NORDSEE
SCHOTTLAND
IRLAND
WALES
ENGLAND
Iona
Columba 563
Bangor
Dublin
Lindisfarne
Aidan, Cuthbert 635-64
Malmesbury
London
Glastonbury
Canterbury
Wilfrid, Willibrord 678, 690
Willibrord
Bonifatius 716
Utrecht
Ewald
Suidbert
Hildesheim
Magdeburg
Corvey
Erfurt
Fulda
Aachen
Mainz
Trier
Rouen
Reims
Paris
Kolumban 590
OSTFRÄNKISCHES KÖNIGREICH
Kilian
Rhein
Regensburg
Donau
BÖHMEN
ÖSTERREICH
Wien
Salzburg
Magyaren
Luxeuil
Reichenau
WESTFRÄNKISCHES KÖNIGREICH
Loire
Seine
Tours
Poitiers
ATLANTISCHER OZEAN
Gallus 614
Chur
KÄRNTEN
OBER-BURGUND
ITALIEN
Aquileia
VENEDIG
Sawe
Drau
Lyon
Rhône
Po
Bobbio
Ravenna
KROATIEN
SERBIEN
Garonne
PROVENCE
Arles
KIRCHEN-STAAT
Methodius 869
Methodius 867
Rom
Neapel
Korsika
Sardinien
León
LEÓN
NAVARRA
Ebro
Duero
Tejo
Toledo
Lissabon
KALIFAT VON CORDOBA
Cordoba
Sevilla
Balearen
Karthago
Sizilien
MITTELMEER
Elbe
Oder
Weichsel
10°
5°
0°
15°
20°
25°
60°
55°
50°
45°
40°
35°
Maßstab 1 : 12 000 000
600 km
400 Meilen
0

Oben: Dieser schöne Buchdeckel aus Elfenbein (um 870), wahrscheinlich vom Gebetbuch Karls des Kühnen, zeigt, wie der Psalmist David das Haus des Herrn betritt. Von oben erscheint die Hand Gottes aus einer Wolke, unten ist lebenstreu ein dahinsprengendes Heer abgebildet. Stil, Geist und Ikonographie spiegeln die zeitgenössische fränkische Miniaturmalerei wider.

Links: Invasionen, Völkerwanderungen und Missionen vom 7. bis 10. Jahrhundert
Die Stoßrichtung der christlichen Mission war weitgehend entgegengesetzt zu derjenigen der Invasionen aus dem Norden, Osten und Süden. Von Irland kamen die keltischen Missionare nach Wales und Schottland und auf das europäische Festland. Von Nordengland gingen die Missionare in die Niederlande und nach Skandinavien. Von den großen Klöstern Mitteleuropas und von anderen Zentren aus zogen die Missionare im Angesicht der Invasoren ostwärts, und auch von Rom aus gab es eine Bewegung ostwärts zu den Magyaren und in die byzantinischen Länder. Die Moslems im Süden blieben weitgehend unbehelligt. Die Hauptbemühungen des westlichen Christentums richteten sich auf die Bekehrung Nordeuropas.

Christentum seit der Bekehrung des Landes durch Palladius und Patrick im 5. Jahrhundert behauptet. Keine Invasion hatte die Entwicklung unterbrochen, obwohl die Iren keineswegs isoliert waren. So hatten sie beispielsweise Kontakte mit den Kopten und mit der griechischen Welt. Die irische Tradition betonte sehr stark die Vorstellung, daß dieses Leben eine Reise zum Himmel sei. Die irischen Mönche, welche Nordirland bekehrten, brachen im Geist der Pilgerschaft auf und predigten, wo auch immer Gott sie landen ließ.

Als Oswald von Northumbrien, der im irisch-keltischen Kloster auf Iona getauft und ausgebildet worden war, im Jahre 635 Northumbrien zurückgewann, wurde das Kloster von Lindisfarne unter Aidan zum Mittelpunkt der keltischen Christen im Norden. Aidan selbst verbrachte einen großen Teil seines Lebens auf Predigtreisen in Northumbrien. Dort folgte man irischen Bräuchen und man ahmte den irischen Stil der Handschriftenilluminierung nach. Die kleinen viereckigen Kirchen der Kelten, die am Ende einen Platz für den Altar freiließen, waren leichter zu bauen als die Basiliken Südeuropas. Sie wurden zum Vorbild für viele spätere englische Kirchenbauten.

Zwischen der Schar des Augustinus und den keltischen Christen kam es zu Spannungen wegen des Osterdatums und der Form der geistlichen Tonsur. Die »römische« Partei weigerte sich sogar, die Gültigkeit der von Iren vollzogenen Weihen anzuerkennen. Um die Mitte des 7. Jahrhunderts wurde eine Beilegung des Streits unausweichlich. Im Jahre 664 berief König Oswy eine Synode nach Whitby ein. Er hörte beide Seiten und entschied dann, daß Rom im Recht sei. Für die römische Partei war dies ein einzigartiger Triumph. Die einheimischen Mönchsbischöfe der keltischen Tradition wurden durch einen festländischen Episkopat ersetzt und die Bischofssitze wurden nach rein geographischen, nicht nach stammesmäßigen Gesichtspunkten verteilt. Fünf Jahre später kam der griechische Mönch Theodor aus Rom, um Erzbischof von Canterbury zu werden. Er brachte einen afrikanischen Mönch namens Hadrian mit, welcher Abt des Klosters St. Augustinus in Canterbury wurde. Theodor bereiste England, um den Königen seine Aufwartung zu machen und die Bischöfe seiner Autorität zu unterstellen. Er reorganisierte die Bistümer Englands, die Bischof Wilfrid in York und Bischof Chad in Lichfield unterstanden. (Die Einteilung in die Kirchenprovinzen York und Canterbury erfolgte erst 735.)

Die Bekehrung der Deutschen

Die Bekehrung der deutschen Stämme war weitgehend das Werk von Missionaren aus England. Als Bischof Wilfrid von York nach Rom reiste, um gegen die Aufteilung seines Bistums Berufung einzulegen, erlitt er an der Küste Frieslands Schiffbruch und verbrachte den Winter dort mit Predigen. Mehr Bekehrungen wurden von Willibrord herbeigeführt, der ebenfalls ein Mönch aus Northumbria war, Irland besucht hatte und dort von dem missionarischen Eifer entflammt worden war, der die Iren bereits nach England geführt hatte. Er wurde von Egbert zum Festland ausgesandt, einem Priester, der wie Beda schreibt, »ein Leben im Exil in Irland lebte . . . um zu seinem himmlischen Vaterland zu gelangen«, und der sich selbst mit dem Gedanken getragen hatte, Missionar zu werden und die »apostolische Aufgabe« zu übernehmen, »das Wort Gottes denjenigen Stämmen zu bringen, die es noch nicht gehört hatten«. »Er wußte«, schreibt Beda, »daß es in Deutschland sehr viele Völker gab, von denen die Angeln und Sachsen, die jetzt in Britannien leben, ihre Abstammung herleiten . . . In dem gleichen Land gibt es auch viele andere Stämme, die noch immer heidnische Riten praktizieren.« Selbst dorthin zu gehen, wurde er »durch göttliche Eingebungen und Eingriffe« gehindert.

Als Willibrord mit seiner Gesellschaft ankam, suchten sie den Herzog von Franken auf. Dieser empfing sie gut und versicherte sie der Unterstützung durch seine königliche Autorität, so daß sie ungestört predigen konnten. Ein Mitbruder Willibrords war Bonifatius (später »Apostel der Deutschen« genannt). Er war ein Laienbruder gewesen, der gegen den Willen seines Vaters das Mönchsleben gewählt hatte. Als er schon über 30 Jahre alt war, ließ er sich zum Priester weihen, um Missionar zu werden. Im Jahre 722 verließ er Willibrord und ging nach Hessen und Thüringen, wo er viele Menschen für den christlichen Glauben gewann. Dann reiste er nach Rom, um vor Papst Gregor II. den Gehorsamseid zu leisten und sich zum Bischof weihen zu lassen, damit er seinerseits Neubekehrte zu Priestern weihen konnte. Mit der Protektion Gregors II. und des Frankenkönigs Karl Martell sowie von dessen Sohn Pippin dem Jüngeren, zog er weiter zu den Sachsen und der fränkischen Kirche, wo er predigte und Klöster gründete und auf Reform drang dort, wo die fränkischen Christen in Laxheit verfallen waren.

Im Jahre 754 wurde er von einer Rotte von Heiden ermordet. In Pippin dem Jüngeren (751–768) ließ er die Vorstellung zurück, daß die Mission eine wichtige Sache war, doch der König zog es vor, mit dem Schwert zu bekehren.

OST UND WEST: WEGE ZUR TRENNUNG

Nach dem Untergang des Römischen Reiches mußte der Westen weitreichende Veränderungen durchleben. Der Osten hingegen hatte keinen derart unvermittelten Bruch mit der Vergangenheit zu ertragen. Als einer, der sich der Kontinuität mit der Frühkirche und der direkten Abkunft von dieser bewußt ist, und aufgrund seines unbestimmten Gebrauchs des Begriffs »Kirche«, den er unterschiedslos auf Patriarchate, Völker und Städte, wie z. B. Korinth, anwendet, repräsentiert Theophylakt von Ochrid (Erzbischof ca. 1090–1125) vermutlich zahlreiche unfanatische, fromme Kirchenmänner des Ostens. Theophylakt beruft sich vor allem auf den althergebrachten Brauch und die apostolische Tradition. Bei all seiner Mäßigung im Ton und bei aller Neigung zu Demut und Toleranz besteht er doch unerbittlich darauf, den Bräuchen und dem Geist der Frühkirche zu folgen. Für fromme Byzantiner schien die Frühkirche noch greifbar nahe zu sein, auch wenn es in ihr keinen Platz für einen Kaiser gab. Dieser Betrachtungsweise liegen ganz einfache geographische und sprachliche Gegebenheiten zugrunde, die so offensichtlich sind, daß sie gern übersehen werden.

Das Neue Testament war in griechischer Sprache geschrieben, die für jeden gebildeten Byzantiner verständlich war; und die meisten Empfänger der Briefe des hl. Paulus lebten in der byzantinischen Welt: in Thessalonike, Korinth, Ephesos, Philippi und Colossae. Diese und andere Orte waren die Schauplätze der Apostelgeschichte. Tradition bedeutete für die Byzantiner eine durchgehende Linie bis zu der Zeit der ersten Wunder und der Geheimen Offenbarung, die der hl. Johannes auf der Insel Patmos geschrieben hatte, dort, wo der Mönch Christodoulos 1088 das Kloster des hl. Johannes von Gott gründete. In der Tradition lag der Schlüssel zur Wahrheit. Veränderung oder Neuerung bedeutete nur: Trennung von der Überlieferung der Apostel oder von den Lehren, die von den Kirchenvätern auf Konzilien der Gesamtkirche festgelegt worden waren. Für die Ostchristen war jede Veränderung daher gleichbedeutend mit einer Abspaltung von der Frühkirche.

Autorität in der Kirche: Ost und West

Im Osten wie im Westen schlug das Christentum zuerst in den Städten Wurzeln und erst später auf dem Lande. Gegen Mitte des 5. Jahrhunderts war es üblich, daß eine Gruppe von Christen in einer Stadt von einem Bischof mit seiner *familia* von Geistlichen geführt wurde. Die *familia* war nach dem Vorbild eines vornehmen römischen Haushalts geformt. In ihr wurden die Priester und Diakone der Diözese ausgebildet. Ihre Tätigkeit erstreckte sich auf die Stadt selbst und die Umgegend: normalerweise ein kleines Gebiet in Italien und diejenigen Teile des Ostens, in denen zahlreiche Städte dicht beieinander lagen. In den westlichen Teilen Europas, wo es nur wenige Städte gab, war der jeweilige Einzugsbereich größer. Es war bereits üblich, daß die Bistümer zu Kirchenprovinzen zusammengeschlossen waren mit einem Erzbischof an der Spitze.

Innerhalb dieser Struktur übten die Bischöfe ihre Autorität über ihren eigenen Klerus und das Volk aus. Sobald ein Bischofsstuhl vakant geworden war, wurde unter dem Vorsitz des Erzbischofs vom Klerus, vom Adel und vom Volk ein neuer Bischof gewählt. Der Erzbischof berief auch Versammlungen der Bischöfe der Kirchenprovinz ein, und auf diesen Synoden diskutierte er mit den Bischöfen Fragen der Lehre, die irgendwo Schwierigkeiten bereiteten, oder disziplinäre Probleme, und dann fällte er eine Entscheidung. Derartige Entscheidungen – die sogen. »Kanones«, wenn es sich um Synoden und Konzilien handelte – setzten Maßstäbe und waren jene Bestimmungen, nach denen die Kirche regiert wurde.

Es war von erstrangiger Bedeutung, daß diese räumlich begrenzten Einheiten mit anderen ebensolchen einig waren, so daß die Kirche eins blieb und nicht aufgesplittert wurde. Dies erreichte man teilweise durch einen noch höheren Grad der Zusammenfassung, nämlich von Kirchenprovinzen zu Patriarchaten. Die Patriarchen hatten ihren Sitz in Städten von herausragender Bedeutung, Städten, in denen die Apostel gepredigt hatten: Antiochia, Jerusalem und Alexandria im Osten und Rom im Westen. Hinzu kam Konstantinopel, dessen Stellung im Reich den Anspruch rechtfertigte, das »Neue Rom« zu sein. In den ersten christlichen Jahrhunderten waren allgemeine Konzilien abgehalten worden, die die Einheit bewahren helfen und es ermöglichen sollten, in Fragen der Lehre zu endgültigen Formulierungen zu gelangen.

Die Kirche blieb vorwiegend eine Ansammlung räumlich begrenzter Gemeinschaften, die sich selbst verwalteten. Doch der Trend zu einer Zentralisierung, die zur Erhaltung der Einheit nötig war, förderte auch die Herausbildung einer einzigen zentralen Autorität in der Kirche. Im Westen übernahm naturgemäß der Bischof von Rom diese Führerrolle als Inhaber des einzigen apostolischen Stuhls. Im allgemeinen waren die Kirchenmänner in den östlichen Patriarchaten bereit, dem römischen Papst als dem Bischof der alten kaiserlichen Hauptstadt eine besondere Würde zuzuerkennen wie auch eine seit langer Zeit bestehende und ausgeprägte Autorität in Fragen der Lehre und der Kirchendisziplin. Als das oberste und für die ganze Kirche repräsentative Gremium aber betrachteten sie ein ökumenisches Konzil unter dem Vorsitz des Kaisers. Nur ein solches war autorisiert, Glaubenssätze zu verkünden und in anderen Angelegenheiten von weitreichender Bedeutung für die Kirche zu entscheiden. Das traf auf die sieben Ökumenischen Konzilien zu, bei denen alle fünf Patriarchen bzw. deren bevollmächtigte Vertreter anwesend waren. Auf dem siebenten (Nicaea II) im Jahre 787 war der Ikonoklasmus verworfen und verurteilt worden.

Zumindest seit dem 9. Jahrhundert sahen östliche Kirchenmänner die Kirche mit Vorliebe als eine »Pentarchie«. Indem sie kollegial handelten, konnten die fünf Patriarchen den wahren Glauben bewahren und, wenn es um Streitfragen von größerer Tragweite ging, eine Neudefinition vorschlagen. Herausragende Befürworter dieses Modells waren der Patriarch Nikephoros I. (806–815) und Abt Theodor vom Kloster Studios in Konstantinopel. Ihr Interesse an Fragen der Lehre war durch den Ikonoklasmusstreit geweckt worden, und besonders Theodor zeigte sich bereit, das Urteil des römischen Papstes einzuholen, als er mit der vom Kaiser verfolgten Linie nicht einverstanden war. Aber nicht einmal Theodor sah im Papst mehr als den rangälteren Patriarchen, dessen Wort um so mehr ins Gewicht fiel, als der Arm der kaiserlichen Macht

Blick vom festungsähnlichen Kloster des hl. Johannes auf Patmos auf das umgebende Dorf. Die Häuser sind überwiegend modern, aber im traditionellen Stil erbaut; die Mauern weiß getüncht, die Fenster klein. Die flachen Dächer sammeln das seltene und kostbare Regenwasser. Das Kloster wurde 1088 von Christodoulos gegründet und durch Kaiser Alexios I. Komnenos von allen Steuern und anderen Abgaben befreit. Diese Privilegien wurden von späteren Kaisern bis hin zum Ende des byzantinischen

Reiches erneuert. Das Kloster ist bis heute wegen seiner Bibliothek berühmt; eine im Jahre 1669 gegründete Schule für Theologie besteht immer noch.

nicht zu ihm hinreichte. Theodor sprach wiederholt von dem »fünfköpfigen Leib der Kirche«, womit er eindeutig die fünf Patriarchate meinte, die einverständlich handeln. Von keinem einzigen Patriarchat nahm man an, daß es ein Monopol auf die Wahrheit besaß.

Die Apostolische Sukzession

Nikephoros betonte nicht lediglich die Kollegialität. Er ging auch davon aus, daß alle fünf Patriarchate »apostolischen» Ursprungs waren. »Es ist ein altes Gesetz in der Kirche, daß, wenn in ihr Zweifel und Streitfragen auftauchen, diese behoben und geregelt werden durch ein ökumenisches Konzil mit der Zustimmung und Billigung der erhabenen Patriarchen, die die Throne der Apostel innehaben.« Dagegen war das Papsttum nur bereit, außer Rom selbst noch Antiochia und Alexandria als »apostolisch« anzuerkennen, weil auch diese Gemeinden in enger Verbindung mit dem hl. Petrus gestanden hatten.

Indessen war die Idee der Apostolizität, d.h. von Patriarchen, die ihren Bischofsstuhl wie durch ein juristisch festgelegtes Nachfolgerecht von den Aposteln »geerbt« haben sollten, für das östliche Denken nicht zentral. Zahlreiche byzantinische Kirchenschriftsteller folgten Origenes, welcher die Auffassung vertrat, daß der hl. Petrus im Grunde nur der erste »Gläubige« gewesen war. Andere können ihm im Glauben nacheifern und werden dann ebenfalls die Schlüssel zum Himmelreich empfangen. Ein Schriftsteller des 12. Jahrhunderts in Süditalien stellte fest: »Der Herr gibt die Schlüssel Petrus und allen, die ihm gleichen, so daß die Tore des Himmelreichs den Häretikern verschlossen bleiben, für die Gläubigen aber offenstehen.« Andere byzantinische Autoren betrachteten die Bischöfe als Lehrer und Wächter des Glaubens in jeder Gemeinde, die damit die dem hl. Petrus von Christus übertragene Aufgabe fortführen. Die Ansicht Gregors von Nyssa, wonach Christus »über den hl. Petrus den Bischöfen die Schlüssel zur himmlischen Herrlichkeit gab«, wurde durch die Jahrhunderte von zahlreichen byzantinischen Gelehrten geteilt.

Im 12. Jahrhundert schrieb Nikolaus von Methone über die »Gnade« des Bischofsamts. War sie einmal durch die Weihe übertragen, so blieb sie dem Amtsträger verliehen, auch wenn er zurücktrat. Dieses Argument beruhte auf der Vorstellung von der Apostolischen Nachfolge (Sukzession), wodurch die Bischofswürde von Generation zu Generation weitergegeben werde. Ideen dieser Art fanden – und sogar verstärkt – noch in den letzten Jahrhunderten des byzantinischen Reiches einen Widerhall. Die bloße Existenz von traditionell unterschiedlichen Meinungen in der Kirche, die durch Autorität gestützt wurden, deutet darauf hin, daß die orthodoxe Hierarchie nicht so festgefügt war und daß die Autorität eines östlichen Patriarchen nicht so allumfassend oder genau formuliert war wie die des römischen Papstes. Im Westen blieb der Papst viele Jahrhunderte lang die höchste Autorität in der Kirche. Zu den Päpsten, die ihre Autorität bis zum äußersten ausschöpften, gehörten Gregor VII. (1073–1085), von dessen Reformen wir später noch hören werden, und Innozenz III. (1198–1216), ein Autokrat, der die päpstliche Macht gewaltig steigerte, zu zwei Kreuzzügen aufrief, in Südfrankreich Ketzergerichte einrichtete und sich mit einer Phalanx von Rechtsgelehrten umgab.

Es gab allerdings innerhalb der Kirche des Westens im späteren Mittelalter eine Bewegung, die den Standpunkt vertrat, daß die päpstliche Gewalt ohne das Element der Konsultation nicht rechtmäßig ausgeübt werden könne, daß also Konzilien immer noch ein notwendiger Bestandteil des Kirchenregiments und bei Entscheidungen über Fragen der Lehre unerläßlich seien. Innozenz selbst berief im Jahre 1215 ein Konzil ein (Lateran IV), dessen Erklärungen die gleiche Rechtskraft zugebilligt wurde wie in den frühen Konzilien. Die »konziliare« Bewegung trug wesentlich dazu bei, daß eine Hierarchie des höheren Klerus aufgebaut und die unmittelbare Herrschaft des Papstes eingeschränkt wurde, sowie dazu, daß das im 11. Jahrhundert eingeführte Prinzip bekräftigt wurde, wonach der Papst ebenso von den Kardinälen wie von der römischen Gemeinde gewählt werden muß. Die konziliare Bewegung begann mit der Verstoßung Urbans VI. im Jahre 1378 durch die Mehrheit der Kardinäle, die ihn gewählt hatten. Sie wählten an seiner Stelle Clemens VII. zum Papst. Dieser Vorfall machte deutlich, daß es in der Kirche an einer Instanz fehlte, die bei einer umstrittenen Wahl entscheiden konnte, und ließ die Frage akut werden, wer eigentlich in der Kirche bestimmte: das ganze Gottesvolk, wie Wilhelm von Ockham sagte, oder der Papst, wie Aegidius Romanus sagte, oder aber das Kardinalskollegium.

Im Gefolge dieser Kontroverse entstand eine umfangreiche Literatur. Nach Nikolaus von Kues (1401–1464) war ein allgemeines Konzil die einzige angemessene Vertretung der Gesamtkirche. Nur ein solches kann Bestimmungen für die ganze Kirche erlassen. Es kann den Papst absetzen wie auch ihn durch seine Beschlüsse binden. Johannes Gerson (1363–1429) sah im allgemeinen Konzil die höchste Autorität in der Kirche, nicht weil es alle Gläubigen vertritt, sondern weil es eine Versammlung des gesamten Episkopats ist, der, wie er glaubte, bei außergewöhnlichen Umständen den Papst kontrollieren und über ihn richten kann – wenn er nämlich durch sein Handeln das Gemeinwohl der Kirche gefährdet. Im Gegensatz zu dieser Auffassung wollten andere Autoren im Kardinalskollegium zusammen mit dem Papst das höchste Regierungsorgan der Kirche sehen, das gleichermaßen über den Laien und dem Episkopat stand.

Schisma

Für den griechischen Osten schien es selbstverständlich, daß der Patriarch von Neu-Rom (Konstantinopel) eine Berufungsinstanz ist ähnlich wie der Papst in Alt-Rom und daß ihm nach diesem ein besonderer Rang zukommt. Das Vierte Ökumenische Konzil in Chalkedon (451) verabschiedete – in Abwesenheit der römischen Legaten – diesbezüglich eine Resolution. Der Kanon 28 bot einen Kompromiß an, der Konstantinopel beinahe, wenn auch nicht ganz, mit Rom gleichstellte: »Die Kirchenväter erkannten mit Recht dem Thron von Alt-Rom Privilegien zu, denn es war die Kaiserstadt, und 150 höchst gewissenhafte Bischöfe [auf dem Zweiten Ökumenischen Konzil 381] räumten aus den gleichen Erwägungen gleiche Privilegien dem heiligsten Thron von Neu-Rom ein, weil sie es für recht und billig hielten, daß die Stadt, die durch die Anwesenheit des Kaisers und des Senats geehrt wird und die gleichen Privilegien wie die alte Kaiserstadt Rom genießt, auch in kirchlicher Hinsicht ausgezeichnet wird und einen Rang gleich nach dieser erhält.« Diese Erklärung ist von einschmeichelnder Glätte und läßt doch vieles unklar. Es fehlt in ihr jede Erwähnung des Anspruchs des Papstes, der alleinige Nachfolger des hl. Petrus zu sein. Der zitierte Kanon wurde von Papst Leo I., dem Großen (440–461), verworfen, blieb aber in der Ostkirche gültig. Später versuchte man, eine allgemein akzeptierbare Definition für die jeweilige Rolle der beiden führenden Patriarchensitze zu finden. Am Ende des sog. Akakianischen Schismas nach dem Patriarchen Akakios von Konstantinopel zwischen Rom und dem Osten (484–519) kam man darin überein, daß »der katholische Glaube vom apostolischen Stuhl unversehrt bewahrt wurde«. Doch erlangte diese Anerkennung der Rolle des Papstes bei der Reinerhaltung der Lehre niemals den Status eines Kanons auf einem ökumenischen Konzil. Nur eine Generation später verkündete Justinian die »Einheit« von Kirche und Reich und erwartete vom Papst Unterwerfung sogar in Glaubensangelegenheiten.

Das letzte unbestreitbar »ökumenische« Konzil, das von Delegierten aller fünf Patriarchate besucht und anschließend bestätigt wurde, war das von Nicaea im Jahre 787; doch besuchten päpstliche Gesandte auch das Konzil von 861, welches die Absetzung von Ignatius und die Wahl von Photius zum Patriarchen bestätigte. Papst Nikolaus I.

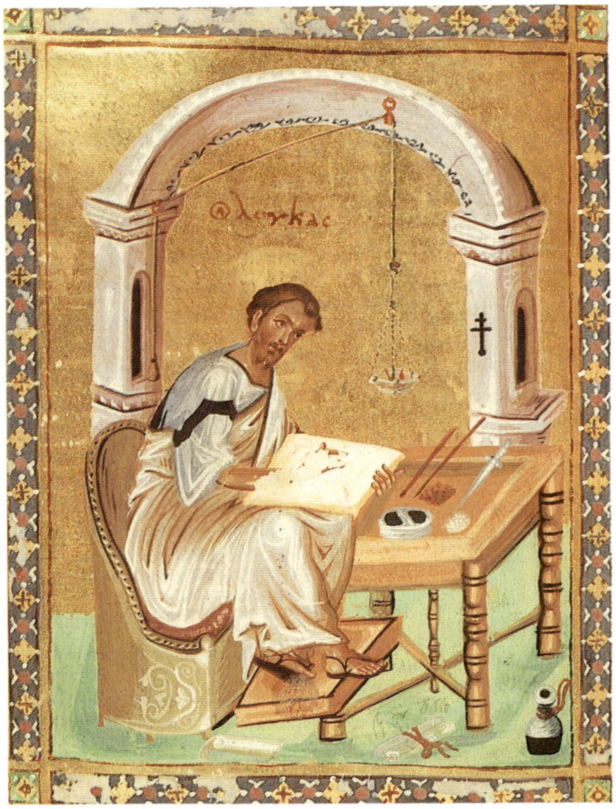

Links: Der hl. Lukas, bei Lampenlicht lesend: eine Illustration aus einem byzantinischen Evangeliar des 10. Jahrhunderts. Es war nicht die Absicht des Künstlers, ein »realistisches« Bild zu malen. Es ging ihm weniger darum, das Aussehen eines Mannes, der an einem Tisch sitzt, einzufangen, als darum, den hl. Lukas (bzw. einen anderen Apostel oder Heiligen) als eine vertraute Gestalt darzustellen; sicherheitshalber schreibt er noch dessen Namen dazu. Die Verzierung von Handschriften war auf einen kleinen Bereich von Texten beschränkt: die Evangelien, den Psalter und einige Schriften der Kirchenväter. Selbst schmucklose Bücher ohne Illustrationen waren sehr teuer.

desavouierte seine Gesandten: Er erklärte feierlich Photius für abgesetzt (863) und unterstützte Ignatius. Obwohl es sich zunächst nur um eine Frage der Kirchendisziplin handelte, weitete sich der Fall aus zu einer Kontroverse über die Natur und das Ausmaß der päpstlichen Autorität. Auch bezichtigte Patriarch Photius die Westkirche der Irrtümer in der Liturgie und verurteilte den Gebrauch der Wendung *filioque* im Credo des Westens als einen unverbürgten und häretischen Zusatz. Photius sandte ein Rundschreiben an die anderen Patriarchen des Ostens, in dem er besonders auf das *filioque* einging.

Im Jahre 907 rügte der kraftvolle und querköpfige Patriarch Nikolaus (901–907; 912–925) die beabsichtigte Eheschließung des Kaisers Leon VI. mit seiner Geliebten Zoe »von den kohlschwarzen Augen« (Karbonopsina). Zoe hatte Leon einen männlichen Erben geboren; er wollte sie heiraten und das Kind ehelich machen. Das wäre jedoch des Kaisers vierte Ehe gewesen, und Nikolaus weigerte sich, sie abzusegnen. Denn eine dritte Heirat, geschweige denn eine vierte, verstieß gegen das kanonische Recht. Wie der Patriarch später in einem Traktat schrieb: »Wenn der Gesetzgeber [d.i. der Kaiser] als erster sein eigenes Gesetz *ad absurdum* führt, indem er dessen Gebot mißachtet, liegt es dann nicht auf der Hand, daß er die Öffentlichkeit eher dazu ermuntert, das Gesetz zu übertreten, als dazu, es zu befolgen?« Wen wundert es da, daß Leon VI. Unterstützung bei den vier anderen Patriarchen der Kirche suchte und einer Botschaft des Papstes, der eine vierte Ehe guthieß, größtes Gewicht beimaß.

Auf die Nachricht hin, daß Vertreter des »Papstes aus Alt-Rom« auf dem Weg zu ihm waren, »mit Schriftstücken, in denen ein Sonderdispens erteilt wurde«, ging Leon gegen Nikolaus vor. Er ließ ihn absetzen und verbannen. Die päpstlichen Emissäre bestätigten die Absetzung von Nikolaus und die Einsetzung von Euthymius als dessen Nachfolger. Dennoch ging Nikolaus aus der Affäre als Märtyrer hervor. Er erhielt Rückendeckung durch zahlreiche Kirchenmänner und wurde im Jahre 912 als Patriarch wiedereingesetzt. Die Spaltung innerhalb der byzantinischen Kirche zwischen den Anhängern von Nikolaus und

Unten: Ein Geldbeutel für Christus. Auf diesem Mosaik in der Hagia Sophia in Konstantinopel sitzt Christus zwischen dem Kaiser Konstantin IX. Monomach und der Kaiserin Zoe. Konstantin wiegt einen vollen Geldbeutel in der Hand, was daran erinnert, daß er in den vierziger Jahren des 11. Jahrhunderts der Hagia Sophia eine riesige Schenkung machte. Diese Offenbarung seiner Frömmigkeit und Großzügigkeit war um so notwendiger, als er seine Krone nicht ererbt hatte, sondern der Laune der Kaiserin Zoe verdankte, die ihn in dritter Ehe zum Gemahl nahm. Ursprünglich zeigte das Mosaik Zoe und ihren ersten Gemahl, Romanos III. Argyros (1028–34). Das Andenken an diesen wurde getilgt, indem sein Kopf durch den Konstantins IX. ersetzt wurde.

denen des jetzt abgesetzten Euthymius zog sich bis 920 hin, als ein »Buch der Einheit« die beiden Parteien feierlich versöhnte. Es schloß mit einer Reihe von laut hallenden Verfluchungen: »Alles, was gegen die heiligen Patriarchen Ignatius, Photius, Stephanus, Antonius und Nikolaus geschrieben oder gesprochen worden ist – Anathema!« Der Kaiser sollte in Fragen der Sittlichkeit an die kirchlichen Bestimmungen gebunden sein; dabei sollte keinerlei Rücksicht auf Gründe der Staatsräson genommen werden.

Während das »Buch der Einheit« den Streit zwischen den byzantinischen Kirchenmännern formell beendete, standen die darin ausgesprochenen Bannflüche im Widerspruch zu dem vom Papst erteilten Dispens für eine dritte und vierte Eheschließung. Seit der Wiedereinsetzung von Nikolaus als Patriarch im Jahre 912 war der Name des Papstes in Konstantinopel nicht mehr erwähnt worden. Sowohl Kaiser Romanos I. Lekapenos als auch Nikolaus scheint daran gelegen gewesen zu sein, wieder korrekte Beziehungen zu Rom herzustellen: Romanos, weil er ein Gegengewicht gegen seinen unzuverlässigen Patriarchen brauchte, Nikolaus, um einen Flankenschutz gegen Angriffe von immer noch in der Kirche vorhandenen fanatischen Feinden zu haben.

Die Krönung Ottos I. zum »Kaiser« im Jahre 962 durch den Papst beschwor neue Komplikationen herauf. Doch nachdem Otto vergeblich versucht hatte, Bari einzunehmen und andere Teile des byzantinischen Italien zu überrennen, zeigte er sich bereit, von seiner ursprünglich erhobenen Forderung nach der Vermählung seines Sohnes, Ottos II., mit einer Tochter des byzantinischen Kaisers abzulassen und sich mit Theophanu, der Nichte des regierenden Kaisers Johannes Tzimiskes, als Braut für seinen Sohn einverstanden zu erklären. Später war die byzantinische Regierung beunruhigt über Ottos II. Einfall in das byzantinische Kalabrien (982) und über das Ausmaß der Versuche des Kaisers, die Herrschaft über Rom zu errichten. Über Ottos III. Schachzug, seine Kontrolle dadurch zu festigen, daß er seinen Vetter Bruno zum Papst (996; Gregor V.) erhob, scheint die oströmische Regierung besonders besorgt gewesen zu sein.

Es war jedoch nicht die Beziehung zwischen Papst und Kaiser, an der byzantinische Kirchenmänner oder Ideologen hauptsächlich Anstoß nahmen. Die auf der *Konstantinischen Schenkung* beruhenden Ansprüche des Papsttums machten auf die byzantinische Regierung oder Kirche wahrscheinlich nur wenig Eindruck, während die Behauptung der sächsischen Herrscher, sie seien »römische« Kaiser, von Byzanz wohl kaum als ernst zu nehmende Bedrohung seines Anspruchs angesehen werden mußte, *der* Nachfolgestaat des kaiserlichen Rom zu sein. Was verursachte dann die Verschlechterung in den Beziehungen zwischen Byzanz und dem Papsttum im 11. Jahrhundert? Die tiefere Ursache lag wohl darin, daß im Westen für das Papsttum zunehmend Rechte und Pflichten beansprucht wurden, die bislang nur auf dem Papier bestanden.

Der Reformeifer der deutschen Kaiser, von Otto III., Heinrich II. und Heinrich III., brachte eine neue Art von Kirchenmännern nach Rom, die (für gewöhnlich als Mönche) nördlich der Alpen ausgebildet, in der strengeren Zucht der Häuser in Lothringen und – in einigen Fällen – in Cluny gehärtet waren und nun der päpstlichen Kurie klösterliche Normen aufzwingen wollten. Sie konnten die Lässigkeit und Korruption, die dort noch immer an der Tagesordnung waren, nicht ertragen. Es war ein gewisses Maß an weltlichem Kompromiß erforderlich gewesen, damit die Beziehungen zwischen dem Papsttum und Byzanz funktionierten. Odilo, Abt von Cluny, schrieb abträglich über Theophanu, die byzantinische Gemahlin Ottos II., und äußerte dunkle (und falsche) Anspielungen bezüglich einer Verschwörung, in welche Theophanu, Joannes Philagothos »und andere Speichellecker« verwickelt seien. Andere reformgesinnte Kirchenmänner mißbilligten die von der byzantinischen Regierung am päpstlichen Hof praktizierte Bestechung. Die unmittelbare Ursache für die Entfremdung scheint jedoch die Einführung der *filioque*-Klausel in das in Rom benutzte *Credo* gewesen zu sein.

Streitigkeiten über die »filioque«-Klausel

Das »nicaenische« *Credo*, revidiert auf dem Konzil von Konstantinopel (381), stellte fest, daß der Heilige Geist »vom Vater« ausging. Irgendwann in oder vor dem 7. Jahrhundert fügten spanische Kirchenmänner, die das Werk des hl. Augustinus kannten, die Worte »und vom Sohn«

(lat. *filioque*) hinzu. Der Zusatz wurde in Teilen des Frankenreiches und Deutschlands übernommen, und Kleriker aus dem Norden führten ihn in Rom ein. Das Papsttum bestätigte die *filioque*-Klausel nicht ausdrücklich, wies aber um 860 die Behauptung von Photius zurück, der Zusatz sei theologisch unhaltbar. Erst Anfang des 11. Jahrhunderts scheint das Papsttum diese ergänzte Fassung des *Credo* regelmäßig zu verwenden und die Anregung dazu scheint von deutschen Klerikern ausgegangen zu sein. Die ergänzte Fassung wurde feierlich gesungen bei der Kaiserkrönung Heinrichs II. in Rom im Jahre 1014. Sie wurde wahrscheinlich verwendet in der Glaubenserklärung, die Papst Sergius IV. im Jahre 1009 nach Konstantinopel schickte, in jenem »Vorstellungs«brief, den neugewählte Patriarchen ihren Mitbrüdern zukommen ließen.

Einen Hinweis darauf, daß etwas nicht stimmte, brachte das Jahr 1024. Der Patriarch von Konstantinopel schlug in einem Brief an den Papst eine Einigungsformel vor – des Inhalts, daß »mit der Zustimmung des römischen Bischofs die Kirche von Konstantinopel in ihrer eigenen Sphäre als universal angesehen und so genannt werden soll, wie die von Rom in der Welt«. Diese absichtlich ambivalent gehaltene Formulierung war für Papst Johannes XIX. und die päpstliche Kurie annehmbar. Es scheint der herausragende Reformer Wilhelm von Bénigne gewesen zu sein, welcher äußerst heftig protestierte. In einem Brief an Papst Johannes tadelte er dessen Bereitschaft, seine unteilbare universelle Autorität mit jemand zu teilen. Johannes zog daraufhin seine Zustimmung zu der Formel zurück. Diese Episode macht deutlich, daß die Meinungsverschiedenheit über das *filioque* sehr bald andere Streitfragen, wie die bezüglich der Autorität in der Kirche, wiederaufflammen ließ und daß Byzanz sie überdecken wollte. Die vom Patriarchen von Konstantinopel vorgeschlagene Formel hätte vermutlich die stillschweigende Vereinbarung enthalten, daß man bezüglich der Gültigkeit der *filioque*-Klausel im *Credo* unterschiedlicher Meinung sein könne. Bezeichnenderweise kam der Widerstand nicht von römischen Klerikern, sondern von Geistlichen aus dem Norden, die unduldsam waren gegenüber der Politik des Kompromisses und Respekts vor altüberlieferten Konventionen, die sie für verderblich hielten.

Wenn von Byzanz nach 1030 keine Schritte in Richtung auf eine Einigung mit Rom bekanntgeworden sind, so darf man vermuten daß die byzantinischen Kirchen- und Staatsführer vermutlich abwarten wollten, bis sich der Sturm von jenseits der Alpen legen, und die päpstliche Kurie zu der verträglichen Haltung zurückkehren würde, die sich in der Reaktion von Papst Johannes XIX. auf die Kompromißformel angedeutet hatte. Darüber hinaus gab es noch ein anderes Element im Kalkül der byzantinischen Diplomatie. Bis in die 40er Jahre des 11. Jahrhunderts machte Byzanz sich Hoffnungen, daß es das in der Hand der Mohammedaner befindliche Sizilien zurückerobern und seine Autorität in Unteritalien konsoldieren könnte. Wären die verschiedenen Feldzüge, die Byzanz startete, erfolgreich gewesen, so hätte es eine weitaus größere Möglichkeit gehabt, Druck auf das Papsttum auszuüben, um eine Einigung zu erreichen.

Reformtendenzen im Papsttum

Während Byzanz die Zeit abwartete, gärte es im Westen. Normannische Abenteurer – einige von ihnen Söldner, die unter Duodezfürsten in der Lombardei oder in der byzantinischen Armee gedient hatten – begannen Herrschaftsgebiete in ganz Unteritalien in Besitz zu nehmen. Italienische Seestädte wie Venedig, Pisa und Genua rissen im Kampf gegen islamische Seeräuber die Initiative an sich und inszenierten selbst erfolgreiche Überfälle auf islamische Stützpunkte. Die Kirchenmänner zeigten auf einmal eine Neigung, ihren Stand von dem der Laien abzuheben und »die Kirche« als eine gesonderte Körperschaft in der Gesellschaft anzusehen, welche eher den Laien Anweisungen zu geben hatte, anstatt daß diese zahlreiche Kirchenämter kontrollierten. Diese neuen Strömungen bahnten sich einen Weg und führten zu einer Neuorientierung des Papsttums, als Bruno von Toul, ein führender Kirchenreformer, im Jahre 1048 von Kaiser Heinrich III. zum Papst bestimmt wurde. Als Leo IX. (1049–1054) begann er sofort damit, die päpstliche Kurie neu zu beleben, indem er sie mit strengen Kirchenmännern seiner eigenen Art aus dem Norden besetzte und Ämterkauf und Simonie in all ihren Formen sowie das Konkubinat nicht nur in den Klöstern, sondern in der ganzen Kirche auszurotten suchte. Der Kirche sollten einheitliche Normen auferlegt werden, und der Papst sollte diese setzen. Auf der Synode von Reims im Jahre 1049 erscholl ein Fanfarenstoß. Die Synode erließ 12 Kanones über die Abstellung kirchlicher Mißstände und erklärte außerdem, daß der Papst allein »der Primas und Apostelnachfolger (*apostolicus*) der Gesamtkirche« sei.

Die Schnelligkeit, mit der es zum Schlagabtausch zwischen dem reformerischen Papsttum und dem Patriarchat von Konstantinopel kam, erklärt sich teils durch den schrillen Ton, in dem die päpstlichen Ansprüche vorgetragen wurden, teils durch die bisherigen engen Beziehungen zwischen Papsttum und Reich: Jede bedeutende Verände-

Der Kirchenstaat
Das »Patrimonium Petri« wurde durch großzügige Landschenkungen Pippins und seines Sohnes, Karls des Großen erweitert. Als Gegenleistung für seinen militärischen Beistand wurde Karl der Große im Jahre 800 zum »Kaiser« gekrönt. Der Kaiser sollte den Papst und seine Besitzungen schützen. Einen mächtigen neuen Beschützer fand das Papsttum in dem deutschen König Otto I., den Papst Johannes XII. im Jahre 962 zum Kaiser krönte. Das »Patriomonium« war weniger ein fester, zusammenhängender Besitz als vielmehr ein Flickenwerk von Rechten und Befugnissen. Die Reformbewegung Gregors ließ den Päpsten wenig Zeit, ihren Besitzstand in Mittelitalien zu konsolidieren, und ihre Gegner konnten in den dortigen Städten Unzufriedenheit schüren, was bei deren Bürgern nicht besonders schwierig war. Es war die große Leistung Innozenz' III. (1198–1216), Ordnung zuerst in seine eigene Stadt Rom, dann, quer durch Mittelitalien, in das Herzogtum Spoleto und die Mark Ancona zu bringen. Die päpstliche Kontrolle blieb dort unvollständig, erst recht in der Pentapolis. Doch nun hatte das Papsttum endlich eine große und starke Machtbasis in Italien und zog reichliche Einkünfte daraus. Der Preis dafür war jedoch eine noch tiefere Verstrickung in politische Streitigkeiten.

Christen im mittelalterlichen Konstantinopel

Unten: Die Kirche des hl. Sergius und des hl. Bacchus, das Innere der Kuppel. Die Kirche wurde von Justinian in Auftrag gegeben und diesen beiden syrischen Soldaten geweiht, die unter Diokletian den Märtyrertod erlitten. Auf dem Foto ist ein Teil der griechischen Inschrift sichtbar, die um den Architrav (oberhalb der Kapitelle) läuft: »Andere Herrscher haben Sterbliche geehrt, deren Werke nutzlos waren, doch unser Souverän Justinian hat zur Förderung der Frömmigkeit mit einem prächtigen Gebäude geehrt Sergios . . .«. Justinian erwies syrischen Heiligen seine Ehrerbietung, und der oktogonale Grundriß dieser Kirche erinnert deutlich an andere syrisch-palästinensische Märtyrerheiligtümer.

Das mittelalterliche Konstantinopel war vielleicht die christlichste Stadt, die die Welt je gekannt hat, überreich an Klöstern und Kirchen und überquellend von Mönchen. Nicht alle Einwohner waren byzantinisch-orthodox: Es gab Juden und zumindest eine Moschee. Jedoch war die »unter dem Schutz Gottes stehende Stadt« von einem staatlich autorisierten christlichen Geist geprägt. Monat für Monat wurde dies bei Gottesdiensten und feierlichen Handlungen, die der Kaiser vornahm – Funktionen, die miteinander verflochten waren –, verkündet. Während viele dieser Zeremonien hinter verschlossenen Türen im kaiserlichen Palast oder in der Hagia Sophia vor sich gingen, fanden andere in den Hauptstraßen statt. Die einfachen Bürger scheinen die Öffentlichkeit des Gottesdienstes geschätzt zu haben und besonders die öffentliche Verehrung der Gottesmutter, der Beschützerin der Stadt vor den anbrandenden Wellen der Barbaren. Viele Menschen suchten Rat oder Heilung bei den heiligmäßigen Männern, die außerhalb der Stadt lebten.

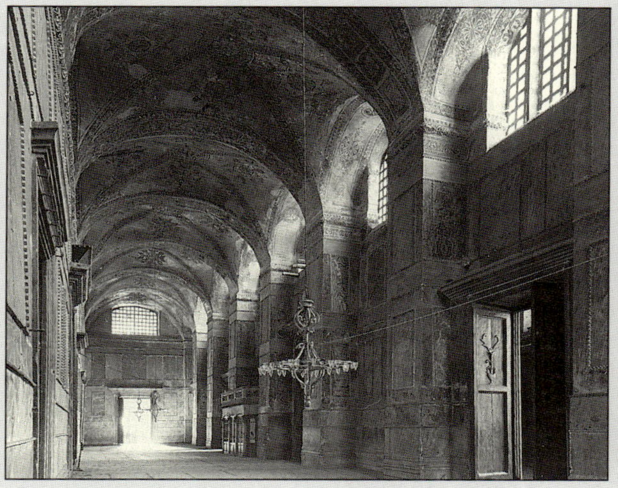

Oben links: Der Narthex (die innere Kirchenvorhalle) der Hagia Sophia, mit dem Blick nach Süden. Er ist Teil des ursprünglichen, von Justinian errichteten Baus. Die bunten Marmorplatten an den Wänden sind von weißem Marmor eingefaßt. Die Eingänge auf der linken Seite führen in das Mittelschiff und die Seitenschiffe. Durch den mittleren, die »königliche Tür«, zogen die kaiserlichen Prozessionen in die Kirche ein.

Unten: Diese drei aneinander anschließenden Kirchen, von Osten gesehen, dienten dem von Johannes II. Komnenos (1118–43) gegründeten Kloster des Christos Pantokrator. Die nördlich gelegene Kirche (rechts) war dem Christos Pantokrator selbst geweiht, die südlich gelegene der Barmherzigen Mutter Gottes. Sie sind durch die Begräbniskapelle des hl. Michael verbunden. Johannes Komnenos wollte die Kapelle zur Begräbnisstätte für seine Dynastie machen, und mehrere Kaiser wurden dort beigesetzt. Das Kloster unterhielt auch ein Heim für alte Männer, ein Hospiz und ein großes Krankenhaus mit besonderen Stationen für verschiedene Arten von Leiden.

rung in der Haltung einer der beiden Seiten wurde wahrscheinlich alsbald registriert. Darüber hinaus gibt es Grund zu der Annahme, daß auch in der byzantinischen Kirche in der Mitte des 11. Jahrhunderts Veränderungen im Gange waren.

Das Papsttum ergriff jedoch nicht sogleich die von den Normannen gebotene Gelegenheit, den Kirchen und Klöstern des griechischen Ritus in Unteritalien lateinische Bräuche aufzuzwingen. Leo IX. behauptete später, daß Rom gegenüber den Orthodoxen große Duldsamkeit bewiesen habe: »Obwohl in Rom und außerhalb sehr viele Klöster und Kirchen der Griechen anzutreffen sind, ist keine von ihnen bis jetzt darin beeinträchtigt oder daran gehindert worden, ihren überkommenen Traditionen oder Bräuchen zu folgen, sondern im Gegenteil dazu gedrängt und ermahnt worden, dieselben einzuhalten. ... Seht, um wieviel verständiger, gemäßigter und milder auf diesem Gebiet die römische Kirche ist, als ihr seid!« Den ersten Schritt scheint Patriarch Michael Kerularios (1043-1058) getan zu haben, der die lateinischen Kirchen in Konstantinopel schloß, wenn sie nicht seiner Forderung nachkamen, sich nach dem byzantinischen Ritual zu richten. Er war dann bestrebt, mit Hilfe des Kaisers der armenischen Kirche das byzantinische Ritual, z.B. die Verwendung gesäuerten Brotes bei der Kommunion aufzuzwingen. Die Armenier sollten so vollständig in das Reich eingegliedert werden.

Paradoxerweise förderte eine Wiederannäherung zwischen Rom und Byzanz die unterschiedlichen Auffassungen beider offen zutage. Das Papsttum betrachtete die normannischen Eindringlinge als barbarische Freibeuter. Nachdem Leo IX. von Kaiser Heinrich III. keine wirksame Unterstützung erhielt, suchte er Hilfe gegen sie bei derselben Macht, die schon Johannes X. 914/15 in Anspruch genommen hatte - bei Byzanz. Zu ungefähr der gleichen Zeit, im Jahre 1052, stiftete Michael Kerularios den Erzbischof Leo von Ochrid an, einen Brief zu verfassen, der Leo IX. und anderen westlichen Prälaten übergeben werden sollte. Erzbischof Leo kritisierte darin heftig die Verwendung von ungesäuertem Brot (*azymes*) bei der Eucharistie im Westen. Auch rügte er verschiedene andere westliche (»lateinische«) Gebräuche, etwa das Fasten an Samstagen (»wie bei den Juden«) und den Verzehr von strangulierten Tieren. Leo drängte seine Adressaten, von diesen Praktiken abzulassen, »damit ihr alle mit uns durch den wahren und unbefleckten Glauben eine einzige Herde des einen wahren und Guten Hirten, Christus, sein möget«. Kurz nachdem dieser Brief abgesandt worden war, fügten die Normannen sowohl der byzantinischen als auch der päpstlichen Streitmacht in Italien vernichtende Niederlagen zu und nahmen Leo IX. gefangen. Es zeugt von der Macht der Gewohnheit in der Zusammenarbeit zwischen dem Papsttum und Byzanz, daß Leo immer noch im Osten nach militärischer Hilfe Ausschau hielt, obwohl er zugleich vom Patriarchen von Konstantinopel Fügsamkeit erwartete. Im Frühjahr 1054 schickte Leo IX. Legaten nach Byzanz mit dem Auftrag, den Brief des Erzbischofs Leo von Ochrid zu beantworten, Kerularios die Meinung zu sagen und mit Konstantin IX. Monomachos ein militärisches Bündnis auszuhandeln.

Wechselseitige Exkommunikationen

Unter den Legaten befanden sich so hochrangige Kurienmitglieder wie der aus Lothringen stammende Kardinal Humbert, der persönliche Berater des Papstes, und Friedrich von Lothringen, Kanzler des römischen Bistums und späterer Papst (Stephan IX.). Der hohe Rang dieser Legaten läßt darauf schließen, daß ihre damalige Mission als sehr wichtig angesehen wurde. Auch die Fülle der Dokumente, die sie mitbrachten, spricht dafür. Darunter waren zwei Briefe an Kerularios und ein an Kaiser Konstantin gerichtetes Schreiben. Obgleich diese Briefe offenbar von Humbert verfaßt worden sind, gibt es keinen Zweifel, daß Papst Leo sie billigte und daß sie das allgemeine Empfinden der reformerisch gesinnten Kurie zum Ausdruck brachten. Der Kaiser wurde eindringlich aufgefordert, in seiner Ergebenheit gegenüber dem apostolischen Stuhl seinem großen Vorgänger Konstantin dem Großen nachzueifern: »Geliebter Sohn und durchlauchtigster Kaiser, geruhe mit uns zusammen zu wirken für die Entlastung deiner Mutter, der Heiligen Kirche, und die Wiedererlangung ihrer Privilegien ... und ihres Erbteils in den Gebieten unter deiner Herrschaft.« Leos Brief an Michael Kerularios dagegen tadelt dessen »Unverschämtheit« und »Anmaßung«: »Sieht denn ein Fuß und eine Hand nicht, daß der Ruhm oder die Schande des Kopfes auf ihn bzw. sie zurückfallen?« Der Kopf ist dem Körper und den Sinnen übergeordnet.

Dieser päpstliche Aufruf zum Gehorsam fand eine kühle Aufnahme beim Patriarchen Michael, der gewiß nicht darauf versessen war, für das Papsttum die Rolle einer Hand oder eines Fußes zu übernehmen. Die Anwesenheit der Legaten in Konstantinopel provozierte verschiedene feindselige Äußerungen seitens byzantinischer Kirchenmänner gegenüber westlichen Praktiken. Ein Mönch des Klosters Studios schrieb einen Traktat, worin er die Diskussion um neue Streitpunkte, wie z. B. das Verbot von Priesterehen bei den Lateinern, bereicherte. In Byzanz waren Priesterehen erlaubt und an der Tagesordnung, wie es in der orthodoxen Kirche noch heute der Fall ist.

Der Sommer des Jahres 1054 in Konstantinopel bietet ein bizarres, ja komisches Schauspiel: Man befehdet sich mit Schmähschriften. Es werden gegenseitig Anschuldigungen erhoben, von denen viele kleinlich oder aber gänzlich haltlos sind. Der Kaiser will den Meinungsstreit dämpfen, indem er durch gutes Zureden die orthodoxen Kirchenmänner zur Zurückhaltung zu bewegen versucht.

Am 16. Juli 1054 machte Humbert nach langem Zuwarten sozusagen seine »Zeitbombe« scharf und legte die Bannbulle auf den Hauptaltar der Hagia Sophia. Bald danach verließen die päpstlichen Legaten die Stadt, nachdem sie noch Konstantin IX., der sie in seinem Palast empfing, den Friedenskuß gegeben hatten. Am 20. Juli 1054 wurde eine Synode abgehalten, auf der ein Dekret Konstantins IX. verlesen wurde, wonach die Bulle der Legaten verbrannt werden sollte und die für die Bulle Verantwortlichen mit dem Kirchenbann belegt waren. Vier Tage später wurde der Bannspruch wiederholt und eine Kopie der ärgerniserregenden Bulle öffentlich verbrannt. Kerularios' Bannfluch traf »diejenigen, die diese Bulle erdachten und schrieben und die ihre Abfassung billigten oder beratend dabei tätig waren«.

Diese wechselseitigen Exkommunikationen machten die Entfremdung, die bereits 1054 erkennbar war, schlagartig deutlich. Beide Seiten bemühten sich, eine Hintertür für einen künftigen Kompromiß offenzuhalten; doch läßt allein dieses Bemühen darauf schließen, daß sie sich der voraussichtlichen Folgen ihres Handelns bewußt waren. In dem am kaiserlichen Hof laut verkündeten Bannfluch der päpstlichen Legaten über Michael Kerularios, Leo von Ochrid und deren Anhänger gab es nämlich eine Erklärung, die nichts Gutes verhieß: »Wer den Glauben des Heiligen Römischen und Apostolischen Stuhls und seine Hostie angreift, der soll mit dem Kirchenbann belegt sein und nicht als ein katholischer Christ, sondern als ein häretischer Prozymit [d.i. Befürworter gesäuerten Kommunionbrotes] angesehen werden!« – Die Exkommunikationen wurden erst im Jahre 1965 aufgehoben.

SCHISMA UND UNION

Der Vierte Kreuzzug (1204) und in dessen Gefolge die Einführung lateinischer Bräuche bei den Griechen unter dem bis 1261 bestehenden Lateinischen Kaisertum hinterließen in der byzantinischen Kirche bleibende antiwestliche Ressentiments. 1261 warfen die Griechen die Venezianer und Kreuzfahrer aus Konstantinopel heraus, doch, langfristig gesehen, mußten die Kaiser die vorrückenden Türken abwehren, was ihnen kaum ohne westliche Hilfe gelingen konnte. Diese war aber nur zum Preis einer Union beider Kirchen, d.h. der Unterwerfung der Orthodoxen unter die Oberhoheit des Papstes, zu haben. Die unversöhnliche Opposition der griechischen Kirche gegen »die Häresien und den Hochmut« des lateinischen Westens machte es für die Kaiser schwierig, vertretbare Konzessionen an den Westen zu machten. Der Vierte Kreuzzug und seine Folgen ließen die Kirche gestärkt, die Kaiser aber relativ schwach zurück. Diese ernannten immer noch die Patriarchen und setzten sie auch in einigen Fällen ab, wenn sie der kaiserlichen Politik allzu kritisch gegenüberstanden, doch bildete die Haltung der Gläubigen und der Mönche gegenüber westlicher Einmischung ein entscheidendes Hindernis für kaiserliche Initiativen. Die Kirche stand in hohem Ansehen, und die Klöster erhielten weiterhin Zuwendungen. Die Zeit brachte zahlreiche bedeutende Werke griechischer Theologie und Spiritualität hervor, und Malerei und Mosaikkunst standen in hoher Blüte. In einem Zeitalter, in dem das politische Leben wenig Anreize bot und in dem Kaiser und Patriarchen auf ihr Amt verzichteten, um Mönche zu werden, waren Jenseitsmystik und die Ruhe des Berges Athos äußerst geschätzt. Während einige bedeutende Geister in der griechischen Kirche stark von den Leistungen der westlichen Theologie beeindruckt waren, nahm die griechische Spiritualität in der quietistischen oder Hesychasten-Bewegung auf dem Athos eine von der des Westens grundverschiedene Form an.

Die Macht der Patriarchen

Die meisten Patriarchen des späten 13. und frühen 14. Jahrhunderts hatten eine lange Lehrzeit als Mönche hinter sich, bevor sie ihr hohes Amt antraten, und im 14. Jahrhundert waren mehrere von ihnen Mönche auf dem Athos gewesen. Einer der herausragenden Patriarchen, die aus dem Mönchtum kamen, war Athanasios I. (1289–93; 1303–09). In seinem Bemühen, dem ihm unterstellten Klerus asketische Normen aufzuzwingen, erhielt er

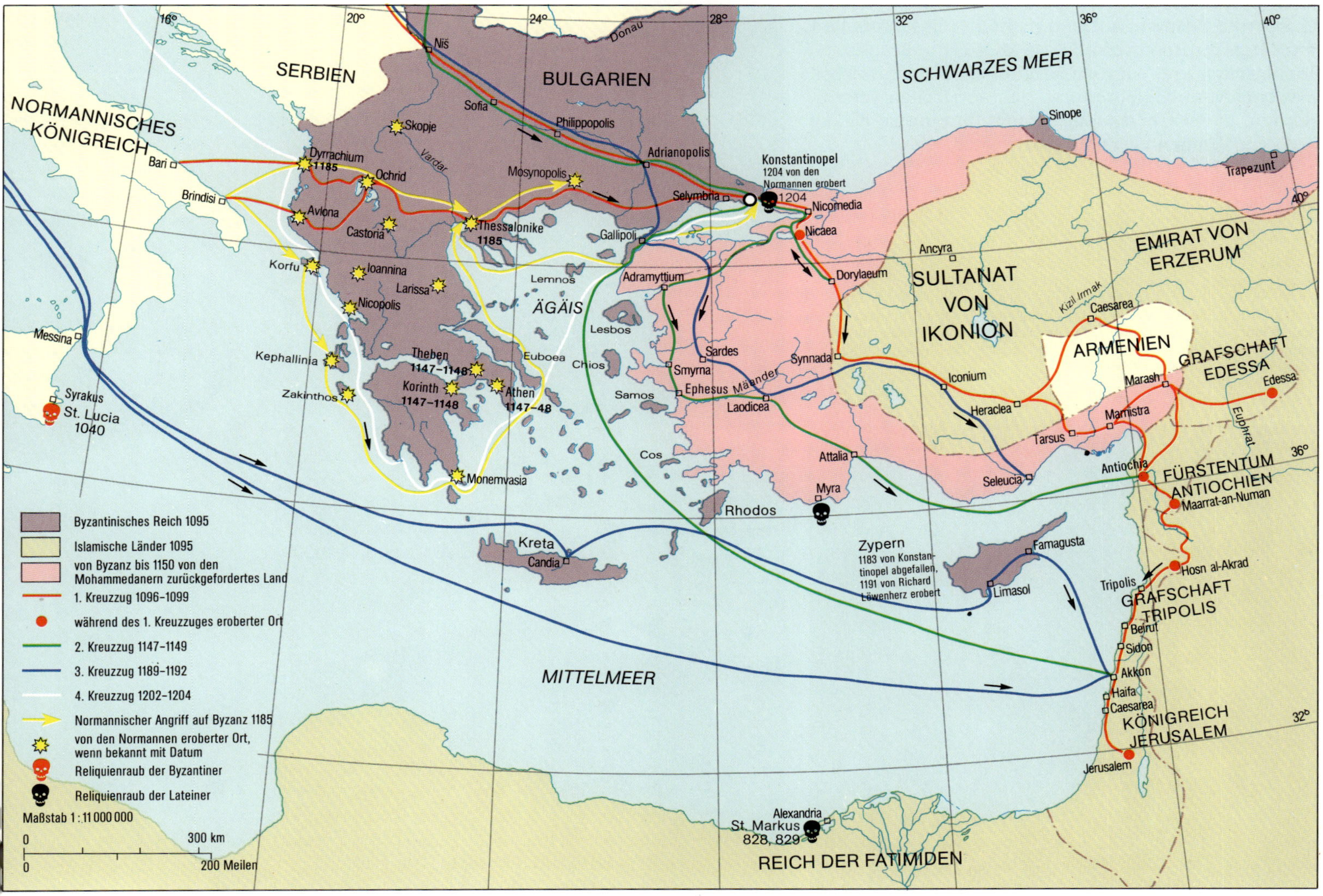

Die Kreuzzüge
Das Ziel des Ersten Kreuzzugs war es, den Byzantinern gegen die Seldschuken beizustehen und Jerusalem zu befreien. Doch die Byzantiner argwöhnten, daß das eigentliche Ziel der Kreuzfahrer ihr eigenes Reich war. Die Teilnahme von Normannen am Kreuzzug gab ihren Befürchtungen Nahrung: Die Normannen hatten in den Jahren 1081–85 Byzanz angegriffen. Der Erste Kreuzzug erleichterte es Kaiser Alexios I. Komnenos, das westliche Kleinasien zurückzuerobern, aber der Argwohn der Byzantiner gegenüber den Kreuzfahrern blieb bestehen. Zum Unglück für die Byzantiner lag die Landroute nach Palästina auf ihrem Gebiet, und als Mitglieder des Zweiten und des Dritten Kreuzzugs von Katastrophen ereilt wurden, machten sie die Byzantiner dafür verantwortlich. Der Vierte Kreuzzug sollte auf dem Seeweg ins Heilige Land gelangen, doch durch die Machenschaften einiger Anführer endete er in Konstantinopel. Verwirrt, arm und zahlenmäßig schwach, plünderten die Kreuzfahrer schließlich Konstantinopel und entführten seine Reliquien.

Die Kreuzzüge

Unten: Die Kreuzzugsperiode fiel mit dem Bau von Steinburgen in Westeuropa und der neuen Verteidigungsstrategie, die damit einherging, zusammen. Auch das Heilige Land war übersät mit Festungen als dem sichersten Mittel, die neu eroberten Gebiete, die sich längs eines schmalen Küstenstreifens erstreckten, zu halten. Abgebildet ist die berühmteste dieser Burgen, Krak des Chevaliers. Sie fiel durch Verrat.

Oben: Für den Vierten Kreuzzug mußte man Schiffe von den Venezianern mieten, und diese verlangten dafür, daß die Kreuzfahrer ihren Weg über Konstantinopel nahmen und die Stadt ihrer größten Handelsrivalen plünderten. Im Jahre 1204 nahmen sie die Stadt ein und errichteten dort eine lateinische Herrschaft. Den Kreuzzug vollendeten sie nie.

Die Zeit der Kreuzzüge, vor allem der ersten vier (1095 bis 1204) ist gekennzeichnet durch eine Mischung aus Frömmigkeit und aufrichtiger Hingabe, andererseits Landgier und alten Feindseligkeiten, die oft mit äußerster Erbitterung und Grausamkeit ausgetragen wurden. Zu den ersten Kreuzfahrern gehörten jüngere Söhne ohne Erbteil, die ihr Glück in einer neuen Welt versuchen wollten. Sie hatten gar nicht die Absicht zurückzukehren, und so entstanden im Laufe des Jahrhunderts im Heiligen Land ganze Gemeinden von Europäern.

Der Idee nach war der Kreuzzug jedoch nicht nur ein gerechter, sondern ein heiliger Krieg. Von unermeßlicher Bedeutung war die Rückgewinnung der Heiligen Stätten in einem Zeitalter, in dem man sich dort dem Leben Christi am nächsten glaubte und das irdische Jerusalem als Abbild des himmlischen sah. Seit vielen Jahrhunderten hatte es Pilgerfahrten ins Heilige Land gegeben, und auch die Kreuzfahrer verstanden sich als Pilger. Sie waren Soldaten Christi, die in einem sowohl geistigen als auch äußeren und blutigen Krieg kämpften: aus dem Himmel Vertriebene, die nun heimkehrten.

Die Mischung aus hochfliegendem Idealismus und krassem Eigeninteresse, die für die Kreuzzüge charakteristisch war, macht diese nicht zu einem weniger bemerkenswerten Phänomen. Denn mehr als ein Jahrhundert lang vergaßen große Scharen von Menschen alle internen Streitigkeiten und begaben sich auf eine Reise, die mit unvorstellbaren Gefahren und Schwierigkeiten verbunden war, in der Überzeugung, damit für Gott zu wirken und dem Himmelreich näherzukommen.

Unten links: Urban II. ruft auf dem Konzil von Clermont im Jahre 1095 zum Ersten Kreuzzug auf. Er versprach denen, die es unternahmen, Jerusalem von den Moslems zu befreien, daß sie von all ihren Sündenstrafen gelöst werden würden. (Den Mitgliedern der religiösen Orden riet er davon ab, weil sie bereits einen geistigen Krieg für das Reich Gottes kämpften.) Dieser Aufruf wurde mit großem Enthusiasmus aufgenommen und sofort in die Tat umgesetzt.

Oben links: Im Westen wurden Fechttaktiken entwickelt, nachdem die Kreuzfahrer Erfahrungen mit der überlegenen Taktik der Türken und Araber gemacht hatten. Die Kreuzfahrer waren es gewohnt, in offener Feldschlacht zu kämpfen. Sie hatten schwere Pferde und beidhändig geführte Schwerter. Die Sarazenen hatten wendige Pferde und kurze, gekrümmte Türkensäbel, mit denen sie vom galoppierenden Pferd herunter auf den Feind einhauen konnten. Dieses Bild von einem Turnier zwischen Richard Löwenherz und Saladin ignoriert den Unterschied. Beide Herrscher waren die Gestalten des Dritten Kreuzzugs, die durch ihre Verwegenheit die Phantasie des Volkes am meisten beschäftigten.

Oben rechts: Von denen, die sich entschlossen, am Kreuzzug teilzunehmen, sagte man: Sie »nahmen das Kreuz«. Ihr Gelübde war erfüllt, wenn sie das Heilige Grab erreichten. Das Bild zeigt Kreuze, welche die Kreuzfahrer beim Betreten der Grabesstätte in die Mauer ritzten.

Mitte: Der Erste Kreuzzug nahm hauptsächlich den Landweg durch die Gebiete des Ostreiches, wo die Kreuzfahrer von der Prinzessin Anna Komnena als Pöbelhaufen bezeichnet wurden, und durch Kleinasien, wo sie an der Ruhr erkrankten. Bei den folgenden Kreuzzügen nahm man hauptsächlich den Seeweg.

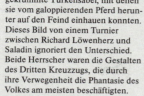

Unten: Die Kreuzfahrer wollten Jerusalem durch Belagerung einnehmen. Genauso gingen sie bei Antiochia und anderen auf ihrem Wege liegenden Städten vor. Das war eine langwierige und ermüdende Aufgabe und beinahe ebenso anstrengend und entbehrungsvoll für die Kreuzfahrer wie für ihre Feinde. In dieser Rekonstruktion der Belagerung aus dem 15. Jahrhundert sieht man, daß verschiedene Sturmvorrichtungen vor den Mauern der Stadt aufgestellt werden.

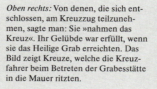

Unterstützung von Kaiser Andronikos, der eine Synode einberief, auf der alle Geistlichen, die sich den Maßnahmen des Patriarchen gegen Simonie und andere Mißstände widersetzten, als Rebellen gebrandmarkt wurden. Athanasios lohnte dem Kaiser seinen Einsatz mit häufigen, lästig fallenden Ratschlägen zu verschiedenen Angelegenheiten des Staates und der Staatspolitik. Er warnte davor, ein Hilfeersuchen an die Lateiner in Erwägung zu ziehen – zu einem Zeitpunkt, als immer mehr Gebiete in Kleinasien unter türkische Herrschaft fielen: »Glaube ja nicht, daß wir obsiegen werden durch kriegerische Feldzüge ... selbst angenommen, der ganze Westen, falls das möglich wäre, würde sich uns anschließen und beistehen. Worin also liegt die Lösung? In der Hinwendung zu Gott und darin, daß wir, sosehr wir vermögen, Buße tun, worauf Gott beharrlich wartet.« In einem anderen Brief an Andronikos unterstellt Athanasios, daß letztlich der Patriarch das Sagen habe: »Denn das Priestertum wurde dem christlichen Volk nicht gegeben um der Herrschaft willen, vielmehr wurde ihm Herrschaft verliehen aufgrund des Priestertums, so daß das Reich, wenn es die Kirche in Gott wohlgefälliger Weise mit dem weltlichen Arm unterstützt und sie ehrt und schützt, seinerseits von Gott unterstützt und geschützt und vermehrt wird.« Athanasios drängte den Kaiser, sich stärker um das Wohlergehen der vor den Türken Geflohenen in Konstantinopel zu kümmern. Der Patriarch richtete Suppenküchen ein, während der Kaiser einen Beamten einsetzte, der die Lebensmittelpreise regeln sollte. Die Rolle des Patriarchen war wohl mit der von Johannes dem Almosenspender vergleichbar.

Keine Barockdecke, sondern Mosaiken im Kloster Chora (Kariye Cami), Konstantinopel. Die Klosterkirche wurde von Theodoros Metochites, dem führenden Staatsmann seiner Zeit, umgebaut und ausgestattet. In homerischen Versen schrieb er, daß es seine Absicht war, »auf Mosaiken zu erzählen, wie der Herr selbst unseretwegen ein sterblicher Mensch wurde«. Dementsprechend zeigt dieses Mosaik die Genealogie Christi: 39 Vorfahren sind unter der Gestalt Christi kreisförmig auf der Kuppel angeordnet, in individueller Haltung und mit individueller Gebärde dargestellt, worin sich die Lebendigkeit der byzantinischen Kunst des frühen 14. Jahrhunderts zeigt.

Die Patriarchen des 14. Jahrhunderts scheinen oftmals eine etwas sorglose Auffassung von den Pflichten ihres Amtes gehabt zu haben. Diese Einstellung schloß jedoch keineswegs aus, daß sie – in der Tradition der heiligen Männer der mittleren byzantinischen Periode – zu öffentlichen Angelegenheiten Stellung nahmen. Patriarch Athanasios streifte für gewöhnlich in härenem Hemd und in Sandalen durch die Straßen Konstantinopels, und ein widerwärtiger Geruch pflegte von ihm auszugehen. Patriarchen, die nicht mit ihrem Herzen an ihrem Amt hingen, neigten dazu, die Bürde ihres Amtes mit Gleichmut niederzulegen und das Mönchsleben wiederaufzunehmen; so Athanasios im Jahre 1309. Sie hatten deshalb wenig Hemmungen, offen ihre Meinung zu sagen, wenn ihnen das Verhalten der Kaiser oder irgendwelcher anderer Mitglieder von Gesellschaftsschichten mißfiel. Ziemlich häufig sahen sich die Kaiser gezwungen, sie abzusetzen; doch hatten sie es im 14. Jahrhundert mit weitaus freimütigeren und unberechenbareren Patriarchen zu tun, als ihre Vorgänger vor 1204.

Das Gespenst eines weiteren »Märtyrer«-Patriarchen in Gestalt von Arsenios (1254–60; 1261–64) und eines weiteren einschneidenden Schismas stand vor ihnen. Sie mußten auch mit der Schwierigkeit rechnen, einen angesehenen Kleriker oder Mönch zu finden, der bereit war, Patriarch zu werden; denn viele lehnten ab.

Die Ohnmacht der Herrscher

Die Kaiser versuchten in wiederholten Anläufen, dem Papsttum durch die Zusage einer Union militärische Hilfe zu entlocken. Doch dieses Versprechen klang wenig überzeugend. Denn es fiel nicht mehr besonders ins Gewicht, was der Kaiser glaubte oder vorschlug: Es stand gar nicht mehr in seiner Macht, es durchzusetzen. In Augenblicken der Verzweiflung maßen die Kaiser einer Einigung mit Rom und einem Beistand gegen die Türken, der sich daraus ergeben könnte, magische Bedeutung bei. Sogar der im übrigen streng orthodoxe Andronikos II. warf in seinen letzten Regierungsjahren die Frage der Union auf. Er war damals in einen Bürgerkrieg gegen seinen Enkel verwickelt und nicht in der Lage, das weitere Vordringen der Türken zu verhindern. Ebenso erging es Johannes VI. Kantakuzenos in einem besonders kritischen Augenblick seiner Regierungszeit. Johannes V. Palaiologos scheint naiverweise angenommen zu haben, daß eine Kirchenunion möglich war und die Lösung für alle seine Schwierigkeiten bringen würde. In einem persönlichen Schreiben an den Papst stellte er in Aussicht, daß er sich ihm unterstellen würde, räumte aber zugleich ein, daß er es nicht wagte, seinen Untertanen die Union aufzuzwingen, aus Furcht, sie würden sich gegen ihn erheben.

Einige byzantinische Hofleute und Intellektuelle teilten Johannes' Interesse am Westen und ermutigten sein Vorhaben. Unter diesen tritt am deutlichsten sein Erster Minister Demetrios Kydones hervor, der bei einem Dominikaner Latein gelernt hatte und Werke von Thomas von Aquin ins Griechische übersetzte. In seinen Schriften ist eine Erregtheit angesichts der Entdeckung der Bandbreite und Qualität des westlichen Denkens zu spüren. Er legte seinen Landsleuten nahe, die überkommene Vorstellung von der Einteilung der Welt in Byzantiner und unwissende Barbaren aufzugeben: »Früher hätte niemand unser Volk davon überzeugen können, daß es irgendwelche Intelligenz bei den Lateinern gibt oder daß sie ihren Sinn irgend etwas Höherem zuwenden könnten als der Schiffahrt, dem Handel und dem Krieg.« Doch die byzantinische Kirche und das Volk blieben weiterhin unüberzeugt.

Als Johannes V. Palaiologos, der eine Vereinbarung erreichen wollte, um einen Kreuzzug gegen die Türken zustande zu bringen, im Jahre 1369 in St. Peter in Rom empfangen wurde, war die Resonanz denkbar gering. Nicht ein einziger byzantinischer Kirchenmann hatte den Kaiser nach Rom begleitet, und dieser machte keinerlei Versuche, seinen Untertanen die römische Lehre des *filioque* oder das römische Ritual aufzudrängen. Johannes hatte seine eingeschränkten Möglichkeiten, die Kirchenpolitik zu lenken, zur Genüge erfahren. Selber ohne Sympathie für die mystischen und streng asketischen Aspekte der Hesychasten-Bewegung, mußte er eine Reihe von Patriarchen ertragen, die dieser Richtung anhingen. Demetrios Kydones zufolge war der Kaiserpalast voller Hesychasten-Mönche, die umherwanderten und ihre

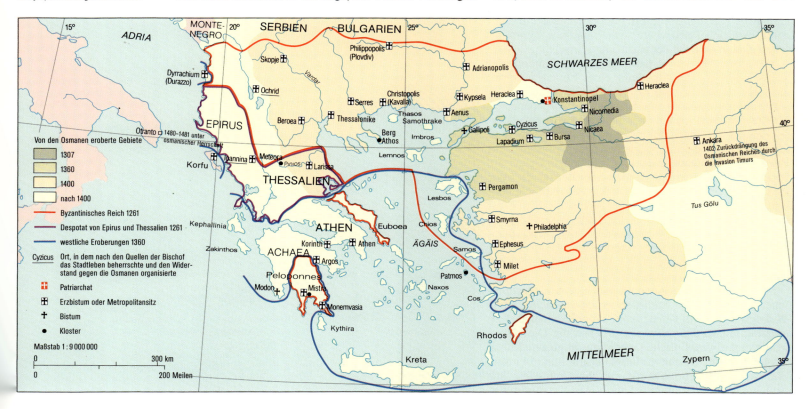

Das Vorrücken der Türken, der lateinische Besitz und der Rückzug der Byzantiner
Michael VIII. Palaiologos eroberte Konstantinopel 1261 für die Orthodoxie zurück. Er mußte sich aber mit rivalisierenden orthodoxen Herrschern auf dem Balkan, mit fränkischen Kriegsherren, die Südgriechenland beherrschten, und mit den Türken auseinandersetzen. Das wiederhergestellte Reich machte einige Territorialgewinne, vor allem auf der Peloponnes. Doch war die Dynastie der Palaiologen von der wirtschaftlichen Schwäche des Reiches und von inneren Auseinandersetzungen bedrängt, und Mitte des 14. Jahrhunderts gewann der serbische Herrscher Stephan Dušan die zwar kurzlebige, aber unumstrittene Herrschaft über einen großen Teil des Balkans. Vor allem mußte Byzanz mit den Türken rechnen. Die Osmanen waren im frühen 14. Jahrhundert nur eine Gruppe von Türken, ein kleines angrenzendes Emirat im nordwestlichen Kleinasien. Die osmanischen Herrscher unterstützten den Heiligen Krieg gegen die Christen. Das half ihnen, ihre Macht über andere türkische Potentaten in Kleinasien auszudehnen. Nachdem sie 1354 Gallipoli eingenommen hatten, machten sie rasche Fortschritte. Durch den Sieg Timur Lenks über die Osmanen im Jahre 1402 wurde deren Gebiet zwar zerstückelt, doch in den 30er Jahren wurden die Teile wiedervereinigt. Die Osmanen verfügten über große Menschenreserven. Diese waren von Fanatismus erfüllt und zeichneten sich durch großen Kampfesmut aus. So wurden die verstreuten Überreste des byzantinischen Reiches bald überrannt. Im Jahre 1453 fiel Konstantinopel, die »Königin der Städte«.

Bärte, ihre Theologie und ihre Unwissenheit zur Schau trugen. Der urbane Gelehrte schloß sich der römischen Kirche an, wie eine Reihe anderer Lehrer und Denker.

Der Einfluß der latinisierenden Kaiser und Intellektuellen war jedoch – trotz ihrer zahlreichen Schriften – letztlich unbedeutend. Die Tatsache, daß so viele am westlichen Denken interessierte Intellektuelle zu Rom überwechselten, zeigt an, daß es keine tragende Mitte zwischen Orthodoxie und westlichen Denkweisen gab.

Der Niedergang von Byzanz und die Unionsbulle

Im 15. Jahrhundert wurde die militärische und wirtschaftliche Lage von Byzanz immer katastrophaler. Das Reich war jetzt wenig mehr als ein Stadtstaat am Bosporus mit Anhängseln auf der Peloponnes. Aus den von den Türken heimgesuchten Gebieten drängten ranghohe Kirchenmänner und Mönche nach Konstantinopel hinein. Sie flößten zahlreichen Bürgern Achtung ein und konnten ein Sperrfeuer der Kritik loslassen gegen Maßnahmen des Kaisers, die sie mißbilligten. Im Jahre 1430 fiel Thessalonike endgültig an die Türken. Der Sultan erpreßte regelmäßig Tribute von Konstantinopel. Das brachte eine Note von Hilflosigkeit und oftmals von Sprunghaftigkeit in die kaiserliche Politik, und die bisherigen Auffassungen zahlreicher Kirchenmänner über die Machtstellung des Kaisers gerieten allmählich ins Wanken.

Kaiser Johannes VIII. Palaiologos (1425–1448) wurde durch die milden und versöhnlichen Töne, die neuerdings von der Westkirche kamen, dazu ermutigt, der Chimäre einer Union nachzujagen. Die Westkirche war selbst geteilt in Papsttum und konziliare Bewegung, und Papisten und Konziliaristen wetteiferten miteinander in dem Bestreben, die Byzantiner für ihre Sache zu gewinnen. Seit den Tagen von Alexios Komnenos war normalerweise ein ökumenisches Konzil für die Byzantiner eine Vorbedingung für Verhandlungen gewesen. Nun schlug der Papst selbst ein Konzil vor, und es wurde sogar eine Flotte losgeschickt, die den schlechtbemittelten Kaiser und seine Delegation zum Konzil bringen sollte. Die Peinlichkeit einer massiven westlichen Intervention zur Unterstützung von Byzanz konnte nicht länger umgangen werden, und im Jahre 1437 gingen Johannes VIII., der alte und kränkliche Patriarch Joseph II. und Vertreter der drei anderen östlichen Patriarchate sowie ranghohe byzantinische Prälaten an Bord der päpstlichen Schiffe.

Mehrere Jahre zuvor hatte Erzbischof Simeon von Thessalonike vor der Abhaltung eines Konzils gewarnt, die schon damals erörtert worden war. Er warnte, daß es »eher Beunruhigung als Frieden bringen« würde, und verurteilte seinerseits die Lateiner mit harten Worten. »Wahrer Frieden« war nach ihm nicht zu erhalten durch Willfährigkeit gegenüber den Wünschen der Unionisten. Dem Frieden mußte vielmehr der unveräußerliche Grundsatz vorausgehen, »daß wir mit den Kirchenvätern sind«. »Wir sind Diener und Schüler unserer Kirchenväter, die dem wahren traditionellen Glauben der Kirche mit allem Ernst hingegeben waren, und wir bleiben stets untrennbar mit ihnen vereint.« Ein Fortbestehen des Schismas war demnach einem Bruch mit dem orthodoxen Glauben und mit der über die Kirchenväter bis zu den Aposteln zurückreichenden Tradition vorzuziehen.

Simeons Haltung erinnert an diejenige von byzantinischen Geistlichen zurückliegender Jahrhunderte. Seine Vorhersage, daß ein Kirchenkonzil mehr Unheil als Eintracht stiften würde, erwies sich als hellsichtig. Die zahlenmäßig starke byzantinische Delegation, die zu dem Konzil entsandt wurde, welches in Basel begann und in Ferrara und Florenz fortgesetzt wurde, entschied sich schließlich beinahe einstimmig für eine Union. Alle byzantinischen Delegierten bis auf Markos Eugenikos unterzeichneten die Unionsbulle (*Laetentur Coeli*). Am 6. Juli 1439 wurde die Union in griechischer und lateinischer Sprache verkündet. Die Mönche von Konstantinopel und den weltlichen Klerus der Hauptstadt ließ das kalt. Einige Bischöfe, die unterzeichnet hatten, begegneten einer solchen Feindseligkeit seitens des Diözesanklerus und der Laien damit, daß sie sich nach Italien zurückzogen. Im Jahre 1451 ging sogar Patriarch Gregor III. Mammas nach Italien, und der Patriarchenthron war verwaist.

Der Bruder Johannes' VIII., Konstantin XI. (1449 bis 1453), hing ebenfalls der Illusion einer Union an, erkannte aber zugleich, daß er den Bürgern Konstantinopels und schon gar den orthodoxen Christen außerhalb seines Zuständigkeitsbereichs nicht das lateinische Glaubensritual aufzwingen konnte. Auf Initiative Konstantins XI. lief 1452 in der Hagia Sophia eine pikante Zeremonie ab. Das Unionsdekret wurde von Kardinal Isidor, einem vormals orthodoxen Delegierten beim Konzil von Ferrara-Florenz, verlesen, und in dem fast leeren Gebäude wurde eine römische Messe zelebriert. Sogar zahlreiche kaiser-

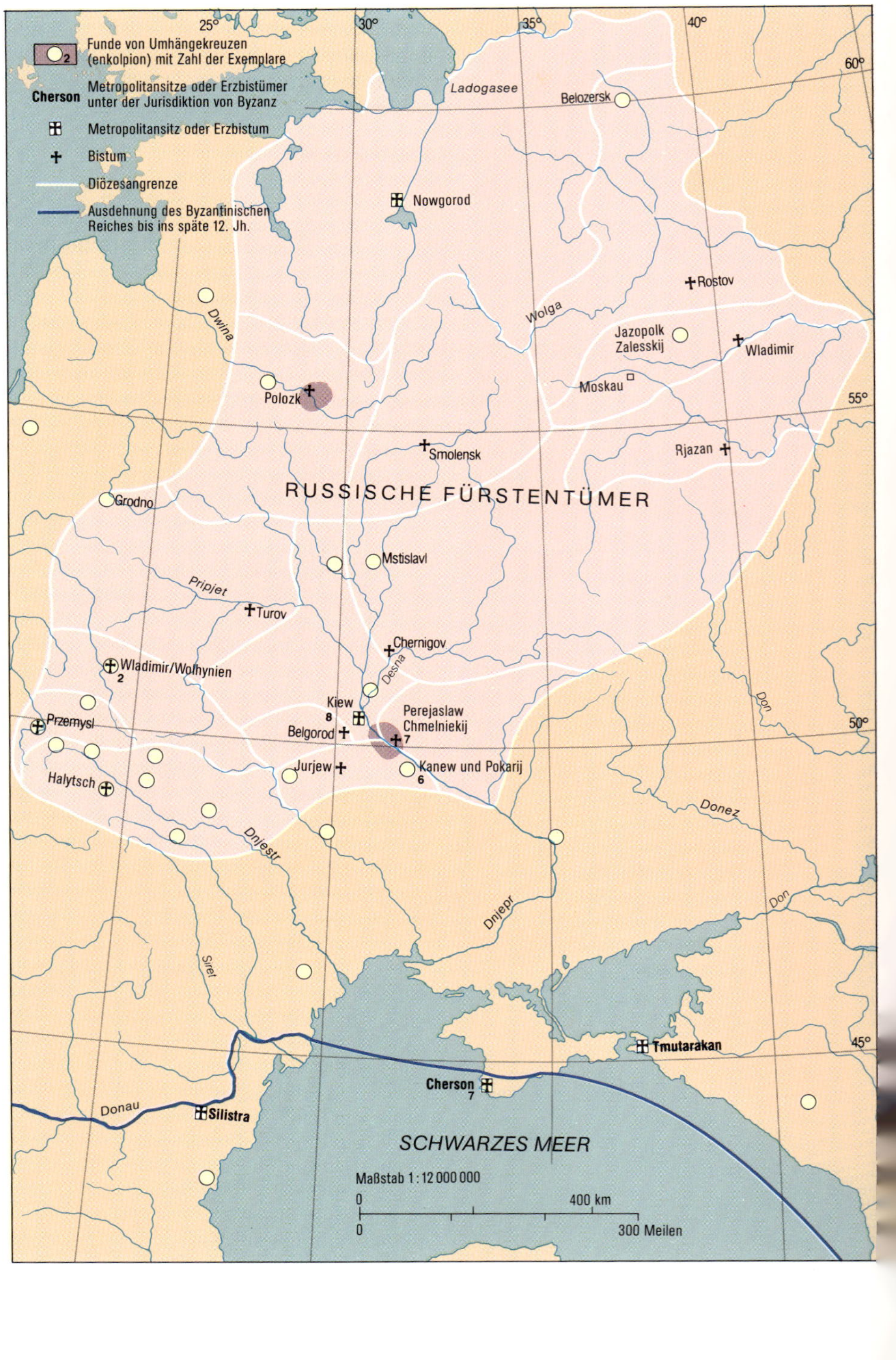

Oben: Das Kloster Pantanassa (Königin der Welt) in Mistra wurde 1428 gegründet und wird noch heute von Nonnen bewohnt. Es gehört zu den zahlreichen großen und kleinen Klöstern und Kirchen, die sich am Berghang dieser beachtlichen byzantinischen Stadt in Südgriechenland drängen. Sie wurden alle im 14. oder 15. Jahrhundert erbaut. Die »Despoten«, die im »Palast« der Stadt lebten, waren Verwandte des Kaisers in Konstantinopel und regierten daher über die Teile der Peloponnes, die dem Kaiser treu geblieben waren. Mistra fiel 1460 an die Türken.

Links: Christentum im Kiewer Rußland
Rußland kam spät zum Christentum. Sein Herrscher, Fürst Wladimir von Kiew, trat um 988 zur byzantinischen Orthodoxie über und zwang diese seinen Untertanen auf. Es wurden Bistümer gegründet, zunächst hauptsächlich in der Gegend von Kiew. Im 12. und im frühen 13. Jahrhundert wuchs deren Zahl durch neu hinzukommende Bischofssitze im Westen und Nordosten, wo neue Fürstentümer entstanden. Die ranghöheren Kirchenmänner waren den Fürsten für gewöhnlich zutiefst verpflichtet. Die Karte zeigt die Verteilung von Funden einer Art von Brustkreuz in Rußland. Die Brustkreuze zeigten auf der einen Seite die Kreuzigung, auf der anderen die Gottesmutter mit dem Jesuskind. Sie wurden meist an einer Halskette getragen. In Bronze gegossen, wurden sie vom 11. bis zum 13. Jahrhundert für die Allgemeinheit hergestellt. Sie stellen zwar nur eine unter zahlreichen Arten von Brustkreuzen dar, aber ihre Fundstellen erlauben Rückschlüsse auf die Volksfrömmigkeit im Kiewer Rußland.

liche Beamte waren dem Ereignis ferngeblieben. Vom praktischen Standpunkt aus war das fortgesetzte Umwerben Roms nutzlos; denn das Papsttum war im Sog der konziliaren Bewegung nicht in der Lage, einen Kreuzzug zu starten, der es mit den osmanischen Türken hätte aufnehmen können. Aber auch wenn der Westen wirksame Hilfe hätte leisten können, so wäre sie den meisten byzantinischen Klerikern und Laien unerwünscht gewesen. Ausgerechnet der erste Hofmann Konstantins XI. brachte die Abneigung gegen die Lateiner auf die markanteste Formel: »Besser mitten in der Stadt den türkischen Turban regieren sehen als die lateinische Mitra.« Diese Worte wurden gesprochen, kurz bevor die türkischen Kanonen in Stellung gebracht wurden für den endgültigen Sturm auf Konstantinopel im Jahre 1453.

Christentum unter türkischer Herrschaft

Im 14. Jahrhundert hatte das Patriarchat von Konstantinopel seine Autorität über Rußland, die während der letzten 150 Jahre – seit der Zeit vor 1204 – nachgelassen hatte, wieder zur Geltung gebracht. Die liturgische Praxis wurde unter Patriarch Philotheos Kokkinos in Konstantinopel kodifiziert und fast unmittelbar danach auf Rußland übertragen. Aber auch hier, wie in manch anderer Hinsicht, hingen die Sachkenntnis und die moralische Autorität des Patriarchats eng mit dem Mönchtum, insbesondere der Hesychasten-Bewegung zusammen, Philotheos Kokkinos (1353–54; 1364–76) und Kallistos (1350–53; 1355–63), die dem Anspruch des Patriarchats auf »universale Führerschaft« Geltung zu verschaffen suchten, waren selbst ehemalige Hesychasten-Mönche vom Berg Athos. Doch in Gebieten, in denen es keine orthodoxen Fürsten oder örtlich einflußreichen Kirchenmänner gab, die sich von der noch immer eine Orientierung bietenden byzantinischen Spiritualität hätten leiten lassen können, zerbrach die Kirche als Institution. Philotheos beklagte den Verlust von »Nicaea, Prousa, Nikomedia und Chalkedon, dieser großen alten Zierden der Kirche und des christlichen Reiches« an die Türken.

Ein Verzeichnis der Bistümer aus dem frühen 14. Jahrhundert weist, obwohl es verworren und nichtamtlich ist, eine stattliche Anzahl von ihnen auf. Dieser Zustand verdankt sich weitgehend der Wiederbelebung und der Unterstützung der Kirche durch die Laskariden und Palaiologen. In diesem Verzeichnis werden 112 Erzbistümer aufgeführt, wenn auch häufig nur mit je ein oder zwei Suffraganbischöfen. Eine Aufzeichnung aus dem Jahre 1437 spricht eine andere Sprache: 67 Erzbistümer, von denen viele überhaupt kein Suffraganbistum haben. Von diesen Erzbistümern lagen lediglich 15 in dem noch von den Palaiologen beherrschten Gebiet und 36 auf türkisch besetztem Gebiet. Es gibt reichlich Hinweise darauf, daß, auch wenn einige Erzbistümer unter türkischer Herrschaft weiterhin ihre Funktion erfüllen konnten, Seelsorge und christliches Leben ein Kümmerdasein fristeten.

Die Lage derjenigen, die in Kleinasien weiterhin der Orthodoxie anhingen, war insgesamt elend. Für Moslems bot das Leben mehr Sicherheit, und sie trugen eine leichtere Steuerlast. In den westlichen Küstengebieten Kleinasiens blühte die Landwirtschaft und es wurde ein schwungvoller Getreide-, Vieh- und Sklavenhandel mit italienischen Kaufleuten betrieben. Der Übertritt zum Islam brachte also große materielle Vorteile, und diese spielten bei der raschen Islamisierung vormals christlicher Gebiete wohl eine ebenso große Rolle wie die religiöse Verfolgung durch die Türken und deren Versuche, durch friedliche Überredung Konvertiten zu gewinnen. Schon im Jahre 1303 klagte der Patriarch Athanasios: »Nicht nur haben einige Leute aus übergroßer Gottlosigkeit freiwillig ihre Religion aufgegeben, sondern es sind auch zahllose – ja mehr, als es Sandkörner gibt – widerstrebende Menschen durch Not dazu getrieben worden.« Angesichts einer offensichtlich so großen Zahl von Abtrünnigen muß es überraschen, daß im späteren 14. Jahrhundert in Kleinasien immer noch soviele Christen übriggeblieben waren, daß Demetrios Kydones berichten konnte, daß »jeden Tag Scharen von Christen zum Unglauben abwandern«. Doch auch wenn man die Übertreibungen der byzantinischen Rhetorik abzieht, bleibt die Tatsache bestehen, daß die christlichen Gemeinden in Kleinasien schrumpften und die kirchliche Hierarchie dort den Rückzug antrat. Der Niedergang des byzantinischen Reiches steht damit in einem unleugbaren Zusammenhang.

Eine ähnliche Welle des Unglaubens schien in der ersten Hälfte des 15. Jahrhunderts über die europäischen Zentren der Orthodoxie hinwegzugehen. Erzbischof Simeon von Saloniki ist das Beispiel eines Prälaten, der zugleich hohes Ansehen genoß und in seinem Gemeinwesen, in dem es zahlreiche Klöster gab, weitreichende Befugnisse hatte. Simeon bezeugt jedoch auch die heikle Situation der Kirche angesichts des Vordringens der osmanischen Türken, und seine Klagen über die Ohnmacht des Kaisers werden dadurch nur um so bitterer. Simeon war erschreckt durch die Abfallbewegung in Kleinasien, die nun auch Europa zu erfassen drohte: »Wir erleben auch, wie die Städte im Westen [d.h. auf dem Balkan] allmählich zerstört werden. Denn dort herrscht Verfolgung, und dieses gottlose Volk [die Türken] ist gewiß die . . . Nachahmerin jener Schlange, die Adam täuschte. Auf der einen Seite heuchelt es Freundschaft und verspricht lügnerisch Sinnenfreude und Freiheit; auf der anderen Seite aber versklavt, tötet und vernichtet es und läßt die Menschen schließlich gegen Gott lästern.«

Aus Simeons Schriften läßt sich entnehmen, daß in Saloniki selbst viele damit liebäugelten, sich dem von ihnen als unausweichlich betrachteten Schicksal zu beugen und sich den Türken zu ergeben. 1413 hatte sich eine Delegation bereitgefunden, die Stadt dem Feldherrn Musa zu übergeben, als der hl. Demetrios zum Schutze seiner Stadt intervenierte und Musa töten ließ. 1422/23 mußte sich Simeon selbst mit »der Mehrheit« seiner Bürger auseinandersetzen, die »allen Ernstes erklärte, daß sie beabsichtige, ... den Ungläubigen zu übergeben«. Simeon und andere Amtsträger mußten sich vorwerfen lassen, es gehe ihnen nicht um das Wohl der Gesamtbevölkerung. Die Bürger hatten schrecklich unter den türkischen Angriffen und der Blockade gelitten. Simeon antwortete denen, die kapitulieren wollten, sie seien »träge« und »feige« und sie hätten den Wunsch, »wie Zuchttiere gemästet zu werden und nichts von den Dingen zu entbehren, welche das Fleisch fett machen und es anschwellen lassen und die Geld einbringen und die Menschen zu Magnaten machen«. Simeons hartnäckiger Widerstand sowohl gegen eine Kapitulation vor den Türken als auch gegen eine Besetzung der Stadt durch die Venezianer führte zu Mißfallenskundgebungen gegen ihn: Das Volk »demonstrierte öffentlich gegen mich, indem es sich ständig in großer Menge versammelte, gegen mich tobte und damit drohte, die Kirchen niederzureißen und mich mit, wenn ich nicht nach seinem Willen handelte«.

Die nicht abreißende Kette von Bedrängnissen, welche die letzten Byzantiner heimsuchten, hat wohl den Glauben so mancher Angehöriger des Laienstandes ins Wanken gebracht. Als Gregor Palamas in Lampsakos in türkische Gefangenschaft geriet, versammelten sich zahlreiche Männer, Frauen und Kinder um ihn. Einige waren fest im Glauben, »aber die meisten fragten nach dem Grund, weshalb Gott unser Volk im Stich gelassen hat«.

KIRCHE UND STAAT

Die etablierte Praxis im Westen

Kaiser Karl der Große schrieb an Papst Leo III. (795–816) als dem Haupt*bischof* seines Herrschaftsbereiches, und in seinem Reich fungierten Bischöfe als königliche Verwaltungsbeamte, zogen Steuern ein, unternahmen für den Kaiser diplomatische Missionen und wirkten als Richter für ihn. Während der gesamten karolingischen Epoche ernannte der König oder Kaiser Bischöfe, belehnte sie mit Ländereien und Burgen sowie mit ihren Kirchen, in England, Frankreich oder Spanien ebenso wie im Reich selbst. Sogar bei Kirchensynoden führte oft der König oder Kaiser den Vorsitz. Im Jahre 1046, auf der Synode von Sutri, führte Heinrich III. den Vorsitz. Die Synode setzte zwei Päpste ab, sah einen dritten abdanken und wählte dann einen noch anderen zum Papst.

Das System funktionierte ganz leidlich, allerdings hauptsächlich deshalb, weil sich daraus eine hierarchische Ordnung ergab – Unterordnung der Kirche unter den Staat –, die es möglich machte, klare Entscheidungen zu treffen, in den meisten Fragen, bei denen die beiden Autoritäten einander hätten ins Gehege kommen können. Es war eine wirksame Methode wechselseitiger Stärkung. Das blieb so, bis im 10. und 11. Jahrhundert die weltlichen und geistlichen Fürsten Europas ihre Machtstellung ausbauen konnten. Manchmal wurden die Bischöfe vom einheimischen Adel eingesetzt. Könige verwendeten zuweilen die Einkünfte der Kirche für eigene Zwecke. Bestechung und Simonie waren bald an der Tagesordnung.

Die Reformen Gregors VII. (1073–1085)

In dieser Situation trat ein Papst auf, der entschlossen war, die etablierten Praktiken in Frage zu stellen. Hildebrand (als Papst: Gregor VII.) wollte nicht nur die Kirche von innen reformieren, sondern auch das Verhältnis der Kirche zum Staat ändern, das ihm als eine völlige Verkehrung erschien. Er verfocht alle Ansprüche, die sich aus der »Konstantinischen Schenkung« ergaben, einem Dokument aus der Karolingerzeit, das besagte, daß Kaiser Konstantin zahlreiche kaiserliche Befugnisse dem Papst übertragen hatte und daher eine politische Machtstellung des Papsttums im Westen rechtfertigen sollte. Im Zuge einer Reform der päpstlichen Kanzlei durchforstete er die päpstlichen Archive und fand Dokumente, welche die »Schenkung« bestätigten und noch erweiterten.

Gregor führte die Ansprüche in einer Liste auf (die in einem seiner Briefordner erhalten ist, so als ob sie unter einer Reihe von Notizen auf seinem Schreibtisch gelegen hätte und von einem gewissenhaften Sekretär aufgelesen und zusammen mit anderen Schriftstücken kopiert worden wäre). Es ist kein förmliches Dokument, aber in seiner Kürze und Pointierung vielleicht noch eindrucksvoller. Dieser *Dictatus Papae* enthält u.a. folgende Ansprüche und Behauptungen:

Die römische Kirche wurde allein von Gott gegründet. – Allein der Papst darf die kaiserlichen Insignien verwenden. – Allein dem Papst sollen alle Fürsten die Füße küssen. – Eine vom Papst getroffene Entscheidung kann

»Die Konstantinische Schenkung.« Kaiser Konstantin kniet vor Papst Silvester, der ihn segnet, wobei der Kaiser ihm seine Krone überreicht zum Zeichen der Verleihung weltlicher Macht an die geistliche Gewalt in der Welt. Diese »Konstantinische Schenkung« war tatsächlich eine Fälschung aus der Karolingerzeit, doch während des Investiturstreits spielte der hochmittelalterliche Glaube an ihre Echtheit eine große Rolle.

Kirche und Staat im Mittelalter
Die Karte zeigt, bis zu welchem Grade der politische und der geistliche Hoheitsbereich im Mittelalter zusammenfielen. Die Kirchen»provinzen« sind von den politischen Herrschaftsbereichen vor allem dort territorial verschieden, wo Streitigkeiten die politischen Grenzen erheblich verändert hatten, z. B. in Burgund und Serbokroatien. Im Süden Spaniens bestanden christliche Bistümer auch unter moslemischer Herrschaft weiter.

von niemandem widerrufen werden; einzig und allein er selbst kann sie rückgängig machen. – Über ihn selbst besitzt niemand richterliche Gewalt. – Die römische Kirche hat nie geirrt und wird in alle Ewigkeit nicht irren, was durch die Heilige Schrift verbürgt ist.

Diese Behauptungen lösten beim Kaiser, dem jungen Heinrich IV., ein unfreundliches Echo aus. Heinrich war noch nicht volljährig, als er im Jahre 1056 den Thron bestieg, und war dann in den 70er Jahren gerade dabei, seine eigenen Rechte durchzusetzen. Der Papst bestritt Heinrich das Recht auf Investitur der Bischöfe mit Ring und Stab. Dies, so sagte er, gehöre zu den geistlichen Rechten des Bischofsamtes, und nur ein Priester könne sie verleihen. Da Heinrich auf dem Recht bestand, in den unter kaiserlicher Oberhoheit stehenden Gebieten Italiens die Bischöfe zu ernennen, verschärfte sich der Konflikt. Der Papst bannte den König. Dieser erklärte Gregor für abgesetzt. Es kam zu einem schriftlichen Schlagabtausch und zum offenen Krieg. König Heinrichs Stellung in Deutschland war jedoch höchst unsicher, und um seinen Thron zu retten, kam er im Winter des Jahres 1077 über die Alpen nach Canossa, um von Gregor die Aufhebung des Bannes zu erbitten, der den Fürsten freie Hand gab, sich nach einem anderen Monarchen umzusehen. Gregor ließ ihn im Schnee warten und dann – eine Geste feudaler Demütigung – seinen Steigbügel küssen, bevor er das Versöhnungsangebot annahm.

Gregors tatsächliche Macht blieb damit nicht weit hinter dem Anspruch zurück, den er in der Heinrich zugesandten Bannbulle (Februar 1076) verkündet hatte: »Gott hat mir durch den hl. Petrus, das Haupt der Apostel, . . . die Macht gegeben, zu binden und zu lösen im Himmel und auf Erden. Hierauf fest vertrauend untersage ich . . . dem König Heinrich, Sohn des Kaisers Heinrich, der sich gegen deine Kirche in unerhörtem Stolze erhoben hat, die Herrschaft über das ganze Reich der Deutschen und über Ita-

Links: Das Verhältnis von Kirche und Staat im Heiligen Römischen Reich orientierte sich am Vorbild Konstantins und Silvesters I. im frühen 4. Jahrhundert, als das Reich christlich wurde. Es wurde üblich, daß sich die Kaiser vom Papst in Aachen (wie Karl der Große) oder in Rom krönen ließen. Das Bild zeigt die Krönung Friedrichs III. durch Papst Nikolaus V. im Jahre 1452 in Rom. Es war dies die letzte Krönung eines Kaisers des Heiligen Römischen Reiches in Rom.

Rechts: Reform des Mönchtums: Experiment und Ausbreitung
Das Mönchtum begann mit einer Periode des Experimentierens, besonders im östlichen Christentum. Doch seit dem 6. Jahrhundert folgte im Westen beinahe jede Gemeinschaft von Mönchen der Regel des hl. Benedikt. Mehr als einmal wurde es notwendig, die Regeln zu reformieren. Auf die bemerkenswerteste dieser Reformbewegungen, die cluniazensische im 10. und 11. Jahrhundert, folgte spät im 11. Jahrhundert eine weitere auf Reform und Experiment abzielende Bewegung, aus der die Zisterzienser hervorgingen. Sie folgten der Benediktinerregel, jedoch mit großer Strenge und der Betonung einer zwischen Arbeit, Gebet und Lesung aufgeteilten, ausgewogenen Lebensweise, welche die Cluniazenser ihrer Meinung nach völlig falsch verstanden hatten. Die Volkstümlichkeit der Zisterzienser führte zu einer weiten Verbreitung ihrer Häuser. Im 12. Jahrhundert wuchs auch die Zahl der Kanoniker – Priester, die nach einer Regel lebten, aber frei waren für die Arbeit in der Gemeinde – durch die Viktoriner und Prämonstratenser.

lien, und ich löse alle Christen von den Banden des Eides, den sie ihm geschworen haben oder noch schwören werden; und ich verbiete, daß ihm irgend jemand wie seinem König dient … [Deshalb] schlage ich ihn … mit dem Bande des Anathems. Und so binde ich ihn …«

Solange es unzufriedene und ehrgeizige Untertanen gab, vor allem aber die Fürsten nach Wegen suchten, ihre eigene Macht zu stärken und die des Monarchen zu schwächen, waren dies keine leeren Drohungen. Wie Gregor im Jahre 1081 in einem Brief an den Bischof von Metz ausführte, gibt es außerdem Dinge, die man benötigt, wenn es zu Ende geht, und die nur ein Priester vermitteln kann: »Jeder christliche König sucht auf seinem Totenbett flehentlich bittend den Beistand eines Priesters, damit er der Höllenstrafe entgehen … und befreit von der Knechtschaft seiner Sünden vor Gottes Richterstuhl treten kann. Welcher Laie, von Priestern ganz zu schweigen, hat in seiner letzten Stunde um der Rettung seiner Seele willen sich an einen irdischen König um Hilfe gewandt?«

Umstrittene weltliche und geistliche Macht

Die Auseinandersetzung zog sich einige Jahrzehnte hin, bis sie in einem Kompromiß ihren Abschluß fand. Im Wormser Konkordat (1122) wurde schließlich festgelegt, daß Könige und Kaiser die Bischofsinvestitur mit weltlichen Regalien und die Kirche weiterhin diejenige mit den geistlichen Vollmachten vollziehen sollte. Calixtus II. sicherte Heinrich V. zu, »daß die Wahl der Bischöfe und Äbte des deutschen Königreiches, die zum Königreich gehören, in deiner Gegenwart stattfinden soll, ohne Simonie und ohne Gewalttat«. Dafür gestattete Heinrich V., »in allen Kirchen, die in meinem Königreich liegen, kanonische Wahl und freie Weihe«.

Dem Streit wurde dadurch nicht unbedingt ein Ende gesetzt. Die Ereignisse hatten ein jahrhundertelang bestehendes Gleichgewicht durcheinandergebracht, und die gegenseitige Stellung von Kaiser und Papst, Kirche und Staat sollte von einer ganzen Reihe spätmittelalterlicher Schriftsteller mit großer Besorgnis und Eindringlichkeit diskutiert werden. In der Mitte des 12. Jahrhunderts schrieb Otto von Freising eine Fortsetzung zum *Gottesstaat* von Augustinus, in der er eine Bestandsaufnahme der Geschichte der beiden »Staaten« seit den Tagen des hl. Augustinus vornahm. Er war überzeugt, daß der Zusammenbruch einer so lange funktionierenden Beziehung zwischen Reich und Papsttum eine bevorstehende Kata-

NORDSEE
ATLANTISCHER OZEAN
Cluniazensische Reform 910–1150
bedeutendes Zentrum der Reform
andere Ortsniederlassung, die durch Cluny oder eine durch Cluny entstandene Bewegung beeinflußt wurde
Ausbreitung der Cluniazensischen Reform
Maßstab 1 : 12 000 000
0
300 km
0
200 Meilen
Bermondsey
Lewes
Gent
St Trond
Mönchengladbach
Köln
Siegburg
Lüttich
Malmédy
Stablo
St Vaast
Brogne
Hildesheim
Merseburg
Hersfeld
Fulda
Lorsch
Feuchtwangen
Regensburg
Niederaltaich
Donau
Fécamp
Rouen
Seine
Paris
Verdun
Metz
Gorze
Rhein
Hirsau
Fleury
Auxerre
Vézelay
La Charité
Dijon
St. Blasien
Einsiedeln
Ebersberg
Tegernsee
Inn
Loire
Souvigny
Cluny
Sauxillanges
Rhône
Fruttuaria
Drau
Save
Po
Garonne
Moissac
Classe
Marseille
Sahagún
Ebro
Korsika
Farfa
Rom
Subiaco
Monte Cassino
Sardinien
Sizilien
MITTELMEER
NORDSEE
Rievaulx
Fountains
Roche
Chorin
Amelungsborn
Clairmarais
Savigny
Royaumont
Longpont
Bebenhausen
Clairvaux
Morimond
Pontigny
Fontenay
Cîteaux
La Ferté
Chiaravalle
Obazine
Fontfroide
Las Huelgas
Poblet
Fossanova
Korsika
Sardinien
MITTELMEER
ATLANTISCHER OZEAN
Verbreitung der Zisterzienser im 12. und 13. Jahrhundert
bedeutendes Zentrum der Reform
andere Niederlassung der Zisterzienser
Ausbreitung der Reform durch die Zisterzienser
Missionsweg
Gebiet zisterziensischer Predigt gegen die Albigenser
Maßstab 1 : 16 000 000
0
300 km
0
200 Meilen

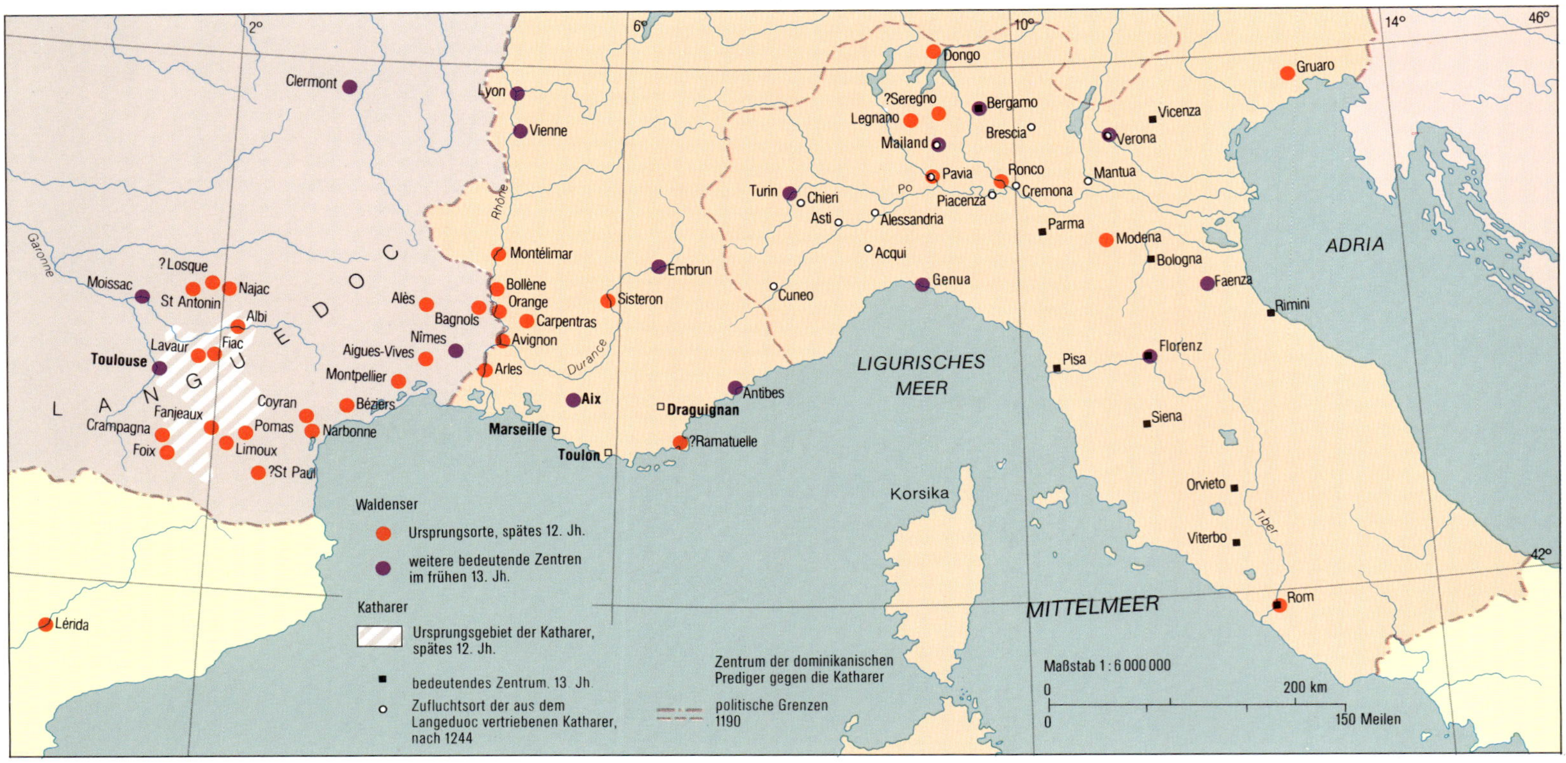

strophe ankündigte. Er setzte einige Hoffnungen auf die Stauferkaiser, deren Linie mit der Thronbesteigung Friedrichs I. Barbarossa (1152) eigentlich begann; doch sollten weitere Perioden voller Spannungen folgen. Die Unmündigkeit Friedrichs II. fiel zeitlich mit dem Pontifikat Innozenz' III. (1198–1216) zusammen, eines Papstes von Willenskraft und Gelehrsamkeit, der zugleich Vormund der Staufer war. Er war ein Rechtsgelehrter und Gönner der Juristen und unterstützte die deutschen Fürsten in ihrem Bestreben, die Zentralgewalt des Kaisers zu schwächen. Friedrich II. rächte sich damit, daß er die Kardinäle darin bestärkte, sich als »Nachfolger der Apostel« zu fühlen, welche ein Recht hatten auf »gleichberechtigte Beteiligung an allem, was der, welcher dem Bistum von Rom vorsteht, als Gesetz vorschlägt oder amtlich verlautbart«. Schachzüge dieser Art waren, auf lange Sicht gesehen, dazu angetan, die Rechte des Papstes zu beschneiden und die päpstliche Monarchie durch ein System von Konzilien einzuschränken.

Die Apologeten der kirchlichen Ansprüche sahen die Dinge zunächst im Lichte des großen Kampfes, der in der Welt vor sich ging zwischen Gut und Böse, dem geistlichen und dem weltlichen Prinzip. Und Kirche und Kaiser sollten diesen Kampf gemeinsam führen. Bernhard von Clairvaux (1091–1153), der Begründer einer Unzahl von Zisterzienserklöstern, die in Europa seit etwa 1120 entstanden, widmete Papst Eugen III. eine aus fünf Büchern bestehende Schrift. Eugen war Zisterziensermönch gewesen, und Bernhard hegte einige Zweifel an dessen Fähigkeiten. In dieser Schrift ermutigt er Eugen, sich für den Herrn der Welt zu halten. Petrus sagte zu Jesus bei dessen Gefangennahme: »Siehe, hier sind zwei Schwerter« (Lukas 22;38). Jesus antwortete: »Es ist genug.« Auf diese Stelle gründete sich die »Zwei Schwerter«-Theorie, auf die in den Streitigkeiten des späten 11. und des 12. Jahrhunderts wieder zurückgegriffen wurde. Bernhard läßt den Papst wissen, daß beide Schwerter, »also das geistliche und das weltliche, der Kirche gehören; doch soll das letztere *für* und das erstere *von* der Kirche gezogen werden. Das geistliche Schwert sollte der Priester, das irdische der Ritter zücken, aber nur auf Geheiß des Priesters und auf Befehl des Kaisers . . . Nun nimm das Schwert, das dir zum

Oben: Häresie und Sektierertum
Die Karte zeigt die Konzentration von volkstümlichen Häresien in Südfrankreich, Nordspanien und Norditalien. In diesen Gebieten waren verschiedene Häresien verbreitet, insbesondere der Dualismus der Katharer, die die Gedankenwelt der frühen Gnostiker und Manichäer vertraten und glaubten, daß die Welt von zwei Mächten, einer guten und einer bösen, beherrscht wird, die ewig im Streit miteinander liegen. Antiklerikalismus trieb andere Gruppen des Volkes, wie die Waldenser oder »Armen Leute von Lyon« dazu, die Sakramente zu verwerfen und zu behaupten, der Christ brauche nicht mehr zu tun, als dem weltlichen Reichtum abzuschwören und Christus zu folgen.

Rechts: Die Kirche und die Bildung
Die Kirche war der wichtigste Mäzen des mittelalterlichen Bildungswesens, indem sie mittelbar oder unmittelbar Domschulen unterhielt und in kirchlichen Funktionen die besten Absolventen der Universitäten beschäftigte. Die Karte zeigt das Zusammentreffen von Kathedralen und Universitätsstädten und die Ausbreitung von Schulen über ganz Europa.

Links: In dieser Illustration des 15. Jahrhunderts zu Dantes *Divina Commedia* (Göttliche Komödie) sieht man, wie Dante und Beatrice, seine Führerin durch die Kreise des Himmels, in einen Himmel eingeführt werden, der zugleich astronomische Dimensionen andeutet und geistige Kräfte versinnbildlicht.

bedeutende Klosterschule
Laon bedeutende Domschule
Universität vor 1300 gegründet
Universität 1301–1400 gegründet
Universität 1401–1500 gegründet
Universität 1501–1700 gegründet
10°
5°
0°
5°
10°
15°
20°
25°
60°
55°
50°
45°
40°
35°
NORDSEE
OSTSEE
ATLANTISCHER OZEAN
MITTELMEER
Uppsala 1477
Aberdeen 1494
St Andrews 1411
Edinburgh 1582
Glasgow 1451
Jarrow
Wearmouth
Rievaulx
York
Dublin 1591
Peterborough
Cambridge 1209
Oxford c.1190
Canterbury
Lund 1688
Kopenhagen 1478
Königsberg 1544
Kiel 1655
Rostock 1419
Greifswald 1456
Franeker 1585
Groningen 1614
Amsterdam 1631
Harderwijk 1648
Leiden 1575
Utrecht 1636
Osnabrück 1630
Helmstedt 1576
Magdeburg
Hildesheim
Wittenberg 1502
Paderborn 1614
Corvey
Halle 1694
Leipzig 1409
Erfurt 1379
Jena 1558
Löwen 1426
Köln 1388
Marburg 1527
Giessen 1607
Fulda
Tournai
Krakau 1364
Prag 1348
Mainz 1476
Würzburg 1402
Bamberg 1648
Olmütz 1573
Trier 1473
Worms
Heidelberg 1385
Regensburg
Speyer
Caen 1432
Bec
Rouen
Beauvais
Laon
Reims
Paris c.1150
Pont-à-Mousson 1572
Metz
Mont St Michel
Savigny
Chartres
Orléans 1235
Fleury
Nancy 1572
Strasbourg 1567
Tübingen 1477
Dillingen 1549
Ingolstadt 1459
Tyrnau 1635
Linz 1669
Wien 1365
Pressburg 1467
Salzburg 1623
Buda 1389
Clairvaux
Freiburg 1457
Nantes 1460
Loire
Angers 1337
Tours
Basel 1460
St. Gallen
Graz 1585
Bourges 1464
Citeaux
Besançon 1485
Dôle 1422
Poitiers 1431
Cluny
Pécs (Fünfkirchen) 1367
Seine
Donau
Rhein
Elbe
Oder
Weichsel
Drau
Sawe
Rhône
Po
Garonne
Ebro
Duero
Tejo
Guadalquivir
Vicenza 1204
Treviso 1318
Vercelli 1228
Mailand
Padua 1222
Pavia 1361
La Chaise Dieu
Grenoble 1339
Turin 1405
Piacenza 1248
Parma 1502
Ferrara 1391
Ravenna
Bordeaux 1441
Valence 1452
Bologna 1200
Cahors 1321
Orange 1365
Reggio 1188
Avignon 1303
Pisa 1343
Urbino 1564
Oviedo 1604
Santiago de Compostela 1506
Orthez 1561
Toulouse 1229
Montpellier 1289
Aix 1409
Florenz 1349
Siena 1246
Perugia 1308
Arezzo 1215
Palencia 1208
Perpignan 1349
Valladolid 1346
Huesca 1354
Rom 1303
Korsika
Zaragoza 1474
Lérida 1300
Monte Cassino
Salamanca 1243
Barcelona 1430
Coimbra 1290
Alcalá 1499
Sigüenza 1489
Neapel 1224
Salerno 1173
Toledo
Sardinien
Lissabon 1290
Valencia 1500
Palma 1483
Cagliari 1626
Evora 1550
Balearen
Palermo 1637
Messina 1549
Monreale
Sevilla 1254
Catania 1434
Granada 1540
Sizilien
Maßstab 1:12 000 000
0
400 km
0
300 Meilen

Christen im mittelalterlichen Paris

Paris wurde im 12. Jahrhundert zum wohl führenden Schul- und Universitätszentrum Europas. Die Domschule von St.Geneviève, die Schule des Kanonikerhauses von Sankt Viktor und zahlreiche Lehrer und deren Schüler, die im wissenschaftlichen Streit miteinander wetteiferten, machten es zu einem Anziehungspunkt für ehrgeizige junge Studierende. Viele von ihnen wollten eine Laufbahn in der Kirche oder im kirchlichen Beamtendienst einschlagen. Im 13. Jahrhundert wurde Paris das Zentrum der Scholastik und es wurden zahlreiche Internate gegründet (darunter 1253 die Sorbonne), um armen Theologiestudenten eine Unterkunft zu gewähren.

Links: Diese Gerichtsszene in Paris zeigt anschaulich eines der Probleme auf, die in den Beziehungen zwischen Kirche und Staat im 12. Jahrhundert bestanden. In England stritt Heinrich II. mit seinem Erzbischof Thomas Becket über die Frage ihrer jeweiligen rechtlichen Befugnisse. Kleriker kamen vor Kirchengerichte, die nicht die Todesstrafe verhängen konnten. Wer kein Kleriker war, bemühte sich zu beweisen, daß er doch einer war, um so ein mildes Urteil herbeizuführen. Der König versuchte, diese Möglichkeit, seiner Gerichtsbarkeit zu entkommen, einzuschränken. Hier in Paris ist der geistliche Stand durch eine Reihe von Bischöfen vor Gericht vertreten, während der König den Vorsitz führt.

Oben rechts: Dieses Relief aus dem 13. Jahrhundert von der Kathedrale von Notre Dame in Paris ist eines in einer Reihe von Bildern, die das Studentenleben darstellen. Es zeigt den Dozenten und seine Studenten. Die Vorlesungen bestanden in einem systematischen Kommentar zu dem vorgeschriebenen Text. Im 13. Jahrhun-

dert konnten die Schüler den Text – jeweils einige Seiten – beim Händler erstehen. Doch viele folgten der Vorlesung ohne Zuhilfenahme des Skriptums, und die meisten Lehrmeister achteten darauf, den Abschnitt, der gerade erörtert wurde, vorzulesen.

Kampf anvertraut wurde und verwunde damit um ihres Seelenheils willen, wenn nicht jeden, wenn auch nicht einmal viele, doch soviele, wie du kannst« (Bernhard von Clairvaux, *De Consideratione* 4; 3,7).

In seiner um 1310 entstandenen geschichtsphilosophischen Schrift *De Monarchia* (3;4) erörtert Dante diese Frage anhand eines Bildes: Diejenigen, die behaupten, daß die Autorität des Reiches derjenigen der Kirche untergeordnet sei, sagen, daß, »der Genesis zufolge, Gott zwei große Leuchten schuf, eine hellere und eine schwächere, die eine, um den Tag, die andere, um die Nacht zu beherrschen. Dies, so sagen sie, sei ein Sinnbild für die zwei Arten von Macht, die geistliche und die weltliche. Sodann behaupten sie, daß, ebenso wie die schwächere Leuchte, der Mond, kein eigenes Licht hat, sondern ihr Licht von der Sonne empfängt, auch die weltliche Macht ihre Autorität von der geistlichen herleitet.« Dante war sich über seinen Standpunkt in dieser Frage nicht ganz im klaren, und andere Gelehrte des Spätmittelalters griffen solche Bilder auf und machten sie ganz anderen Argumenten dienstbar als denen, für die Gregor VII. und der hl. Bernhard sie benutzt hatten. Johannes von Paris (Anfang des 14. Jahrhunderts) z. B. tut in seiner Schrift *Über königliche und päpstliche Macht* die Konstantinische Schenkung ab, zwar nicht als Fälschung (ihre Unechtheit vermutete man erst am Ende des Mittelalters), aber mit der Begründung, daß sie nur einen bestimmten Teil des Reiches beträfe und keine Relevanz besitze im Geltungsbereich des Reichsgesetzes (Kap. 21). Auf Bernhards Argument in dessen Schrift *De Consideratione* eingehend, daß »die Macht, Sünden zu vergeben« größer sei als die, »Land aufzuteilen«, antwortet Johannes, daß in »weltlichen Angelegenheiten die weltliche Macht größer ist als die geistliche und der letzteren auf keine Weise untergeordnet ist, da sie sich nicht von dieser herleitet« (Kap. 5). Das Königtum war nämlich zeitlich früher, denn es gab kein wahres Priestertum vor Jesus, gewiß aber gab es vor Jesus schon Könige (Kap.4).

Oben: Auf dieser Miniatur aus einer hussitischen Handschrift in Prag zeigt der Maler den Papst, wie er den Dissidenten erschien: prahlerisch die Tiara tragend und umgeben von Mönchen, die vor ihm buckeln und dienern.

Unten: Christi Stellvertreter auf Erden, der Papst, richtet über Häretiker. Zur Strafe werden diese verbrannt. Dann werden die Verurteilten in das Gefängnis der Hölle (rechts im Bild) geleitet. Das Bild betont nachdrücklich die dem Stellvertreter Christi verliehene Autorität.

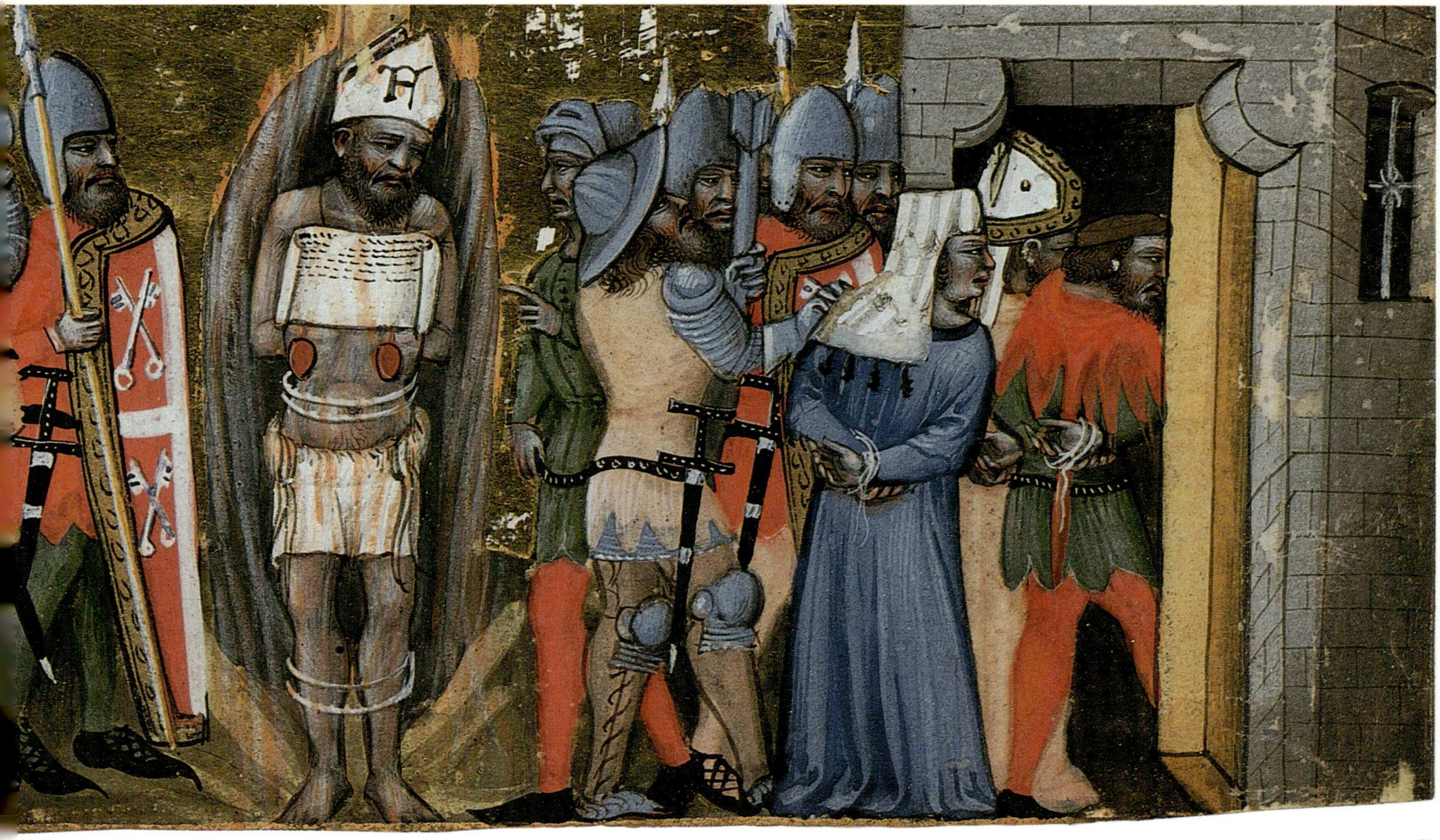

Dieses Mosaik aus dem späten 9. Jahrhundert über dem Kaisereingang der Hagia Sophia in Konstantinopel zeigt Christus in aller Majestät, der von Kaiser Leo VI. zum Zeichen des Gott geschuldeten Gehorsams angebetet wird.

Die Frage des Verhältnisses von Kirche und Staat war, obwohl sie nunmehr von Gelehrten erörtert wurde, niemals eine rein akademische Streitfrage. Sie stellte sich von neuem im 16. Jahrhundert zur Zeit der Reformation, und wiederum ging der Druck von der Kirche aus.

Kaiser und Patriarchen im Osten

In Konstantinopel und in Antiochia (während der byzantinischen Herrschaft von 969 bis um 1070) stand der Autorität des Patriarchen eine andere zur Seite: die des Kaisers. Seine Befugnisse überschnitten sich und kollidierten auch zuweilen mit der Macht des Patriarchen. Er war von Gott damit betraut, den Glauben rein zu erhalten, und seine besondere Aufgabe war es, den Glauben unter den Heiden zu verbreiten. Er wurde als »Apostelgleicher« benannt und auch als »das lebende Gesetz« bezeichnet. Die westliche Vorstellung, daß der Papst die Quelle des Gesetzes sei, war daher dem byzantinischen Denken nicht gemäß, auch wenn es die Kaiser manchmal für nützlich hielten, in Rom eine Stellungnahme gegen den Patriarchen von Konstantinopel einzuholen. Ebenso fremd war dem Osten die westliche Vorstellung vom Papst als »Kaisermacher«. Seine Autorität gründete sich auf jene Stelle, welche die Anhänger der päpstlichen Gewalt deuteten als die Übertragung absoluter Autorität über die Kirche an Petrus: »Du bist Petrus, der Fels, und auf diesen Felsen will ich meine Kirche bauen ... Ich will dir die Schlüssel des Himmelreiches geben; was du auf Erden löst, soll auch im Himmel gelöst sein« (Matth. 16;18–19).

Von keinem der anderen Patriarchen wurde ein derartiger Anspruch auf die Schlüsselgewalt erhoben. Die Rolle, die der Patriarch von Konstantinopel bei der Kaiserkür in Byzanz spielte, nahm sich eher bescheiden aus. Normalerweise setzte er dem neuen Kaiser die Krone aufs Haupt, hatte aber kein Monopol bei der Gestaltung des Einsetzungsrituals. Die Krönung von Amtsgenossen zu Mitkaisern wurde von den regierenden Kaisern vollzogen. In der mittleren byzantinischen Periode fand keine Salbung statt, und die Krönung hatte nicht die Bedeutung einer Autoritätsübertragung. Der Patriarch nahm dem Gekrönten lediglich ein allgemeines Bekenntnis zum orthodoxen Glauben ab. Der Kaiser wurde oft als »von Gott gekrönt« bezeichnet und manchmal abgebildet, wie er unmittelbar von Christus, der Jungfrau Maria oder durch die Hand Gottes gekrönt wird. Derartige Darstellungen machten deutlich, daß die Erhebung zum Kaiser durch den Willen Gottes geschah und daß dieser Wille nicht eigens durch einen Mann der Kirche vermittelt zu werden brauchte. Selbst für einen so ehrgeizigen Patriarchen wie Nikolaos Mystikos (901–907; 912–925) geschah die Erhebung zum Kaiser durch den »unerforschlichen« Ratschluß Gottes. Nikolaos hatte seine Gründe dafür, die Thronbesteigung von Romanos Lekapenos auf diese Weise zu kommentieren; aber daß er es vermied, irgendeinen förmlichen Rechtsanspruch auf Einsetzung der Kaiser geltend zu machen, ist doch bezeichnend. Die Autorität des Patriarchen konnte nicht ohne weiteres definiert werden in einem Staat, in dem ein Kirchenmann, Theophylakt von Ochrid, über einen Kaiser schrieb, er sei »gekrönt von Gott und, wenn ich so sagen darf, der Gott der ganzen Welt«! Diese Sprache unterschied sich grundlegend von jener der Befürworter des päpstlichen Machtanspruchs.

DRITTER TEIL

DAS PILGER-DASEIN

Heilige Pilgerschaft

Links: Dieses kleine, von einem griechischen Pilger getragene Medaillon zeigt eine einfache Darstellung der Jungfrau Maria und des Jesuskindes. Es wurde in der Johanneskirche in Ephesos gefunden. Dieser Wallfahrtsort, wo der hl. Johannes, wie man glaubte, sein Alter verbracht hat, zog stets viele Pilger an, bis die Türken in das Gebiet eindrangen und Patmos zum Mittelpunkt für Wallfahrten zu diesem Heiligen wurde. Ephesos besaß auch die erste der Jungfrau Maria geweihte Kirche.

Die Idee von der Pilgerschaft des Menschen beruht auf zwei sehr alten Auffassungen in der christlichen Tradition. Die erste ist die Vorstellung, daß die Seele des Menschen auf Erden in der Verbannung lebt und heimkehren will zu Gott. So wird das ganze Leben als eine Pilgerfahrt zum Himmel gesehen. Dazu kommt als zweite Vorstellung, daß das Heilige in gewissen Gegenständen und an gewissen Orten gleichsam wie in einem Brennpunkt konzentriert ist, an dem man die spirituelle Welt berühren kann. Den Altar eines Heiligen aufzusuchen, in dem dessen Reliquien ruhen, oder nach Rom oder Jerusalem zu pilgern, hieß Gott näherkommen. Diese beiden Vorstellungen waren im Mittelalter so tief im Gemüt der einfachen Menschen verwurzelt, daß die Reise nach dem Irdischen Jerusalem für sie wenig verschieden war von der nach dem Himmlischen Jerusalem oder der Stadt Gottes selbst. Auf Pilgerfahrt zu gehen war ein Weg, zum Himmel zu gelangen.

Einige der frühesten Pilger, wie Egeria im 4. Jahrhundert, waren so etwas wie Pioniere, die sich durchschlugen zu heiligen Stätten, die kaum »auf der Karte« verzeichnet waren, auf gefährlichen und schlecht markierten Straßen. Dagegen gewann in bzw. vor dem 11. Jahrhundert die Pilgerfahrt in Massen zunehmend an Beliebtheit. Neben echter Frömmigkeit spielte eine Ferienstimmung mit. Zu diesen mittelalterlichen Reiseprogrammen gehörten Unterhaltung und das Sammeln von Andenken. Einen Geschmack von den spätmittelalterlichen Pilgerzügen geben *The Canterbury Tales* (entst. um 1380) von dem englischen Dichter Geoffrey Chaucer.

Gewisse Wallfahrtsorte erlangten besondere Bedeutung. Die drei angesehensten waren während des ganzen Mittelalters Rom (St. Peter), Compostela in Spanien (St. Jacob) und Jerusalem selbst, zusammen mit den anderen Stätten im Heiligen Land, die eng mit dem Leben Jesu verbunden waren. Im zweiten Viertel des 12. Jahrhunderts schrieb der hl. Bernhard von Clairvaux ein Buch für den neu gegründeten Tempelritterorden, das waren Soldaten, die unter der Mönchsregel lebten und sich zu Erhaltung und zum Schutz der Heiligen Stätten verpflichteten. Das Buch war eine Art Führer zu den Heiligen Stätten, bei deren Beschreibung jeweils an ihre Bedeutung erinnert wurde. Außerdem wurden andere Altäre, wie der des hl. Thomas Becket in Canterbury, international berühmt. Becket war Erzbischof von Canterbury während der Regierungszeit Heinrichs II. von England. Der König hatte ihn ernannt, weil er ein alter Freund war. Doch dann überwarf Becket sich mit dem König in der Frage der jeweiligen Zuständigkeiten von Kirche und Staat. Er wurde 1170 in der Kathedrale ermordet von Rittern, die die Gunst des Königs gewinnen wollten. Die öffentliche Reaktion auf einen so entsetzlichen Friedensbruch an geheiligter Stätte (einer Freistatt) zwang Heinrich, öffentlich Buße zu tun, um seinen Thron zu retten. Becket wurde heiliggesprochen. Die Ereignisse wurden in ganz Europa so bekannt, daß Beckets Heiligenschrein Pilger von überallher anzog.

Die Wallfahrtsorte gelangten durch das Touristengewerbe, das sie anzogen, zu Wohlstand, und ihre Kirchen und Kathedralen sind oftmals besonders prächtig. So wurde in Lourdes neben der Kirche über der Grotte zwischen

Unten: Ein Pilger und eine Pilgerin reisen hier zusammen. Ihre Kopfbedekkung ist mit einem Kreuz versehen. Ihre Augen sind demütig niedergeschlagen, die Hände zum Gebet gefaltet oder vor die Brust gehalten. Ein Fresko des 15. Jahrhunderts aus der Werkstatt Ghirlandaios in der Kirche San Martino in Florenz.

Unten: Auf diesem Fenster aus dem 13. Jahrhundert in der Trinity Chapel (Dreifaltigkeitskapelle) der Kathedrale von Canterbury sieht man barhäuptige Pilger mit Geldbörse, Wasserflasche und Stab. Dieser ersichtlich unmilitärische Aufzug war ein Schutz für Pilger in fremden Ländern, wo ihnen allerdings normalerweise sicheres Geleit gewährt wurde.

1883 und 1901 die schöne Rosenkranzkirche erbaut. In Santiago de Compostela und in Canterbury spiegeln die Kathedralbauten in ihrer Pracht die Bedeutung des Heiligenschreins. Man empfand dies als recht und billig, als ein Zeichen des Respekts für den Heiligen, und als eine angemessene Weise, die Mittel zu nutzen, die in Form von Schenkungen und Spenden der in großer Zahl ankommenden Gläubigen hereinströmten.

Wunderheilungen, die manchmal an Wallfahrtsorten stattfanden, waren ein weiterer wichtiger und durchgängiger Faktor in der Geschichte des Pilgertums. Im Mittelalter kam es manchmal vor, daß, wenn ein Abt oder Bischof starb, seine Gebeine durch Zufall eine solche Heilung bewirkten. Dann wurde eine Heiligsprechungskampagne gestartet, und der Reliquienschrein konnte zu einem Wallfahrtszentrum für viele Generationen werden. Das eindrucksvollste moderne Beispiel ist wohl die Quelle in der Grotte von Lourdes.

Lourdes zählt zu einer Gruppe von Wallfahrtszentren, die nicht mit dem Erdenleben Jesu oder mit Leben von Heiligen verknüpft sind, sondern der Jungfrau Maria geweiht sind. An einigen Orten ist sie (vor allem Kindern und jungen Mädchen) in Visionen erschienen, oder aber eine (künstlerisch häufig unbedeutende) Statue der Jungfrau Maria schien sich zu bewegen. Seit kurzem zieht in Irland ein Fall von einer sich bewegenden Statue der Jungfrau Maria Scharen von Menschen an, die darauf hoffen, daß das Wunder sich wiederholt. Die Bedeutung, die den Marienaltären von der Volksfrömmigkeit beigemessen wird, zeigt, daß Maria im Gefühlsleben der orthodoxen und römischen Katholiken auf der ganzen Welt einen besonderen Platz einnimmt als ein Vorbild an Barmherzigkeit und Güte und als die Mutter des Herrn. In Tinos in Griechenland zieht das Marienheiligtum ebenso wie in

Lourdes Heilungsuchende an; die Kranken schlafen die Nacht durch draußen vor der Kirche und warten auf Einlaß am nächsten Morgen.

In der Neuzeit hat die Wallfahrt oft stark den Charakter eines öffentlich abgelegten Zeugnisses, d.h. einer Demonstration von Anhängern der christlichen Gemeinschaft an jedem Ort und in jedem Alter vor der Kirche und vor der Welt. Millionen von Pilgern reisen jedes Jahr kreuz und quer über den Globus, um sich in einer vielsprachigen Menge an den Wallfahrtsorten einzufinden. Eine Gruppe von Amerikanern in zeitloser weißer Kleidung überquert den Petersplatz, die Reisetasche ihrer Fluggesellschaft über der Schulter. Eine andere Gesellschaft trägt eine Fahne, die alle Welt darüber informiert, daß sie aus einer Gemeinde in Venedig kommt. Die Augen und Herzen der geduldig in langen Schlangen stehenden, schweigenden oder singenden Menschen sind auf eine Stätte von erwiesener Heiligkeit gerichtet, und sie warten geordnet und ohne Streitereien. Weitgehend legen sie unbewußt Zeugnis ab für Frieden und Zusammengehörigkeit, manchmal bringen es die Parolen auf ihren Fahnen aber auch offen zum Ausdruck (so z.B. bei den Marschierern der Christlichen Kampagne für nukleare Abrüstung, s.S.184).

Für einige Protestanten ist die Vorstellung von einer Lokalisierung der Heiligkeit in Verbindung mit einem Heiligen oder der Jungfrau Maria eine unzulässige Ablenkung von Christus als dem Zentrum des Glaubens und ebenso eine Ablenkung vom Spirituellen zum Materiellen hin. In einem bedeutsamen Sinn stellt es jedoch – und zwar nicht nur für einfache Menschen – eine Hilfe dar, wenn man einen sichtbaren oder berührbaren Gegenstand oder Ort als Anlaß zu konzentriertem Beten nutzen kann. Genauso wie eine Blume oder eine Landschaft die Seele zu Gott zu erheben vermag (wie Gerard Manley Hopkins, 1844–1899, vielleicht besser verstanden hat als irgendein anderer moderner Dichter), kann auch eine heilige Stätte oder ein heiliger Gegenstand als eine Stufe auf dem Wege zum spirituellen Verständnis dienen. Eine solche Frömmigkeit wurde seit altersher praktiziert.

Die körperliche Aktivität des Reisens zu Gott kann auch der Seele bei ihrer eigenen Reise helfen. All jene, die sich Glaubensprozessionen anschließen, die für den Frieden oder eine gute Sache marschieren oder die Geld für Werke der Nächstenliebe sammeln, beteiligen sich an dieser Art von Pilgerschaft.

Polnische Pilger auf einer Osterwallfahrt in Lalwaria Zebrzydowska.

Links: Osterwallfahrer auf dem Petersplatz in Rom im Heiligen Jahr 1975.

Unten Mitte: Die Kranken, die in der Hoffnung auf eine Wunderheilung nach Lourdes gebracht werden, führen eine lange Tradition von Heilungen an Wallfahrtsorten fort. Lourdes ist die Stätte der Visionen der Bernadette Soubirous, eines 14jährigen Bauernmädchens, im Jahre 1858. Sie sah die Jungfrau Maria in einer Felsengrotte. Aus dem Felsen sprudelte danach eine Quelle hervor. Wer in dem Wasser badete, wurde geheilt. Um 1862 wurde der Ort von der Kirche als Wallfahrtsort anerkannt, und seitdem ist Lourdes zu einem Hauptanziehungspunkt für heilungsuchende Pilger geworden. Millionen fahren jedes Jahr dorthin, besonders am Jahrestag der Erscheinung (11. Februar).

Unten: Eine Palmsonntagsprozession, die sich vom Ölberg in Jerusalem herunterbewegt.

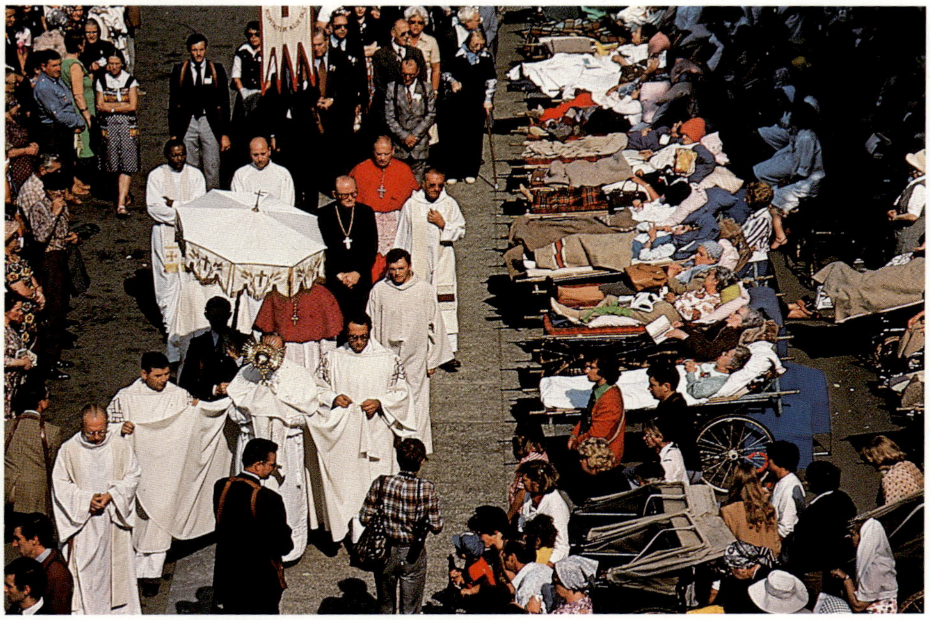

Oben: Pilger stehen im Kreis bei einem Gottesdienst im Schnee vor der orthodoxen Kirche in Susdsal in Rußland.

Gegenüberliegende Seite: In Fatima in Portugal hatten drei Kinder im Mai 1917 eine Vision der Jungfrau Maria. Sie erschien ihnen sechsmal. Bei ihrem letzten Besuch erklärte sie ihnen, daß sie »Unsere Liebe Frau vom Rosenkranz« sei. Sie befahl den Kindern, jeden Tag den Rosenkranz zu beten, und bat darum, daß an dieser Stelle eine Kapelle für sie erbaut würde. Nur eines der Kinder erreichte das Erwachsenenalter, wurde Karmeliterin und schrieb später einen Bericht über die Visionen. Er enthielt die »dreifache Botschaft von Fatima«: Buße, die Bedeutung des Rosenkranzbetens und die Hingabe an das Unbefleckte Herz Mariens. Diese Stätte ist zu einem bedeutenden Wallfahrtsort geworden. Auf dem Bild umfaßt der Pilger das Kreuz, das er getragen hat. Sein Gesicht ist von Andacht verklärt.

Rechts: Eine Pilgerprozession zur Wallfahrtsstätte Unserer Lieben Frau in Copacabana in Argentinien.

Umseitig: Die Wallfahrtsstätte in Loreto ist ebenfalls der Jungfrau Maria geweiht. Zum Unterschied von Fatima ist Loreto ein alter Wallfahrtsort, der auch heute noch die Menschen in Scharen anzieht. Loreto liegt in der Nähe von Ancona. Dorthin soll nach der Legende das Haus, in dem Maria in Nazareth zu der Zeit der Verkündigung gelebt haben soll, auf wunderbare Weise von Engeln gebracht worden sein. Die erste Aufzeichnung dieser Geschichte stammt aus der Zeit um 1470, in der die große Basilika zu Ehren Mariens erbaut wurde. Loreto ist ein Wallfahrtszentrum, das von Katholiken aus der ganzen Welt besucht wird.

ASTRONOM

VIERTER TEIL

REFORM UND REAKTION

DAS SPÄTMITTELALTER: BLÜTEZEIT ODER NIEDERGANG?

Wird eine bestimmte Epoche als »Zeitalter der Reformation« oder als »Renaissance« bezeichnet, so stellt man sich unwillkürlich die unmittelbar vorhergehende als eine solche des Verfalls oder Niedergangs vor. Daher wird die Religion in Europa in der Zeit vor dem Abfall Luthers stets unter dem Aspekt betrachtet, daß mit ihr etwas nicht gestimmt hat. Aber eine Religion kann nicht verstanden werden, wenn man nicht ihren positiven Gehalt ebensosehr in Augenschein nimmt wie ihre Mängel, und es gibt gewichtige Gründe, die Zeit vor 1517 als eine historische Epoche von hoher und lebendiger Spiritualität anzusehen. Auch hier gilt das Gebot, daß man beide Seiten der Medaille betrachten muß, um zu einem gerechten und zutreffenden Urteil zu gelangen.

Das spätmittelalterliche Papsttum

Nehmen wir zuerst die negative Seite in Augenschein. Der Mißstand in der Kirche trat am auffälligsten beim Papsttum in Erscheinung. Das phantastische System von Begünstigung, Gesetzgebung und Besteuerung, das sich unter Innozenz III. (1198–1216) und seinen Nachfolgern herausgebildet hatte, konnte sich behaupten, doch als religiöser Führer von Europa genoß der Papst während all dieser Zeit nur geringes Ansehen. Von 1378 bis 1417 gab es zwei Linien von Päpsten, welche das verwirrte Europa zum Treueid auf sich verpflichten wollten, und der auf dem Konzil von Pisa 1409 unternommene Versuch, dieses Problem zu lösen, führte lediglich zur Wahl eines dritten Papstes. Infolge dieser Unsicherheit verlor das Papsttum in den Augen der Menschen zwangsläufig an Bedeutung, und die Frage der Spaltung oder Verfälschung des Papsttums wurde zum Gegenstand theologischen Nachdenkens. Die konziliare Bewegung, die davon ausging, daß ein allgemeines Konzil höher zu stellen sei als der Papst und diesen absetzen könne, erhielt immer stärkeren Auftrieb. Ein Konzil war es denn auch – das von Konstanz im Jahre 1417 –, welches das Schisma beendete. Die Vorstellung von einer begrenzten monarchischen Herrschaft, als welche die konziliare Bewegung des Papsttum sehen wollte, wurde jedoch von keinem der nachfolgenden Päpste akzeptiert; vielmehr war das Papsttum zu Beginn des 16. Jahrhunderts im Denken der Menschen eine mächtige Kraft geblieben.

Doch waren aus dem Schisma andere Lehren gezogen worden. In diesem Zeitalter wuchsen die Ansprüche der nationalen Regierungen, und die weltlichen Mächte waren bestrebt, ihren Herrschaftsbereich zu erweitern. Für dieses Streben nach allumfassender Macht war die monolithische Kirche des Hochmittelalters die größte Provokation gewesen. Deshalb hatten viele Herrscherhäuser das geteilte Papsttum begrüßt, weil es eine weniger starke Herausforderung darstellte. Lorenzo de Medici stand nicht allein mit der Überlegung, daß, »wenn es ohne öffentliches Ärgernis möglich wäre, drei oder vier Päpste besser wären als ein einziger«. Einer der Hauptanziehungspunkte des Protestantismus für Herrscher des 16. Jahrhunderts war gerade diese Auflösung des Zentrums der religiösen Autorität, seine Teilung in überschaubarere und leichter zu kontrollierende Einheiten, als es das Papsttum gewesen war. Die »Christenheit« selbst war im Begriff, sich aufzulösen.

Die größte Schwäche des Papsttums lag indessen im Charakter der Päpste selbst. Das 15. Jahrhundert hatte große Päpste erlebt, aber dann wurde der Stuhl Petri zunehmend von Männern besetzt, die sich eher als italienische Fürsten denn als geistliche Führer der Gesamtkirche empfanden, und einige von ihnen führten ein verwerfliches Leben. Sixtus IV. (1471–1484) ist hier zu nennen, denn seine Ambitionen waren die eines rein weltlichen Fürsten. In eine Reihe von Machtkämpfen mit Lorenzo de' Medici, mit Ferrara und Venedig verwickelt, protegierte er seine Sippe von mittellosen und raffgierigen Neffen in einem Ausmaß und mit einer Unverfrorenheit, wie sie selbst in der Geschichte Roms einzigartig dastehen. Der berüchtigtste dieser Renaissance-Päpste war der Spanier Rodrigo de Borgia, der als Alexander VI. (1492–1503) bei der Hochzeit seiner Tochter präsidierte und seine junge Mätresse im Vatikan selbst herumzeigte. Sein Sohn Cesare, das Vorbild für Machiavellis Schrift *Il Principe,* gab 1502 im Vatikan ein Fest, auf dem 50 Prostituierte nackt tanzten, mit den Zähnen Kastanien vom Boden auflasen.

Doch hatte jeder dieser Päpste auch gewinnende Züge. Der bestechliche und ruhmsüchtige Sixtus IV. (1471 bis 1484) war der zweite Gründer der Vatikanischen Bibliothek, baute die Sixtinische Kapelle und war ein großzügiger Mäzen für karitative Einrichtungen und Kirchen.

Geteilte Loyalitäten während des Großen Schismas (1378–1417)
Die Spaltung des Papsttums teilte die westliche Christenheit aus einer ganzen Reihe von Gründen auch politisch, da die Herrscher die Situation ausnutzten. Von 1309 bis 1377 residierten die Päpste in Avignon. Nachdem der päpstliche Hof 1377 nach Rom zurückgekehrt war, hielten »Gegenpäpste«, Rivalen des Papstes in Rom, weiterhin in Avignon Hof, zuerst »Klemens VII.« und dann »Benedikt XIII.«, welcher 1417 durch das Konzil von Konstanz abgesetzt wurde. Diese Periode ging als das Große Schisma in die Geschichte ein. Es begann nach der Wahl Papst Urbans VI., als Pedro de Luna, der künftige »Benedikt XIII.«, die Partei wechselte und den Gegenkandidaten, den Gegenpapst Klemens, unterstützte. Als Klemens im Jahre 1394 starb, wurde »Benedikt« zu seinem Nachfolger gewählt, wobei er versprach, das Schisma zu beenden. Sobald er inthronisiert war, dachte er nicht mehr daran, auf seinen eigenen Anspruch zu verzichten, und es wurden mehrere Versuche unternommen, ihn abzusetzen. Ein Schisma, bewirkt durch Rivalen, von denen jeder seinen Anspruch auf den Papststuhl geltend machte, war in der Kirchengeschichte nichts Neues; doch diese Episode fiel in eine Zeit, in

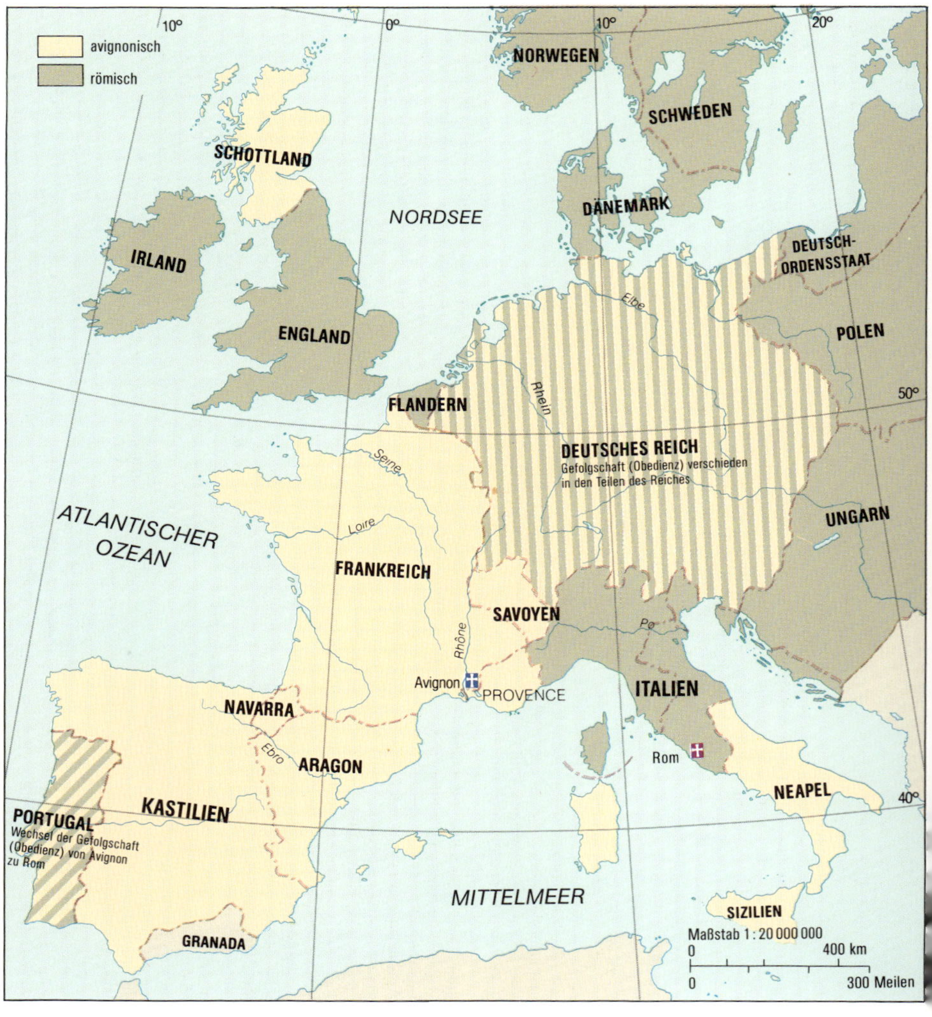

der Stimmen laut wurden, die in der Machtfülle des Papsttums eine Entartung sahen. Frankreich stand aus geographischen Gründen zum Papst in Avignon; seine traditionellen Feinde (England, Norditalien) unterstützten Rom. Die Süditaliener und Sizilianer schlossen sich zusammen gegen ihre alten Feinde, die Norditaliener. Die deutschen Fürsten spielten ihr altes Spiel, indem sie mal diesen, mal jenen der rivalisierenden Prätendenten unterstützten.

Oben links: Trotz seiner frommen Haltung auf Pinturicchios Bild war Roderigo Borgia, Papst Alexander VI. (1492–1503), der berüchtigste aller Päpste, ein zügelloser Schürzenjäger, der darauf bedacht war, seine zahlreichen Kinder zu versorgen. Er war verantwortlich für die Folterung und das Verbrennen des Reformmönchs Savonarola. Alexander soll an dem Gift gestorben sein, das er für einen seiner Kardinäle vorgesehen hatte.

Oben rechts: Leo X. (Papst 1513–1521) wurde mit 13 Jahren Kardinal und mit 37 Jahren Papst. Er war der jüngere Sohn von Lorenzo de' Medici (Lorenzo dem Prächtigen). Er war ein verschlagener und unredlicher Politiker und ein verschwenderischer Kunstmäzen. Seine infolge seiner Ausgaben verzweifelte finanzielle Lage (einmal mußte er sogar seine Möbel verpfänden) führte zu dem Ablaßhandel, gegen den Luther seine 95 Thesen verfaßte. Leo verlieh Heinrich VIII. für dessen Buch gegen Luther den Titel »Verteidiger des Glaubens«. Seitdem führen die englischen Monarchen diesen Titel.

Rechts: Sixtus IV. (Papst 1471–1484) vereinte in sich die Widersprüche des Renaissancepapsttums. Er war von persönlicher Frömmigkeit, ein ausgezeichneter Prediger, sachkundiger Theologe und ein glühender Verehrer der Jungfrau Maria. Er gründete den Chor der Sixtinischen Kapelle und ließ zahlreiche Kirchen bauen. Doch seine verschwenderischen Ausgaben stürzten das Papsttum in Schulden, und seine familiären Verstrickungen (einer seiner Neffen wurde als Julius II. Papst) zogen den Heiligen Stuhl in die italienische Machtpolitik hinein. Auf diesem Fresko von Melozzo da Forli in der Vatikanischen Bibliothek empfängt er den Humanisten Bartholomeo Platina (1421–1481), den er – obwohl man ihn der Häresie und sogar des Heidentums bezichtigte – zu seinem Bibliothekar machte. Indes war Sixtus IV. auch der Begründer der spanischen Inquisition!

Alexander VI. setzte 1497 sogar eine Kardinalskommission ein, die einen Reformplan für die Kirche ausarbeiten sollte. Aber die Vorzüge dieser Päpste lagen auf weltlichem Gebiet, wie eben ihr glanzvolles Mäzenatentum für die Künste. Der kriegerische Papst Julius II. (1503 bis 1513) ließ von Raffael den Vatikan ausschmücken und verpflichtete Michelangelo als Architekt für den Neubau der Peterskirche. Allein schon in diesem Unternehmen kam die Gesinnung dieser Renaissance-Päpste beredt zum Ausdruck. Auf einer Ebene handelte es sich um einen Akt der Frömmigkeit und eine Sichtbarmachung der religiösen Wahrheit, auf einer anderen um einen Akt von *superbia,* von beispielloser Selbstüberhebung und Verschwendungssucht, der die Zerstörung des zentralen Heiligtums der Christenheit in Kauf nahm.

Verfall und Degeneration der Kirche

Die übrige Hierarchie war kaum besser. Das Fundament der mittelalterlichen Kirche war ausgehöhlt durch innere Widersprüche, Mißverhältnisse und Unzulänglichkeiten. Von den 670 Bistümern Europas lagen mehr als 300 in Italien, während es in ganz Deutschland und Mitteleuropa nur 90 gab. Das ferne Irland mit seiner Stammesstruktur besaß 35 Bistümer und damit mehr als England, Wales und Schottland zusammen. Die Einkünfte der Bistümer und die Höhe der ihnen zur Verfügung stehenden Mittel wichen ganz erheblich voneinander ab. Das Einkommen der Bischöfe von Winchester in England und von Rouen in Frankreich wurde in der päpstlichen Kanzlei mit 12000, das der Bischöfe von Ross in Irland oder Rubo in Italien dagegen mit lächerlichen 33 Florint beziffert. Die größeren Bischofssitze waren von Adelsfamilien, die ihre jüngeren Söhne unterbringen wollten, sehr begehrt und wurden ge- und verkauft. Ludovico Sforza begehrte das Erzbistum Mailand für seinen neunjährigen unehelichen Sohn, und der Medici-Papst Leo X. (1513–1521) war im Alter von 13 Jahren (1489) Kardinal geworden. Zahlreiche Prälaten, wie der englische Kardinal Thomas Wolsey (1472–1530) waren hohe Staatsbeamte, die zugleich zahlreiche kirchliche Ämter innehatten und infolgedessen alle vernachlässigten. Päpste wie weltliche Fürsten belohnten ihre Beamten durch die Vergabe von Bistümern und anderen kirchlichen Pfründen. Zu bestimmten Zeiten im 14. und 15. Jahrhundert waren die Erzdiakone von Buckingham, Leicester, Northampton und Oxford samt und sonders französische oder italienische Kardinäle.

Auch auf der bescheideneren Ebene der Pfarrgeistlichkeit sahen die Dinge nicht besser aus. Es gab praktisch keine Seminare. So konnten die Geistlichen nur an Universitäten oder Domschulen ausgebildet werden, oder sie gingen bei einem amtierenden Priester in die Lehre. Nur die Angehörigen der Elite besuchte ein Kolleg oder eine Schule, und sie wanderten dann in die weltliche oder kirchliche Verwaltung ab. Die meisten Anwärter auf das Priesteramt empfingen die liturgischen Anweisungen und erwarben eine oberflächliche Kenntnis des Lateinischen – gerade ausreichend für den Gottesdienst – von einem Priester, der selbst nur eine geringe oder gar keine Ausbildung erfahren hatte. Die Prüfungen für die Priesterweihe wurden nachlässig gehandhabt. Der hl. Bernardino von Siena, der große Prediger des 15. Jahrhunderts, berichtet von einem Priester, der nur das Ave Maria kannte und es sogar bei der Elevation (Erhebung von Hostie und Kelch) in der Messe gebrauchte. Das Konkubinat war weitverbreitet: Mittellose Geistliche mit einem Haus voll Kinder, die am Sonntag halbwegs die Messe halten konnten und sich während der Woche, wenn sie ihren Acker bestellten, nicht von ihren Pfarrkindern unterschieden – das war ein in ganz Europa anzutreffendes Bild. Häufig waren die Pfarrstellen verwaist. Um 1520 war ein Viertel der Pfarrstellen in der Diözese Straßburg unbesetzt, während die Zahl der unbesetzten Stellen in der Diözese Genf – freilich eine wilde Berggegend und daher besonders benachteiligt – 80 Prozent betragen haben mag. Doch hier wie überall in Europa gab es eine Klerikerschwemme: Genf mit seinen 453 Pfarrgemeinden hatte 2000 Priester. Die meisten von ihnen lasen nur Messen: Kapläne, die den Dienst an den nicht der Pfarrgemeinde vorbehaltenen Altären von Kirchen oder Stiftskapellen versahen, die für die Abhaltung von Seelenmessen bestimmt waren.

Das klösterliche Leben war ebenso vom allgemeinen Niedergang betroffen. In England überwog bequeme Mittelmäßigkeit. Anderswo, wie in Italien und in Teilen Frankreichs, gab es zahlreiche skandalumwitterte Klöster. Überall ging die Zahl der Klosterbrüder zurück, und eine Handvoll Mönche lebte in Saus und Braus von einem Einkommen, das für Hunderte von Ordensleuten bestimmt war. Sexuelle Freizügigkeit war keine Seltenheit, obwohl wahrscheinlich wenige Bischöfe solchen Gestalten begegnet sind wie jenem Abt aus Süditalien, der eine Konkubine und fünf Kinder hatte, die er nicht wegschicken wollte, weil er – wie er dem Bischof sagte – die Kinder mochte und sein Arzt ihm Geschlechtsverkehr als Mittel gegen seine Gallensteine verschrieben hatte!

Vielleicht am schlimmsten war es um die Nonnenklöster bestellt. Die meisten Nonnen waren überzählige Töchter aus wohlhabenden Familien, für die der Eintritt in ein Kloster billiger kam als eine Heiratsaussteuer. Wenige waren wirklich berufen, und der erzwungene Müßiggang, in dem sie dahinlebten, brütete Ungutes aus: Verleumdung, weltliche Lebensweise und – natürlich – Liebschaften. Es war ein verbreiteter Witz – mit einem Kern von Wahrheit, daß die Hälfte der Überreste unschuldiger Kinder, die in ganz Europa gefunden wurden, in Wahrheit die Gebeine von ermordeten unehelichen Kindern aus den Klöstern waren.

Mönchtum und Laienfrömmigkeit

Natürlich gab es überall Ausnahmen. Reformgesinnte oder nach der strengen Regel lebende Gruppen existierten in allen religiösen Orden, und es gab so erbauliche Klöster wie das Londoner Charterhouse. Es gab auch heiligmäßige Bischöfe, wie den Erzbischof Antonio von Florenz. Der Ruf nach Reform ertönte im ganzen 15. Jahrhundert. Er wurde laut in der konziliaren Bewegung, und er wurde erhoben von Gestalten wie dem deutschen Kardinal Nikolaus von Kues oder dem Dominikaner Girolamo Savonarola. Es war ein Zeitalter der Prediger, und Predigten von Franziskanern oder Dominikanern in der Volkssprache, die oft zu spektakulären, wenn auch manchmal kurzlebigen Massenbekehrungen führten, gehörten zum Bild des städtischen Lebens im 15. Jahrhundert. Savonarola, der hl. Vinzenz Ferrer, ein spanischer Dominikaner, und der hl. Bernardino von Siena, ein Franziskaner von der strengen Regel, sind nur die bekanntesten von zahlreichen Volkspredigern. Der hl. Bernardino lehrte sogar, daß Predigten noch wichtiger seien als die Messe selbst.

Es wäre zu einfach, wollte man die spätmittelalterliche Laienfrömmigkeit lediglich aufgrund der sie konstituierenden Elemente charakterisieren und dabei das Wunderliche und das Element von »Magie« und »Aberglauben«, das ihr anhaftete, in den Vorgrund stellen. In einer solchen Darstellung wäre die Rede von umständlichen Ritualen, »Durchgangsriten«, Prozessionen, Pilgerfahrten und Vigilien, von Reliquienkult und Heiligenverehrung, vor allem aber von der zwanghaften Beschäftigung mit dem Tod und dem Leben nach dem Tode, die zu einer drastischen

Rechts: Pilgerfahrt im Mittelalter
Die mittelalterlichen Pilgerrouten hingen von der Sicherheit der Verkehrswege ab. Oft folgten sie den Handelsstraßen, wie auch umgekehrt die Händler den Pilgern folgten. Dies erwies sich für beide Seiten als nützlich. Im Heiligen Land, wo die Gefahr bestand, von »Ungläubigen« wie auch von Straßenräubern angegriffen zu werden, wurde im frühen 12. Jahrhundert der Orden der Templer oder Tempelritter gegründet, um Schutz und sicheres Geleit für die Pilger zu gewährleisten.

Unten: Die Verehrung der Heiligen konzentrierte sich im Mittelalter auf deren Gräber oder auf Teile von deren Körpern, »Reliquien«, die dem Gläubigen Kraft und Heilung vermitteln sollten. In den Reliquien, wie im Allerheiligsten Altarsakrament, kam auf die deutlichste Weise der mittelalterliche katholische Glaube an die Allgegenwart des Göttlichen im menschlichen Leben zum Ausdruck. In diesem italienischen Reliquiar des 14. Jahrhunderts werden die Reliquien (die in der Mitte jeder Holztafel ausgelegt sind) überragt von Bildern der Geburt und des Leidens Christi, derjenigen Mysterien, aus denen die Heiligen ihre Kraft bezogen.

Zunahme der Zahl der gelesenen Messen und der Altäre (und damit zu der Klerikerschwemme) führte, sowie von dem starken Verlangen der Menschen nach Nachlaß der Sündenstrafen, welcher sie und ihre Verwandten von den Qualen des Fegefeuers befreien würde. Eine derartige Aufzählung würde indessen das Wesentliche an der Religiosität des Spätmittelalters – die Sorge um die Gemeinschaft und die sozialen Beziehungen und das Verhältnis zum Heiligen als dem tragenden Fundament der menschlichen Gemeinschaft – verfehlen. Dem Christentum ging es nachdrücklich darum, »die Einheit des Geistes im Bunde des Friedens« aufzubauen.

Dieses Interesse des Volkes wird vor allem deutlich in der Sorge um die Toten. Man glaubte, daß auch gute Christen in Unvollkommenheit sterben. Jeder, ob Mann, Frau oder Kind, muß daher im Fegefeuer unsägliche Qualen erleiden für alle im Leben begangenen und unvollkommen bereuten und gesühnten Sünden. Diese Strafen können abgekürzt werden durch die Fürbitte der Heiligen oder von lebenden Freunden und Verwandten, durch das Lesen von Messen für die Armen Seelen und durch den vom Papst vermittelten Nachlaß von Sündenstrafen, dem sogenannten »Ablaß«. Der Gedanke an das Fegefeuer zog sich durch die gesamte Laienfrömmigkeit. Erblasser hinterließen Geld, damit bei ihrem Begräbnis, zu ihrem Monatsgedächtnis und am Jahrestag ihres Todes jeweils Messen gelesen würden. Familien, die einen Angehörigen verloren hatten, beteten für diesen in der Hoffnung, daß einmal auch für sie gebetet werden würde.

Bruderschaften und die Gemeinschaft der Heiligen

Die kraftvollste Erscheinung im religiösen Leben der Zeit waren die Laienbrüder, die sich einem Schutzheiligen, der Jungfrau Maria oder einem Aspekt von Christi Leiden oder seines verklärten Leibes verschrieben hatten (den fünf Wundmalen oder dem kostbaren Blut Jesu oder dem Allerheiligsten Altarsakrament). In jeder Gemeinde gab es mindestens eine dieser Bruderschaften. In Norfolk gab es im 15. Jahrhundert mehr als 900 davon. Sie wurden gewöhnlich von Laien geleitet. Sie gingen zu den Begräbnissen der Mitglieder, zahlten Messen, kümmerten sich um Waisen und Witwen und gaben Almosen an die Armen, deren Fürbitten für die Toten man für Gott besonders wohlgefällig hielt. So wurde die ganze Gemeinschaft in eine wechselseitige Fürsorge eingebunden, Reiche und Arme, Heilige und Sünder.

Auch auf andere Weisen förderten die Bruderschaften und Gilden die Gemeinschaft. Besonders in Italien übten zahlreiche Bruderschaften Werke der Barmherzigkeit – an den Sterbenden, den Armen und den Gefangenen, und das Christentum der »Bürger« ließ eine Unzahl von Waisen-, Kranken- und Armenhäusern entstehen. Anderswo vereinten die Zünfte Handwerker und Arbeiter in einer genossenschaftlichen Gesinnung oder sie organisierten die Zyklen von religiösen Spielen oder »Mysterienspielen«, welche in vielen spätmittelalterlichen Städten aufgeführt wurden. Sie trugen entscheidend zur Aufrechterhaltung des sozialen Friedens und der sozialen Hierarchie bei. Die Prozessionen der Gilden an Festen wie Fronleichnam erfüllten den gleichen Zweck. Schon die Gegenwart des Altarsakraments war ein Ausdruck des Gemeinschaftsbewußtseins. In Provins in Frankreich organisierten die Bruderschaften eine Fronleichnamsprozession und eine Messe. An die kultische Feier schloß sich eine gesellige Feier an mit Straßenfesten, Spielen und Tanz, und »dadurch erhalten sie Frieden, Eintracht und Freundschaft untereinander ... die Armen wie die Reichen ...«. Daß diese Feiern einen tatsächlichen Aspekt der Frohbotschaft (des Evangeliums) wiedergaben, liegt auf der Hand. Ebenso klar ist, daß solche Volksbelustigungen auch ausarten konnten; und kirchliche Reformer betrachteten sie mit scheelen Augen, worin ihnen gewisse Historiker allzu bereitwillig folgten.

In der Heiligenverehrung spiegelte sich ein ähnliches Interesse. War der Verstorbene für gewöhnlich auf die Fürbitte der Lebenden angewiesen, so benötigten die Lebenden die Fürbitten der Heiligen. Jeder Christ hatte seinen Schutzpatron, dessen Name er bei der Taufe angenommen hatte. Dörfer hatten einen gemeinsamen Schutzpatron, dessen Reliquie oder Bild in der Pfarrkirche oder an einem anderen geweihten Platz aufbewahrt wurde und in Krisenzeiten wie bei Seuchen oder Mißernten in einer Prozession durch die Fluren der Gemeinde getragen wurde. Diese Reliquien- und Heiligenbilderverehrung trug dazu bei, das Heilige zu lokalisieren. Sie machte die Ewigkeitsbedeutung der täglichen Sorgen und Kümmernisse der Menschen sichtbar und konkretisierte sie. Himmel und Erde waren so in einer großen Interessengemeinschaft verbunden.

Natürlich war vieles davon »Aberglaube« und hatte »magischen« Charakter. Wenige Geistliche waren so gebildet, daß sie einen korrigierenden Einfluß hätten ausüben können, und Versuche seitens reformgesinnter Bischöfe oder Prediger, den dubioseren Aspekten der religiösen Volksbräuche entgegenzuwirken, wurden übelgenommen, bekämpft oder als äußere Einmischung abgetan. Der Sakramentenglaube kippte in Animismus um. Weihwasser, Staub von den Altarstufen, ja sogar das gestohlene Abendmahlsbrot wurden benutzt, um Krankheiten zu beschwören. Die Vielzahl der Heiligenkulte und die ungeheure Inflation von Reliquien hatten eine Herabwürdigung des Begriffs der Heiligkeit zur Folge.

Der vertraute Umgang mit dem Heiligen zeigte sich auf liebenswürdige Weise in der Vertraulichkeit, mit der die Heiligen angeredet wurden, z.B. als »Heiliger Herr Claudius, mein Gevatter«, oder in der Weise, wie sie als Schnitz- oder Glasfiguren mit Bauerngesichtern oder -händen dargestellt wurden und die Alltagskleidung jener Zeit zierten. Als weniger liebenswürdig empfinden wir das Vorgehen jenes Florentiners, welcher ein Bildnis der Jungfrau Maria zerfetzte, weil diese ihm kein Glück beim Spiel gebracht hatte, sowie den pervertierten Sinn für die Allgegenwart des Übernatürlichen, der sich in der wachsenden Furcht vor Behexung äußert. Es ist typisch für die Ambivalenz der spätmittelalterlichen Religiosität, daß der Hauptverbreiter der zarten und reinen Frömmigkeitsübung des Rosenkranzbetens in Deutschland, der Dominikaner Jacob Sprenger, auch einer der Verfasser des 1487 erschienenen *Malleus Maleficarum* (des »Hexenhammers«)

Oben: Prozessionen waren (und sind es an vielen Orten immer noch) ein wichtiger Bestandteil der katholischen Frömmigkeit. Sie verliehen der Vorstellung vom Leben als einer Reise Ausdruck, ermöglichten es der christlichen Gemeinschaft, ihre Solidarität, Ordnung und Rechtgläubigkeit zur Schau zu stellen, und segneten die äußeren Grenzen, in denen sie lebte.

gewesen ist, jenes abscheulichen Traktats, der zur Grundlage für die zunehmende Hexenverfolgung wurde.

Die »Nachfolge Christi« und der christliche Humanismus

Die Erwähnung des Rosenkranzes macht deutlich, daß die spirituelle Kraft des Spätmittelalters nicht nur in kollektiver Religiosität ihren Ausdruck fand. Das galt besonders für das nördliche Europa, wo eine glühende, nach innen gerichtete Frömmigkeit enstanden war, die auf dem Meditieren über die Evangelien und die Geheimnisse der Religion beruhte. Diese *devotio moderna* legte den Nachdruck auf ein einfaches Leben, das im Gebet, in Selbstverleugnung und mit dem Üben von Werken der Nächstenliebe verbracht wird. Sie ist eine »allgemeinverständliche Mystik« genannt worden, und ihr klassischer Ausdruck war Thomas a Kempis' *De imitatione Christi (Über die Nachfolge Christi).* Dieses Büchlein, veröffentlicht im Jahre 1470, vereinigte in sich vieles von dem, was das spätmittelalterliche Christentum auszeichnete, z.B. seine Beschäftigung mit Tod und Gericht, seine Bußgesinnung, seine Ehrfurcht vor dem Priestertum und Verehrung des Altarsakraments. Es enthielt allerdings auch vieles, was den eben beschriebenen Tendenzen zuwiderlief, wie z.B. Thomas' Abfertigung der »vielen«, die »von Ort zu Ort eilen, um die Gebeine der Heiligen aufzusuchen ... und die geräumigen Kirchen anzustarren, welche zu deren Ehren erbaut wurden, und deren geheiligte Gebeine küssen aus bloßer Neugier und wegen der Neuheit des Anblicks«. Solche Übungen waren seiner Meinung nach unfruchtbar, und die Menschen taten besser daran, sich mit Liebe und Hingabe dem Sakrament auf den Altären ihrer

Oben: Dürer hat Erasmus, den einflußreichsten Kritiker der spätmittelalterlichen Religion, zehn Jahre vor seinem Tod dargestellt. Er hält Tintenfaß und Feder in der Hand und ist umgeben von seinen Schriften. Im Hintergrund eine Inschrift in lateinischer und griechischer Sprache. Der Stich ist so etwas wie eine Ikone des Schutzheiligen der neuen Bildung.

Links: Immer wieder in der Geschichte des Christentums empfanden Intellektuelle und Reformer Unbehagen über die Exzesse und Mißbräuche in der Volksreligion. In der Randzeichnung Holbeins des Jüngeren auf einem Exemplar von Erasmus' reformerischer Satire *Lob der Torheit* sucht ein törichter Reisender eine Garantie für eine sichere Reise, indem er sich an den hl. Christophorus wendet. Man glaubte, daß einem, wenn man ein Bild des hl. Christophorus anschaut, an dem betreffenden Tag kein Schaden zustoßen könne.

Pfarrkirchen zu nähern. Thomas forderte auf zu einer nach innen gewandten Wallfahrt der Reue und andächtigen Besinnung, die den Gegensatz bildet zu einer an Äußerlichkeiten haftenden Religiosität.

Man hat in der Renaissance oft eine anti-religiöse Bewegung gesehen, ein Wiederaufleben der klassischen heidnischen Werte, eine Bewegung, die rein am Diesseits, an der Schönheit und Kraft dieser Welt, orientiert ist, eine Sicht des Menschen nicht als des gefallenen Sünders der mittelalterlichen Frömmigkeit, sondern als des Herrn der Schöpfung, dem alles möglich war. Die Renaissancekunst verherrlichte den Körper, oftmals den nackten Körper. Sie verschwendete den Reichtum und die Größe, die das Mittelalter den Kathedralen vorbehalten hatte, an Paläste und Rathäuser. Tatsächlich aber hatte die positive Auffassung von den Möglichkeiten des Menschen, welche der großartigen Entfaltung schöpferischer Energie zugrunde lagen, die ihren Ausgangspunkt in Florenz hatte, ihre Wurzeln im christlichen Denken, insbesondere in den Schriften, die der neuplatonischen Tradition verpflichtet sind, wie man sie bei Origenes oder dem hl. Augustinus antrifft, sowie in der durch die *Genesis* überlieferten Darstellung der Erschaffung des Menschen. Die Kunst der Renaissance hatte vorwiegend religiösen Charakter. Man hat ausgerechnet, daß nur 13 Prozent der Kunstwerke, die zwischen 1420 und 1539 in Italien entstanden sind, weltliche Gegenstände zum Thema haben. Die – künstlerisch gesehen – vollendeten religiösen Prozessionen, die zu Glanzlichtern in den großen Städten Oberitaliens wurden, und der Eifer, mit dem die Herrscher Venedigs kostbare Reliquien zu erwerben trachteten, legen Zeugnis ab für die Bedeutung, die man der Religion zuerkannte. Dafür spricht auch die außerordentliche Wirkung von Savonarolas apokalyptischen Predigten im Florenz um 1490, als er praktisch die Stadt beherrschte und Botticelli zu seinen Proselyten zählen konnte.

Erasmus und die religiöse Renaissance

Aber vor allem im nördlichen Europa nahm die Renaissance ihre unmittelbarste religiöse Gestalt an. Dort war auf der Suche nach einer Rückkehr zu den reinen Quellen der Kultur, den »Klassikern«, der Wunsch erwacht, den reinen Impuls des Christentums wieder freizulegen – durch die Verkrustungen des Rituals und theologischer Spitzfindigkeiten hindurch, die es überlagert und seinen lebendigen Geist in ein starres System verwandelt hatten. Männer wie Johannes Reuchlin (1455–1522) in Deutschland oder Jacques Lefèvre d'Étaples (1455–1536) in Frankreich gingen vom Studium der heidnischen Klassiker und der heidnischen Philosophie zum Studium der Schrift in der Ursprache über. Reuchlins hebräische Grammatik und sein hebräisches Lexikon revolutionierten das Studium des Alten Testaments und führten zu wütenden Angriffen seitens der Dominikaner von Köln, welche Reuchlins Rechtgläubigkeit in Frage stellten. Der Streit wuchs sich zu einer sorgfältig vorhergeplanten Konfrontation zwischen Traditionalisten und Humanisten aus.

In Desiderius Erasmus von Rotterdam (1466–1536) fand der Humanismus des Nordens seinen charakteristischsten Ausdruck. Erzogen bei den Brüdern vom gemeinsamen Leben, den Verbreitern der *Devotio Moderna,* verband Erasmus die tätige verinnerlichte Frömmigkeit der *Nachfolge Christi* mit der neuen Bildung.

Seine Ausgaben der Werke von Hieronymus, Irenäus, Ambrosius, Augustinus und anderer Kirchenväter waren der Versuch, hinter die komplizierte mittelalterliche Theologie zurückzugehen zu den »klassischen« Quellen. Vor allem mit seiner griechischen Ausgabe des Neuen Testaments samt einer neuen lateinischen Übersetzung (1516) wollte er Christus vor die Menschen bringen, »wie er spricht, heilt, stirbt und aufersteht«. Christus war für Erasmus »unser einziger Lehrer ... Was findet ihr bei Thomas, bei Scotus, im Vergleich zu seiner Lehre?« Erasmus wollte, daß die Hl. Schrift sich in den Händen »des Bauern, des Schneiders, des Reisenden und des Türken« befand, und der Landmann sollte an seinem Pflug die Psalmen singen.

Selbst ein Heimatloser, den es von den Niederlanden nach Paris, nach England, nach Rom und in die Schweiz verschlug, und ein Mensch, der in sich gekehrt lebte, hatte er kein Verständnis für die Religiosität der Seßhaften und der Gemeinschaft. Reliquien, Wallfahrten, Klöster, Hierarchie und sogar die Sakramente waren für ihn bestenfalls sekundär und häufig genug Ersatzformen für das wahre Christentum, den Geist Jesu. Im *Enchiridion militis christiani (Handbuch des christlichen Streiters),* das er 1503 veröffentlichte, schrieb er: »Was für einen Sinn hat es, äußerlich mit Weihwasser besprengt zu werden, wenn man innerlich unrein ist? Wenn du Petrus und Paulus gefallen willst, dann eifere ihnen nach. Ich verurteile dich nicht dafür, daß du die Asche des hl. Paulus verehrst, aber wenn du sein lebendiges Vorbild vernachlässigst, dann ist deine Frömmigkeit widersinnig. Ihr macht viel Aufhebens von einem Überrest seines Körpers, welcher in einem Altar eingeschlossen ist; aber bewundert ihr die ganze Botschaft des hl. Paulus, die in seinen Episteln aufleuchtet?«

Mit einer Flut von witzigen und ernsten Werken attakkierte Erasmus die Mönchsorden wegen ihrer Habgier und Trägheit, die Hierarchie und die Weltgeistlichen wegen ihrer Unwissenheit und ihres unsittlichen Lebenswandels und sogar das Papsttum selbst in einer anonym verfaßten Satire, in welcher der hl. Petrus den Himmel vor Julius II. verschließt, weil er diesen Kriegsfürsten nicht als seinen Nachfolger anerkennen kann. Erasmus empfahl statt dessen eine Religion der gütigen Vernunft und statt der von ihm verachteten Fachtheologie die Nachfolge Jesu, worin er sich als der *Devotio moderna* verpflichtet erweist. Er hatte nicht die Absicht, Bestehendes umzustürzen, er wollte es nur reformieren. Gefördert von Päpsten, von Kirchenmännern wie dem Erzbischof Warham von Canterbury, von Gelehrten und Staatsmännern wie Thomas Morus, von Herrschern wie Heinrich VIII. und Karl V., übte Erasmus einen immensen Einfluß aus.

Die Religiosität des Spätmittelalters bot also ein reichhaltiges und komplexes Erscheinungsbild. Der Verfall zahlreicher religiöser Institutionen ist offensichtlich, auffallender aber ist ihre Lebenskraft und Vielfalt. Und eben diese Vielfalt gefährdete ihr Gleichgewicht. Das Papsttum verfolgte seine Ziele in Kunst und Politik, was ihm von den Deutschen und Engländern, die sie finanzieren sollten, verübelt wurde. Bischöfe und aufgeklärte Verwaltungsbeamte suchten Ordnung und Maß in den Wildwuchs der Volksfrömmigkeit zu bringen und sie betrachteten die individualistische Begeisterung von Eremiten im Süden und Mystikern im Norden mit Argwohn oder Verzweiflung. Der Diözesanklerus kritisierte die Predigermönche, die ihm seine Gemeindemitglieder entfremdeten und daher sein Einkommen minderten. Örtliche religiöse Bindungen standen im Widerspruch zu äußeren Strukturen und offizieller Rechtgläubigkeit. Die Humanisten geißelten die Korruption der Hierarchie und die Mißbräuche der Unwissenden. Die Fürsten, bestrebt, ihr Territorium zu konsolidieren und die Gerichtshoheit an sich zu ziehen, lockerten die Bande des Gehorsams und der Pflicht, die der Lebensnerv der Christenheit waren. Hier sammelte sich ein Zündstoff an, der im Jahre 1517 von einem unbekannten Theologieprofessor an einer deutschen Provinzuniversität zur Explosion gebracht wurde.

DIE REFORMATION: ERSCHÜTTERUNG DER FUNDAMENTE

Martin Luther

Martin Luther (1483–1546) ist in vielerlei Hinsicht eine mittelalterliche Gestalt. Aus einer Bauernfamilie in einem der rückständigsten Gebiete Deutschlands stammend, streifte er die bäuerliche Mentalität niemals ganz ab. Seine Bekehrung zum Mönchsleben nach einer juristischen Universitätsausbildung könnte in einer Heiligenvita der *Legenda Aurea* stehen, denn sie erfolgte aufgrund eines Gelübdes, das er der hl. Anna angsterfüllt während eines Gewitters ablegte. Doch ist er einerseits ein Produkt des konkreten Wunderlandes des Spätmittelalters, ein Mensch der Zeichen und Symbole, so verkörpert er andererseits die jene Welt zersetzende individualistische Kultur des Wortes, wie sie auf verschiedene Weise von den Mystikern des Nordens, von der *Devotio Moderna* und durch Erasmus vertreten wurde.

Luther war ein mustergültiger Mönch, der rasch in angesehene Positionen innerhalb des Augustinerordens aufstieg. Im Jahre 1511 wurde er Professor für Philosophie an der neuen Universität von Wittenberg. Hier überfiel ihn wieder die Angst. Das tief in ihm verwurzelte Gefühl der Unwürdigkeit angesichts des Zorns eines gerechten Gottes trieb ihn zu ausgefallenen Bußübungen und quälenden täglichen Beichten. Er wurde zu einer hageren, wild dreinblickenden Gestalt, wie man es noch auf seinen frühen Porträts sehen kann. Er litt unter Skrupeln und einem krankhaften Zustand, wie aus den Beichtzetteln ersichtlich wird, einem Zustand, in dem das Beichtkind sich mehr mit seiner eigenen Unzulänglichkeit als mit Gottes Vergebung im Bußsakrament beschäftigte. Mit erleuchteter Einsicht überredete ihn sein Beichtvater dazu, den Bibellehrstuhl in Wittenberg zu übernehmen.

Rechts: Cranach produzierte eine eindrucksvolle Serie von propagandistischen Bildern Luthers. Am Schluß steht ein seltsames Porträt des Reformers auf seinem Totenbett. Dieser Kupferstich zeigt ihn zu Beginn seiner reformatorischen Laufbahn, noch mit Tonsur und Kapuze. In manchen Darstellungen ist Luthers Haupt von einem Heiligenschein umgeben, und die Taube des Heiligen Geistes schwebt über ihm. In Massen produziert, trugen solche Bilder dazu bei, einen Luther-Mythos zu erzeugen.

Rechts: In einem Zeitalter des Massenanalphabetismus waren Bilder entscheidend für die Verbreitung der Reformation. Auf diesem sorgfältig ausgearbeiteten lutherischen Druck des Jahres 1545 wird der päpstlichen Kirche des Antichrist die »wahre« protestantische Kirche gegenübergestellt. Auf der linken Seite predigt Luther, während der gottesfürchtige Kurfürst Johann Friedrich zuhört. Dieser trägt das Kreuz, wie es einem guten Christen und guten Fürsten ansteht. Lutherische Geistliche, umgeben von einer andächtigen und gebildeten Laienschar, spenden die beiden evangelischen Sakramente der Taufe und des Abendmahls. Die Kommunikanten empfangen die Kommunion in der traditionellen Weise, direkt in den Mund und kniend. Einer der Geistlichen trägt traditionelle katholische Meßgewänder, und der Altar wird von einem Kruzifix überragt. Auf der rechten Seite bläst der Teufel Lügen in das Ohr eines predigenden Mönchs (Luther dagegen wird vom Heiligen Geist inspiriert). Der Papst treibt einen schwunghaften Handel mit Ablässen und falschen Sündennachlässen, während im Hintergrund verschiedene Aspekte des katholischen Zeremoniells und katholischer Bräuche verspottet werden. Darüber schüttet ein zorniger Gott Feuer und Schwefel herab, was die Verdienste der Heiligen, symbolisiert durch die Stigmata des hl. Franziskus, nicht abzuwenden vermögen.

Links: Das außergewöhnliche Bild der Sieben Todsünden von Hieronymus Bosch beschreibt anschaulich in zeitgenössischen Details das Gespür des mittelalterlichen Menschen für die Vielfalt und Macht des menschlichen Bösen. Das Bild ist ein eindrucksvolles Beispiel dafür, wie die Sittenlehre der Kirche in einer nicht-gebildeten Welt vermittelt werden konnte. Von unten im Gegensinn des Uhrzeigers gelesen, werden dargestellt: Zorn, Stolz, Wollust, Trägheit, Völlerei, Geiz und Neid; in der Bildmitte die Gestalt Christi als Schmerzensmann. Ein gleichbleibendes Thema spätmittelalterlicher Frömmigkeit war es, die Menschen dadurch zur Reue zu bewegen, daß die liebende Großmut des für unsere Sünden durchbohrten Christus der hartherzigen Undankbarkeit der Menschen gegenübergestellt wurde. Das Bild ist umgeben von Darstellungen von Tod, Gericht, Hölle und Himmel, den »Vier Letzten Dingen«.

Zwischen 1513 und 1518 predigte und las er über die Psalmen und die Episteln an die Römer, die Galater und Hebräer anhand des Urtextes. Dabei fand er Seelenfrieden und entwickelte eine revolutionäre Theologie.

Luthers Gottesfurcht basierte auf der mittelalterlichen Vorstellung der göttlichen Gerechtigkeit mit der darin mitschwingenden Drohung des Jüngsten Gerichts. Er entdeckte, daß der biblische Begriff der Gerechtigkeit eher die Güte und Rechtschaffenheit Gottes selbst meinte, die jenen, die durch Christus auf ihn vertrauen, aus freien Stücken gegeben wird. In der paulinischen Wendung »Der Gerechte wird leben durch den Glauben« fand er die Bestätigung, die er suchte. Der Heilige war nicht ein Mensch, der nicht mehr sündigte, vielmehr ein Sünder, der sein ganzes Vertrauen auf Christus setzte. Gute Werke trugen nichts zum Seelenheil bei. Der Glaube, eine kindliche Abhängigkeit von Gott, war alles. Sittliches Streben und gute Werke hatten ihren Platz im Christenleben, aber dieses Bemühen war die dankbare Antwort des erlösten Menschen an einen liebenden Gott, ein Versuch zu werden, was er in Gottes Augen bereits war. Eine Wendung aus Luthers Vorlesungen über den Römerbrief drückt das prägnant aus: »Stets ein Sünder, stets ein Bußfertiger, stets vor Gott gerechtfertigt.«

Luther war vielen Quellen verpflichtet: den Mystikern des Nordens, dem hl. Augustinus und dessen deutschen Kommentatoren, der nominalistischen Philosophie, in der er geschult worden war. Aber mit seinem Beharren auf der vollständigen Verderbnis und Hilflosigkeit des Menschen vor Gott ging er weit über sie alle hinaus. Wegen dieser Streitfrage sollte er 1525 auf spektakuläre Weise mit Erasmus brechen. Doch spielte auch der Humanismus eine entscheidende Rolle in seiner Entwicklung, denn mit Hilfe griechischer Philosophie und Erasmus' Neuem Testament gelangte er zu seiner Paulus-Interpretation. Wie Erasmus erkannte Luther, daß das Neue Testament die Menschen »bereuen«, eine Sinnesänderung ihres Herzens vornehmen, und nicht »Buße tun« hieß im Sinne von Werken der Genugtuung. Anders als Erasmus begriff er klar, daß, wenn sich dies so verhielt, das ganze mittelalterliche Gebäude von Buße und Verdienst und vor allem die Ablaßpraxis zusammenbrechen mußte.

Die Ablaßpraxis

Ein »Ablaß« war ursprünglich die Erlassung der von einem bußfertigen Sünder verlangten Buße oder Sühne. So konnte z.B. jemand eine Pilgerfahrt ins Heilige Land in ein Almosen für die Armen oder in eine Spende für eine Kirche oder irgendeine andere, weniger strenge gottgefällige Leistung umwandeln. Die Theologen arbeiteten diesen Begriff allmählich heraus. Christus hatte einen grenzenlosen »Schatz von Verdiensten« für die Menschheit angesammelt. Der Papst konnte diese Verdienste für reuige Sünder in dem Sinne verwenden, wie ein Bankier Geld vom Bankdepot eines Reichen auf das Konto eines Bankrottgegangenen umbucht. Und Bargeld wurde entscheidend wichtig. Mit der Zeit wurden aus den Almosen für die Armen Zahlungen an den Papst, eine unverzichtbare Quelle für die Kurie. In der Phantasie des Volkes stellte sich die Lehre verzerrt dar. Es wurde geglaubt und auch gelehrt, daß Ablässe Sünden tilgen und auch den armen Seelen im Fegefeuer zugewendet werden könnten. Die Zahl der Ablässe, die an Reliquien, Altäre und vorgeschriebene Gebete gebunden waren, vervielfachte sich.

Luther hatte, wie andere Intellektuelle, diese Entwicklung mehrfach kritisiert. Doch im Jahre 1517 drängte sie sich ihm in einer neuen Weise auf. Albert von Brandenburg, mit 23 Jahren Erzbischof von Magdeburg, war auch Erzbischof von Mainz und Primas von Deutschland geworden. Um dies zu erreichen, waren Bestechungsgelder und Belohnungen in riesiger Höhe gezahlt worden, und Albert befand sich in der Hand des großen Bankhauses Fugger. Um seine Schulden abzuzahlen, verkündigte er in Deutschland den Ablaß Papst Leos X. für diejenigen, die zum Neubau von St. Peter in Rom beitrugen. Die Hälfte des Erlöses sollte an den Papst, die andere Hälfte an Albert und seine Bankiers gehen. Sogar für den Geschmack jener Zeit war der lärmende Verkaufsjargon, in dem der Dominikaner Johannes Tetzel den Ablaß unters Volk brachte, schlichtweg empörend:

»Sobald das Geld im Kasten klingt,
Die Seele aus dem Fegfeuer springt.«

Luther, der gerade seinen eigenen spirituellen Weg gefunden hatte, sah darin eine arge und gotteslästerliche

Ausnutzung des Vertrauens der Unwissenden. Er ließ 95 lateinisch geschriebene, für die akademische Diskussion bestimmte Thesen drucken, in denen er den Ablaßmißbrauch, wenn auch nicht die Ablaßpraxis selbst, angriff. Ins Deutsche übersetzt, wurden sie alsbald im ganzen Land zum Tagesgespräch.

In der darauffolgenden Debatte veröffentlichte er eine Reihe von Flugschriften, deren Ton, im Maße wie die kirchlichen Autoritäten gegen ihn vorgingen, immer schärfer wurde. Von der Ablaßfrage abgehend, startete er einen Angriff auf die gesamte katholische Lehre und Praxis. Wenn nur der Glaube zählte und der Glaube nur durch das Hören des gepredigten Wortes kam, dann verließen sich die Menschen vergeblich auf Wallfahrten, Reliquien, Heilige, auf gute Werke, auf das Priestertum und selbst auf die Sakramente. Konfrontiert mit dem Abgrund zwischen seiner Lehre und der katholischen Überlieferung, leugnete er sowohl den Primat des Papstes als auch die Unfehlbarkeit allgemeiner Konzilien. Im Jahr 1520 vom Papst verurteilt, wurde er aufgefordert, sich auf dem Reichstag in Worms 1521 vor Kaiser Karl V. wegen der Häresieanschuldigungen zu rechtfertigen. In erregtem Ton weigerte sich Luther zu widerrufen. Mit dem Bann belegt und feierlich exkommuniziert, mußte er in die Verborgenheit fliehen.

Die Bedeutung der Druckerpresse

Luther war ein begnadeter Volksschriftsteller, und im Spätmittelalter hatte Deutschland eine bemerkenswerte Zunahme der gelehrten Bildung erlebt. Erstmals wurde die Druckerpresse zu einem Vehikel für die massenhafte Verbreitung von Ideen. Um 1521 waren über 300 000

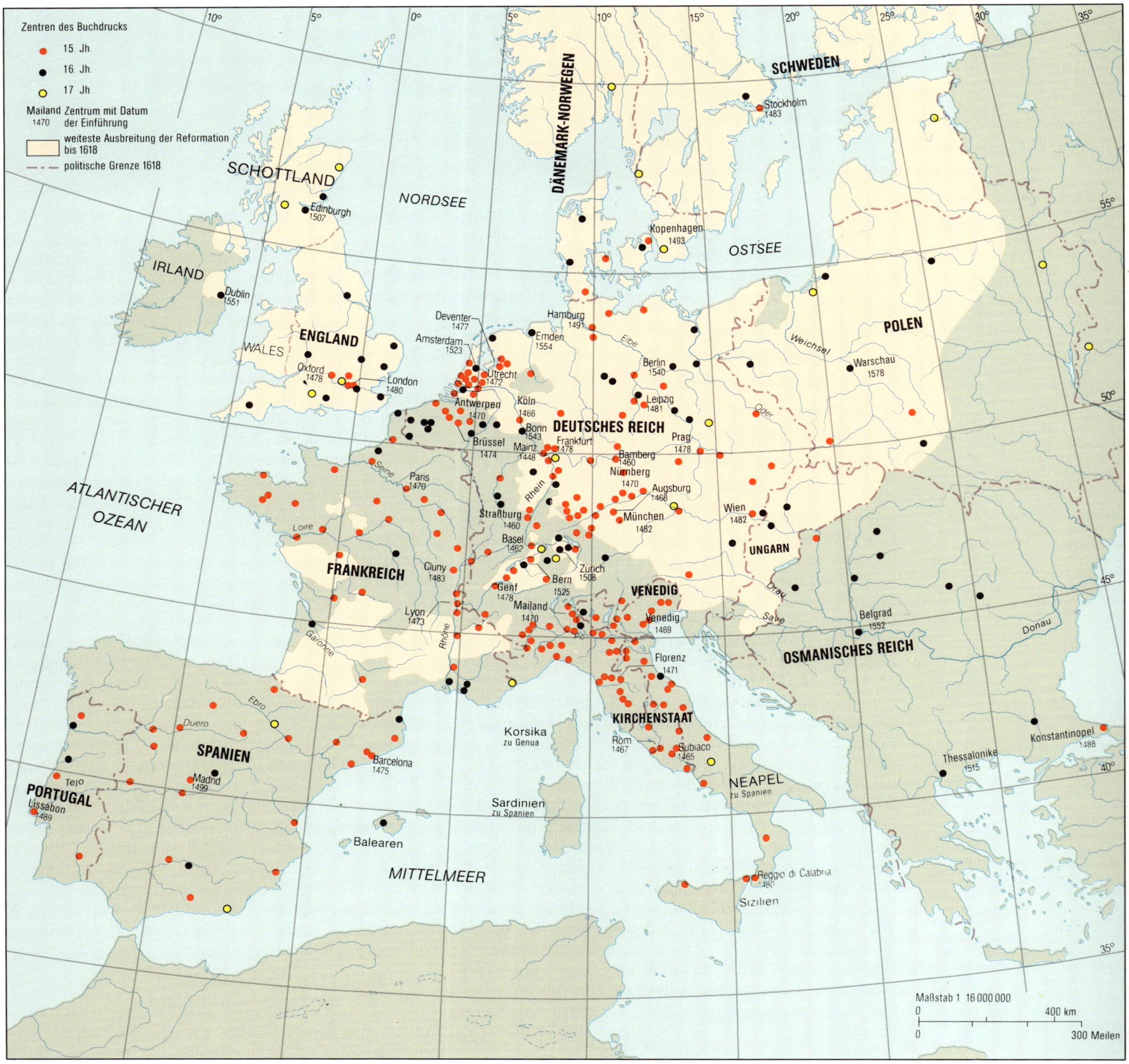

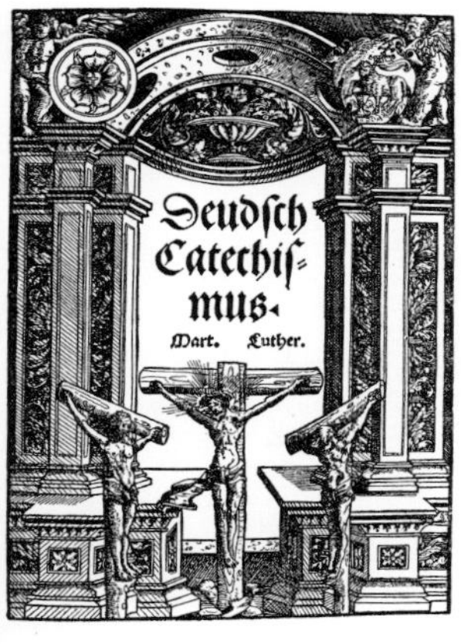

Oben: Luthers Deutscher Katechismus wurde zur Grundlage der religiösen Erziehung an lutherischen Schulen. Er wurde sogar von Luthers katholischen Gegnern nachgeahmt. Normalerweise auf das Glaubensbekenntnis, die Zehn Gebote und das Vaterunser abgestellt, wurden Katechismen ein wichtiges Instrument der Unterweisung sowohl für Katholiken als auch für Protestanten. Sie trugen dazu bei, das Christentum aus einem rituellen und ethischen in ein lehrhaftes oder ideologisches System zu verwandeln.

Links: Zentren des Buchdrucks
Der Buchdruck spielte eine entscheidende Rolle bei der Förderung und Verbreitung humanistischer Ideale in den letzten Jahren des 15. und im frühen 16. Jahrhundert. Gegen Ende des 15. Jahrhunderts wurde fast ein Viertel der in Europa erscheinenden Bücher in Venedig gedruckt. Weitere bedeutende Zentren des Buchdrucks waren Paris, Lyon, Florenz, Leipzig, Deventer, Mailand, Straßburg, Köln, Augsburg, Nürnberg und Basel. England war immer noch weitgehend abhängig von der Einfuhr von Büchern aus dem Ausland. Die Anzahl, mit der die deutschen Städte in dieser Aufzählung vertreten sind, legt Zeugnis ab von dem erstaunlichen Aufschwung, den der Buchdruck um die Jahrhundertwende in Deutschland nahm. Er sollte für den Erfolg der Reformation von entscheidender Bedeutung werden.

Bücher Luthers im Umlauf. Die Menschen waren für seine Botschaft aufgeschlossen. Der politische Zusammenhalt Deutschlands unter Karl V. war gefährdet. Viele Gebiete wurden von kleinen verkommenen Rittern regiert, die sich von Räubern nicht unterschieden und nur auf einen Vorwand warteten, um ihre Lehnspflicht abzuschütteln. Die Reichsgrenzen im Osten und Westen bröckelten. Ausländer waren nicht gern gesehen, am allerwenigsten die päpstlichen Beamten mit ihren ständigen finanziellen Forderungen. Luthers Polemik spielte auf dem Instrument dieses Fremdenhasses. Auch in den Reichsstädten hatte sich Zündstoff angehäuft. Zerrieben von den Spannungen zwischen den herrschenden Oligarchien, den Zünften und den politisch rechtlosen ungelernten Arbeitern, hielt sie nur noch die Sorge um den Bestand des Gemeinwesens zusammen sowie eine Abneigung gegen den Klerus mit seinen Befreiungen von gesetzlichen Bestimmungen und von der Steuer und seiner Bindung an kirchliche Oberlehnsherren außerhalb der Stadt. Hier vor allem schlug Luthers Botschaft Wurzeln.

Sein Aufräumen mit dem ganzen aufwendigen Beiwerk der mittelalterlichen Religion, seine Behauptung, daß *alle* Gläubigen Priester seien, sein Bestehen darauf, daß niemand dem Gewissen eines Christenmenschen Gesetze aufzwingen könne und daß Gesetze, die im Widerspruch stehen zur Freiheit des Evangeliums, einfach nicht beachtet werden sollten, seine Angriffe auf die scholastische Theologie und die Hochfinanz sprachen die Humanisten und die Intellektuellen an. Noch stärker fühlten sich diejenigen berührt, die in der Gesellschaft ganz unten angesiedelt waren und bei denen Angriffe auf das Gesetz und die Rede von evangelischer Freiheit eine von Luther wohl nicht beabsichtigte Resonanz erzeugten. Durch die Tausende von illustrierten Flugschriften und -blättern der Zeit ging Luther in die Volksphantasie ein als ein David im Kampf gegen Goliath, angefeindet wegen seines Eintretens für die Unterdrückten gegen päpstliche und klerikale Habgier. Luthers Angriff auf die religiös bemäntelte Bettelei, sein Vorschlag, daß die Regierenden oder die Städte die Ordnung des Kirchenwesens in die eigene Hand nehmen sollten, seine Empfehlung, den Klosterbesitz aufzuheben und einzuziehen, gefielen den Stadtregenten, die darauf aus waren, sich den Klerus gefügig zu machen. Luthers Botschaft war eine geistliche, doch die aus ihr sich ergebenden Konsequenzen waren sehr konkreter Natur. Eine Stadt nach der anderen trat zu Luthers Lehre über.

Die Reformation führt zur Revolution

In dem Maße, wie Prediger und Drucker Luthers Botschaft überall in Deutschland verbreiteten, zog sie andere Theologen an seine Seite. Sein Stellvertreter in Wittenberg war der pazifistisch gesinnte Humanist Philipp Melanchthon (1497–1560). Melanchthons *Grundbegriffe der Theologie* (1521) waren die erste systematische Theologie des Protestantismus. Er entwarf auch die *Confessio Augustana* von 1530, die zum verbindlichen lutherischen Glaubensbekenntnis werden sollte. Jedoch wurde Luthers Bewegung in einen Strudel sozialer und politischer Unruhen hineingezogen, die alles andere als friedlich waren. Während er sich noch immer versteckt hielt, nahm ein anderer Wittenberger Professor, Andreas Karlstadt (1480–1541), die Reformation selbst in die Hand. Die Messe wurde abgeschafft, das Abendmahl unter beiderlei Gestalten eingeführt, die Orgeln wurden zum Schweigen gebracht, Mönche und Nonnen aus ihren Klöstern geholt und verheiratet. Tobende Studenten plünderten Bilder und Altäre und pöbelten den Klerus an. Karlstadt begann barfuß zu gehen, sich wie ein Bauer zu kleiden und sich »Bruder Andreas« zu nennen, um die Bildung verächtlich zu machen. Eine Gruppe von »Zwickauer Propheten« erschien in der Stadt, verkündete den Menschen die mystische Einwohnung des Hl. Geistes und verbreitete Theorien über Träume und Visionen.

Luther tauchte aus seinem Versteck auf und beruhigte den Sturm durch eine Reihe von Predigten, in denen er die Notwendigkeit von Nächstenliebe und allmählicher Reform betonte. Doch die Radikalisierung nahm schnell zu. Der sächsische Priester Thomas Müntzer (1490–1525) war nicht nur von Luther, sondern auch von den chiliastischen und mystischen Traditionen des Mittelalters beeinflußt. Er verwarf die Autorität der Hl. Schrift zugunsten einer unmittelbaren Offenbarung durch den Hl. Geist und lehrte, daß die Kirche nur aus dem im Geiste wiedergeborenen Auserwählten bestehe. Müntzer verkündete das Recht der Christen, gegen die Gottlosen das Schwert zu ergreifen, und sah einen apokalyptischen Kampf voraus, in welchem viele Gerechte leiden würden. Er glaubte, daß Luther das Evangelium an die herrschenden Klassen verkaufte, und nannte ihn »Bruder Sanftleben«, »Vater Leisetritt« und »Dr. Lügner«. Müntzer hatte seinen Stützpunkt in Allstedt, wo er die erste Liturgie in deutscher Sprache abhielt und Scharen von Arbeitern und Bergleuten aufstellte, um sich für Harmagedon (die letzte Entscheidungsschlacht zwischen Gut und Böse) zu rüsten. Karlstadt schloß sich ihm an.

Im Jahr 1524 begann eine Reihe von Erhebungen der unterdrückten und halb verhungerten Bauernschaft, die eine Anzahl von Rechten forderte, von der Abschaffung der Leibeigenschaft bis zur Wahl ihrer eigenen religiösen Betreuer. Obwohl die sozialen Mißstände im Vordergrund standen, war die religiöse Dimension der Revolte unverkennbar. Müntzer trat auf als ein Theologe des Aufruhrs, der die Bauernschaft dazu aufrief, das Reich der Heiligen zu gründen: »Vorwärts, vorwärts, verschont die Gottlosen nicht und habt kein Mitleid mit ihnen, schlagt zu!« Luther war entsetzt, nicht zuletzt deswegen, weil seine Lehren für den Aufruhr verantwortlich gemacht wurden. In einer wütenden Flugschrift *Wider die mörderischen und räuberischen Rotten der Bauern* (1525) drängte er die deutschen Fürsten, »diese zu schlagen, zu töten und abzustechen ... dessen eingedenk, daß nichts widerlicher oder teuflischer sein kann als ein Rebell«. Die Revolte wurde 1525 niedergeschlagen, Müntzer gefoltert und enthauptet.

Luthers Lehre war unwiderruflich diskreditiert bei zahlreichen Bauern, die glaubten, daß er sie verraten hätte. Natürlich war sich Luther der Abhängigkeit der Reformation von den protestantischen Fürsten bewußt, bei denen der Wunsch, die Kirche zu besteuern und zu beherrschen, vielfach stärker war als der Eifer für das Evangelium.

Zwischen 1520 und 1540 hatte das Luthertum ein besonderes Gepräge. Luther hatte alle Sakramente außer der Taufe, der Eucharistie und dem Bußsakrament abgeschafft, doch blieb ein großer Teil des alten kirchlichen Zeremoniells, sogar das Lateinische, erhalten. Das Herzstück des deutschen Gottesdienstes waren Luthers Bibelübersetzung (Neues Testament: 1522; Altes Testament: ab 1534) und eine reiche Sammlung von ihm verfaßter Kirchenlieder. Mit dem *Großen Katechismus* schuf er eine für den Gebrauch von Geistlichen bestimmte Vorlage für die Lehre, im *Kleinen Katechismus* (beide 1529) eine großartige und originelle Kombination von Unterweisung in den Grundwahrheiten und Gebetbuch, alles in einfacher und volksnaher deutscher Prosa. Er war nicht besonders interessiert an der kirchlichen Verwaltung. Das Bischofsamt sollte praktisch verschwinden. Dessen Verwaltungsfunktionen wurden von einer Kammer übernommen, die sich aus Geistlichen und Juristen zusammensetzte und dem Fürsten verantwortlich war. Ganz allgemein zwang seine

Nachreformatorische Vielfalt

In der frühen Neuzeit strebte jeder Staat Einheitlichkeit in der Religion an, denn Katholiken wie Protestanten glaubten gleichermaßen, daß religiöse Zwistigkeiten Gott mißfallen würden und die Stabilität des Staates bedrohten. Das reformatorische Prinzip der offenen Bibel ließ jedoch eine solche Uniformität nicht zu, so daß zahlreiche Reformatoren, wie schon ihre humanistischen Vorgänger, die ursprüngliche Überzeugung, den Ungebildeten müsse man die Bibel in die Hand geben, damit sie sie deuteten, wie der »Geist« sie anleitete, neu überdachten. Nach dem Bauernaufstand um 1525 kam Luther zu der Auffassung, daß man sich davor schützen müsse, Unwissende mit dem uninterpretierten Text zu konfrontieren. Die deutsche Bibel wurde daher an lutherischen Schulen nicht benutzt. Die Unterweisung in der Bibel beschränkte sich auf die oberen Klassen und das lateinische Neue Testament. Doch solche Versuche, eine einmal in Gang gekommene Entwicklung aufzuhalten, erwiesen sich als wirkungslos, und religiöse Vielfalt wurde zu einem bleibenden Merkmal des europäischen Protestantismus. Erst nachdem es den meisten europäischen Staaten nicht gelungen war, diese Vielfalt gewaltsam zu unterdrücken, setzten sich die Ideen von Koexistenz und Toleranz allmählich durch, obwohl sie schon um 1520 von Erasmus von Rotterdam ausdrücklich formuliert worden waren.

Sogar innerhalb des Katholizismus der Gegenreformation bestanden widerstreitende Theologien und Frömmigkeitsstile nebeneinander und in ganz Europa kam es zu einer Konfrontation von religiösen Rigoristen und Puritanern mit solchen, die eine weniger strenge Auffassung vertraten.

Oben: Dieses Ölgemälde von Van de Venne ist eine Satire darauf, daß der evangelische Eifer für die Seelen zu einem Buhlen rivalisierender Ideologien um Anhänger verkommen war. Protestanten und Katholiken stehen sich an den Ufern eines Flusses gegenüber: rechts die Katholiken, im Vordergrund die Theologen. Hinter ihnen steht, einen Rohrstock haltend, Philipp III. von Spanien, und im Hintergrund sieht man den Papst und die Kardinäle. Zu den protestantischen Staatsoberhäuptern auf der Linken gehören Moritz von Oranien, Jakob I. von England, Christian IV. von Dänemark und der junge Ludwig XIII. von Frankreich, von dem man glaubte, daß er der Reformation gewogen war. Im Wasser wetteifern Priester und protestantische Geistliche in Booten darum, nackte Schwimmer aufzunehmen. Über allem der Regenbogen, ein traditionelles Symbol für das göttliche Gericht.

Unten: Die religiösen Spaltungen waren auch in Lehrmeinungen begründet. Auf diesem Holzschnitt aus einer konservativen religiösen Flugschrift des Jahres 1641 werfen die Feinde des wahren Protestantismus – Wiedertäufer, »Brownisten« oder Kongregationalisten, »Familisten« und Papisten – die Bibel als das Symbol für die rechte Religion in einer Decke hin und her.

Unten links: In England, wie in anderen Ländern, verzettelten sich die Energien der Reformation in theologischen Streitigkeiten und wurden durch soziale Spannungen abgelenkt, die sich Mitte des 17. Jahrhunderts in einem weitgehend von religiösen Auseinandersetzungen inspirierten Bürgerkrieg entluden. In dieser zeitgenössischen Darstellung des Sonntags als Tag des Herrn wird das Tun der Gottesfürchtigen – Beten, Anhören der Predigt, Bibelmeditation, Krankenbesuche, Armenpflege – den Werken der Finsternis gegenübergestellt, als da sind Lärmen, Trinken, Glücksspiele und die Mißachtung der Sonntagsruhe durch Arbeit.

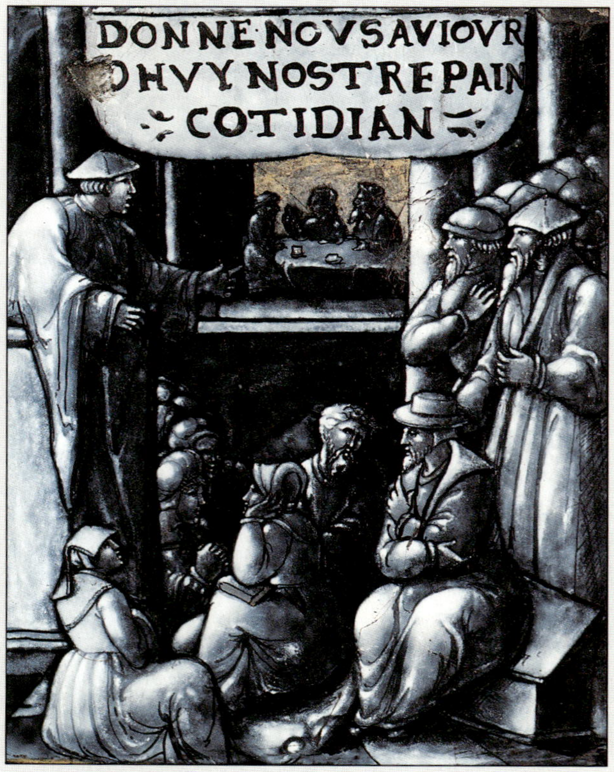

Unten links: Dieses Bild eines calvinistischen Gottesdienstes macht den scharfen Bruch des Calvinismus mit der katholischen Vergangenheit deutlich. Im Gegensatz dazu steht der Konservatismus der lutherischen Kirchen in Lehre und äußerer Form (*unten rechts*).

Abhängigkeit von den protestantischen Fürsten, die sich zum gegenseitigen Schutz im Schmalkaldischen Bund zusammengeschlossen hatten, Luther, dem weltlichen Arm mehr Mitsprache in Kirchenangelegenheiten zuzugestehen, als ihm lieb war. Er verstand sich dazu, die Unterdrückung religiöser Abweichungen durch die Obrigkeit zu rechtfertigen, was er in den 20er Jahren noch verurteilt hatte.

Zwingli und die Reformation in der Schweiz

Seit etwa 1520 trat in den Städten des Schweizer Bundes eine eigene Form des Protestantismus hervor, welche die reformierte Welt in der zweiten Hälfte des Jahrhunderts beherrschen sollte. Ihr Urheber war Huldrych Zwingli (1484–1531), seit 1518 Stadtprediger in Zürich. Zwingli war vom Temperament her der Gegenpol zu Luther, ein heiterer Optimist, ein leidenschaftlicher schweizerischer Nationalist, ein früherer Feldgeistlicher, der mindestens eine anrüchige Liebesaffäre hinter sich hatte. Geprägt vom Humanismus des Erasmus, war Zwinglis Reformation rationalistisch, kritisch und durchdrungen von der Ordnung, Disziplin und dem Gemeinschaftssinn seiner schweizerischen Umgebung. Anders als Luther begann er systematisch jeden Aspekt des Katholizismus zu eliminieren, für den man sich nicht auf die ausdrückliche Autorität der Hl. Schrift berufen konnte: die Messe, den Zölibat der Geistlichen, das Fasten, die Heiligenfeste und die Kirchenmusik. Zwinglis humanistisch-didaktische Einstellung schlug sich nieder in der Einführung von »Auslegungen«, offenen Seminaren, in denen die Hl. Schrift von Geistlichen und Laien gemeinsam ausgelegt und erörtert wurde. Der Stadtrat arbeitete eng mit den Geistlichen zusammen, um die öffentliche Moral zu überwachen, und er war sogar für Exkommunikationen zuständig.

Obgleich Zwingli weitgehend Luthers theologische Position einnahm, hatte er eine höhere Meinung von der Fähigkeit des Menschen, mit Gott mitzuwirken, und er glaubte sogar, daß gute Heiden, wie z.B. Sokrates, gerettet werden könnten. Besonders in einer Frage waren ihre Auffassungen diametral entgegengesetzt. Während Zwingli die Lehre von der Transsubstantiation (Wesensverwandlung) verwarf, bestand Luther nachdrücklich auf der realen Gegenwart Christi in der Messe. Für ihn bedeuteten Jesu Worte »Dies ist mein Leib« genau das. »Wenn Gott so spricht, dann suche nicht nach etwas Höherem, sondern nimm den Hut ab.« Für Zwinglis rationalistische Einstellung war dies krasser Aberglaube. Wie Erasmus war Zwingli kopflastig und es fehlte ihm ein wirkliches Verhältnis zu den Sakramenten. Das Abendmahl war nach seiner Auffassung rein symbolisch zu verstehen, als Gedächtnisfeier und Danksagung; der Herr selbst war nicht anwesend. Da die politischen Spannungen wuchsen, wurde diese Meinungsverschiedenheit zu einem Hindernis, an dem der ganze Protestantismus zerbrechen konnte. 1529 wurde in Marburg ein Versuch gemacht, den Streit beizulegen. Melanchthon vermittelte eine Zusammenkunft Luthers mit Zwingli; dabei sollte der friedfertig gesinnte Martin Bucer aus Straßburg die Wogen glätten. Doch der unversöhnliche Luther kritzelte mit Kreide auf den Konferenztisch »Dies ist mein Leib«, und das Gespräch verlief im Sande. Als Zwingli zwei Jahre später im Kampf mit den katholischen Kantonen der Schweiz starb, war der Protestantismus immer noch geteilt.

Jean Calvin

Jean Calvin (1509–1564) war durch Zufall im Jahre 1536 in die unruhige Festungsstadt Genf gekommen und wollte ursprünglich nur eine Nacht bleiben. Von einem dreijährigen Aufenthalt in Straßburg abgesehen, blieb er in Genf für den Rest seines Lebens. Er war ein Humanist, gebildet in Sprachen und im Recht; sein erstes Werk war ein Kommentar zu Seneca. Gleichermaßen wichtig für das Verständnis seines Werkes ist der Umstand, daß die Reformation bereits Wurzeln geschlagen hatte, als er die geistige Reife erlangte. Ausgebildet unter den evangelischen Humanisten Frankreichs, vollzog er mühelos den Übertritt vom Katholizismus zum reformierten Glauben – immerhin eine Entscheidung zwischen zwei bereits vorhandenen Alternativen. Durch das härtere Vorgehen des Königs gegen die »Lutheraner« aus Frankreich vertrieben, veröffentlichte Calvin in Basel im Jahre 1536 die erste Ausgabe der *Unterweisung in der christlichen Religion,* seiner Zusammenfassung des protestantischen Glaubens, die er voller Optimismus dem König widmete. Er war bis zu seinem Tod damit beschäftigt, dieses Werk zu erweitern und zu überarbeiten. Betrachtet man dessen Wirkung auf das zeitgenössische Denken und seinen Einfluß auf die praktische Politik, so kann es mit Fug und Recht als das wichtigste Buch des Jahrhunderts bezeichnet werden.

Calvins Theologie unterscheidet sich in den wichtigen Punkten nicht von der Luthers, den er verehrte; doch hat er die Theologie in ein viel starreres, imponierendes System gebracht. Im Zentrum steht die uneingeschränkte Freiheit Gottes. Der Mensch erkennt sich nur in der Beziehung zu Gott und ist letztlich ein Ausführungsorgan des göttlichen Willens. So ist sein Seelenheil vorherbestimmt, noch vor dem Beginn der Zeit in Gottes Willen festgelegt, so daß er nichts dazu beitragen kann. »Für die einen ist ewiges Leben, für die anderen ewige Verdammnis vorherbestimmt.« Calvin wollte diese schreckliche Lehre als einen Trost verstanden wissen: Unser Heil hängt nicht von unserer unbeständigen Natur, sondern vom unergründlichen Willen Gottes ab. Seine Theologie konzentriert sich auf die Gestalt Christi, in welchem Gott sich mit den Menschen verbunden hat. Calvin betreute die negative Seite der Prädestination weit weniger als viele seiner Anhänger. Er lehrte vielmehr, daß wir in Hoffnung leben und nicht versuchen sollten, die Geheimnisse der Gnadenwahl zu ergründen. Wir sollten unser Leben, so gut wir können, dem Willen Gottes anpassen.

Um diese Angleichung an den Willen Gottes zu erreichen, arbeitete Calvin sorgfältig bis in alle Einzelheiten ein Modell der Kirche aus, in dem jeder Aspekt des christlichen Lebens geregelt ist. Ordnung, Zucht und Gottesfurcht standen vornan. Es gab vier Kirchenämter: Pastoren kümmerten sich um die Kirche, indem sie predigten, tadelten und ermutigten. Lehrer sorgten für die Reinheit der Lehre durch die Auslegung der Hl. Schrift. Laienälteste walteten über die sittliche Zucht und bildeten zusammen mit den Geistlichen eine Kammer oder ein Konsistorium, welches Rückfällige bestrafte und sie, falls sie keine Besserung zeigten, ausschloß. Diakone befaßten sich mit den Finanzen und der Armenpflege. Die Kritiksucht, die genaue Erforschung des sittlichen Verhaltens der Gemeindemitglieder, die eine Neigung zu »brüderlicher Ermahnung« begünstigte, aber auch der Ausspähung Vorschub leistete, ist aus heutiger Sicht einer der unerquicklichsten Aspekte von Calvins System, und auch die »freidenkende« Partei in Genf blickte darauf mit Unbehagen. Die Stadt war ursprünglich hauptsächlich deswegen protestantisch geworden, weil sie die Autorität ihres weltlichen Lehnsherrn, der auch der Bischof war, ablehnte; und bis

Rechts: Der Calvinismus brach entschieden mit der katholischen Vergangenheit. Die Kirchen waren nicht mehr geheiligte Schauplätze, sondern Auditorien, in denen die Menschen zuhörten und lernten. Dieses Bild eines calvinistischen Gottesdienstes im Frankreich des 16. Jahrhunderts macht die Veränderung in eindrucksvoller Weise klar. Besonders in Erscheinung treten die Frauen, die bei der Verbreitung der französischen Reformation eine führende Rolle spielten.

MPLE DE LYON, NOMMÉ PARADIS.

zum Ende seines Lebens konnte Calvin, der nur ungern Widerspruch duldete, niemals darauf rechnen, daß der Stadtrat mit ihm übereinstimmte. Dennoch war es gerade diese »Zucht« als ein mächtiger Hebel, um die Gesellschaft im ganzen in ein »gottgefälliges Gemeinwesen« umzuwandeln, die dem Calvinismus in anderen Ländern zu solchem Einfluß verhalf. Zusammen mit der Strenge und Klarheit seines Lehrgebäudes wurde Calvins Umgestaltung des städtischen Protestantismus der Schweiz noch zu seinen Lebzeiten das wichtigste Vorbild für Reformer, die anderswo auftraten.

Wie Zwingli entfernte Calvin alles aus dem Gottesdienst, was sich nicht auf die Schrift gründete. Obwohl er mit Luther den Wert gemeinschaftlichen Singens betonte, verbot er Kirchenlieder und ließ nur einen rhythmisierten Vortrag der Hl. Schrift zu. Wie Zwingli verwarf er Luthers Glauben an die leibliche Gegenwart Christi in der Eucharistie, wenn er auch in diesem Punkt eine besonders spitzfindige Auffassung vertrat und sowohl eine geistige als auch eine »reale« oder »wirksame« Gegenwart gelten ließ. Er meinte, die Eucharistie sollte täglich oder zumindest wöchentlich gefeiert werden, doch vermochte er die nicht an der Kommunion teilnehmenden Genfer niemals zu mehr als monatlichen Abendmahlsfeiern zu überreden.

Gegen Ende seines Lebens hatte er Genf jedoch in seinem Sinne geordnet. Obwohl einige seiner Experimente – wie z.B. die städtischen Schnapsbuden, in denen man in kleinen Mengen trinken konnte, während man an den Wänden Texte aus der Hl. Schrift las – fehlgeschlagen waren, war die Stadt ordentlich, züchtig und, zumindest an der Oberfläche, gottesfürchtig. Für die Armen, Kranken und die alten Menschen wurde gut gesorgt, Verbrechen und Unsittlichkeit wurden streng geahndet, und Calvins Akademie und höhere Schule hatten Genf zu einem Mekka des protestantischen Europa gemacht: John Knox nannte es »die vollkommenste Schule Christi, die es je auf Erden gegeben hat seit den Tagen der Apostel«.

Der Protestantismus konnte – weitgehend dank äußerer Umstände – in Nord- und Ostdeutschland sowie in weiten Gebieten Mittel- und Osteuropas Fuß fassen. Kaiser Karl V. war, obwohl er sich als den von Gott bestellten Verteidiger des Katholizismus sah, nicht in der Lage, mit der protestantischen Bedrohung fertigzuwerden, weil ihm eine größere Gefahr von den im Osten und Süden eingefallenen Muselmanen und von dem unter den Valois erstarkten Frankreich im Westen drohte. König Franz I. (1515–1547) hatte sich sowohl mit den Türken als auch mit den deutschen Protestanten verbündet, und als Karl endlich im

Rechts: Unter dem konservativen Heinrich VIII. hatte die englische Reformation keine klare Linie. Unter seinem Nachfolger Eduard VI., der als Knabe König wurde, erfolgte eine dramatische und radikale Hinwendung zum Protestantismus schweizerischen Stils. Auf diesem Propagandabild weist der sterbende Heinrich auf die neue Ordnung. Eduard, flankiert von seinem protestantischen Staatsrat, tritt den Papst und dessen Mönche nieder. Durch das Fenster hindurch sieht man die »Reinigung« des Landes von Irrtum und Aberglauben in der Art eines »Ikonoklasmus«, d.h. durch die gewaltsame Zerstörung religiöser Bilder.

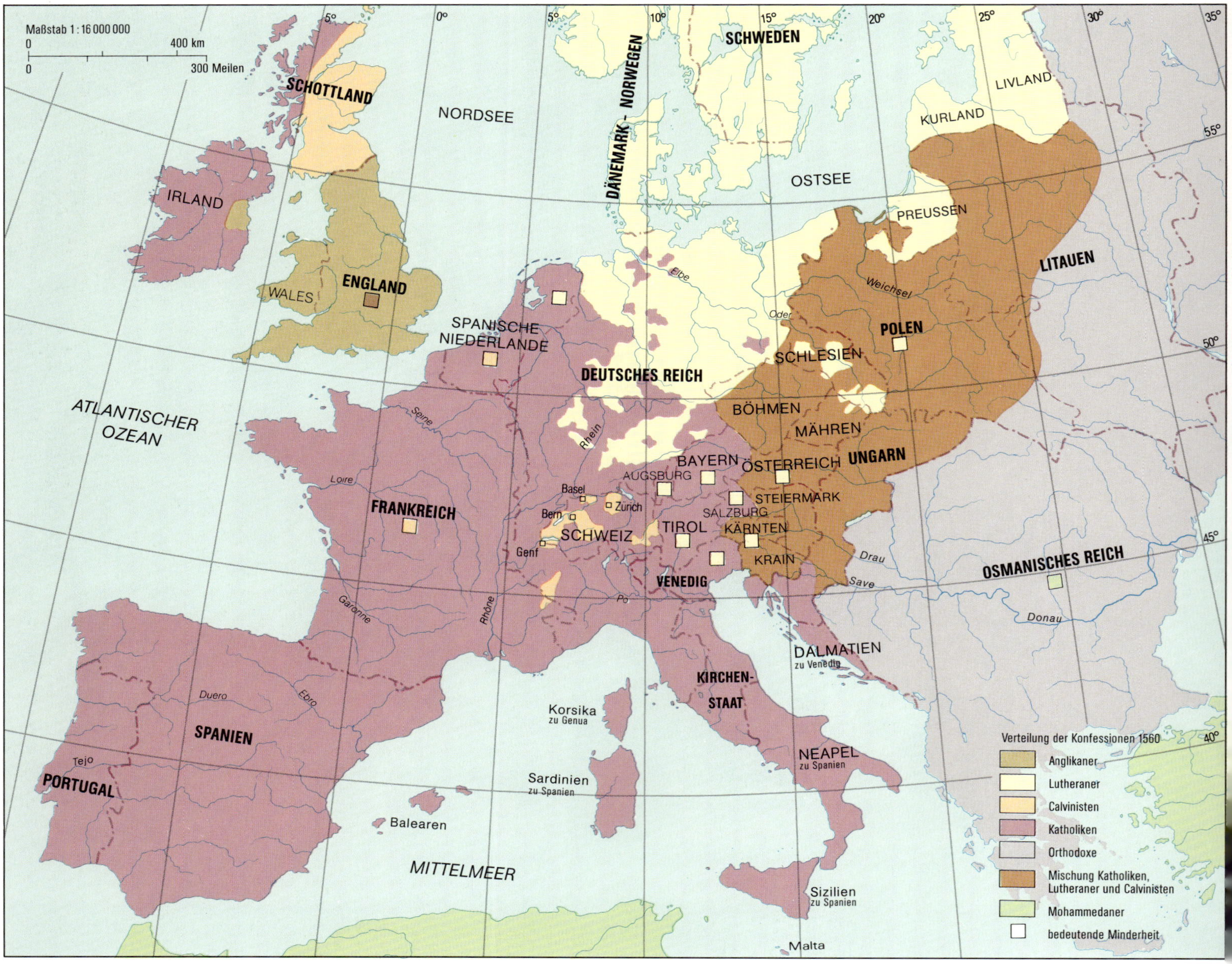

THE ENDVR
WORDE ETH
OF THE FOR
LORD EVER
ALL FLESHE
IS GRASSE
FEYNED
HOLINE

Links: Der religiöse Zustand Europas im Jahre 1560
Luther starb 1546, Calvin 1564. Da war Europa schon tief und in den Augen vieler auf Dauer durch die Religion gespalten. Ganz Nordostdeutschland und ein großer Teil Mitteldeutschlands sowie Dänemark und Skandinavien waren lutherisch; das Luthertum hatte auch eine starke Basis in Teilen Bayerns und in den habsburgischen Stammländern Kärnten und Österreich. Auch in Böhmen, Schlesien und einem großen Teil Polens gab es lutherische Gemeinden. Zürich, Basel, Bern und Genf bildeten einen »reformierten« oder »calvinistischen« Block. Schottland führte 1560 eine Kirche ein, die der schweizerischen Linie folgte. Die englische Kirche, die den Episkopat und zahlreiche traditionelle religiöse Praktiken beibehielt, war ein Sonderfall unter den protestantischen Kirchen, doch 1560 bezogen ihre Führer ihre Anregungen gewiß zuerst aus der Schweiz. Im Calvinismus lag daher die Zukunft des Protestantismus. Er sollte sich in den Niederlanden, in Ungarn, in Mittel- und Ostdeutschland ausbreiten. Daß diese mächtige und sich ausbreitende neue Kraft von der territorialen Regelung der Konfession im Augsburger Religionsfrieden (1555) ausgeschlossen blieb, sollte sich auf lange Sicht als eine Quelle politischer Instabilität erweisen.

Jahre 1546 freie Hand hatte, den Schmalkaldischen Bund anzugreifen, war es zu spät. Zwar war die Einnahme Wittenbergs im Jahre 1547 ein kurzlebiger Triumph, doch sah sich Karl 1555 gezwungen, sich mit dem ständigen Verbleiben der Reformation abzufinden. Im Augsburger Religionsfrieden wurde der Grundsatz »cuius regio, eius religio« festgelegt, der jedem Herrscher das Recht gab, auf seinem Territorium über die Religionszugehörigkeit seiner Untertanen zu bestimmen. Der Calvinismus war in dieser Regelung nicht vorgesehen.

Die Reformation in anderen Teilen Europas

Das Luthertum hatte sich schnell außerhalb Deutschlands verbreitet. In Skandinavien machte es mit dem dänischen und schwedischen Königshaus im Rückhalt und begünstigt durch die Aussicht auf konfiszierbaren Kirchenbesitz, rasch Fortschritte. Nicht so in Norwegen, wo die Reformation – nicht zu Unrecht – als ein Instrument dänischer Ausdehnungsbestrebungen angesehen wurde. Im Süden konnte der Protestantismus bis zur Mitte des Jahrhunderts nur geringe Fortschritte verzeichnen. In Frankreich gab es zahlreiche Humanisten und Antiklerikale, die Bibel lag in einer französischen Ausgabe vor, und der in Méaux bestehende Zirkel von »Evangelischen«, dessen Haupt Lefèvre d'Étaples war, befürwortete zahlreiche der im Protestantismus verwirklichten Reformen. Doch obwohl Franz I. seinen politischen Flirt mit den deutschen protestantischen Fürsten fortsetzte, zeigte er keinerlei Neigung, mit Rom zu brechen, und ein alberner Zwischenfall – 1534 war in Amboise ein antikatholisches Plakat an seine Schlafzimmertür geheftet worden – führte zu einer unnachsichtigen Verfolgung der französischen Protestanten. Damals ging Calvin nach Genf.

In Italien war der Protestantismus eine noch zartere Pflanze. Er verband sich nur mit einer Handvoll Intellektueller und Adliger, besonders mit dem Kreis um den Spanier Juan de Valdés und den Häusern von Kardinal Ercole Gonzaga und Vittoria Colonna in Neapel. Valdés' Lehre war indessen eher mystisch und quietistisch denn protestantisch. Die meisten italienischen Reformer behielten ihre Meinung für sich und paßten sich nach außen hin an, eine »Nikodemus«-Haltung, die von Calvin rundweg verdammt wurde.

Die Reformation in England

In England zog sich die Reformation vielleicht am meisten in die Länge und war sie am ungesichertsten. Zwar hatte der Humanismus des Erasmus in England einen tiefen Eindruck gemacht, und die eigene häretische Tradition, die Lehre des John Wycliffe (um 1320–1384), machte zweifellos einige dem Protestantismus geneigt. König Heinrich VIII. war jedoch ein frommer Katholik und erhielt für seine 1521 verfaßte, gegen Luther gerichtete *Verteidigung der Sieben Sakramente* vom Papst den Titel *Verteidiger des Glaubens* verliehen. Obgleich lutherische Bücher zirkulierten, 1526 William Tyndales *Neues Testament* in englischer Sprache erschien und eine Gruppe von Akademikern in Cambridge lutherische Ideen hegte, kam die Reformation nur schwer voran, bis der König sich von seiner Frau Katharina von Aragon scheiden zu lassen suchte, die ihm keinen männlichen Erben geboren hatte. Katharina war die Tante Karls V., dessen Truppen erst kürzlich

Links: Im Zeitalter der Reformation mit seinen religiösen und politischen Umwälzungen, Kriegen und Kriegsgerüchten wie auch Naturkatastrophen wie Hungersnöten und Seuchen waren viele davon überzeugt, daß das Weltende bevorstand. Apokalyptische Erwartungen beflügelten den religiösen Radikalismus der Zeit. Die großartige Reihe von Illustrationen zur Geheimen Offenbarung, die Albrecht Dürer 1498 mit seinen Stichen schuf, vermittelt eine Ahnung von den Besorgnissen und Ängsten, welche viele Menschen in Deutschland am Vorabend von Luthers Auftreten erfüllte.

Rom geplündert hatten und dessen Gefangener der Papst war. Die Scheidung wurde abgelehnt, und Heinrich wandte sich von der Kirche ab. Die Verbindung mit Rom wurde schlagartig beendet, und 1534 erklärte sich Heinrich zum Oberhaupt der Kirche in England. Es folgte die Aufhebung der Klöster. Einige Kirchenmänner, darunter der größte Förderer der neuen Bildung in England, der Bischof John Fisher von Rochester, widersetzten sich und wurden hingerichtet, ebenso Heinrichs früherer Lordkanzler Thomas Morus (1535).

Anfangs gab es nur geringe oder gar keine Veränderungen in der Lehre oder Liturgie, und Heinrich verfolgte Protestanten und Papisten gleichermaßen. Aber mit der Förderung durch den Erzbischof von Canterbury, Thomas Cranmer (1489–1556), sowie durch den Staatsminister Thomas Cromwell bahnte sich die reformierte Denkweise langsam ihren Weg. Mit der Thronbesteigung Eduards VI. erhielt die Reformation freie Hand. Die Messe wurde abgeschafft, und in zwei aufeinanderfolgenden englischen Gebetbüchern, dem *Common Prayer Book,* (1549 und 1552) gab Cranmer der englischen Kirche eine Liturgie, die zwar viel Mittelalterliches beibehielt, aber im wesentlichen von schweizerischer Theologie geprägt war. Mit der Thronbesteigung Marias, der Tochter von Katharina von Aragon, begab sich England wieder unter die kirchliche Oberhoheit des Papstes und schloß sich – nach Marias Eheschließung mit ihrem Neffen Philipp von Spanien – dem katholischen Machtblock an. Maria und ihr Erzbischof, Kardinal Reginald Pole, waren ausschließlich damit beschäftigt, den katholischen Ritus wiederherzustellen und radikale Protestanten zu disziplinieren und zu jagen. Dreihundert von ihnen wurden verbrannt, darunter Cranmer. Als nach nur sechs Jahren Marias protestantische Schwester Elisabeth den Thron bestieg (1558), wurde dieser Prozeß wieder rückgängig gemacht.

Die elisabethanische Regelung war widerspruchsvoll. Die Ausrichtung der Lehre (in den von der Kirche angenommenen 39 Artikeln) war in allen wesentlichen Punkten calvinistisch, ebenso die in dem Gebetbuch enthaltene Lehre über die Eucharistie, aber das Bischofsamt und das mittelalterliche System der Kirchendisziplin wurden beibehalten. Die meisten Geistlichen aus der Zeit Marias blieben indessen im Amt, und obwohl sich nur wenige Menschen etwas aus dem Papsttum machten, zeigte der Protestantismus außerhalb der südlichen und östlichen Landesteile bis zum Ende von Elisabeths Regierungszeit wohl nur geringe Wirkung.

Die Wiedertäufer

Die meisten Reformer erstrebten eine das jeweilige Territorium umfassende Reformation und wollten ihre Kirche als Ganzes umgestalten. Im Wiedertäufertum brachte die Reformation eine radikale Linie hervor, die die Rechtsgültigkeit von Regional- oder Nationalkirchen in Frage stellte. Wenn die Menschen allein durch den Glauben gerettet wurden, dann ließ sich argumentieren, daß nur Erwachsene, die zum Glauben fähig waren, unter die Auserwählten gerechnet werden konnten. Es gab viele, die behaupteten, daß nur die Auserwählten der Kirche angehörten und daß diese daher gänzlich verschieden war von der Gesellschaft als ganzer. Das war die Grundlage der Lehre von Thomas Müntzer. In Zürich folgte eine Gruppe unter Konrad Grebel (um 1498–1526) dieser Logik, verwarf die Kindertaufe und sagte sich von dem in der Stadt geltenden Ritus los. Zwinglis rationalistische Theologie bot in der Tat Angriffsstellen für ihre Argumente, doch er rechtfertigte eine furchtbare Unterdrückung der Gruppe, von denen viele heimtückisch durch Ertränken getötet wurden.

In dem Maße, wie die Hl. Schrift allgemein zugänglich wurde, verbreiteten sich separatistische Bewegungen dieser Art wie ein Lauffeuer unter den armen Stadt-und Landbewohnern in vielen Teilen Europas. Der apokalyptische Tonfall zahlreicher Wiedertäuferpredigten und der niedrige soziale Status der Anhänger alarmierten die Regierungen, die an den Bauernaufstand zurückdachten. Wiedertäuferprediger wurden eingesperrt oder hingerichtet. Die Befürchtungen schienen sich zu bewahrheiten, als 1534 Wiedertäufer die Herrschaft in Münster an sich rissen. Katholiken und Lutheraner flohen, alles Eigentum wurde zum Allgemeinbesitz erklärt. Ein Holländer, Johann von Leyden (Jan Bockelson, 1509–1536), hatte sich zum König ernannt, das Neue Jerusalem ausgerufen und die Vielweiberei eingeführt. »König« Johann nahm 16 Frauen, von denen er eine wegen Unverschämtheit hinrichten ließ. Allen Gottlosen wurde der Heilige Krieg erklärt. Die Stadt fiel 1535 an den Fürstbischof, und die Anführer wurden zu Tode gefoltert.

Das Wiedertäufertum war nicht eine einzelne oder zusammenhängende Sekte, sondern der Begriff stand für all diejenigen innerhalb des reformierten Lagers, die glaubten, daß das Prinzip der Rechtfertigung durch den Glauben in keiner der klassischen Formen des Protestantismus voll zur Geltung gekommen war, oder die eine Religion des Geistes anstrebten, welche frei war von dem Formalismus, den sie in der Reformation ebensosehr wie im Katholizismus wahrzunehmen vermeinten. Mystische und apokalyptische Einflüsse kamen darin ebenso zum Tragen wie der Rationalismus der Renaissance, und zahlreiche Wiedertäufer – am berühmtesten wurden Michael Sevetus und Fausto Sozzini – verwarfen die traditionelle Trinitätslehre. Die Unterschiede zwischen all diesen Gruppen treten stärker hervor als bestehende Ähnlichkeiten, aber sie alle waren diskreditiert durch die Episode von Münster, die die Protestanten wie die Katholiken Europas länger als ein Jahrhundert verfolgen sollte.

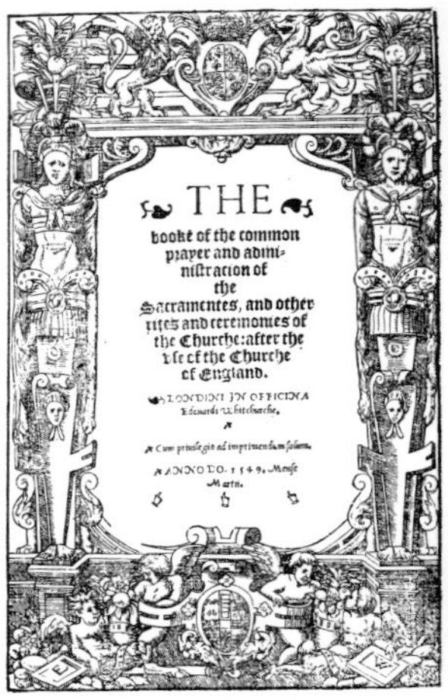
THE
booke of the common
prayer and admi-
nistracion of
the
Sacramentes, and other
rites and ceremonies of
the Churche: after the
use of the Churche
of England.

Oben: Cranmers *Book of Common Prayer* (1549) führte das Englische in die Messe und andere gottesdienstliche Handlungen ein. Es entsprach jedoch so sehr der Tradition, daß es auch von einigen Katholiken befürwortet wurde. Im konservativen West Country (Devon und Cornwall) provozierte es dagegen einen bewaffneten Aufstand. Im Jahre 1552 wurde es durch ein mehr protestantisch akzentuiertes Gebetbuch ersetzt.

DIE GEGENREFORMATION

Versuche einer katholischen Reform

Die Reformation war weitgehend ein nordeuropäisches Phänomen; im katholischen Süden entsprach ihr ein Wandlungsprozeß, der kaum weniger tiefgreifend war und bereits vor Luthers Revolte begonnen hatte. Der Humanismus war selbst ein Ausdruck dieser Beschleunigung des katholischen religiösen Impulses, der sich besonders eindrucksvoll auf der Iberischen Halbinsel ausprägte. Unter dem strengen Kardinal Ximénez de Cisneros (1436 bis 1517), Primas von Spanien, wurde eine in mehrfacher Hinsicht abgestimmte Reform eingeleitet. Sie begann bei seinem eigenen Franziskanerorden, der um 1506 zur strengen Regel zurückgeführt wurde. Um das Bildungsniveau der Geistlichen zu heben, rief er die Universität von Alcalá ins Leben, eine in einer ganzen Reihe solcher Neugründungen in ganz Europa. Im Jahre 1502 beauftragte Ximenez seine Professoren in Alcalá mit der Herausgabe einer dreisprachigen kritischen Ausgabe der Hl. Schrift, der *Complutensischen Polyglotte* (gedruckt 1514–1517). Er lud Erasmus von Rotterdam ein, nach Spanien zu kommen. Obwohl der Gelehrte nie kam, spielte sein Einfluß bei der Entwicklung eines humanistischen Milieus auf der Halbinsel doch eine große Rolle und trug dazu bei, daß der spanische Klerus eine im übrigen Europa kaum erreichte moralische Festigkeit gewann. Ximenez verbot Ablaßpredigten in seiner Diözese Toledo, war aber dennoch ein strenger Katholik und seit 1507 Großinquisitor.

Auch in Italien suchte man eine Erneuerung durch eine Rückkehr zu den Quellen der Hl. Schrift, und in der Malerei jener Zeit scheint ein neuer religiöser Ernst auf, in der stillen Anbetung in Raffaels *Sixtinischer Madonna* und der *Madonna del Granduca* (1513 bzw. 1505) oder im Bildschmuck, den Michelangelo zwischen 1508 und 1512 für die Decke der Sixtinischen Kapelle schuf. Der gleiche Geist, welcher diese Werke inspirierte, beseelte das »Oratorium der Göttlichen Liebe«, das in Rom während des Pontifikats des frommen, aber leichtlebigen Leos X. (1513–1521) gegründet wurde. Diese aristokratische Gruppe frommer Geistlicher und Laien wurde geleitet von dem in religiöser Leidenschaft erglühenden neapolitanischen Bischof Giovanni Pietro Carafa, dem späteren Papst Paul IV. (1555–1559), und von dem Grafen Cajetanus von Thiene, der später als St. Cajetan heiliggesprochen wurde. Aus dem Oratorium erwuchs 1524 der Theatinerorden, eine Erfahrungsgruppe von Weltgeistlichen, die sich der Armut und einem streng priesterlichen Leben nach apostolischem Vorbild weihten. Die Theatiner waren niemals eine große Gruppe, wurden aber sprichwörtlich für Frömmigkeit und werden zum Vorbild für eine Reform des geistlichen Standes.

Keiner dieser frühen Versuche einer katholischen Reform konnte es jedoch auch nur im Ansatz mit der Herausforderung aufnehmen, die Luther für die Kirche bedeutete. Selbst Hadrian VI., der strenge Holländer, der auf Leo X. folgte und im Vatikan wie ein Mönch lebte, verstand unter Reform lediglich die Säuberung der Kurie und der Stadt Rom und scheint das, was sich in Deutschland ereignete, nicht in seiner vollen Tragweite erfaßt zu haben. Die Plünderung Roms durch kaiserliche Truppen, worunter auch viele Lutheraner waren, markierte jedoch einen Wendepunkt. Acht Tage lang zog die Soldateska aus dem Norden im Mai 1527 vergewaltigend, plündernd und brandschatzend durch Rom. Viertausend Bürger starben, der Rest floh aus der Stadt. Der durch diesen Vorfall ausgelöste Schock verdüsterte das Lebensgefühl im Italien der Renaissancezeit, es gebar neuen Pessimismus im Blick auf die Natur des Menschen und hatte eine Intensivierung des religiösen Lebens der Stadt zur Folge. Vergleicht man das *Jüngste Gericht* in der Sixtina, das gemalt wurde, als sich dieser neue Ernst und Pessimismus bereits durchgesetzt hatten, mit den Deckenfresken darüber, dann wird diese Veränderung ganz deutlich spürbar.

Papst Paul III. und die Spirituali

In dieser Zeit entstand ein Kreis von reformgesinnten Kirchenmännern, zu dem Giovanni Matteo Giberti, Bischof von Verona, Carafa, der venezianische Laie Gasparo Contarini und der Engländer Reginald Pole zählten. Als konsequente Verfechter einer Reform fanden sie die Atmosphäre in Rom wenig zusagend. Althergebrachte Vorrechte innerhalb der Kurie blockierten einen Wandel, und der Papst selbst zeigte keine Bereitschaft, ein allgemeines Konzil einzuberufen, das jetzt jedermann für notwendig hielt. Dies änderte sich endlich, als Alessandro Farnese als Papst Paul III. im Jahr 1534 den Stuhl Petri bestieg. Er berief 1536 eine Kommission ein, die Reformen vorschlagen sollte. Nicht ein einziges Kurienmitglied wurde ernannt. Die Kommission wurde von Reformern beherrscht: von Bischof Giberti, Contarini (nun Kardinal), Carafa, Pole, dem Humanisten Jacopo Sadoleto, die alle am Ende des Jahres zur Würde des Purpurs erhoben wurden. Der Bericht, der dem Papst im März 1537 unter dem Titel *Consilium de emendanda Ecclesia* vorgelegt wurde, war niederschmetternd. Unverblümt machte er für alle Mißstände der Kirche und auch für die Reformation die Korruption im Papsttum, in der Hierarchie und im Klerus verantwortlich. Unerbittlich wurden die Mißbräuche einzeln aufgezählt und besonders die religiösen Orden ins Visier genommen. Der Bericht sprach sich sogar dafür aus, daß eine ganze Reihe von Orden aufgelöst und die übrigen zusammengeschlossen werden sollten. Natürlich trieb der klerikale Beamtenapparat Obstruktion, und unglücklicherweise gelangte eine Kopie des Berichts an die Presse. Luther veröffentlichte eine deutsche Fassung mit einem genüßlichen Kommentar, und die daraufhin einsetzende Publizität vereitelte jegliche Aussicht, die im Bericht vorgeschlagenen Reformen in die Tat umzusetzen. Immerhin war aber jetzt klar, daß Reform in der Luft lag.

Die Reformpartei war jedoch tiefgehend und auf tragische Weise gespalten. Alle stimmten darin überein, daß die Kirche in Verfall geraten war und sich reinigen mußte. Doch es gab viele, wie z. B. Contarini und Pole, die überzeugt waren, daß die Ursachen dieses Verfalls nicht einfach in den Praktiken der Kirche, sondern in ihrer Lehre lagen. In der Frage der kirchlichen Autorität und der Sakramente, so meinten sie, irrte Luther zutiefst und auf sündhafte Weise, aber in der Frage der Rechtfertigung hatte er recht und rief er die Kirche zu ihrer wahren und ursprünglichen Lehre zurück. Geprägt vom paulinischen und augustinischen Denken, das zugleich mit dem Humanismus wieder aufgeblüht war, akzeptierten sie die Recht-

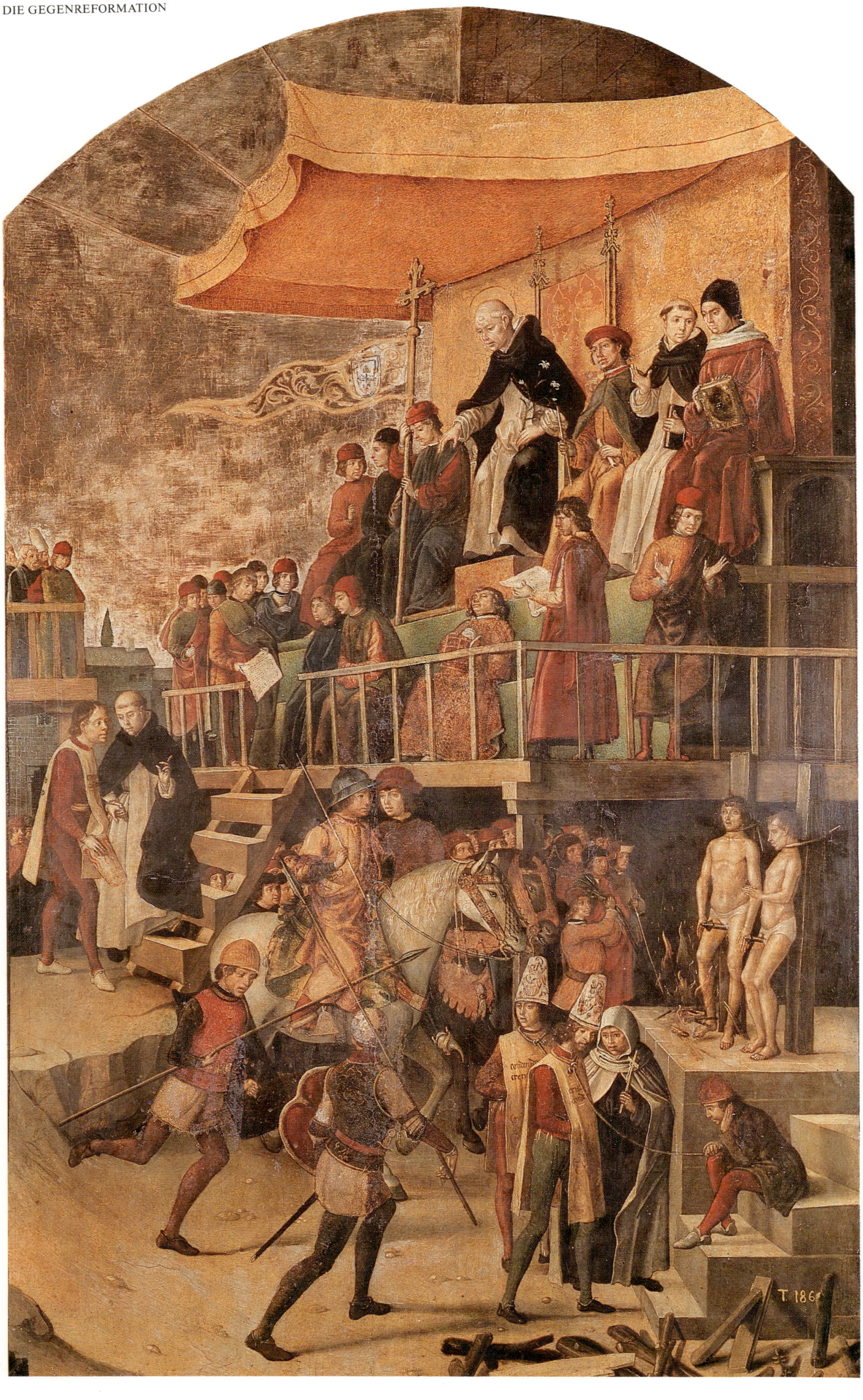

Links: Die Inquisition war für Protestanten der Inbegriff all dessen, was am Katholizismus repressiv und grausam war. Die römische Inquisition, gegründet im Jahre 1542, befaßte sich in Wirklichkeit weitgehend mit der Bestrafung von sittlichen Verfehlungen wie Inzest, und die heutige Forschung kommt zu der Ansicht, daß diejenigen, die vor der Inquisition angeklagt waren, wahrscheinlich einen faireren Prozeß bekamen, als sie vor irgendeinem weltlichen Gericht bekommen hätten. Die spanische Inquisition, die nicht dem Papst, sondern dem Monarchen unterstand, wurde gegründet, um sich mit unechten Konvertiten aus dem Judentum und dem Islam zu befassen. Im Mittelpunkt stand nicht so sehr die Verfolgung der Häresie, vielmehr waren rassische Vorurteile bestimmend. Dennoch wurden die Inquisitionen zu einem festen Bestandteil der »Schwarzen Legende« des Katholizismus der Gegenreformation. Berruguetes Gemälde eines Autodafé, eines feierlichen Ketzergerichts, bei dem Häretiker entweder ihren Irrtümern abschworen und Buße taten oder verbrannt wurden, stellt ein mittelalterliches Ketzergericht dar, das Katharer bestraft. Es enthält alle gängigen negativen Stereotypen von herrschsüchtigen Klerikern über rituelle Erniedrigung bis zum Feuertod.

Oben: Das Konzil von Trient, hier bei einer Sitzung dargestellt, wurde oft durch Seuchen und Krieg unterbrochen. Auch litt es unter inneren Zerwürfnissen und Eifersüchteleien sowie unter der Rivalität zwischen Frankreich und den Habsburgern. Dennoch wurden seine Dogmenformulierungen, die eine bemerkenswerte Festigung und Klärung der Lehre brachten, von allen katholischen Staaten Europas anerkannt. Seine Reformen in der Ausbildung und Disziplin des Klerus und seine Regelung des Lebens der Laien in Fragen wie der Ehe sollten bis in die 60er Jahre unseres Jahrhunderts den Rahmen für den Katholizismus bilden.

fertigung durch den Glauben, wenn auch nicht die Ablehnung der katholischen Tradition, die Luther darauf gründete. Wie Pole schrieb: »Häretiker sind nicht in allem Häretiker.« Sie arbeiteten also für eine Aussöhnung mit den Lutheranern.

Diese Männer, bekannt als *Spirituali,* hielten sich für gute und treue Katholiken. Die Zweideutigkeit ihrer Position wird jedoch klar durch den Inhalt des kleinen erbaulichen Traktates *Beneficio di Christo,* der um 1540 zirkulierte. Weil darin die Rechtfertigung durch den Glauben gelehrt wurde, wurde er von den Spirituali mit Begeisterung aufgenommen, und einer von ihnen, Kardinal Giovanni Morone, später päpstlicher Legat in Trient, las ihn »begierig« und verbreitete ihn in seiner Diözese. Es hat sich jetzt herausgestellt, daß dieser Traktat weitgehend eine Paraphrase der zweiten Ausgabe von Calvins *Institutio* von 1539 ist!

Im Gegensatz zu den Spirituali standen Kirchenmänner wie Carafa, die zwar auch die Notwendigkeit einer moralischen und institutionellen Reform sahen, jedoch unnachgiebig jede Annäherung an Luthers Lehre als blanke Häresie verurteilten. Für Carafa wurden die Spirituali offenbar immer mehr zu einer »fünften Kolonne«. Die Frage der Lehre sollte ihm zufolge nicht durch Diskussion, sondern durch unnachsichtige Verfolgung aller Häretiker gelöst werden. Seine Partei errang einen großen Sieg im Jahre 1541, als Gespräche zwischen Contarini, Melanchthon und Martin Bucer in Regensburg ergebnislos verliefen. Contarini kehrte tief enttäuscht nach Italien zurück und starb im folgenden Jahr. Nun hatte Carafa freie Bahn. Von Paul III. gefragt, »wie diesem Übel abzuhelfen ist«, schlug er eine Inquisition vor, »um diese Irrtümer zu unterdrücken und auszurotten… und keine Spur von ihnen übrigzulassen«. Im Juli 1542 zu einem von sechs Generalinquisitoren bestellt, richtete er auf eigene Kosten ein Gefängnis mit Beinfesseln und Ketten ein. In der Atmosphäre des Argwohns und der Verdächtigungen, die so entstand, flohen zwei führende Prediger der Partei der Spirituali, Bernardino Occhino und Petrus Martyrius (eig. Petrus Vermigli), in die Schweiz und wurden Protestanten. Beide waren von Contarini und Pole protegiert worden, und durch ihren Abfall wurde jede Möglichkeit einer Reform der Lehre verbaut. Carafas unversöhnlicher Standpunkt sollte endgültig den Sieg davontragen, als er im Jahre 1555 zum Papst (Paul IV.) gewählt wurde. Er war es, der den römischen *Index verbotener Bücher (Index librorum prohibitorum)* einführte, und eine der ersten Schriften, die in diese Liste aufgenommen wurde, war das *Consilium de emendanda Ecclesia!*

Das Konzil von Trient

Vor diesem Hintergrund trat das Konzil von Trient zusammen. Seit etwa 1520 war ein solches Konzil zur Befriedung der Kirche gefordert worden. Die Päpste hatten es aus Furcht vor einem Wiederaufleben konziliarer Ideen und einem Angriff auf die Kurie hinausgeschoben. Erst Paul III. handelte, und das Konzil versammelte sich am 13. Dezember 1545 in Trient in den italienischen Alpen. Es sollte sich mit Unterbrechungen – darunter, durch Krieg verursacht, eine von zehnjähriger Dauer – bis 1563 hinziehen. Von Beginn an war es eine zerstrittene und in Lager geteilte Versammlung. Bei der Eröffnung waren nur 31 Bischöfe anwesend, von denen nur einer Deutscher war. Auch in Zeiten stärkster Beteiligung waren nur 270 Bischöfe vertreten, darunter allerhöchstens 13 Deutsche: Schon früh wurde eine ungebührliche Beeinflussung durch den Papst befürchtet. Ein französischer Bischof meinte, der Hl. Geist, sollte er das Konzil besuchen, müßte im Briefbeutel des Papstes kommen.

Der Kaiser wollte, das Konzil möge sich mit den Mißständen befassen und es ihm überlassen, Fragen der Lehre mit seinen protestantischen Untertanen auszuhandeln. Der Papst wollte, das Konzil solle die katholische Lehre bestätigen; die Abstellung von Mißständen aber müsse ihm überlassen bleiben. Die französische Krone wollte kein Ergebnis, als dessen Konsequenz Deutschland befriedet würde, so daß Karl V. freie Hand bekäme, Frankreich anzugreifen.

Tatsächlich traf das Konzil in allen wichtigen umstrittenen Fragen Feststellungen, die dazu angetan waren, selbst gemäßigte Protestanten abzuschrecken. Die Lehre von der Transsubstantiation wurde bekräftigt, ebenso wurden die Siebenzahl der Sakramente, das Fegefeuer, das Meßopfer, die Ablässe und die Anrufung der Heiligen als Glaubenslehren bestätigt. In der entscheidenden Frage der Rechtfertigung erklärte das Konzil, daß der Mensch zwar gänzlich durch die Gnade gerechtfertigt werde und nichts dazu tun könne, die Gnade zu verdienen, daß er jedoch durch seine freie Einwilligung mit der Gnade mitwirken könne und müsse. Das Konzil verwarf Luthers Unterscheidung zwischen Heiligung und Rechtfertigung und damit die Vorstellung, daß die Rechtfertigung eine rein äußere sei und der Mensch Sünder bleibe. Die Rechtfertigungsgnade wandelt den Menschen, gießt seiner Seele Hoffnung und Liebe wie auch Glauben ein und macht seine daraus folgenden guten Werke gottgefällig, so daß sie Belohnung verdienen.

Die Lehrentscheidungen des Konzils sorgten dafür, daß sich zwischen Protestanten und Katholiken nunmehr ein unüberbrückbarer Graben auftat. Die Erklärungen zur

Glaubensdisziplin und -praxis hatten die Wiederbelebung eines militanten Katholizismus zum Ziel. In der Sicht des Konzils hatte die Kirche eine gut disziplinierte Armee zu sein, deren Personal durch die Pfarrgemeinde und die Diözese streng organisiert war. Das christliche Leben war geregelt durch die Gesetze der Kirche, deren Hauptprinzip das der hierarchischen Ordnung war. Die Bischöfe mußten einen festen Amtssitz haben und predigen sowie regelmäßig Visitation halten und Synoden einberufen. Die religiösen Orden sollten bischöflicher Kontrolle unterstellt werden, ihre Mitglieder durften nur predigen mit Erlaubnis des Bischofs und unterlagen kirchenrechtlich seiner Visitation. Die Pfarrgeistlichkeit hatte eine geistliche Amtstracht zu tragen, fest ansässig zu sein und einen seriösen, bescheidenen und frommen Lebenswandel zu führen. Die Kirchen waren sorgfältig instand zu halten, der Kult mußte von Unehrerbietigkeit, Simonie und Aberglauben gereinigt werden. Die Laien sollten unterwiesen werden durch Predigt und Katechisierung. Vor allem mußten in jeder Diözese Seminare eingerichtet werden, um einen gewissenhaften und gebildeten Klerus mit einem frommen und reinen Lebenswandel heranzuziehen.

Das Konzil nahm sich in der Tat vor, ebenso wie die Häresie im protestantischen Europa auch die religiöse Anarchie im katholischen Europa zu bekämpfen. In den nächsten anderthalb Jahrhunderten sollten die Kirchenmänner versuchen, die Religionsausübung in ein enges, autoritäres Regelsystem einzubinden, das sie oftmals in Konflikt mit den religiösen Gefühlen der Menschen sowie mit der weltlichen Gewalt brachte. Die Gemeinde sollte das Zentrum für das religiöse Leben der Laien sein. Religiöse Aktivitäten, die diese von der Pfarrgemeinde wegführten, waren daher zu entmutigen oder zumindest zu kontrollieren. Das Tridentinum sprach den Bischöfen die Kontrolle über alle Bruderschaften zu, auch über diejenigen, die von Laien geleitet wurden.

In seinem Beschluß zu den Reliquien und Heiligenbildern betonte das Konzil den frommen Nutzen solcher Dinge, griff aber Mißbräuche an, die sich um sie rankten, wie z. B. »ausgelassene Festlichkeiten und Trunkenheit« an Feiertagen oder »unübliche Bilder« in Kirchen. Dieses Dekret diente seit etwa 1570 dazu, den Inhalt religiöser Malerei zu kontrollieren und alles »Abergläubische, Apokryphe, Falsche, Wertlose, Neuartige und Ungewöhnliche« auszuschließen. Dies führte zu einer Blickverengung. Maler wie Paolo Veronese sollten sich vor der Inquisition wiederfinden wegen Abweichung von der Treue gegenüber der Hl. Schrift bei der Darstellung von Szenen aus dem Evangelium. Michelangelos Ausmalung der Decke der Sixtinischen Kapelle wurde angegriffen wegen der Einbeziehung von Gestalten aus der klassischen Antike, während eine Reihe von Päpsten Tücher spannen ließ, welche die Blöße der Gestalten in seinem *Jüngsten Gericht* bedecken sollten.

Das Wirken von Carlo Borromeo (1538–1584)

Wie Christentum nach den Vorstellungen des Tridentinums aussieht, läßt sich ablesen an dem Wirken von Carlo Borromeo, von 1562 bis 1584 Erzbischof von Mailand. Borromeo war ein Neffe Pius' IV. und hatte in den späteren Stadien des Konzils entscheidend die Weichen gestellt. Nach dem Tod Pius' ließ er sich 1566 in seiner Diözese nieder und wurde damit der erste tatsächlich in Mailand ansässige Bischof seit 80 Jahren. In strenger Selbstverleugnung trug er ein härenes Gewand und lebte in Armut. Er verkaufte sogar die Vorhänge in seinem Palast und gab den Erlös den Armen. Borromeo beendete das bequeme Leben, das er in den Mailänder Mönchs- und Nonnenklöstern antraf: Die Regel wurde wieder in aller Strenge in Kraft gesetzt, und die Nonnen wurden wieder hinter ihre Gitter gesperrt. Er setzte eine Reihe von Synoden ein und führte Visitationen durch, um den Klerus von trägen und liederlichen Geistlichen zu säubern, gründete eine Anzahl von Schulen und Seminaren für den Priesternachwuchs und rief eine Kongregation von Ordensgeistlichen, ähnlich den Theatinern, ins Leben, die Oblaten vom hl. Ambrosius, die er für seine Bildungs- und seelsorgerischen Vorhaben einsetzte. Mehr als 20 Geistliche, die er um sich gesammelt hatte, wurden selbst Reformbischöfe.

Obwohl Borromeo einige Aspekte der Volksfrömmigkeit – wie die Wallfahrten nach Loreto und zum Grabtuch von Turin – guthieß und selbst während einer Bittprozession anläßlich der Pest von 1576 die Reliquie des Heiligen Nagels trug, stand er zahlreichen Äußerungen der anarchischen religiösen Volkskultur in unversöhnlicher Feindschaft gegenüber. Er versuchte ohne Erfolg, den Karneval abzuschaffen, und verfolgte eifrig die Hexen und Zauberer in den Berggegenden seiner Diözese. Schulen oder Bruderschaften für die Katechisierung an Sonntagen wurden eingeführt, um die Unwissenheit zu bekämpfen, und Missionare in die ländlichen Gegenden, vor allem in die Täler der Schweiz, ausgeschickt. Besonderes Gewicht legte Borromeo auf die Beichte als ein Instrument für die Umkehr und Unterweisung des einzelnen. Um die zahllosen unabhängigen Laienbruderschaften abzulösen, gründete er die Diözesanbruderschaft vom Allerheiligsten Altar-

Links: Die Gegenreformation hatte sehr viel Puritanisches an sich. Das humanistische Ethos der Kirche der Renaissancezeit wurde großenteils verworfen. Michelangelos Statue des nackten Auferstandenen in S. Maria sopra Minerva in Rom, der Dominikanerkirche, in der Fra Angelico begraben liegt, wurde unter dem liberalen, kunstliebenden Papst Julius II. gestaltet. Später wurde die Blöße mit einem plumpen Lendentuch aus vergoldeter Bronze »züchtig« bedeckt.

Unten: Auf El Grecos Gemälde *Die Allegorie der Heiligen Liga* wird die religiöse Auseinandersetzung in Europa dargestellt. Philipp II. kniet zwischen dem Dogen von Venedig und dem Papst, den Anführern der Scharen der kämpfenden Kirche. Sie beten den heiligen Namen Jesu an, der sich am Himmel zeigt, während sich hinter Philipp der Rachen der Hölle öffnet, um die protestantische Verirrung und Gottlosigkeit zu verschlingen.

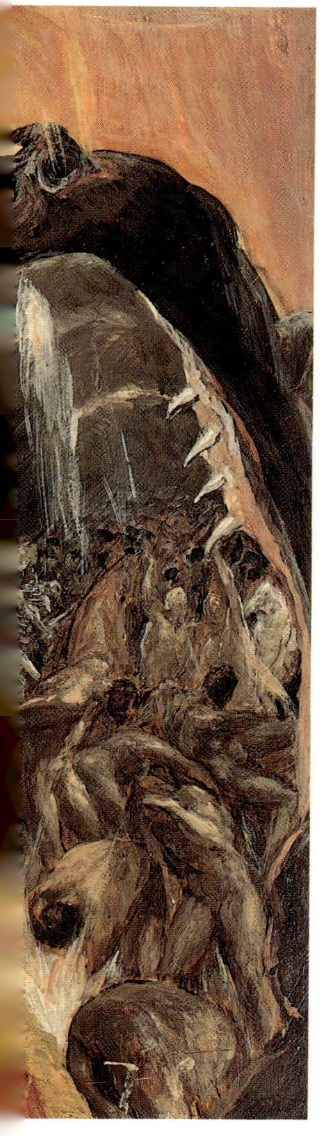

sakrament. Um die Abweichungen in der Liturgie geringzuhalten, setzte er eine einheitliche Liturgie durch, die aber interessanterweise auf dem Mailänder ambrosianischen und nicht auf dem tridentinischen Ritus beruhte, für dessen Ausarbeitung er selbst weitgehend verantwortlich gezeichnet hatte.

All dies ließ sich nicht durchsetzen, ohne damit Widerstand zu erzeugen. Die spanischen Herrscher von Mailand waren fromm katholisch, aber wo die neuen Reformen im Widerspruch zu den Staatsinteressen standen, widersetzten sie sich Borromeo. Dieser war der Auffassung, daß Schlüsselpositionen in der Kirche mit den geeignetsten Leuten besetzt werden sollten, gleichgültig welcher Nationalität sie waren; die Spanier hingegen wollten nur Geistliche, die loyal zu Spanien standen. Darüber hinaus verfolgte Borromeo seine Reformen nicht nur im Wege frommer Ermahnung. Er hatte ein bischöfliches Gericht eingesetzt, und wer gegen kirchliche Gesetze verstieß, wurde im erzbischöflichen Gefängnis unter Arrest gestellt. Seine Versuche, die Simonie zu beseitigen und sich der Geistlichen mit unsittlichem Lebenswandel zu entledigen, bedeuteten einen Eingriff in Patronats- und Eigentumsrechte. Borromeo mußte die Kanzel und sogar das Mittel der Exkommunikation und des Interdikts einsetzen, um die Behörden zu zwingen, sich seinen Wünschen anzubequemen. Auch der Klerus verübelte ihm seine Strenge, und im Jahre 1567 wurde er von einem Mitglied des Ordens der Humiliati, den er reformiert hatte, niedergeschossen und verwundet. Dennoch verbreitete sich der Typ von Priestertum und Bischofsamt, den Borromeo geschaffen hatte, über ganz Europa. Seine Synodalakten und Visitationsartikel wurden noch zu seinen Lebzeiten gedruckt, um beispielgebend zu wirken.

Die Ausbildung des Klerus

Borromeos Erfolg wurde anderwärts keineswegs immer erreicht. In Spanien wie in Frankreich war die Regierung argwöhnisch gegenüber päpstlicher Einmischung in die religiösen Angelegenheiten des Königreichs, und die Inquisition selbst war ein Instrument königlicher, nicht päpstlicher Herrschaftsausübung. Beide Regierungen nahmen für sich das Recht in Anspruch, die Verbreitung päpstlicher Bullen oder Breves einzuschränken oder sogar zu verbieten: Die Disziplinarbestimmungen des Tridentinums hatten in Frankreich keine Gültigkeit, wenn auch die Lehrartikel sich durchsetzten.

Die tridentinischen Bestimmungen über die Priesterausbildung gehörten gewiß zu den bedeutendsten Errungenschaften des Konzils. In Spanien und den wohlhabenderen Gegenden Italiens wurden sie rasch in die Tat umgesetzt. Führend war dabei das Papsttum selbst durch Gründung oder Förderung von Missionarschulen, an denen Priester für diejenigen Teile Europas ausgebildet werden sollten, die der Reformation anheimgefallen waren. Darunter befanden sich die Englischen Kollegs von Douai und von Rom. Doch anderswo geschah wenig. Das Tridentinum hatte bestimmt, daß Seminare gegründet werden sollten, indem ein bestimmter Anteil der Einkünfte aus den bischöflichen, Kloster- und anderen Pfründen sowie der Einkünfte der Bruderschaften dafür abgezweigt würde. Dazu sollten die Inhaber solcher Pfründen »sogar mit Hilfe des weltlichen Arms« gezwungen werden. Das war jedoch leichter gesagt als getan, und selbst wenn das Geld hereinkam, war doch nicht immer angemessen ausgebildetes Personal verfügbar.

In zahlreichen italienischen Diözesen wurde bis zum Ende des 16. Jahrhunderts wenig erreicht, und in Frankreich geschah praktisch nichts bis um 1620, als der hl. Vinzenz von Paul eine Reihe von zehntägigen Intensivkursen einführte, um Priesterkandidaten in den Grundlagen der Lehre, der Moraltheologie, der Liturgie und des Kirchenrechts auszubilden. Sein Werk entsprang der Einsicht in die traurige religiöse Lage der Armen im ländlichen Frankreich. Die Aktivitäten seiner Missionspriester und Caritastöchter waren Teil einer umfassenden Erneuerung in der französischen Seelsorge. Vinzenz' Ziele waren ziemlich bescheiden und einwandfrei tridentinisch: in jedem Dorf die Menschen zu regelmäßigem Besuch der Beichte und der Kommunion anzuhalten und sie im Glaubensbekenntnis und in der Befolgung der Zehn Gebote zu festigen. Sein Bemühen, einen Klerus zu schaffen, der dies ausführen konnte, wurde von anderen, vor allem dem hl. Jean Eudes (1601–1680) aufgegriffen, und gegen Ende des 17. Jahrhunderts galt der französische Klerus als mustergültig für ganz Europa. In all dem waren der Einfluß und das Beispiel Carlo Borromeos maßgebend und richtungweisend.

Diese Bemühungen, den Klerus auszubilden, brachten einen Wandel in der Vorstellung vom priesterlichen Leben mit sich. Der Priester war jetzt weniger eine rituale Gestalt, der »Meßpriester«, sondern eher Lehrer und Prediger. Diese Auffassung von einem aktiven Dienst des Priesters wird nirgendwo sichtbarer als in der größten individuellen Erfolgsgeschichte innerhalb der katholischen Reformbewegung: der Geschichte der Jesuiten.

Ignatius von Loyola und die Gesellschaft Jesu

Die Jesuiten waren eine neue Art von religiösem Orden – ein Paradoxon, denn die meisten Reformer im frühen 16. Jahrhundert, ob Katholiken oder Protestanten, sprachen von der Abschaffung der Orden und nicht von einer Vermehrung ihrer Zahl. Doch die Gesellschaft Jesu war einfach das beste Beispiel für ein Neuerblühen des religiösen Lebens: Dieses vollzog sich nicht in Abgeschiedenheit und Zurückgezogenheit, sondern in der aktiven Mitwirkung des Menschen mit der göttlichen Gnade, um sich und die Welt im Sinne des Tridentinums umzugestalten. Die Gesellschaft Jesu wurde bezeichnenderweise von einem Soldaten begründet, von Ignatius von Loyola (um 1491–1556), einem verarmten baskischen Adligen, der sich nach einer im Kampf erlittenen Verwundung im Jahre 1521 bekehrte. Danach wurde er zu einer vertrauten Gestalt aus dem mittelalterlichen Spanien: der heilige Bettler, der von Altar zu Altar wandert. Doch ein tiefes mystisches Erlebnis und eine zehnmonatige Meditation in einer Höhle oberhalb von Manresa inspirierten ihn zur Formulierung einer hochdisziplinierten spirituellen Methode, nach der die systematische und lebhafte Vergegenwärtigung von Christi Leben und Leiden zur Umkehr des Willens und zur Entscheidung für ein Leben im Dienste Gottes führen sollte.

Ignatius erwarb sich Universitätsbildung, sammelte Gefährten um sich und begann seine *Exerzitien* zu lehren, wobei er zu wiederholten Malen von der mißtrauischen Inquisition eingesperrt wurde. Da er wegen der Anwesenheit türkischer Schiffe im Mittelmeer nicht im Heiligen Land predigen konnte, reisten Ignatius und seine Genossen 1538 nach Rom und stellten sich Papst Paul III. zur Verfügung. Im Jahr 1540 wurden ihre Statuten gebilligt, und Ignatius wurde General der neuen Gesellschaft Jesu. Es war dies ein höchst unkonventioneller Orden, dessen Mitglieder keinen Habit trugen, keine allgemeine Messe lasen und dessen Regel äußerst flexibel war in allem außer im Gehorsam gegenüber dem General und dem Papst. Die besonderen Anliegen dieses Ordens waren die Mission, sowohl im protestantischen Europa als auch in der heidnischen Welt, die Jugendbildung und die religiöse Unterweisung der Armen. Die Ausbildung seiner Mitglie-

SCHOTTLAND
NORD-
SEE
DÄNEMARK - NORWEGEN
SCHWEDEN
OSTSEE
IRLAND
WALES
ENGLAND
London
VEREINIGTE
NIEDERLANDE
Antwerpen
DEUTSCHES REICH
Elbe
Oder
Weichsel
Braunsberg
Wilna
POLEN
SCHLESIEN
Krakau
St Omer
Douai
Liège
Rhein
Fulda
Mainz
Prag
Glatz
Kuttenberg
Olmütz
Bamberg
BÖHMEN
PFALZ
Brunn
Würzburg
Krumlau
MÄHREN
Ingolstadt
Trnava
Dillingen
Wien
Molsheim
BAYERN
ÖSTERREICH
UNGARN
Rouen
Seine
Mons
Trier
Reims
Verdun
Paris
Nancy
Pont-à-Mousson
ATLANTISCHER
OZEAN
La Flèche
Loire
Bourges
Dôle
STEIER-
MARK
Graz
Neuhaus
KÄRNTEN
FRANKREICH
SCHWEIZ
KRAIN
Drau
OSMANISCHES REICH
Save
Lyon
VENEDIG
Bordeaux
Mailand
Parma
Po
Genua
Ravenna
Donau
Garonne
Rhône
Santiago de Compostela
Toulouse
Avignon
KIRCHENSTAAT
DALMATIEN
Duero
Valladolid
Ebro
Salamanca
Korsika
zu Genua
SPANIEN
Rom
PORTUGAL
Tejo
Toledo
Madrid
Sassari
Neapel
NEAPEL
zu Spanien
Lissabon
Sardinien
zu Spanien
Valencia
Balearen
Cagliari
Sevilla
MITTELMEER
Palermo
Messina
Sizilien
zu Spanien
Malta
15°
10°
5°
0°
5°
10°
15°
20°
25°
30°
60°
55°
50°
45°
40°
35°
30°
jesuitische Residenz 1640
jesuitische Station
Mons Jesuitenkolleg
politische Grenze 1648
katholische Gebiete
zurückgewonnene Gebiete 1648
nach 1560 verlorene Gebiete
Verbreitung anderer Religionen 1560–1648
Protestanten
Orthodoxe
Mohammedaner
Maßstab 1 : 15 000 000
0
400 km
0
300 Meilen

Oben: Ignatius von Loyola (ca. 1491 bis 1556), der Gründer des Jesuitenordens, war wohl die bedeutendste Gestalt der Gegenreformation. Als Soldat, der aus verarmtem spanischem Adel stammte, hatte er ein Bekehrungserlebnis. Danach ging er als Pilger auf Wanderschaft und wurde ein geistlicher Lehrer. Häufig wurde er von den Kirchenbehörden wegen Verdachts der Häresie eingesperrt.

der war streng und dauerte lange. Zu den ersten Generationen von Jesuiten gehörten einige der begabtesten Männer des Jahrhunderts. Bei Ignatius' Tod gab es 1000 Jesuiten (allerdings hatten nur 33 das volle Gelübde abgelegt). Ein Jahrhundert später waren es 15 000.

Die zentrale Rolle der Jesuiten in der katholischen Reformbewegung wird deutlich im Wirken des Niederländers Petrus Canisius im deutschen Reich. Canisius trat 1543 in Köln in den Jesuitenorden ein. Dort führte er den Gegenangriff auf den Erzbischof, welcher zum lutherischen Lager übergetreten war und erwarb sich rasch einen Ruf als Prediger und Polemiker. Am Konzil von Trient nahm er als theologischer Berater des Bischofs von Augsburg teil. Seit 1549 galt sein Bemühen der Eindämmung der Reformation im Reich. Auch dort, wo der Protestantismus nicht Fuß gefaßt hatte, übten humanistische Ansichten einen großen Einfluß aus und führten zu einem toleranten, lässigen Katholizismus, der für die protestantische Verkündigung anfällig war. In Ingolstadt, wohin Canisius 1549 auf Ersuchen des Herzogs von Bayern ging, mußte er feststellen, daß die Studenten unbekümmert Luther, Bucer und Melanchthon lasen. Einige von ihnen baten ihn sogar, sich während der Ferien dieser Bücher anzunehmen, und der Seminardirektor war ein Laie, der eifrig lutherische Literatur sammelte. In Wien, wo Canisius seit 1552 wirkte, war seit 20 Jahren kein Priester mehr geweiht worden, und mehr als 250 Pfarrstellen in der Umgebung waren unbesetzt.

Canisius machte sich unermüdlich an die Arbeit, um diese Verhältnisse zu ändern. Er erreichte die Zulassung der Jesuiten in Holland, Böhmen, Tirol, Preußen, Polen und Ungarn und gründete Kollegs und Schulen in Wien, Prag, München, Innsbruck, Halle, Nijmwegen, Mainz, Trier, Würzburg, Osnabrück und Münster. Er reiste unaufhörlich kreuz und quer durch das Reich, predigte an den Universitäten, in Domstädten, in Bergdörfern und an Fürstenhöfen, wo er auf ein Verbot des Protestantismus drängte, »der Wurzel, aus der Spaltung, Unordnung, Aufsässigkeit, Anmaßung und alle Arten von Ausschweifungen entspringen«. Er war ein unermüdlicher Propagandist des Tridentinums, verbreitete dessen Botschaft und verteidigte dessen Dekrete. Ja, er schickte Pakete mit protestantischen Büchern zwecks deren Widerlegung an das Konzil. Doch sein wichtigster Beitrag zur Gegenreformation waren seine drei Katechismen, vor allem sein *Kleiner Katechismus der Katholiken* von 1556.

Dieses Buch war reichlich und liebenswürdig bebildert mit Holzschnittdarstellungen des Lebens Christi sowie der Sakramente, Zeremonien und Heiligen der Kirche. Es war zugleich ein Handbuch der katholischen Lehre und ein Gebets- und Andachtsbuch. Darin wurde ausgiebig die Hl. Schrift herangezogen, es wurden die Kirchenväter und der Geist der deutschen Mystik bemüht, alles in herkömmlichen Reimen, die den Stoff dem Gedächtnis einprägen sollten. Alle nachfolgenden katholischen Katechismen richteten sich nach dem von Canisius aus. Als er starb, gab es bereits 200 Ausgaben in 15 Sprachen, darunter in Tieflandschottisch und in der Hindostanisprache. Außerdem veröffentlichte er eine Menge größerer Bücher, von Ausgaben der Kirchenväter bis zu Kommentaren zu den Sonntagsepisteln und -evangelien. Sein Wirken markiert einen Wendepunkt in der Religionsgeschichte Deutschlands und Nordosteuropas – allein in Polen gab es in seinem Todesjahr mehr als 500 Jesuiten. Die Universitäten von Ingolstadt und Dillingen hatte er in katholische Bastionen verwandelt, während sein Einfluß auf mehrere

Rechts: Rubens' Bild *Der Triumph der katholischen Kirche* (1628) stellt den Siegeszug der Gegenreformation mit all ihrer Kampfes- und Angriffslust dar. Die Heilige Mutter Kirche (im Streitwagen) erscheint als ein siegreicher General, der mit Gefangenen aus der Schlacht zurückkehrt. In den Händen trägt sie das Allerheiligste Altarssakrament, von dem Glorie und Kraft ausströmen. Über ihrem Haupt schwebt die päpstliche Tiara, und ein Engel trägt als Postillion unter einem Baldachin die Schlüssel des hl. Petrus. Der Irrtum wird als Blinder mit verbundenen Augen mitgeführt, während die Feinde der Kirche unter den Wagenrädern zermalmt werden.

Links: Katholische Rückeroberung und Jesuitenzentren
Gegen Mitte des 17. Jahrhunderts hatte der Protestantismus stark an Boden verloren. Der Sieg der Habsburger in den frühen Stadien des Dreißigjährigen Krieges führte zur Zwangsbekehrung Kärntens, der Steiermark und Bayerns zum Katholizismus. Polen, einst sprichwörtlich für üppig wuchernden religiösen Pluralismus, hing jetzt einheitlich dem römisch-katholischen Glauben an, und die Reformation wurde in die Nordostecke Europas verdrängt. Ausschlaggebend dafür war vor allem das Wirken der Gesellschaft Jesu. In dem herrlichen Band, den die Gesellschaft 1640 anläßlich ihres hundertjährigen Bestehens herausgab, der *Imago Primi Saeculi*, wurden die Schulen, Universitäten, Kollegien und Häuser der Jesuiten aufgeführt. Aufgrund dieser Liste wurden sie in die Karte eingetragen. Ihre Zahl legt ein beredtes Zeugnis ab für die anhaltende Wirkung des Katholizismus der Gegenreformation.

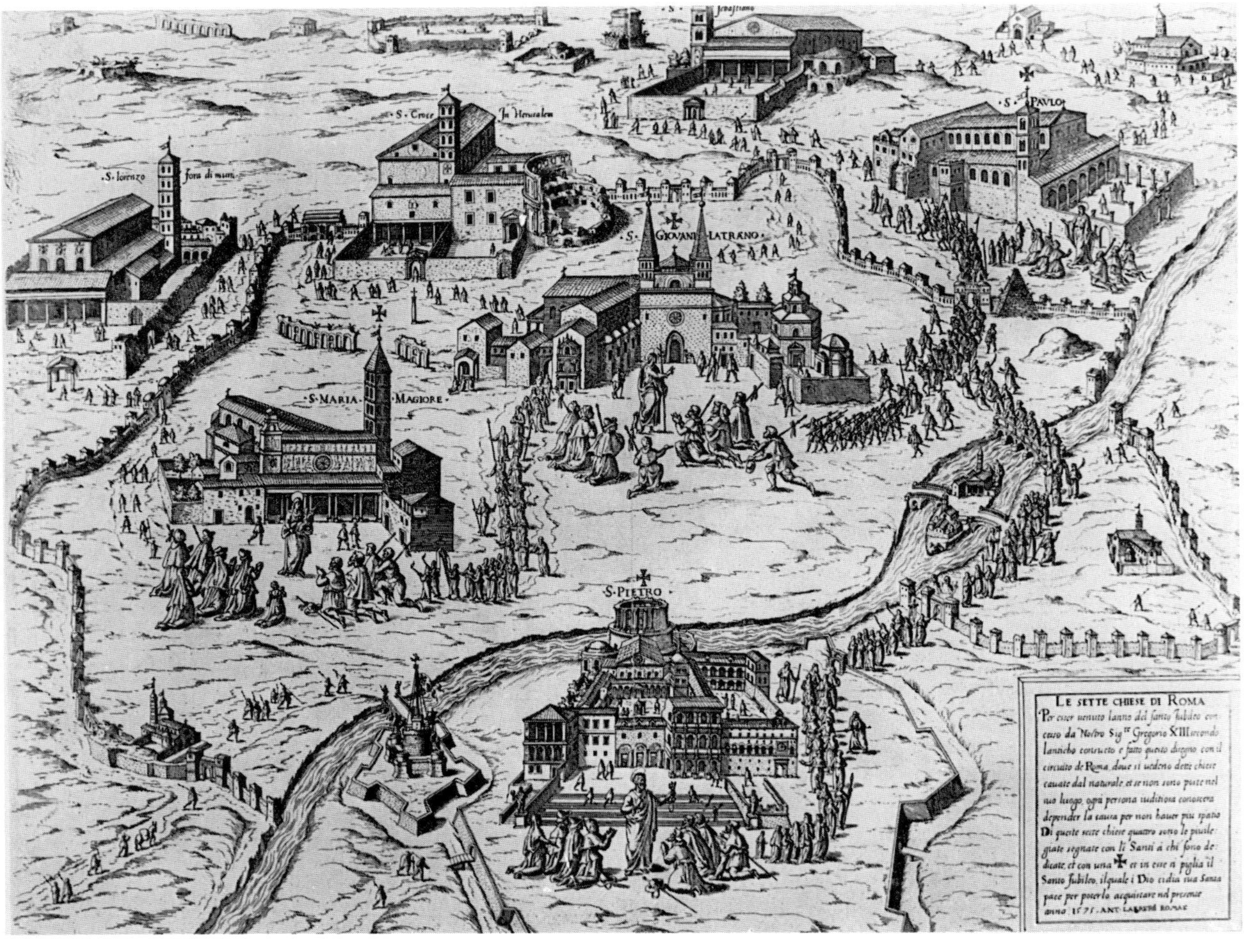

Antoine Lafrerys Druck von den sieben Wallfahrtsbasiliken Roms war eine von zahlreichen Veröffentlichungen im Zusammenhang mit dem Jubeljahr oder Heiligen Jahr 1575. Ausgerufen von Gregor XIII., stand das Jubeljahr für das wiedergewonnene Vertrauen zur Autorität des Papsttums und für die erneute Wertschätzung traditioneller katholischer Praktiken, z.B. von Wallfahrten und Ablässen. Unter Gregors Pontifikat wurde das päpstliche diplomatische Corps erweitert und als Instrument religiöser Reform genutzt, wurden in Rom zahlreiche Seminare und Kollegien (für Deutschland, England, Griechenland, Armenien und Ungarn) geschaffen. Gregor förderte und unterstützte auch Reformer wie Teresa von Avila und Philipp Neri. All dies trug dazu bei, dem Papsttum die zentrale Stellung wiederzugeben, die es in der Zeit davor fast schon zu verlieren schien.

Herzöge von Bayern zu einer engen Zusammenarbeit zwischen dem weltlichen Arm und Religionspredigern führte, wodurch der Ausbreitung des Protestantismus in den habsburgischen Landen ein Riegel vorgeschoben wurde.

Geistige Erweckung und Wiedererstarken des Papsttums

Das Wirken des Petrus Canisius findet Parallelen in dem anderer Jesuiten, wie des hl. Edmund Campion, der am Jesuitenkolleg in Prag predigte und las, bevor er im elisabethanischen England den Märtyrertod starb. Aber der Orden hatte auch eine weniger faßbare Ausstrahlung in dem allgemeinen Einfluß der besonderen ignatianischen Frömmigkeit auf das religiöse Gefühlsleben von Katholiken und sogar von Protestanten. Die *Exerzitien* mit ihrer Betonung der lebendigen Vergegenwärtigung religiöser Bilder mit dem Ziel, eine Sinnesänderung und einen religiös motivierten Entschluß herbeizuführen, ließen eine Vielzahl frommer Schriften entstehen, von denen viele auch von Protestanten angenommen wurden.

War dies das Zeitalter der Inquisition und des Index der verbotenen Bücher, so war es zugleich das der Mystiker. In Spanien waren Teresa von Avila und Johannes vom Kreuz nur die beiden größten unter einer ganzen Anzahl von Pionieren auf der inneren Reise der Seele zu Gott. Durch ihre Schriften und durch Teresas rasche Heiligsprechung erhielt das geistliche Leben einen hohen Rang in einer Zeit, deren leidenschaftlicher Aktivismus sonst vielleicht die Orientierung verloren hätte. Im 17. Jahrhundert wurden die hohen Ideale der spanischen Mystik abgewandelt und heimisch gemacht, vor allem durch Franz von Sales, den vorbildlichen Bischof von Genf, dessen *Anleitung zum frommen Leben* (1608) die Möglichkeit eines heiligmäßigen Lebens innerhalb der Welt betonte und der eine warmherzige Frömmigkeit lehrte, die sich auf ignatianische Meditation und häufige Kommunion gründete.

Wohl die bemerkenswerteste Veränderung im Gefolge der Gegenreformation war die zentrale Stellung, die jetzt das Papsttum einnahm. In einem gewissen Sinne hatte Luther den Papst gerettet. Das Tridentinum war ein päpstliches Konzil gewesen. Der Papst war mit der Verkündigung der Sitzungsberichte betraut worden. Er stellte sie zu einem Katechismus zusammen und gründete darauf eine neue, einheitliche Liturgie. Der Papst war jetzt das Symbol der Einheit, um das die zersplitterten Kräfte des Katholizismus sich sammeln konnten; und nur der Papst konnte die Missionsbemühungen in der Neuen Welt, in den alten Kulturräumen des Ostens und in den durch den Protestantismus auseinandergebrochenen Kirchen koordinieren.

Das päpstliche Rom des späten 16. und des 17. Jahrhunderts war wieder ein Zentrum der Wallfahrt und der religiösen Sehnsucht geworden, *Roma Sancta,* das Heilige Rom, in das im Jubeljahr 1575 die Pilger zogen. Seine verfallenen Kirchen erstanden von neuem im Glanz des katholischen Barockstils, farbig, mit bewegten Umrißlinien und dem Gebärdenspiel der Heiligenfiguren – Abbild der Lehre des Konzils, daß die Menschen den Glauben in Handeln umsetzen müssen, wenn sie gerettet werden sollen; und mit ihren wolkenbemalten und mit Engeln bedeckten Kuppeln, die die Allgegenwart des Wunderbaren und des Göttlichen verkünden, welches durch die dünnen Schleier der äußeren Realität hindurchbricht in der Lehre der Kirche und in ihren Sakramenten. Diese Konzentration führte zwangsläufig zu einer Verengung, zu einer Ablehnung des breitgefächerten Katholizismus der vorkonziliären Zeit, die sich sinnfällig darin zeigt, daß alle Schriften von Erasmus auf den Index gesetzt wurden. Aber war der päpstlich geprägte Katholizismus durch geistige Enge gekennzeichnet, so zeichnete er sich andererseits durch Stärke aus. Sein Ansturm brachte die Reformation zum Halten und drängte sie schließlich zurück.

KRIEG, AUSGLEICH UND ZWIETRACHT

Im 16. Jahrhundert bedeutete die Kirche zu reformieren die Welt zu verändern, denn die Kirche war die Welt. Ein Wechsel der Religion bedeutete Unruhe im Staat oder aber deren Beilegung. Die Reformation ließ sich ansehen als Möglichkeit, einen Staat gegen alle äußeren Bedrohungen zusammenzuschließen, wie das bei den deutschen Reichsstädten der Fall war, oder aber als mögliche Auflösung der unsicheren ideologischen und geistigen Einheit eines Königreiches wie in Spanien. Die wilde Verfolgungsjagd, die die spanische Inquisition in der Generation nach Luther gegen die Häresie entfesselte, erdrückte die erasmianische Bewegung, welche für die Religion in Spanien so vielversprechend gewesen war. Sie tat dies auf Geheiß der spanischen Krone, die im Katholizismus nicht schlichtweg Gottes Wahrheit sah, sondern den Kitt für eine Gesellschaft, die erst vor kurzem aus den Königreichen der Halbinsel zusammengeschweißt worden war. Nirgendwo in Europa wurde Duldsamkeit in religiösen Dingen als vereinbar mit staatlicher Stabilität angesehen, und die wenigen einsamen erasmianischen Stimmen, die sich für sie aussprachen, gingen unter in dem allgemeinen Ruf nach religiöser Uniformität, der gleichermaßen im protestantischen wie im katholischen Lager ertönte.

Rückzug und Wiedererstarken des Katholizismus

Um die Jahrhundertmitte sah es so aus, als ob diese Uniformität protestantisch geprägt sein würde. Die Reformation schien überall den Sieg davonzutragen außer in den romanischen Ländern. Mittel- und Norddeutschland waren protestantisch, ebenso die Pfalz, Baden, Württemberg und Ansbach im Süden. Es schien nur eine Frage der Zeit zu sein, daß auch die großen Fürstbistümer Norddeutschlands dem Katholizismus verlorengingen trotz der 1555 in Augsburg getroffenen – als *Reservatum ecclesiasticum* bekannten – Vereinbarung, in der festgelegt wurde, daß keine weiteren kirchlichen Territorien protestan-

Protestantismus in Deutschland
Der deutsche Protestantismus war zunächst lutherisch. Doch in der zweiten Hälfte des 16. Jahrhunderts wurde der Protestantismus schweizerischen Stils mit der ihm durch Calvins *Institutio* verliehenen größeren ideologischen Klarheit und seiner kämpferischen Kompromißlosigkeit gegenüber traditionellen Ritualen und Glaubenslehren eine bedeutende Kraft in Deutschland. Obwohl der Calvinismus vom Augsburger Religionsfrieden ausgeschlossen war, gab doch das Prinzip *cuius regio, eius religio* dem Fürsten die Macht, die Religion seines Staates zu bestimmen. Zusammen mit dem unbeständigen politischen Zustand Deutschlands im allgemeinen konnte dies zu abenteuerlichen Kursänderungen führen: Baden war in den 50er Jahren protestantisch, in den 70er Jahren katholisch und in den 90er Jahren des 16. Jahrhunderts wieder lutherisch. Die protestantische Pfalz war in den 50er Jahren lutherisch, in den 60er Jahren calvinistisch, ab 1573 wieder lutherisch und von 1580 an calvinistisch. Bei solchen Schwankungen ließ sich keine Einheitlichkeit durchsetzen, und am Vorabend des Dreißigjährigen Krieges war die religiöse Landkarte Deutschlands ein mehrfach beschriebenes Blatt, das Kunde gab von einem Dreivierteljahrhundert religiöser Umwälzungen.

tisch werden sollten. Bayern und die habsburgischen Lande Österreich, Kärnten und Schlesien waren weitgehend vom Protestantismus durchsetzt, zumeist vom lutherischen. Doch war der Calvinismus die militanteste der reformierten Konfessionen. Er führte geradezu einen Kreuzzug gegen den Katholizismus. In Polen und Ungarn breitete er sich – zugleich mit Lutheranern, Böhmischen Brüdern und Wiedertäufern – rasch aus.

Seit etwa 1560 begann sich jedoch der Vormarsch des Protestantismus zu verlangsamen. Das ging in großem Maße auf das Konto der Jesuiten. Durch das Tridentinum mit einer genauso entschiedenen Gewißheit in der Lehre ausgestattet, wie sie der Calvinismus hatte, gab der Orden den nachlassenden Kräften des Katholizismus neuen Auftrieb. Canisius' Arbeit trug Früchte nicht nur bei einem gebildeten Klerus von Predigern, vielmehr auch bei einer neuen Generation von überzeugt katholischen Herrschern, die die tridentinische Rechtgläubigkeit durchsetzen wollten. In Bayern schuf eine Reihe von Herzögen ein Modell für eine katholische Reform mit einer streng katholischen Universität in Ingolstadt, einem Index und einer starken Präsenz von Jesuiten. Der Fürst selbst war willens, jede Opposition zu unterdrücken. Die Habsburger gingen etwas halbherziger zu Werke. In ihren Ländern gab es ein buntes Gemisch von Rassen und Sprachen. So wurde man mit dem Problem des religiösen Pluralismus am besten fertig, indem man Zugeständnisse machte und Kompromisse schloß. Bis zum Ende des Jahrhunderts war der vorherrschende Katholizismus humanistisch und zeichnete sich durch Toleranz aus. Es gab keine Inquisition, keinen Index, und die Beschlüsse von Trient wurden nirgends mit letzter Konsequenz ausgeführt, nicht zuletzt deswegen, weil die Kaiser bei aller Katholizität ein Anwachsen des päpstlichen Einflusses befürchteten. Dennoch wurden in zunehmendem Maße Kollegien und Schulen geschaffen sowie Druckereien eingerichtet und blühte das klösterliche Leben wieder auf. Gegen Ende des Jahrhunderts war der Katholizismus in den habsburgischen Ländern unvergleichlich viel stärker, als er es 40 Jahre zuvor gewesen war.

Die Wahl des Erzherzogs Ferdinand von Österreich, erst zum König von Böhmen und dann im Jahre 1619 zum Kaiser, führte schnell zu einer Krise. Ferdinand war in Ingolstadt von den Jesuiten erzogen worden und hatte bei Erreichen seiner Volljährigkeit im Jahre 1595 systematisch damit begonnen, den Protestantismus in Österreich auszumerzen. Böhmen, wo Calvinisten, Lutheraner und Humanisten sich vereint hatten, um von den vorherigen Kaisern weitreichende Zugeständnisse zu erlangen, erhob sich gegen seinen neuen König. Der daraus resultierende Dreißigjährige Krieg tauchte Europa und vor allem Deutschland in ein Blutbad. Die ursprünglich ideologischen Motive wurden überdeckt durch die Bereitschaft Frankreichs, die protestantischen Armeen im Kampf gegen die Habsburger zu unterstützen. Der Hauptverlierer war dabei eindeutig der Protestantismus. Als der Krieg 1648 beendet wurde, war es mit der früheren Kompromißbereitschaft der Habsburger vorbei. Scharen von Priestern strömten in die protestantischen Herzlande in Österreich, nach Schlesien und Ungarn, dicht gefolgt von Söldnerhaufen. Die protestantischen Kirchen wurden geschlossen, protestantische Heiraten und Begräbnisse verboten. Allein im Jahre 1652 traten 235 niederösterreichische Adlige zum Katholizismus über, und in manchen Pfarrgemeinden überstieg die Zahl der neuen Gläubigen die der alten. Dabei spielten die religiösen Orden eine entscheidende Rolle, denn geeignete Weltgeistliche waren dünn gesät. Der barocke Glanz des Klosters Melk an der Donau bezeugt die Rolle der Ordensgeistlichen bei der Wiederherstellung des Katholizismus ebenso eindrucksvoll wie das Triumphgefühl, das damit verbunden war.

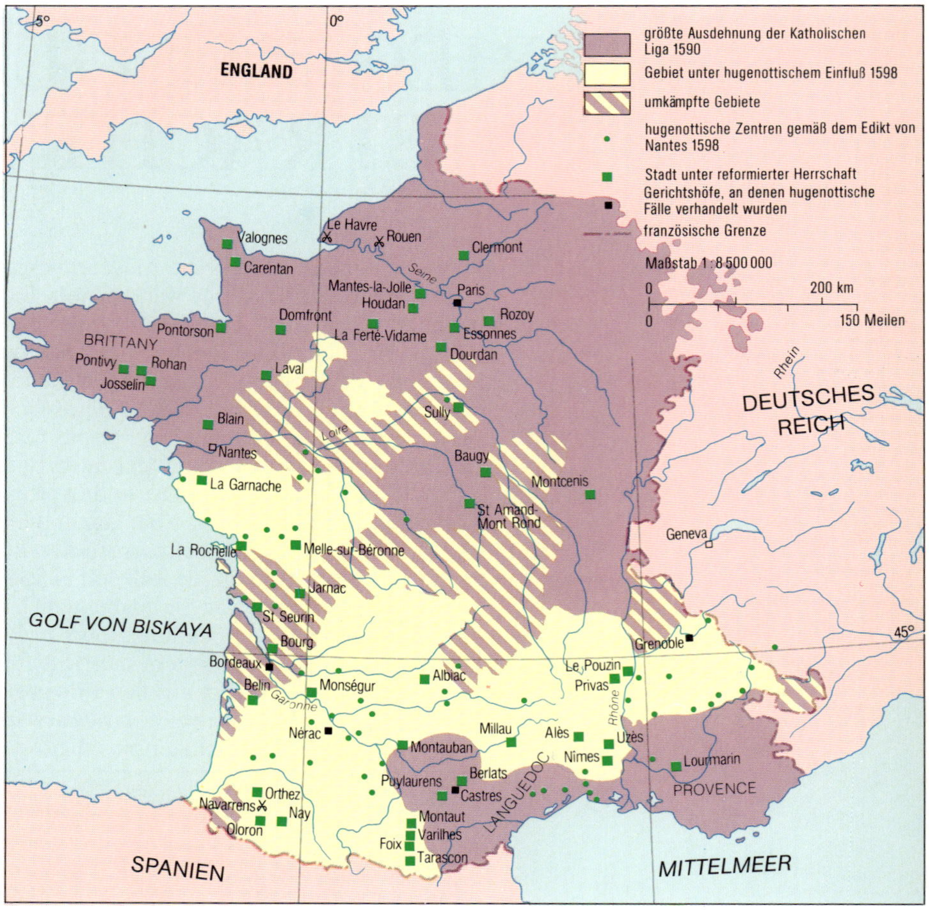

Oben: Protestantismus in Frankreich Die von Genf ausgehende calvinistische Missionierung Frankreichs konzentrierte sich auf die Bekehrung des Adels. Angesichts der Schwäche der Monarchie in der zweiten Hälfte des 16. Jahrhunderts mußte dies zu sozialen Spannungen und zum Bürgerkrieg führen. Der militante Katholizismus wappnete sich in der »heiligen Liga«, die einen großen Teil Nordfrankreichs beherrschte. Auch wenn einige Gebiete (wie die Bretagne) von den folgenden Auseinandersetzungen relativ unberührt blieben, zogen die Religionskriege zwischen Katholiken und Hugenotten doch den größten Teil Frankreichs in Mitleidenschaft. Es kam zu regelrechten Schlachten und größeren Belagerungen an so weit auseinanderliegenden Orten wie Navarrens nahe der spanischen Grenze und Le Havre und Rouen im Norden. Gegen Ende des Jahrhunderts hatte sich der Protestantismus in der südlichen Hälfte Frankreichs südlich und westlich der Loire festgesetzt. Er war ebenfalls stark im Languedoc und in Teilen der Provence.

Die militärische Gewalt war dabei oft der entscheidende, doch keineswegs der einzige Faktor. Unter allen Ländern Europas hatte sich nur in Polen eine echte Politik der Duldsamkeit herausgebildet. Luthertum, Calvinismus und verschiedene Formen von Wiedertäufertum hatten hier eine Heimstatt gefunden. Der Adel sah in der religiösen Vielfalt, zumindest innerhalb des eigenen Standes, ein Element seiner eifersüchtig gehüteten Unabhängigkeit von der Krone. Trotz einer Reihe tief katholischer Könige wurde die Religionsfreiheit prägend für die polnische Gesellschaft, und Krakau wurde in ganz Europa bekannt als das Zentrum der das Dogma der Trinität bestreitenden Gemeinschaft der Sozinianer. Katholische wie protestantische Eiferer beklagten in gleicher Weise, was Calvins Nachfolger in Genf diese »teuflische Freiheit des Gewissens« nannte. Sie wurde überwunden nicht durch die Anwendung von Zwang, sondern durch eine allmähliche Rekatholisierung des Landadels, dessen Kinder an den ausgezeichneten Jesuitenkollegs erzogen wurden, über die die Krone die Schirmherrschaft übernahm, und durch den Druck der dringenden Notwendigkeit, gegenüber dem protestantische Preußen im Westen und dem orthodoxen Rußland im Osten national geeint dazustehen.

Religionskriege in Frankreich und den Niederlanden

In der französischen Gesellschaft hatte der reformierte Glaube tiefe Einbrüche erzielt, und um die Mitte des Jahrhunderts war ein großer Teil des Adels zum Calvinismus übergetreten. Die religiöse Lebendigkeit des französischen Calvinismus war verblüffend. Um 1562 gab es in ganz Frankreich 2000 Gemeinden, die in Konsistorien und Synoden organisiert waren. Missionare aus Genf hatten großen Anteil an diesem Wachstum. Calvin suchte bewußt Adlige zum Übertritt zu bewegen, die für die

Oben: In der zweiten Hälfte des 16. Jahrhunderts war Frankreich von religiösen Bürgerkriegen zerrissen. Der Aufstieg des Calvinismus unter adliger Schirmherrschaft verlieh den Bemühungen der großen Adelshäuser, die schwache Monarchie zu kontrollieren, die ideologische und religiöse Rechtfertigung. Das Massaker an den Hugenottenführern in Paris in der Bartholomäusnacht 1572, das mit dem Einverständnis des Hofes erfolgte, löste ein ähnliches Blutvergießen in ganz Frankreich aus und prägte den Protestanten die unauslöschliche Überzeugung ein, daß der Katholizismus eine blutrünstige und heimtückische Religion sei. Als Gregor XIII. von dem Massaker hörte, ließ er zum Dank in Rom ein Tedeum feiern, denn durch diese Ereignisse sah er die französische Monarchie unwiderruflich auf die Unterdrückung des Protestantismus festgelegt.

Unten: Die Thronbesteigung des Protestanten Heinrich von Navarra als Heinrich IV. versetzte die Katholiken in Schrecken und Zorn, und die Eiferer der katholischen Liga trachteten danach, ihn zu stürzen. Um Frankreich zu befrieden, trat Heinrich zum Katholizismus über: seinen früheren protestantischen Mitbrüdern sicherte er im Edikt von Nantes das Recht auf freie Religionsausübung in bestimmten Städten zu sowie das Recht, diese weiterhin zu befestigen. Die Existenz solcher protestantischer Festungen wie La Rochelle (im Bild) innerhalb des Königreichs erschien den folgenden Monarchen zunehmend unerträglicher. Die Aushöhlung der protestantischen Freiheiten schritt während des ganzen 17. Jahrhunderts fort, bis dann Ludwig XIV. das Edikt von Nantes als ganzes widerrief.

Gemeinden einen Schutz gegenüber der Krone boten. Der Calvinismus wurde daher unerbittlich hineingezogen in den Machtkampf einer zerstrittenen Nation und wurde unter der Schirmherrschaft der Familien Condé, Coligny und Bourbon zu einer Bedrohung für die nationale Einheit. Frankreich stürzte in den Bürgerkrieg, in dem die Hugenotten, wie die Calvinisten genannt wurden, beinahe die Oberhand über den noch minderjährigen König Karl IX. gewannen. In der sogen. »Bartholomäusnacht« am 22. August 1572 ließen die Regentin, die Königinwitwe Katharina von Medici, und die Partei der Guise in Paris 3000 Protestanten niedermetzeln. Diese »Pariser Bluthochzeit« weitete sich zu einem nationalen Blutbad aus. Frankreich wand sich in einem Todeskampf, der erst beendet wurde, als der Hugenotte Heinrich IV. von Navarra den Thron bestieg und, indem er entschied, daß »Paris eine Messe wert ist«, 1593 zum Katholizismus übertrat. Im Edikt von Nantes von 1598 wurde den Hugenotten ihre gewohnte Freiheit der Religionsausübung außerhalb von Paris zugesichert und ihnen erlaubt, etwa hundert kleine Städte auf königliche Kosten zu befestigen. Dieser »Staat im Staate« war genau das, was jede Regierung, war sie nun katholisch oder protestantisch, fürchtete, und in der Tat sollte die Krone in der Folgezeit die Freiheiten der Hugenotten immer weiter beschneiden, bis – nach einer Politik der Zwangsbekehrungen – das Edikt von Nantes durch König Ludwig XIV. vollständig aufgehoben wurde.

Eines der bedeutendsten Ergebnisse der französischen Religionskriege war eine gewandelte Einstellung der Reformierten zum Staat. Calvin hatte zwischen den Rechten und Zuständigkeiten von Kirche und Staat scharf unterschieden, obwohl er die Pflicht der Obrigkeit betonte, das Wirken der Kirche zu fördern. Er hatte aber darauf bestanden, daß es angesichts eines tyrannischen oder ungerechten Herrschers Christenpflicht sei, gottergeben und leidend zu gehorchen. Diese Lehre ließ sich unter dem Druck des Krieges nicht halten, und Calvins Nachfolger, Theodor Beza (1519–1605) formulierte ein Recht auf Widerstand gegenüber dem Fürsten, nicht für Einzelne, jedoch für die »unteren Magistrate«. Diese Theorie wurde von anderen weiterentwickelt. Sie trieb einen Keil zwischen den Calvinismus und die anderen Protestanten und war ein Hauptanziehungspunkt des Calvinismus für streitbare Minderheiten. Ihre ideologische Brisanz zeigte sich beim Aufstand der Niederlande gegen Philipp II.

Der Aufstand hatte mehrere Ursachen. Unzufriedenheit im angestammten herrschenden Adel über den wachsenden Ausschluß von der Macht, Verstimmung der Stadträte über königliche Einmischung in ihre Angelegenheiten, die sozialen und religiösen Mißstände unter den Handwerkern und in der armen Stadtbevölkerung, die Abneigung gemäßigter Katholiken gegen die Ketzerverfolgung in den Niederlanden durch die Spanier – dies alles wirkte mit. Der volkstümliche Calvinismus in den Niederlanden, wie er sich ausdrückte in den von Pieter Brueghel gemalten eindrucksvollen Feldpredigten von 1566 unterschied sich vermutlich nur durch seine stärkere Nachdrücklichkeit von der erasmianischen und antiklerikalen Religiosität gebildeter Katholiken im Lande. Doch die wütende religiöse Verfolgung, die der Herzog von Alba im Jahre 1567 nach einem Ausbruch von protestantischem Bildersturm inszenierte, teilte die öffentliche Meinung in zwei Lager. Um 1570 war der Calvinismus eine kämpferische Ideologie geworden, welche die Stärke der holländischen und französischen Protestanten im Zusammenhang einer weltweiten Auseinandersetzung zwischen den reformierten Kräften des Lichts und den Kräften katholischer Finsternis sah. In den Südprovinzen der Niederlande gelang es, den Calvinismus zu unterdrücken, er verschanzte sich jedoch in den trotzigen Städten Hollands und Seelands.

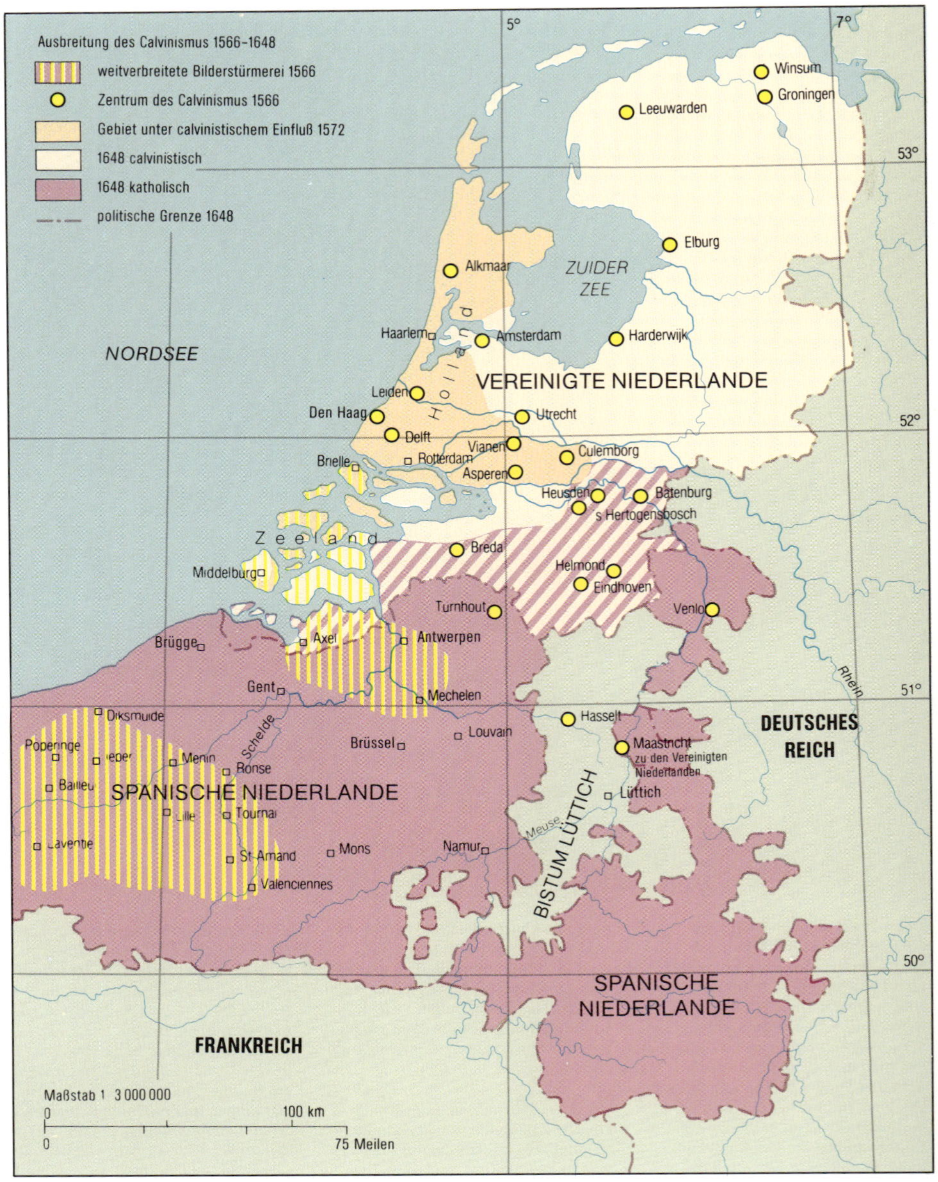

Religiöse Polarisierung – komplexe Gegensätze

Im frühen 17. Jahrhundert war die religiöse Polarisierung Europas also schon weit fortgeschritten. Im protestantischen England wie im katholischen Spanien wurden Menschen anderen Glaubens verfolgt, eingekerkert und hingerichtet. In England, das keine Inquisition kannte, wurden Dissidenten, ob Jesuitenpriester oder sektiererische Protestanten, als Hochverräter hingerichtet.

Es ist verlockend, diese Polarisierung bis in jeden Aspekt der Gesellschaft hinein zu verfolgen, und es wäre leicht, Schwarzweißbilder zu zeichnen. Das katholische Europa war hierarchisch geordnet. Seine Religiosität mit herkömmlichen Bräuchen, Werken der Nächstenliebe und der Vermittlung der Gnade durch die Sakramente drückte sich aus in der überladenen Pracht des Barockstils, in gigantischen Altargemälden, welche die Wunder oder Verdienste der Heiligen darstellen. Das katholische Ideal des religiösen Lebens war mönchisch und klerikal. Die Betonung der Autorität fand ihren Ausdruck in der Inquisition und im Verbot von Gedankenfreiheit und wissenschaftlicher Forschung, wie es sich am Beispiel der Verurteilung Galileis (1633) zeigt. Die den katholischen Staaten eigene Regierungsform war die absolute Monarchie: Philipp II. von Spanien, Ludwig XIV. von Frankreich.

Im protestantischen Europa dagegen wurde die Betonung bezeichnenderweise auf das Individuum gelegt; seine Kunst war eher bürgerlich orientiert. Die friedvolle Stimmung auf den Gemälden holländischer Interieurs, die klugen, markanten Gesichter von Kaufleuten und Bürgermeistern, die uns aus Rembrandts Bildern entgegenblicken, sind Ausdruck des reformierten Glaubens an das Priestertum aller Gläubigen und insbesondere von Calvins Betonung der religiösen Natur jedes ehrbaren Berufs oder Lebensstandes. Politisch stellt sich der Protestantismus dar in der Republik oder der konstitutionellen Monarchie, und es sind die protestantischen Länder, in denen es zu Freiheit des Denkens und zu wissenschaftlichem Fortschritt kommt.

Die Feststellung dieser Gegensätze darf jedoch nicht zu gefährlichen Mißdeutungen verleiten. Sicher ist es möglich, katholischen und protestantischen Kult- und Frömmigkeitsstil auseinanderzuhalten. Und gewiß unternahm es die Gegenreformation, die Religiosität der Ungebildeten zu verfeinern, sie stärker an die kirchliche Autorität zu binden und christozentrischer zu gestalten: Der Rückgang der ländlichen Heiligenverehrung in Spanien seit dem Ende des 16. Jahrhunderts und die quantitative Zunahme der Altäre und Bruderschaften, die Christus oder Maria als der mitleidenden Zeugin der Passion geweiht waren, zeigt, in welch erstaunlichem Ausmaß diese Bemühungen von Erfolg gekrönt waren. Nichtsdestoweniger suchte die Gegenreformation auch bereits bestehende Formen der Frömmigkeit in ihren Dienst zu stellen und ihnen eine neue Richtung zu geben, und der Katholizismus blieb eine Religion von Gemeinschaftsbräuchen und -feiern, zentriert nicht auf die Bibel, sondern auf Sakramente, Heilige und fromme Werke. Die protestantische Frömmigkeit war dagegen in erster Linie eine Laien- und Bibelfrömmigkeit, die ebensosehr zu Hause wie in der Kirche gepflegt

Links: Protestantismus in den Niederlanden
Vor der Erhebung in den Niederlanden hatte es dort religiösen Nonkonformismus sowohl in der Form des Luthertums als auch in der radikaleren Form des Wiedertäufertums gegeben, welche beide hartnäckigen Verfolgungen ausgesetzt waren. Von der Mitte des Jahrhunderts an trat der Calvinismus zunehmend hervor. Er war am stärksten in den südlichen Provinzen und besonders in den Städten, wie z.B. Antwerpen. Die Erhebung führte paradoxerweise dazu, daß die Nordprovinzen, in denen der Protestantismus nur wenig Rückhalt im Volk hatte, zum Bollwerk der calvinistischen Aufständischen wurden. Um 1618 war der Protestantismus in seinen früheren südlichen Gebieten so gut wie ausgetilgt, und der Calvinismus hatte sich in der Union der Nordprovinzen durchgesetzt, obwohl dort eine zahlenmäßig starke katholische Bevölkerung verblieb.

Rechts: Beinahe überall außerhalb des lutherischen Deutschland gehörte zur Reformation die Reinigung oder Säuberung der Kirchen von jeder Spur katholischen »Aberglaubens«. Auf diesem Gemälde einer holländischen reformierten Kirche von Saenredam wendet die Gemeinde dem Altarplatz, der früher der Mittelpunkt der Kirche war, den Rücken zu und versammelt sich um die Kanzel. Aus dem Gebäude ist alles entfernt, was die Aufmerksamkeit von dem gepredigten Wort Gottes ablenken könnte.

Unten: Obwohl die Klagen, die in den Niederlanden um 1560 gegen die spanischen Beherrscher laut wurden, nicht nur religiöser Natur waren, war die Predigt calvinistischer Radikaler auf freiem Feld ein entscheidender Faktor bei der Sammlung der Kräfte für die holländische Erhebung. Brueghels Gemälde *Der hl. Johannes der Täufer bei der Predigt*, gemalt im Krisenjahr 1566, zeigt das Wirken der calvinistischen Feldprediger – im Bild einer biblischen Szene.

wurde. Im Protestantismus wird nicht der Geistliche oder Priester zum Vorbild, sondern der Hausvater, der seine Familie um sich sammelt, um Gottes Wort zu hören und sein Lob zu singen.

Vor voreiligen Verallgemeinerungen muß man sich jedoch hüten. Mehr als in allen anderen Lebensbereichen neigen die Menschen in der Religion zum Konservatismus, und alte Gewohnheiten leben hier hartnäckig weiter und komplizieren das Bild. Auch im Katholizismus blühte die Frömmigkeit des einzelnen und der Familie, und die großartige Erneuerung des geistlichen Lebens im Frankreich des 17. Jahrhunderts und darüber hinaus, die von den Schriften des hl. Franz von Sales ihren Ausgang nahm, war gerade ein Wiedererblühen der Laienfrömmigkeit – des einzelnen und in der Familie.

Auch bei den tiefergehenden Gegensätzen sind Einschränkungen zu machen. Es waren calvinistische Geistliche, die die Lehre vom Widerstand gegen Tyrannen entwickelten. Doch diese Lehre wurde aufgegriffen und weiterentwickelt von Jesuiten, die als Missionare in reformierten Gebieten, vornehmlich in England, wirkten. Die Hugenotten des 17. Jahrhunderts waren hingegen ebenso glühende Anhänger der Monarchie wie die Katholiken. Der Prozeß gegen Galilei und die berüchtigte spanische und römische Inquisition haben die Vorstellung genährt, daß eine Verbindung zwischen Katholizismus und wissenschaftlichem und philosophischem Obskurantismus besteht. Indessen war Galilei selbst ein frommer Katholik, der vor allem wegen seiner Vorstöße auf theologisches Gebiet zum Schweigen verurteilt wurde und nicht so sehr wegen seiner wissenschaftlichen Theorien, und sein Werk war Teil einer Renaissance der Naturwissenschaften und der Medizin in Italien, die das ganze 17. Jahrhundert hindurch anhielt. Katholische ebenso wie protestantische Regierungen förderten den nutzbaren technischen Fortschritt, der durch die Optik, die Mathematik und die Astronomie aufkam; denn diese Dinge brachten ja materiellen Gewinn. Der einflußreichste Philosoph des Jahrhunderts, René Descartes (1596-1650), wollte mit seiner zutiefst skeptischen Philosophie dem Christentum und dem Katholizismus einen unschätzbaren Dienst erweisen.

Spaltungen innerhalb des Protestantismus

Wohl die wichtigste Einschränkung, die man hinsichtlich des zwischen protestantischer und katholischer Kultur bestehenden Gegensatzes machen muß, liegt in der Tatsache begründet, daß beide gegensätzlichen Lager in sich gespalten waren. Der Protestantismus verwarf die Autorität des Papstes und der römischen Kirche und ersetzte sie durch die Autorität des Wortes Gottes in der Hl. Schrift. Eine daraus resultierende Vielfalt der Interpretationen sollte sich seitdem als für den Protestantismus typisch erweisen. Dabei handelte es sich nicht bloß um sektiererische Aktivitäten, welche am Rande der Kirchen angesiedelt waren – Wiedertäufer in der ersten Generation von Reformatoren, Independenten oder Baptisten im England und Holland des frühen 17. Jahrhunderts. Da sowohl Calvinismus als auch Luthertum zu Orthodoxien gerannen, bildeten sich mit ihnen konkurrierende Schulen und wurden kritische Stimmen laut. Einige von ihnen waren Erneuerungsbewegungen, die die Orthodoxie auf ihre Ursprünge zurückführen wollten. Die pietistische Bewegung, welche in den 70er Jahren des 17. Jahrhunderts innerhalb des Luthertums durch Philipp Jacob Spener (1635–1705) aufkam, war der Versuch, die Rechtfertigung durch den Glauben wieder zu verstehen als vollständige Wiedergeburt und Neuausrichtung des Gläubigen und nicht als den bloß gerichtsmäßigen Akt, der in der lutherischen Orthodoxie daraus geworden war. Tatsächlich stellte die Bewegung ein neues und moralistisches Verständnis der Lehre dar, sie legte das Schwergewicht im christlichen Leben auf die Bekämpfung bestimmter Sünden und auf tugendhaftes Handeln. Die Abneigung der Pietisten gegen Konfessionsschranken gegenüber Dogmen und akademischer Theologie, vor allem aber ihre Auffassung von der Anwesenheit der Kirche in kleinen Zirkeln »erweckter« Christen, wurden in der lutherischen Kirche mit Mißtrauen betrachtet und stießen weithin auf Widerspruch. Durch ihre gemäßigten Ansichten, ihre Abneigung gegenüber Dogma und Theologie und ihr Interesse an der Bildung als einem Mittel zur Reformierung wurden sie in der Tat zu Wegbereitern bestimmter Strömungen der Aufklärung, welche im folgenden Jahrhundert die traditionelle Orthodoxie zersetzen sollten.

Innerhalb der reformierten Kirchen war das Auftreten der sogen. Arminianer in den Niederlanden von noch größerer Bedeutung. Jakob Arminius (1560–1609) und seine Anhänger verwarfen die Prädestinationslehre, die in der calvinistischen Theologie so bestimmend geworden war, und betonten die Freiheit des menschlichen Willens zum Guten wie zum Bösen. Das hatte unerhörte Konsequenzen. Christus war dann nicht für eine auserwählte Minderheit gestorben, sondern für alle, die ihm folgen wollten. Hier bot sich der Ausweg aus der von Calvin gelehrten Willkür des unergründlichen Gottes. An seine Stelle trat ein Gott, der die Menschen nach ihrem Handeln bewertete. Sittlichkeit, nicht Glauben, wurde jetzt vorrangig für das christliche Leben. Und da alle Menschen Gott suchen und finden konnten, betonten Arminianer wie der bedeutende Rechtsgelehrte Hugo Grotius (1583–1645) seine Vernünftigkeit und die Herrschaft der Sittlichkeit, der Vernunft und des Rechts. Die Ordnung der menschlichen Gesellschaft sahen sie als Abbild der göttlichen oder Naturordnung. Die Kluft, die sich bei Calvin zwischen Natur und Gnade aufgetan hatte, schloß sich. Dies war eine ganz andere Art von Religiosität, die sich durch Besonnenheit und Optimismus auszeichnete. Das Mysteriöse und Übernatürliche rückte für sie in den Hintergrund. Dafür näherte sie das Christentum dem höchsten sittlichen Streben an, das Menschen zu allen Zeiten und an allen Orten beseelte. Wurde der Arminianismus in Holland unnachsichtig verfolgt, so beeinflußte er auf eine fast unmerkliche, aber tiefgehende Weise das ganze protestantische Europa, indem er die religiösen Leidenschaften abkühlte, die dogmatischen Eiferer als töricht bloßstellte und eine Wiedervereinigung der Kirchen als möglich erscheinen ließ.

Der Arminianismus hatte eine tief in der Reformation wurzelnde Doppeldeutigkeit ans Licht gebracht. War die Erlösung für alle Menschen bestimmt oder nur für die Auserwählten? Wenn sie für alle galt, dann mußte die gepredigte Lehre die menschliche Schwäche berücksichtigen, ihre Normen durften nicht zu hoch angesetzt sein und es mußte dem Bedürfnis der Menschen nach äußerer und ritueller Betätigung Rechnung getragen werden. Wenn sie nur den Auserwählten vorbehalten war, dann waren die Gottesfürchtigen das Richtmaß, nach dem die anderen Menschen zu beurteilen waren, und die Hauptaufgabe der Geistlichen mußte es sein, die Gottesfürchtigen zu sammeln und sie zu ermutigen, ihrer Berufung zu folgen. Im elisabethanischen England und in dem der Stuarts war die sogenannte »puritanische Bewegung« in diesem Dilemma begründet. Die meisten Anglikaner waren Calvinisten, doch waren die Puritaner diejenigen, die mit der Erwählungstheorie Ernst machten. Zwar verblieben sie in der Nationalkirche, pflegten jedoch eine Frömmigkeit, durch die sie sich von den weniger Gottesfürchtigen abgrenzten. Der gottesfürchtige Haushalt versammelte sich am Sonntagnachmittag, um die Schriftlesung zu hören, während bisweilen von draußen der Lärm ihrer gottlosen Nachbarn hereindrang, welche um den Maibaum tanzten oder aus der Dorfkneipe grölten. Schon durch den Nachdruck, den der Protestantismus auf das Wort legte, neigte er dazu auszuschließen, was der anglikanische Theologe Richard Baxter den »Pöbel« nannte, »der nicht lesen kann«. In einem tiefen Sinne stand der reformierte Glaube dem religiösen Empfinden und der religiösen Kultur des Volkes mit seinen zu Herzen gehenden Rhythmen und althergebrachten Ritualen feindlich gegenüber. Die Reformer sahen in ihnen Überbleibsel des Pfaffentums. Für die Puritaner hieß Kompromisse mit der Welt einzugehen Glaubensabfall, und diese Unnachgiebigkeit, diese starre Gegenüberstellung von Natur und Gnade, erklärt den Zusammenbruch der Bewegung nach einem kurzen Augenblick des Triumphs während der Glorreichen Revolution des 17. Jahrhunderts.

Spaltungen innerhalb des Katholizismus

Auch im Katholizismus kam es zu Spaltungen, denn die Gegenreformation wurde von einer Vielzahl von Energien gespeist, und oft genug gerieten diese Kräfte miteinander in Konflikt. In der Sicht des Tridentinums war die bischöfliche Hierarchie der bestimmende Faktor im Katholizismus. Orden wie z. B. die Jesuiten erkannten den

Rechts: In einer Religion, in der Bild und Ritual tabu waren, wurden das Buchwissen und der Zugang zum geschriebenen Wort heilswichtig; der Protestantismus war damit wie der Islam eine »Religion des Buches«. Auf Gerard Dous Gemälde vertieft sich eine alte Frau lesend in Auszüge aus den Evangelien, die für die tägliche Lesung bestimmt sind. Illustrationen sollen zum besseren Verständnis des Textes beitragen. Hierin zeigt sich die tiefgreifende Veränderung in der christlichen Frömmigkeit.

Unten: Durch den französischen Katholizismus des 17. Jahrhunderts lief eine große Welle religiöser Leidenschaft. Ein Ausdruck dieser Leidenschaft war der Jansenismus, eine strenge und anspruchsvolle Form des Katholizismus, die ihre Grundlage in der späteren Lehre des hl. Augustinus hatte. Das Zentrum der jansenistischen Bewegung war das angesehene Kloster Port-Royal, in dem fromme Männer und Frauen zusammenkamen und das schließlich den Argwohn und die Feindseligkeit der Krone erregen sollte. Champaignes Gemälde vermittelt etwas von der strengen Zurückweisung der Wege der Welt, die von der jansenistischen Frömmigkeit gefordert wurde. Dargestellt ist die Tochter des Künstlers, Catherine, eine Nonne von Port Royal, die im Jahre 1661 durch die Fürbitten der Priorin, Mutter Agnès Arnauld (im Bild knieend), auf wunderbare Weise von einer Lähmung geheilt wurde. Die Inschrift an der Wand hinter der Priorin erinnert an das Wunder.

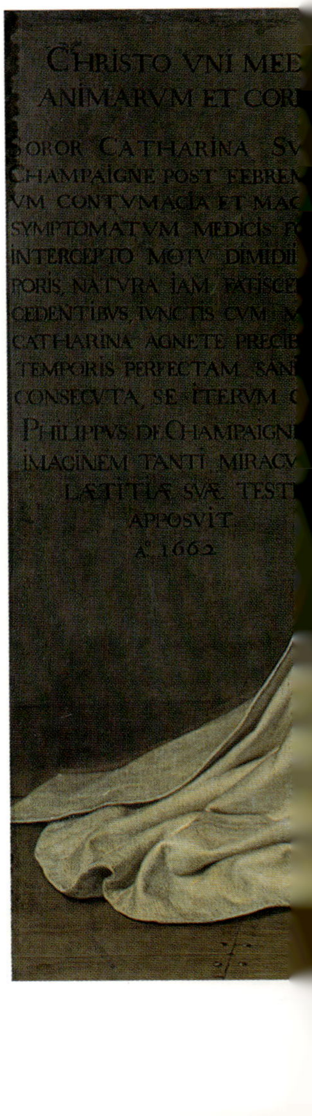

Wert der Hierarchie aufrichtig an, doch als die Sturmtruppen der katholischen Erneuerung wurden sie oft ungeduldig angesichts schwerfälliger hierarchischer Strukturen und unelastischer Regelungen. Deshalb widersetzten sie sich manchmal der Unterstellung von Missionsgebieten unter Bischöfe der heimischen Amtskirche.

Der neue Katholizismus war auf Aktivität ausgerichtet. Seine Heiligen taten sich durch Leistung hervor. Sie gründeten religiöse Orden, Waisen- und Krankenhäuser und gingen als mutige Missionare in ferne Länder. Aber es gab auch Menschen, die Gott nicht im äußeren Tun, sondern im inneren Erleben fanden. Diese mystisch Gestimmten setzten sich nun immer wieder dem Argwohn ihrer Umgebung aus. In einer Kirche, welche die Heilsnotwendigkeit guter Werke und der Sakramente lehrte, mochte die innere Reise des Mystikers, seine Gottsuche ohne irgendeine Art von Vermittlung, häretisch erscheinen. Der unglücklichste Zusammenstoß zwischen diesen beiden gegensätzlichen Richtungen ereignete sich am Ende des 17. Jahrhunderts, als der Erzbischof von Cambrai, François Fénelon (1651–1715) wegen Quietismus verurteilt wurde. Fénelon vertrat eine Lehre der »selbstlosen Liebe«. Die vollkommenste Gottesliebe ist uneigennützig. Der Christ ist Gott ganz hingegeben. Dabei denkt er an keine Belohnung, auch nicht an sein eigenes Heil. Für Fénelons Widersacher Jacques-Bénigne Bossuet führte diese Lehre auf geradem Wege zur Aufgabe des sittlichen Strebens und des Gebrauchs der Sakramente. Fénelon unterwarf sich bereitwillig der widerstrebend vom Papst ausgesprochenen Zurückweisung seiner Auffassungen, doch trug seine Verurteilung zu einer Strukturverhärtung im Katholizismus und zur Kanonisierung der spirituellen Eigenliebe als der Haupttriebfeder des christlichen Lebens bei.

Der tiefste Gegensatz trat innerhalb des Katholizismus der Gegenreformation im Jansenismus-Streit zutage. Die tridentinische Lehre über Rechtfertigung und Gnade konnte die augustinische Tradition nicht verdunkeln. Es gab viele Katholiken, die glaubten, daß der Mensch tief in Sünde gesunken war, daß nur wenige gerettet werden könnten und dem Menschen in seinem gefallenen Zustand Reue und innere Umkehr anstünden. Diese Ansichten fanden ihren höchsten Ausdruck in dem 1640 posthum erschienenen Werk *Augustinus* von Cornelius Jansen (1585–1638), einem holländischen Theologen und Bischof, der sich Carlo Borromeo zum Vorbild genommen hatte. Jansens Anhänger sammelten sich um das Kloster Port-Royal, das sich zunehmender Berühmtheit erfreute und wo ihre düstere Auffassung des Christentums in einer vornehmen Atmosphäre vertreten wurde.

Der Jansenismus wies den Kompromiß mit der Welt zurück. Als glühende Katholiken und tiefe Verehrer der Sakramentenlehre bedauerten die Jansenisten, daß Sünder einen so leichten Zugang zu diesen Gnadenmitteln erhielten. Absolution sollte nur denen gewährt werden, die den Beweis für ihre Reue erbrachten. Der Kommunion sollte man sich nur mit Furcht und Zittern nähern und die meisten sollten dies nicht zu häufig tun. Sie haßten die Jesuiten, deren optimistische Lehre vom Menschen zum Hochmut verleitete, deren Aufforderung zu häufigem Kommuniongang die Sünder ermutigte, das Heiligste zu profanieren, und die mit zu großer Gleichgültigkeit Absolution erteilten. Obgleich die jansenistische Lehre viel Inspirierendes enthielt und obwohl die Jansenisten vieles gemein hatten mit den führenden Köpfen der spirituellen Erneuerung im französischen Katholizismus, war doch die Verurteilung ihrer Bewegung nicht zu vermeiden. Hätte ihre Ansicht sich durchgesetzt, dann wären alle Missionsbemühungen auf dem europäischen Kontinent und in Asien, Amerika und Afrika sinnlos geworden.

EXPANSION NACH OSTEN UND WESTEN

Die Ausbreitung des Christentums in der Neuen Welt und im Fernen Osten begann schon vor der Reformation und könnte wie eine durch glückliche Fügung bewirkte Kompensation gesehen werden. Die dabei gemachten Fortschritte und mehr noch die Hindernisse, die sich der Ausbreitung in den Weg stellten, rücken die Schwierigkeiten, Widersprüche und Schwächen organisierten Christentums in jener Zeit deutlich ins Licht.

In einer Reihe von Bullen hatten die Päpste zwischen 1456 und 1514 der spanischen und der portugiesischen Krone die Aufgabe übertragen, die im Verlauf der Entdeckungen unter ihre Kontrolle gebrachten heidnischen Völker zu bekehren. Im Jahr 1493 teilte Papst Alexander VI. die Welt in zwei Hemisphären, westlich und östlich der Kapverdischen Inseln. Die Spanier sollten in der westlichen, die Portugiesen in der östlichen herrschen. Die Machtbefugnisse, die den Monarchen auf der Iberischen Halbinsel damit eingeräumt wurden, gehörten zu den von ihnen am meisten geschätzten Prärogativen. Die spanische Krone im besonderen erhielt die vollständige Kon-

Missionsreisen
Die Initiative zu den ersten missionarischen Unternehmungen ging von den Königreichen auf der Iberischen Halbinsel aus, und wie schon im 15. Jahrhundert nahmen die meisten Missionsreisen des 16. Jahrhunderts von den Häfen Spaniens oder Portugals ihren Ausgang. Die Spanier teilten die neuen Gebiete in Diözesen ein, während die Portugiesen im großen und ganzen die Missionare eher als religiöse Betreuer ihrer kolonialen Gemeinden ansahen und weniger an

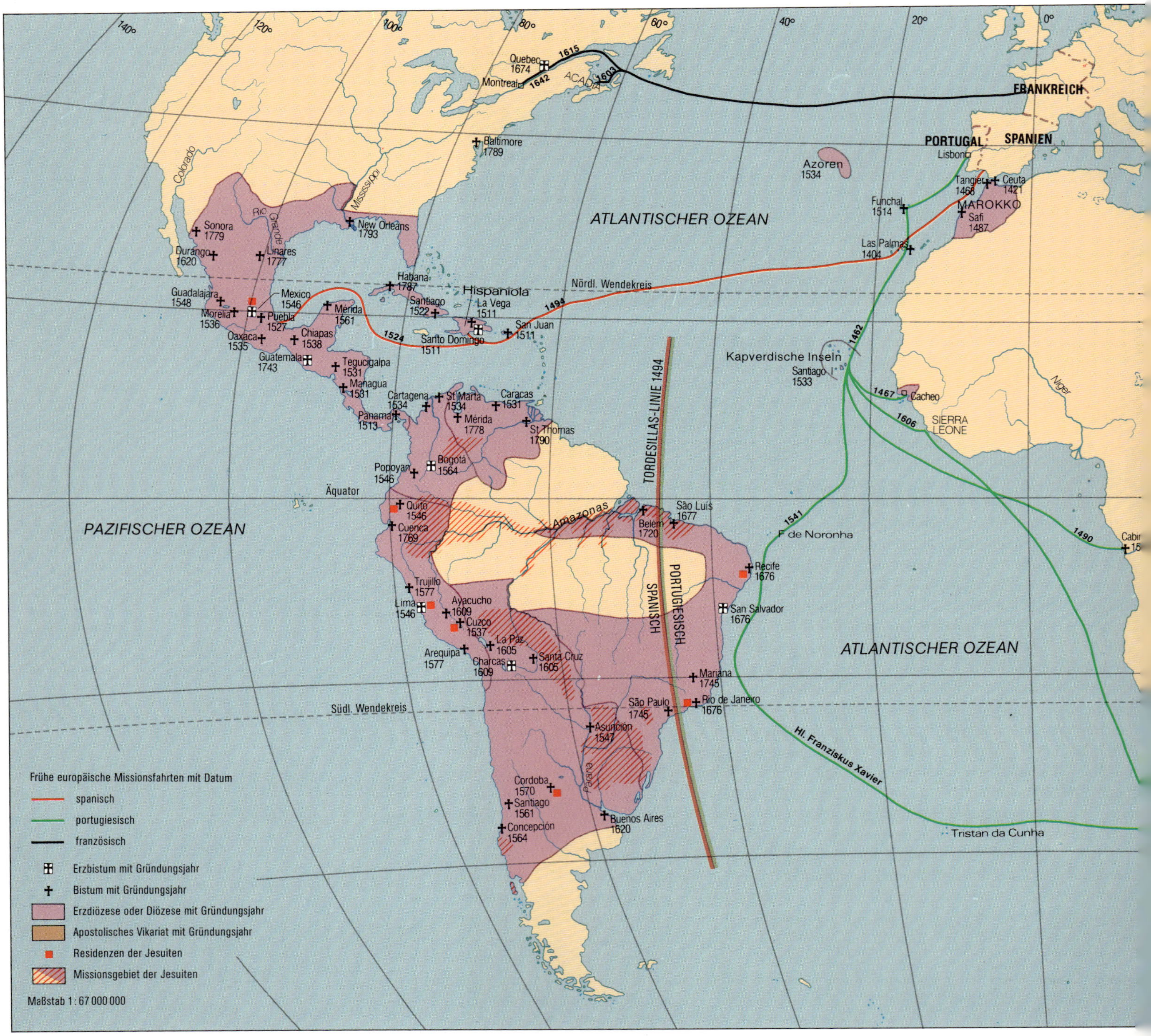

die Ausbreitung des Katholizismus dachten. Beide Monarchien wachten jedoch eifersüchtig über den Zutritt von Missionaren anderer Nationalitäten zu ihren Territorien. Gegen Ende des 17. Jahrhunderts sah sich das Papsttum veranlaßt, apostolische Vikariate einzurichten, welche die Gebete der iberischen Überseediözesen »durchsetzten«, um das spanische und portugiesische Monopol zu brechen, das zunehmend als Hemmschuh für missionarische Unternehmungen angesehen wurde.

trolle über das Personal und die Einkünfte der Kirche in dem größten Weltreich, das es je gegeben hatte. Aufs Ganze gesehen nahm die spanische Krone ihren Bekehrungsauftrag und ihr Amt als Wächter der Kirche sehr ernst, und es besteht ein auffallender Gegensatz zwischen der rasch anwachsenden Zahl neuer Diözesen auf spanischem Territorium und den in dieser Hinsicht nicht sehr beeindruckenden Erfolgen der Portugiesen. Doch in beiden Fällen sollte die Übertragung der Kontrolle über die Missionen durch die Päpste zu einer Zeit, als das Ausmaß der kolonialen Expansion noch gar nicht abzusehen war, den Kompetenzenstreit und Interessenkonflikt innerhalb der Gegenreformation, der im Mailand des späten 16. Jahrhunderts Borromeo zu schaffen gemacht hatte oder im frühen 17. Jahrhundert das päpstliche Interdikt gegen Venedig ausgelöst hatte, im Weltmaßstab widerspiegeln.

Die Mission war in dieser Zeit eine fast ausschließlich katholische Angelegenheit. Dem Protestantismus, der in Europa um seine politische Existenz kämpfte und dem es ständig an ausgebildeten Geistlichen mangelte, verblieben kaum missionarische Energien. Die Engländer unternahmen kurzlebige und zaghafte Versuche zur Missionierung von Stämmen Nordamerikas. Die Holländer schickten Geistliche nach Ostindien; doch beschränkten diese sich weitgehend darauf, unter den Katholiken Anhänger zu gewinnen. Der Calvinismus mit der ihm eigenen Feindschaft gegenüber Ritual und Symbolik bot nichteuropäischen Kulturen wenig Anreiz im Vergleich zu der Überschwenglichkeit des Katholizismus.

Spanische Mönche in Neuspanien

Die spanischen Missionstätigkeit in der Neuen Welt begann zu einem günstigen Zeitpunkt, denn im ersten Viertel des 16. Jahrhunderts befand sich die spanische Kirche auf dem Höhepunkt der von Kardinal Ximénez eingeleiteten humanistischen Reform. Cortes hatte Karl V. um

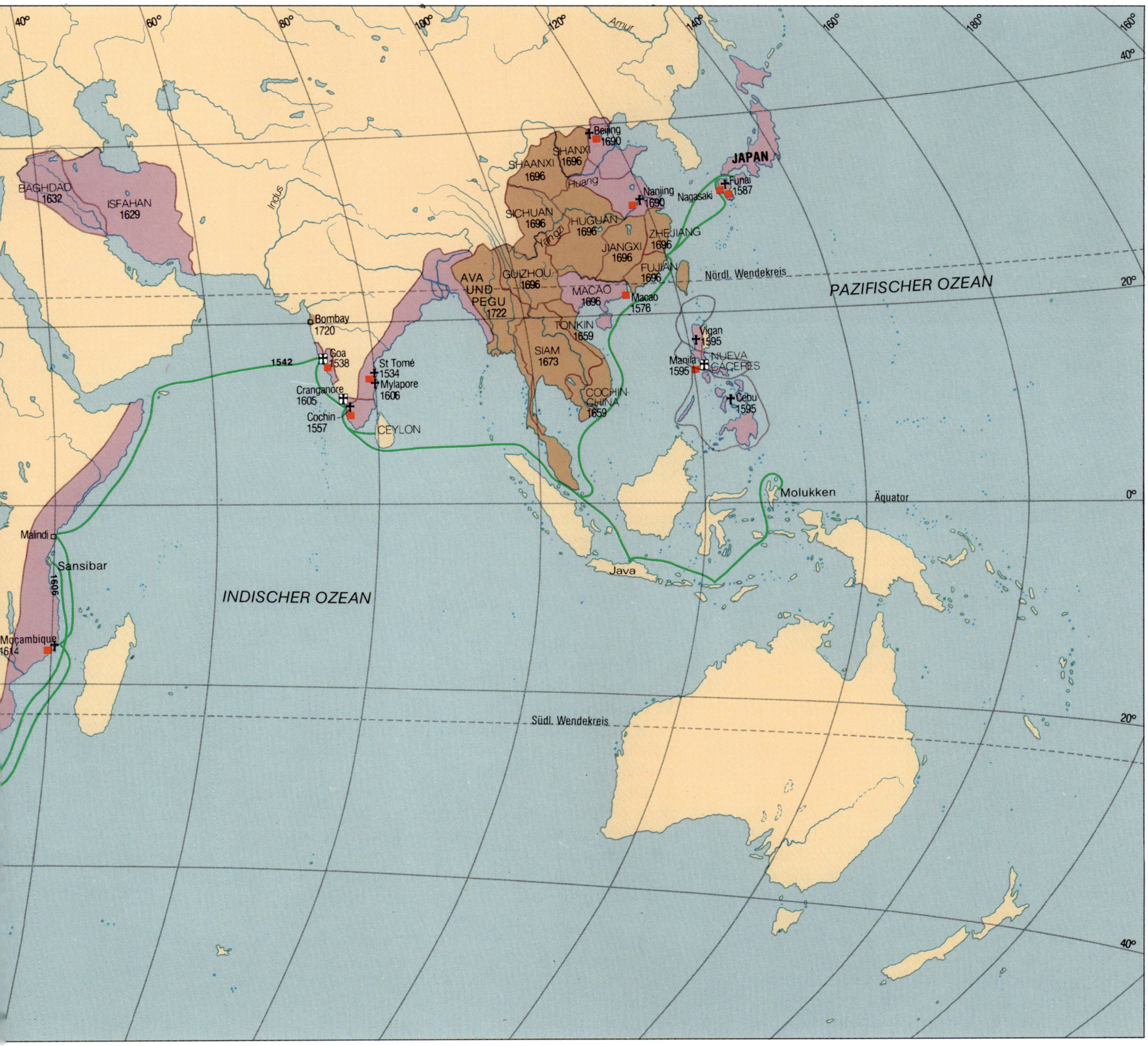

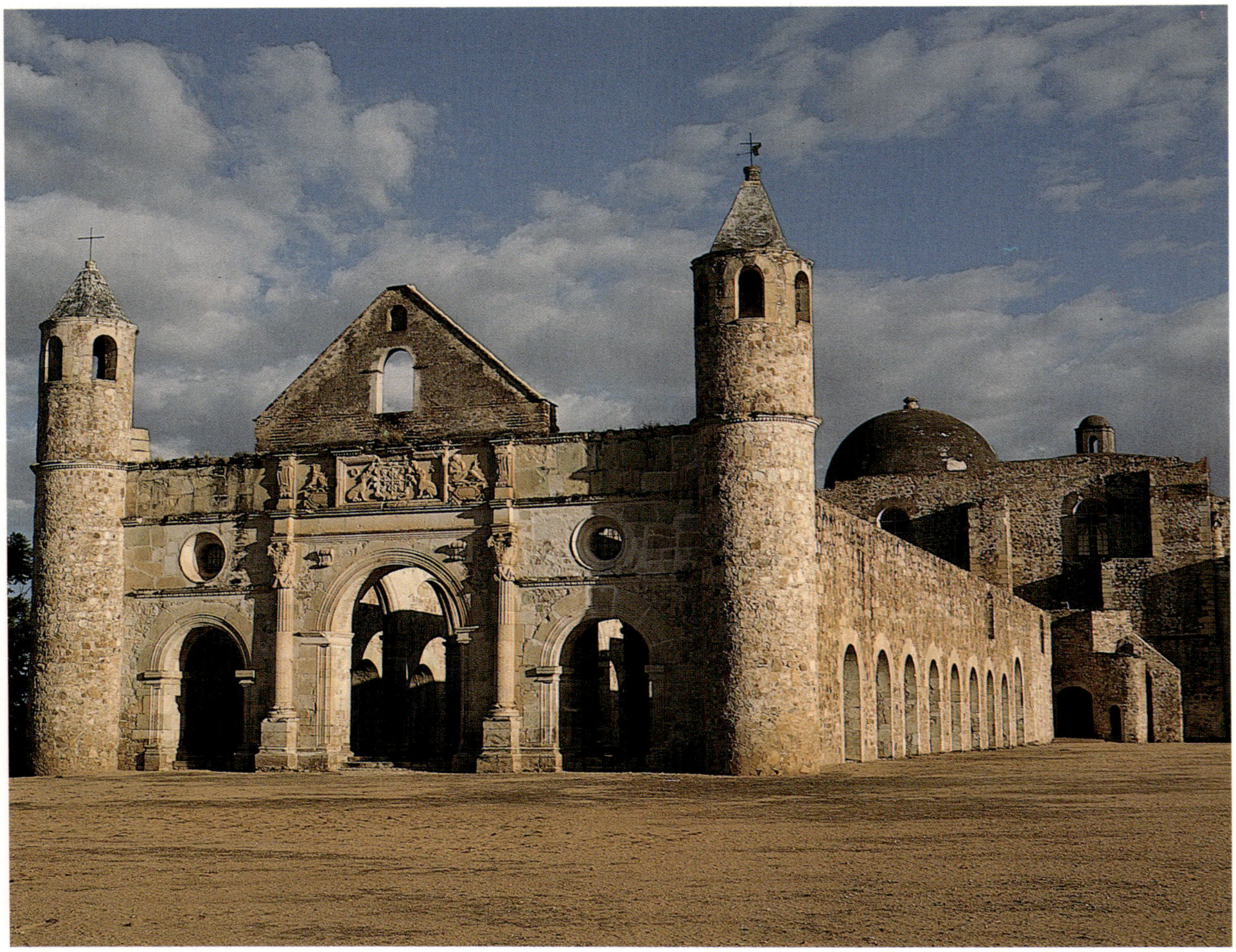

Links: Oaxaca war die vierte Diözese, die von den Spaniern auf dem amerikanischen Kontinent errichtet wurde. Darin drückt sich einiges von den gemischten Motiven für die Eroberung Mexikos aus, denn die Wahl von Oaxaca zum religiösen Zentrum geht weitgehend auf seine reichen Goldvorkommen zurück: Cortes nahm den Titel Marquis von Valle de Oaxaca an. Das Bistum wurde jedoch schnell zu einem Zentrum eher geistlicher Belange, und alle in Neuspanien wirkenden religiösen Orden ließen sich dort nieder, was zum Bau einer Reihe herrlich geschmückter Kirchen führte.

Oben: Die Durchdringung von europäischer und heidnischer Kultur war immer problematisch, auch wenn der europäische Einfluß die Oberhand zu behalten schien. In dieses mexikanische Kruzifix des 17. Jahrhunderts sind die herkömmlichen Symbole der Leidensgeschichte Jesu eingemeißelt: Nägel, Dornenkrone, Pfosten und Geißel, Leiter und Lanze, der Hahn, der dreimal krähte, Kelch und Brot der Eucharistie, usw. Doch diese eindeutig rechtgläubigen Elemente sind in einen ungeheuer eindrucksvollen, indes (für europäisches Empfinden) fremdartigen Gegenstand von fragwürdiger Christlichkeit eingearbeitet worden.

die Entsendung von Franziskanern gebeten, und die Bettelorden sollten bis in die 70er Jahre bei der Missionierung Amerikas den Ton angeben. Die ersten Mönche in Neuspanien waren fundamentalistisch eingestellt, Männer von einfacher, heiligmäßiger Lebensweise und Vertreter eines innigen, auf die Bibel gestützten Katholizismus. Der Franziskaner Juan de Zumárraga (um 1478–1548), der erste Bischof von Mexiko (1528), führte in Westindien die Druckpresse ein, auf der er Katechismen und Lehrbücher für den Klerus herstellen ließ. Er bezog sich stark auf die Schriften des Erasmus und sprach sich für eine uneingeschränkte Verbreitung der Heiligen Schrift aus.

Die Mönche besaßen eine straffe Organisation. Sie ließen sich in bevölkerten Gebieten in Mexiko und Puebla nieder und erlernten rasch die einheimischen Sprachen. Ihre Predigt war bewußt einfach gehalten und konzentrierte sich auf wenige wesentliche Punkte – die Grundlagen, die sie in stark gedrängter Form darlegten. Besonders den Franziskanern lag an einer baldigen Bekehrung und Taufe mit anschließender Katechisierung und Einzelunterweisung. Ihre Predigt zeitigte erstaunliche Erfolge. Zumárraga behauptete, zwischen 1524 und 1531 sei mehr als eine Million Indianer bekehrt worden. Andere behaupteten, daß um die Mitte der 30er Jahre fünf Millionen Indianer getauft worden waren. Diese Massenkonversionen bedurften natürlich der Festigung. Bei all ihrem Humanismus standen die Mönche der einheimischen Religion mit unversöhnlicher Feindschaft gegenüber. Sie gingen daran, jede Spur von ihr auszulöschen und an ihre Stelle eine Kultur zu setzen, die durchtränkt war von der Gedanken- und Bilderwelt des Katholizismus, einer Glaubensform mit kunstvollem Ritual, Prozessionen, feierlichem Gepränge und religiöser Dramatik. Statuen und Altäre heidnischer Gottheiten wurden systematisch zerstört und dort, wo einige der größeren Tempel standen, errichtete man christliche Kirchen. Im Jahr 1531 berichtete Zumárraga, in seiner Diözese seien mehr als 500 Tempel und 20 000 Götterbilder zerstört worden.

Missionsbemühungen in Neuspanien waren mit Problemen belastet. Die einheimische Religion, die von den Mönchen bekämpft wurde, war tief in die Struktur der indianischen Gesellschaft verwoben. Sie zu ersetzen, bedeutete, ein alternatives gesellschaftliches und religiöses System zu schaffen. Die Mönche versuchten deshalb des öfteren, die Indianer in straff kontrollierten Gemeinschaften rund um die Kirche oder das Kloster anzusiedeln mit gemeinschaftlichem Landbesitz. Diese Gemeinschaften waren bewußt nach dem Vorbild von Thomas Mores staatsphilosophischem Entwurf *Utopia* (1516) geformt und ein Beispiel für die im Geist des Humanismus unternommene Suche nach der idealen Gesellschaft. Sie sollten die Indianer gegen heidnische Einflüsse abschirmen und mehr noch gegen die europäischen Siedler, deren unmoralischer Lebenswandel und Gier nach Sklaven für die Neubekehrten eine ebensogroße Gefahr darstellten. Die gewaltigen und künstlerisch vollendeten Kirchenbauten dieser Gemeinschaften sollten der von den Mönchen angestrebten menschenfreundlichen Theokratie sichtbaren Ausdruck verleihen.

Die Missionare lieferten sich in ihrem Bemühen, ihre Konvertiten zu schützen, ein ständiges Rückzugsgefecht mit den Kolonisten. Die Grausamkeit und Gewalt, mit der die frühe *Conquista* einherging, wurde gerechtfertigt mit der fadenscheinigen Begründung, die Indianer seien eine viehische und unnatürliche Rasse, welche das Christentum abgelehnt habe, weshalb die Spanier das Recht hätten, sie der christlichen Herrschaft mit Gewalt zu unterwerfen. In einigen Fällen hatten die Spanier zu dem Trick gegriffen, Indianern, die den Sinn gar nicht erfaßten, eine förmliche Aufforderung zur Annahme des Christentums und zur Unterwerfung unter die spanische Krone vorzulesen, bevor sie sie massakrierten oder versklavten. Sowohl die Krone als auch die Kirche waren über derartige Vorgänge besorgt. Schon im Jahre 1511 hatte der Dominikanermönch Antonio de Montesinos die Siedler auf Haiti wegen ihrer Grausamkeiten gegen die Indianer angeklagt: »Sind sie keine Menschen?... Sollt ihr sie nicht lieben wie euch selbst? In einem solchen Zustand könnt ihr genausowenig gerettet werden wie die Türken.« Bartolomé de Las Casas (1474–1566), der Dominikanerbischof von Chiapa, widmete sein ganzes Leben dem Kampf für eine gerechte Behandlung der Indianer und erreichte das Verbot der Versklavung der Indianer unter Karls V. »Neuen Gesetzen« von 1542.

Doch die Übergriffe der Kolonisten waren nur eines der Probleme, mit denen die Missionen sich auseinandersetzen mußten. Bei der großen Anzahl von Konvertiten, um die es sich handelte, war das Verständnis ihrer neuen Religion bei den meisten, gelinde ausgedrückt, verschwommen, durchsetzt von heidnischen Vorstellungen und Praktiken. Es war deshalb üblich, nur den am besten unterwiesenen und frömmsten Eingeborenen die Kommunion zu erteilen. Das Ergebnis war eine weitgehend nichtpraktizierende Kirche. Hoffnungen auf die Heranbildung einer einheimischen Priesterschaft schwanden dahin, und das zu diesem Zweck 1536 in Tlatelolco (Mexiko) eingerichtete Franziskanerkolleg wurde aufgegeben. Auch führte die Einrichtung der neun Diözesen Neuspaniens zu Spannungen zwischen den Orden auf der einen und den Bischöfen und dem Weltklerus auf der anderen Seite, in denen die missionarische Energie sich verbrauchte.

Missionen in Südamerika

Nichtdestoweniger war die Bekehrung Neuspaniens ein großer Erfolg gewesen, der nur übertroffen wurde durch den auf den Philippinen, wo es um 1620 schon zwei Millionen Konvertiten gab. Südlich von Panama, in Peru, wurde der Fortschritt behindert durch die riesigen Entfernungen und dadurch, daß die Stämme verstreuter lebten. In den Jahren um 1540 war der Reformeifer, der eine außerordentliche erste Generation von Missionsbrüdern hervorgebracht hatte, erstickt worden durch die panische Reaktion der spanischen Inquisition auf die Reformation. Die Diözesen in Peru, die dem Erzbischof von Lima unterstellt waren, hatten eine riesige Ausdehnung. Die Missionierung konnte daher nur oberflächlich bleiben: Die Landbewohner nahmen zusätzlich zu ihrem bereits komplizierten Polytheismus das Christentum an. Die Statuen der Heiligen, die an Feiertagen in der Prozession mitgeführt wurden, stellten sich bei näherem Hinsehen häufig als die indianischer Gottheiten heraus, und die alte Religion bestand neben der neuen weiter. Der peruanische Episkopat sah sich im Zeitalter des Tridentinums mit einem Konflikt zwischen offizieller Religion und Volksreligion konfrontiert, der ungleich schärfer war als der, mit dem die Glaubensbrüder in Europa zu tun hatten. Er verfügte jedoch nicht über die Menschen und Mittel, um darauf größeren Einfluß zu nehmen. Peru fand seinen Carlo Borromeo in Toribio de Mogrovejo, dem zweiten Erzbischof von Lima (1579–1606), der, selbst ein unermüdlicher Missionar, während der dritten Visitation seiner Diözese in einem abgelegenen Indianerdorf starb. Er brachte drei abgestufte Katechismen heraus, schränkte den Zugang der Indianer zur Kommunion ein, regelte den Gebrauch von Bildern beim Gottesdienst und brandmarkte das Fortbestehen götzendienerischer Riten und Bräuche. Doch blieb die peruanische Kirche weitgehend die Kirche der Spanier und der hispanisierten Indianer.

Die Ankunft der Jesuiten in Südamerika gab der missionarischen Tätigkeit im späten 16. Jahrhundert neuen Auftrieb. Ihre auffallendste Leistung war die Schaffung einer Kette von Missionsstationen bei den Guaraní-Indianern in den Tälern des Paranã-Flusses seit 1610. Die Jesuiten sammelten die Indianer in einer Reihe von »Reduktionen« (um 1630 waren es 34 mit insgesamt 100 000 Bewohnern) auf autonomem Gebiet, das ihnen von der spanischen Krone überlassen wurde. Da sie ständigen Überfällen seitens der Portugiesen ausgesetzt waren, welche Sklaven erbeuten wollten, bewaffneten sie die Indianer und errichteten 1649 die unabhängige Republik Paraguay, die bis zur Auflösung der Ordnung in den 70er Jahren des 18. Jahrhunderts Bestand hatte. Die Reduktionen waren Gemeinschaften aus dem Geist der Utopie; es gab Schulpflicht und demokratisch regierende Ratsversammlungen, und die Todesstrafe war unbekannt. Es gab kein Geld, und aller Besitz wurde gemeinschaftlich verwaltet. Obstgärten wurden angelegt und man baute Zucker, Baumwolle und Tabak an. Die Indianer trugen Webstoffe, gewannen Eisen, bauten Uhren und bedienten Druckpressen. Musizieren und religiöse Spiele nahmen in ihrem Leben einen breiten Raum ein. Obgleich die Indianer kaum Eigeninitiative entwickeln konnten und die Patres ihr Leben bestimmten, waren die Reduktionen ein einzigartiger Versuch, eine christliche Gesellschaft zu realisieren.

Die frühen Missionare in der Neuen Welt waren aufgrund ihrer Erfahrung mit dem militanten Islam von vornherein entschlossen, die einheimische Religion als dem Christentum von Grund aus feindlich gegenüberstehend zu verdammen. Viele der ersten Franziskaner in Neuspanien waren an der geistigen Reconquista Granadas (der Rückeroberung aus arabischer Herrschaft) beteiligt gewesen, bei der sie ähnlich radikal vorgegangen waren. In Indien, China und Japan jedoch trafen die europäischen Missionare auf ähnlich hochentwickelte Kulturen wie ihre eigene und auf religiöse Systeme, die nicht so leicht als barbarisch oder teuflisch abgetan werden konnten.

Die Portugiesen in Indien

Im Westen waren die Missionare mit den spanischen Eroberern gekommen. Die Missionierung im Osten kam

Einige der Schwierigkeiten, die die Begegnung zweier Kulturen in Amerika mit sich brachte, macht diese Darstellung der Taufe eines Indianers durch einen Franziskanermönch von der strengen Regel deutlich (aus dem *Codex Azcatitla*). Die Darstellung der sakramentalen Handlung ist umgeben von Bildern, die der christlichen Tradition fernstehen. Es war für die Missionare in der Neuen Welt ziemlich schwierig einzuschätzen, wie tief die »Bekehrung« der Indianer ging.

hauptsächlich im Gefolge portugiesischer Forscher und Händler. Die Portugiesen, die seit 1510 in Goa saßen, waren zunächst daran interessiert, Geistliche für ihre eigenen Gemeinschaften zu gewinnen und die einheimischen nestorianischen »Thomas«christen zu latinisieren. Im Jahre 1534 wurde in Goa ein Bistum errichtet, und es setzte eine ernsthafte Missionstätigkeit ein, wobei auch sofort ein spektakulärer Erfolg errungen wurde. Die Fischer der Bharatha-Kaste an der Koromandel-Küste waren schon lange die Opfer von Überfällen seitens moslemischer Marodeure gewesen. Ungebildet, arm und ohne Organisation, waren die Bharathas hilflos. Sie wandten sich an die Portugiesen, und der Preis für den gewährten Schutz war der Übertritt zum Christentum. Die gesamte Kaste wurde getauft. Die Nachricht von Zehntausenden von Getauften erreichte Lissabon und bewog König Johann III., Missionare zu entsenden, die diesen Anfangserfolg festigen und ausweiten sollten. Deren Anführer war der hl. Franz Xaver (1506–1552), einer von Ignatius' ersten Gefährten und der erste und größte in der Reihe der Jesuitenmissionare im Osten.

Zunächst drängte es Franz Xaver zur Missionierung in Goa selbst, einem abscheulichen Sündenpfuhl, wo die portugiesischen Sklavenhalter die Schläge auf die Rücken ihrer Sklaven an den Perlen ihres Rosenkranzes abzählten und wo es eine wankelmütige Bevölkerung von halbunterwiesenen Konvertiten gab, die Christen geworden waren »wegen eines neuen Hutes oder eines Hemdes oder um dem Galgen zu entgehen«. Drei Monate lang arbeitete Franz Xaver in den drei Gefängnissen der Stadt, im Krankenhaus und unter den Aussätzigen. Dann zog er zur Koromandelküste – sein einziges Gepäck waren ein Schirm und ein Stück Leder zum Flicken seiner Schuhe. Dort war für ihn die Sprachbarriere das größte Problem. Er ließ das Glaubensbekenntnis, die Zehn Gebote, das Vaterunser, das Ave Maria, das Salve Regina und das Sündenbekenntnis in Pidgin-Tamilisch übersetzen, das er dann auswendig lernte. Darauf sammelte er mit einer Schelle in der Hand Scharen von Kindern und lehrte sie, die Gebete zu singen. In einem Monat unglaublicher Aktivität taufte er 10 000 Menschen und schickte eine Flut von Briefen an Ignatius in Rom und an die portugiesische Krone, worin er um die Entsendung von Helfern bat.

Die Jesuiten in Japan

Im Jahre 1549 ging Franz Xaver nach Japan, wo er »eine Rasse, ganz geleitet vom Gesetz der Vernunft« anzutreffen hoffte. Das feudalistische Japan machte eine Periode der Wirren und der Dezentralisierung durch, und es zeigte sich Ausländern gegenüber ungewöhnlich zugänglich. Die Kriegsherren oder *daimyos* waren in ihren Territorien allmächtig und suchten den Kontakt mit dem Westen mit seiner überlegenen Bewaffnung. Wieder einmal behinderten Sprachprobleme Xavers Mission. Während seines 27monatigen Verweilens in Japan begriff er aber, daß die *Tabula rasa*-Politik, die einheimische Kultur und Religion auszuklammern und seine Predigt in einem westlichen Kulturrahmen darzubieten, nutzlos war. Er erkannte die vornehmen Züge der japanischen Kultur und sah, daß man hochqualifizierte Missionare brauchte, die darauf aufbauen konnten und die die gebildeten und herrschenden Schichten ansprechen würden.

Die Jesuitenmission in Japan sollte ein Jahrhundert andauern und erstaunlich erfolgreich sein. Zahlreiche *daimyos* wurden bekehrt, und um 1580 gab es über 150 000 Christen. Die Jesuiten bauten Seminare für die Ausbildung einheimischer Katecheten und Priester, obwohl es bis 1601 keinen Bischof gab, der Japaner hätte zu Priestern weihen können. Japanische Studenten wurden nach Europa geschickt, um zu studieren und Unterstützung für die Mission zu gewinnen. Gegen Ende des Jahrhunderts hatten andere Orden, vor allem die Franziskaner, Missionen errichtet. Reibereien zwischen den verschiedenen Gruppen trugen zu dem Verhängnis bei, das die Mission im neuen Jahrhundert ereilte. Die Kaiser gelangten zu der Überzeugung, daß die verbreitete Annahme des Christentums Japan anfällig machen würde für eine Eroberung durch den Westen. Seit etwa 1620 wurde eine schreckliche Verfolgung in Gang gesetzt, in deren Verlauf europäische Priester und einheimische Konvertiten gekocht, geschunden, gekreuzigt oder aufgespießt wurden. Ein englischer Handelsmann berichtete, gesehen zu haben, wie »in Miyako fünfundfünfzig auf einmal den Märtyrertod starben. Unter ihnen waren kleine Kinder von fünf oder sechs Jahren, die bei lebendigem Leibe verbrannten in den Armen ihrer Mütter, welche schrien › Jesus, nimm ihre Seelen auf ‹. Sehr wenige kehren zur Abgötterei zurück.« Um 1650 waren 2000 Christen getötet worden, darunter 70 europäische Priester. Das Christentum überlebte zwar, jedoch als unbedeutende Untergrundkirche.

Missionsaktivitäten in China

Der Herausforderung einer hohen Kultur mußten sich die Missionare noch stärker in China stellen, vor dessen Küste Franz Xaver 1552 gestorben war. Die Jesuitenmission in China ging von einer fast ebenso bemerkenswerten Gestalt aus: von Matteo Ricci (1552–1610). Ricci war 1571 in die Gesellschaft Jesu eingetreten.Er hatte bei Clavius, dem Freund Keplers und Galileis, Mathematik und bei Roberto Bellarmino Theologie studiert. 1582 wurde er nach Macao geschickt, um sich auf die Chinamission vorzubereiten. Dort studierte er chinesische Sprache, Philosophie und Geschichte, und als er 1583 China betreten durfte, stellte er sich als ein wißbegieriger Bewunderer der chinesischen Kultur vor. Er kleidete sich nach chinesischer Art, nahm die Lebensweise der Chinesen an und ließ sogar seine Fingernägel wachsen, um seinen Status als Mandarin zu betonen; er erwarb einen Ruf als Uhrmacher und Maler, Astronom und Kartograph. Im Jahre 1601 durfte er an den kaiserlichen Hof kommen und dort predigen. Riccis Absicht war ganz auf die Missionierung ausgerichtet, aber er warb nicht offen um Anhänger. Statt dessen wirkte er als Vermittler zwischen den beiden Kulturen, suchte in der chinesischen Literatur nach Äquivalenten für christliche Begriffe und in der chinesischen Lebensweisheit nach möglichst vielen Parallelen für christliche Wahrheiten. Er machte sich vieles von der Lehre des Konfuzius zu eigen und ließ offensichtlich religiöse Riten, wie die Ahnenverehrung, als rein bürgerliche oder gesellschaftliche Zeremonien gelten. Als Ricci 1610 starb, hatte er nur 2000 Chinesen bekehrt, darunter allerdings zahlreiche Gelehrte und Mitglieder der Mandarinenklasse. Seine Nachfolger bauten auf seinem Werk auf. Um 1650 gab es 150 000 chinesische Christen, und ein Jesuit, Adam Schall, war kaiserlicher Hofastronom geworden.

Indessen stieß die Missionierungsmethode der Jesuiten in China bei anderen Missionaren auf entschiedenen Widerstand. In den Augen von Dominikanern und Franziskanern war die Vorstellung von der Anpassung des Christentums an eine chinesische Umwelt prinzipiell verpönt, sie galt als Kompromiß mit Heidentum und Teufelsanbetung, wodurch der Abgrund zwischen sündiger Natur und Gnade vernebelt wurde. Die Mönche, die 1634 durch Futschou marschierten, Kruzifixe hochhielten und riefen »Die Idole und Sekten Chinas sind irrig und Trugbilder, durch die der Teufel sie auf immer zur Hölle führt«, brachten diesen tiefen Riß auf einen kurzen Nenner. Das Mißtrauen der Chinesen gegenüber dem Kulturimperialismus

Die portugiesische *padroado* im Osten war unter dem Gesichtspunkt der Missionierung nicht unbedingt ein Segen. Der Geistliche in den Kolonien (*links*) verstand sich eher als Feldkaplan für die portugiesische Gemeinde denn als Missionar. Oft gaben sich die Geistlichen – wie Henri Fernandes, der Jesuitenkollege von Robert de Nobili – damit zufrieden, Christsein mit Ausländer(parangi-)-sein zu identifizieren. Missionare wie der hl. Franz Xaver und später Ricci mußten sich von diesen Assoziationen und Beschränkungen befreien. Wenn irgend möglich, versuchten sie jedoch, sich mit dem kolonialen Klerus gut zu stellen, der, wenn man ihn vor den Kopf stieß, ihre Arbeit behindern konnte. Auf der Vignette über der Karte (*oben*), die in idealisierender Weise Franz Xavers Ankunft in Goa darstellt, wird er vom dortigen Bischof (mit dem er in der Tat Freundschaft schloß) herzlich begrüßt.

Rechts: In China fand unter Matteo Riccis Leitung die spektakulärste Anpassung von Missionaren an die heidnische Kultur statt. Auf diesem Bild, das Ricci im Mandaringewand mit einem Fächer zeigt, fällt auf, daß das Bild der Madonna gegenüber dem Kruzifix um einiges stärker hervortritt und der Altar mit Wörtern und abstrakten Symbolen anstatt auf die lebendige, realistische Weise der Gegenreformation ausgeschmückt ist. Die Chinesen empfanden nämlich religiöse Barockdarstellungen von Leiden und Tod als anstößig.

der Christen wuchs. Die Dinge verschlimmerten sich, als französische Missionare, geprägt von augustinischer Theologie, welche den Hintergrund für den Jansenismus bildete, in China ankamen und die europäischen Streitigkeiten neue Nahrung fanden in der Frage der Missionierungsmethode. Der Kaiser von China selbst unterstützte die Jesuiten, aber 1704 verurteilte Rom endgültig die Praxis der »Anpassung« an einheimische Kulturen.

Die Politik Roms in der Frage der Missionierung

Der Streit um die »chinesischen Riten« wirft ein Licht auf die Komplexität und den oft widersprüchlichen Charakter der katholischen Reformbewegung. Es war dies nicht der einzige Streit dieser Art, denn anderswo wendeten Jesuitenmissionare ähnliche Methoden an, wie Roberto de Nobili (1577–1656) in Indien, der alle Verbindungen mit Europäern abbrach und ein brahmanischer Heiliger wurde; er lehrte, daß das Christentum die wahre Erfüllung des Hinduismus sei, und lehnte es ab, bei den niederen Kasten zu missionieren. Die Diskussionen waren nicht bloß theologischer Natur. Der Wunsch der Jesuiten, einen einheimischen Klerus heranzuziehen, wurde ebenso sehr vereitelt durch rassistische Vorstellungen von der »Reinheit des Blutes«, welche ihren Ursprung in der Auseinandersetzung mit Judentum und Islam auf der Iberischen Halbinsel hatten, wie durch irgendein Problem augustinischer Theologie. Die portugiesische *padroado* (Patronat) über die östlichen Missionen erwies sich als eine Belastung, wie Xaver schon früh festgestellt hatte, denn der portugiesische Nationalismus und die Handelsinteressen Portugals standen entweder dem freien Zugang nicht-portugiesischer Missionare oder der Heranbildung eines einheimischen Klerus im Wege. Das Papsttum suchte diese Monopolstellung zu brechen, und mit der Gründung der *Congregatio de Propaganda Fide* im Jahre 1622 unter ihrem energischen Sekretär Francesco Ingoli ging Rom zu einer aktiven Missionierungspolitik über.

Ingoli stand den portugiesischen Aktivitäten im Osten sehr kritisch gegenüber. Er gab dem einheimischen Klerus in Indien und China Rückendeckung gegen rassistische Angriffe, attackierte die Säumigkeit der Krone bei der Besetzung der Bistümer für die neuen Kirchen und verurteilte Zwangskonversionen. Ingoli umging das Monopol der portugiesischen Krone auf die Ernennung der Bischöfe durch die Einführung von »apostolischen Vikaren« im Bischofsrang, die direkt dem Papst verantwortlich waren und erstmals in Holland und England eingesetzt wurden, wo die Regierungen protestantisch waren. In den ersten 25 Jahren ihres Bestehens gründete die Kongregation für die Glaubensverbreitung 46 neue Missionen. Sie hatte ihr eigenes Seminar, dessen Mitglieder verschiedenen Rassen angehörten und ihre eigene Druckpresse in Rom. Seit etwa 1660 griff sie stark auf französische Missionsgeistliche zurück, um das portugiesische Patronat zu unterminieren. Doch mit all ihrer Energie gelang es ihr niemals, die königliche Schirmherrschaft Lissabons und Madrids auszuschalten oder einen einheimischen Klerus heranzubilden. Ingoli hatte eine Abneigung gegen die Jesuiten, und obwohl Rom den Pekinger Jesuiten eine gewisse Rückendeckung gab und sogar das Lesen der Messe und des Breviers auf Chinesisch erlaubte, wirkte die starke Präsenz französischer Geistlicher mit augustinischen Auffassungen in der Kongregation einer Politik der Anpassung unweigerlich entgegen, und schließlich wurden alle derartigen Zugeständnisse wieder zurückgenommen. Eine quantitativ relevante Rekrutierung nichteuropäischer Geistlicher scheiterte am Hindernis des Lateinischen und am Zölibat. Hier erwies sich die Gegenreformation als ein schwieriges Bündnis widerstreitender Kräfte.

DIE KIRCHE IN NORDAMERIKA

Die Geschichte des Christentums in den Vereinigten Staaten ist eine Geschichte von Erforschung, Kolonisierung, Einwanderung, und, darüber hinaus, ist von neuen Phänomenen zu berichten. Im 15., aber noch mehr im 16. Jahrhundert, war der nordamerikanische Kontinent, wie die Neue Welt ganz allgemein, eine Beute, die die europäischen Mächte – vor allem Portugal, Spanien, Holland, Frankreich und England – unter sich aufteilten oder um die sie sich stritten. Ein guter Teil des Streits betraf die Religion. Das Evangelium sollte in Nordamerika heimisch werden – aber wessen Evangelium? Die beiden katholischen Mächte Portugal und Spanien hatten gegen Ende des 16. Jahrhunderts größere Einbrüche in Mittel- und Südamerika erzielt. Eine weitere katholische Macht, Frankreich, war unter der Führung von Jacques Cartier 1534 in das Gebiet des Lorenzstroms eingedrungen. England, die protestantische Hauptmacht, ergriff nur zögernd die Chancen, die sich ihm für territorialen Zuwachs oder für die Ausbreitung des Protestantismus boten. Die großen Propagandisten und Kirchenmänner Richard Hakluyt (um 1522–1616) und Samuel Purchas wollten dies ändern. Hakluyt forderte 1584 Englands Monarchen auf, sich ihren Titel »Verteidiger des Glaubens« zu verdienen, und Purchas schalt seine Nation drei Jahrzehnte später, sie sei mehr für Lethargie als für Liturgie bekannt. Zu Beginn des 17. Jahrhunderts war jedoch klar, daß die Christianisierung

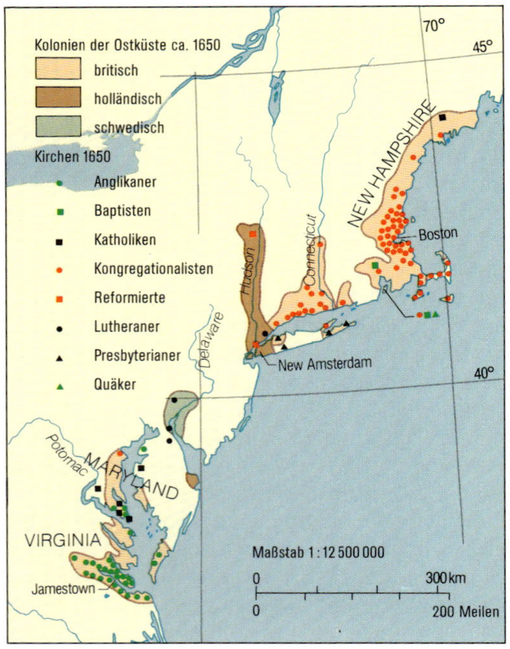

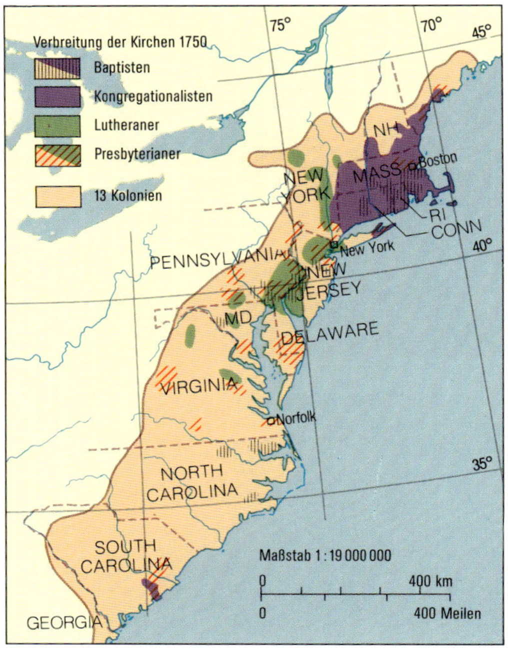

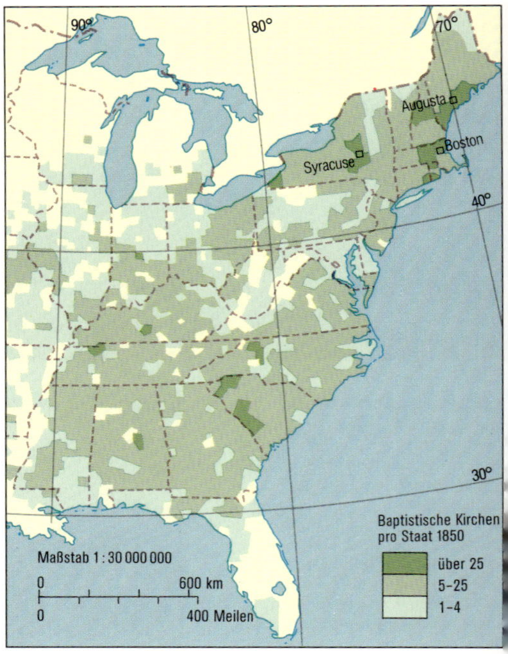

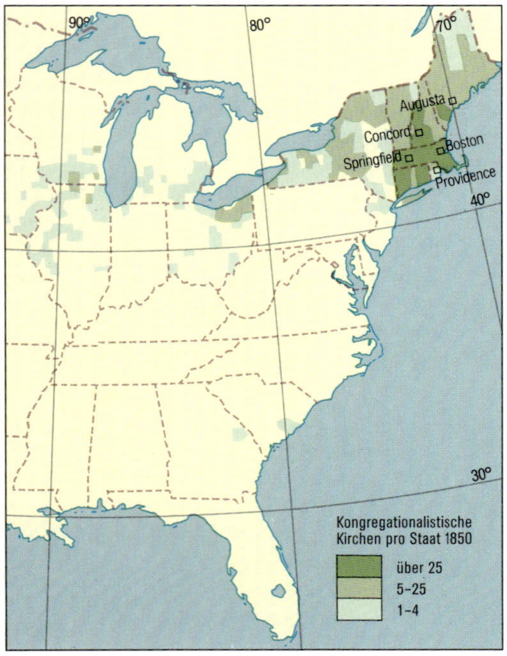

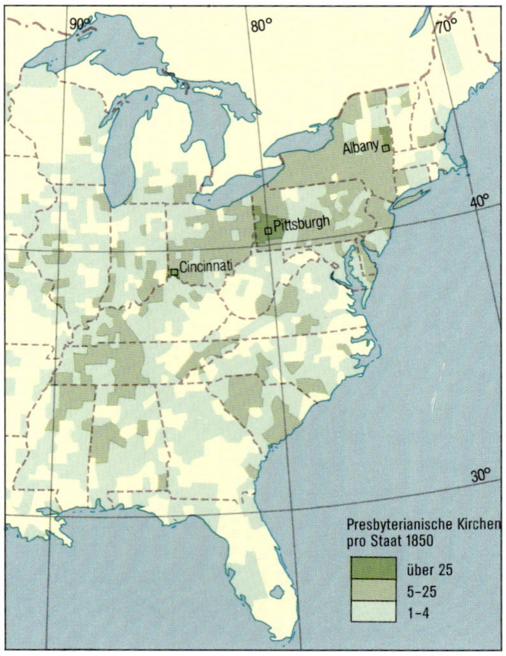

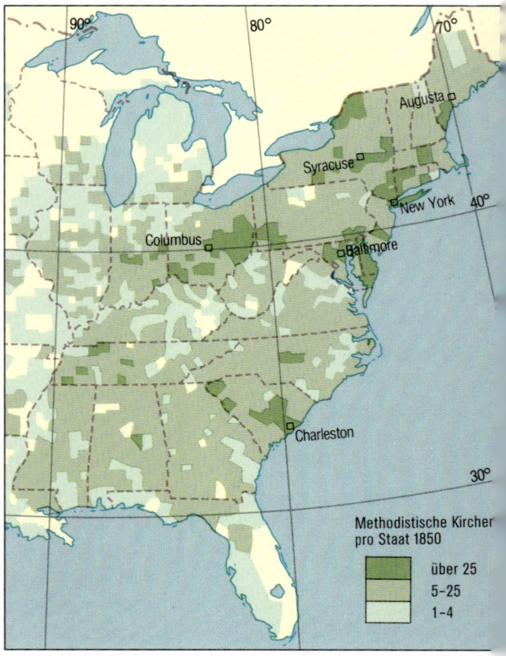

Rechts: Jamestown war nicht unbedingt die glücklichste Wahl, die die Engländer bei ihrer Ansiedlung im frühen 17. Jahrhundert treffen konnten; die Siedlung hatte aber Bestand. In der Neuen Welt bot Jamestown der englischen Nation und ihrer nationalen Kirche einen Punkt, von dem aus sie längs der breiten Flüsse und in die Chesapeake Bay expandieren konnten. Die idealisierte Szene auf diesem Bild gibt kaum einen Hinweis auf die inneren Streitigkeiten unter den Engländern oder das wachsende Mißtrauen und die zunehmende Feindschaft zwischen den ansässigen Amerikanern und neu ankommenden Europäern. Die Flüsse, wie James, York, Rappahannock und Potomac, wie auch die Bay selbst wurden zu Handelsstraßen und Zufahrtswegen für die Besiedlung. Bei allen Schwierigkeiten sollten auch die Gemeindegrenzen hauptsächlich durch sie bestimmt werden.

Nordamerikas nicht allein den katholischen Nationen Europas überlassen bleiben würde.

Anglikanismus in den südlichen Kolonien

Die ersten Kolonisationsversuche Englands scheiterten, und für das 1607 gegründete Jamestown (Virginia) sah es eine Zeitlang nicht viel besser aus. Doch trotz Hungersnot, Unzufriedenheit, Indianeraufständen und wirtschaftlichem Zusammenbruch konnte Jamestown überleben und damit Englands bevölkerungsreichste Kolonie auf dem nordamerikanischen Kontinent. Bereits 1619 wurden Schritte unternommen, um der Kirche Englands in dieser Kolonie einen offiziellen Status zu sichern. Den Anglikanismus aufrechtzuerhalten erwies sich jedoch als äußerst schwierig. Das Geld war knapp, es gab nur wenige Geistliche, und die anspruchslose Bevölkerung war weit gestreut. Ein englischer Beobachter schrieb 1662, daß die Bewohner Virginias nicht in Städten, sondern auf Plantagen wohnten, die sich viele Meilen an den Flüssen entlang zogen. Die Pfarrgemeinden, die von der gesetzgebenden Körperschaft eingerichtet wurden, umfaßten ein großes Areal, aber nur wenige Menschen. »Die Familien solcher Gemeinden wohnen in großen Entfernungen voneinander, viele von ihnen sehr weit entfernt vom Haus Gottes, obwohl es in ihre Mitte gesetzt ist« (*Virginia's Cure*). Der Autor schlug vor, auf jeden Fall Städte zu bauen, trotz der geographischen und wirtschaftlichen Lage, so daß eine englische Pfarrgemeinde so ausschauen würde, wie sie es sollte. Sein Plan wurde ebensowenig verwirklicht wie sein Vorschlag, mit Stipendien an den Universitäten Oxford und Cambridge bessere Geistliche für Nordamerika auszubilden. (Eine aussichtsreichere Lösung für das Problem der Qualität und der Zahl der Geistlichen kam 1701 in Sicht mit Thomas Brays Gründung der Gesellschaft für die Verbreitung des Evangeliums in Übersee.) Trotz der sehr realen Probleme war der Anglikanismus in Virginia um die Mitte des 18. Jahrhunderts stärker als irgendwo auf dem Kontinent: er zählte damals etwa 100 Kirchen.

Anderwärts, in den südlichen Kolonien, versuchte die Kirche von England ihren Status zu verbessern oder gesetzlich zu regeln. Während Maryland 1634 von englischen Katholiken begründet wurde, war gegen Ende des Jahrhunderts die englische Hochkirche dort offiziell etabliert. Sie genoß auch gesetzliche Vergünstigungen in South Carolina und North Carolina, wenn auch die letztgenannte Kolonie alle echten Kirchenmänner zur Verzweiflung brachte. North Carolina »ist in einem Zustand moralischer Verderbtheit, Auflösung und Korruption – und wie könnte das auch anders sein? Die Bevölkerung setzt sich zusammen aus dem Abschaum aller anderen Kolonien, der dort Zuflucht sucht«, so schildert es der Anglikaner Charles Woodmason im Jahre 1766. Er zeichnet ein recht verzerrtes Bild, das aber zugleich auf die stärkere Niederlassung der Quäker und die zunehmende Präsenz der Baptisten in North Carolina hindeutet. Die letzte der 13 Kolonien, aus denen die Vereinigten Staaten entstehen sollten, Georgia (gegründet 1733), erkannte ebenfalls die Kirche von England als Staatskirche an, doch vollzog sich das Wachstum dort noch langsamer als in den beiden Carolinas. Zur Zeit der Amerikanischen Revolution beherrschte der Anglikanismus den Süden, besonders die Gebiete mit der frühesten Besiedlung: die Küstenregion. Indessen verlor die anglikanische Kirche infolge der Revolution stark an Ansehen, so daß der Anglikanismus innerhalb einer Generation im ganzen Süden zur Minderheitskonfession wurde.

Die Niederlassung der Independenten in Neuengland

Das Erscheinungsbild des religiösen Lebens in Neuengland unterscheidet sich auffallend von dem des Südens, sowohl hinsichtlich der Bevölkerungsstruktur als auch im Blick auf die Konfessionen. Man siedelte sich hier in Städten an, nicht an Flußläufen. Die Familien hielten fest zusammen. Die Sklaverei hielt sich in Grenzen, ja kam kaum vor. Die Lebenserwartung lag weit höher; und die Menschen waren von einem größeren theologischen Eifer beseelt. Es waren englische Puritaner, die in die Kolonien Plymouth und Massachusetts gekommen waren. Ihre Motivation war in erster Linie eine religiöse. Die Kolonien Massachusetts und Connecticut entstanden daher durch

Links: Die Ausbreitung des Christentums in den USA
Die Ausbreitung des Christentums in Nordamerika spiegelt sich in der Bewegung der Siedler. Diese waren zunächst vorwiegend englische puritanische Flüchtlinge, Presbyterianer, Quäker, Anabaptisten und Kongregationalisten wie auch Anglikaner, Lutheraner und reformierte Christen aus Europa. Weil viele von ihnen nach Amerika gekommen waren, um in Freiheit ihre Religion ausüben zu können, erwiesen sich die konfessionellen Trennungen als dauerhaft.

»einen Gang in die Wildnis«, was bei den Kolonien des Südens niemals der Fall gewesen war. Die Puritaner waren in religiöser Hinsicht ziemlich homogen. Sie nannten sich »Kongregationalisten«. Kongregationalismus war die frühe Konfessionsbezeichnung für diejenigen Puritaner, die sich bereits von der Kirche von England getrennt hatten. Der Kongregationalismus war ebenfalls gesetzlich anerkannt. Gut versorgt mit gebildeten und fähigen Geistlichen, die in der ersten Generation aus Cambridge, in den folgenden Generationen aus Harvard (1636) oder Yale (1701) kamen, verbreitete er sich stetig. Der um 1740 wiederauflebende Pietismus verinnerlichte die Religiosität der Neuengländer, wenngleich er auch zu Abspaltungen von der offiziellen Kirche führte. Die amerikanische Revolution, die von den Kongregationalisten starke Unterstützung erhielt, brachte für deren Kirche jedoch keine plötzliche Veränderung, wie dies weiter im Süden für die anglikanische Kirche der Fall war. Vielmehr bewahrte sie ihren offiziellen Charakter auch noch nach der Revolution, in Connecticut bis 1818 und in Massachusetts bis 1833.

Natürlich war diese Homogenität in ganz Neuengland niemals nahtlos verwirklicht, nicht einmal in den beiden oben erwähnten Kolonien. Doch war es die Kolonie Rhode Island mit ihrer Hauptstadt Providence, wo die größte religiöse Vielfalt herrschte – eine Mannigfaltigkeit, die für den überwiegenden Teil der westlichen Welt im 17. Jahrhundert ärgerniserregend war. Der Puritaner Roger Williams (1604–1683), der 1636 aus Massachusetts verbannt worden war, kaufte Land von den Indianern und errichtete eine Kolonie, in der das »eindrucksvolle Experiment« gewagt werden sollte, »einen blühenden bürgerlichen Zustand« aufrechtzuerhalten auf der Grundlage, daß alle ihre Bürger »volle Freiheit in religiösen Belangen« genießen. Williams, erst seit kurzem Baptist, wurde später von John Clarke, der schon seit langem Baptist war, bei der Ausarbeitung der Verfassung für Rhode Island und bei der Festlegung der Grenzen des Staates unterstützt. Die Baptisten sollten die ersten Nutznießer der bewußt gewählten religiösen Freiheit in dieser Kolonie sein. Wenig später kamen die Quäker, die Newport als ihren Hauptstützpunkt in Neuengland errichteten. Indem es sich für alle Unzufriedenen, Nonkonformisten, kirchlich Unbeheimateten und Unbeteiligten offenhielt, half Rhode Island unbewußt dem übrigen Neuengland bei dessen Bemühen, den eigenen neuenglischen Weg, den des Kongregationalismus, zu gehen und zu wahren.

Vielfalt in den mittleren Kolonien

Zwischen dem Süden und Neuengland boten die mittleren Kolonien ein Bild großer Mannigfaltigkeit: in der ethnischen und nationalen Zusammensetzung ebenso wie in sprachlicher und konfessioneller Hinsicht. Die Holländer, die schon früh in die Gegend des heutigen New York kamen, brachten Hollands eigene nationale Kirche mit. Und während die holländische Flagge in weniger als zwei Generationen niedergeholt und statt ihrer die englische Flagge aufgezogen wurde (im Jahre 1664), blieb die holländische reformierte Religion eine starke kulturelle Kraft sowohl in New York als auch in New Jersey – so stark immerhin, daß 1766 ein holländisches reformiertes College (Rutger's) ins Leben gerufen wurde. Die calvinistischen Holländer schlossen sich auch aufrichtig der calvinistisch orientierten Großen Erweckung um 1740 an, genauso wie die schottischen und irischen Presbyterianer der mittleren Kolonien, die sich schon früh im 18. Jahrhundert in dieser Region niedergelassen hatten. Am spannendsten gestaltete sich jedoch der Einzug der Gesellschaft der Freunde, d.h. der Quäker, in diesen Teil Amerikas. Unter der tatkräftigen Führung von William Penn (1644–1718) erhielten nicht nur die vielgeschmähten und vielfach verfolgten Quäker, sondern auch alle anderen religiösen Nonkonformisten durch die große Landvergabe von »Penn's woods« eine Heimat. Obwohl erst 1683 (lange nach Jamestown, Plymouth oder New York) gegründet, wuchs Philadelphia rasch heran, so rasch, daß es um die Mitte des 18. Jahrhunderts die kulturelle und zur Zeit der Revolution die politische Hauptstadt Amerikas wurde.

Gegen Ende der Amerikanischen Revolution im Jahre

Links: Bei den Puritanern waren die religiösen Beweggründe viel offensichtlicher als bei den Einwanderern nach Virginia. So war auch das Bevölkerungswachstum in der Bay-Kolonie gesicherter und erfolgte rascher. Die »Pilgerväter«, die sich in Plymouth niederließen, und die »Puritaner«, die Boston gründeten, verschmolzen bald zur Konfession des Kongregationalismus. In den Bastionen dieser Kirche (Massachusetts, Connecticut, New Hampshire und später Vermont) bildete sich das heraus, was später als »der Neuengland-Weg« bezeichnet wurde.

Unten: Ein großer Teil der amerikanischen Geschichte des 19. Jahrhunderts hängt zusammen mit der freiwilligen Wanderung Tausender über die Appalachen den Ohio abwärts zu den reichen Ebenen des Mittelwestens und dann – in einem Vorstoß weit darüber hinaus – zur Pazifikküste in den späten 40er Jahren. Die Religion zog mit auf diesem großen Marsch. Es wurden Kirchen gebaut und Colleges gegründet, und an der sich ständig verändernden Grenze war die Religion präsent durch Wanderprediger, Hausmissionare und am auffälligsten bei den Lagertreffen. Letztere boten Unterhaltung und Bildung, Kameradschaft und Kontakte zwischen den Geschlechtern, alles unter dem Dach eines kraftvoll verkündeten demokratischen Evangeliums.

1783 war in der neuerdings unabhängigen Nation die Reihenfolge der Konfessionen ihrer Stärke nach: Kongregationalisten, Presbyterianer, Baptisten, Anglikaner, Lutheraner, deutsche Reformierte, holländische Reformierte, Katholiken. Wie schon angedeutet, waren diese Konfessionen nicht gleichmäßig entlang der Atlantikküste verteilt, vielmehr wurden bestimmte Gegenden von ihnen bevorzugt. Die Kongregationalisten beherrschten, wie bemerkt, Neuengland, während die Presbyterianer sich vorwiegend in den mittleren Kolonien konzentrierten. Die Baptisten, schon früh in Rhode Island und Pennsylvania ansässig, wandten sich nach 1750 stärker zum Süden, wo sie vor allem das Hinterland besiedelten. Die Anglikaner drangen, ausgehend von einer starken Basis im Süden, in Pennsylvania, New York und sogar Neuengland ein, mußten sich aber immer einer starken Konkurrenz stellen. Die Lutheraner, damals hauptsächlich deutscher Herkunft, lebten vorwiegend in Pennsylvania, ebenso die deutschen Reformierten. Die holländischen Reformierten konzentrierten sich auf New York und New Jersey, worauf bereits hingewiesen wurde, während die kleine Minderheit der Katholiken hauptsächlich in Maryland lebte und – in geringerer Zahl – im östlichen Pennsylvania.

Revolution und das »Freiwilligkeitsprinzip«

Durch die nationale Eigenständigkeit der USA wurden nicht alle Umrisse der religiösen Geographie aus der Kolonialzeit verwischt. Sie eröffnete jedoch riesige neue Territorien für die religiöse Expansion, und im Jahre 1791 wurden allen religiösen Gruppen in dieser Hinsicht formell die gleichen Rechte zuerkannt. Sowohl pietistische als auch deistische Prinzipien sprachen gegen jedwede Nationalkirche; darüber hinaus kristallisierte sich auch keine einzelne Kirche als politisch in Frage kommende Staatskirche heraus. So nahmen die Kirchen notgedrungen oder aufgrund von Überzeugung das »Freiwilligkeitsprinzip« an. Ohne Hilfe vom Staat zu erhalten, aber auch ohne von ihm gehindert zu werden, hatte jede Konfession die Freiheit, ihre eigenen Schulen zu bauen, ihre eigenen Geistlichen auszubilden und zu unterstützen, ihre eigene Literatur zu drucken und zu verteilen, ihre eigenen Kirchen zu organisieren und ihre eigenen Missionare zu rekrutieren und zu unterhalten.

Viele Konfessionen fanden bei ihren großen Aufgaben die Unterstützung bestimmter auf freiwilliger Basis bestehender Gesellschaften aus dem frühen 19. Jahrhundert wie der Amerikanischen Bibelgesellschaft, der Amerikanischen Sonntagsschulen-Union, der Amerikanischen Traktat-Gesellschaft (American Tract-Society) und der Amerikanischen Bildungsgesellschaft (Education Society). Presbyterianer und Kongregationalisten taten sich 1801 zusammen, um aufgrund eines Unionsplans ihre Mittel gemeinsam zur Bewahrung des Westens vor Barbarei und zu seiner Missionierung zu verwenden. Ein Neuankömmling auf der amerikanischen Szene, der Methodismus, erwies sich als besonders geschickt darin, den Westen für sich zu erschließen und an der rasch vorrückenden Grenze seinen Dienst zu versehen. Berittene Reiseprediger oder Wan-

Christen in Pennsylvania im 19. Jahrhundert

Um 1750 war Pennsylvania zum Urbild dessen geworden, was dann praktisch ganz Amerika sein sollte: pluralistisch, wohlhabend und kontinuierlich reicher werdend durch direkte Einwanderung. William Penn vermied einige der Fehler, welche die früheren kolonialen Abenteurer begangen hatten. Er behandelte die Indianer ehrenhaft, ließ keine Verfolgung religiöser Nonkonformisten zu und gab künftigen Siedlern eine realistische Einschätzung der tatsächlichen Kosten und Schwierigkeiten. Englische Quäker bildeten die Mehrheit bei der ersten Welle von Einwanderern in das Gebiet von Philadelphia. Bald folgten ihnen Deutsche und Schotten in dieses weite, neue und einladende Land. Die daraus resultierende religiöse Vielfalt verunsicherte jene, die sich an Religionsfreiheit noch nicht gewöhnt hatten.

Die beherrschende Volksgruppe in York County waren die Deutschen. Innerhalb dieser Volksgruppe war das Luthertum die wichtigste religiöse Kraft im 18. Jahrhundert und weiterhin bis ins 20. Jahrhundert hinein. Glücklicherweise besitzen wir ein Zeugnis für das kulturelle und religiöse Leben der Deutschen in den *Sketches and Chronicles (Skizzen und Chroniken)* von Lewis Miller (1796 bis 1882). Mit dem Zeichenblock in der Hand und von unstillbarer Neugier getrieben zog der Volkskundler Miller durchs Land und beobachtete und zeichnete. In seiner oft vergeblichen Suche nach denen, die nicht zur Elite gehörten oder in wichtigen Positionen saßen, vermittelt uns Miller ein Bild von deren Leben. Ihm verdanken wir es, wenn wir die religiöse Vielfalt und Besonderheit des ländlichen Pennsylvania im 19. Jahrhundert so gut kennen.

Rechts: Nach Miller stellt diese Zeichnung eine »Landkirche« dar, »neun Meilen von Christiansburg, Virginia, und drei Meilen von New River, gegenüber der Landstraße«. Mit der ihm eigentümlichen Genauigkeit hielt er fest, daß er diese Kirche am 22. Juni 1856 besuchte. Die Region war auch stark von Lutheranern besiedelt, die im allgemeinen von York County südwärts nach Maryland in das Frederick und das Carroll County wanderten und dann in das Shenandoah-Tal von Virginia. Diese Wanderbewegung durch die Appalachen anstatt über sie hinweg erstreckte sich zumindest bis Montgomery County, wo Christiansburg liegt.

Oben: Lewis Miller zeichnete sogar genau den Altar und die Kommuniongefäße der lutherischen Kirche von York ab. Seine Beschreibung lautet: »Eine kunstvoll gearbeitete silberne Büchse zur Aufbewahrung der Hostie ... und ein vergoldeter Kelch für den Wein ... zwei silberne Teller und zwei Silberlöffel, dazu ein schönes Tuch, um die Altarbilder zu überdecken.«

Links: Singender Chor. In Millers Skizze einer lutherischen Kirche in York im frühen 19. Jahrhundert dominiert die Musik, die ein wesentlicher Bestandteil des Gemeindelebens der Lutheraner war – wie auch der Herrnhuter in Bethlehem und anderen Gemeinden in Pennsylvania. Die Orgel, die die Empore überragt, ist von eindrucksvoller Größe, ebenso wie der sechzehnstimmig singende Chor.

Rechts: Geburtsurkunde. Ein schönes Beispiel von Frakturschrift, zeigt diese »Geburts- und Taufurkunde«, wie sich um 1849 der Übergang vom Deutschen zum Englischen beinahe vollständig vollzogen hatte. Die Tradition dauerte fort, nicht nur in der deutschen Inschrift, sondern auch in der überschwenglich dekorativen und weithin vertrauten künstlerischen Symbolik.

derprediger bereisten jede neueröffnete Poststrecke und taten ihren geistlichen Dienst, noch bevor es dort eine Stadt gab. Die Baptisten, die weniger Wert auf eine an Hochschulen ausgebildete Geistlichkeit legten als die Kongregationalisten, setzten den »Bauernprediger« ein, der in ländlichen Weilern oder an den Flüssen gelegenen Siedlungen die Aufgabe der geistlichen Betreuung wahrnehmen sollte.

Die riesige Weite des Kontinents lockte, zumal nach dem Kauf von Louisiana im Jahre 1803 und dem mexikanisch-amerikanischen Krieg von 1846/47, immer mehr Menschen an. Ein derart offenes Territorium machte neue Methoden der Evangelisation erforderlich: Lagerversammlungen, die Betbank der Erweckungsprediger, die Einkehrtage der katholischen Patres, eine Vereinfachung der Theologie, die Erhebung der Bibel zur alleinigen und ausreichenden Richtschnur für alle, Gleichgültigkeit gegenüber der Konfessionszugehörigkeit, und vieles mehr. Bisweilen führten neue Methoden zu neuen Institutionen oder Vereinigungen. Thomas und Alexander Campbell, wie auch Barton Stone, welche die reine Kirche der apostolischen Zeit wiederherstellen wollten, schufen 1811 ihre eigene Grenzkirche: die Jünger Christi-Kirche (Disciples of Christ) und verwandte »Kirchen Christi«. Die Ungebundenheit und Traditionslosigkeit im Westen suggerierte auch vielen, daß sich hier kühne Experimente christlichen Lebens durchführen ließen, so den Shakers (»Zitterer«), der Oneida-Kommune, den Oweniten, Rappiten, Theosophen und – die erfolgreichsten unter ihnen – den Mormonen. Der Westen brachte diese Gruppen nicht alle hervor, aber er gab ihnen eine Heimstatt.

Katholizismus und Orthodoxie im 19. und 20. Jahrhundert

Zur gleichen Zeit, als die Kirchen sich bemühten, den wirschaftlichen und personellen Konsequenzen gerecht zu werden, die aus der Erschließung des Westens und der Pazifikküste resultierten, sahen sich eben diese Kirchen überflutet von einer Einwanderungswelle an der Atlantikküste. Das galt besonders nach dem bitteren Bürgerkrieg, der sowohl dem Evangelisationseifer als auch dem moralischen Engagement der Kirchen des Landes abträglich war. Aufgrund dieser Einwanderungswelle im 19. Jahrhundert wurde die römisch-katholische Kirche – noch um 1780 eine Minderheitskonfession – um 1850 zur größten einzelnen Konfessionsgemeinschaft des Landes. Ihr explosives Anwachsen (erst durch Zustrom aus Irland und Deutschland, später aus Süd- und Osteuropa) erzeugte zahlreiche innere Spannungen: Die Eingesessenen befürchteten »römischen« Einfluß und eine Bedrohung der amerikanischen Freiheit durch das Papsttum. Im Innern vermied es die Leitung der katholischen Kirche, den Forderungen nach ethischer Identität von Gemeinde, Priester und Bischof nachzugeben. Nach außen arbeitete diese Führung, z.B. James Kardinal Gibbons (1834–1921), unaufhörlich daran, eine skeptische Bürgerschaft davon zu überzeugen, daß eine katholische Gemeinschaft und nationale Freiheit vollkommen miteinander vereinbar seien. Im 20. Jahrhundert schwand das politische Mißtrauen. Zugleich stieg erneut der Druck durch Einwanderung. Diesmal kamen die Immigranten aber nicht aus Europa. Spanisch sprechende Katholiken aus Mittel- und Südamerika sowie von den karibischen Inseln mußten jetzt von der römisch-katholischen Kirche assimiliert werden. Die Volkszugehörigkeit bestimmte zwar nicht die gesamte Struktur, es ließ sich aber auch nicht einfach von ihr absehen.

Die östliche Orthodoxie, die es auf dem Kontinent schon früh in »Russisch Amerika« gab, schlug aus ihren

Anfängen im 18. Jahrhundert in Alaska kein Kapital. Im 20. Jahrhundert führte jedoch eine starke Einwanderung zu einer sichtbaren, farbenreichen Präsenz der russischen und griechischen Liturgie in den Vereinigten Staaten (und zusätzlich der Liturgien kleinerer Ostkirchen). Die Orthodoxie muß sich jedoch noch akklimatisieren. Ihre Enklaven bleiben nach außen abgeschlossen und isoliert; innere Abgrenzungen verhindern die Wahrnehmung der gemeinsamen Interessen auf nationaler Ebene. Aller Wahrscheinlichkeit nach wird die Orthodoxie im 21. Jahrhundert stärker assimiliert sein und stärker am amerikanischen Leben teilnehmen – eine ähnliche Entwicklung wie bei zahlreichen anderen christlichen Gemeinschaften.

Das Wuchern religiöser Gemeinschaften

Die religiöse Vielfalt in den Vereinigten Staaten ist großenteils eine Folge der Einwanderung aus Europa, Afrika, Asien und Lateinamerika. Manchmal führte die Einwanderung zu verschiedenen Zeitperioden – so aus Holland im 17. und wiederum im 19. Jahrhundert – zur Bildung gesonderter kirchlicher Organisationen. Soviel aber auch der Einwanderung zu verdanken ist, so muß man auch sehen, daß die Vereinigten Staaten an sich sehr viele religiöse Organisationen hervorgebracht haben. Einige von ihnen entstanden durch Spaltungen. Denn wo es weder eine Staatskirche gibt noch ehrwürdige Traditionen, kommt es leicht zu Abspaltungen. Im 18. Jahrhundert trennten sich die Kongregationalisten in Old Lights and New Lights (»Alte« und »Neue Lichter«), die Presbyterianer in Old Side und New Side (»Alte« und »Neue Seite«), die Baptisten in Six Principle (»Sechs-Prinzip«), Seventh Day (»Siebenter Tag«) und Calvinisten. Im 19. Jahrhundert spaltete der Bürgerkrieg Methodisten, Presbyterianer und Baptisten entsprechend dem Nord-Süd-Gegensatz. (Die beiden erstgenannten haben sich im 20. Jahrhundert wieder vereinigt.) Im frühen 20. Jahrhundert führte der Streit zwischen Fundamentalisten und Modernisten zu immer weiteren Spaltungen in immer kleinere Gruppen. Außerdem aber ist Amerika ein Feld für Experimente und Neuerungen. Besonders unter den vom Geist Erfüllten, welche sich nicht viel aus Institutionen machen, entstand eine Fülle neuer Denominationen: Assembles of God (»Versammlungen Gottes«) Churches of God (»Kirchen Gottes«), Nazarenerkirchen, Pilgrim-Holiness-Church (»Pilger-Heiligkeitskirche«) und zahlreiche verschiedene Pfingstkirchen. Religiöse Freiheit in Amerika bedeutete unter anderem eine offenbar ins Endlose gehende Vermehrung christlicher Organisationen – ein Prozeß, wie ihn schon R.W. Emerson vorhergesehen hat: Jeder seine eigene Kirche.

Die ökumenische Bewegung des 20. Jahrhunderts hat das Tempo dieses Prozesses jedoch verlangsamt. Das Luthertum in Amerika hat sich aus 20 getrennten Kirchen von verschiedener Volkszugehörigkeit zu zwei größeren Organisationen hinentwickelt. Die Methodisten überwanden 1939, die Presbyterianer 1983 das durch den Bürgerkrieg verursachte Schisma, doch außerdem gingen sie beide Verbindungen mit anderen »von gleichem Glauben und von gleicher Ordnung« ein, für die die Sklaven- oder Rassenfrage ganz unerheblich war. Im Jahre 1962 setzte sich eine Konsultation über eine Kirchenunion das hohe Ziel, eine christliche Kirche zu schaffen, die »wahrhaft katholisch, wahrhaft evangelisch, wahrhaft reformiert« sein und die meisten Protestanten (von den größeren Gruppen wurden nur Lutheraner und Baptisten nicht in die Diskussion einbezogen) unter einer einzigen Kirchenordnung vereinigen sollte. Abgesehen von kirchlichen Zusammenschlüssen ist es im 20. Jahrhundert zu kirchlicher Zusammenarbeit gekommen, vom Federal Council of Churches im ersten Jahrzehnt (um die Jahrhundertmitte reorganisiert als National Council of Churches) bis zur nationalen Association of Evangelicals, die 1942 ins Leben trat. Ferner hat sich die Zusammenarbeit zwischen Katholiken und Protestanten seit dem II. Vatikanischen Konzil (1962–1965) merklich verbessert. Nichtsdestoweniger bleiben Trennung und Mißtrauen bestehen – bedingt durch die Verschiedenheit der Rasse oder Klasse, der Theologie, der Gemeinschaft oder lediglich durch geschichtliche und geographische Zufälligkeiten.

Links: Nicht alle Wanderungen erfolgten von Osten nach Westen. Besonders was den Katholizismus betrifft, drang die Besiedlung und missionarische Tätigkeit in einem bedeutenden Ausmaß vom Süden (vor allem Mexiko) zum Norden (insbesondere nach Texas, Neumexiko, Arizona und Kalifornien) vor. Der Franziskanerpater Junipero Serra (1713–1784) errichtete eine Kette von Missionsstationen entlang der kalifornischen Küste. Diese Kette reichte schließlich von San Diego im Süden bis Sonoma im Norden. Das hier abgebildete San Luis Rey lag etwa 50 km nördlich von San Diego. Der in den 80er Jahren unseres Jahrhunderts gemachte Vorschlag, Pater Serra heiligzusprechen, stieß auf den Widerstand von Indianergruppen und anderen, die argumentierten, daß seine »Missionspolitik« von der indianischen Würde und Integrität mehr zerstört als erhalten hätte.

Eine gottesfürchtige Nation

Trotz all der Spaltungen, Trennungen und der chaotischen Vermehrung lautete eine regelmäßig wiederholte Feststellung über die Religiosität in Amerika: Sie nimmt zu. Die Mitgliedschaft in Kirchen stieg von ca. 15 oder 20 Prozent zu Beginn auf über 60 Prozent zwei Jahrhunderte später an. Der Reichtum der kirchlichen Unternehmen nahm derart zu, daß scharfe Kritik und Angriffe gegen die pauschale Steuerbefreiung für all diese Vermögen und Einkommen provoziert wurden. Politiker konnten bei-

Unten: Geschlechtsleben und Ehe erwiesen sich als störend für alle utopischen Experimente und für einige als verhängnisvoll. Die Shaker lösten das Problem, indem sie beides verboten. Die Trennung der Geschlechter war die Norm und Ehelosigkeit die Regel. Solange die Erweckungsbewegung und die Lagerversammlungen an der Grenze den Shakern neue Konvertiten brachten, wuchs die Mitgliederzahl. Als diese Quelle jedoch vor dem Bürgerkrieg versiegte, ging es mit den Shakern allmählich, aber ständig bergab. In dem Maße wie das religiöse Leben dahinwelkte, erwachte ein antiquarisches und historisches Interesse an den Shakern, vor allem an ihrer Volkskunst und Möbelgestaltung, ihren Kräuterarzneien und an ihren rituellen Tänzen und Kirchenliedern.

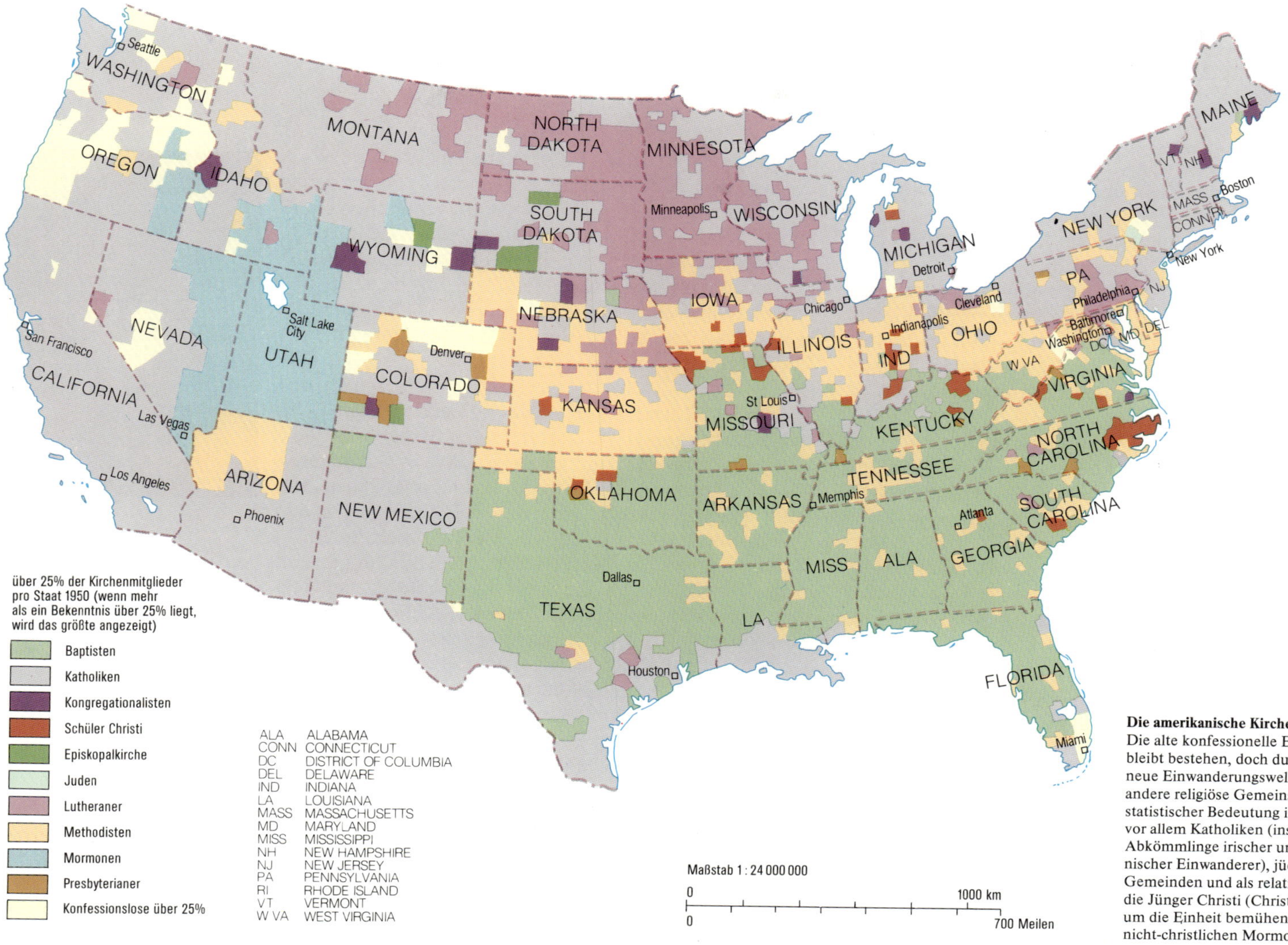

Die amerikanische Kirche
Die alte konfessionelle Einteilung bleibt bestehen, doch durch starke neue Einwanderungswellen gelangen andere religiöse Gemeinschaften zu statistischer Bedeutung in den USA, vor allem Katholiken (insbesondere Abkömmlinge irischer und puertorikanischer Einwanderer), jüdische Gemeinden und als relative Neulinge die Jünger Christi (Christen, die sich um die Einheit bemühen) sowie die nicht-christlichen Mormonen.

nahe jeder religiösen Gemeinschaft angehören, aber wehe, sie gehörten gar keiner an. Der Kirchenbesuch liegt seit Jahren bei durchschnittlich 40 bis 45 Prozent der jeweils registrierten Mitglieder und ist damit immer noch höher als bei den meisten Nationen der westlichen Welt. Und sieht man einmal ab von Kirchenbesuch, Beitrag oder Mitgliedschaft, so bekannte sich ein überwältigender Anteil der nationalen Bevölkerung (über 90 Prozent) zu irgendeiner religiösen Gruppe. Amerika war, wie Athen in den Tagen des hl. Paulus, »sehr religiös«.

Doch in den sechziger Jahren flachte die Wachstumskurve der schon länger etablierten Konfessionen ab, bei einigen begann sie sogar sich nach unten zu neigen. Zusammen mit dem um sich greifenden Pluralismus, den »Erfolgsziffern« neuerer Kirchen, dem Eindringen orientalischer Religionen, der Anziehungskraft autoritärer Kommunen, der Konkurrenz der »elektronischen Kirche« und anderer parakirchlicher Bewegungen hat dies die älteren christlichen Gruppen in die Defensive gedrängt. Um das Wachstum zu erklären, bedurfte es keiner großen wissenschaftlichen Untersuchungen: Das war einfach typisch amerikanisch. Der Niedergang andererseits rief Kommissionen und Arbeitsgruppen auf den Plan, machte Zuschüsse, Fallstudien und Extrapolationen notwendig, dies alles, um zu erklären, was eigentlich falsch lief. Als Folge dieses Niedergangs reduzierte sich überdies auch die Missionstätigkeit im Ausland.

Man kann den »Niedergang« natürlich auch übertreiben. Viele der stark in die Öffentlichkeit tretenden neuen Religionen haben nur eine kleine Anhängerschaft und sind möglicherweise kurzlebig. Im Grunde beherrschen die wichtigen Konfessionsverbände immer noch die amerikanische Landschaft, zahlenmäßig, politisch und gesellschaftlich: Die römisch-katholische Kirche bleibt die größte einzelne kirchliche Organisation, der ungefähr 26 Prozent der US-Bevölkerung angehören. Der größte protestantische Verband, die Baptisten, zählt etwa 15 Prozent der schwarzen und weißen Bevölkerung zu seinen Mitgliedern. Die Methodisten kommen auf etwa 8, die Lutheraner auf etwa 5 und die Presbyterianer auf etwa 3 Prozent. Die folgenden fünf Konfessionen schließlich haben einen allmählichen Niedergang zu verzeichnen: Christliche Kirche (Jünger Christi, Christuskirchen), Episkopalkirche (früher anglikanische Kirche), Östlich Orthodoxe Kirche, Vereinigte Kirche (Kongregationalistische verschmolzen mit Evangelischer und Reformierter Kirche) und die Mormonen oder Heiligen Jesu Christi der Letzten Tage.

Während all diese Gruppen in Amerika schon eine lange Geschichte hinter sich haben, hat sich ihre Rangstellung, verglichen mit der Kolonialzeit, doch gänzlich verändert. Damals führten Kongregationalismus, Anglikanismus und Presbyterianismus. Nun sind es Katholiken, Baptisten und Methodisten. G.K. Chesterton beschrieb Amerika einmal als die »Nation mit der Seele einer Kirche«. In welchem Sinne auch immer das galt, gilt oder gelten wird – das Erscheinungsbild dieser Kirche wandelt sich im Verlauf der amerikanischen Geschichte und über die Weite des Kontinents hinweg.

Neue christliche Gruppen in Amerika

Es gibt keinen einzigen Begriff, der zutreffend all die religiösen Bewegungen beschreibt, die im 19. Jahrhundert in den Vereinigten Staaten entstanden sind oder auch nur diejenigen, die in den letzten zwei Jahrzehnten neu hinzukamen. Auch ist kein einziges System der Einteilung frei von Doppeldeutigkeit, Überschneidungen oder Spitzfindigkeiten. Das folgende soll lediglich die große Vielfalt und bemerkenswerte Fruchtbarkeit des amerikanischen Christentums illustrieren. Diese Vielfalt kann nur angedeutet, nicht vollständig wiedergegeben werden.

Adventisten und Chiliasten. Im 19. Jahrhundert legte man besonderen Nachdruck auf die Parusie oder Wiederkunft Christi: als sichtbar, dramatisch und unmittelbar bevorstehend. William Miller (1782–1849) und seine Anhänger erwarteten die Wiederkunft für das Jahr 1843. Charles Taze Russell (1852–1916) setzte die apokalyptischen Hoffnungen auf das Jahr 1914. Die Siebenten-Tags-Adventisten, eine erkennbare Größe um die Jahrhundertmitte, sind von der Millerschen Bewegung übriggeblieben, während die Zeugen Jehovas, die sich im Jahre 1872 zu organisieren begannen, erst etwa ein Jahrhundert später weltweite Beachtung fanden. In den achtziger Jahren lag die Zahl der amerikanischen Mitglieder jeder Gruppe bei etwa 650 000 Menschen.

Kommunen. In der amerikanischen Geschichte erlebten Gemeinschaften, deren Ursprung und Zweck offenkundig religiös waren, eine bemerkenswerte Blüte seit etwa 1830. In den sechziger Jahren unseres Jahrhunderts gab es weitere spektakuläre Experimente, um das Zusammenleben in Kommunen auszuprobieren; einige waren religiös und christlich motiviert, viele aber nicht. Ein älterer Typus des Kommune-Konzepts, die Vereinigte Gesellschaft der an Christi Wiederkunft Glaubenden (volkstümlich »Shaker«), hatte seinen Ursprung in England, erlebte aber seine Blüte in den Vereinigten Staaten am Beginn des 19. Jahrhunderts: In den dreißiger Jahren erreichten die Shaker mit etwa 6000 die Höchstzahl ihrer Mitglieder, anderthalb Jahrhunderte später gab es sie praktisch nicht mehr. In den sechziger Jahren unseres Jahrhunderts zeigten sich zahlreiche Kommunen von östlichen Religionen beeinflußt, wenn auch die »Jesus People« eine deutliche Gegenbewegung gegen exotische Ideen und Praktiken darstellten. Eine in Kommunen lebende Gemeinschaft, die Kinder Gottes, entstanden 1969 in Los Angeles, stieß weithin auf Gegnerschaft und Widerstand, da sie sich dem Vorwurf der Gehirnwäsche, der Häresie und exzentrischen Verhaltens aussetzte. Nachdem sie in den achtziger Jahren offenbar ihren Höhepunkt erreicht hatten, zählen die Kinder Gottes jetzt ungefähr 70 000 Mitglieder, die in etwa 70 Ländern verbreitet sind.

Religiöse Volksgruppen. Die Volkszugehörigkeit hat häufig eine Gemeinschaft definiert und sich als stärker denn Theologie oder kirchliche Autorität erwiesen. Früh in unserem Jahrhundert gewann die Native American Church ihre Mitglieder in mehreren Indianerstämmen und benutzte bei ihren sakramentalen Handlungen Mescalin. In den achtziger Jahren hatte sie eine Mitgliederzahl von annähernd einer Viertelmillion erreicht. Mit ungefähr der gleichen Zahl ist die Polish National Catholic Church der augenfälligste Beweis für das Scheitern des römischen Katholizismus bei seinem Versuch, alle ethnischen Grenzen zu überbrücken. Andererseits hat die östliche Orthodoxie noch weniger Erfolg damit gehabt, die ethnischen Schranken zu überwinden. Gerade die bis heute existierenden religiösen Gruppen osteuropäischer Einwanderer in den USA zeugen von der großen Bedeutung, die der Volkszugehörigkeit zukommt.

Fundamentalisten. Diese große Kategorie kennt zahlreiche institutionelle Ausgestaltungen in Amerika, viele von ihnen sehr klein und kurzlebig. Zu den bekannteren von ihnen gehören die Plymouthbrüder oder Darbyisten aus England, die um die Mitte des 19. Jahrhunderts in den Vereinigten Staaten Fuß faßten. Streng biblisch und chiliastisch orientiert, hat diese Sekte mehrere Spaltungen und Abspaltungen erlebt. Gegenwärtig kommen alle Segmente dieser Organisation in Amerika auf eine Mitgliederzahl von etwa 100 000. Eine weitaus größere fundamentalistische Organisation, der außer dem wörtlichen Bibelverständnis noch die Auffassung von der vollständigen Autonomie der lokalen Kirche zu eigen ist, ist die American Baptist Association mit einer Mitgliederzahl in den achtziger Jahren von über 8 Millionen.

Heiligungsbewegungen. Während des ganzen 19. Jahrhunderts wurde von vielen Amerikanern – vor allem solchen, die aus einer methodistischen Tradition kamen – die Lehre John Wesleys (1703–1791) von der christlichen Vollkommenheit stark beachtet. Bald schien diese Betonung der Heiligung und »zweiten Segnung« nach einem eigenen institutionellen Ausdruck zu verlangen. Dies führte 1895 zur Gründung der Nazarenerkirche, die bis heute auf eine halbe Million Mitglieder anwuchs, der Freien Methodistenkirche von Nordamerika, die etwa eine Generation früher entstand, aber 1980 nur auf etwa 100 000 Mitglieder

Oben: Die baptistische Erneuerungsbewegung ist besonders stark gewesen unter den Schwarzen der Südstaaten. Um 1968 gab es in Nordamerika 26 Millionen Baptisten.

Rechts: Die Jesus People sind eine gemeinschaftsorientierte Sekte. Sie leben zusammen, nachdem sie sich ihres materiellen Besitzes entledigt haben.

Unten rechts: »Ich berühre sie, Gott besorgt den Rest.« Michael Lord of Columbus, Ohio, ein Glaubensheiler seit dem Alter von fünf Jahren, tauft Verehrer, heilt die Kranken und leitet seinen eigenen Meßkult.

Unten: Mitglieder der haitianischen Gemeinde in Miami. Ethnische Bande haben sich in den USA häufig als stärker erwiesen denn kirchliche Autorität.

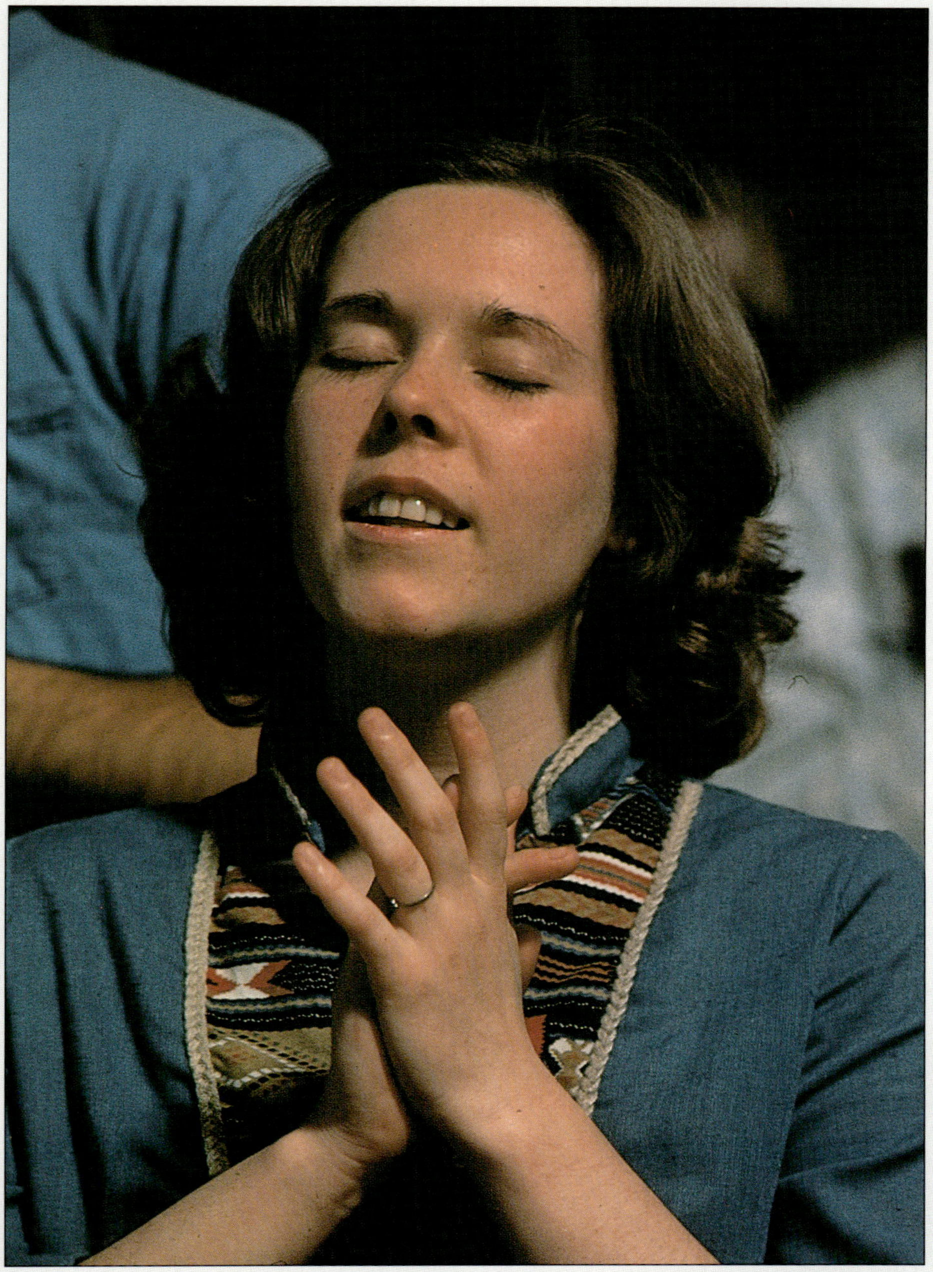

kam, und der Kirche Gottes (Heiligkeit), die 1914 gegründet wurde und ein halbes Jahrhundert später etwa 250 000 Mitglieder (vorwiegend Schwarze) zählte.

New Thought (Neues Denken). Weitgehend ein Produkt der zweiten Hälfte des 19. Jahrhunderts (obwohl manches auf die frühere Bewegung der Transzendentalisten zurückweist), betont New Thought die Macht des eigenen Geistes, den Körper zu beherrschen. Diese Kraft kann den Anhängern hier auf Erden Gesundheit, Reichtum und Glück bringen. Die bekanntesten Vertreter dieser »Religion der Harmonie« sind die von Mary Baker-Eddy 1879 gegründete Christian Science (Christliche Wissenschaft), deren Lehre in dem von der Gründerin verfaßten Buch *Science and Health* (»Wissenschaft und Gesundheit«), erschienen 1875, enthalten ist; die ein Jahrzehnt später von Charles und Myrtle Fillmore ins Leben gerufene Unity School of Christianity und die von Ernest S. Holmes begründete Church of Religious Science, die sich erst 1949 als Kirche konstituierte. Die Mitgliederzahl der Christian-Science-Gemeinschaften wird auf etwa 1,8 Millionen geschätzt; sie sind in mehr als 3000 Zweigkirchen in zahlreichen Ländern (etwa 60) der Erde organisiert. Ihre Zentrale liegt in Boston. Sie alle betonen den Vorrang des Geistes vor der Materie, des positiven Denkens gegenüber negativen Werten und des eigenen Wohlbefindens gegenüber gesellschaftlichen Belangen.

Pfingstkirchen. Außerordentlich erfolgreich sind gegenwärtig die Pfingstkirchen in Amerika. Sie legen den Nachdruck auf Heilen, Zungenreden und den unmittelbaren Einfluß des Hl. Geistes im Gottesdienst. Zu den größeren Gruppen zählen die Church of God in Jesus Christ (Kirche Gottes in Christus), die in den neunziger Jahren des vorigen Jahrhunderts entstand und bis heute auf fast vier Millionen Mitglieder (weitgehend Schwarze) angewachsen ist, sodann die Assemblies of God (Versammlungen Gottes), die 1914 in Arkansas begannen und deren Mitgliederzahl etwa zwei Millionen beträgt, sowie die Church of God (Kirche Gottes), Cleveland, die – gegründet 1909 – mit den Namen R. G. Spurling und A. J. Tomlinson verbunden ist, und sich ebenfalls einer Mitgliederzahl von etwa zwei Millionen erfreut.

Spiritisten. Eher halb-christlich als christlich, erfaßte die spiritistische Bewegung in der zweiten Hälfte des 19. Jahrhunderts einen großen Teil des Landes. In ihren Anfängen (seit etwa 1848) mit den Schwestern Leah und Katie Fox in Rochester, New York, verbunden, wuchs die Bewegung rasch über einzelne Führer und jeden lokalen Rahmen hinaus. Durch unterschiedlichste Praktiken suchten die Spiritisten die Realität des Lebens nach dem Tod zu erweisen, hauptsächlich indem sie eine Verbindung mit den Toten aufzunehmen versuchten. Zahlreiche Christen betrieben Spititismus, blieben aber Mitglieder in traditionellen Kirchen. Schließlich jedoch schuf sich die Bewegung ihre eigenen Organisationen, von denen einige bewußter christlich waren als andere. Die Universal Church of the Master (Allgemeine Kirche des Herrn), im Jahre 1908 in Los Angeles gegründet, war ein oder zwei Generationen lang weitgehend ein Phänomen der Westküste. In den sechziger Jahren griff sie jedoch auf das ganze Land über und umfaßt gegenwärtig etwa 300 Kirchen. Ein älterer Verband spiritistischer Gruppen, die National Spiritualist Association of Churches (Nationale Spiritistische Vereinigung der Kirchen), diskutierte viele Jahre lang darüber, ob sie sich als christlich verstehen sollte, um dann herauszufinden, daß sie nicht auf dem Boden des Christentums steht.

DIE KIRCHE IM 18. JAHRHUNDERT

Die Kirche in der Gesellschaft
Auch der oberflächlichste Beobachter Europas im frühen 18. Jahrhundert mußte den Eindruck gewinnen, daß die Kirche beinahe allgegenwärtig war. Bei allen regional bedingten Verschiedenheiten drängten sich doch die Ähnlichkeiten auf. Die sichtbarsten Zeichen der Kirche, die Kirchengebäude selbst, beherrschten den Horizont, gleichgültig in welchem Stil sie erbaut waren. Sie standen inmitten der Dörfer, und in den meisten Städten, gleich welcher Größe, in dichten Abständen und in verschwenderischer Anzahl. Ihre Glocken attackierten jedermanns Ohren. Gottesdienste, Prozessionen und kirchliche Feste markierten nicht nur zeitliche Einschnitte, sondern boten auch Unterhaltung und Trost. Von Canterbury bis Rom, vor allem in Städten mit wenig Handel oder Gewerbe, war die Kirche auch ein wichtiges Element des wirtschaftlichen Lebens. Sie bot Beschäftigung und brauchte Waren und Dienstleistungen. Für die kirchlichen Gebäude waren Handwerker vonnöten, die sie erhielten und erneuerten. Ebenso wurden Küster gebraucht; der Klerus benötigte Nahrung, Kleidung und häufig auch Diener. Sodann waren die Kirchen noch immer, wie schon seit langem, Grundherren und Eigentümer anderen Grundbesitzes. Sie bezogen den Zehnten, Mieten und Abgaben und waren selbst in Verhandlungen und Rechtsgeschäfte einbezogen, die sich mit wirtschaftlichen Transaktionen und der Erhaltung des Besitzes zwangsläufig ergeben. An all dem änderte sich im Laufe des Jahrhunderts im Grunde nur wenig. Im Frankreich der Jahre um 1780 machte die Anzahl der Geistlichen (etwa 130000) – auch nachdem sie zurückgegangen und die Bevölkerung angewachsen war, 0,5 Prozent der Bevölkerung aus. Die Zahl ihrer Kunden, Gläubiger, Pächter und Lieferanten lag weitaus höher. Die Kirche besaß 10 Prozent des französischen Grundbesitzes und Vermögens und nahm allein an Zehnten 7 oder 8 Prozent vom Sozialprodukt des Landes ein. Zwischen 15 und 20 Prozent der französischen Getreideversorgung – und in Spanien oder Italien ein noch höherer Anteil – wurden von der Kirche kontrolliert.

Andere Aufgaben der Kirche waren eher von religiösem Interesse und von einer spezifisch christlichen Ethik bestimmt. So spielte der Klerus überall eine wichtige Rolle im Bildungswesen. In Großbritannien beherrschten Geistliche die Universitäten Oxford und Cambridge, spielten ihre Rolle an den angesehenen Internaten und Gymnasien und beteiligten sich an den Aktivitäten der Gesellschaft zur Förderung christlichen Wissens, während sie weiterhin die Arbeit der Gemeindeschulen beaufsichtigten. Die Jesuiten kümmerten sich überall um die Bildung der katholischen Oberschichten, und andere Orden wie die Lazaristen oder Frères des Ecoles Chrétiennes leisteten ihren Beitrag zur Vermehrung der Zahl gebildeter Laien. Die Kirchen erfüllten auch philanthropische Aufgaben, oftmals direkt wie in Ordenshospitälern oder -waisenhäusern, sowie in der Verwaltung örtlicher wohltätiger Einrichtungen und tagtäglich in der Armenpflege.

Rechts: Religion in Europa am Ende des 17. Jahrhunderts
Landkarten können leicht den Eindruck einer klaren statischen Uniformität erzeugen. Deshalb ist es wichtig, sich die ständige Bewegung und Veränderung des religiösen Lebens vor Augen zu halten. Diese ergab sich unmittelbar aus den Spannungen, die davon herrührten, daß eine Autoritätsebene eine andere überlagerte: die Diözese die Pfarrgemeinde, das Erzbistum kleinere Bistümer und die Autorität des Vatikans nominell alle Katholiken. Wie Platten in der Erdrinde rieben sie sich unweigerlich aneinander. Auch politische Strukturen schlugen durch und waren mit der kirchlichen Organisation verquickt, denn die weltlichen Autoritäten empfanden wie immer Unbehagen angesichts religiöser Bindungen, welche die nationalen Grenzen übersprangen. Da das Reisen im 18. Jahrhundert durch bessere Verkehrsverbindungen erleichtert wurde, vergrößerten zum Beispiel die Pietisten und Methodisten ihren geographischen Aktionsradius und bildeten neue internationale Bruderschaften. Alte kirchliche Zentren büßten an Reichtum, Status und Einfluß ein. Auf unterschiedlichen sozialen Ebenen gab es auffallende Kontraste, was die Natur und die Komponenten des Glaubens sowie die Schnelligkeit anging, mit der sie sich änderten.

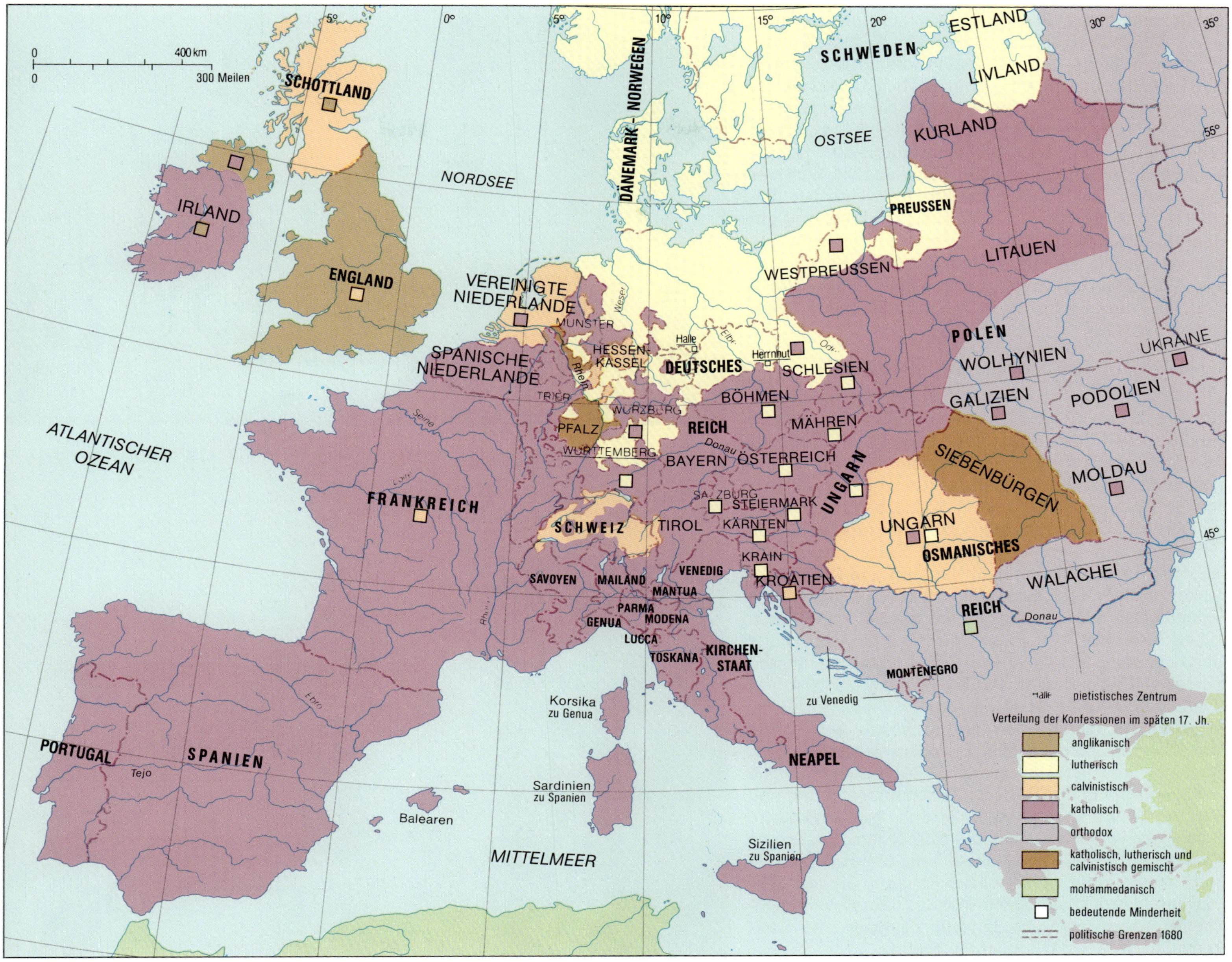

Links: Dieses Fest wurde im revolutionären Frankreich am 8. Juni 1794 gefeiert. Vorausgegangen waren erste Schritte zur Abschaffung des Christentums. Es war jedoch nicht der Bruch mit der Vergangenheit, den einige Radikale wollten und deren Kritiker fürchteten. Dechristianisierung war kein für die Mehrheit akzeptables Programm, und der Kult des höchsten Wesens, vordergründig auf die rationalistische, deistische Denkweise des 18. Jahrhunderts eingestellt, war ebensosehr durchsetzt mit der Bildersprache und Ausdrucksweise des Katholizismus. Für Robespierre, den Hauptvertreter dieses Kultes, ist »mein Gott derjenige, der alle Menschen zur Gleichheit und zum Glück geschaffen hat, der die Unterdrückten beschützt und die Tyrannen auslöscht; meine Religion ist die von Gerechtigkeit und Menschlichkeit. Die Macht von Priestern ist mir zuwider ... Sie ist eine der Fesseln der Menschheit, aber eine unsichtbare Fessel, die allein die Vernunft zerreißen kann.« Er glaubte an ein Leben nach dem Tode und einen persönlichen Gott, der in die menschliche Geschichte eingreift und die Quelle der Sittlichkeit ist, und verwarf den Atheismus als die Sitten verderbend.

Kirche und Staat

An solchen Punkten ging die Durchdringung von Kirche und Gesellschaft über in die wechselseitige Verwicklung und Unterstützung von Kirche und Staat. Gegenseitige Unterstützung bedeutete jedoch nicht notwendigerweise Gleichgestelltsein, sondern ging normalerweise zusammen mit Laienherrschaft in beiden Bereichen. Die Religion blieb ein Faktor des Lebens – trotz der Beendigung der Religionskriege und einer gewissen Akzeptanz des Toleranzprinzips. In Frankreich war die römisch-katholische Kirche die einzige, die offiziell vom Staat anerkannt war und Gottesdienst abhalten durfte. Die Geistlichkeit stand über den anderen Ständen des Königreiches, hatte ihre eigenen Gerichtshöfe und genoß weitreichende finanzielle und administrative Privilegien. Die Besetzung wichtiger Kirchenämter unterlag jedoch der Kontrolle durch die Krone, und königliche Gefälligkeiten wollten durch die Übernahme weltlicher Aufgaben belohnt sein. Ein Erzbischof wie Brienne konnte ohne weiteres zum ersten Minister aufrücken, und der Staat hatte einen großen Anteil z.B. an der Reform oder Aufhebung der religiösen Orden seit etwa 1760. In England zeigte sich die Unterordnung der Kirche in der Abschaffung der Provinzialsynode im Jahre 1717 und in der parteipolitisch bestimmten Besetzung der Bischofsstühle. In Preußen ernannten die Herrscher die Kirchenbeamten, versuchten die orthodox Lutherische mit der Reformierten Kirche zu vereinigen und verboten die Diskussion theologischer Streitfragen in der Öffentlichkeit: all dies im Interesse der gesellschaftlichen und politischen Kontrolle. Die Pfarrgeistlichen, ob sie nun wie in protestantischen Gegenden üblich von Standespersonen oder Großbesitzern der Provinz bestallt, oder vom katholischen Diözesanbischof ernannt wurden, übernahmen auch in unterschiedlichem Umfang Aufgaben in der lokalen Verwaltung. Zu ihrer engeren Aufgabe, die Pfarrbücher mit den Matrikeln der Geburten, Eheschließungen und Todesfälle zu führen, kamen häufig noch andere weltliche Verpflichtungen, etwa als Friedensrichter zu amtieren, Aufsicht über die Straßeninstandsetzung zu führen oder Volkszählungen und Steuererträge zu überwachen.

Die Verbindung der Kirche mit dem *ancien régime* war also allumfassend. Hohe Ideale und begeisterte Hingabe waren die Sache einzelner, ebenso Entrüstung von geistlicher Seite über Mißstände innerhalb der Kirche. Doch war die Atmosphäre im großen und ganzen beruhigt, wenn auch nicht immer von Zufriedenheit erfüllt. Die Kirche war zutiefst utilitaristisch eingestellt, und es fehlte ihr häufig an Selbstkritik. Sie wurde darin bestärkt durch eine Reihe zeitgenössischer Theologen, vor allem durch die

Latitudinarier oder die zutreffend so genannten schottischen Moderatoren. Schriftsteller wie Bischof William Warburton (1698–1779) betonten die grundsätzliche Rationalität des religiösen Glaubens. Die Existenz Gottes wurde nicht nur bewiesen durch die Geschichte und philosophische Überlegungen, sondern ließ sich, zusammen mit seinen Attributen der Macht und Güte, aus den Gegebenheiten der Schöpfung selbst herleiten. Die Welt war klar geordnet und der Mensch selbst das sichtbarste Beispiel des göttlichen Plans. Die christliche Offenbarung mit dem biblischen Bericht lieferte die notwendige Ergänzung zur natürlichen Erkenntnis, indem sie das Verständnis vom Wesen Gottes erweiterte und in ihrer Ethik die Identität von Glück und rechtem Verhalten schon in diesem Leben nachwies.

Intellektuelle Herausforderungen des Glaubens

Diese Anpassung führender christlicher Kirchenmänner und Denker an die herrschenden gesellschaftlichen und intellektuellen Strömungen des frühen 18. Jahrhunderts beruhte auf einer sich herausbildenden Religion des gesunden Menschenverstandes und einer immer rationaleren Theologie. Für viele war dies jedoch ein unbefriedigender Kompromiß. Einerseits wurde die rationalistische Theologie daher immer wieder in Frage gestellt von denen, die meinten, daß man Vernunft und Logik noch weiter treiben und die verbleibenden Elemente von Aberglauben oder Irrationalität im christlichen Glauben rücksichtslos bloßlegen müsse. Während der ersten Hälfte des Jahrhunderts taten sich die Deisten darin am meisten hervor. In England waren Anthony Collins und Matthew Tindal (1653–1733) die Hauptvertreter dieser Richtung; sie griffen die traditionellen Quellen christlicher Autorität wie die Bibel und die Kirche an, indem sie sie als höchst unglaubwürdig bezeichneten. Zunächst wiesen sie auf die Widersprüche in den frühchristlichen Berichten hin und argumentierten gegen Prophetie und Wunderglauben. Schließlich verwarfen sie für das Christentum so zentrale Glaubensartikel wie die Auferstehung und beriefen sich statt dessen auf eine natürliche Religion, die aus dem Augenschein der natürlichen Welt und dem unveränderlichen Gewissen des Menschen rational abzuleiten sei und keiner zusätzlichen Offenbarung bedürfe.

Die englischen Deisten wurden teils durch die Popularität ihrer Gedanken, teils durch den Umstand angespornt, daß die Gegner ihre Argumente ernst nahmen, und ebenso durch eine Mischung aus Antiklerikalismus, geistigem Hochmut und naivem Selbstvertrauen. Dennoch argumentierten sie, vergleicht man sie mit den französischen Deisten, zumeist ernsthaft und ihre Gelehrsamkeit war offensichtlich. Auf dem europäischen Kontinent trat die etablierte Ordnung weitaus selbstherrlicher auf. Bei Provokationen reagierte sie scharf und wandte sich an die Obrigkeit, anstatt den Kritikern auf deren eigenem Feld zu begegnen. Indem sie vergeblich ihre Zuflucht zu Zensur und Denunziation nahm, ermutigte die französische Kirche ihre Kritiker nur. Zahlreiche *philosophes,* jene glänzenden Propagandisten und Popularisierer im Frankreich des 18. Jahrhunderts wie d'Alembert, Diderot und vor allem Voltaire, verliehen den Ideen der Deisten beredten Ausdruck. Mit Witz und Sarkasmus stellten sie das Christentum als krassen Aberglauben hin und bezeichneten die Kirche als Feindin aller Tugenden und des unabhängigen oder vernünftigen Denkens. Ihr Angriff war aber nicht schrankenlos: Sehr wenige bezeichneten sich als Atheisten, und viele waren bereit, das Christentum als die angemessene Religion für die Armen und Unwissenden anzuerkennen. Doch konnte sich der Einfluß ihrer Gedanken destruktiv auf die herkömmlichen Institutionen und Glaubensformen auswirken, weniger durch die Propagierung einer neuen Wertordnung als durch den Zynismus und die pauschale Verurteilung, die ihren Antiklerikalismus inspirierten.

Das Feuerwerk, das die *philosophes* veranstalteten, zeigte, wie eine durch Vernunft begründete Kritik, auf die Spitze getrieben, einen Irrationalismus erzeugen konnte ähnlich dem, der ursprünglich ihr Angriffsziel gewesen war. David Hume (1711–1776) bezog eine andere Angriffslinie, indem er behutsam die Grenzen der Vernunft aufzeigte und die rationalen Rechtfertigungen des Christentums, welche seine Apologeten im 18. Jahrhundert zu konstruieren versuchten, in Frage stellte. Die Erkenntnis, so argumentierte er, ist begrenzt durch die

Rechts: Graf Nikolaus von Zinzendorf (1700–1760) begründete die evangelische Siedlung von Herrnhut in Sachsen, von der aus die Missionsgemeinschaften der Herrnhuter (Mährischen Brüder) sich weltweit ausbreiteten.

Umseitig: John Wesley (1703–1791) war der Sohn eines anglikanischen Pfarrers. Kurze Zeit als Missionar der Society for the Propagation of the Gospel in Georgia tätig, wurde er tief beeinflußt von den Herrnhutern und widmete sein Leben ab 1739 der Evangelisation. Indem er jährlich etwa 12 000 km zurücklegte, wurde er zum wichtigsten Inspirator und zur Hauptstütze der methodistischen Bewegung.

Links: Das 18. Jahrhundert erlebte eine rationalistische Gegenbewegung gegen die Religion und kirchliche Einrichtungen. Sie erreichte ihren Höhepunkt mit der Erhebung der »Göttin Vernunft« im Frankreich der 90er Jahre.

Unten: Die frühen »Methodisten« gingen zu den Menschen, weil sie ihre Erfahrung einer lebendigen Religion mitteilen wollten und weil sie sahen, daß es zwecklos war, darauf zu warten, daß die anderen in die Pfarrkirchen kämen. Dieses Bild von George Whitefield vermittelt, trotz der stilisierten Darstellung, einen Eindruck von der Selbstsicherheit und dem Draufgängertum dieser Enthusiasten des 18. Jahrhunderts ebenso wie von ihrer Opposition zu manchem groben und trivialen Zeitvertreib.

Möglichkeiten menschlicher Erfahrung und Wahrnehmung. Die einzige Grundlage religiösen Glaubens ist das Vorhandensein eines Plans und also einer Absicht oder eines Willens in der natürlichen Welt. Der Nachweis eines solchen Plans gibt einem jedoch nicht das Recht, Gott bestimmte Eigenschaften oder Absichten zuzuschreiben. Nimmt man hinzu, daß die Aussagen über Wunder oder bestimmte Akte von Offenbarung stets weniger überzeugend sind als die Gegenargumente, so ist eine wirkliche Erkenntnis des Übernatürlichen also unmöglich. Der religiöse Glaube, so schloß Hume, muß sich daher auf einen unbestimmten Theismus beschränken. Hume bezog also eine skeptische oder agnostische Position, die dem früheren optimistischen Deismus ebenso kritisch gegenüberstand wie den Rechtfertigungen der Orthodoxie.

Erweckungsbewegungen im Protestantismus

Es ist immer noch unklar, welche Verbreitung die Ideen dieser Schriftsteller des 18. Jahrhunderts fanden; noch weniger kann man darüber sagen, welchen Einfluß sie hatten. Die Unzufriedenheit mit allen Aspekten des bestehenden Zustands war jedoch offensichtlich weit verbreitet. Der rationalischen Herausforderung stand nämlich eine starke Zunahme von Mystik, religiösem Eifer und Glaubensenthusiasmus gegenüber: Bewegungen, die von vielen orthodoxen Kirchenmännern als für die Schriftautorität, die Kirchenordnung und die sittliche Zucht genauso gefährlich eingeschätzt wurden. Zu diesen Bewegungen zählten der deutsche Pietismus und John Wesleys Methodismus. Sie befriedigten das Bedürfnis des Volkes nach einer persönlichen Religion, indem sie emotionale Erfüllung mit einem Sinn für Eigenverantwortlichkeit verbanden.

Schon im späten 17. Jahrhundert war, besonders in Preußen, deutlich geworden, daß die vom Staat kontrollierte und von weltlichen Schirmherren beherrschte lutherische Kirche das Volk nicht in dem Maße inspirieren konnte, wie vielfach erwartet wurde. Indem sie auf frühere Richtungen im religiösen Leben Deutschlands zurückgriffen, versuchten Philipp Jacob Spener (1635–1705) und mehr noch August Hermann Francke (1663–1727) an der neuen Universität Halle, das lutherische Denken wieder zurückzulenken auf die Bedeutung der persönlichen Erfahrung der Rechtfertigung durch den Glauben. Der Schlüssel zu einem lebendigen Christentum lag nicht in den staatlichen Verordnungen oder öffentlicher theologischer Diskussion, sondern in der inneren Entwicklung des einzelnen, unterstützt durch ein aufmerksames Studium der Bibel, der einzigen wirklichen Quelle der Autorität. Diese Lehre erfuhr verschiedene Ausprägungen. Sie führte entweder zu einer quietistischen Haltung (der Beschäftigung mit dem eigenen religiösen Leben und dem des engeren Kreises) oder zu einer Veränderung der persönlichen Lebenseinstellung, die ihren Ausdruck in einem unmittelbaren Engagement im öffentlichen Leben mit dem Ziel einer Erneuerung der gesamten Gesellschaft fand. Von dieser Bewegung fühlten sich viele angesprochen, besonders in Preußen und Sachsen. Zahlreiche Gewerbetreibende, aber auch Adlige wurden von ihr stark beeinflußt, in bestimmten Gebieten, wie in Württemberg, auch ein beträchtlicher Teil des Volkes. Die Betonung der Lehre von den guten Werken als dem natürlichen Ausdruck echten Glaubens führte bald in die Richtung missionarischer Tätigkeit. Dies galt vor allem für die Herrnhuter oder Brüdergemeinde, die 1722 von Graf Nikolaus von Zinzendorf (1700–1760) in Herrnhut begründet wurde. Um 1740 waren Herrnhuter Missionare bis nach Südafrika, Grönland und Westindien unterwegs.

Bewegungen verwandter Art entstanden auch in Großbritannien, zuerst in Gestalt des schottischen Nonkonformismus, dann in der anglikanischen Erneuerung. Ein zentrales Problem war im 18. Jahrhundert für die religiös Unzufriedenen die Frage nach der Rolle der gewöhnlichen Laien in den Kirchengemeinden und nach ihrem Verhältnis zum Priester oder Geistlichen. In Schottland spitzte sich um 1730 die Entwicklung zu wegen der wachsenden Macht der Schirmherren (Patronatssystem), widerstrebenden Gemeinden unerwünschte Geistliche aufzuzwingen. In der ganzen folgenden Kirchengeschichte Schottlands im 18. Jahrhundert gab es immer wieder Abspaltungen, weil Gemeinden ihre Form des Presbyterianismus zu erhalten trachteten. In England konnte es wegen der zurückhaltenden oder elitären Natur der alten Formen von religiösem Nonkonformismus und wegen der fortgesetzten Einschränkungen der Religionsausübung der Nonkonformisten zu einer religiösen Erneuerung kommen, die innerhalb der anglikanischen Kirche einsetzte. Nachdem es schon früher aufrührerische Tendenzen gegeben hatte, die sich in den von den Herrnhutern beeinflußten spontanen religiösen Gesellschaften artikulierten, übernahmen John Wesley (1703–1791) und sein Freund George Whitefield (1714–1770) die Führung in der großen Bekehrungs-und Erweckungsbewegung der Zeit von 1740 bis 1790.

Der Schlüssel zu Wesleys großem Erfolg lag darin, daß er das Christentum als etwas Erreichbares ansah. Theologisch bedeutete dies eine Religion der Hoffnung, die auf dem persönlichen Bekehrungserlebnis und dem Wissen um die eigene Erlösung beruhte, es den Menschen ermöglichte, mit ihren eigenen Schwächen zu leben, und auch ein gewisses Maß an Gemeindedisziplin erträglich machte. Wichtiger war noch, daß Wesley die Religion unter das Volk brachte, indem er im Lande herumreiste, predigte, wo und wann immer er Zuhörer sammeln konnte, indem er das Priesteramt der Laien unabhängig von ihrem Rang betonte und indem er ein gut organisiertes System von Versammlungshäusern als Stützpunkte für die Wanderprediger schuf. Seine Botschaft und Organisation des Methodismus wurde für diejenigen zur Attraktion, die wie Wesley selbst sich nicht mit der Zufallskombination (besonders auf Gemeindeebene) von Zwang und Nachlässigkeit, die in der etablierten Kirche vorherrschte, abfinden mochten und sich nicht für modische Theologie oder gelegentliche liturgische Feiern erwärmen konnten. Seit etwa 1770 begannen Kongregationalisten und Baptisten die gleiche spontane Begeisterung zu erleben und zu verbreiten.

Die etablierten Kirchen waren selten in der Lage, eigene Ideen zu entwickeln oder ihre Praxis so zu reformieren, daß Skepsis oder Nonkonformismus in Schranken gehalten wurden. Einige Kirchenmänner waren rasch bei der Hand mit intellektuellen Rechtfertigungen des Christentums, vielleicht nirgendwo mehr als in England. Dort hielt man an der latitudinarischen Tradition der toleranten rationalen Diskussion fest, vor allem Bischof Joseph Butler, dessen Buch *The Analogy of Religion* (1736) viel dazu beitrug, glatte deistische Argumente zum Schweigen zu bringen. Jedoch ließ sich aus Butlers Einsicht in die Begrenztheit der menschlichen Vernunft schließlich keine Kraft ziehen. Sie machte nicht nur den Weg frei für Humes Skeptizismus, sie ermunterte auch den Erzdiakon William Paley zu seinen einschmeichelnden Beteuerungen in *Evidences of Christianity* (1785). Die Schwierigkeiten, die die Menschen hatten, Gottes großartigen Plan in der Natur oder den Beweis seiner Macht im Nutzen der bestehenden gesellschaftlichen und kirchlichen Verhältnisse zu erkennen, wurden hier ohne weiteres der Unzulänglichkeit der menschlichen Vernunft zugeschrieben. Das Verlangen

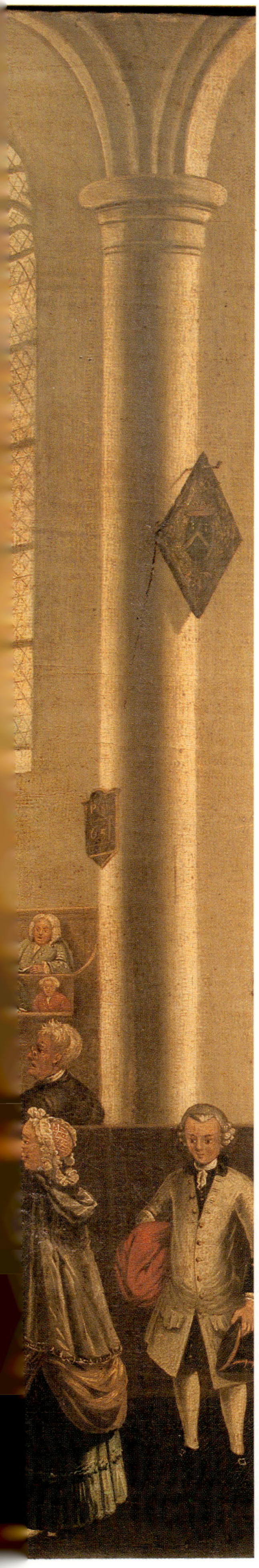

nach einer Neuordnung wurde so von einem neuen Konservatismus überholt, der sich durch die folgenden Wirren der Französischen Revolution nur in seinen Auffassungen bestärkt sah. Dem Trend der Ideen entsprach im institutionellen Bereich eine Veränderung hin zu größerer wechselseitiger Abhängigkeit von geistlicher Autorität und Laienautorität. Das Laienpatronat blieb sehr weitverbreitet, und viele Geistliche ohne besondere Ausbildung strebten das Leben von Landjunkern an. Die es sich leisten konnten, nahmen die Gewohnheiten des Landlebens an, kümmerten sich um die Verbesserung der Landwirtschaft und wurden ehrenamtliche Richter. Diejenigen, die es sich nicht leisten konnten, sei es, weil sie arm waren, oder wegen der Probleme in städtischen Pfarrgemeinden, in denen die Bevölkerungszahl rasch anzusteigen begann, konnten sich natürlich kaum verändern. Daß sich die Einstellung zusehends verhärtete, zeigte sich in den 70er Jahren, als sich immer mehr Anglikaner gegen Wesley und seine »Methodisten« wandten. Nachdem ihm Genehmigungen, Unterhalt und Weihungen verweigert wurden, begann Wesley 1784 seine eigenen Presbyter zu weihen, und der Methodismus trennte sich von der Kirche von England.

Auf dem Festland entwickelten sich die Reformbewegungen, obwohl sie ähnliche Ziele wie die Methodisten verfolgten, entweder so, daß die Verbindung von Kirche und Staat zum Nachteil einer wiedererwachten Volksfrömmigkeit gestärkt wurde, oder sie erwiesen sich als zu schwach, althergebrachte Interessen und Trägheit zu überwinden. Zunächst waren die Aussichten für den Pietismus günstig, denn trotz des Widerstandes von lutherischer Seite wurden die Pietisten von den preußischen Herrschern des frühen 18. Jahrhunderts ermutigt. Sie waren geschätzt wegen ihrer Schulen und wegen ihres Einflusses an den Universitäten. Ihr Interesse an sozialen Verbesserungen und ihr Desinteresse an der institutionalisierten Kirche kamen dem Staat entgegen, so daß die Pietisten in der Armee und der Verwaltung gern gesehen waren. Nachdem sie einmal im öffentlichen Leben standen, erschienen sie nicht mehr als radikale Reformer und rückten näher an die orthodoxen Lutheraner heran. Obwohl einzelne Pietisten oftmals als große Vorbilder weiterwirkten, war der Pietismus als Ausdruck des Nonkonformismus in der gleichen Tendenz zur Institutionalisierung befangen, durch welche die etablierten Kirchen in den Augen des Volkes Ansehen eingebüßt hatten.

Katholische Reformbewegungen

Die Art, wie religiöse Reformer und weltliche Obrigkeit in Preußen einander einzuschätzen pflegten, fand anderswo eine Parallele. Beseelt von dem Wunsch nach einem intensiveren Gemeindeleben und einer gebildeteren Priesterschaft, betonten römisch-katholische Reformer wieder stärker die Ziele der Gegenreformation. Doch ebenso betonten sie die Autorität der Bibel und den Wert der Volksbildung, sie propagierten die Abschaffung des Aberglaubens und plädierten für eine gereinigte Liturgie, die das Volk verstehen konnte. Um diese Ziele zu fördern, wollten sie, daß die religiösen Stiftungen erneuert würden und ein großer Teil ihrer Dotationen seelsorgerischen Zwecken zugewendet würde. Darin trafen sich ihre Absichten mit denen weltlicher Reformer aus dem Geiste der Aufklärung, die, wenn sie das wirtschaftliche Wachstum fördern und rechtliche Veränderungen in die Wege leiten wollten, feststellen mußten, daß ihnen kirchliche Privilegien hindernd im Wege standen, oder die darauf bedacht waren, im Interesse eines wirksameren Regierens klerikale Ansprüche zu beschneiden. Gelegentlich war dies eine sehr wirkungsvolle Kombination, wie die Geschichte Österreichs zeigt. Beraten von Jansenisten, schränkten Maria Theresia und ihr Sohn Joseph II. die kirchlichen Kompetenzen ein, besteuerten den Klerus, brachten das Bildungswesen unter staatliche Kontrolle, richteten neue Diözesen, Pfarrgemeinden und Schulen ein und hoben zu deren Dotierung Klöster auf. Joseph II. wäre noch weiter gegangen, z.B. mit einer Reform der Liturgie, doch hier stießen die Reformer an eine Grenze wegen der Anhänglichkeit des Volkes an Ortsheilige und abergläubische Bräuche. So blieb ein großer Teil des katholischen Reformdenkens unverwirklicht; stärker als der frühe Pietismus oder Methodismus weckte es beim Volk eher Feindseligkeit als Begeisterung.

In Frankreich, wo die stärkste katholische Kirche Europas sich bereits völlig mit der etablierten weltlichen Obrigkeit identifiziert hatte, ließen sich nicht leicht Veränderungen durchsetzen. Im Gegensatz zu Österreich gab es hier kein glückliches Zusammentreffen der Interessen des Staates mit dem Interesse derjenigen, die auf eine Kirchenreform drängten. Um die religiöse Einheit zu wahren, trat Ludwig XIV. allen Kritikern der vorherrschenden Orthodoxie mit Härte entgegen und begrüßte die päpstliche Bulle *Unigenitus* von 1713, in der die Bestrebungen der Jansenisten verurteilt wurden. Anstatt die Solidarität zu fördern, rief der König damit einen ernsten Meinungsstreit in der Kirche hervor, und die Geistlichen beteiligten sich an den politischen und juristischen Diskussionen über die Befugnisse der Krone. Dies war keine Atmosphäre, in der es zu einem Ausgleich oder einer Erneuerung kommen konnte. Die französischen Kirchenführer zeigten kaum eine geistige Bereitschaft, ihren Glauben zu verteidigen; viele nutzten ihre Stellung im Staate nur, um ihre Privilegien aufrechtzuerhalten. Laien und weltliche Autoritäten kamen daher zu der Überzeugung, daß sie eine religiöse Reform selbst in Angriff nehmen müßten.

Solche Veränderungen zielten darauf ab, den Einfluß der Laien auf das christliche Leben zu mehren vermittels weiterer Beherrschung und Kontrolle der Kirche durch den Staat, vermittels des Einflusses weltlicher Ideen auf das religiöse Denken und durch die Entwicklung nonkonformistischer oder reformerischer Bewegungen, die abseits der kirchlichen Praxis standen. In welchem Umfang es dazu kam, unterlag natürlich dem Zufall und war abhängig vom Ausmaß antiklerikaler Strömungen im Volke, die solche Tendenzen verstärkten.

Manchmal gab es plötzliche Veränderungen, so z. B. die Aufhebung des Jesuitenordens, zunächst in Portugal im Jahre 1759, die 1773 vom Papst widerstrebend bestätigt wurde. Nicht sogleich ins Auge fiel die unauffällig alle Bereiche durchdringende Tätigkeit von Laien, die allmählich Bedeutung erlangte. Zum Beispiel folgten keineswegs alle, die von der evangelischen Erneuerung in England berührt worden waren, Wesley. Innerhalb der anglikanischen Kirche begannen engagierte Laien, besonders die Mitglieder der so benannten Clapham-Sekte, erworbene Patronatsrechte dazu zu benutzen, das Gemeindeleben zu erneuern, und sich in guten Werken als einem entscheidenden Element ihres Glaubens zu betätigen. Ihre Aktivitäten im Bereich der Wohltätigkeit und des Bildungswesens erblühten zu sich selbst tragenden Gesellschaften, die auch Mitglieder anderer Konfessionen anzogen. Die Sonntagsschulen-Bewegung und ihr Einsatz für die Abschaffung des Sklavenhandels sind herausragende Beispiele. Nach 1790 bildeten sich auch Missionsgesellschaften. Die nicht konfessionell gebundene Londoner Missionsgesellschaft (1795) und die Missionsgesellschaft der Anglikanischen Kirche (1799) waren Hinweise darauf, daß ein erneuertes Christentum den Anspruch erhob, ein weltumfassender Glaube zu sein.

DIE KIRCHE IM 19. JAHRHUNDERT

Das 19. Jahrhundert wird allzuoft als eine Periode gesehen, in der das Christentum unwiderruflich dem Verfall zustrebte. Veränderungen im vorangegangenen Jahrhundert sind gedeutet worden als Zeichen einer beginnenden Desintegration, welche unter dem Ansturm der industriellen und der Französischen Revolution schrittweise zum Zusammenbruch führte. Die Bedeutung der Kirche nahm in dem Maße ab, wie andere Institionen, z. B. der moderne Staat, eine größere Machtfülle erlangten. Die Fundamente von Glauben und theologischer Wissenschaft wurden noch weiter unterhöhlt durch die Entwicklung der naturwissenschaftlichen Erkenntnis. Die Idee der christlichen Gesellschaft wurde schließlich als jene Fiktion enthüllt, für die sie viele schon seit langem gehalten hatten, da sich ein großer Teil der Gebildeten und der Arbeiterklasse dem Christentum entfremdet hatte. Eine solche vereinfachende Darstellung hält jedoch der Realität nicht stand. Die unbezweifelbare »Säkularisierung des europäischen Geistes« läßt sich nicht schlechthin mit einem Prozeß der »Entchristianisierung« gleichsetzen.

Kirche und Staat: Korrektur ihres Verhältnisses

Die Verbindung von Kirche und Staat geriet stärker denn je zuvor unter den Beschuß von Radikalen und Antiklerikalen, die hieran etwas ändern wollten. Dennoch blieb sie erhalten. Obwohl es schon seit langem Konservative gab, die meinten, daß Kirche und Staat mit einer Stimme sprechen sollten, ergab sich überall zwangsläufig ein eher pragmatisches Verhältnis zwischen beiden. Die Privilegien und der materielle Besitzstand der Kirchen wurden beschnitten, und die Regierungen übernahmen oft Aufgaben, wie z. B. im Erziehungs- und Wohlfahrtswesen, die vorher weitgehend in die Zuständigkeit der Kirchen gefallen waren. Dennoch nahmen die Kirchen, obwohl ihre äußere Macht ersichtlich im Schwinden begriffen war, weiterhin über zahlreiche Kanäle Einfluß und wurden wegen ihres Beitrags zu sozialer und politischer Stabilität und zur öffentlichen Moral und Ordnung vielleicht sogar noch mehr als in früheren Zeiten geschätzt. Auch wenn sie vieles von dem, was die weltliche Obrigkeit tat, mißbilligten, erkannten viele Kirchenmänner doch, daß die Bedürfnisse des Staates und die für Regierungen geltenden politischen Notwendigkeiten auch zu ihrem Vorteil ausschlagen konnten, indem sie ihnen Handhaben boten, sich konkurrierender Glaubenslehren und anderer Kritiker zu erwehren.

Dieses Kalkül wurde überall in Europa angestellt und höchst anschaulich während der Französischen Revolution vor Augen geführt. In den Jahren 1789–1791 kam es nacheinander zur Einziehung der Kirchengüter, die zum Staatseigentum erklärt wurden, zur Auflösung der Klöster und – durch die Zivilkonstitution des Klerus (*Constitution civile du clergé*, 1790) – zur Umwandlung der Kirche in ein Organ des Staates. Die französische Geistlichkeit wurde gespalten in diejenigen, die bereit waren, den Eid auf die Zivilkonstitution zu leisten, und jene, die dies – vor allem im Gefolge der Verurteilung dieses Gesetzes durch Papst Pius VI. – ablehnten. Diese Gegensätzlichkeit der Einstellungen gegenüber der weltlichen Obrigkeit sollte sich immer wieder geltend machen. Zunächst wurde sie überholt durch den Terror der Jakobinerherrschaft, welche versuchte, das Christentum selbst zu beseitigen (1793/94). Darin sowie in den darauffolgenden Versuchen, Kirche und Staat zu trennen, äußerte sich eine starke und anhaltende Strömung in der öffentlichen Meinung. Doch schließlich kam es 1801 zum Abschluß des Konkordats zwischen Papst Pius VII. und Napoleon Bonaparte. Vor dem Hintergrund eines Wiedererwachens der katholischen Religiosität im Volke dokumentierte das Konkordat die staatliche Anerkenntnis der Tatsache, daß die Religion »der großen Mehrheit der Franzosen« zu wichtig war, um allein der Kirche überlassen zu werden. Kirchlicherseits bedeutete es ein Sichabfinden mit dem Verlust des Kirchengutes und wichtiger Positionen im Staate, zugleich aber Schutz vor weiteren Übergriffen und

Halte den Sonntag heilig! Diese Allegorie aus Frankreich, zur Bekräftigung der katechetischen Lehre gemalt, spiegelt die im 19. Jahrhundert weitverbreitete Befürchtung wider, daß der Sonntag als Tag der Ruhe und religiösen Besinnung ernsthaft bedroht sei. Dies wurde vor allem als Ergebnis der Industrialisierung gesehen mit ihrem ständigen Arbeitsbedarf, ihrer skrupellosen Gewinnsucht sowie dem Anwachsen der Städte mit ihren weltlichen Amüsements. Man sah den regelmäßigen Kirchgang als wesentlich für ein tugendhaftes, grundlegend »respektables« Leben an.

die Hoffnung auf künftige Möglichkeiten der Einflußnahme. Es stellte ein zeitweiliges Gleichgewicht der Kräfte dar, das viele Franzosen entschlossen waren, in ihrem je eigenen Sinn zu verändern. Die Leichtigkeit, mit der die Kirche während der Zeit der Restauration wieder an Boden gewann, bestätigte ihre Erwartungen. Die Identifizierung des Katholizismus mit dem reaktionären politischen Konservatismus dieses Regimes verstärkte allerdings nur den Antiklerikalismus der Liberalen, die entschlossen waren, ihre Position in Bereichen wie z. B. dem Bildungswesen zu verteidigen.

Außerhalb Frankreichs war das Interesse an der Religion als einer konservativen Kraft vor 1830 genauso verbreitet. In Großbritannien waren politische Radikale und religiöse Nonkonformisten die Angriffsziele von Kundgebungen zur Unterstützung von Kirche und Monarchie, und die Reform der anglikanischen Kirche wurde zurückgestellt. In Preußen wurden die Bindungen der Kirche an den Staat verstärkt durch die beachtliche Rolle, die die Kirche bei der Entfachung des Widerstandes gegen die französische Invasion spielte. Das Ergebnis war die von Friedrich Wilhelm III. herbeigeführte Union der Lutherischen und der Reformierten Landeskirche im Jahre 1817 und die Einrichtung eines neuen Ministeriums für Religion und Unterricht als einer ihnen vorgesetzten Behörde. Die Ausbildung der Geistlichen wurde nach bestimmten Normen ausgerichtet, die Ernennungen wurden in Berlin ausgesprochen, und der erneuerte Pietismus einer in zunehmendem Maße aristokratischen Geistlichkeit wurde gefördert.

Die Christen des 19. Jahrhunderts beschäftigte die Frage der Autorität von Bischöfen und insbesondere des Papstes sehr. Wie weit reichte deren Autorität, nicht nur in kirchlichen und theologischen Angelegenheiten, sondern in der Politik, in der Sittenlehre und im geistigen Leben? In Frankreich wurde die Diskussion von Félicité Robert de Lamennais (1782–1854; *oben*) entfacht, dem bekannten Herausgeber von *L'Avenir* (Die Zukunft) und Verfasser der *Paroles d'un croyant* (Worte eines Gläubigen), während einer stürmischen Karriere, die mit seiner völligen Ablehnung des Katholizismus endete. In Deutschland wurde Johann Ignaz von Döllinger (1799–1890; *ganz oben*), der berühmte Professor für Kirchengeschichte in München, exkommuniziert, weil er eine Gegenbewegung zunächst gegen päpstliche Ansprüche auf politische Macht und dann gegen Angriffe des Vatikans auf jede Art von Liberalisierung anführte. Die päpstliche Autorität wurde verteidigt von Papst Pius IX. (Papst von 1846 bis 1878; *rechts*), der, so erschien es vielen, den fortschreitenden Verlust päpstlichen Territoriums in Italien dadurch wettmachen wollte, daß er im *Syllabus der Irrtümer* (1864) den größten Teil des modernen Denkens verurteilte und über die Definition der päpstlichen Unfehlbarkeit auf dem Ersten Vatikanischen Konzil von 1869/70 wachte.

Antistaatliche Reaktionen

Reaktionen gegen eine so weitgehende Unterordnung der Kirche blieben nicht aus. Manchmal drängten die Regierungen, im Vertrauen auf ihre eigene Stärke oder wegen der Ärgernisse, die ein enges Zusammengehen mit einer bestimmten Konfession mit sich brachte, auf eine Lockerung der Verbindung von Kirche und Staat. In den Jahren 1828/29 hob die britische Regierung die meisten bürgerlichen und politischen Beschränkungen für protestantische Nonkonformisten und Katholiken auf. Die Gleichstellung der Katholiken im besonderen war teilweise eine Reaktion auf Ereignisse in Irland, wo Daniel O'Connells Catholic Association (»Katholische Assoziation«) gezeigt hatte, wie die religiösen Gefühle des Volkes gegen ein politisches Regime mobilisiert werden konnten, das eng mit einer fremden (in diesem Falle protestantischen) Kirche verbunden war. In Preußen, wo Friedrich der Große schon früher nach der Einnahme des katholischen Schlesien den Katholiken den Zugang zu Staatsämtern eröffnet hatte, erlangten diese durch weitere Maßnahmen in den 30er und 40er Jahren volle religiöse und politische Gleichberechtigung zur selben Zeit, als die liberalisierende Bewegung in der Lutherischen Kirche mit fester Hand unterdrückt wurde.

Vielfach kam die Reaktion von Kirchenmännern, die verärgert waren über die Einbuße an geistlicher Autorität infolge staatlicher Kontrollen. In Schottland spitzten sich die schon lange andauernden Auseinandersetzungen auf die Frage zu, ob die Einsetzung der Geistlichen vom Patron auch gegen den Willen der Gemeinde durchgesetzt werden könne, und dies führte schließlich zum Bruch von 1843, als presbyterianische Geistliche und deren Gemeinden sich scharenweise von der etablierten Kirche trennten und die Freikirche (Free Church) gründeten. In England erarbeiteten anglikanische Kirchenführer zusammen mit Whig-Regierungen um 1830 eine Reihe von Gesetzen – über den Kirchenzehnten, über die zivile Registrierung von Geburten und Todesfällen, das Kirchenrecht und den kirchlichen Besitz –, die den Hintergrund für die sogenannte Oxford-Bewegung abgaben. Angeführt von John Keble (1792–1866) und John Henry Newmann (1801–1890) verband diese Bewegung die romantische Sehnsucht nach einer imaginären Vergangenheit mit der Furcht vor staatlicher Einmischung, die sich sogar auf Fragen der Lehre erstrecken konnte. Ihre Anhänger wollten wieder die Stellung der Bischöfe und Priester als Nachfolger der Apostel und daher als die einzige Quelle der Autorität in der Kirche zur Geltung bringen. Reform und Erneuerung mußten aus der Kirche selbst kommen. Parallel dazu begannen zahlreiche französische Katholiken und besonders Geistliche gegen die Julimonarchie (1830–1848) den Ultramontanismus zunächst von Robert de Lamennais (1782–1854) und dann von Louis Veuillot (1813–1883) zu unterstützen. Sie wollten eine Kirche, die in Freiheit ihre eigenen Angelegenheiten regeln konnte und wieder auf die erstarkte Autorität des Papstes hörte.

Zunächst war dem Papsttum – noch immer Herr des Kirchenstaates – nicht daran gelegen, die Rechte der Territorialstaaten zu schmälern. Aufgrund der Erfahrung seines Schwächezustandes in der Vergangenheit war es darauf bedacht, wo immer dies möglich war, gute Beziehungen zu den Regierungen zu unterhalten. Unter dem Pontifikat Pius' IX (1846–1878) jedoch wurde die offizielle Linie der Kirche und wurden die Argumente der Ultramontanisten zunehmend autoritärer und reaktionärer. So wurde z. B. unter Napoleon III. jede Gelegenheit wahrgenommen, Liberale und Republikaner zu attackieren. Die päpstlichen Ansprüche wurden auch in die Höhe getrieben durch die Ereignisse in Italien, wo die politische Einigung 1870 zum völligen Verlust der außerhalb des Vatikans gelegenen Territorien des Kirchenstaates führte. Gegen republikanische Regierungen wurden alle religiösen Machtbefugnisse geltend gemacht. Der liberale Katholizismus von Männern wie Ignaz Döllinger und des

Die Oxford-Bewegung im 19. Jahrhundert

Trotz seines Abgesondertseins von den wachsenden Zentren politischer und wirtschaftlicher Macht wie Manchester, Birmingham oder London übte Oxford einen großen kulturellen Einfluß aus. Bis gegen Ende des 19. Jahrhunderts wurde die Universität beherrscht von anglikanischen Geistlichen, die dazu beitrugen, einen hohen Anteil des anglikanischen Klerus und der Eliten im Staatsapparat Großbritanniens auszubilden. Die religiösen Dispute in Oxford, personalisiert und ausgetragen von einer geschlossenen akademischen Gesellschaft, übertrugen sich rasch auf ein weit größeres Publikum. Das galt besonders für die Diskussion, die durch die Oxford-Bewegung, deren Blütezeit zwischen 1833 und 1841 lag, ausgelöst wurde. Deren geistige Leuchten – J. Keble, R. H. Froude, J. H. Newman und E. Pusey – wollten für die anglikanische Kirche die Achtung, die Autorität und die Glaubenswahrheiten zurückgewinnen, deren sie rasch verlustig zu gehen schien. Vor allem mußte gegen die politische Beaufsichtigung durch Laien, die beeinflußt war von der religiösen Feindseligkeit der irischen Katholiken und radikaler Nonkonformisten oder von religiöser Gleichgültigkeit, ein Gegengewicht geschaffen werden durch die Wiederherstellung der bischöflichen Disziplin und Kontrolle im kirchlichen Leben und in der kirchlichen Lehre. Als Newman und andere prononcierte Anhänger zum Katholizismus übertraten, verlor die Bewegung an Bedeutung.

Oben links: E. B. Pusey (1800–1882) war Professor für Hebräisch von 1828 bis zu seinem Tode. In die Führung der Oxford-Bewegung aufgenommen, deren Anhänger als Puseyisten oder Traktarianer bekannt waren, war Pusey ein hervorragender und polemischer Prediger. Er verkörperte die Askese der Bewegung, indem er das Leben eines Einsiedlers führte. Seine Befürwortung der Einzelbeichte, sein Glauben an die reale Gegenwart Christi in der Eucharistie und seine Unterstützung religiöser zölibatärer Gemeinschaften stießen in einem Zeitalter weitverbreiteten Anti-Katholizismus viele ab.
Der Humor des Karikaturisten (*rechts*) war fast eine Selbstparodie der Protestanten, die Institutionen wie das Oscott College als dazu bestimmt ansahen, die Leichtgläubigen und Unvorsichtigen einzufangen, ja zu entführen.
Weit weniger kämpferisch war John Keble (1792–1866) eingestellt. Er wurde berühmt wegen seiner religiösen Dichtung in *The Christian Year* (1827). Dreißig Jahre Pfarrer von Hursley, stellte er besonders die pastoralen Aufgaben gewöhnlicher Geistlicher heraus. Das Keble College (*oben rechts*), 1868–1882 von William Butterfield erbaut, war sein Denkmal, das die hohen anglikanischen Werte verteidigen sollte gegen die Verweltlichung, die teilweise in Gladstones Universitätsgesetzgebung von 1871 zum Ausdruck kam.

französischen Bischofs Felix-Antoine Dupanloup wurde verworfen, und der kompromißlose päpstliche Standpunkt fand seinen Ausdruck im *Syllabus der Irrtümer* von 1864, der jede Möglichkeit einer »Einigung mit dem Fortschrittsglauben, Liberalismus und Modernismus« ausschloß. Dieses Vorgehen richtete unermeßlichen Schaden an. Es stieß allenthalben die Regierungen und das einfache Volk ab, veranlaßte die Kirche, sich auf sich selbst zurückzuziehen, und schränkte die Aktivitäten liberaler Katholiken drastisch ein. Die Nachfolger von Pius IX. begannen langsam, wieder ein ausgewogenes Verhältnis herzustellen, unternahmen aber wenig, um Konflikte wie den zwischen Bismarck und den deutschen Katholiken im Kulturkampf der 70er Jahre oder denjenigen, der in Frankreich zur Trennung von Staat und Kirche führte (1905), abzuwenden.

Auch die protestantischen Kirchen befanden sich in der zweiten Jahrhunderthälfte oftmals in einer Abwehrstellung. Das brachte einige von ihnen, ähnlich wie im Fall der römisch-katholischen Kirche, in eine engere Verbindung mit der weltlichen Obrigkeit. Die deutsche protestantische Kirche entwickelte sich, unterstützt von den besitzenden Klassen und getragen von den Interessen der konservativen Landjunker, immer mehr zu einer Säule des nationalistischen Staates. Die anglikanische Kirche blieb etabliert, weitgehend deshalb, weil ihre Privilegien bis zu einem Grad zusammengeschrumpft waren, daß Nonkonformisten sich nicht mehr besonders beunruhigt zu fühlen brauchten. Die Spannungen zwischen den Konfessionen schienen zeitweise abzunehmen, doch erwies sich der Einfluß nationaler Empfindungen als weitaus stärker denn die Gemeinsamkeit im christlichen Glauben: Die meisten Kirchenmänner und Christen waren 1914 nur allzu bereit, den Feind mit dem Bösen zu identifizieren, und unter-

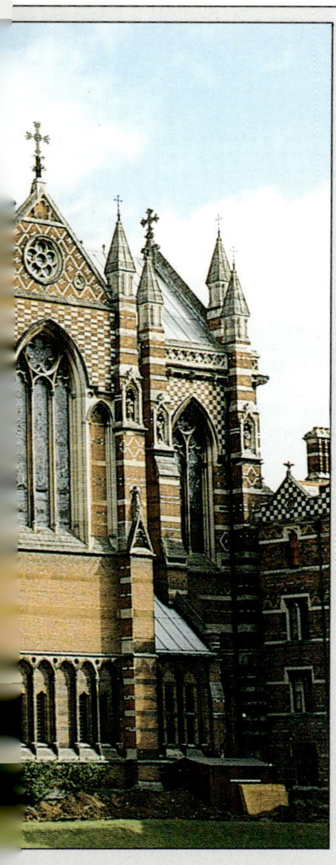

)ben: John Henry Newman (1801 bis
890), Mitglied des Oriel College und
on 1828 an Pfarrer an der Universitäts-
irche St Mary the Virgin war der
eistige Führer der Oxford-Bewegung.
ls er schließlich den Glauben daran
erlor, daß die anglikanische Kirche
ühchristliche Ideale verkörpere,
urde er 1845 Katholik.

stützten in übersteigertem und blindem Patriotismus die Kriegsanstrengungen ihres eigenen Staates.

Christlicher Glaube und Religionskritik

Die Christen mußten sich nicht nur mit der Entwicklung des modernen Staates auseinandersetzen, in dem Männer das Sagen hatten, die der institutionellen Verankerung des Christentums im öffentlichen Leben oftmals feindlich gegenüberstanden oder bestenfalls es vermieden, in religiösen Streitigkeiten Partei zu ergreifen. Sie sahen sich auch mit neuen wissenschaftlichen Erkenntnissen und philosophischen Entwicklungen konfrontiert, die eine Weiterentwicklung der Theologie erforderlich machten, sollte das Christentum nicht mit geistigem Obskurantismus in Verbindung gebracht werden. Schon im 18. Jahrhundert war bei der Betonung der Wahrheiten des Christentums der wissenschaftlichen Erforschung der Natur eine wichtige Rolle zugefallen: Schon seit langem war klar, daß insbesondere die geologischen Tatsachen im Widerspruch zur geltenden biblischen Überlieferung standen. Die wissenschaftlichen Erkenntnisse entfernten sich vom Glauben an einen einzelnen Schöpfungsakt und eine Welt, die nur 4000 bis 6000 Jahre alt war, und bewegten sich hin zu einer Auffassung, nach der die Erdoberfläche sich langsam verändert hatte und die Lebewesen nacheinander über weit längere Zeiträume hinweg aufgetreten waren. Die Biologen bemühten sich um Erklärungen für das Auftreten neuer Lebensformen mit Begriffen wie Entwicklung, Anpassung und Evolution. Im Jahre 1859 veröffentlichte Charles Darwin sein Buch *Über die Entstehung der Arten.* Demnach schienen die höheren Lebensformen aufgrund eines evolutionären Mechanismus, unabhängig vom Eingreifen eines göttlichen Schöpfers, aus den niederen hervorgegangen zu sein. Gleichzeitig warf die Geschichtswissenschaft Fragen nach der Echtheit der Bibeltexte, nach dem Erinnerungsvermögen und dem Verständnis ihrer Autoren und nach der Persönlichkeit der in der biblischen Szene Agierenden, vor allem Jesu Christi selbst, auf.

Für die christlichen Theologen ergab sich ein doppelter Ausweg. Sie anerkannten die Notwendigkeit eines neuen, kritischen Ansatzes bei der Bibelauslegung. Dabei nahmen sie von jedem wörtlichen Verständnis Abstand und sahen die Bibel nicht mehr als einen geschichtlichen Bericht oder als ein Werk göttlicher Eingebung, sondern als eine Sammlung von Erzählungen, die dazu bestimmt waren, religiöse Ideen auszudrücken und ein religiöses Verständnis gemäß der Alltagserfahrung des Schreibers zu vermitteln. Das Christentum selbst war zu verstehen als persönliche Erfahrung, nicht als gläubiges Hinnehmen bestimmter festgelegter Lehren. Deutsche Theologen waren dabei wegweisend, wie Friedrich Schleiermacher, Johann Adam Möhler und danach David Friedrich Strauß, dessen *Leben Jesu* (1835) für eine Sensation sorgte, weil darin die Gottheit Christi sozusagen wegerklärt wurde. Gleichzeitig gewann die Einsicht an Boden, daß das Christentum geschichtlich gewachsen war und daß diese Geschichte, vor allem die der frühen Kirche, erforscht werden mußte unter Einbeziehung aller dokumentarischen Quellen – nicht nur der Bibel selbst –, welche sich auf diejenigen Gesellschaften beziehen, in denen sie sich entwickelt hatte. Auf diesem Wege führten Bibelkritik und Textdatierung zu einer stärker wissenschaftlich begründeten Religions- und Kirchengeschichte.

In römisch-katholischen Kreisen fanden diese Erkenntnisse nur schwer Eingang. Papst Leo XIII. (1878–1903) machte vorsichtige Zugeständnisse an den Fortschritt der Wissenschaft, deren Grenzen sich jedoch deutlich zeigten in der Verurteilung der modernistischen Theologen durch Papst Pius X. im Jahre 1907 und in der Exkommunikation eines ihrer führenden Köpfe, des französischen Reformtheologen Alfred Loisy (1908).

Evangelische und katholische Erneuerung

In der Tat fanden viele Christen die Schriften ihrer eigenen Theologen, ob sie sie nun verstanden oder nicht, weitaus beunruhigender als die irgendwelcher Kritiker des Christentums. Für Katholiken wie für Protestanten waren ein unkompliziertes wörtliches Glaubensverständnis und die persönliche religiöse Erfahrung, oft erlebt in Form einer Bekehrung, sowie die periodische Erneuerung dieses Glaubenserlebnisses durch religiöse Erweckung von großer und bleibender Bedeutung. Gefühl und Empfinden waren für ein lebendiges Christentum ebenso wichtig wie theologische Gelehrsamkeit. Seit dem Ende des 18. Jahrhunderts lebte der »Enthusiasmus« der Methodisten nicht nur weiter in der evangelischen Bewegung bei den Anglikanern, sondern er übertrug sich auf andere Konfessionen. Die Unsicherheit während der Zeit der Französischen Revolution erregte im Volk starke religiöse Gefühle und führte zu Spekulationen über das nahe Weltende. Manchmal drückte sich das einfach in verstärktem persönlichem Engagement oder Einsatz der Gemeinde aus, hing aber auch mit Bewegungen zusammen, die viel weiter reichten und gelegentlich unorthodoxer waren. Versuche, die biblischen Prophezeiungen auf die moderne Welt zu beziehen, brachten z. B. die bizarren, aber populären apokalyptischen Phantasien von Richard Brothers (1757 bis 1824) und Johanna Southcott (1750–1814) hervor. Während des ganzen Jahrhunderts blieben chiliastische Ideen für viele eine periodische Quelle der Inspiration. Die evangelische Erweckungsbewegung wurde zunehmend organisierter und professioneller, vor allem durch den Einfluß von Amerikanern wie Charles Finney (1792–1876) oder Dwight L. Moody und Ira D. Sankey, und seit 1875 führten z. B. die regelmäßigen evangelischen Konferenzen in Keswick Protestanten aller Konfessionen aus jedem Teil Europas zusammen. Im katholischen Raum nahm die religiöse Erneuerung ganz andere Formen an, war aber nicht weniger verbreitet und von ebenso nachhaltiger Wirkung. Seit den 40er Jahren waren die religiösen Orden wieder stark im Kommen, besonders bei den Frauen: Allein in Frankreich wuchs die Zahl der Ordensmitglieder von etwa 37000 im Jahre 1851 auf 162000 um 1900 an. Die Wallfahrten, das gottesdienstliche Ritual, die Verehrung der Jungfrau Maria und anderer Heiliger kamen wieder zu Ehren: in der Hoffnung, daß der Glaube gestärkt würde und die weltlichen Ideologien in Schach gehalten würden.

Letzten Endes hing das Schicksal der Kirchen und des Christentums davon ab, in welchem Maße ihre Institutionen und Glaubensüberzeugungen den Problemen des täglichen Lebens gerecht wurden. Der Erfolg der Erneuerungsbewegungen zeigte, daß das Christentum immer noch zahlreiche Menschen anzusprechen vermochte. Andererseits war das Bedürfnis nach einer solchen Erneuerung mit ihrer aggressiven missionarischen Tätigkeit ein Beweis für schwindenden Enthusiasmus im Innern und Unwissenheit, Gleichgültigkeit oder Feindseligkeit draußen, ein Beweis dafür, daß das Christentum für noch größere Bevölkerungsteile bedeutungslos geworden war. Das waren keine neuen Umstände. Das Christentum mußte schon immer gegen Verknöcherung im Innern wie gegen die Konkurrenz magischer und anderer Anschauungen ankämpfen. Doch hatten die Menschen des 19. Jahrhunderts gute Gründe, bestimmte Probleme für neu, ja einzigartig zu halten.

Europa erlebte nach 1790 einen massiven Anstieg der Bevölkerungszahl, der einherging mit einem raschen

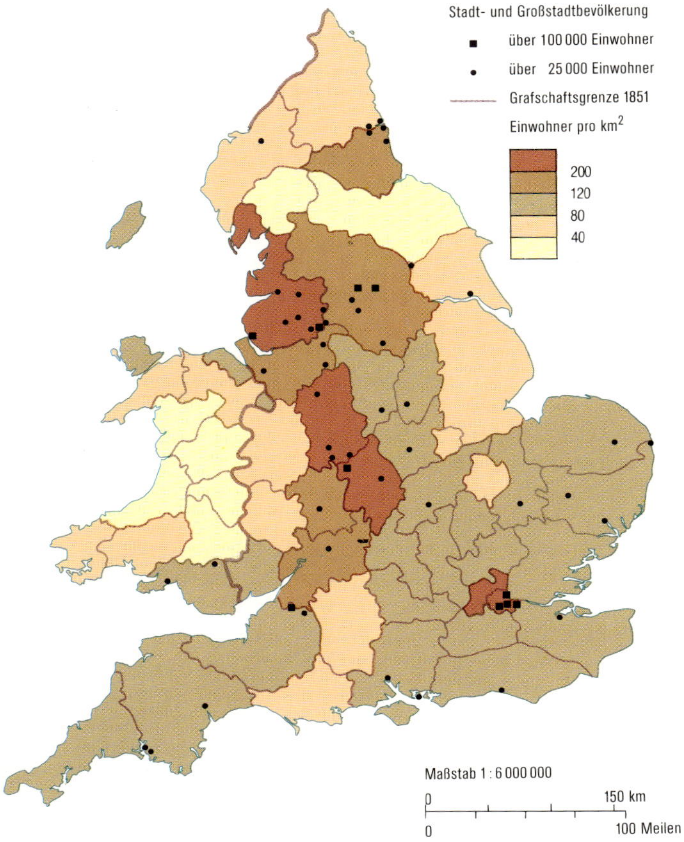

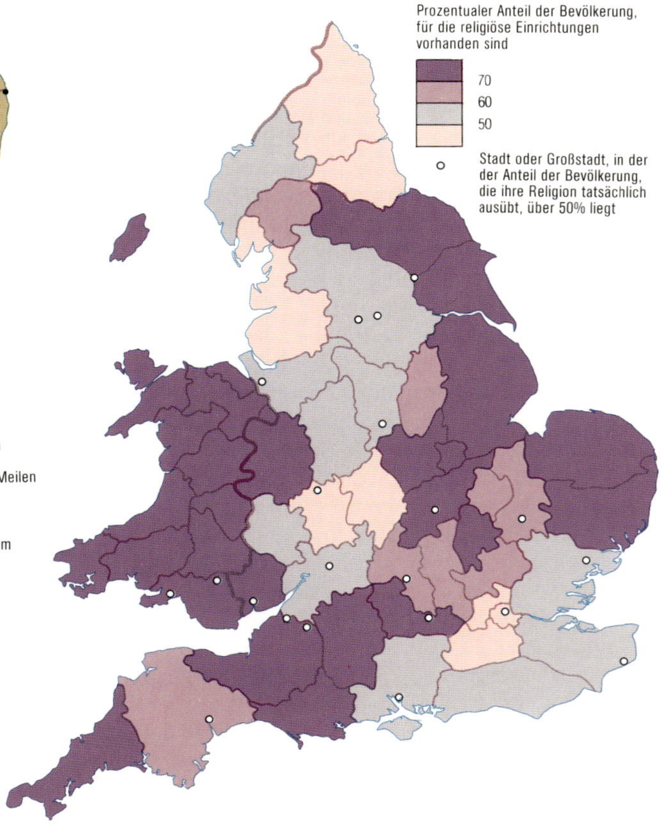

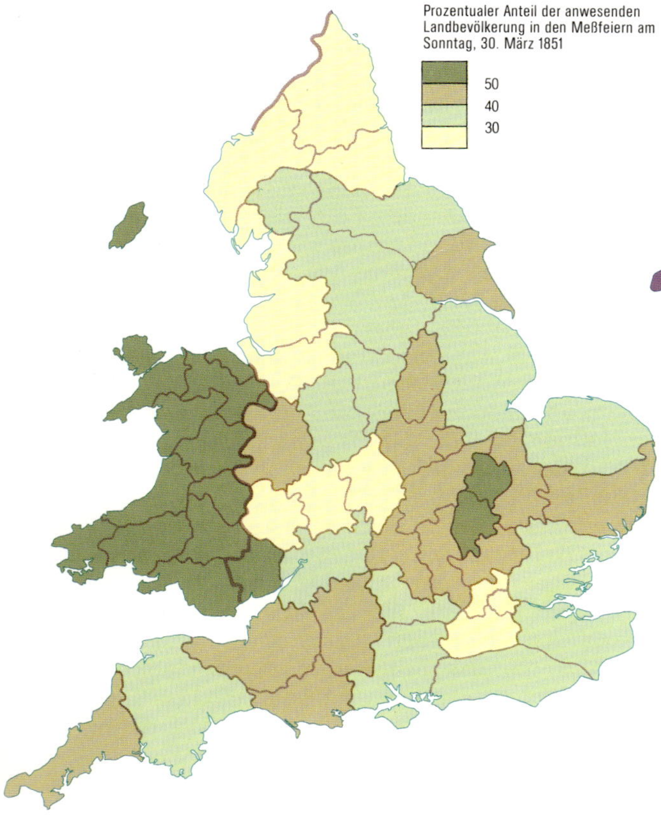

Religionsausübung in England und Wales im Jahre 1851
Im Jahre 1851 führte die britische Regierung eine Religionszählung durch. In gewisser Hinsicht erscheint dies nicht überraschend: Die Behörden stellten Statistiken auf wie nie zuvor, und der Zustand der Kirchen wurde heiß diskutiert. Dennoch wurde dieses Experiment niemals wiederholt. Trotz einiger ernsthafter Schwächen (die schottischen Zahlen waren besonders unzuverlässig) bleibt die Zählung deshalb eine unvergleichliche Informationsquelle. Anders als bei der gleichzeitigen allgemeinen Volkszählung waren die Geistlichen nicht verpflichtet, an sie gestellte Fragen zu beantworten. Aber die meisten taten es, wenn auch nicht immer vollständig oder genau. Sie gaben die Zahl der Versammlungsorte, die der vorhandenen Sitzplätze und die Zahl der bei jedem Gottesdienst am 30. März 1851 Anwesenden an. Als die Zahlen 1854 veröffentlicht wurden, versuchte man zu schätzen, welcher Prozentsatz der Bevölkerung nicht den Gottesdienst besucht hatte, obwohl die Möglichkeit bestanden hätte, und wie gut die verschiedenen Gebiete mit Räumlichkeiten für die Abhaltung von Gottesdiensten versorgt waren; man versuchte die zahlenmäßige Stärke der Konfessionen zu ermitteln sowie deren Zunahme oder Abnahme. Es zeigte sich, daß London sehr schlecht versorgt war. Die Kirche von England war offensichtlich stark im Osten und Südosten, der Nonkonformismus in den Städten. Insgesamt war die Zahl der Nonkonformisten viel größer, als man allgemein angenommen hatte.

Wachstum der Städte und der Ausbreitung der kapitalistischen Industrie. Die Kirchen waren nicht in der Lage, die dafür erforderliche Anzahl von Priestern zu stellen und die finanziellen Mittel aufzubringen, die notwendig gewesen wären, um mit dieser Entwicklung Schritt zu halten. In einer Zeit, in der die ökonomischen Veränderungen auch Unsicherheit, Armut und einschneidende Veränderungen in den bisherigen Lebensgewohnheiten mit sich brachten, wurde für viele Kirchen auch die Tatsache zu einer Belastung, daß sie eng mit den wirtschaftlich gesicherten oder besitzenden Schichten der Gesellschaft verbunden waren. Den Geistlichen und Laien fehlte oft das nötige Verständnis und Mitgefühl für die Ungerechtigkeiten und die Not in ihrer Umgebung. So rückten die Kirchen für viele Menschen, besonders in den Städten und innerhalb der Arbeiterschaft in weite Ferne.

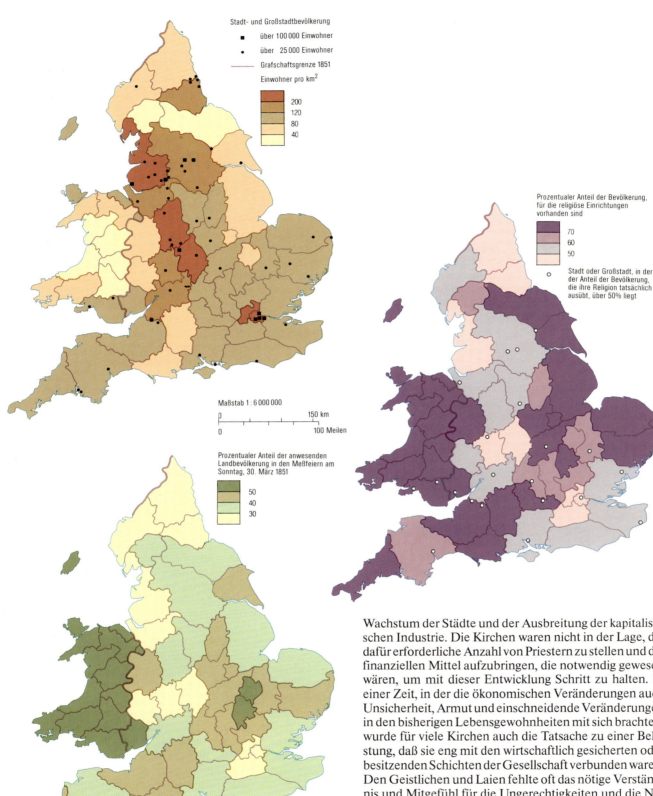

Die Christen, die entschlossen waren, angesichts der sozialen und ökonomischen Veränderungen ihren Glauben zu bewahren, reagierten angesichts dieser Situation unterschiedlich. In protestantischen Gebieten kam es zu einer Ausbreitung neuer Sekten oder Bekenntnisgruppen. Das war besonders deutlich in Großbritannien zu beobachten, wo die Baptisten, Kongregationalisten und Methodisten bis 1850 in Gegenden, die von der anglikanischen Kirche nicht ausreichend betreut wurden, rasch

Oben: Johanna Southcott (1750–1814) »exkommuniziert die Bischöfe«. Sie war die Tochter eines Bauern aus Devonshire, Prophetin und Verfasserin religiöser Flugschriften und führte schließlich eine in ganz Großbritannien vertretene Gesellschaft von »Southcottianern« an.

Unten: Wie dieses deutsche Gemälde ahnen läßt, bildeten überall Frauen und Kinder die Mehrzahl der praktizierenden Christen. So langweilig und gewohnheitsmäßig der Kirchenbesuch oft war, bot er doch Gelegenheit zu allerlei gesellschaftlicher Aktivität.

zunahmen. Gegen Ende des Jahrhunderts traten andere Sekten, wie die Heilsarmee, auf. Die rasche Vermehrung von Versammlungshäusern und -sälen zeigte, wie wichtig es war, auch äußerlich in den Städten präsent zu sein. Vielen Menschen in Großbritannien, die sonst vielleicht die Religion überhaupt abgelehnt hätten, boten der Nonkonformismus und (den irischen Einwanderern) der Katholizismus schon seit langem die Möglichkeit, einer Gemeinschaft anzugehören, in der die Kritik an den politischen Verhältnissen und an der etablierten Religion sich verband mit Glaubensgenossenschaft und einer starken christlichen Überzeugung. Obwohl es auch militant weltliches Denken gab, blieb dessen Einfluß doch begrenzt, und

der britische Sozialismus des späten 19. Jahrhunderts hatte tiefe Wurzeln in der christlichen Arbeiterschaft. Sobald die anglikanische Kirche ihre Organisation verbessert hatte, trat sie in die Fußstapfen der anderen Bekenntnisgemeinschaften und eroberte sogar einiges von dem Terrain zurück, das sie in dem Jahrhundert vor 1840 verloren hatte. Ihr Einfluß wurde dadurch verstärkt, daß sich nun auch ein soziales Bewußtsein entwickelte. Die Tradition evangelischer Reform wurde weitergeführt von Laien wie dem jüngeren Lord Shaftesbury (1801–1885) und wurde in eine neue Richtung gelenkt durch den christlichen Sozialismus von Geistlichen wie Frederick D. Maurice (1805–1872).

Im übrigen Europa waren derartige Neuorientierungen weniger erfolgreich. Im protestantischen Deutschland war das Sektenwesen viel weniger stark entwickelt, und die Kirchen blieben das Reservat einer konservativen Mittelschicht. Die Arbeiterklasse entwickelte ihre eigene unabhängige Kultur und baute eine starke sozialistische Bewegung auf, die der institutionalisierten Religion weitgehend gleichgültig gegenüberstand. Einige Protestanten versuchten, in ihren Kirchen einen Sinn für soziales Engagement zu wecken. Johann Heinrich Wicherns Innere Mission (gegr. 1848) und später Adolf Stoeckers Christlich-Soziale Partei (gegr. 1878) z. B. waren Parallelen zu gewissen Entwicklungen in England, ihr Einfluß war jedoch begrenzt. Die deutschen Katholiken nahmen – u. a. mit der Gründung des Katholischen Gesellenvereins durch Adolf Kolping im Jahre 1849 – die sozialen Probleme viel ernsthafter in Angriff. In Frankreich befaßten sich zahlreiche neue Orden wie die Barmherzigen Schwestern oder Laienorganisationen wie die Gesellschaft des hl. Vinzenz von Paul auf ähnliche Weise mit der sozialen Frage. Theologen wie Philippe Buchez (1796–1865) und später René de Latour du Pin forderten einen neuen sozialen Katholizismus. Der Konservatismus der katholischen Hierarchie schwächte jedoch jeden Versuch, das Christentum weiter in die Städte hineinzutragen.

Religion als Privatsache

Um 1914 waren der Kirchenbesuch und die praktizierte Religiosität überall zurückgegangen, und die Geistlichen waren trotz mancher Verbesserungen in der Qualität ihrer Ausbildung und trotz ihres stärkeren Engagements weniger angesehen als je zuvor. Es gab mehr Priester und Kirchen als je zuvor seit dem Ende des 18. Jahrhunderts, und dasselbe gilt für die Verfügbarkeit religiöser Literatur. Doch Gebildete und »Aufsteiger« fühlten sich kaum von einer kirchlichen Laufbahn angezogen. Für die meisten Menschen gab es auch nur wenige Bedürfnisse, die allein die Kirche befriedigen konnte. Geburten, Eheschließungen und vor allem Todesfälle führten die Familien und ihre Freunde immer noch in die Kirche. Die gesetzlichen Feiertage blieben weitgehend die Feste des christlichen Kalenders. Christliche Vorstellungen und christliche Kultur prägten einen großen Teil der Volksbildung, auch wenn das Erziehungs- und Bildungswesen ein Zankapfel zwischen Kirche und Staat blieb.

Das Christentum wurde immer mehr zu einer Frage der Entscheidung des einzelnen, zu einer Privatangelegenheit – und war es vielerorts bereits. Als ein Fundament der Gemeinschaft blieb es am lebendigsten in Ländern wie Irland oder Polen, wo Religion und Nationalgefühl untrennbar miteinander verflochten waren. Anderswo wurde es überholt vom Pluralismus der modernen Gesellschaft. Und wenngleich die Frömmigkeit des einzelnen vielfach tiefer empfunden wurde, so befand sich doch das Christentum als Religion ganzer Gemeinschaften zu Beginn des 20. Jahrhunderts auf dem Rückzug.

DIE AFRIKANISCHE ERFAHRUNG

Um 1790 hatte die Missionstätigkeit überall einen Tiefstand erreicht. Der für die etablierten Kirchen Europas charakteristische Mangel an religiösem Eifer und die Aufhebung des Jesuitenordens hatten ihren Tribut gefordert, während diejenigen, die sich in den evangelischen Erneuerungsbewegungen des 18. Jahrhunderts engagierten, der Auslandsmission bis dahin wenig Aufmerksamkeit geschenkt hatten. Außer in der eigenständig gewachsenen Kirche Äthiopiens und bei den Kopten des Niltals gab es in Afrika nur wenige Christen, von denen die meisten ausgewanderte Weiße – Siedler, Soldaten und Händler – waren. Sogar nach dem Entstehen der großen protestantischen Gesellschaften in Europa und Amerika zwischen 1792 (die Baptistische Missionsgesellschaft) und 1824 (die Berliner Mission) verhinderten die begrenzten geographischen Kenntnisse, das ungewohnte Klima und die Angst vor Seuchen, vor allem in Westafrika, bis etwa 1840 eine intensivere Missionstätigkeit.

Frühe Missionen am Kap und in Westafrika

Die ersten neuzeitlichen Versuche, das Christentum unter den Afrikanern zu verbreiten, begannen daher am Kap der Guten Hoffnung, wo seit der Mitte des 17. Jahrhunderts Siedlungen von Weißen bestanden. Im Jahre 1792 erneuerten die Herrnhuter ihre Mission in Baviaanskloof (Genadenal). Auf sie folgte die Londoner Missionsgesellschaft, unter deren zahlreichen Stationen die in Bethelsdorp unter dem Holländer Johan van der Kemp und in Kuruman unter Robert Moffat besonders bekannt wurden. In Westafrika gingen die ersten nachhaltigen Bemühungen seit 1804 von den deutschen Mitgliedern der Kirchlichen Missionsgesellschaft und seit 1811 von den Wesleyanern (Methodisten) aus, die im Gebiet von Freetown wirkten.

Die frühen Erfolge bei der Bekehrung von Afrikanern hingen entscheidend von dem Zusammenwirken der Missionen mit der humanitären Bewegung ab. In Sierra Leone wurde die christliche Botschaft im Maße, wie die Kampagne für die Abschaffung des atlantischen Sklavenhandels an Bedeutung gewann, vorwiegend früheren Sklaven nahegebracht – solchen, die nach Afrika zurückgekehrt waren, und anderen, die aus der Gewalt der in Küstennähe abgefangenen Sklavenhändlerschiffe befreit worden waren. Am Kap boten die Missionsstationen vielen Menschen einen gewissen Schutz vor den rauhen sozialen und wirtschaftlichen Bedingungen des Lebens in einer von Weißen beherrschten Gesellschaft. Das Wirken der Missionare für größere Gleichheit in rechtlicher und politischer Hinsicht und die Rolle, die sie als Lehrer oder Berater in bestimmten Eingeborenengemeinschaften wie z. B.

Rechts: Missionen in Afrika
Die evangelische Erneuerung im Protestantismus brachte in den 90er Jahren des 18. Jahrhunderts die Missionsbewegung nach Übersee hervor. Doch abgesehen von einigen Stationen, die von der Church Missionary Society, den Wesleyanern und der London Missionary Society in Sierra Leone und am Kap der Guten Hoffnung eingerichtet wurden, unternahmen die Europäer bis nach 1830 nur wenige Missionsversuche in Afrika. Die Karte zeigt zugleich die Chronologie und die geographische Verteilung der Ausbreitung der Missionstätigkeit. Die früheren katholischen Missionen hatten nur wenige Spuren hinterlassen, die zudem von geringer Bedeutung waren. Die erste große Welle missionarischer Aktivität gab es in den 30er und 40er Jahren des vorigen Jahrhunderts, vor allem in Westafrika. Im Gefolge von Livingstones Reisen konzentrierten sich die Bemühungen in den 60er und 70er Jahren auf Ost- und Mittelafrika. In der Zeit der territorialen Aufteilung Afrikas unter die europäischen Mächte nach 1880 breitete sich die Missionstätigkeit überall aus, hauptsächlich aber südlich der Sahara. Im Norden, wo der Islam stark war, war die christliche Präsenz immer sehr begrenzt und ihr Einfluß gering. Die Ausbreitung des Islam in vielen Teilen West- und Ostafrikas beunruhigte Christen aller Konfessionen.

Links: »Dein Wort ist ein Licht zu meinen Füßen und ein Licht für meinen Pfad. Ich liebe deine Gebote mehr als Gold, ja mehr als Feingold.« Diese Inschrift auf dem Rahmen von Barbers Gemälde erkläre, so meinte man weithin, Großbritanniens Fortschritt, Wohlstand und Macht. Großbritannien stand im 19. Jahrhundert in Blüte, weil es ein christliches, protestantisches und freies Land war. Die wahre Religion und tugendhaftes Verhalten wurden von der göttlichen Vorsehung belohnt. Ein solches Glück brachte jedoch Verpflichtungen für die weniger Glücklichen mit sich. Die Arbeit des christlichen Missionars war auch eine nationale Pflicht, hier veranschaulicht durch die Geste der Königin Victoria, und die Überzeugung, daß Großbritanniens Ausdehnung in Übersee dazu beitrug, die christliche Kultur zu verbreiten, war tief verwurzelt. So real ein solcher Idealismus war, so ließ er doch fraglos vieles der Schattenseiten unberücksichtigt und wurde häufig durch die Brutalität, Korruption und den überheblichen Egoismus verdunkelt, die diejenigen, die in die zersetzenden Prozesse der europäischen Expansion und Kolonialherrschaft hineingezogen wurden, ebenfalls erfahren mußten.

Rechts: George Grenfell (1849–1906), ein erfahrener Kenner der afrikanischen Völker und ihrer Kulturen, war zugleich, wie viele Baptisten, ein Befürworter der rasch vorandrängenden Evangelisation in Gebieten wie dem Kongobecken, die von europäischer Besiedlung oder von Handelsaktivitäten noch ganz unberührt waren.

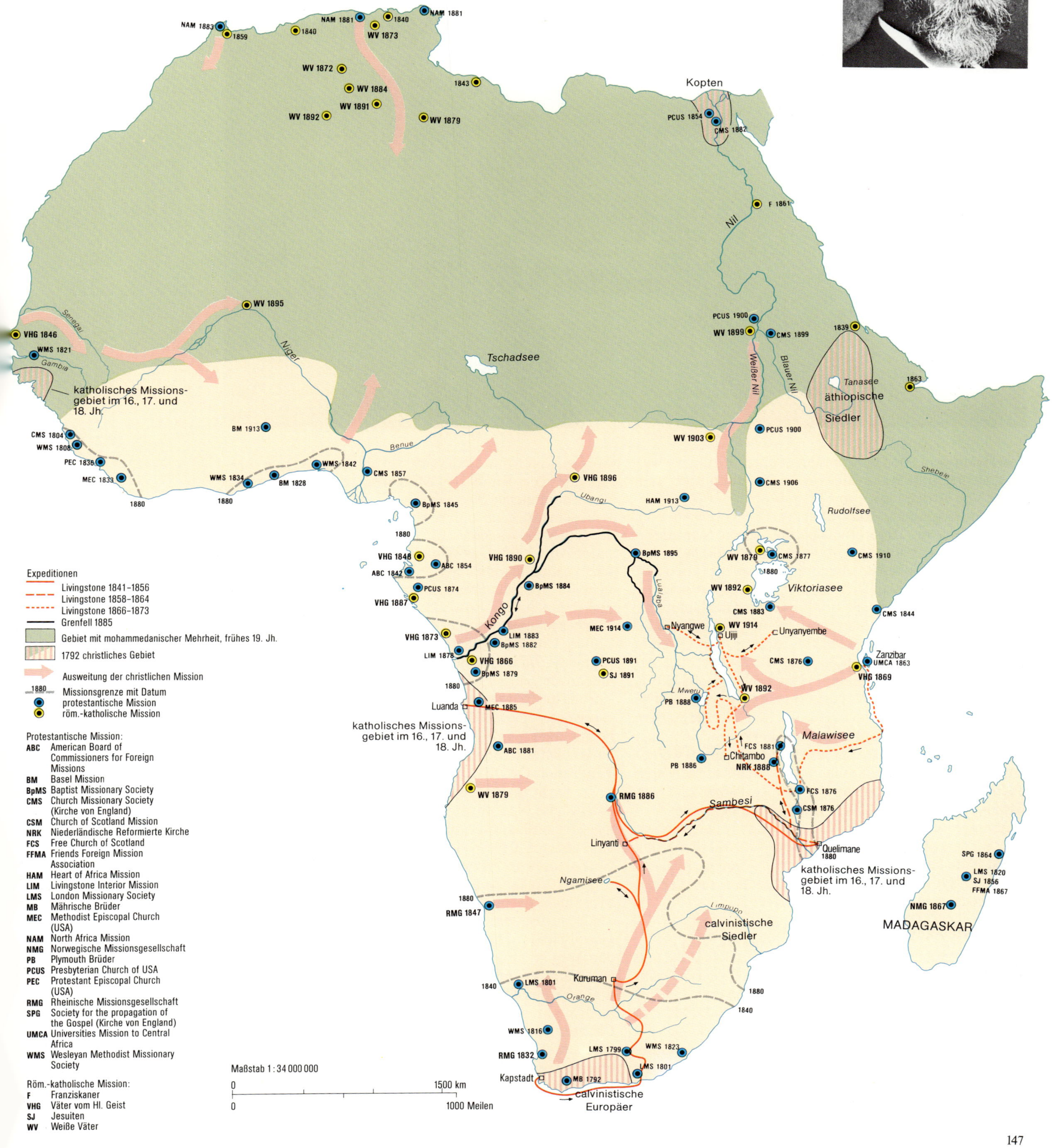

Dr. David Livingstone (1813–1873) war die wohl auffallendste Gestalt unter den Missionaren der viktorianischen Ära. Seine abenteuerlichen Reisen quer durch Afrika während der Jahre 1853–56 wurden stark beachtet, und seine scharfe geographische Beobachtungsgabe wurde sehr geschätzt. Seine Überzeugung, daß »rechtmäßiger« Handel und Christentum sich miteinander ausbreiten sollten, daß der Sklavenhandel ausgerottet und die materielle und geistige Armut Afrikas gelindert werden müßten, wurde von vielen geteilt. Sein Verschwinden, sodann seine Entdeckung durch den amerikanischen Journalisten Henry Morton Stanley und sein Tod in Uiji erregten ungeheures öffentliches Interesse.

den Griquas spielten, entfremdeten ihnen häufig die weißen Siedler und Kolonialbeamten, brachten aber Tausende von Afrikanern zum Christentum.

Seine Anziehungskraft blieb im wesentlichen eine zweifache: Den Unterprivilegierten, sozial Schwachen und Besitzlosen bot diese Religion eine neue Welt von Werten und Glaubensüberzeugungen, welche ihnen ihre eigene Welt verständlicher machen und sie zuversichtlicher stimmen konnte nicht nur hinsichtlich der Unterstützung durch die Gemeinde, sondern auch bezüglich ihrer eigenen Fähigkeit, ihr Schicksal zu meistern. Andere sahen das Christentum mehr unter dem Gesichtspunkt der Opportunität: Sie sahen, daß Christ zu sein häufig materielle und praktische Vorteile mit sich brachte: Die Aussicht auf eine gerechtere Gesellschaft oder die größere Wahrscheinlichkeit, dank einer Ausbildung und Schulung ihre persönliche Lage zu verbessern und beruflich weiterzukommen. Die ausländischen Missionare selbst waren ebenfalls sehr abhängig von der Bereitwilligkeit und Mitwirkung der Afrikaner. Nicht nur mußten sie bei den afrikanischen Herrschern um die Genehmigung nachsuchen, sich niederzulassen und zu lehren; die Missionierung selbst hätte keine Fortschritte machen können ohne afrikanische Sympathisanten und Katecheten, die sich als Dolmetscher, Arbeiter und Gefährten betätigten.

Gesteigerte Aktivität um 1850

Diese verschiedenen Formen der Wechselwirkung und gegenseitigen Abhängigkeit traten deutlich zu Tage während der zweiten Phase der Ausbreitung von etwa 1840 bis in die siebziger Jahre. Nach der Arbeit der Baseler Mission und der Wesleyaner an der Goldküste orientierten sich die Missionsgesellschaften zunehmend auf die Missionierung des Landesinneren. Diese Verlagerung der Missionstätigkeit war die Folge vor allem dreier Entwicklungen: Die protestantischen Missionen, besonders in Großbritannien, waren nunmehr stärker, wohlhabender und angesehener. Die Kirchliche Missionsgesellschaft, die den Segen zahlreicher Bischöfe mit einem durchschnittlichen Jahreseinkommen in den 40er Jahren von 80 000 Pfund Sterling hatte, war längst nicht mehr die armselige Organisation von 1800. Das schnelle Anwachsen des europäischen Palmölhandels mit Westafrika eröffnete die Aussicht auf einen dauerhaften Ersatz für den Sklavenhandel und damit auf die Entwicklung sozialer und wirtschaftlicher Verhältnisse, die der Missionsarbeit mehr entgegenkamen. Und schließlich begannen afrikanische Konvertiten aus Sierra Leone um 1830 in ihre ursprünglichen Heimatländer zurückzukehren. Viele von ihnen waren Yoruba aus Westnigeria, und bald kamen von dort Anfragen wegen einer Entsendung von Missionaren. Das nun beginnende Vordringen des Protestantismus in Nigeria fiel zeitlich zusammen mit dem Einsetzen missionarischer Tätigkeit in Ostafrika und auf Sansibar.

Zugleich mit dieser Ausweitung der Missionstätigkeit entwickelte sich eine ganz unbefangene, doch in sich logische Auffassung von den Zielen christlicher Mission. Überzeugt, daß die Welt auf die Vollendung des göttlichen Heilsplans hingeordnet war, zu dem vor allem die Bekehrung der Völker zum Christentum gehörte, gelangten die Missionare dazu, den Handel als das geeignetste Instrument anzusehen, um die Isolierung der heidnischen Gesellschaften zu durchbrechen und dem Evangelium den Weg zu ebnen. Der Fortschritt bei den Bewohnern von Sierra Leone schien zu zeigen, daß Handel und Ausbreitung des Christentums zusammengingen. Darüber hinaus war die steigende Zahl gebildeter afrikanischer Christen ein Symptom für das Entstehen einheimischer Kirchen, die imstande sein würden, sich selbst zu tragen und zu verwalten und schließlich auch, sich auszubreiten. Diese europäische Vision befand sich ganz im Einklang mit afrikanischen Bestrebungen.

Der größte Propagandist der Devise »Handel und Christentum« war wohl David Livingstone (1813–1873). Seine ausgedehnten Reisen ließen das Ausmaß der Aufgabe ahnen, die er sich vorgenommen hatte. Sie vermittelten ihm das notwendige Wissen und inspirierten ihn für die Zukunft. Zahlreiche Geistliche folgten seinem Beispiel. So ging die Universitätsmission (Universities' Mission) nach Zentralafrika, und die Schotten missionierten in Njassaland (Malawi). Die Strategie schien sich erstmals zu bewähren, als Samuel Ajayi Crowther 1864 zum anglikanischen Bischof geweiht wurde. Nicht nur war er der erste Afrikaner in diesem Amt; er übernahm auch als Diözese das Gebiet des Niger-Stroms, jener großen Handelsstraße. In diesen Jahren lebte auch die katholische Missionstätigkeit in Afrika wieder auf mit den Vätern vom Heiligen Geist (1848), der Gesellschaft der Afrikamissionen (1856) und, besonders in Ostafrika, der Gesellschaft der Weißen Väter, die 1868 von Kardinal Charles Lavigerie ins Leben gerufen worden war.

Der Optimismus der Jahrhundertmitte hielt nicht vor, weil sich der Erfolg nur zögerlich einstellte und die Ergebnisse unbefriedigend waren. Auch in Westafrika wurde klar, daß die Missionare eher wegen der Bildung, die sie vermittelten und um anderer praktischer Vorteile willen willkommen waren als wegen ihres Christentums. In Zentral- und Ostafrika war die »Handelsstrategie« häufig wegen der dortigen sozialen und wirtschaftlichen Strukturen zur Bedeutungslosigkeit verurteilt. Für lange Zeit blieben hier die Missionsstationen, gleichgültig welcher Konfession, von der afrikanischen Gesellschaft isoliert. Die Bekehrten und Gläubigen kamen oft von weither; es waren Menschen, die sich aus den verschiedensten Gründen von ihrer eigenen Stammesgesellschaft getrennt hatten und denen die Missionen häufig Arbeit oder Land gaben. Die afrikanischen Herrscher hielten überall die Missionare auf Distanz, manchmal aus Selbstsicherheit oder Gleichgültigkeit, oft auch aus Mißtrauen. Das wechselvolle Schicksal der Missionen und der neu bekehrten Christen hing nicht nur vom Einkommen und Engagement der Förderer in den Metropolen ab, sondern auch von den wechselnden Wirtschaftsperspektiven und den jeweiligen politischen Verhältnissen in den einzelnen afrikanischen Gesellschaften sowie von ihren gegenseitigen politischen Beziehungen.

Andere Missionierungsstrategien waren erforderlich. Beeinflußt von der amerikanischen Erweckungsbewegung und einer neuen chiliastischen Theologie, plädierten vor allem Protestanten für eine einfachere, persönlichere, apostolische Methode, mit der sie unter Verzicht auf Schul- und Kirchenbau und auf Verwaltung in rapidem Fortschritt »die Welt in dieser Generation« missionieren wollten. Andererseits glaubte man, daß sich das Christentum am schnellsten dort ausbreiten werde, wo die einheimischen Gesellschaften sich in einer Krise befanden und wo traditionelle Glaubensvorstellungen durch ökologische oder andere Katastrophen unterminiert waren. So verbündeten sich dann Auslandsmissionen mit den Vertretern derjenigen weltlichen Interessen, welche die Zukunft Afrikas in der Ablösung der angestammten gesellschaftlichen Organisationsformen durch die Herrschaft und Kontrolle der Europäer sahen.

Der Kampf um Einflußsphären

Die Missionare wurden so in die Konflikte und Spannungen hineingezogen, welche die territoriale Aufteilung Afrikas unter den europäischen Mächten nach 1880 beschleunigten. In dem Maße, wie die Zahl der Missionare zunahm, begannen auch sie wie die Kaufleute und Staaten um Einflußsphären zu ringen, Protestanten mit Katholiken, am Evangelium orientierte Glaubensmissionen mit solchen, die nach älteren, üblicheren Methoden arbeiteten. Die Kolonialverwaltungen wußten die Bedeutung der Missionsarbeit für die Aufrechterhaltung des europäischen Einflusses wohl zu schätzen. Auch ein Agnostiker konnte versichern, daß »jede Missionsstation ein Versuch der Kolonisierung ist« und die daraus resultierenden finanziellen Einsparungen für die Regierung begrüßen. Konflikte unter den Missionsgesellschaften registrierte man jedoch mit Bedauern. Im Interesse des Friedens, der Stabilität und des »Prestiges« wiesen die Regierungen den verschiedenen Konfessionen zunehmend bestimmte Gebiete zu und begünstigten bestimmte Missionarsgesellschaften – besonders, wenn es sich um die eigenen Landsleute handelte – auf Kosten anderer, wenn die verwaltungsmäßige Kontrolle dadurch erleichtert wurde. Um 1914 hatten sich die Konfessionen des westlichen Christentums und die rivalisierenden europäischen Nationen nebeneinander in Afrika verschanzt. Im Freistaat Kongo z.B. wurde nach einem Abkommen zwischen dem Staat und dem Vatikan die Zahl britischer und amerikanischer Baptisten oder Presbyterianer zugunsten katholischer Missionare beschränkt.

Die auffallende Verbindung zahlreicher missionarischer Unternehmungen mit Eroberung und der schrittweisen Einrichtung von Kolonialverwaltungen war für viele afrikanische Christen nur das letzte Stadium in einem Prozeß völliger Unterwerfung. Kritische Einwände gegen die Missionare des 19. Jahrhunderts und deren Methoden und die – noch überzeugenderen – Berichte über das religiöse und sittliche Niveau von Neubekehrten hatten oftmals zur Folge, daß die Kontrolle der Weißen über die Kirchen beibehalten oder sogar wiederhergestellt, daß die Rolle des afrikanischen Laien beschränkt und der Zugang von Afrikanern zu Ämtern mit kirchlicher oder seelsorgerischer Verantwortung erschwert wurde. Eine Zeitlang rückte die Schaffung neuer katholischer Kirchenprovinzen oder neuer sich selbst verwaltender protestantischer Kirchen in weite Ferne, und die Herausbildung eines afrikanischen Klerus schien sich zu verlangsamen. Aus dem Seminar der katholischen Weißen Väter in Nyanza (Ostafrika) gingen 1914, 21 Jahre nach seiner Gründung, nur zwei Priester hervor. Obwohl dies großenteils auf die strengen Anforderungen des Zölibats und einer katholischen Erziehung zurückzuführen war, sah es bei den Protestanten nicht viel besser aus.

Während die zunehmende Identifizierung der Missionen mit dem Kolonialstaat und die Entwicklung von Intoleranz und anderer wenig sympathischer Verhaltensweisen der Europäer zu gewissen Reibereien innerhalb der bestehenden Kirchen und christlichen Gemeinschaften führten, litt die Ausbreitung des Christentums selbst nicht sehr unter diesen Tendenzen – vor allem, weil die Christianisierung oft genug auf bescheidene und unscheinbare Weise erfolgt war. Die Missionare hatten schon sehr früh die einheimischen Sprachen oder Dialekte erlernt, eine Reihe von ihnen zu Schriftsprachen gemacht und Bibelübersetzungen in der Volkssprache erarbeitet. Zusammen mit Informationen über den weißen Mann waren daher christliche Ideen und Literatur schon vor jeder äußeren Missionierung verbreitet worden. Auch wenn diese einmal angelaufen war, so fand sie für die meisten Afrikaner in der kleinen, vom Missionszentrum entfernten Außenstation statt, die von afrikanischen Katecheten unterhalten wurde. So konnte man das Christentum niemals gänzlich mit den weißen Missionaren, geschweige denn mit den Kolonialherren, identifizieren. Meist wurde es von Afrikanern auf ihre eigene Weise – und sehr rasch – unter ihren Völkern verbreitet.

Links: Mombasa, um 1901: So umfassende Zusammenkünfte von Feldmissionaren waren selten. Wiewohl auch importierte weltstädtische Mode, geben die Hüte Hinweise auf zeitgenössische medizinische Erkenntnisse: Man begann Hüte aus Filz und Tropenhelme aus verschiedenen Materialien als Schutz gegen die Sonnenstrahlen zu schätzen.

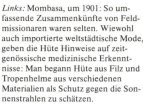

Rechts: Schottische Presbyterianer-Missionen waren besonders berühmt für den Nachdruck, mit dem sie westliche Kenntnisse und Fertigkeiten verbreiteten sowie praktische Ausbildung betrieben. Mit örtlichen Materialien und Arbeitskräften erbaut, macht dieses Missionshaus wenig Zugeständnisse an seine Umgebung in Njassaland, das heutige Malawi. Mit einem so großzügigen Bau und vergleichsweise bemerkenswertem Wohlstand – der für das Missionshauptquartier in einer Kolonialhauptstadt sehr wohl angemessen und vertretbar war – ging man das Risiko ein, die Missionen zu isolieren.

Rechts: Pluralistische Gesellschaften wie die in Mauritius stellten die Christen vor Schwierigkeiten besonderer Art. Die Bevölkerung war scharf getrennt und streng an ihre jeweilige ökonomische und kulturelle Schicht gebunden. Seit langem ansässige weiße Pflanzer, französischsprachig und römisch-katholisch, lehnten die britische Herrschaft und das Eindringen einer rivalisierenden weißen, protestantischen Elite ab. Ehemalige afrikanische Sklaven und ihre Nachkommen, eingewanderte indische Arbeiter und eine Mittelklasse, zu der sich viele der lokalen Kreolen zählten, hatten ebenfalls wenig miteinander gemeinsam. Religiöse und konfessionelle Vielfalt war zwangsläufig die Folge. Prestigedenken und Selbstachtung jeder christlichen Gemeinde führten dazu, daß sie alle ihre eigenen Priester haben mußten, damit ihnen die biblische Botschaft in einer vertrauten Ausdrucksweise vermittelt werden konnte.

Von ähnlicher Bedeutung war die naive Vorstellung der Afrikaner, sie könnten es im Kampf mit der sich ausbreitenden Kolonialherrschaft aufnehmen. Das wurde manchmal anschaulich vorgeführt. So kämpfte das Ijebu-Volk 1892 gegen die Briten und kämpften die Stämme im südlichen Tanganjika (Tansania) 1905 gegen die Deutschen, beide im Vertrauen auf ihren Sieg. In beiden Fällen folgte auf ihre schwere Niederlage umgehend das Abrükken von den Geistern und der Magie, die sie nicht hatten beschützen können, sowie ein Massenübertritt zum Christentum. Die Empörung über die Eroberung hinderte die Afrikaner nicht daran, an den religiösen Kraftquellen der Stärke ihrer Eroberer teilhaben zu wollen. Die traditionellen Stammesreligionen wurden jedoch auch auf weniger dramatische Weise unterhöhlt. Die Kolonialherrschaft brachte eine größere Beweglichkeit und die Wahrnehmung einer größeren Welt mit sich. Man hat behauptet, das Christentum sei – sowohl aufgrund seiner Perspektive als auch dank seiner kirchlichen Organisationsform – dieser größer dimensionierten Gesellschaft auf eine Weise gemäß, wie es die oft sehr lokalgebundenen einheimischen Religionen nicht waren. Auch die Medizin wurde frühzeitig als nützliches Hilfsmittel bei den Missionierungsbemühungen erkannt. Bald gab es den medizinisch vorgebildeten Missionar und den ausgebildeten Missionsarzt. Durch sie wurde eine mehr von wissenschaftlichem oder rationalem Denken geprägte Auffassung von Krankheit und Tod gefördert. Derartige Einstellungen, zusammen mit den christlichen Auffassungen von einem Leben nach dem Tode ließen den Einfluß des Medizinmannes oder des spiritistischen Mediums allmählich zurückgehen.

Unabhängige afrikanische Kirchen

Das Wachstum des Christentums in Afrika kann jedoch nicht einfach verstanden werden als schrittweise Eingliederung neuer Mitglieder in durch Auslandsmissionen zusammengehaltene Kirchen oder als unvermeidlicher Sieg einer grundsätzlich überlegenen und modernen Religion. Konfrontiert mit der Unfähigkeit oder mangelnden Bereitschaft der von Missionen beherrschten Organisationen, ihr Streben nach Führung oder Aufrücken in der Gemeinde zu fördern, warfen die Afrikaner oftmals diese Fesseln ab und errichteten ihre eigenen unabhängigen Kirchen, wie schon früh das Delta-Pastorat in Nigeria oder die Eingeborenenkirche der Baptisten. Die Afrikanische Methodistische Episkopalkirche erfüllte (ungeachtet ihrer

Links: Mit den isolierten, weit verstreuten Gemeinden in Kontakt zu bleiben, wenn nur wenige Geistliche zur Verfügung standen, war ein permanentes Problem. Die traditionellen Maultierkarren und ein nicht gerade anglikanischen Vorstellungen entsprechendes Wanderleben waren, wie hier im Norden Transvaals, die einzige Antwort.

Unten: Die Verbreitung des Christentums war untrennbar verbunden mit einer Verbesserung der Bildung. Missionare, besonders die Protestanten unter ihnen, betonten die Notwendigkeit, mit der Bibel vertraut zu sein, auch stand christliche Literatur oftmals leichter zur Verfügung als Missionare selbst oder Bekehrte. In vielen Fällen nahmen auch die Afrikaner die Bildungsbemühungen der Missionare positiv auf, selbst wenn sie sich dem religiösen Gehalt gegenüber eher zurückhaltend verhielten. Volksschulen in Schwarzafrika unterstanden bis weit ins 20. Jahrhundert zumeist ausschließlich der Verantwortlichkeit von Missionsgesellschaften und wurden großenteils von afrikanischen Christen geleitet.

amerikanischen Verbindungen) zusammen mit zahlreichen anderen ähnliche Bedürfnisse. Vor allem nach 1918 breitete sie sich in ganz Süd- und Zentralafrika aus. In solchen von Weißen beherrschten Kolonialgesellschaften sind unabhängige Kirchen besonders einflußreich. In Südafrika, wo die Holländische Reformierte Kirche eng mit einem zunehmend totalitären Regime verbunden ist, gehören ihnen heute 25 Prozent der Schwarzafrikaner an. Auch andere Unzulänglichkeiten in den westlichen Institutionen des Christentums veranlaßten die Afrikaner, die Initiative an sich zu ziehen. Die ständige Knappheit an Geld und Personal bei den Missionen konnte zugleich eine Chance für die Afrikaner bedeuten. Diese Schwierigkeiten spitzten sich besonders während des Ersten Weltkriegs zu. Die Unmöglichkeit, das Missionspersonal zu ersetzen, und die Internierung oder Ausweisung feindlicher Staatsbürger durch die Kolonialregierungen legten die ganze Bürde der Aufrechterhaltung eines organisierten christlichen Lebens auf die Schultern der Afrikaner selbst. So entstanden hier wahrhaft unabhängige Kirchen – zum Unterschied von separatistischen –, wie die Unionskirche des Kupfergürtels in den zwanziger Jahren.

Separatismus und Unabhängigkeit haben in den westlichen protestantischen Kirchen eine lange Geschichte. In Afrika wie in Europa lag der Ansporn für das Streben nach Unabhängigkeit in theologischen und liturgischen Bedürfnissen sowie in der Unzufriedenheit mit den Institutionen. Viele Jahre lang legten die meisten ausländischen Missionare Wert auf die mit dem Christentum einhergehende Umgestaltung der einheimischen Kultur und sie betonten die Kluft zwischen dem Christentum und den traditionellen Religionen Afrikas. Unwissenheit über das Wesen der afrikanischen Glaubensvorstellungen und Verachtung für die heidnischen Praktiken ließen wenig Spielraum für eine gegenseitige Befruchtung und machten die Missionare unempfindlich für gewisse zerstörerische oder demoralisierende Aspekte der kolonialen Einflüsse. So gab es denn weiterhin weite Bereiche in der Erfahrungswelt der Afrikaner, auf die sowohl die Missionare als auch die äußerliche Religiosität der Industriegesellschaften schlecht eingestimmt waren. Unabhängige Kirchen konnten im Rahmen einer großzügigeren Auffassung des Christentums auch den traditionellen Propheten akzeptieren, zu dessen Aufgaben es gehörte, der Gesellschaft die Ursachen ihres gegenwärtigen Unbehagens vor Augen zu führen, Wege zu einer Reform oder Genesung aufzuzeigen und ihr das Gefühl einer neuen geistigen Einheit oder Verbundenheit zu vermitteln. Die Erfolge der Propheten Garrick Braide und William Harris zwischen 1913 und 1917 in Westafrika und von Simon Kimbangu im Kongo zeigen nicht nur, welch ungeheuren Zulauf solche Männer erhielten, sie enthüllen auch, wie wenig die Missionare hierin Parallelen zu Erweckungspredigern und -bewegungen in ihren eigenen Ländern erkannten. Statt dessen produzierten der Gefühlsenthusiasmus, die apokalyptischen Visionen und das Reden von Wundern bei Protestanten wie Katholiken die Angst, es könnte zu einer Preisgabe jeglicher Selbstkontrolle und zu einem Rückfall in den Aberglauben kommen. In vergleichbarer Weise fanden die unabhängigen Kirchen Zustimmung dafür, daß sie Geistheilung akzeptierten, daß in ihrer Liturgie Raum war für Volksgesang und Volkstänze und daß sie Wallfahrts- oder Einkehrorte einrichteten, Elemente, die nur zu häufig von den westlich orientierten Kirchen ausgeklammert wurden.

Die Missionare begannen aber allmählich ihr eigenes Verständnis der christlichen Offenbarung in diesem Sinne zu erweitern und stärker und mit größerer Sympathie afrikanischen Vorstellungen entgegenzukommen. Einige Anzeichen dafür gab es bereits vor 1914, z.B. in den Diskussionen, die zur Welt-Missionskonferenz von Edinburgh (1910) führten. Daß die konfessionellen Unterschiede zunehmend der Anerkennung einer gemeinsamen Zielsetzung der Christen des Westens untergeordnet wurden, bildete einen Auftakt für eine stärkere Tolerierung der Vielfalt im afrikanischen Christentum. Die dreißiger Jahre sahen verstärkte Anstrengungen zur Schaffung eines Klerus aus Eingeborenen, weil die eigenen Mittel immer mehr zusammenschmolzen, und eine steigende Anzahl afrikanischer Christen. Die Missionsgesellschaften widmeten der Ausbildung der Missionsschüler größere Aufmerksamkeit, so daß diese auch etwas von der afrikanischen Gesellschaft und Kultur verstanden. Die Kirchenmänner wurden nicht nur als Vertreter der Interessen der Afrikaner unverzüglich zu den Beratungen der Kolonialregierungen gebracht, sie traten dort auch in zahlreichen Fällen als Kritiker der Kolonialpolitik auf. Dies geschah gelegentlich in aller Offenheit und lautstark und bewegte die öffentliche Meinung in den Hauptstädten. In Kenia taten sich in den zwanziger Jahren u.a. J. H. Oldham, in den vierziger Jahren L. J. Beecher hervor. Häufiger jedoch bevorzugten die Missionare eine Politik der Zusammenarbeit, wobei sie hinter den Kulissen Einfluß

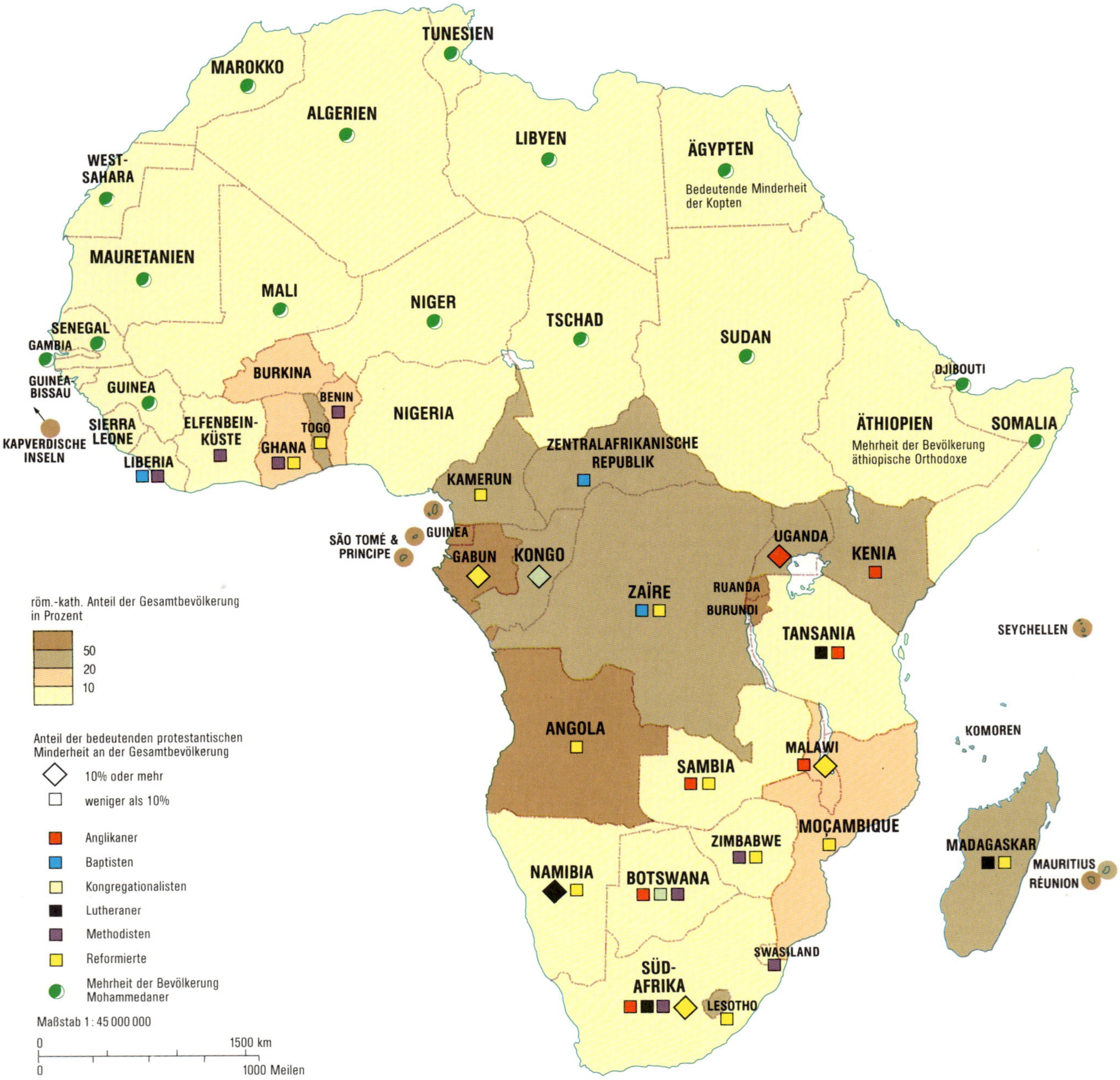

Links: Die Kirchen in Afrika heute
In der Verbreitung der Kirchen spiegeln sich noch heute die Strukturen der kolonialen Vergangenheit. Die Kolonialmächte bevorzugten, trotz gegenteiliger Behauptungen, Missionen ihrer eigenen Nationalität, die die vorherrschenden religiösen Ansichten ihres Landes vertraten. So gehörten französische Gebiete wie Madagaskar im wesentlichen der römisch-katholischen Glaubensrichtung an, britische Gebiete hingegen der protestantischen, obgleich es beachtliche katholische Orden gab, die von Engländern getragen wurden wie die Mill-Hill-Väter in Ostafrika. Nur langsam bildete sich die ausschließlich national bestimmte Missionstätigkeit nach 1918 zurück, als die deutschen Kolonien dem Völkerbund unterstellt wurden, das Verlangen nach Ausbildung wuchs und amerikanische Missionare sich immer weiter ausbreiteten. Die Verbreitung von Afrikas eigenen unabhängigen Kirchen, die den Eigenarten der jeweiligen afrikanischen Stammesgesellschaften viel verdankten, war in ähnlicher Weise betroffen. Häufungen finden sich eher in »protestantischen« als »katholischen« Gebieten oder dort, wo weiße Siedler vorherrschten. Auch hatte das Christentum mit der Präsenz des Islam zu rechnen, der in unserem Jahrhundert seinen Einfluß beträchtlich ausgeweitet hat.

zu nehmen versuchten. Dies war auch im Sinne der Kolonialherren, welche, nicht weniger als die vorkolonialen afrikanischen Obrigkeiten, die praktischen Vorteile, aber auch die revolutionären Gehalte des Christentums für die afrikanischen Gesellschaften im Auge behielten und ihre Auswirkungen in den Griff zu bekommen versuchten.

Die Ausbreitung des Christentums seit der Unabhängigkeit

Doch konnte keine Regierung, so wenig wie irgendeine Missionsgesellschaft, den Prozeß der Ausbreitung steuern, der ständig mit Veränderungen in Kirche, Staat und Gesellschaft verkettet war. Erst waren es die Missionen und dann die Kirchen, welche die Bildung brachten. Hatten gebildete afrikanische Christen zunächst die Kontrolle der Kirchen durch die Missionare in Frage gestellt, so gingen sie nun immer mehr dazu über, eine Mitbestimmung im Staate zu verlangen. Viele Führer der nationalistischen und der Unabhängigkeitsbewegungen Afrikas hatten ihre Bildung bei Missionaren erworben, und die erste Generation von Politikern und Verwaltungsbeamten in den unabhängig gewordenen afrikanischen Staaten – wie z.B. Kenneth Kaunda oder Leopold Sédar Senghor – wurde vom Christentum geprägt. Trotz der Entkolonialisierung wuchs die Zahl der ausländischen Missionare von etwa 12 000 im Jahr 1925 auf etwa 40 000 um 1975: Die Zahl der afrikanischen Christen, die schon 1939 bei vielleicht 12 Millionen lag, wurde 1987 auf mehr als 90 Millionen geschätzt, von denen 44 Prozent Katholiken waren. Allein diese Zahlen machten eine rasche Ausbreitung der kirchlichen Organisation und eine Afrikanisierung des Klerus notwendig. Obwohl sich dies in der römisch-katholischen Kirche als äußerst schwierig erwies, hat es auch dort seit 1960 gravierende Veränderungen gegeben, die eine Stärkung des Katholizismus in Afrika zum Ziel haben.

Die Christen stellen in der Bevölkerung Afrikas immer noch eine Minderheit dar. Sie sind höchst ungleichmäßig über den Kontinent verteilt, und ebenso ungleichmäßig ist auch ihre Betreuung durch eine äußere kirchliche Organisation und ein ausgebildetes Personal. Mit einer Gefolgschaft vor allem unter den Armen und Ungebildeten und Tausenden von winzigen und oft kurzlebigen unabhängigen Kirchen erscheint das Christentum manchmal institu-

Links: Soutane und Halskrause gelten weltweit als angemessene Kleidung für die Angehörigen von Kirchenchören, selbst wenn hier einer strengeren Farbgebung als den in Europa bevorzugten Lila-, Rot- und Blautönen der Vorrang gegeben wurde. Das rote Band des Choristen ist ein Zeichen seiner Mitgliedschaft in der britischen königlichen Kirchenmusikschule (British Royal School of Church Music). Uganda und seine Hauptstadt waren seit den achtziger Jahren des vorigen Jahrhunderts ein bedeutendes Zentrum christlicher Aktivitäten. Der Grundstein der Namirembe-Kathedrale wurde 1901 gelegt, und 1919 wurde die Kirche geweiht. Ihr Bau wurde großzügig unterstützt durch den Kabaka von Buganda und seine Häuptlinge. Die Geschichte der Beziehungen zwischen den Christen und den Herrschern von Uganda verlief jedoch keineswegs glatt. Der Mord an Bischof Hammington und die Verbrennung von Konvertiten durch Mwanga 1885–1886 sind in unserer Zeit vergleichbar mit der Ermordung des Erzbischofs Luwum und anderen Greueltaten unter der Regierung von Idi Amin.

Oben: Sierra Leone wurde ursprünglich als »Provinz der Freiheit« um 1780 von Anhängern der englischen evangelischen Kirche (»Low church«) gegründet, die sich für die Abschaffung des Sklavenhandels engagierten.

Links: Kirchen außerhalb von Europa bereiteten häufig den Boden für Experimente in der Liturgie oder der kirchlichen Organisation. In Kenia provozierte die Kikuyu-Konferenz 1913 einen Sturm der Entrüstung, als sie zur Interkommunion aufforderte.

tionell ungesichert und ideologisch verwirrt. Ungewißheit und Spannungen charakterisieren weiterhin die Beziehungen zwischen Kirchen und Regierungen, z.B. in Moçambique oder in Äthiopien, in Zaïre, das die Auslandsverbindungen der Christen für bedenklich hält, und in Südafrika mit seinen auch heute noch gegensätzlichen Interpretationen der christlichen Tradition und Ethik. Doch gleichzeitig breitet sich das Christentum in einem im Westen ungekannten Ausmaß weiter aus.

Die größeren unabhängigen Kirchen, wie die Westafrikanische Kirche des Herrn (Aladura), folgen älteren Modellen, indem sie straffer organisierte geistliche Ämter und Schulen schaffen. Die mit Missionen verbundenen Kirchen beschäftigen sich immer stärker mit Fragen der Ungleichheit und der gesellschaftlichen oder wirtschaftlichen Entwicklung. Die Herausbildung einer Tradition, bestimmt durch die Entwicklung einer afrikanischen Theologie oder durch Ereignisse wie das Gedenken an die Märtyrer von Uganda, trägt zur Kristallisierung und Stärkung des Glaubens bei. Insofern kann man Afrika auch als den Kontinent der großartigsten Entfaltung des Christentums ansehen.

Christen in Südafrika heute

Südafrika ist auch heute noch eine zutiefst gespaltene Gesellschaft. Es hatte sich einem System der Klassifizierung nach Rassen und der Rassentrennung verschrieben, was sich auf zahlreiche Lebensgebiete auswirkt. Die Kirchen sahen sich zwangsläufig mit direkten und grundsätzlichen Fragen nach ihrem Verhältnis zum Staat und der praktischen Umsetzung einer allgemeinen Botschaft der Liebe, Freiheit und Gleichheit konfrontiert. Zahlreiche weiße Christen – besonders in der von Afrikaandern beherrschten Holländischen Reformierten Kirche – waren früher davon überzeugt, daß die Rassentrennung durch die Hl. Schrift gerechtfertigt ist.

Die Führer der Holländisch-Reformierten Kirche schoben im Jahre 1857 theologische Bedenken beiseite und akzeptierten im Prinzip rassisch getrennte Gemeinden. Waren diese zunächst als Ausnahmen vorgesehen, so wurden sie im Jahre 1881 mit der Einrichtung der Holländisch-Reformierten Missionskirche für Farbige zur Norm. Die Besorgnis über die Apartheid hat zugenommen, vor allem nach dem Massaker von Sharpeville im Jahre 1960. Die Proteste der Kirche haben jedoch im allgemeinen wenig bewirkt. Die wachsende Beunruhigung im Weltkirchenrat führte 1970 zu dem Beschluß, Befreiungsbewegungen wie den Afrikanischen Nationalkongreß finanziell zu unterstützen. Eine neue Generation von schwarzen Kirchenführern, wie z.B. Alan Boesak und Erzbischof Desmond Tutu, übte von christlicher Seite Druck auf die Regierung aus und erreichte, daß diese den Weg für eine friedliche Veränderung freigab.

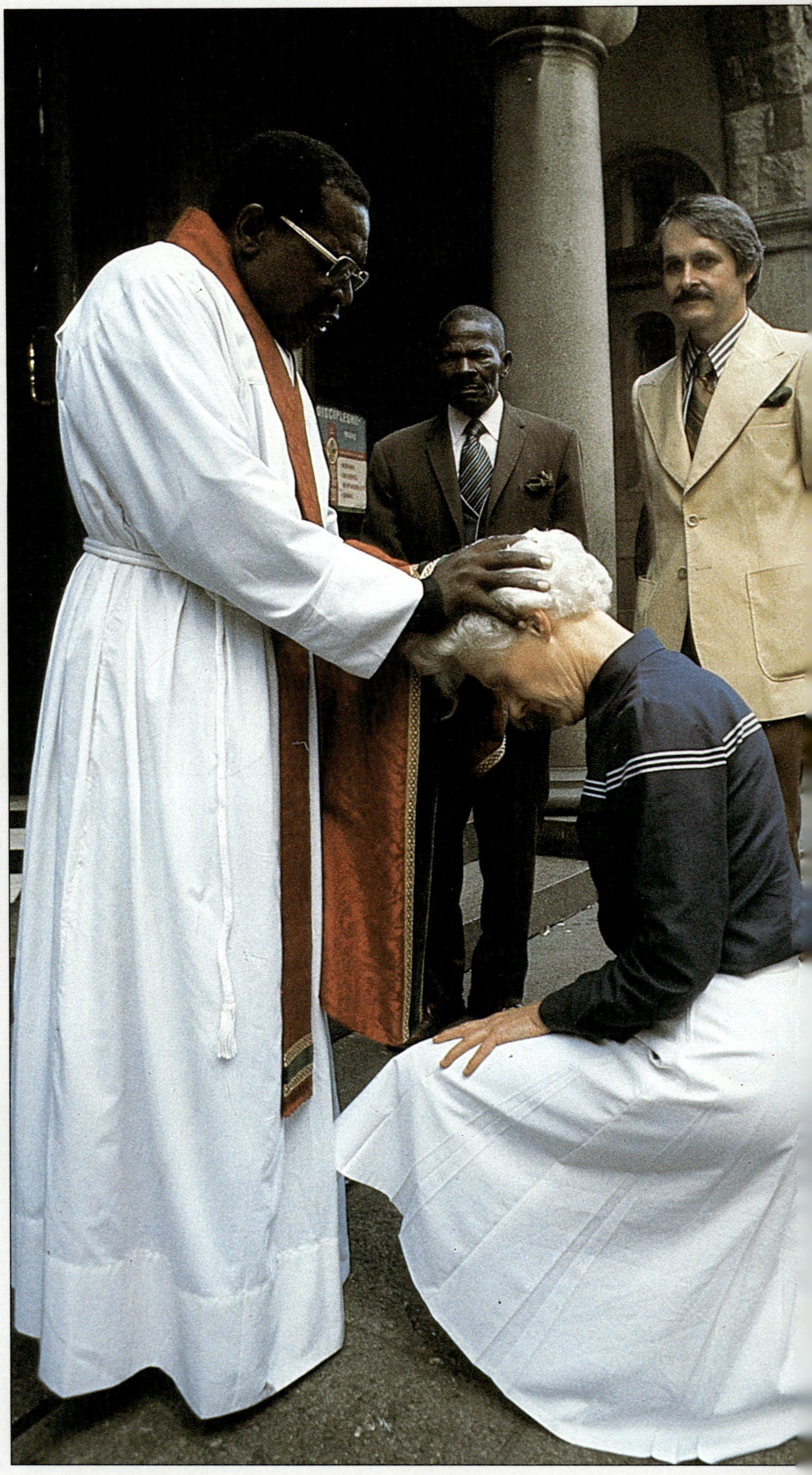

Anglikanische *(rechts)* und besonders römisch-katholische *(oben)* Kirchen sind für die Beibehaltung von multirassischen Gottesdiensten eingetreten, oft mit Erfolg. Über die Kathedrale in Johannesburg schrieb Desmond Tutu: »Ich werde immer vor Ergriffenheit verstummen, wenn ich an die Kinder von St. Mary's denke. Sie sind Indikatoren dessen, was sein könnte, wenn unsere Gesellschaft vernünftig und normal würde. Hier waren – beinahe einmalig in Südafrika – Kinder aller Rassen; sie spielten, beteten und lernten zusammen und rauften sogar miteinander. Und . . . ich habe am Gestühl des Dekans gekniet während des großartigen Hochamts um 9.30 Uhr mit Weihrauch, Glocken und allen Zeremonien, wo ich eine aus Angehörigen vieler Rassen zusammengesetzte Menge beobachtete, die sich vor dem Altar versammelte, um das Abendmahl zu erhalten, dieses eine Brot und den einen Kelch, die von einem gemischten Team aus Geistlichen und Laienvertretern verabreicht wurden, mit einem rassisch gemischten Chor, Ministranten und Kirchenvorstehern. – Das war das großartige Zeugnis von St. Mary's während der letzten fünfzig Jahre.«

»Höchste Treue und oberster Gehorsam eines Christen gilt Gott, nicht ... einem politischen System. Wenn gewisse Gesetze nicht mit den Geboten des Evangeliums übereinstimmen, dann muß der Christ mit allen friedlichen Mitteln für ihre Aufhebung sorgen. Das Christentum ... hat öffentliche Wirkungen und wir müssen öffentlich unsere Entscheidungen treffen. Viele Menschen denken, daß sich die Kirche neutral verhalten müsse. Doch in einer Situation der Ungerechtigkeit und der Unterdrückung, wie wir sie in Südafrika haben, nicht oppositionell zu sein, bedeutet faktisch die Seite der Machthabenden, der Ausbeuter, der Unterdrücker gewählt zu haben.« (Desmond M. Tutu, 1978).

Der Holländischen Reformierten Kirche (DRC) gehören grob geschätzt 1,4 Millionen Weiße an. Fest in allen Ebenen der Gesellschaft verwurzelt, wurde ihr Auftrag, der Afrikaans sprechenden Bevölkerungsgruppe einen religiösen Zusammenhalt zu geben, durch die Erfahrungen mit dem britischen Imperialismus intensiviert. Mit Mitgliedern, die abweichende Meinungen vertraten, konnte ziemlich hart verfahren werden. Dr. Beyers Naude, ein führendes DRC-Mitglied, gründete 1963 das *Christliche Institut*, um die multirassische, ökumenische Debatte über Apartheid zu fördern. Von seiner Kirche geächtet, wurden er und das Institut nach der Welle der afrikanischen Unruhen 1976/1977 schließlich verboten.

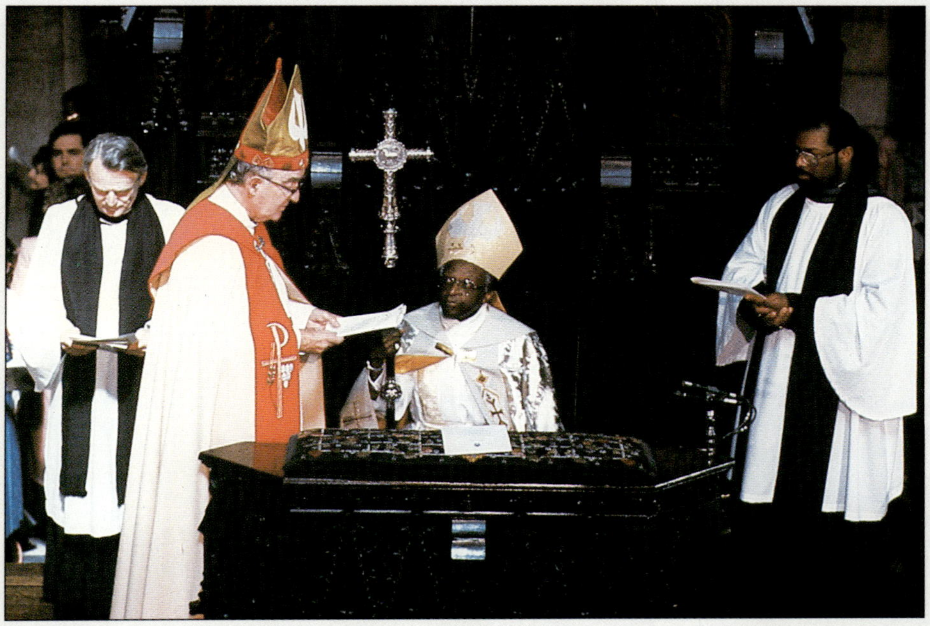

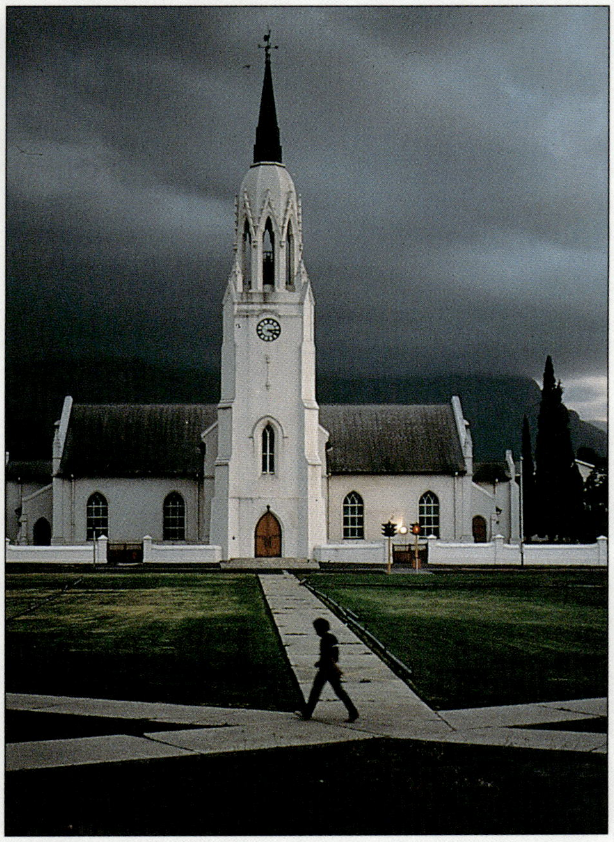

Die Vereinigte Rheinische Missionsgesellschaft, eine unter vielen, begann ihre Tätigkeit 1829 in Stellenbosch mit einer von zwei Stationen. Ihre schöne Kirche *(oben)* steht noch auf städtischem Grund und wurde 1978 völlig restauriert, obgleich die Arbeit der Gesellschaft 1943 von der Holländischen Reformierten Kirche übernommen worden war. – Die Zahl der Christen in Südafrika beträgt wohl ca. 30 Millionen, von denen etwa ein Drittel unabhängigen, von Afrikanern geleiteten Kirchen angehört *(links)*. Sie unterscheiden sich sehr stark voneinander, vor allem hinsichtlich ihrer Größe, werden aber oft in zwei Hauptkategorien unterteilt: »Äthiopische« Kirchen sind jene, die noch viele der Bräuche und Ideen ihrer ursprünglichen Stammkirche beibehalten haben, »Zions-Kirchen« verbinden christliche Gedanken mit afrikanischen Traditionen. Beispielsweise beachten sie die Praktiken der spirituellen Heilung, Prophezeiungen oder der Interpretation von Träumen. Als einzelne fanden ihre Anhänger nur begrenzten Anklang, und im großen und ganzen spielten diese Kirchen im Kampf um eine Reform nur eine unwesentliche Rolle.

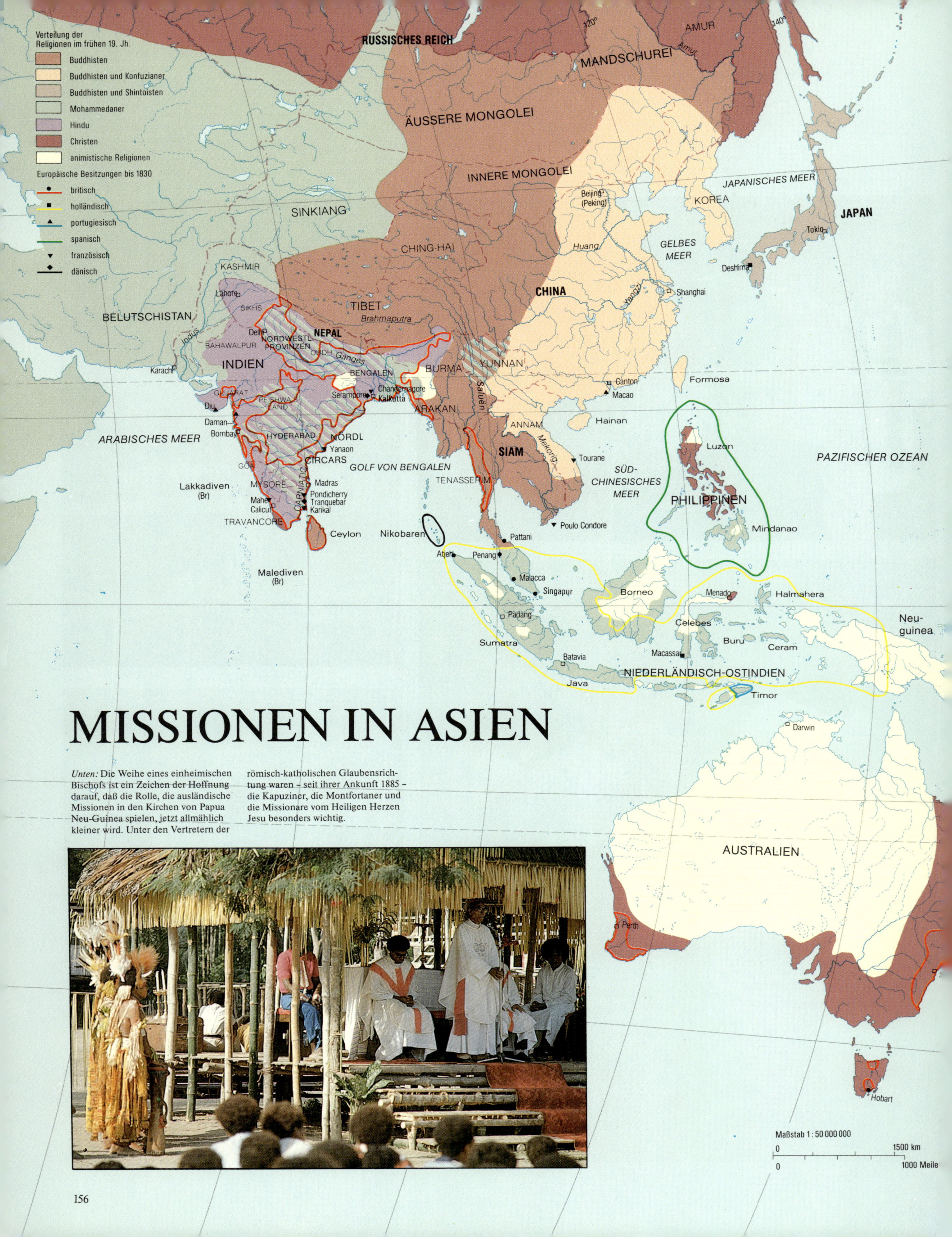

MISSIONEN IN ASIEN

Unten: Die Weihe eines einheimischen Bischofs ist ein Zeichen der Hoffnung darauf, daß die Rolle, die ausländische Missionen in den Kirchen von Papua Neu-Guinea spielen, jetzt allmählich kleiner wird. Unter den Vertretern der römisch-katholischen Glaubensrichtung waren – seit ihrer Ankunft 1885 – die Kapuziner, die Montfortaner und die Missionare vom Heiligen Herzen Jesu besonders wichtig.

Links: Religiöse Belange und europäische Niederlassungen in Asien
Angesichts der unermeßlichen Größe ihrer Aufgabe erscheint es heute schwierig, die kleine Zahl europäischer Missionare ernst zu nehmen, die sich um 1790 die Bekehrung Asiens zum Ziel gesetzt hatten. Schon Zeitgenossen wie Reverend Sydney Smith spotteten über jene »kleinen Gruppen von Verrückten, die uns viel mehr durch ihre Abwesenheit nützen als den Hindus durch ihre Belehrungen.« Ihre Tollkühnheit läßt sich nur dadurch erklären, daß sie an einer Theologie festhielten, für die die Tatsache großer Entfernungen, riesiger Bevölkerungszahlen und festverwurzelter Weltreligionen nebensächlich war. In diesem Sinn äußerte sich William Carey 1792: »Dies ist ein Ziel, das wir verfolgen müssen, nicht nur aufgrund des Evangeliums unseres Erlösers, sondern sogar aus Gefühlen der Humanität, denn ein gewissenhaftes Engagement an diese Aufgabe würde einen der stärksten Beweise dafür liefern, daß wir Geschöpfe der Gnade Gottes sind und am Geist allumfassender Güte und echter Philanthropie teilhaben, wie sie im Wesen Gottes selbst so hervorragend in Erscheinung treten.«

Ein unempfängliches Missionsfeld

Für die meisten Europäer, die zu Beginn des 19. Jahrhunderts über Asien verstreut lebten, hatte die Unterstützung oder Propagierung des Christentums nur geringe Bedeutung. Das beruhte zum Teil auf einer gemeinsamen Interessenlage. Während der Napoleonischen Kriege bis 1815 waren die Gewährleistung der Sicherheit ihrer Kolonialbesitzungen und der Schutz oder die Ausweitung ihres Handels, die schon in Friedenszeiten ihr Hauptanliegen waren, dringlicher denn je. Doch dieser Mangel an Interesse, selbst wenn er durch modischen Skeptizismus verstärkt wurde, war auch Zeichen von Vorsicht. Sicherheit und Freiheit des Handels konnten auch gewaltsam erreicht werden, wurden aber am besten gewahrt durch Zusammenarbeit und Vermeidung von Spannungen. Obwohl zahlreiche Asienkenner unter den Europäern den asiatischen Staaten und Kulturen zunehmend kritisch gegenüberstanden, sahen die meisten von ihnen dennoch wenig Sinn darin, »konservative« Hindus oder »fanatische« Moslems dadurch zu provozieren, daß sie christliche Missionierungsoffensiven unterstützten.

Dies trat am deutlichsten in Indien zutage. Obwohl die Briten große Gebiete des Subkontinents durch ihre Ostindische Gesellschaft verwalteten, durften bis 1813 keine Missionare dort arbeiten. In den portugiesischen und französischen Niederlassungen in Indien hatte die Missionsarbeit im 18. Jahrhundert schwere Rückschläge erlitten, und die vier portugiesischen Diözesen waren oft ohne einen Bischof, auch wenn Gemeinden existierten. Nur in den dänischen Niederlassungen Tranquebar und Serampur wurde die Missionsarbeit offiziell ermutigt, und zumindest im Süden gewannen lutherische Missionare,

Rechts: Pilgerreisen hatten für die großen Religionen der Welt stets eine symbolische wie auch praktische Bedeutung. Wie das am Ganges gelegene Benares die Hindus anzog, so gehört für die indischen Christen, die vor allem im Süden konzentriert sind, St. Thomé in Mylapore (einem Vorort von Madras) zu den besonders heiligen Stätten. Die Pilger sind häufig arm genug, so daß sie sich über die Unterstützungen freuen, die ihnen nach alter Tradition gewährt werden.

mit Unterstützung der Englischen Gesellschaft zur Förderung christlichen Wissens, viele für das Christentum.

Anderswo hingen die Aussichten für eine christliche Missionierung mehr oder weniger vom Willen der nichteuropäischen Herrscher ab und waren daher noch begrenzter. Abgesehen von dem zugelassenen winzigen holländischen Brückenkopf in Deshima bei Nagasaki war Japan für den Westen völlig verschlossen. In China war die Präsenz des Westens beschränkt auf Handelsaustausch in Kanton und auf die portugiesische Kolonie Macao. In beiden Ländern war das Christentum verboten, und heftige Verfolgungen hatten die Spuren der früheren Tätigkeit katholischer Missionare weitgehend getilgt. Die Missionsarbeit holländischer Calvinisten auf Ceylon, auf Java und in anderen Teilen Indonesiens, die nie einen großen Umfang angenommen hatte, war um 1800 auffallend zurückgegangen. Der größte Teil ihrer Bemühungen galt der Annullierung der Arbeit der Katholiken, die vor ihnen dagewesen waren, womit sie aber (außer auf Ambon) keinen großen Erfolg hatten. Auf Ceylon sowie auf den spanisch beherrschten Philippinen und in Teilen Vietnams bestanden weiterhin starke einheimische katholische Gemeinden. In den übrigen Teilen Süd- und Ostasiens jedoch war das Christentum, gleich in welcher Form, kaum oder überhaupt nicht existent.

Dies ging auf die anwachsenden strategischen und kommerziellen Interessen und den abnehmenden Missionseifer, aber auch auf den begrenzten Umfang der europäischen Missionsarbeit, sogar auf ihrem Höhepunkt im frühen 18. Jahrhundert, zurück. Noch mehr spiegelte sich darin aber die anhaltende Undurchdringlichkeit von Gesellschaften wider, die, wie diejenigen der europäischen Welt, ihre eigene lange Geschichte der religiösen Entwicklung hatten. Die Religionen des Islam, des Buddhismus, des Konfuzianismus, des Hinduismus, des Shintoismus und des Taoismus waren eingebettet in ein Geflecht von sozialen Beziehungen, Gemeinschaftsbräuchen, Institutionen und Bildungstraditionen, das schwer zu durchdringen war, vor allem mit der individualistischen Missionierungsweise, die von den meisten Protestanten bevorzugt wurde. Seitdem die Anpassung der katholischen religiösen Praktiken an die in den asiatischen Gesellschaften vorherrschenden Bräuche durch päpstliche Verlautbarungen zum chinesischen Ritus und zu dem an der Malabarküste um 1740 nachhaltig verurteilt worden war, waren die Chancen für das Christentum, in Asien Fuß zu fassen, noch geringer geworden.

Dennoch erlebten das 19. und das frühe 20. Jahrhundert in Asien wie in Afrika eine massive Ausweitung christlicher Aktivitäten, die bereits Ende des 18. Jahrhunderts begann. Im Jahre 1799 ließen sich die drei berühmten Baptistenmissionare William Carey, Joshua Marshman und William Ward in Serampur, nicht weit vom englischen Zentrum in Kalkutta, nieder, und ihre Glaubenspropaganda übte einen weit über die Grenzen der Niederlassung hinausreichenden Einfluß aus. Auch die Ostindische Gesellschaft mußte von der evangelischen Erneuerung in Großbritannien Notiz nehmen. Ihre Beamten begannen bei missionarischer Tätigkeit ein Auge zuzudrücken, ja, sogar einige ihrer eigenen Geistlichen beteiligten sich an der Missionsarbeit. In Kanton nahm Robert Morison seine missionarische Tätigkeit auf und arbeitete an der ersten chinesischen Bibel, während er als Übersetzer für die Ostindische Gesellschaft tätig war. Nach der Abänderung ihrer Statuten im Jahre 1813 durften Missionare mit Genehmigung in ihren Gebieten arbeiten, 1833 durften sie sich dann völlig frei bewegen. Das Wiederaufleben der katholischen Missionstätigkeit seit den 40er Jahren hatte Auswirkungen in ganz Asien, und um 1910 blieben nur

Afghanistan, Nepal und Tibet der Mission verschlossen. Bis zu einem gewissen Grade waren diese Bemühungen erfolgreich, sowohl bei der Wiederbelebung älterer christlicher Gemeinschaften als auch in der Neumissionierung.

Stetiger Fortschritt in Indien

In Indien ging das wachsende Interesse der (britischen) Verwaltung an einer Reform der einheimischen Gesellschaft und ihrer Institutionen einher mit zunehmender Verurteilung der überlieferten Religionen und Moralauffassungen und mit einer Begeisterung für die Missionierung. Spannungen und gegenseitiges Mißtrauen zwischen Kirchenmännern und Verwaltungsbeamten bestanden zwar fort, in Indien so gut wie anderswo. Doch in dem Maße, wie die Regierung sich stärker einmischte und Sind, Oudh und das Pandschab unter britische Kontrolle kamen, erweiterte sich das Feld für die missionarische Tätigkeit und wurden kirchliche Hierarchien aufgebaut. Die Missionsgesellschaften breiteten sich rasch im Süden und Westen aus und drangen wenig später auch nach Zentral- und Nordindien vor: Die Missionsgesellschaft der Anglikanischen Kirche z.B. erreichte Amritsar erst 1852 und erst 1855 Peschawar. Anglikanische Bistümer wurden 1814 in Kalkutta und 1835 in Madras errichtet, und die Katholiken schufen schließlich ihre Hierarchie für Indien und Ceylon im Jahre 1886. Auch die Missionierungsstrategie wurde in der ersten Hälfte des Jahrhunderts umfassender. Zunächst lag die Betonung auf der Predigt und Lehre in den Landessprachen durch die Vermittlung der Missionsschulen auf den Dörfern. Doch unter dem Einfluß des schottischen Presbyterianers Alexander Duff wurde nach 1830 der Verbreitung der höheren Bildung größere Aufmerksamkeit geschenkt, um die geistigen Eliten der Inder anzuziehen und auf diese Weise die einheimischen Religionen von oben her zu schwächen.

Man darf die Reichweite dieser Bemühungen nicht überschätzen. Um 1851 arbeiteten in Indien 19 protestantische Gesellschaften, die etwa 400 ordinierte Missionare stellten für eine Bevölkerung von vielleicht 200 Millionen Menschen. Die Ergebnisse waren auch kaum eindrucksvoller: Im gleichen Jahr wurde die Zahl der protestantischen Konvertiten mit 91 000 angegeben; die meisten von ihnen lebten in den Südprovinzen. Weit davon entfernt, Mitglieder der höheren Kasten für das Christentum zu gewinnen, regte die Bildungspolitik der Missionen vielmehr Hinduismus und Islam zur Reformierung und Erneuerung an. Unter denjenigen, die eine westliche Ausbildung erhielten, waren die Christen immer eine winzige Minorität, zumal die Zahl der von Regierungsseite finanziell unterstützten Schulen seit etwa 1850 rapide zunahm. Im Amtsbereich von Bombay stellten sie in den frühen 80er Jahren nur 1,9 Prozent der Studenten und 8,9 Prozent der Ober- und Mittelschüler.

Bemerkenswerter war indessen die Ausbreitung des Christentums nach 1870. Wachsende Kritik an ihrer Strategie und der Mangel an Erfolg veranlaßten die Missionen,

Oben: James Hudson Taylor war der Gründer der China-Inlandsmission (1865), der volkstümlichen Verkörperung einer tiefgreifenden Reaktion auf den Konfessionalismus, die Bürokratie und die Zentralisierung bestehender Missionsgesellschaften. Die Mission sollte interkonfessionell sein und von China aus geleitet werden. Ihre Missionare sollten den Lebensstil der Chinesen soweit wie möglich annehmen und um eine rasche Verbreitung des Evangeliums durch Wanderpredigten zu fördern, durften sie keine aufwendigen dauerhaften Stationen bauen.

Links: Missionsarbeit in China und Japan bis 1920
Die christliche Arbeit im Fernen Osten erfuhr in den achtziger und neunziger Jahren des 19. Jahrhunderts eine große Expansion, ausgelöst durch die weltweite evangelische Erneuerungsbewegung, die mit den Keswick-Konferenzen und der Student Volunteer Movement zusammenhing. Eine Quelle ihrer missionarischen Zuversicht war die Überzeugung, daß die Geschichte und ein Gott, der in den Lauf der Welt eingreift, auf ihrer Seite seien. Williams Cassels, einer aus der berühmten Gruppe der »Cambridge Seven«, der 1885 nach China ging, empfand kurz nach seiner Ankunft, »wie mein Herz sich zu Gott wendet, angesichts dieser Massen von Chinesen, damit er seine Macht erhebe und unter uns käme, damit er rasch diesen Ort mit einer wahren Flutwelle seines Segens überströme! Und weshalb nicht? Wenn es Flutwellen in der Natur gibt, die ganze Regionen überschwemmen, weshalb keine Flutwelle der Gnade?« Als Bischof des westlichen China am Vorabend der Revolution von 1911 schrieb er wiederum: »Ich bin sehr darum besorgt, daß daran gedacht werden sollte, wie wahrscheinlich es ist, daß Gott diese Unruhen zur Ausbreitung seines Reiches und zur Förderung der Kirche benutzt. Die Taiping-Revolte und der Boxeraufstand spielten ihre Rolle bei der Beseitigung der Idolatrie, der Erschütterung alter Fundamente und der Vorbereitung für die Errichtung des Königreichs Gottes. Diese neuen Unruhen können das Werk ein großes Stück vorantreiben.«

ihre Aufmerksamkeit wieder denjenigen Gruppen zuzuwenden, bei denen sie immer den größten Einfluß ausgeübt hatten, den unteren Klassen der Hindugesellschaft und den Bewohnern derjenigen Gegenden, in denen Islam und Hinduismus am schwächsten waren. Daß ganze Kommunen zum Christentum übertraten, war in dieser Zeit keine Seltenheit. Lutheraner, Schottische Presbyterianer und Jesuiten erzielten anhaltende Erfolge bei den Bergvölkern von Bihar und Chota Nagpur. Auch in den Telugu-Bezirken von Madras und in Sialkot im Pandschab kam es zu Übertritten ganzer Gemeinschaften. Dies wurde begünstigt durch neuerliche Versuche, die christliche Botschaft stärker auf die indischen Lebensverhältnisse zu beziehen sowie durch Probleme wie Verschuldung, Landknappheit und häufige Hungersnöte. Mit diesen beiden Entwicklungen unmittelbar verknüpft war die Ausweitung der christlichen Fürsorgetätigkeit, die nicht nur Ausbildung vermittelte, sondern sich auch der Probleme der Verschuldung und Arbeitslosigkeit sowie der Behandlung von Krankheiten annahm. Die Menge der indischen Protestanten, die 1881 mit 417327 angegeben wurde, stieg auf 1,6 Millionen im Jahre 1911 – eine Größe, vergleichbar mit der Zahl der Katholiken.

Auch im 20. Jahrhundert gehörten die meisten christlichen Inder den niederen Kasten an. Das hatte mehrere bedeutsame Auswirkungen. Zweifellos wurde die Abneigung der anderen gesellschaftlichen Gruppen gegenüber dem Christentum dadurch verstärkt. Die niedere gesellschaftliche Stellung und die Mittellosigkeit der Christen trugen auch dazu bei, die Herausbildung einer indischen Priesterschaft und sich selbst tragender indischer Kirchen zu verzögern. Die Anglikaner ernannten erst 1912, die Katholiken erst 1923 einen Inder zum Bischof, und es blieb eine starke Anhänglichkeit an westliche Formen. Infolge ihrer Minderheitsposition neigten die Christen auch zur Zurückhaltung in der nationalen Politik, denn sie blieben den tonangebenden nationalistischen Parteien gegenüber mißtrauisch und um ihre eigene Zukunft besorgt. Auf einem Gebiet jedoch, dem der kirchlichen Union, waren die indischen Kirchen beispielgebend: Bei der Schaffung der Kirche von Südindien im Jahre 1947 aus fünf protestantischen Konfessionen schlossen sich erstmals Episkopal- und Nicht-Episkopalkirchen zusammen.

Erfolg und Rückschläge in China

Trotz der Sorge um die »zur Verdammnis verurteilten« Heiden im Fernen Osten war eine neuerliche Verbreitung des Christentums in China und Japan vor der Mitte des 19. Jahrhunderts nicht möglich. Die britische Erwerbung Hongkongs und der Vertrag von Nanking im Jahre 1842 standen am Ende des ersten Opiumkrieges und machten den Weg frei nicht nur für den Handel, sondern auch für Missionstätigkeit in den fünf sogenannten Vertragshäfen. Trotz ständiger Bitten der Missionare, ihnen weitere Möglichkeiten zu geben, verschafften die westlichen Regierungen ihnen diese erst nach einem weiteren Krieg. Durch den Vertrag von Tientsin (1858) und die Pekinger Konvention (1860) wurde die Zahl der Vertragshäfen vermehrt und den Missionaren der Zugang ins Landesinnere und der Landerwerb für religiöse Zwecke gestattet. Diese Möglichkeiten wurden rasch ergriffen. In 30 Jahren stieg die Zahl der protestantischen Missionare von 81 auf 1269 an. Diese Zahl hatte sich um 1900 mit 2818 mehr als verdoppelt. Die Zahl der katholischen Priester betrug 639 im Jahre 1890 und 883 um 1900, daneben gab es zahlreiche, vor allem weibliche Orden.

Obgleich die Tatsache, daß die Missionare aufgrund erpreßter Verträge nach China kamen, sie unbeliebt machte, zeitigte ihre Botschaft schon früh eine Wirkung. Der Taiping-Aufstand der Jahre 1850–64, der die Autorität des Kaisers ernstlich bedrohte, wurde von den Christen immerhin so freudig begrüßt, daß die neue Religion als eine ernste Gefahr für den bestehenden Zustand angesehen wurde. Die traditionelle Ausländerfeindschaft der Chinesen konzentrierte sich daher auf den Missionar, der für viele der einzige Fremde war, den sie je kennengelernt hatten. Wandermissionare, z. B. der 1865 gebildeten China-Inlandsmission, die wie die Chinesen selbst lebten und jede Berührung mit westlichen Einflüssen mieden, konnten das Verhältnis nicht wesentlich verbessern. Die meisten Missionen pochten allzu nachdrücklich auf ihre Vertragsrechte, zeigten offen ihre Verachtung für chinesische Bräuche wie z. B. die Ahnenverehrung und nahmen ihre Neubekehrten zu sehr in Schutz; all dies trug dazu bei, die Einheimischen zu verärgern und die Autorität der chinesischen Beamten und Landadligen zu untergraben. Nach 1860 mehrten sich ausländerfeindliche Proteste, und es entstand eine entsprechende Literatur: Intellektuelle nahmen die Kritik am Christentum auf, die sie im westlichen Denken vorfanden, andere Schriftsteller stellten den christlichen Glauben und das christliche Ritual in einer für Chinesen abstoßenden Weise dar, und die Volkswut entlud sich in Ausbrüchen der Gewalt wie dem Massaker von Tientsin (1870). Die Welle von Protesten erreichte ihren Höhepunkt im großen Boxeraufstand von 1900, aber an seinem Ende standen, wie schon bei früheren Auflehnungen, Unterdrückung, Vergeltungsmaßnahmen und die Zahlung von Entschädigungen auf Anordnung der europäischen Mächte.

Obwohl die Feindseligkeit weiter bestand, leiteten die Unterdrückung des Boxeraufstandes, der endgültige Zusammenbruch der kaiserlichen Autorität und die Revolution von 1911, welche die Republik ankündigte, eine relativ erfolgreiche Periode der Ausbreitung des Christentums ein. Bis zu den zwanziger Jahren nahm die christliche Sozialarbeit und Unterrichtstätigkeit rasch an Umfang zu, ebenso stieg die Zahl der Christen. Viele Chinesen sahen in der westlichen Bildung oder im Christentum eine Möglichkeit, den persönlichen Fortschritt zu fördern und einem stabilen, modernen China wieder zu einer Großmachtstellung zu verhelfen. Dementsprechend kamen mehr Neubekehrte aus anderen als den Randgruppen der chinesischen Gesellschaft. Diese Phase war jedoch von kurzer Dauer: Abgesehen von der bleibenden Schwierigkeit, biblische und theologische Begriffe den Chinesen verständlich zu machen, hatte das Christentum insgesamt kaum Kontakt mit den grundlegenden Problemen Chinas. Zwei Drittel der Missionare und ein Drittel der chinesischen christlichen Prediger lebten in den größten Städten, doch 94 Prozent der Chinesen lebten in Bauerndörfern, und die Missionen befaßten sich niemals wirklich mit der grundlegenden Frage, wie die Verhältnisse auf dem Lande verbessert werden könnten.

Das bei den turbulenten Verhältnissen in China verständliche Zögern der Missionare, die Chinesen in ihren Kirchen selbst bestimmen zu lassen, wurde als Beweis für eine Fortdauer der Fremdherrschaft interpretiert. Darüber hinaus unterstützten weder das Christentum noch die ausländischen Missionen die nationalistischen Führer, als diese versuchten, das Land gegen den Widerstand von Militärbefehlshabern oder Kriegsherren in den Provinzen zu einigen. Ihr Verhalten gegenüber den Christen konnte, obwohl sie ihnen gelegentlich auch freundlich begegneten, doch über eine allgemeine Distanziertheit nicht hinausgehen, vor allem vor dem Hintergrund der Welle von ausländerfeindlichen Ausschreitungen in den Städten in den Jahren 1924 bis 1927. Korrekturen, die die Missionen seit etwa 1925 an ihrer Kirchen- und Wirtschaftspolitik vornahmen, blieben weitgehend ohne Bedeutung für ein Land, das zwei Jahrzehnte lang entweder durch den Bürgerkrieg zwischen der Kuomintang und den Kommunisten erschüttert wurde oder im Krieg mit Japan stand. Diese Kriege hatten verheerende Auswirkungen sowohl für das Christentum in China wie auch für China selbst. Als die Kommunisten 1949 die Macht übernahmen, gab es höchstens etwa 4,7 Millionen Christen, die nun stark bedrängt wurden, ihren Glauben aufzugeben.

Beschränkte Missionsmöglichkeiten in Japan

Auf ähnliche Weise fanden die Missionen Eingang in Japan, wenn auch langsamer und in einem begrenzteren Rahmen. Westliche Missionare wurden 1859 nach Tokio, Hakodate und Nagasaki hereingelassen, doch blieb das Christentum verboten. Obwohl 1873 versuchsweise Religionsfreiheit zugestanden wurde, war sie erst seit der Meji-Verfassung von 1889 dauerhaft gewährleistet. Damals arbeiteten in Japan etwa 450 protestantische Missionare; Reisen ins Landesinnere unterlagen Beschränkungen, und noch 1899 waren die Missionare an die Aufenthaltsgenehmigungen für Ausländer gebunden. Das Fortbestehen dieser Restriktionen zeigt deutlich, daß die kaiserliche Regierung Japans viel stärker war als die Chinas und dem Westen auch Respekt abnötigte, vor allem nach dem Sieg im Russisch-Japanischen Krieg (1905). Sie war daher stets in der Lage, die christliche Missionsarbeit und das christliche Unterrichtswesen im Interesse der Achtung für die Stellung des Kaisers und der Stärkung des Nationalgefühls einzuschränken. Höhepunkt dieses staatlichen Reglements war in den Jahren 1940/41 die Verschmelzung aller protestantischen Organisationen zur Kirche Christi in Japan; Organisationen, die sich widersetzten, wurden aufgelöst.

Das japanische Christentum blieb, mehr noch als das chinesische, an die Städte gebunden, und in keinem der beiden Länder gab es Massenübertritte wie in Indien. Protestanten wie Katholiken widmeten einen großen Teil ihrer missionarischen Bemühungen der *samurai*-Kaste der Krieger-Beamten, deren Stellung durch die Restauration des Kaisertums im Jahre 1867 arg in Mitleidenschaft gezogen worden war. Es ließen sich zwar einige bekehren, doch auch sie fühlten sich angesichts der westlichen Kirchenleitung, der Liturgie und des westlichen Konfessionswesens stets unbehaglich. Einige Mitglieder der kleinen Konvertiten»vereine«, die in den 70er Jahren an neuen Einrichtungen wie der Landwirtschaftsschule in Sapporo entstanden, versuchten, eine spezifisch japanische Theologie und Organisationsform zu entwickeln. Aus ihrer Arbeit ging um 1900 das »kirchenlose« Christentum von Utschimura hervor, dessen Mukiokai-Anhänger eine unmittelbare persönliche Gotteserfahrung mit einer puritanischen Ethik verbanden, die in kleinen, vereinzelten Bibelstudiengruppen erarbeitet wurde. Darauf folgten andere eigenständige Bewegungen, die ebenfalls das westliche Beiwerk von Lehre und Institution ablehnten, wie die Geist-Jesu-Kirche in Tokio in den schwierigen Jahren nach Japans Niederlage 1945 und die Makuja-Kirche, die traditionelle Volksreligion und Magie mit der Praxis der christlichen Pfingstkirchen verbindet.

Die Existenz dieser unabhängigen Kirchen deutet auf eine gewisse Vitalität des japanischen Christentums zumindest in seiner protestantischen Ausprägung. Doch der grundsätzlich weltliche Charakter eines großen Teils der japanischen Kultur und die engen Familien- oder Gemeinschaftsbindungen haben dem Christentum nur geringen Spielraum gelassen. Heute wird die Gesamtzahl der Christen auf knapp 1 Prozent der Bevölkerung geschätzt.

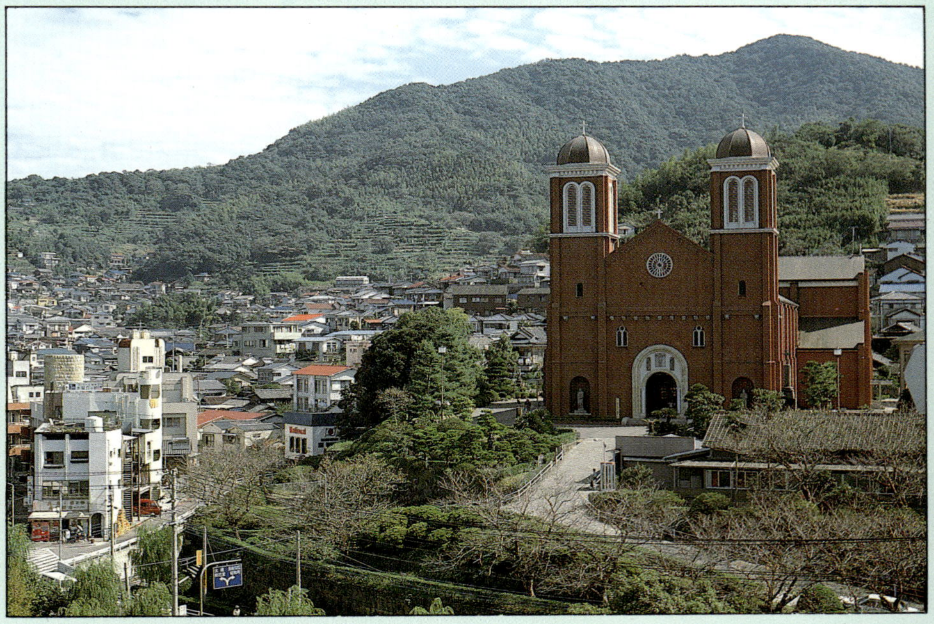

Oben: In Urakami, einer von etwa sechzig Pfarreien in Nagasaki, stand ursprünglich die größte christliche Kirche im Fernen Osten. Sie wurde 1945 durch die Atombombe zerstört und 1959 wieder aufgebaut. Die japanische Verfassung von 1946 gewährt völlige Religionsfreiheit und ermöglichte es dem neugegründeten Nationalen Katholischen Komitee, sich um eine rasche Erneuerung des römisch-katholischen Glaubens zu kümmern. Die Zahl der Gläubigen wuchs von 108 000 im Jahr 1946 auf 358 000 im Jahr 1973.

Religiöses Freiwilligkeitsprinzip in Australien und Neuseeland

In Australien und Neuseeland wurde das Christentum nicht sosehr von Missionaren eingeführt (obwohl diese sich sowohl um die Urbevölkerung als auch um die Maori kümmerten) oder vom Staat verordnet, als vielmehr durch die Initiative einzelner Siedler und Beamter verbreitet, die ihren Glauben aus Europa mitgebracht hatten. Vorwiegend damit beschäftigt, an der Botany Bay eine Strafkolonie zu errichten, dachte die britische Regierung 1785 kaum an einen Geistlichen für ihre eigenen Beamten, geschweige denn an eine religiöse Einrichtung oder Religionsunterricht für die hierher verbrachten Strafgefangenen. Sie blieb untätig bis etwa 1825, als sie die Korporation für Kirche und Schule ins Leben rief, die mit einem Siebentel des Landes der Kolonie ausgestattet wurde, um damit die Anglikanische Kirche institutionell begründen und tragen zu können. Zu den Häftlingen, die ihre Strafe verbüßt hatten, waren damals jedoch schon freie Einwanderer hinzugekommen und hatten zur konfessionellen Vielfalt beigetragen. Besonders zahlreich waren schottische Presbyterianer und irische Katholiken, die sich gegen eine Einführung des Anglikanismus in ihrer neuen Umgebung zur Wehr setzten, vor allem, als es hier noch allen Konfessionen an Geistlichen und Mitteln fehlte. Die Lösung für New South Wales von 1836 – staatliche Beihilfen für die größeren Konfessionen – wurde eine Zeitlang von anderen Kolonien übernommen; doch ging man um 1871 allgemein davon ab zugunsten des religiösen Freiwilligkeitsprinzips. Staatliche Unterstützung wurde nun nur noch für weltliche Ausbildung gewährt. Auf Neuseeland – britische Kolonie seit 1840 – machte man sich 1877 die gleichen Grundsätze zu eigen.

Diese frühzeitige Trennung von Kirche und Staat verdankt sich zum Teil der Stärke der Sekten, mehr noch spiegelt sich aber darin das weltliche, liberal-demokratische und materialistische Denken der Kolonialgesellschaft. Viele Siedler kamen aus Bereichen der britischen Gesellschaft, die jede Art von organisierter Religion ablehnten; andere wurden gleichgültig, weil es keinen Anreiz oder keine rechtzeitige Betreuung gab. Großzügige Ausgaben für religiöse Zwecke waren nie ein Charakteristikum Australiens. Während der Jahre, als die staatlichen Beihilfen flossen, bauten Anglikaner und Katholiken ihre Hierarchien auf, und andere festigten ihre Position, danach aber hatten sie Schwierigkeiten, diese zu halten.

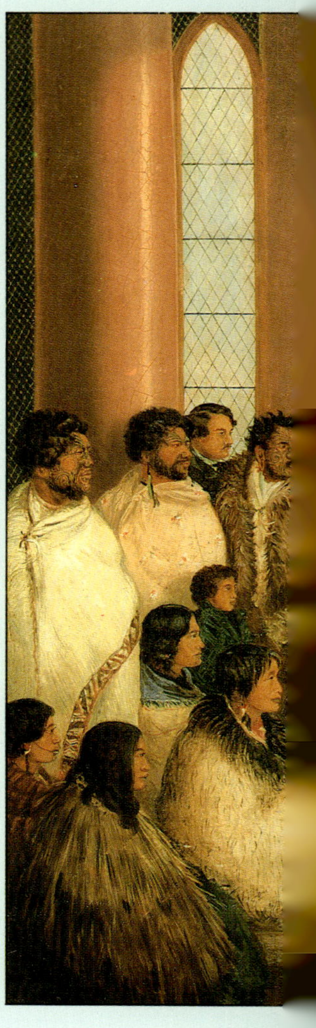

Rechts: Australien und Neuseeland
In diesen Ländern, die erst in neuerer Zeit von Weißen besiedelt wurden, suchten Geistliche wie andere Auswanderer neue Formen der Gemeinschaft zu schaffen, indem sie die Vorzüge des europäischen Lebens übernahmen und seine negativen Seiten aufgaben. Australiens Kardinal Moran hoffte, daß er »Irland neugeboren, fromm und gottesfürchtig, aber nunmehr frei« erblicken könnte. Die konfessionellen Siedlungen Neuseelands erinnerten an frühere Versuche frommer Kolonisten in Nordamerika, wohlgeordnete Gesellschaften der Gerechten zu schaffen. Solche Hoffnungen wurden indessen meist enttäuscht. Nur wenige Neuseeländer scheinen jemals die Gewohnheit entwickelt zu haben, regelmäßig zur Kirche zu gehen, und die strenge Sittenlehre der frühen Methodisten oder Presbyterianer hat sich hier nicht mehr als in anderen Teilen der Welt durchgesetzt. Landeskenner stellen fest, daß in Australien ein weltlicher Lebensstil deutlicher ausgeprägt ist – trotz kirchlicher Hierarchien – als beispielsweise in Kanada. Die Kirchen waren dort unfähig, mit der schnellen Stadtentwicklung Schritt zu halten, und es ist so, wie ein Historiker kürzlich bemerkte: »Im Busch gibt es keinen Sonntag.«

Unten: Die Taufe nicht-europäischer Herrscher war ein wichtiges Missionsziel. Die Maoris von Neuseeland waren dazu gern bereit, nicht zum wenigsten in der falschen Hoffnung, daß christlicher Einfluß Forderungen, ihnen ihr Land wegzunehmen, abwenden könnte.

Das Wohlfahrtswesen oder die Auslandsmissionen wurden zwar unterstützt, doch die fanatischen Puritaner, die oft mit diesen Kampagnen in Verbindung gebracht wurden, nahm man weniger ernst als in England.

Die meisten Konflikte und Kontroversen im Bereich der christlichen Gemeinden gab es bei den Katholiken, die immer einen starken Bevölkerungsanteil stellten. In ihrer großen Mehrzahl Iren (bis zum Zustrom europäischer Flüchtlinge nach 1940), weitgehend der Arbeiterklasse angehörend und nationalistisch denkend, hatten die australischen Katholiken keine Zeit für die ausgewanderten Engländer, die zuerst geschickt worden waren, um sie zu organisieren. Seit etwa 1860 bis in die dreißiger Jahre prägten Geistliche aus Irland die Kirche. Um die katholische Erziehung zu verteidigen, engagierten sie sich immer wieder in der Politik. Seit den neunziger Jahren brachte die Notlage zahlreicher Katholiken die Kirche auf eine Linie mit der emporkommenden Labour-Partei. Abweichend von europäischen Mustern, erzeugte diese Verbindung von konfessionellem Denken, Klassenzugehörigkeit und Nationalität Feindseligkeit bei Konservativen und Protestanten, vor allem wegen des Widerstandes der Katholiken gegen die Militärdienstpflicht während des Ersten Weltkriegs. Eine Veränderung in der sozialen Zusammensetzung der katholischen Gemeinschaft und der von Papst Pius XI. (1922–1939) mit seinem Programm der Katholischen Aktion ermutigte soziale Katholizismus führten in den vierziger Jahren zu einer Umorientierung. Mitglieder der Bewegung für Katholische Sozialforschung führten einen Kampf gegen kommunistischen Einfluß in den Gewerkschaften und spalteten schließlich die Labour-Partei im Jahre 1954. Seither nahmen die Katholiken weit weniger direkt am politischen Geschehen teil, obwohl sie heute über 26% der Bevölkerung ausmachen.

DIE ORTHODOXEN KIRCHEN

Das Jahr 1453 markierte weniger den Untergang eines (des byzantinischen) Reiches als vielmehr das Ende einer Illusion. Einige Orthodoxe allerdings hegen bis heute noch die »Große Idee« der Wiedergewinnung Konstantinopels. Um die Mitte des 15. Jahrhunderts lebte die überwiegende Mehrheit der Orthodoxen unter türkischer Herrschaft. In mancher Hinsicht bewahrte der Umstand, daß der türkische Sultan Konstantinopel zu seiner Hauptstadt machte, die byzantinische Kirche vor noch größerer Verwirrung, Zerstückelung und Verarmung. Das Patriarchat von Konstantinopel hätte auch den Weg der anderen östlichen Patriarchate gehen können. In politischer und administrativer Hinsicht waren die Patriarchate von Jerusalem, Antiochia und vor allem Alexandria schwach, und nur Jerusalem verfügte über ausreichende finanzielle Mittel, obwohl eine beträchtliche Anzahl orthodoxer Christen, die meist Arabisch sprachen und eine arabische Liturgie verwendeten, in Palästina und Nordsyrien blieb. Griechisch blieb die offizielle Hochsprache dieser Patriarchate; dadurch wurde eine hohe Barriere errichtet zwischen den Griechisch sprechenden Amtsträgern und den Dorfbewohnern auf dem Lande. Das Patriarchat von Konstantinopel hätte auf diese Weise nach einigen Generationen selbst von den übriggebliebenen orthodoxen Christen isoliert werden können, und diese wären vielleicht türkischsprechend geworden. Dies geschah deshalb nicht, weil der osmanische Sultan Mohammed II. das Patriarchat unter seine Fittiche nahm und es für das ganze orthodoxe *millet* (»Nation«) verantwortlich machte. Der Patriarch von Konstantinopel wurde als »Ethnarch« (= Statthalter, von griech. *ethnos*= Volk und *arche*= Herrschaft) bezeichnet, und als die Osmanen im 16. Jahrhundert Syrien, Palästina und Ägypten eroberten, erstreckte sich der Einfluß des Patriarchen von Konstantinopel praktisch – wenngleich dies theoretisch nie begründet wurde – auch auf die Besetzung der Patriarchate von Antiochia, Jerusalem und Alexandria. Denn er hatte das Ohr des Sultans. Bereits 1484 trat in Konstantinopel ein Konzil aller vier östlichen Patriarchate zusammen, um das Konzil von Basel/Florenz mit seinen Unionsbeschlüssen zwischen der West- und Ostkirche (1439) zu verurteilen und um Vorsorge zu treffen für die Aufnahme von Konvertiten aus der römischen Kirche (hauptsächlich Griechen, die in lateinisch beherrschten Ländern lebten, welche nun unter türkische Herrschaft geraten waren) in die orthodoxe Kirche.

Sultan und Patriarch

Die osmanischen Sultane erinnerten in mancher Hinsicht an die »universalen« byzantinischen Kaiser während der Blütezeit des byzantinischen Reiches. Mohammed II., der Eroberer Konstantinopels, war sich der Parallelen deutlich bewußt, als er am Tage nach der Einnahme in die Hagia Sophia ging und dort betete. Er wandelte die Kirche in eine Moschee um und verkündete: »Hiernach ist Istanbul meine Hauptstadt!« Seine Überzeugung, daß Istanbul (von griech. *eis tén polin*, »in der Stadt«) der geeignete Mittelpunkt für ein Weltreich war, wurde von mehreren griechischen Gelehrten seiner Zeit geteilt. So schrieb Georgios Trapezuntios (1395–1484) über Mohammed: »Niemand kann daran zweifeln, daß er Kaiser der Römer ist. Wer auf dem Thron des Reiches sitzt, ist mit Recht Kaiser, und Konstantinopel ist die Mitte des römischen Reiches.« Die Hauptsorge des Eroberers galt der Aufrechterhaltung der Ordnung. Obwohl er letztlich die Vorherrschaft des Islam anstrebte, betrachtete er, in Übereinstimmung mit der islamischen Tradition, die Bibel als ein heiliges Buch und die Christen als »Volk des Buches«. Sie sollten daher geschont, aber zu Bürgern zweiter Klasse herabgestuft werden. So hatten die Osmanen es schon bei der Zug um Zug fortschreitenden Eroberung Kleinasiens und des Balkans gehalten.

Mohammed II. vermied es, das mit dem Verschwinden des Patriarchen entstandene Machtvakuum für sich auszunutzen; vielmehr wählte er nach der Flucht von Gregorios III. Mammas nach Italien den in der kirchlichen Verwaltung erfahrenen Gennadios Scholarios aus und setzte ihn im Januar 1454 feierlich in sein Amt ein, indem er ihm Amtsgewänder, Hirtenstab und Brustkreuz übergab mit den Worten: »Sei Patriarch, regiere mit Glück, und sei unserer Freundschaft versichert. Du sollst all die Privilegien haben, die schon deine Vorgänger besaßen!« Mit Mohammeds Zustimmung erhoben nun der Patriarch und seine Synode wieder den Anspruch, für die Ernennung der Bischöfe zuständig zu sein. Gerichtshöfe des Patriarchen übten die Jurisdiktion über Kleriker aus, und die ausgedehnten Kompetenzen, welche den Kirchengerichten oder geistlichen »obersten Richtern« bereits im 14. Jahrhundert in der Rechtsprechung über orthodoxe Laien zugefallen waren, wurden ausgebaut. Zivilrechtliche Fälle, die Religion oder Sitte betrafen, wie z. B. Ehe-, Testaments- und Erbschaftsangelegenheiten, sollten vor kirchlichen Gerichten verhandelt werden. Die geistliche Autorität der Kirche konnte dann wiederum als Stütze für die neue Ordnung dienen. Aus diesem Grunde auch verlegte Mohammed II. die Residenz des armenischen Patriarchen und die des Oberrabbi nach Istanbul. Jeder sollte das Oberhaupt seines *millet* sein.

Das Patriarchat als Institution profitierte davon, daß die Anarchie der Zeit vor 1453, als es durch die feindlichen Türken von der Umwelt abgeschnitten war, nunmehr ein Ende hatte. Schon um 1400 hatten mindestens acht Bischofs-und Erzbischofssitze in Thrazien und Mazedonien aufgegeben werden müssen. So gab es z. B. in Adrianopel lange Zeit keinen Erzbischof, und ein Schriftsteller des 15. Jahrhunderts beklagte, daß »sich die Mehrheit unserer Bevölkerung [in Adrianopel] aus dem Staub gemacht hat, Leute, die nur an den Tag und an ihr persönliches Glück denken«. Nach 1454 konnte das Patriarchat seine zentrale Autorität über die Metropoliten festigen, weil es vom Sultan gestützt wurde. Es stand ihm auch eine große Auswahl an Personal für die Besetzung kirchlicher Ämter zur Verfügung, denn Mohammed brachte zahlreiche orthodoxe Christen, vor allem Kaufleute, nach Istanbul, die er durch Steuerbefreiungen ermutigte, ihren Handel wiederaufzunehmen, und denen er Wohnhäuser zur Verfügung stellte. Sie kamen aus Adrianopel und aus anderen Gebieten, sobald diese unter türkische Herrschaft gefallen waren: aus Trapezunt nach 1461, aus Argos auf Morea (Peloponnes) nach 1463 und aus Kaffa nach 1475. Ein westlicher Beobachter schrieb, daß »diese Neuankömmlinge innerhalb kurzer Zeit beachtliche Häuser und Kirchen gebaut hatten«. Ihre Zahl wuchs während

Eine sakrale Bildergeschichte. Im frühen 16. Jahrhundert begannen die moldauischen Geistlichen die Außenwände ihrer Kirchen mit Szenen aus der Bibel und der jüngsten Vergangenheit zu schmücken. Diese Fresken am Kloster Humor stellen die Belagerung von Konstantinopel 1453 dar, wenn auch Wunschdenken und Türkenhaß den Künstler veranlaßten, eine türkische Niederlage zu zeichnen. Das Christentum hatte schon lange Gläubige in den Ebenen der Walachei und den Bergen der Moldau gefunden, aber erst im 14. Jahrhundert tritt eine organisierte Kirche in Erscheinung. Das Patriarchat von Byzanz erkannte zwei Metropolitansitze an, und vom Berg Athos inspirierte Klöster verbreiteten im Land die dort praktizierten Vorstellungen von Andacht und Mystizismus. Bis ins späte 17. Jahrhundert wurde der Gottesdienst in Kirchenslawisch abgehalten, der Schriftsprache, die von byzantinischen Missionaren des 9. Jahrhunderts für die Slawen geschaffen wurde. Da diese vom gewöhnlichen Volk, dessen Sprache vom Latein abgeleitet war, nicht verstanden wurde, sprachen Wandgemälde wie in Humor »Bände«. Der Patriarch von Konstantinopel übte die Amtsgewalt über Rumänien während der türkischen Hegemonie aus. Heute wird die rumänische orthodoxe Kirche von einem eigenen Patriarchen geleitet, der in Bukarest residiert.

des 16. Jahrhunderts und überstieg bei weitem die Bevölkerungszahl, die Konstantinopel in den letzten Jahrhunderten des byzantinischen Reiches hatte.

Viele der reichsten Familien wohnten in stattlichen Häusern in unmittelbarer Nähe des Patriarchensitzes, im Fener(Phanar)-Bezirk von Istanbul. Diese Handelsfürsten wurden nach ihrem Wohnbezirk »Phanarioten« genannt. Sie brüsteten sich mit ihrer vorgeblichen Abstammung von adligen byzantinischen Familien, waren stolz darauf, Griechisch zu sprechen, und versuchten die ranghöchsten Ämter der Großkirche zu besetzen. Im 17. Jahrhundert dehnten die Phanarioten ihren Einfluß auf die Fürstentümer Moldau und Walachei aus. Einige von ihnen wurden dort Fürsten, besetzten die Ämter der orthodoxen Kirche mit Griechen und förderten die griechische Bildung. Einige Phanarioten hegten sogar die »große Idee« eines griechischsprechenden Reiches – eine Neuauflage von Byzanz.

Das Verhältnis zwischen Patriarch Gennadios und Mohammed II. war durchaus freundlich; Mohammed ermunterte den Patriarchen sogar, eine kurze Abhandlung über den orthodoxen Glauben zu schreiben, um sie dann ins Türkische übersetzen zu lassen. Doch sollte diese Harmonie nur von kurzer Dauer sein. Mohammeds Nachfolger standen der Orthodoxie im allgemeinen weniger wohlwollend gegenüber, und Selim I. (1512–1520), der Eroberer Syriens, Ägyptens und Arabiens, dachte an die Zwangsbekehrung aller Christen zum Islam. Noch Mohammed II. beschnitt die Rechte des Patriarchen, indem er die Stellung des Oberhauptes des orthodoxen *millet* dadurch einschränkte, daß er der Synode des Patriarchats, die ohnehin schon das Recht besaß, einen Patriarchen durch einstimmigen Beschluß abzusetzen, größere Vollmachten gab. Es wurde nun offiziell verkündet, daß Verfügungen des Patriarchen nur dann bindend seien, wenn sie die Zustimmung der Synode hätten. Diese Bedingung konnte auch einen kraftvollen Patriarchen lähmen, und die türkische Obrigkeit konnte leicht genügend Metropoliten und Spitzenbeamte des Patriarchats, aus denen sich die Synode zusammensetzte, dazu bringen, deren Abstimmung zu beeinflussen. Umgekehrt suchten Kirchenmänner Privilegien für sich zu ergattern oder sogar Patriarch zu werden durch reichliche Zahlung von Bestechungsgeldern.

Korruption und Begünstigung am osmanischen Hof

Auch am osmanischen Hof gab es Parteien, die miteinander wetteiferten um den Einfluß beim Sultan oder bei dessen Vertrauten, wie dem Großwesir oder der Mutter des Sultans. So wurde das Patriarchat als eine Art Staatsministerium in die Netze verwickelt und in das Tauziehen einbezogen, das im osmanischen Staat üblich war. Seit dem späten 15. Jahrhundert zahlten Bewerber um das Patriarchenamt Geld an die Hohe Pforte, und diese Gebühr wurde ständig in die Höhe geschraubt. Aber das Geld war nicht alles: Angesehene Kirchenmänner in der Synode konnten eine Ernennung verhindern, wenn sie sie mißbilligten. Die fortbestehende moralische Autorität und der Landbesitz der Klöster vom Berge Athos boten bis zum 17. Jahrhundert die Gewähr für beträchtlichen Einfluß beim Patriarchat. Sodann waren die Sultane bisweilen launenhaft. Einige Sultane, wie Suleiman der Prächtige (1520–1566), wollten in den oberen Rängen der Kirchenverwaltung Ordnung und Kontinuität gewahrt sehen, und während seiner Regierungszeit hatte Jeremias I. das Amt des Patriarchen 21 Jahre lang inne. Viel öfter aber waren die Amtszeiten von kurzer Dauer und von der Bestechlichkeit der Sultane abhängig. Mehrere Patriarchen wurden abgesetzt und zu wiederholten Malen wieder ins Amt eingesetzt.

Wenn aber die »Drehtüren« durch Bestechungsgelder und durch unablässigen Parteienstreit innerhalb der Kirche bewegt wurden, dann beeinflußte diese Unsitte unweigerlich die ganze Struktur. Im 17. Jahrhundert hatten nur diejenigen Kandidaten Aussicht, Patriarch zu werden, die über sehr viel Geld verfügten. Um dieses zu bekommen, mußten sie sich an die reichen Phanariotenfamilien wenden, die sich so bequem dafür anboten. Diese wurden, obwohl sie die Verwaltung des Patriarchats beherrschten, nicht selbst Geistliche. Sie zogen es vor, Männer von niedriger Abkunft zu begünstigen, die das Amt eines Metropoliten oder ein höheres anstrebten. Manchmal trieb sie die Frömmigkeit dazu, aber öfter waren materielle Überlegungen entscheidend. Die Patriarchen und die ranghöheren Kirchenmänner waren ihnen im 17. und 18. Jahrhundert in jedem Sinne verpflichtet, und die kirchlichen Mittel wurden verschleudert für Intrigen am Hof des Sultans und für die Rückzahlung von Darlehen an die Phanarioten und Gegenleistungen für erwiesene Gefälligkeiten. Die Simonie war praktisch institutionalisiert, und vom 16. Jahrhundert an waren die meisten Patriarchen, für sich gesehen, Nullen.

Man muß auch bedenken, daß die Großkirche trotz aller Privilegien, die sie besaß, eine Gemeinschaft von Bürgern zweiter Klasse anführte. Der Übertritt vom Islam zum Christentum wurde mit dem Tode bestraft. Theoretisch, und in Übereinstimmung mit dem islamischen Gesetz, sollten Christen nicht zum Abfall von ihrem Glauben gezwungen werden. Aber in der Praxis waren Zwangsbekehrungen weit verbreitet, wobei auch einzelne den Märtyrertod starben. Die verschiedenen Sekten der Derwische warben eifrig Anhänger unter dem orthodoxen

Landvolk. Vielleicht die erfolgreichsten unter ihnen waren die Bektaschis, bei denen mystische Verzückungszustände, Wunderglauben und wilde Tänze zusammengingen mit einer unislamischen Duldung des Weingenusses und des freien gesellschaftlichen Verkehrs von Männern und Frauen. Ihre eklektischen Praktiken schienen für viele gewöhnliche Bauern annehmbar und sogar reizvoll zu sein, denn in deren Glauben hatte es wohl schon immer allerlei magische und unerlaubte Rituale gegeben. Die türkische Regierung hielt die Bektaschis durchaus unter Beobachtung und verfolgte sie zuweilen, konnte aber die Wanderzüge der Bektaschi-Missionare nicht aufhalten, und gegen Ende des 16. Jahrhunderts stand der Bektaschi-Orden in enger Verbindung mit den Janitscharen, jener Truppe von Leibwächtern, die direkt dem Befehl des Sultans unterstellt war. Die Janitscharen selbst waren ein lebendiger Beweis für den von offizieller Seite auf die Orthodoxen ausgeübten Druck. Denn sie waren zumeist die Kinder christlicher Eltern, die in frühem Alter ergriffen und beschnitten und dann als Moslems aufgezogen und als Sklaven in die Janitscharenregimenter des Sultans aufgenommen wurden.

Während des 16. und 17. Jahrhunderts gab es einen ständigen Blutverlust der Orthodoxen durch Übertritte zum Islam. Jeder Nicht-Moslem war rechtlich schwerwiegend benachteiligt. Denn alle Rechtsfälle, die einen Moslem betrafen, wurden vor moslemischen Gerichten verhandelt, wo moslemische Kadis Urteil sprachen. Das Zeugnis von Christen galt nicht vor diesen Gerichten, außer wenn es um Testamentsangelegenheiten unter den Christen selbst ging. Ehrgeizigere oder reichere Christen waren daher versucht, ihre Aussichten oder ihren Besitz dadurch zu »versichern«, daß sie Moslems wurden. Die Erlasse von Sultanen, in denen den Christen Rechte und Privilegien zugesichert wurden, galten auch für die Nachfolger als bindend, konnten aber für ungültig erklärt werden, sobald sich nachweisen ließ, daß sie islamischen Gesetzen zuwiderliefen. So wurden im 16. Jahrhundert immer noch Kirchen in Moscheen umgewandelt. Das Dahinschwinden des Kirchenbesitzes, das Fehlen eines angemessenen Rechtsschutzes und die hohen Kosten, die die Verwaltung des Patriarchats verursachte und die erforderlich waren, um die Gunst der osmanischen Herrscher zu erkaufen, brachten die Kirche im 17. Jahrhundert in einen Zustand der Verarmung und Verschuldung. Der Engländer Sir Paul Ricaut, der die türkischen Länder im späten 17. Jahrhundert besuchte, äußerte sich zu dem »tragischen« Zustand, in dem sich die orthodoxen Kirchen befanden. Er sprach von der »Unterdrückung und Verachtung, der gute Christen ausgesetzt sind« und von der »Unwissenheit, die in ihren Kirchen herrscht, bedingt durch die Armut des Klerus«. Das »Wunder« war aber, wie er meinte, »daß sich trotz aller Widerstände und trotz aller Tyrannei ... ein offenes und öffentliches Bekenntnis des christlichen Glaubens erhalten hat«.

Die Kirche in Serbien, Bulgarien und Albanien

Außer den griechisch sprechenden gab es in Osteuropa noch andere Orthodoxe, vor allem die Serben und Bulgaren. Deren Kirchenorganisationen wurden – offenbar auf Geheiß Mohammeds II. – der Oberhoheit des »ökumenischen« Patriarchen von Konstantinopel unterstellt. Die serbische unter dem Metropoliten von Pec und die bulgarische Kirche unter dem Metropoliten von Ternovo behielten aber eine gewisse Selbstbestimmung.

Das Verhältnis dieser slawischen Kirchenführer zum Patriarchen von Konstantinopel war nicht das beste, und es kam zu heftigen Protesten, als der Patriarch Griechen in das Amt des Metropoliten und in andere hohe Ämter berief. Um die Serben zu besänftigen, erlaubte die osmanische Regierung 1557 die Wiedererrichtung des serbischen Patriarchats in Pec. Es bestand bis 1766. Den Bulgaren wurden keine derartigen Privilegien gewährt. Sie nahmen den griechisch sprechenden Hierarchen deren Zusammenarbeit mit den osmanischen Behörden, sowohl in ihrem eigenen Lande als auch in Konstantinopel, und deren Intrigenspiel übel. Das sollte schließlich dazu führen, daß sie von den Osmanen und deren Günstlingen loskommen wollten und vergeblich versuchten, sich dem griechischen Unabhängigkeitskampf anzuschließen. Aber die Lage der orthodoxen Bevölkerung war in Serbien und Bulgarien nicht wesentlich schlechter als die der Orthodoxen im bäuerlichen griechischen Hinterland. Das christliche Leben gestaltete sich ähnlich: Die Religionsausübung bestand weiterhin in der Feier der heiligen Liturgie und in der Sakramentenspendung durch die Priester.

Ein Unterschied zwischen den griechisch sprechenden Ländern und dem übrigen Balkan lag darin, daß dieser teilweise Grenzgebiet war; daher lebten dort viele türkische Soldaten und deren Familien. Dies traf beispielsweise auf das Italien gegenüberliegende Albanien zu. Viele Türken, die dort ihren Militärdienst ableisteten, erhielten Land zugewiesen, und zahlreiche Albanier wurden Moslems und kämpften in den türkischen Armeen. Die Stärke des Islam in Albanien beeinflußte im 16. und 17. Jahrhundert benachbarte Gebiete, die von slawisch sprechenden Orthodoxen bewohnt waren. Solche Gegenden, wie die Ebenen von Kosovo, wurden allmählich islamisiert. Etwa um 1530 war dort noch die Orthodoxie vorherrschend gewesen. Damals berichtete ein Reisender: »In beinahe jedem Dorf gibt es eine Kirche und einen Priester, der dann und wann den vom hl. Paulos [dem Orthodoxen] eingeführten Ritus vollzieht und dafür mitsamt seinem Weibe und seinen Kindern von der ganzen Gemeinde erhalten wird . . .« Ein Jahrhundert später stellte ein katho-

Oben: Das Rilakloster St. Johannes. Johannes war ein bulgarischer Höfling, der das bequeme Leben aufgab und sich in das wilde Rilagebirge zurückzog. Er suchte die Einsamkeit und lebte viele Jahre in einem hohlen Eichenbaum, der einem Sarg ähnelte. Aber wie bei so vielen orthodoxen Heiligen erregte sein Lebensstil Aufsehen. Er fand Anhänger und am Ende seines Lebens gründete er für diese Gemeinschaft ein Kloster. Das Mönchtum blühte in Bulgarien bald nach der Christianisierung und Klöster wie Rila wurden Mittelpunkte einfacher Lebensführung, der Gelehrsamkeit und Kunst. Solange Bulgarien ein unabhängiges Land war, besaß es einen eigenen Patriarchen und schuldete dem Patriarchen von Konstantinopel nur eine nominelle Untertanenpflicht. Es nahm jedoch am religiösen Denken der orthodoxen Welt regen Anteil und bulgarische Klöster spielten eine Schlüsselrolle im Hesychasmus, einer mystischen Bewegung des 14. Jahrhunderts. Später, während der langen Jahre des Türkenjochs, trugen sie dazu bei, die bulgarische Literatur und den Nationalstolz zu bewahren.

lischer Geistlicher im Hinblick auf verschiedene Gebiete Serbiens fest, daß dort viele Orthodoxe Moslems geworden seien, um sich der harten Steuerlast, die auf den Gläubigen lag, zu entziehen.

Im späten 18. Jahrhundert war die Orthodoxie im Gebiet von Kosovo fast schon zu einer archäologischen Angelegenheit geworden. Ein Reisender berichtete: »In fast allen serbischen und albanischen Dörfern gibt es Spuren von Kirchen, und in manchen Dörfern standen sogar zwei oder mehr Kirchen.« Er bemerkte zahlreiche Kirchenruinen in Dörfern, die damals moslemisch waren. Dennoch blieben beträchtliche Gebiete in den Gebirgsgegenden christlich, obwohl sie nicht kirchlich betreut wurden und die Glaubensvorstellungen und das Ritual dieser Christen daher oftmals etwas eigenartig waren. Wer in dieser Region seine gesellschaftliche und wirtschaftliche Lage verbessern wollte, pflegte sich vom orthodoxen Christentum abzuwenden und Moslem zu werden.

Die russische Kirche unter Tataren und Zaren

Die Orthodoxie in Rußland war dieser Art von Druck nicht ausgesetzt. Doch gibt es Ähnlichkeiten zwischen den orthodoxen Kirchen der osmanischen Länder und der russischen Kirche, die noch nicht vollständig aufgedeckt worden sind. Denn Rußland hatte schon früher, seit etwa 1250 bis zur ersten Hälfte des 15. Jahrhunderts, die Besetzung durch die Tataren und deren Oberlehnsherrschaft erduldet. Die Kirche in Rußland mußte die Herrschaft der ungläubigen Tataren als rechtmäßig anerkennen, dafür blieben ihr der Landbesitz und die Gerichtshöfe erhalten, und auf mancherlei Weise profitierte sie davon, einen mächtigen neuen Beschützer zu haben. Sie arbeitete sogar noch offener mit den Tataren zusammen, als es das griechische Patriarchat von Konstantinopel tun sollte: In den Kirchen wurden Gebete für das Wohlergehen des Tatarenkhans gesprochen.

Das Patriarchat von Konstantinopel wurde wegen seiner Zustimmung zur Union mit Rom (auf dem Konzil von

Rechts: Triumphale Zwiebelkuppeln in Moskau. Wiewohl weltweit als »Basiliuskathedrale« bekannt, heißt die Kirche eigentlich »Kathedrale zu Mariä Schutz und Fürbitte«. Iwan der Schreckliche gab den Auftrag zu ihrem Bau, um an seine Eroberung von Kasan, der tatarischen Stadt an der Wolga, am 1. Oktober 1552, dem Fest der Fürbitte, zu erinnern. Der volkstümliche Name der Kirche stammt von Basilius dem Gesegneten, einem heiligen Narren, der in ihr bestattet ist. Nach der Legende ließ Iwan der Schreckliche den Baumeister blenden, um ihn daran zu hindern, jemals wieder ein solches Meisterwerk zu bauen. Sicher galt des Zaren besonderes Interesse dem Bauplan. Auf den ersten Blick erscheint die Kirche wie ein Ausbruch orientalischer Phantasie, doch besitzt sie einen streng symmetrischen Grundriß und wirkte ursprünglich nur durch ihre roten Ziegel und weißen Verzierungen. Die Vielfalt des Dekors (einschließlich der gerippten Kuppeln) und die leuchtenden Farben schaffen den Eindruck eines zu Eis erstarrten bunten Chaos. Vor seinem Rückzug aus Moskau 1812 befahl Napoleon, die Basiliuskathedrale zu sprengen, doch wurde seine Anordnung nicht befolgt.

Florenz) des Verrats an der Orthodoxie bezichtigt, und auf einem Konzil der russischen Bischöfe wurde 1448 ein neuer Metropolit für ganz Rußland gewählt. Fünf Jahre später empfingen der byzantinische Kaiser und das Patriarchat in den Augen der Russen ihre verdiente Strafe aus den Händen der Türken. Die russische Kirche erhob nicht sofort den Anspruch, ein eigenes Patriarchat zu sein. Diese Stellung erhielt sie erst 1589, und dann mit der Zustimmung der anderen orthodoxen Patriarchate. Aber einige russische Kirchenmänner hatten bereits zu Beginn des 16. Jahrhunderts den Weg für eine solche Rangerhöhung geebnet, als sie den Moskauer Herrscher als »Zar« begrüßten und Moskau als »das Dritte Rom« – nach Altrom und Byzanz – feierten. Das waren nur wenige Geistliche gewesen, und die Idee samt den daraus resultierenden Folgerungen wurde nur sehr allmählich von den Moskauer Staatsmännern akzeptiert.

Dennoch ist die Auffassung von Moskau als dem »Dritten Rom« bedeutsam – für die Umstände, unter denen sie proklamiert wurde, und für die Richtung, in der sich die russische Kirche künftig entwickelte. Am Ende des 15. Jahrhunderts prangerten asketische Mönche den Reichtum, die weltlichen Verstrickungen und den riesigen Landbesitz der Bistümer und Klöster an. Diese »Besitzlosen« behaupteten, daß die Kirche nicht irdischen Fürsten dienstbar sein dürfe und daß Mönche mit irdischem Besitz nichts zu schaffen hätten. Verteidiger des klösterlichen Landbesitzes, wie ihr Anführer Josif von Wolokolamsk (1439–1515), argumentierten: »Wenn den Klöstern die Dörfer, die sie besitzen, weggenommen werden, wie wird es dann für einen ehrenwerten und vornehmen Mann möglich sein, in den geistlichen Stand einzutreten? Und wenn es keine ehrenwerten Mönche gibt, wie sollen wir dann Bewerber für das Amt des Metropoliten, für das Erzbischofs- und Bischofsamt und andere ehrenvolle Ämter finden? Wenn es also keine ehrenwerten und vornehmen Mönche gibt, dann wird der Glaube selbst ausgehöhlt.«

Basilius III. (1505–1533) entschied schließlich, der Kirche ihre Besitzungen und die auf sie bezogene ausgedehnte Gerichtsbarkeit zu belassen. Dafür unterstützte ihn die Kirche bei seiner autokratischen Machtausübung und lehrte, daß der Zar in weltlichen Belangen das lebende Gesetz sei und für das Wohlergehen seiner Untertanen sei er nur Gott verantwortlich. Niemand könne sich ihm rechtens widersetzen. Es gab keinen »Vertrag« der Art, wie die Griechen glaubten, daß er zwischen Mohammed II. und Patriarch Gennadios abgeschlossen worden wäre, und praktisch konnte die Kirche einem Herrscher auch keine Beschränkungen auferlegen. Als der Metropolit Philipp I. gegen die von Iwan dem Schrecklichen verübten Grausamkeiten und dessen gesetzloses Töten protestierte, wurde er in ein abgelegenes Kloster verbannt und später hingerichtet. Mitte des 17. Jahrhunderts versuchte der Moskauer Patriarch Nikon (1652–1666), seinen Einfluß als früherer Erzieher des jungen Zaren Alexej dahingehend zu nutzen, daß er die Oberhoheit der kirchlichen über die weltliche Gewalt verkündete. Aber sobald er mit Alexej zusammenstieß, erwies er sich, trotz seiner vermeintlichen Stärke, als ohnmächtig und wurde schließlich abgesetzt.

Die Reformen Nikons und Peters des Großen

Zuvor hatte Nikon versucht, die Kirche zu reformieren, indem er das Bildungsniveau und die Moral des Klerus verbesserte. Besonders energisch bekämpfte er regelwidrige Praktiken und unverständliche oder fehlerhafte Texte in Religionsbüchern, die sich im Laufe der Jahrhunderte in die russische Kirche eingeschlichen hatten; in der griechisch-orthodoxen Kirche suchte er nach Vorbildern für ein korrektes Ritual, nach korrekten Texten für Meßbücher und nach anderen religiösen Schriftwerken. Ikonen, die von der byzantinischen Norm abwichen und westeuropäischen Einfluß verrieten, wurden aus Kirchen und Wohnungen entfernt. Detaillierte Vorschriften legten z.B. fest, wie viele Kniebeugen während des Aufsagens bestimmter Gebete zu verrichten waren, und das Kreuzzeichen mußte mit drei anstatt mit bisher zwei Fingern geschlagen werden.

Diese Reformen fanden die Unterstützung der staatlichen Obrigkeit. Der Zar würdigte die Bemühungen, Ordnung in die Religionsausübung zu bringen und das Ritual der Kirche zu klären. Wütender Widerstand gegen jede Veränderung in den geheiligten Traditionen des russischen Rituals kam von der Pfarrgeistlichkeit, den Mönchen und zahlreichen Laien. Diese Traditionalisten waren bekannt als »Altgläubige« (= Anhänger des alten Rituals). Sie befürchteten die ewige Verdammnis, wenn sie z.B. jetzt mit drei anstatt mit zwei Fingern das Kreuz schlagen sollten. Dieser Streit, bekannt als das Schisma, macht deutlich, für wie wichtig Ritual und Symbole in der orthodoxen Kirche gehalten wurden, deren Gemeinden überwiegend von einfachen Bauern gebildet wurden. Für diese hing das Seelenheil ab von der peniblen Befolgung geheiligter Riten, nicht etwa vom Verständnis bestimmter Buchtexte. Das Schisma zeigt auch, daß, während das Christentum fest im Volk verwurzelt war, doch das christliche Ritual im Laufe der Jahrhunderte erheblich russifiziert worden war und daß der Sinn für die Zugehörigkeit zu einer umfassenderen ökumenischen orthodoxen Kirche beim Volk wenig entwickelt war. Der Staat brach mit Gewalt den fanatischen Widerstand der Altgläubigen gegen die Kirchenreform. Viele von ihnen wählten den Tod als das sicherste Mittel, ihre Seelen vor der Häresie zu retten, die die Veränderungen im Ritual für sie bedeuteten. Mönche standen an vorderster Front im Widerstand gegen die Veränderungen, in einer Weise, die an die byzantinischen Mönche im Ikonoklasmusstreit oder im Streit um die Union mit Rom gemahnt. Einige Altgläubige verbrannten sich selbst. Viele flohen in die Wildnis des hohen Nordens oder nach Sibirien und blieben dort ihren Praktiken treu, ein bemerkenswertes Beispiel dafür, wie die Hingabe an eine traditionelle Form des Gottesdienstes alle materiellen Gesichtspunkte überwog.

Dennoch gelang es dem Zaren mit seiner Macht, die überwiegende Mehrheit der Einwohner Rußlands auf das neue Ritual festzulegen. Die Synode von 1666/67 hatte die Herrschaft des Zaren über die Kirche in Rußland bestätigt. Der höhere Klerus erwies ihm seine Ehrerbietung, und der neue Patriarch, Joachim, sagte: »Was immer der Herrscher anordnet – ich bin bereit, ihm in allem zu folgen und zu gehorchen.« Dem noch von Nikon erhobenen Anspruch auf die Vorrangstellung des Patriarchen wurde auf dem Konzil mit der folgenden volltönenden Erklärung widersprochen: »Der Zar hat das Recht, über alle Untertanen, einschließlich der Geistlichen und Prälaten, in allen Angelegenheiten zu bestimmen außer in Fragen der Lehre.« Damit konnte die kirchliche Organisation in die vom Zaren gewünschte Richtung gelenkt werden.

Es gab kaum einen Aufschrei der Entrüstung, als Peter der Große verschiedene Maßnahmen traf, um die Kirche in Rußland zu reformieren und zu reorganisieren und ihre Steuerbefreiungen und andere Privilegien zu beseitigen. Der radikalste Schritt war im Jahre 1718 seine Entscheidung, das Patriarchat abzuschaffen, dessen Thron bereits seit 18 Jahren nicht mehr besetzt war. Im Jahre 1721 verkündete Peter die Einrichtung eines Kirchenkollegiums, »das, im Einklang mit der folgenden Verfügung, die Autorität haben soll, alle kirchlichen Angelegenheiten der All-

»Väterchen« an der Ostfront. Zar Nikolaus II. zeigt den Truppen eine Ikone. Peter der Große verbannte das Kirchenritual von seinem Hof und führte weltliche Ideen und weltliches Zeremoniell aus dem Westen ein. Dennoch blieb der Volksglaube an die Güte des Zaren und an seine besonderen Bindungen zu Gott stark. Im 19. Jahrhundert stärkten offizielle Glaubenssätze wie »Orthodoxie, Autokratie, Nation« die Auffassung des Volkes, daß Kirche, Zar und Russentum verflochten waren. Als Alexander II. 1881 einem Attentat zum Opfer fiel, wurde an der Stelle des Ereignisses in St. Petersburg die Erlöserkirche »Auf dem Blute« errichtet, und es erschien eine Biographie »Zar-Befreier und Märtyrer«. »Der Zar wird geben« war eine alte volkstümliche Redensart. 1905 demonstrierten Arbeiter vor dem Winterpalast, um Nikolaus aufzufordern: »Reiß die Mauer nieder, die dich von deinem Volk trennt und regiere das Land mit ihm.« Sie sangen Gebete und trugen Ikonen, aber viele von ihnen starben im Gewehrfeuer der Ordnungsmacht.

russischen Kirche zu regeln«. Das Kollegium, das alsbald umbenannt wurde in »der heiligste, allherrschende Synod«, war eine Art staatlicher Behörde – eine Kirchenverfassung, die an Kaiser Justinian erinnert.

Eine von Peters Absichten war, die Zahl der Mönche und Nonnen zu reduzieren, eine andere, einen Teil der enormen Einkünfte der Kirche und der Klöster dem Staat verfügbar zu machen. Er versuchte auch, den Bildungsstand der niederen Geistlichkeit zu verbessern. In Rußland wie auf dem Balkan waren die Priester dadurch, daß sie heirateten und ihre Söhne ihnen oft im Amt nachfolgten, an ihre örtliche Gemeinde gebunden, was allerdings die zentrale Überwachung ihrer Tätigkeit ernstlich behinderte. Vierzig Jahre nach Peters Tod wurde der kirchliche Landbesitz rundweg verstaatlicht. Die Kirche wurde bis 1918 nach den Grundsätzen von Peters des Großen Kirchenordnung verwaltet. Sie hatte im Rahmen dieser Auffassung dem Staate zu dienen.

Glaube und religiöses Leben in der orthodoxen Welt

Das Fehlen größerer Lehrstreitigkeiten oder abweichender Lehrmeinungen beruht großenteils auf der ungeistigen Natur des kirchlichen Lebens in den Jahrhunderten der Türkenherrschaft. Es wurde sehr wenig über Theologie nachgedacht und noch weniger geschrieben, und das Fehlen von Bildungseinrichtungen ließ diesen Zustand fortbestehen. Nur an einigen Orten, wie in Thessalonike und in Konstantinopel selbst, bestanden gut ausgestattete Akademien für die Weiterbildung griechischer Christen. Zwar gab es orthodoxe Geistliche, die Interesse an der theologischen Diskussion zeigten und die die Begabung dafür hatten. Doch sie stellten Ausnahmen dar und waren größtenteils auf italienisch besetzten Inseln, wie den Ionischen Inseln oder auf Chios, oder in Venedig oder anderswo im Westen ausgebildet worden. Andere zogen westliche Schriften heran. Die Beziehungen zu den protestantischen Kirchen waren sehr herzlich, zumal die orthodoxe Priesterschaft dem Papsttum feindlich gesonnen blieb. Im Hinblick auf die Verfolgung der Orthodoxie in der Ukraine durch polnische Katholiken um 1650 schrieb der Erzdiakon Paulos von Aleppo: »Gott erhalte die Herrschaft der Türken! Denn sie nehmen ihre Steuer und verlangen keine Rechenschaft über die Religion, seien ihre Untertanen Christen oder Nazarener, Juden oder Samariter.« Dadurch, daß orthodoxe Theologen ihre Argumente gegen die Kirche von Rom aus dem protestantischen Denken bezogen, waren sie auch geneigt, protestantische Ideen aufzunehmen und weiterzuvermitteln. So präsentierte der Patriarch Kyrillos Lukaris in seiner in Genf gedruckten *Confessio* (= feierliches Glaubensbekenntnis) calvinistische Vorstellungen über Prädestination und Rechtfertigung allein durch den Glauben.

Wie in Rußland, so verband auch auf dem orthodoxen Balkan den Pfarrer und seine Dorfgemeinde sehr viel Gemeinsames: Oft stammte er aus dem Ort, sprach, in jedem Sinne, die gleiche Sprache wie die Dorfbewohner, und betrieb auch selbst etwas Landwirtschaft. Die großen menschlichen Sorgen, die um Geburt, Tod und Fruchtbarkeit (bei der Fortpflanzung wie in der Landwirtschaft) kreisen, wurden weiterhin durch Bräuche beschworen, die ihren Ursprung in der heidnischen Antike haben: das Tragen von Kronen oder Kränzen bei Hochzeiten, Grabbeigaben in Form von Geld (als Obolus für Charon), der Leichenschmaus. Es gab zahlreiche Ortsheilige, die als persönliche Beschützer oder sogar »Freunde« der Gemeinde angesehen wurden, die deren Festtage feierte und deren Ikonen verehrte – sozusagen ländliche Entsprechungen zum hl. Demetrios von Thessalonike und zur Muttergottes von Blachernai, der Schutzheiligen von Konstantinopel. Ihre Zahl wurde von Zeit zu Zeit durch »Neumärtyrer« vermehrt, orthodoxe Christen, die den Türken zum Opfer gefallen waren. Die Heiligen wurden geehrt durch besondere Jahresfeste (*panegyreis*); in diesen fand die Volksfrömmigkeit auf dem Balkan ihren lebendigsten Ausdruck. Es gibt kaum Anhaltspunkte dafür, daß den örtlichen Gemeinden von oben eine wirkliche Disziplin auferlegt wurde. So sehr sich die Diözesanbischöfe in ihren persönlichen Eigenschaften unterschieden, gemeinsam war ihnen der fast ständige Mangel an Mitteln. Die örtlichen Gemeinden schienen sich weitgehend selbst zu bestimmen, mit all den Mißständen und Regelwidrigkeiten, die dabei auftreten können. Das die orthodoxen Länder vielleicht am meisten Verbindende waren die Mönche, besonders die von Athos.

Der Berg Athos

Die Mönche vom Berg Athos waren schon früh mit der türkischen Oberlehnsherrschaft zurechtgekommen. Im Gegenzug wurde ihr Status als ein sich selbst verwaltender Mönchsbund durch Dekrete anerkannt. Sogar in diesen türkischen Dekreten wird Athos beschrieben als »das Land, in dem Tag und Nacht der Name Gottes verehrt wird« und als »eine Zuflucht für die Notleidenden und die Reisenden«. Während des 15. und des 16. Jahrhunderts wurde auf Athos viel gebaut und wurden einige der schönsten Fresken ausgeführt, z.B. die des großen kretischen Malers Theophanes in der Hauptkirche der Großen Lavra um 1535. Mitte des 16. Jahrhunderts wurde sogar ein neues Kloster gegründet, Stavronikita, an der Stelle eines längst verlassenen Klosters gleichen Namens. Das Geld für den Bau kam vom Patriarchen von Konstantinopel, Jeremias I., der den Heiligen Berg in regelmäßigen Abständen besuchte. Mehrere andere Patriarchen des 16. und 17. Jahrhunderts fühlten sich eng mit Athos verbunden, wiesen den Mönchen Schenkungen zu, zogen sich manchmal dorthin zurück und holten gebildete und prinzipienfeste Mönche von dort, um sie zu Bischöfen zu machen. Im 17. Jahrhundert nahm die Reisetätigkeit der Mönche von Athos zu, weil sie sich nach Geldmitteln umsehen mußten. Denn diejenigen ihrer Ländereien, die nicht von den Türken beschlagnahmt waren, wurden hoch besteuert und mit willkürlichen Abgaben belegt. Diese Reisen boten den Mönchen aber auch die Gelegenheit, Reliquien auszustellen und der orthodoxen Laienschaft in ihrer eigenen Person Beispiele tiefster Frömmigkeit vor Augen zu stellen. Im Jahre 1734 gewährte der Fürst der Walachei dem Kloster Philotheou eine jährliche Zahlung unter der Bedingung, daß einmal im Jahr eine von dessen Reliquien, die rechte Hand des hl. Joannes Chrysostomos, in sein Fürstentum geschickt würde, um dieses zu segnen.

Solche regelmäßigen Zurschaustellungen von Reliquien und wundertätigen Ikonen brachten das einfache Volk und die Herrscher in Kontakt mit den Mönchen vom Athos und, wie sie glaubten, mit Erscheinungen des Göttlichen. Sie hielten das Gefühl für die Einheit unter den Orthodoxen wach, das die Institutionen des Patriarchats nur selten vermitteln konnten. Andere monastische Zentren, wie z.B. Patmos, die »Nea Mone« von Chios und Meteora, erfüllten, wenn auch in bescheidenerem Rahmen, eine ähnliche Funktion wie die Mönche vom Athos unter den Orthodoxen des Balkans und Kleinasiens. Einzelne Wandermönche zogen durch das Land, opferten ihre Gebete auf für diejenigen, die sie darum ersuchten, predigten und führten manchmal eine Ikone oder Reliquie vor. Sie wurden vom Volk hoch geachtet.

So setzten die Mönche ihre Reisetätigkeit fort, auch wenn zahlreiche Athosklöster seit dem späten 17. Jahrhundert in ernste finanzielle Schwierigkeiten gerieten. Auf Athos selbst sank das Niveau der Bildung, und einem Versuch um die Mitte des 18. Jahrhunderts, durch die Errichtung einer Akademie Abhilfe zu schaffen, war kein Erfolg beschieden. Die Unwissenheit von Mönchen und Priestern wurde beinahe zu einem Klischee in Reiseberichten des 18. und 19. Jahrhunderts. Am anschaulichsten kommt die Gleichgültigkeit der Mönche gegenüber Büchern und gegenüber der Bildung zum Ausdruck in einem Bericht von Robert Curzon, der 1837 auf der Suche nach alten Handschriften den Athos bereiste. Als er um »ein loses Blatt mit sehr alten griechischen Unzialbuchstaben« bat, auf das er in einer Klosterbibliothek stieß, meinte der Abt verbindlich: »Gewiß ... Wozu brauchen Sie es?« Mein Diener gab zu verstehen, daß man damit vielleicht einige Marmeladentöpfe oder Gläser mit Eingemachtem, die ich zu Hause hatte, abdecken könnnte. »Oh!«, sagte der Abt, »nehmen Sie doch ein paar mehr«, und ohne große Umstände schnappte er sich eine bedauernswerte dicke Quarthandschrift der Apostelgeschichte und der Episteln, zog ein Messer heraus und schnitt in der Dicke von einem Zoll Blätter heraus!« Die »Unkenntnis« der Mönche war zum Teil von ihnen gewollt: Wissen, das für das Verständnis der Grundlagen des Glaubens unnötig war, wurde für müßig und sogar gefährlich erachtet. Dabei arbeiteten einige Athosmönche weiterhin an ihrer »inneren« Bildung, die mit Spiritualität zu tun hat, während sie die »äußere« Bildung, der das byzantinische Mönchtum schon immer mit Mißtrauen begegnet war, beiseite ließen. Von der Mitte des 18. Jahrhunderts bis zur Zerstörung des Klosters kurz vor dem

Oben: Griechisch-orthodoxe Feier der Verkündigung auf Zypern. Die Gedenktage der Heiligen und andere religiöse Feste werden von der gesamten örtlichen Gemeinde gefeiert. Kennzeichnend für die griechische Orthodoxie ist, daß die Laien gemeinsam mit ihrem Priester »die Kirche« bilden. In größeren Gemeinden werden solche Feste sorgfältig vorbereitet. Ikonen und Heiligenreliquien werden feierlich durch die Straße getragen, manchmal mit militärischen Ehrengarden. Noch in neuerer Zeit waren solche Feste oft Anlaß für Handelsmessen, Musik und Tanz.

Rechts: Ouzo für zwei. Der griechische orthodoxe Priester ist auch Freund und Nachbar seiner Gemeindemitglieder, namentlich in ländlichen Bezirken. Er kann sich ausruhen und mit ihnen über die Ernte sprechen, nachdem er vielleicht ihre Kinder unterrichtet oder sein eigenes Stück Land bestellt hat.

Oben rechts: Heiliges Rußland. Religiöse Prozessionen, bei denen Ikonen getragen werden, finden auch in Rußland an Festtagen statt. Nikita Chruschtschow beklagte sich einmal: »Die Menschen halten an ihren Gewohnheiten fest und glauben weiter an Gott trotz aller gegenteiligen Beweise.« Während des Zweiten Weltkriegs war es der russischen orthodoxen Kirche gestattet, einige ihrer Kirchen wieder zu öffnen. Dafür stärkten die Geistlichen beschwörend den russischen Patriotismus gegenüber den Invasoren. In den fünfziger Jahren machte Chruschtschow die Toleranzpolitik rückgängig, doch hat sich die Repression gegen Ende der Sowjetunion gelockert.

Unten: Armenische Geistliche bei ihrem Weihnachtsgottesdienst in Bethlehem. Im nahegelegenen Jerusalem gibt es ein armenisches Viertel. Die Armenier wurden um 300 n. Chr. christianisiert. Sie verwarfen die Definition von der Natur Christi, wie sie auf dem Konzil von Chalkedon (451) verkündet wurde und waren demzufolge in den Augen der byzantinisch-orthodoxen Kirche »Häretiker«. Ihre Kirche wird vom Katholikos geleitet, der seit dem 14. Jahrhundert in Echmiadzim residiert hat. Die Armenier haben Lehre, Kirche und ihr Alphabet trotz ehemals energischer Unterdrückung bewahrt.

Ganz unten: Mönche in einem von vier noch bestehenden koptischen Klöstern im Wadi Natrun. Es war dies seit den Tagen der Pharaonen ein heiliges Gebiet, seit mehr als 1600 Jahren lebten hier Mönche. Es gibt etwa fünf bis sechs Millionen Kopten in Ägypten, viele Regierungsbeamte und Vertreter der gehobenen Schicht gehören zu ihnen.

griechischen Unabhängigkeitskrieg gab es in der Großen Lavra eine Druckpresse. Die Hesychast-Übungen des »Jesusbetens« und der Meditation und die Vorstellung vom »Eigenmaß« (*idiorrhythmia*) waren auf dem Athos immer noch lebendig, und im späten 18. Jahrhundert stellte der Athosmönch Nikodemos eine riesige Anthologie byzantinischer spiritueller Schriften, die *Philokalia*, zusammen, wobei er der Theorie und Praxis des Jesusbetens besondere Beachtung schenkte.

Der griechische Unabhängigkeitskrieg und die Abspaltung der griechischen Kirche

Die enge Bindung des Patriarchats von Konstantinopel an die osmanische Herrschaft zog unweigerlich den Tadel derjenigen auf sich, die versuchen wollten, »das türkische Joch« abzuschütteln. Eine tiefe soziale und kulturelle Kluft bestand zwischen den einfachen orthodoxen Laien und ihren Pfarrgeistlichen einerseits und dem Patriarchen und seinen hohen Beamten andererseits. Viele der letzteren waren Phanarioten, die regelmäßig der Hohen Pforte ihre Aufwartung machten und zugleich kultivierte Stadtmenschen mit einer Vorliebe für westliche (»lateinische«) Ideen und entschiedene Verfechter der griechischen Sprache waren. Die Phanarioten und die Patriarchen von Konstantinopel hatten ihren Einfluß bei den Sultanen dazu genutzt, zahlreiche Spitzenämter in den Hierarchien der anderen unter osmanischer Herrschaft stehenden Hierarchien und Kirchen – in Alexandrien, Jerusalem, Antiochia und auf dem Balkan – für Griechischsprechende zu sichern. Viele Phanarioten erhofften sich die Errichtung eines griechischen Reiches am Bosporus (»die Große Idee«), und Phanarioten hatten ihren Anteil am Zustandekommen des Aufstandes in den Fürstentümern Moldau und Walachei im Jahre 1821. Im gleichen Jahr wurde der Patriarch von Konstantinopel, Gregorios V., zusammen mit mehreren hohen Prälaten seiner Synode hingerichtet. Doch ihr Tod bewirkte keinesfalls, daß etwa das Ansehen des Patriarchats gestiegen wäre, das auf den Aufstand widersprüchlich, ja mit einer formellen Verurteilung reagiert hatte. Vielmehr waren es Geistliche und Mönche aus der Provinz, die aus dem nachfolgenden Unabhängigkeitskrieg als die Helden hervorgingen. Die Bischöfe der Peloponnes spielten darin eine hervorragende Rolle, und der Metropolit Germanos von Alt-Patras ergriff die Initiative, indem er im Norden der Peloponnes zur Erhebung aufrief. Mönche des Klosters Nea Mone auf Chios waren am Aufstand beteiligt, und die abgeschlagenen Schädel, die im Kloster aufbewahrt werden, erinnern an die grausame Unterdrückung des Aufstandes auf der Insel durch die Türken im Jahre 1825. Etwa 25 000 Menschen wurden dort massakriert. Auch bei späteren Aufständen taten sich Mönche und Pfarrgeistliche hervor und bezahlten oft mit ihrem Leben dafür.

Es überrascht daher nicht, daß die Führer des unabhängigen griechischen Staates, der nach 1828 entstand, entschieden, daß ihre Kirche nicht mehr dem immer noch unter osmanischer Oberhoheit stehenden Patriarchat von Konstantinopel unterstellt sein sollte. Im Jahre 1833 erklärte der protestantische Regent, der für den jungen König Otto I. die Regierungsgeschäfte wahrnahm, die griechische Kirche für autokephal. Diese neue Lage wurde vom Patriarchat 17 Jahre später zähneknirschend anerkannt. Die Verfassung der griechischen Kirche orientierte sich am Vorbild der deutschen protestantischen Kirche. Sie sah eine strenge Beaufsichtigung durch den Staat vor, dessen Kirchenbevollmächtigter die Tagungen der Kirchensynoden besuchte. Der Erzbischof von Athen und ganz Griechenland führte bei diesen Versammlungen den Vorsitz. Eine grundlegende Änderung in der Verfassung kam erst 1967, als der Kirche durch ein Dekret der Militärjunta ein größeres Maß an Unabhängigkeit vom Staat zugestanden wurde. Die Kirche in Griechenland zog lange Zeit Nutzen aus der staatlichen Unterstützung und gewann einen beträchtlichen Einfluß auf die Gestaltung der Unterrichtsinhalte an staatlichen Schulen, während Bewegungen wie die Bruderschaft des Lebens (Zoe) ein ganzes Netz von Schulen errichteten, in die sie die Frömmigkeit der gebildeten Laien einbrachten. Im dörflichen Bereich waren die Priester weiterhin verheiratet und in ihrer Gemeinde verwurzelt. Bis heute gibt es gegen die Gestalt des *pappas* (Priesters), der den Gottesdienst hält, seine Olivenbäume beschneidet und vor der Taverne Tabak kaut, keinerlei Bedenken oder Widerspruch.

Das Patriarchat im Niedergang

Das neue Königreich Griechenland war zunächst sehr klein und umfaßte lediglich die Peloponnes, Attika und die Region nördlich des Golfs von Korinth. Die meisten orthodoxen Griechen lebten also weiterhin unter osmanischer Herrschaft, und die Anhängerschaft des Patriarchen von Konstantinopel blieb groß und war sogar zufrieden. Aber die osmanische Regierung überwachte das Patriarchat nunmehr strenger, um eine Wiederholung der Ereignisse von 1821 zu verhüten, und das Patriarchat sank noch tiefer im allgemeinen Ansehen. Hinzu kam, daß die griechisch Sprechenden und die Slawen einander nicht leiden konnten, was sich im Antagonismus ihrer Klöster auf dem Berge Athos widerspiegelte.

Als das osmanische Reich zerbröckelte, kündigten die verschiedenen Balkannationen, die nun entstanden, dem verhaßten Patriarchat von Konstantinopel die Treue auf. Im Jahre 1879 wurde die serbische Kirche autokephal, ein Jahr nachdem Serbien seine staatliche Unabhängigkeit erlangte und 113 Jahre nach der Beseitigung ihres früheren patriarchalen Status. In den Jahren 1920–1922 wurden die fünf verstreuten Gruppen von serbischen Diözesen wiedervereinigt unter einem serbischen Patriarchen, der in Belgrad residiert. Die bulgarischen Orthodoxen nahmen den Autoritäten der griechischen Kirche bitter deren Versuch übel, den Gottesdienst in slawischer Sprache zu verhindern. Im Jahre 1870 kam der Sultan selbst den Forderungen der Bulgaren nach einer eigenen Kirchenorganisation nach. Der Patriarch antwortete darauf sogleich mit der Exkommunizierung der Bulgaren. Das Schisma dauerte bis 1945, lange nach der Schaffung eines unabhängigen bulgarischen Staates. Auch in Rumänien führte die nationale Unabhängigkeit dazu, daß das Patriarchat seine Autorität verlor, und 1885 mußte es den autokephalen Status der Kirche Rumäniens anerkennen, den die Rumänen selbst schon 20 Jahre früher verkündet hatten.

Daß sich das Patriarchat so lange der Gunst des Sultans erfreut hatte, sollte sich jetzt rächen. Nach der entscheidenden Niederlage der Griechen im griechisch-türkischen Krieg wurden 1922 fast alle Griechen Kleinasiens nach Griechenland verschlagen, und die Kirche in Griechenland umfaßte zum erstenmal die klare Mehrheit der Griechisch-Orthodoxen. Die Anhängerschaft des Patriarchats war auf die orthodoxen Bürger von Istanbul zusammengeschrumpft. Der bemerkenswerte Patriarch Athenagoras I. (1948–1972) tat einiges, um die Rechte der überlebenden Kirchen und Christen in der einst »von Gott gschützten Stadt« sicherzustellen. Aber der Ehrenprimat, den Konstantinopel unter den orthodoxen Patriarchaten immer noch hat, ist nun doch sehr ausgehöhlt. Das lebendige Zentrum der Orthodoxie hat sich nach Griechenland und noch weiter, nach Nordamerika und Australien, verlagert. Vor allem dort entfaltet das griechisch-orthodoxe Christentum seine immer noch große Anziehungskraft.

FÜNFTER TEIL

DIE CHRISTLICHE TRADITION

Mitgliedschaft in der Kirche

Taufe. Jesus wurde von Johannes dem Täufer im Jordan getauft, und die Evangelien beschreiben, wie der Heilige Geist in Gestalt einer Taube über ihm schwebte und eine Stimme sagte: »Dieser ist mein geliebter Sohn, an dem ich mein Wohlgefallen habe.« Die Jünger Jesu tauften von den frühesten Tagen der Kirche an, wobei sie immer Wasser als äußeres und sichtbares Zeichen des geistigen und unsichtbaren Vorgangs benutzten und diese Handlung immer im Namen des Vaters, des Sohnes und des Heiligen Geistes vollzogen. Die Taufe ist das Zeichen und Siegel für die Zugehörigkeit des Getauften zu Christus und für die Gliedschaft in seinem Leib, der Kirche, für die Reinigung von Sünden und deren Folgen und für den Beginn eines neuen Lebens.

Firmung. In christlichen Gemeinden, in denen man die Kinder gleich nach der Geburt tauft, werden diese gefirmt, wenn sie alt genug sind, um ein Glaubensbekenntnis und das Versprechen abzulegen, dem Bösen zu entsagen. Bevor sie gefirmt werden, werden die Kinder (oder Erwachsenen, denn die Firmung kann in jedem Alter erfolgen) über den christlichen Glauben belehrt. Der Bischof leitet die Firmhandlung zum Zeichen dafür, daß der Kandidat Mitglied der ganzen christlichen Gemeinschaft ist. Er legt dem Firmling die Hand auf.

Eucharistie. Die Mitglieder der Kirche Christi trafen sich von Anfang an, um, wie er es sie gelehrt hatte, die Gedächtnisfeier zu halten, die er selbst eingerichtet hatte. Beim Letzten Abendmahl speiste er mit seinen Jüngern, nahm das Brot, und als er Dank gesagt hatte, brach er es und gab es seinen Jüngern, indem er sagte: »Nehmt und eßt! Dies ist mein Leib, der für euch hingegeben wird.« Ebenso nahm er nach dem Mahl den Kelch mit Wein und sagte: »Trinket alle daraus! Dies ist mein Blut, das Blut des Neuen Bundes, das für euch und für viele vergossen wird zur Vergebung der Sünden.« Dies sollten sie »zu seinem Gedenken« tun. Diese hl. Kommunion oder das Abendmahl oder die Eucharistie oder Messe, wie die verschiedenen christlichen Gemeinschaften sagen, wird überall von den Christen gefeiert als das Sakrament ihrer Erlösung.

Priesterweihe. Die Apostel wurden ganz selbstverständlich die Führer der frühen christlichen Gemeinde. Judas Iskariot, der Verräter, der sich umgebracht hatte, wurde ersetzt. Die Gemeinschaft betete um die Anleitung durch den Hl. Geist und traf ihre Auswahl mit seiner Hilfe. Die damals aufgestellten Prinzipien für die Auswahl von Führern für die Gemeinde sind seitdem die gleichen geblieben. Derjenige, der diese besondere Verantwortung übernehmen soll, wird sowohl vom Gottesvolk als auch von Gott selbst »berufen«. Praktisch bedeutet dies heute eine Auswahl und Ausbildung, an deren Ende die Weihe steht, bei der sowohl der Anteil, den das Volk daran hat, wie auch die Rolle, die dem Hl. Geist zukommt, betont wird. In den ersten Jahrhunderten bedeutete dies oft, daß man sich hoffnungsvolle junge Männer buchstäblich griff und sie zwang, sich weihen zu lassen. Der geweihte Geistliche faßt die Danksagungen und Gebete der Gemeinde zusammen, spendet die Kommunion und erteilt denen, die bereuen, Absolution.

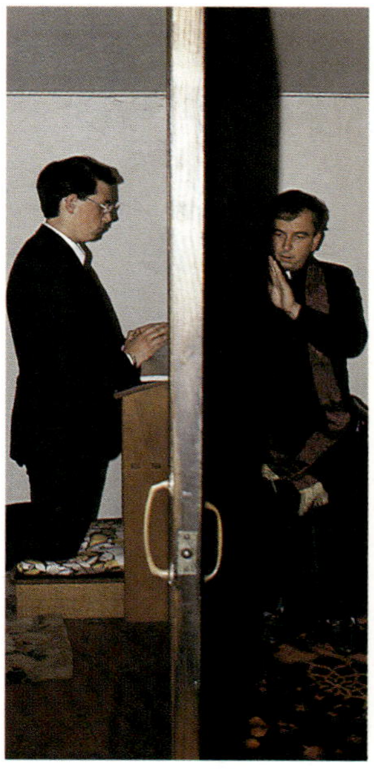

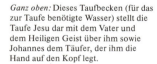

Ganz oben: Dieses Taufbecken (für das zur Taufe benötigte Wasser) stellt die Taufe Jesu dar mit dem Vater und dem Heiligen Geist über ihm sowie Johannes dem Täufer, der ihm die Hand auf den Kopf legt.

Oben: Die »Patene«, oder Hostienteller, für das geweihte Brot zeigt, wie Jesus an seine Jünger zuerst Brot, dann Wein austeilt.

Rechts: Der Sünder kniet im Beichtstuhl. Der Priester, dem er beichtet, kann ihn nicht sehen, so daß er ohne Verlegenheit seine Bekenntnisse ablegen kann.

Unten: Diese Diakone, die ihre Stola diagonal tragen, werden gerade zum Priester geweiht. Sie haben ein Jahr lang als Geistliche in Pfarrgemeinden gearbeitet, doch ehe sie nicht Priester sind, dürfen sie weder das Abendmahl austeilen, noch Gottes Vergebung jenen gewähren, die schwere Sünden bereuen.

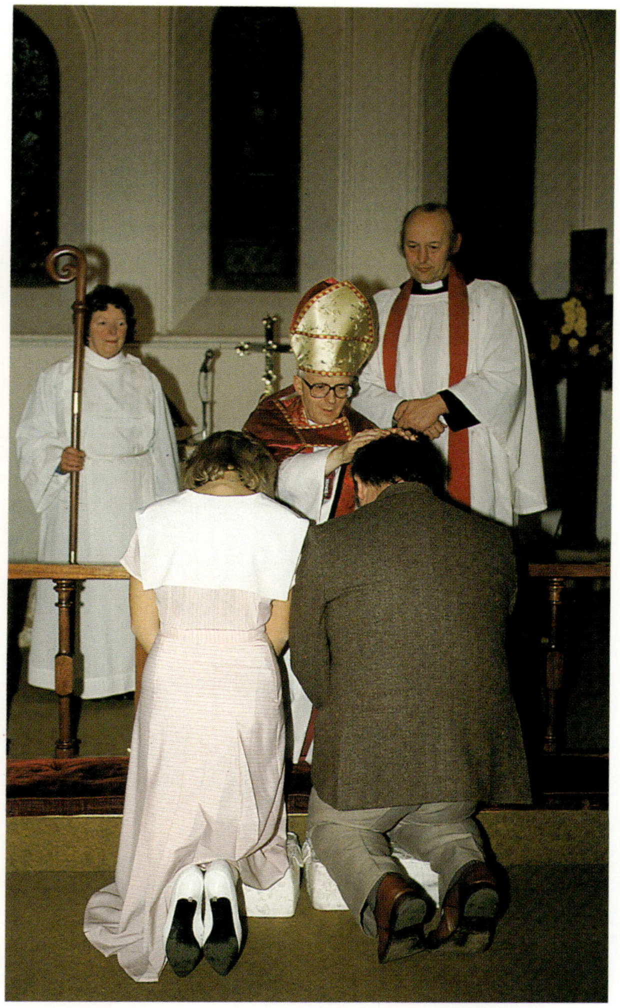

Links: Der Bischof legt einem Kandidaten während des Firmungsgottesdienstes die Hände auf.

Unten links: Eine Hochzeitsfeier in einer griechisch-orthodoxen Kirche.

Unten rechts: Ein Priester hilft einem sterbenden Soldaten auf dem Schlachtfeld, in Frieden mit Gott zu sterben.

Ehe. Die Ehe gilt der Kirche als eine gottgeweihte Institution und als Abbild oder Widerspiegelung der Vereinigung Christi mit der Kirche als seiner Braut. Die Eheschließung ist der Beginn einer Familie, in der nach dem Verständnis der christlichen Lehre die Kirche im kleinen existiert. Die strengen Moralgebote, die von der katholischen Kirche dem ehelichen Zusammenleben auferlegt werden (z. B. die nur unter bestimmten Voraussetzungen erlaubte Empfängnisverhütung), geraten in den Industriegesellschaften des Westens zunehmend unter den Druck des liberalen »Zeitgeistes«, der die kirchlichen Autoritäten in diesen Fragen ablehnt.

Beichte. Nachdem er durch die Taufe grundsätzlich von der Sünde gereinigt worden ist, fällt der Christ doch immer wieder in Sünde. Damit löst er das Vertrauensverhältnis zu Gott und der Gemeinde. Die Praxis, regelmäßig vor einem Priester seine Sünden zu bekennen, wurde im Westen seit der Karolingerzeit eine feststehende Einrichtung. Auf diese Weise konnte der Bußfertige zeigen, daß ihm seine Sünde aufrichtig leid tat, und wenn er die ihm vom Priester auferlegte Buße demütig annahm, pflegte er die Absolution zu erhalten, d.h. die Versicherung, daß Gott ihm vergeben hatte. Die katholische Praxis der sogenannten »Ohrenbeichte« sieht noch heute so aus, wenn sie auch in den USA und anderswo weniger gewissenhaft befolgt wird als in Südeuropa. Die meisten Protestanten halten es mit den Reformatoren des 16. Jahrhunderts, nach denen es genügt, Gott direkt seine Sünden zu bekennen.

Letzte Ölung. Ist jemand schwer erkrankt oder gar dem Tode nahe, dann kann er als Christ die Tröstung der Kirche empfangen. Er empfiehlt seine Seele Gott und bereut seine Sünden, und der Priester erteilt ihm die Absolution und salbt ihn mit geweihtem Öl. Diese in der katholischen Kirche sehr alte Praxis wird in protestantischen Gemeinschaften rein äußerlich nicht immer befolgt, doch finden viele Trost im Gespräch mit einem Geistlichen.

Das Kircheninnere

Die auf diesen Seiten abgebildete Kircheneinrichtung ist typisch für westliche Kirchengebäude in der katholischen Gemeinschaft und für einige anglikanische Kirchen. Viele anglikanische und die meisten protestantischen Kirchen im Westen sind viel einfacher ausgestattet, doch gibt es immer: ein Taufbecken, einen Tisch oder Altar für die hl. Kommunion, eine Predigtkanzel oder -bühne und Lesepult. Hier werden die wichtigsten Handlungen des Gottesdienstes, die Spendung der Sakramente und die Verkündigung des Gotteswortes, vollzogen.

Ein wichtiges Merkmal orthodoxer Kirchen ist die Ikonostase (Bilderwand zwischen Altar- und Kirchenraum). Die Gemeindemitglieder sagen dort Gebete auf und küssen voller Verehrung die Bilder. Heute haben die westlichen Kirchen für gewöhnlich Sitzplätze. Früher war es üblich, daß die Gemeinde stand und sogar während des Gottesdienstes umherging. In den östlichen Kirchen ist es immer noch der Brauch, daß die Gemeinde während des ganzen Gottesdienstes steht.

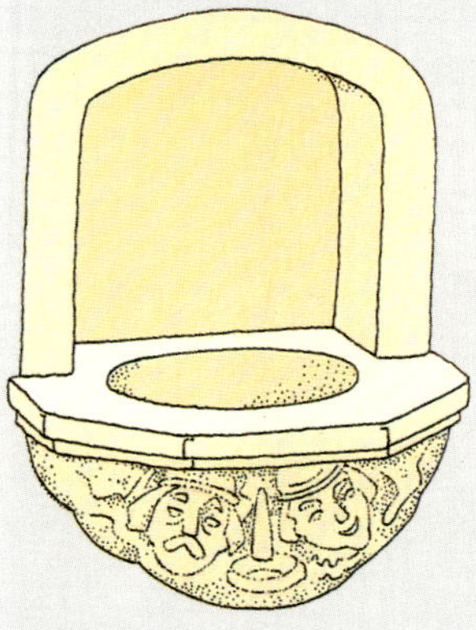

Oben: Das Weihwasserbecken ist ein kleines Bassin nächst der Kirchentür für geweihtes Wasser. Die Eintretenden besprengen sich damit, was vielleicht die Fortführung einer Tradition aus dem alten Rom darstellt. Dort befand sich nämlich in der Eingangshalle, dem *atrium* der Basilika, ein Brunnen, so daß die Hereinkommenden sich waschen konnten. Der Vorgang symbolisiert die Reinigung des Menschen von allem Weltlichen, um gleichsam erneuert vor Gott zu treten.

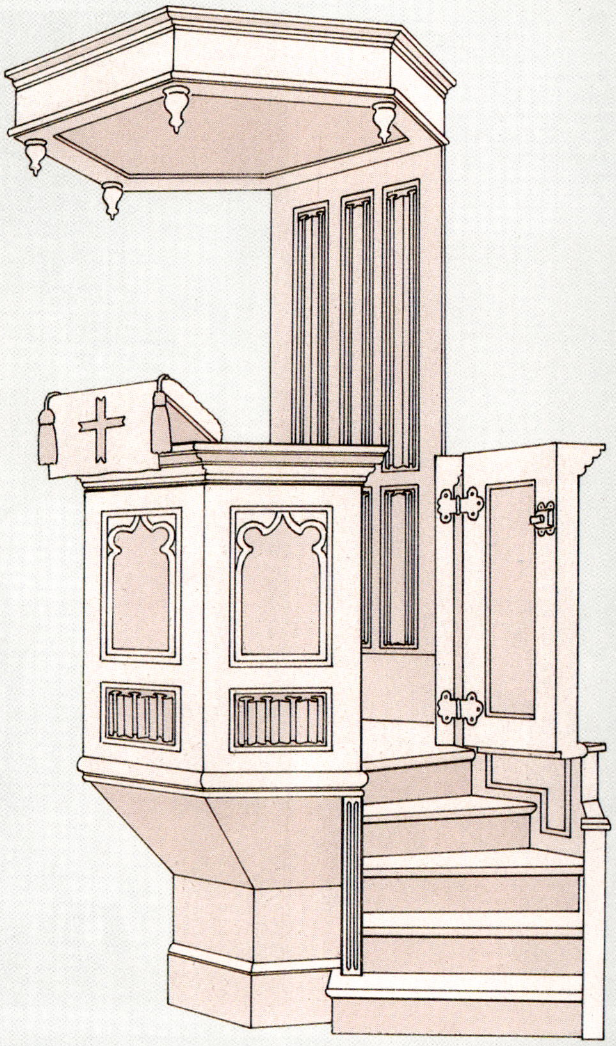

Oben: Die Kanzel ist ein erhöht errichteter Aufbau für den Prediger. In frühchristlicher Zeit hielt der Bischof seine Predigten gewöhnlich von seinem Bischofssitz, der *cathedra,* aus. Die Kanzel wurde seit dem Mittelalter üblich.

Oben: Die *piscina,* eine Nische in der südlichen Chorwand neben dem Altar ist mittelalterlichen Ursprungs. Eine Vertiefung nimmt das Wasser auf, wenn der Priester nach dem Abendmahl sich die Hände und die Gefäße wäscht, in denen sich Brot und Wein befunden hatten.

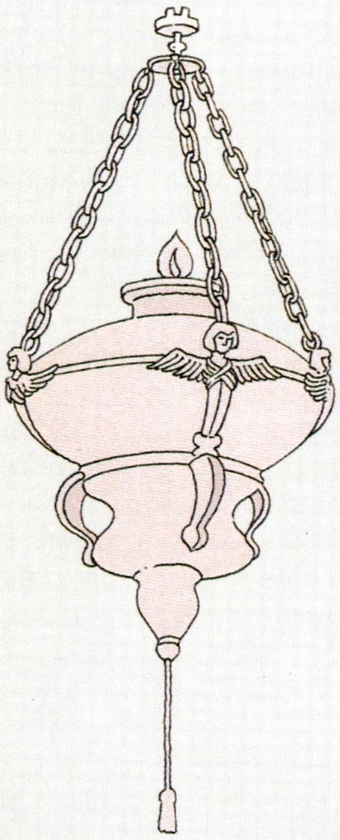

Links: Das Armarium ist ein eingebauter Wandschrank für die Gefäße, die für das Abendmahl gebraucht werden, aber auch Reliquien oder Bücher sind darin untergebracht. In manchen anglikanischen Kirchen werden das geweihte Brot und der Wein hier aufbewahrt oder »zurückgelegt«, die für die Kranken bestimmt sind, die nicht zum Abendmahl kommen können. Die Armarium-Lampe leuchtet, um die göttliche Präsenz im Kirchenraum symbolisch anzuzeigen.

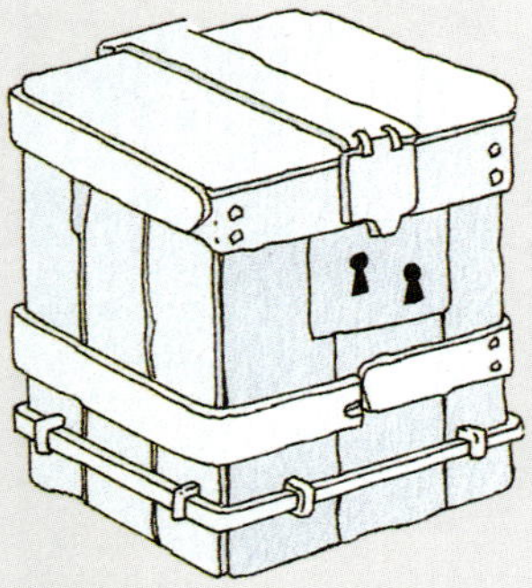

Oben: Die Almosen- oder Opferbüchse ist zur Aufnahme von Spenden für die Armen bestimmt oder (so vielfach heute) für den Erhalt des Kirchengebäudes: ein äußeres Zeichen kirchentreuer Gesinnung.

Rechts: Dieser Altar besitzt eine Rückwand, das sogenannte Retabel. Ein solcher Altarhintergrund kann mit Bildern oder christlichen Symbolen versehen sein, er kommt auch als faltenreicher oder glatter Stoffbehang vor. Besonders kostbare Beispiele finden sich in der Kathedrale von Burgos in Spanien und (aus Goldemail und Edelsteinen) in der Markuskirche in Venedig (Pala d'Oro). An die Altarschranken (Cancelli) vor dem Altar tritt die Gemeinde und kniet zum Empfang des Abendmahls nieder.

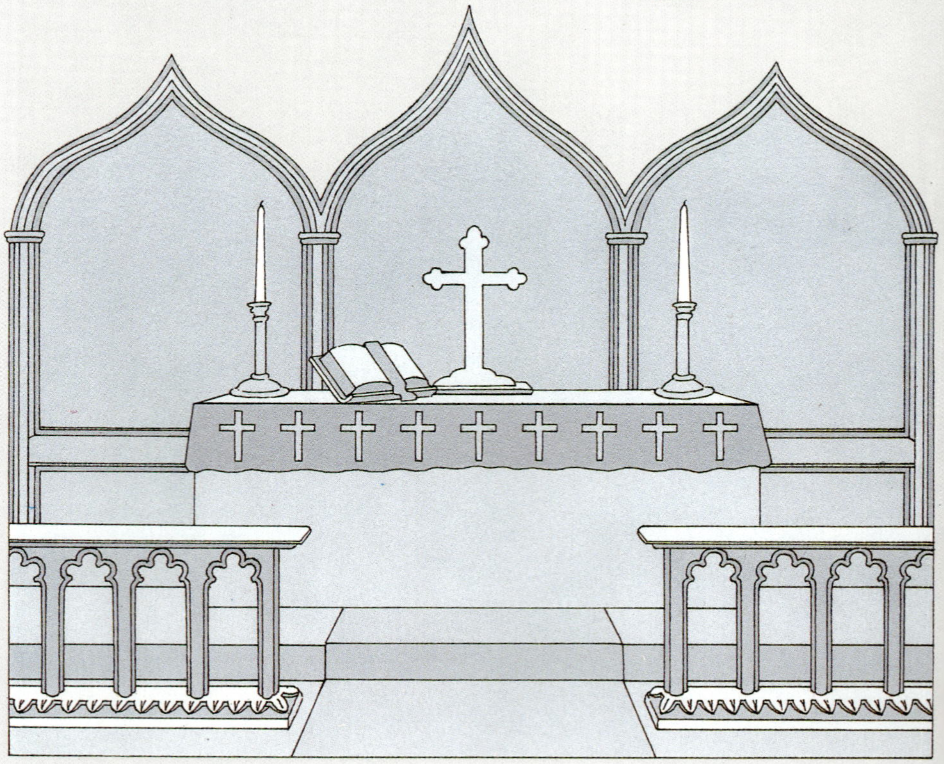

Unten: Als Kathedrale wird eine Kirche bezeichnet, die Sitz oder *cathedra* eines Diözesanbischofs ist. Sie ist gewöhnlich größer und reicher als eine lokale Pfarrkirche. Der Grundriß dieser westlichen Kathedrale hat die Form eines Kreuzes. Das Schiff nimmt die Länge des Gebäudes ein (wahrscheinlich von »navis«, dem lateinischen Wort für Schiff – die Kirche ist damit als das Gefäß symbolisiert, in dem die Seele geschützt vor den Unbilden der Welt schwimmt). Das Querschiff oder Transept bildet gleichsam den Querbalken des gedachten Kreuzes. Über die Jahrhunderte sind vielfach andere Teile angefügt worden: beispielsweise ein Kreuzgang, in dem Mönche oder Geistliche umherwandeln konnten, oder eine Marienkapelle zu Ehren der Heiligen Jungfrau.

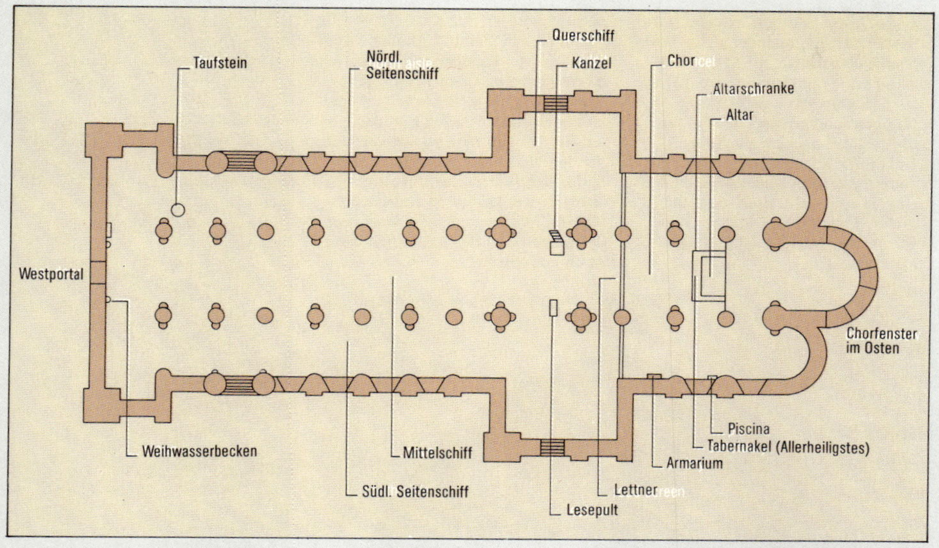

Unten: Das Lesepult, oft getragen von einem Adler, dem Symbol des Evangelisten Johannes, dient als Auflage für die Bibel, wenn während des Gottesdienstes daraus vorgelesen wird. Traditionell finden zur Frühmette und zum Abendgottesdienst Lesungen aus dem Alten und Neuen Testament statt, während des Heiligen Abendmahls wird aus den Briefen und einem Evangelium gelesen.

Rechts: Der Taufstein – in ihm befindet sich das Wasser für die Taufe – ist manchmal überdeckt, um das Wasser rein zu halten. In der frühen Kirche erfolgte die Taufe gewöhnlich durch völliges Untertauchen, somit war das Taufbecken ein großes Bassin, in dem der Täufling stehen konnte. Für die Kindertaufe, seit dem 4. Jahrhundert im Westen die allgemein übliche Praxis, war ein kleineres, höher gesetztes Becken geeigneter.

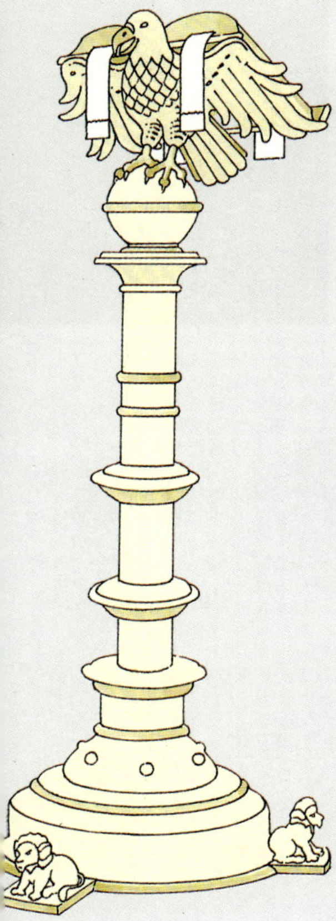

Oben: Der Lettner ist vor den Bereich gezogen, in dem der Chor sitzt, und trennt ihn vom Hauptraum der Kirche, wo sich die Gemeinde versammelt. Der Lettner erhielt seinen Namen von lateinisch bzw. mittellateinisch *lectorium* oder Lesepult, weil hier von einem solchen die Evangelien vorgelesen wurden. Später wurde die ganze, oftmals reich geschmückte Anlage danach benannt.

Die äußere Gestalt der Kirche

Die Architektur der christlichen Kirchen hat verschiedene Formen angenommen. Die frühesten Kirchen waren einfach Wohnhäuser. Als größere Gebäude gebraucht wurden, übernahm man manchmal heidnische Tempel, und der Stil auch einiger neuerbauter Kirchen des römischen Reiches spiegelt dieses architektonische Erbe wider. Im Osten hat es immer die Tendenz gegeben, die Ausschmükkung auf das Kircheninnere zu beschränken. In westlichen Kirchen bilden Haupt- und Querschiff im Grundriß das Zeichen des Kreuzes, und es gibt außen wie innen Verzierungen. In alten Kirchen finden sich oft in einem einzigen Gebäude mehrere Architekturstile – Romanik, Gotik, Renaissance, Barock – nebeneinander. Die Kirchenarchitektur will Gott verherrlichen, und in diesem Bemühen hat sie manchmal ein Höchstmaß an Phantasie aufgeboten und in Zeiten, da die meisten Menschen in Armut und auf engem Raum lebten, gewaltige und prunkvolle Kirchenbauten geschaffen; andererseits hat der Kirchenbau auch bedeutende Beispiele der architektonischen Moderne hervorgebracht. Doch gibt es, wie man hier sieht, auch kleine Gotteshäuser von anspruchsloser Einfachheit.

Unten: Diese Eskimo-Kirche im Nordwesten Kanadas folgt der »Iglu«-Form der lokalen Tradition. Das Gebäude verrät seine Funktion durch das Kreuz am Scheitelpunkt und die Statue der Heiligen Jungfrau über der Tür, im übrigen aber paßt es sein Äußeres einer Form an, die den Unbilden der vorherrschenden klimatischen Bedingungen entspricht. Römisch-katholische Missionen sind in dem Gebiet seit der Mitte des 19. Jahrhunderts aktiv gewesen.

Rechts: Eine winzige Kirche in den Dolomiten in Südtirol. Ähnlich kleine Kirchen oder Kapellen wurden in abgelegenen und gebirgigen Gegenden entlang der größeren Pilgerwege in verschiedenen Teilen Europas erbaut. Weit entfernt von den bedeutenden Wallfahrtszentren mit ihren großartigen Kirchen und Hospizen gelegen, wurden solche einfachen Gebäude von wohltätigen Laien oder Klerikern als Zuflucht für erschöpfte Reisende gestiftet.

Links: Der große Dom von Siena mit seiner Kuppel und der bandartigen Dekoration aus schwarzem, weißem oder rotem Marmor spiegelt gleichermaßen die Extravaganz und das Bedürfnis, bis an die Grenze des technisch Machbaren zu gehen, die für die hochmittelalterlichen Kirchenbauten charakteristisch sind. Nach romanischen Plänen 1196 begonnen, wurde der Bau bald abgeändert, um dem neuen gotischen Stil zu entsprechen. Im 14. Jahrhundert gab es Pläne und Entwürfe für eine weiträumige neue Kathedrale südlich der Kuppel, wobei das bestehende Schiff als Transept (Querschiff) dienen sollte. Doch die Pest von 1348, der wirtschaftliche Niedergang und politische Unsicherheit zwangen die Sieneser, das Projekt aufzugeben und statt dessen die gegenwärtige, bescheidenere Kirche zu vollenden. Das Dach im Vordergrund deckt die vorhandenen Bogen des aufgegebenen Kathedralbaus.

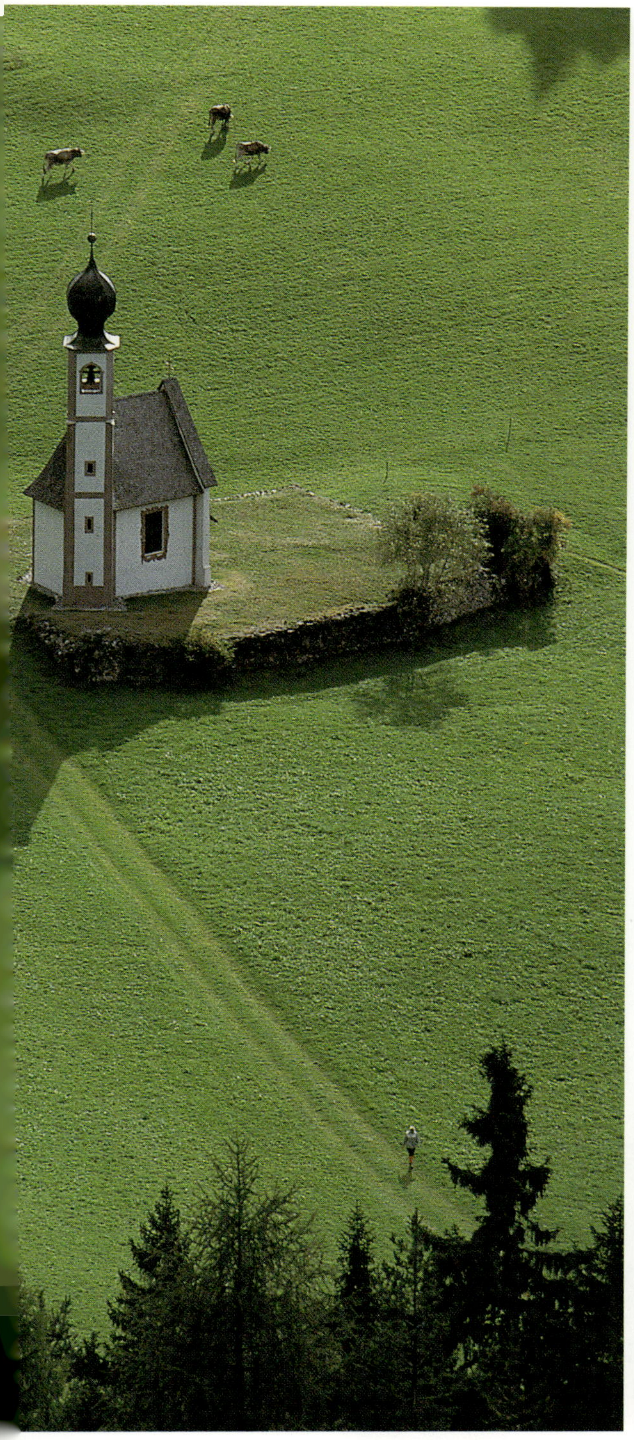

Oben rechts: Diese amerikanische »Glas«-Kirche in Los Angeles versucht, mit modernen Mitteln das mittelalterliche Konzept der hoch zum Himmel aufsteigenden Architektur zu verwirklichen.

Rechts: Russisch-orthodoxe Kathedrale in Kiew mit ihren für diese Gegenden charakteristischen Zwiebelkuppeln.

Außen rechts: Eine moderne Wallfahrtskirche in funktioneller Architektur in Deutschland; sie kann wie die Pilgerzentren des Mittelalters eine enorme Zahl von Gläubigen aufnehmen. Die Gestaltung spiegelt ihre Funktion wider.

Kirchenmusik

Oben: Musikinstrumente waren in den frühchristlichen Gottesdiensten verboten, doch wurde im Mittelalter die Orgel akzeptiert und in jeder Kirche, die sie sich leisten konnte, benutzt. Der *Rutland-Psalter* aus dem 13. Jahrhundert zeigt, wie David sie spielt, während ein Gehilfe die Bälge mit seinen Füßen bearbeitet. Über der Orgel ist für besondere Gelegenheiten ein Satz abgestimmter Glocken angebracht, und auf der linken Seite spielt ein anderer Musikant die Symphonia (Drehleier), die wohl in Kirchen verwendet wurde, die sich keine Orgel leisten konnten.

Rechts: In einer Handschrift des *Spiegels des Lebens Christi* aus dem 15. Jahrhundert sehen wir eine Corpus-Christi-Prozession außerhalb einer kleinen Kirche. Ein Priester trägt das geweihte Sakrament, während andere Geistliche voranwandeln, die Gemeinde folgt dahinter. Vielleicht singen sie die Hymne *Pange lingua,* die speziell für das Fest des heiligen Thomas von Aquin komponiert wurde.

Oben: Im Gegensatz zu den kleinen Dorfprozessionen (oben links) sehen wir hier ein Ereignis in Venedig, Gentile Bellinis *Prozession auf der Piazza S. Marco* (1496). Der Reliquienschrein des Kreuzes wird im Vordergrund getragen, voran gehen Sänger der Markuskirche zusammen mit Musikanten, die Harfe, Rebec und Laute spielen. Rechts im Bild ist eine Gruppe mit Trompeten, Posaunen und Schalmeien zu sehen, alles klangvolle Instrumente, die den Gesang der Gemeinde unterstützen, im Gegensatz zu der leiseren Gruppe, die mit dem speziellen Chor zusammenspielt.

Die früheste Kirchenmusik waren Kirchenlieder und Psalmengesänge. Allmählich kamen dann Vertonungen von Teilen der Messe und des Gottesdienstes hinzu, sobald diese sich herausbildeten. Dabei handelte es sich um einstimmigen Choralgesang, den gregorianischen Gesang, benannt nach Papst Gregor I., unter dessen Pontifikat (590–604) die Messe mit ihren einzelnen Teilen Gestalt annahm. Andere Liturgien, z.B. die von Byzanz, hielten an ihren eigenen musikalischen Traditionen fest.

Der polyphone oder mehrstimmige Gesang bildete sich seit dem 9. Jahrhundert heraus. Um 1450 wurde er durch die Baßstimme angereichert. Schließlich wurde er so komplex, daß Martin Luther für seine Kirchenmusik – die Choräle – einfache Melodien wählte, die von der ganzen Gemeinde gesungen werden konnten.

Bei der Vielfalt von Religionsgemeinschaften, die es seitdem gibt, können wir nur auf einige wenige Marksteine in der kirchenmusikalischen Landschaft verweisen, so auf die Bearbeitung der lutherischen Choräle durch Praetorius, Schütz, Bach, Brahms und Reger, der Hymnen der Kirche von England durch Purcell, Händel, Parry und Stanford sowie auf die Messen von Palestrina und Monteverdi sowie von den drei großen Klassikern Haydn, Mozart und Beethoven.

Die Kirchenmusik von heute ist sehr vielfältig, doch ist die Tendenz hin zu einer Musik volkstümlichen Stils sehr ausgeprägt. Indessen verwenden zahlreiche Kirchen unterschiedlicher Konfessionen Musik aller Perioden in ihrer Liturgie und ermutigen darüber hinaus zur Komposition großartiger neuer Werke zur Ehre Gottes.

Links: Eine Darbietung, wie sie in San Marco oft stattfand, war das polychorale Singen und Musizieren, wobei verschiedene Gruppen in separaten Galerien wirkten. Dieser Stil fand auch in Deutschland Verbreitung und wird hier auf der Titelseite des *Theatrum Instrumentorium* von Michael Praetorius gezeigt. Er hatte es bereits in einem seiner *Musae Sioniae* von 1606/07 verwendet. Es gibt drei »Chöre«, jeder von einem Dirigenten geleitet, und der auf der linken Seite singt deutlich gleichzeitig mit dem Chor rechts. Jede Gruppe hat eine Orgel, die zur Linken wird von Streichinstrumenten begleitet, die auf der Rechten von Blechblasinstrumenten und die unten von Posaunen, während ein Mann daneben eine sehr große Rohrflöte hält.

Links: Eine für das 19. Jahrhundert typische englische Kirchenkapelle wird auf diesem Gemälde, *Ein Dorfchor* von Thomas Webster, dargestellt, der selbst Chorist in der Königlichen Kapelle war. Er zeigt uns zumeist ältere Sänger mit dem Chorleiter in der Mitte. Anstelle der fehlenden Orgel spielen Musikanten Klarinette, Fagott und Cello. Solche Instrumente können in Kirchen auf dem Land noch heute gefunden werden, als Reminszenz an die Vergangenheit. Doch ist es schade, daß Webster in seine Kapelle nicht den Serpent, das hölzerne, mit Leder verkleidete Horninstrument aufgenommen hat, das über drei Jahrhunderte größtenteils in der Kirchenmusik verwendet wurde.

Oben: Im Gegensatz zu Websters Gemälde steht das Foto der beiden Mädchen, die am Altar der katholischen Kirche von Stapleton/Nebraska singen. Sie begleiten sich auf Gitarren. Wenn sie in dieser Weise für Andachtsmusik eingesetzt wird, bereichert die Gitarre die Liturgie, wird sie aber so gespielt, daß sie zu sehr an die säkulare Welt erinnert, kann sie in einer Pfarrgemeinde manchmal auch Spannungen erzeugen.

Der christliche Kalender

Dieser Kalender für das Jahr 2000 zeigt die wichtigen Feste und Festkreise des Kirchenjahres, so wie sie allgemein begangen werden. Der Aufbau des Kirchenjahres erklärt sich aus seinen Ursprüngen. In die ersichtlich chaotische Aufeinanderfolge der Alltagserfahrungen bringt der Kalender Ordnung und Sinn dadurch, daß bestimmte Zeiten herausgehoben werden. Die Wiederkehr der Jahreszeiten, das Sonnenjahr von 365¼ Tagen und der Mondzyklus von 29½ Tagen bilden den natürlichen Rahmen. Der alte römische Kalender basierte auf dem Sonnenjahr mit dem 1. Januar als Neujahrstag. Der Kalender des Alten Testaments richtete sich nach dem Mond, der erste Monat (Nisan) fiel in den Frühling. Da die zwölf Mondmonate gegenüber den 365 Tagen des Sonnenjahres um etwa elf Tage zurückbleiben, mußte alle zwei oder drei Jahre ein dreizehnter Monat angehängt werden. Beim römischen Kalender mußte dem Februar in jedem »Schalt«jahr (alle vier Jahre) ein Tag hinzugefügt werden.

Der christliche Kalender kombinierte das Sonnenjahr mit festen Zeitpunkten mit den (beweglichen) Mondfesten. Er nimmt seinen Ausgang vom Bericht der Evangelien: Jesus wurde am Freitag (dem »Rüsttag«) gekreuzigt und erstand am Sonntag (im Neuen Testament »der erste Tag der Woche« oder »Tag des Herrn« genannt) aus dem Grabe auf. Die wöchentliche Feier der Eucharistie ist zunächst ein Gedenken an die Auferstehung als Schlüssel zur Deutung der Leidensgeschichte und des Erlösungswerks Christi. Das Bestehen der Christen auf dem Sonntag, der im 4. Jahrhundert einige der Ruhetagsaspekte des (am Samstag begangenen) jüdischen Sabbats übernehmen sollte, machte die Woche, eine der griechisch-römischen Gesellschaft unbekannte Zeiteinheit, zur geläufigen zeitlichen Periode in der Welt des Mittelmeerraums. Diese Tendenz wurde verstärkt durch Berechnungen der Astrologie, wonach jeder Wochentag von einem Gestirn oder Planeten beherrscht wurde in der Reihenfolge: Sonne, Mond, Mars, Merkur, Jupiter, Venus, Saturn. Der Kampf der Kirche gegen die Planetennamen war nur teilweise erfolgreich, die Engländer und Deutschen hingen ihnen weiterhin an.

Jesus starb am Passahfest oder am Tag danach. »Christus, unser Opferlamm, ist für uns aufgeopfert worden«, sagte der hl. Paulus. So wird der Passion ebenso jährlich wie wöchentlich gedacht. Nach langen Diskussionen wurde die Feier nicht auf das jüdische Passahfest, sondern auf einen Sonntag eine Woche oder bis zu einer Woche nach dem ersten Vollmond nach der Frühlings-Tagundnachtgleiche (21. März) gelegt. Dieses dehnbare Prinzip forderte die Astronomen dazu heraus, Sonnen- und Mondjahr miteinander zu versöhnen. Zahlreiche christliche Kalenderberechner erstellten Tabellen, denen unterschiedliche Zyklen zugrunde lagen. Wenige Bischöfe verstanden, nach welchen Prinzipien die Berechnung vorgenommen wurde, doch dienten unterschiedliche Berechnungen zuweilen als Waffe in Auseinandersetzungen über andere Themen, z. B. im Streit zwischen dem griechischen Osten und dem lateinischen Westen über die Jurisdiktionsbefugnisse oder bestimmte Abweichungen. In der

Januar		Februar		März		April		Mai		J…	
1	Gottesmutter Maria	1		1		1		1	Josef der Arbeiter	1	*Christi …*
2		2	Darstellung des Herrn	2		2	4. Fastensonntag	2		2	
3		3		3		3		3	**Kreuzauffindung**	3	
4		4		4		4		4		4	
5		5		5		5		5		5	
6	Erscheinung des Herrn	6		6		6		6		6	
7		7		7		7		7		7	
8		8		8	*Aschermittwoch*	8		8		8	
9	Taufe d. Herrn	9		9		9	5. Fastensonntag	9		9	
10		10		10		10		10		10	
11		11		11		11		11		11	*PFING…*
12		12		12	1. Fastensonntag	12		12		12	
13		13		13		13		13		13	
14		14		14		14		14		14	
15		15		15		15		15		15	
16		16		16		16	*Palmsonntag*	16		16	
17		17		17		17		17		17	
18		18		18		18		18		18	Dreifal… sonnta…
19		19		19	2. Fastensonntag	19		19		19	
20		20	*Sonntag Septuagesima*	20		20	*Gründonnerstag*	20		20	
21		21		21		21	*Karfreitag*	21		21	
22		22		22		22	*Karsamstag*	22		22	*Fronle…*
23		23		23		23	*OSTERSONNTAG*	23		23	
24		24	Matthias	24		24		24		24	**Johann… der Tä…**
25	**Bekehrung des hl. Paulus**	25		25	**Mariä Verkündigung**	25	Markus	25		25	
26		26		26	3. Fastensonntag	26		26		26	
27		27		27		27		27		27	
28		28		28		28		28		28	
29		29		29		29		29		29	**Peter …**
30				30		30	*Orthodoxes Osterfest*	30		30	Heilig… Herz …
31				31				31			

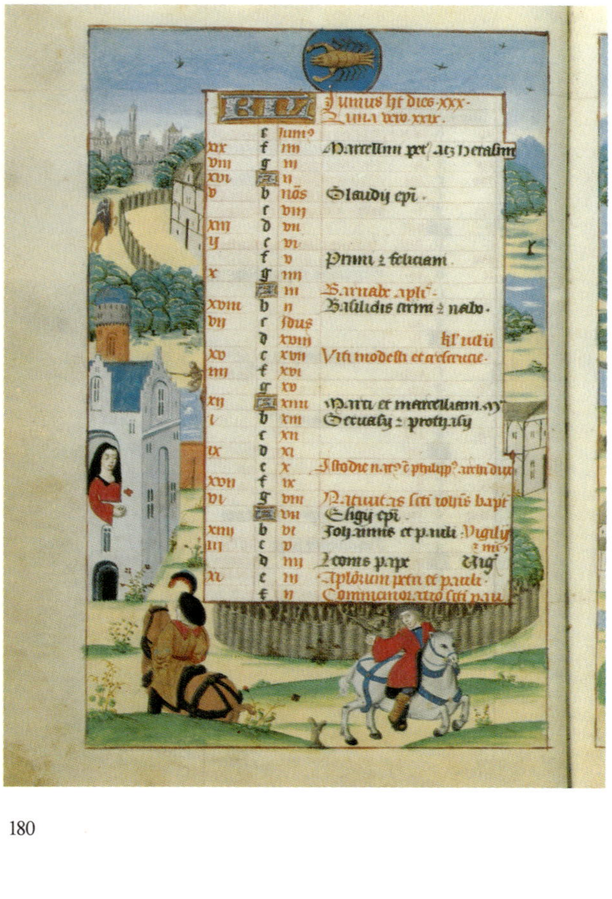

Links: Ein mittelalterlicher Kalender für den Monat Juni aus dem Stundenbuch des Nicolas von Firmian, wahrscheinlich um 1500 in Flandern entstanden. Die in roten Buchstaben angegebenen Tage bezeichnen die Festtage der Lokalheiligen.

Rechts: Eine Prozession mit Palmwedeln auf dem Weg zum Petersplatz in Rom am Palmsonntag.

Juli		August		September		Oktober		November		Dezember
	1		1		1		1	Allerheiligen	1	
ichung	2		2		2		2	Allerseelen	2	
s	3		3		3		3		3	*Erster Adventssonntag*
	4		4		4	Franz von Assisi	4		4	
	5		5		5		5		5	
	6	Fest der Verklärung	6		6		6		6	
	7		7		7		7		7	
	8		8	Mariä Geburt	8		8		8	Mariä Empfängnis
	9		9		9		9		9	
	10		10		10		10		10	2. Adventssonntag
t	11		11		11		11		11	
	12		12	Mariä Namen	12		12		12	
	13		13		13		13		13	
	14		14	Fest der Kreuzeserhöhung	14		14		14	
	15	Mariä Himmelfahrt	15	Maria Schmerzen	15		15		15	
	16		16		16		16		16	
	17		17		17		17		17	3. Adventssonntag
	18		18		18	Lukas	18		18	
	19		19		19		19		19	
	20		20		20		20		20	
	21		21	Matthäus	21		21		21	
	22	Maria Königin	22		22		22		22	
	23		23		23		23		23	
	24	Bartholomäustag	24		24		24		24	4. Adventssonntag
	25		25		25		25		25	WEIHNACHTEN
	26		26		26		26	Christkönigs-sonntag	26	Stefanus
	27		27		27		27		27	Johannes der Evangelist
	28		28		28	Simon und Judas	28		28	
	29		29	Michaelitag	29		29		29	
	30		30		30		30		30	
	31				31				31	Fest der Hl. Familie

Christlicher Kalender des Jahres 2000

Bewegliche Festzeiten und Feiertage:
- Advent
- Fastenzeit
- Ostern

OSTERSONNTAG

PALMSONNTAG

Feststehende Festzeiten und Feiertage:
- WEIHNACHTEN

EPIPHANIE ODER EPIPHANIAS (6. Januar)

Hl. Lukas (18. Oktober)

Ostertabelle von Dionysius Exiguus (525 n. Chr.), einem Mönch aus dem Donaudelta, der in Rom lebte, wurde erstmals die Zeit von Christi Geburt an gerechnet. So entstand unsere christliche Zeitrechnung. Andere Kalenderiographen hegten bald Zweifel, ob Dionysius Exiguus den Zeitpunkt der Menschwerdung Christi richtig errechnet hatte (ein Disput, der immer noch andauert), doch nahm ihn der hl. Beda Venerabilis in Schutz und verhalf ihm so zum Erfolg. Beda wollte alle britischen Gemeinden dazu bringen, Ostern am römischen Datum zu begehen.

Vom Osterdatum hingen andere bewegliche Feste ab: Pfingsten 50 Tage später, Christi Himmelfahrt zehn Tage davor, die auf Ostern vorbereitende Fastenzeit, zuerst die mit Palmsonntag beginnenden sieben Tage der Karwoche, dann 40 Tage, während derer der Bischof Taufkandidaten und Bußfertige, die am Gründonnerstag wieder zur Kommunion hinzutreten wollten, katechisierte. Getauft wurde in der frühen Kirche am Vorabend von Ostern oder Pfingsten. Der biblische Begriff des von 6 Uhr abends bis zum nächsten Abend dauernden Tages (*Genesis* 1;5) wurde aus der jüdischen Praxis her beibehalten.

Die frommen Juden fasteten zweimal in der Woche (am Montag und am Donnerstag: *Lukas* 18;12), die Christen am Mittwoch, dem Tag, an dem Jesus verraten wurde, und am Freitag, dem Tag seiner Kreuzigung, doch fiel das Mittwochsfasten später weg. Im Westen wurden an diesen Tagen aber weiterhin Litaneien in der Prozession gesungen. Abstinenz und Gebet wurden (allerdings nur im Westen) auch in der Adventszeit zur Norm.

Die Geburt Christi wurde im Westen um etwa 300 am 25. Dezember, zur Wintersonnenwende, gefeiert. Im Osten wurde der 6. Januar nicht nur als Fest der Taufe Christi, sondern auch als das seiner Menschwerdung begangen. Im 4. Jahrhundert übernahm der Westen dieses Fest und behielt dessen griechischen Namen »Epiphanie« (Erscheinung des Herrn) bei. Es wurde in Verbindung gebracht mit den drei Weisen aus dem Morgenlande, die dem Stern nach Bethlehem folgten. Die Feier von Christi Geburt am 25. Dezember zog ein Fest der Verkündigung am 25. März (vom 5. Jahrhundert an) und der Geburt Johannes des Täufers (*Lukas* 1;35) am 24. Juni nach sich. Damit sollte heidnischen Sonnwendfeiern entgegengewirkt werden.

Als weitere Feste bildeten sich heraus das Fest der Verklärung Christi am 6. August, das Fest der Kreuzaufrichtung am 14. September sowie das Fest Mariä Himmelfahrt am 15. August (das ihren Platz in der Gemeinschaft der Heiligen feiert) und Mariä Empfängnis am 8. Dezember. Es entstanden auch Feste zu Ehren der Apostel (z.B. Peter und Paul am 29. Juni, usw.) und Märtyrer (Stephanus am 26. Dezember), von denen viele regional verehrt werden, wie Stanislaus (11. Jahrhundert) in Polen, Thomas Becket von Canterbury (12. Jahrhundert) in England, Ursula von Köln, Brigitta von Schweden und andere. Bisweilen sind die Heiligen so beliebt geworden, daß die kirchliche Autorität die Feste kontrollieren und ihre Zahl reduzieren mußte, wie dies in der katholischen Kirche 1570 und 1969 geschah. Von den Reformationskirchen behielten nur die von England und die von Schweden Heiligentage bei. Der 25. Dezember wurde von den Puritanern wegen seines heidnischen Ursprungs nicht als Festtag eingehalten.

Die Bischöfe von Rom

Nach der Tradition war der erste Bischof von Rom der Apostel Petrus, der »Felsen«, auf den Christus seine Kirche gründen wollte (*Johannes* 1;35–42). Deshalb und weil die Stadt Rom als die Hauptstadt des Römischen Reiches den natürlichen Mittelpunkt für die christliche Gemeinschaft im Westen bildete, nahm das Bistum Rom immer einen besonderen Platz ein. Das Supremat Roms war in der Christenheit nicht unangefochten. Roms Anspruch auf den Primat wurde im Osten das ganze Mittelalter hindurch bestritten und wird von den orthodoxen Christen auch heute nicht anerkannt. Die Bischöfe von Rom wurden durch politische Umstände dazu gezwungen, einen *modus vivendi* mit den römischen Kaisern zu finden. Kaiser Konstantin und Silvester I. brachten zum erstenmal ein christliches Reich zustande. Karl der Große versuchte, das konstantinische Modell, so wie er es verstand, wiederzubeleben, indem er eine besondere Beziehung zu Papst Hadrian herstellte. Silvester II. (999–1003) wählte seinen Papstnamen, damit er und Kaiser Otto III. dem Jahre 1000, als das Weltende erwartet wurde, als ein zweiter Konstantin und Silvester entgegengehen könnten. Das Weltende trat jedoch nicht ein, und nicht lange nach Sylvesters Tod verlagerte sich das politische Gleichgewicht. Gregor VII. (1073–1085) drängte auf Reformen, die den Papst zur höchsten Gewalt und die weltlichen Herrscher zu seinen Untergebenen machen würden. Der Machtanspruch der Päpste führte im Verlauf des späteren Mittelalters zu schweren Verfallserscheinungen und trug bei zu der Verbitterung, aus der die Reformation erwuchs.

bis ca. 64	Petrus	514–23	Hormisdas	827–44	Gregor IV.		
	Linus	523–26	Johannes I.	844–47	Sergius II.		
	Anaklet	526–30	Felix IV. (III.)	847–55	Leo IV.		
ca. 96	Klemens I.	530–32	Bonifazius II.	855–58	Benedikt III.		
	Evaristus	533–35	Johannes II.	858–67	Nikolaus I.		
	Alexander I.	535–36	Agapet I.	867–72	Hadrian II.		
ca. 117–27	Sixtus I.	536–37	Siverius	872–82	Johannes VIII.		
ca. 127–37	Telesphorus	537–55	Vigilius	882–84	Marinus I.		
ca. 137–40	Hyginus	556–61	Pelagius I.	884–85	Hadrian III.		
ca. 140–54	Pius I.	561–74	Johannes III.	885–91	Stephan V. (VI.)		
ca. 154–66	Anicetus	575–79	Benedikt I.	891–96	Formosus		
ca. 166–75	Soter	579–90	Pelagius II.	896	Bonifazius VI.		
175–89	Eleutherius	590–604	Gregor I.	896–97	Stephan VI. (VII.)		
189–98	Viktor I.	604–06	Sabinianus	897	Romanus		
198–217	Zephyrinus	607	Bonifazius III.	897	Theodor II.		
217–22	Kalixt I.	608–15	Bonifazius IV.	898–900	Johannes IX.		
222–30	Urban I.	615–18	Deusdedit oder	900–03	Benedikt IV.		
230–35	Pontianus		Adeodatus I.	903	Leo V.		
235–36	Anteros	619–25	Bonifazius V.	904–11	Sergius III.		
236–50	Fabianus	625–38	Honorius I.	911–13	Anastasius III.		
251–53	Cornelius	640	Severinus	913–14	Lando		
253–54	Lucius I.	640–42	Johannes IV.	914–28	Johannes X.		
254–57	Stephan I.	642–49	Theodours I.	928	Leo VI.		
257–58	Sixtus II.	649–53	Martin I.	928–31	Stephan VII. (VIII.)		
259–68	Dionysius	654–57	Eugen I.	931–35	Johannes XI.		
269–74	Felix I.	657–72	Vitalianus	936–39	Leo VII.		
275–83	Eutychianus	672–76	Adeodatus II.	939–42	Stephan VIII. (IX.)		
283–96	Cajus	676–78	Donus	942–46	Marinus II.		
296–304	Marcellinus	678–81	Agatho	946–55	Agapet II.		
308–09	Marcellus I.	682–83	Leo II.	955–64	Johannes XII.		
310	Eusebius	684–85	Benedikt II.	963–65	Leo VIII.		
311–14	Miltiades	685–86	Johannes V.	964	Benedikt V.		
314–35	Silvester I.	686–87	Konon	965–72	Johannes XIII.		
336	Markus	687–701	Sergius I.	973–74	Benedikt VI.		
337–52	Julius I.	701–05	Johannes VI.	974–83	Benedikt VII.		
352–66	Liberius	705–07	Johannes VII.	983–84	Johannes XIV.		
366–84	Damasus I.	708	Sisinnius	985–96	Johannes XV.		
348–99	Siricius	708–15	Konstantin	996–99	Gregor V.		
399–401	Anastasius I.	715–31	Gregor II.	999–1003	Silvester II.		
402–17	Innozenz I.	731–41	Gregor III.	1003	Johannes XVII.		
417–18	Zosimus	741–52	Zacharias	1004–09	Johannes XVIII.		
418–22	Bonifazius I.	752	Stephan II.	1009–12	Sergius IV.		
422–32	Cölestin I.	752–57	Stephan II. (III.)	1012–24	Benedikt VIII.		
432–40	Sixtus III.	757–67	Paul I.	1024–32	Johannes XIX.		
440–61	Leo I.	768–72	Stephan III. (IV.)	1032–44	Benedikt IX.		
461–68	Hilarus	772–95	Hadrian I.	1045	Silvester III.		
468–83	Simplicius	795–816	Leo III.	1045	Benedikt IX.		
483–92	Felix III. (II.)	816–17	Stephan IV. (V.)	1045–46	Gregor VI.		
492–96	Gelasius I.	817–24	Paschalis I.	1046–47	Clemens II.		
496–98	Anastasius II.	824–27	Eugen II.	1047–48	Benedikt IX.		
498–514	Symmachus	827	Valentin	1048	Damasus II.		

1048–54	Leo IX.
1055–57	Viktor II.
1057–58	Stephan X.
1059–61	Nikolaus II.
1061–73	Alexander II.
1073–85	Gregor VII.
1086–87	Viktor III.
1088–99	Urban II.
1099–1118	Paschalis II.
1118–19	Gelasius II.
1119–24	Kalixt II.
1124–30	Honorius II.
1130–43	Innozenz II.
1143–44	Cölestin II.
1144–45	Lucius II.
1145–53	Eugen III.
1153–54	Anastasius IV.
1154–59	Hadrian IV.
1159–81	Alexander III.
1181–85	Lucius III.
1185–87	Urban III.
1187	Gregor VIII.
1187–91	Clemens III.
1191–98	Cölestin III.
1198–1216	Innozenz III.
1216–27	Honorius III.
1227–41	Gregor IX.
1241	Cölestin IV.
1243–54	Innozenz IV.
1254–61	Alexander IV.
1261–64	Urban IV.
1265–68	Clemens IV.
1271–76	Gregor X.
1276	Innozenz V.
1276	Hadrian V.
1276–77	Johannes XXI.
1277–80	Nikolaus III.
1281–85	Martin IV.
1285–87	Honorius IV.
1288–92	Nikolaus IV.
1294	Cölestin V.
1294–1303	Bonifaz VIII.
1303–04	Benedikt XI.
1305–14	Clemens V.
1316–34	Johannes XXII.
1334–42	Benedikt XII.
1342–52	Klemens VI.
1352–62	Innozenz VI.
1362–70	Urban V.
1370–78	Gregor XI.
1378–89	Urban VI.
1389–1404	Bonifaz IX.
1404–06	Innozenz VII.
1406–15	Gregor XII.
1417–31	Martin V.
1431–47	Eugen IV.
1447–55	Nikolaus V.
1455–58	Kalixt III.
1458–64	Pius II.
1464–71	Paul II.
1471–84	Sixtus IV.
1484–92	Innozenz VIII.
1492–1503	Alexander VI.
1503	Pius III.
1503–13	Julius II.
1513–21	Leo X.
1522–23	Hadrian VI.
1523–34	Klemens VII.
1534–49	Paul III.
1550–55	Julius III.
1555	Marcellus II.
1555–59	Paul IV.
1559–65	Pius IV.
1566–72	Pius V.
1572–85	Gregor XIII.
1585–90	Sixtus V.
1590	Urban VII.
1590–91	Gregor XIV.
1591	Innozenz IX.
1592–1605	Klemens VIII.
1605	Leo XI.
1605–21	Paul V.
1621–23	Gregor XV.
1623–44	Urban VIII.
1644–55	Innozenz X.
1655–67	Alexander VII.
1667–69	Klemens IX.
1670–76	Klemens X.
1676–89	Innozenz XI.
1689–91	Alexander VIII.
1691–1700	Innozenz XII.
1700–21	Klemens XI.
1721–24	Innozenz XIII.
1724–30	Benedikt XIII.
1730–40	Klemens XII.
1740–58	Benedikt XIV.
1758–69	Klemens XIII.
1769–74	Klemens XIV.
1775–99	Pius VI.
1800–23	Pius VII.
1823–29	Leo XII.
1829–30	Pius VIII.
1831–46	Gregor XVI.
1846–78	Pius IX.
1878–1903	Leo XIII.
1903–14	Pius X.
1914–22	Benedikt XV.
1922–39	Pius XI.
1939–58	Pius XII.
1958–63	Johannes XXIII.
1963–78	Paul VI.
1978	Johannes Paul I.
1978	Johannes Paul II.

Gegenpäpste

217–ca.235	Hippolytus
251	Novatian
355–65	Felix II.
366–67	Ursinus
418–19	Eulalius
498, 501–05	Laurentius
530	Dioskur
687	Theodor
687	Paschalis
767–69	Konstantin
768	Philipp
844	Johannes
855	Anastasius
903–04	Christopherus
974, 984–85	Bonifaz VII.
997–98	Johannes XVI.
1012	Gregor
1058–59	Benedikt X.
1061–72	Honorius II.
1080, 1084–1100	Klemens III.
1100–02	Theoderich
1102	Albert
1105–11	Silvester IV.
1118–21	Gregor VIII.
1124	Cölestin II.
1130–38	Anaklet II.
1138, 1159–64	Viktor IV.
1164–68	Paschalis III.
1168–78	Kalixt III.
1179–80	Innozenz III.
1328–30	Nikolaus V.
1378–94	Klemens VII.
1394–1423	Benedikt XIII.
1409–10	Alexander V.
1410–15	Johannes XXIII.
1423–29	Klemens VIII.
1425–30	Benedikt XIV.
1439–49	Felix V.

Ganz unten: Julius II. (1503–1513) war ein Neffe von Sixtus IV., der ihn zum Kardinal erhob und ihm diplomatische Missionen anvertraute. Er war an den politischen Aktivitäten um die Wahl von Innozenz VIII. beteiligt und floh, als sein Feind Rodrigo Borgia als Papst Alexander VI. gewählt wurde. Nach seiner Rückkehr nach Rom 1503 wurde er selbst Papst. Er war in einer Zeit, da Rom von Korruptionsaffairen zerrüttet war, in erster Linie ein militärischer und politischer Führer, gleichzeitig aber auch ein bedeutender Förderer der Renaissancekunst.

Unten: Johannes XXIII. (1958–1963) war ein überaus populärer Papst, dessen Leben von tiefer Frömmigkeit und Integrität geprägt war.

Außen links: Petrus, traditionsgemäß der erste Bischof von Rom. Eine Darstellung des 6. oder 7. Jahrhunderts aus den Vatikanischen Museen in Rom.

Links: Innozenz III. (Papst von 1198–1216) aus der »Heiligen Höhle« bei Subiaco, der Überlieferung nach der Ort, wo Benedikt von Nursia als Einsiedler lebte. Innozenz, Rechtsgelehrter und Reformer, veranlaßte, daß um diese Höhe ein Kloster gebaut wurde.

Rechts: Pius VII. (1800–1823) war ein politischer Papst, der während der napoleonischen Kriege für den Kirchenstaat verantwortlich war. Er fand dennoch Zeit, Kunst und Gelehrsamkeit zu unterstützen.

Kirche und Krieg

Die Kirche hat sich niemals ganz entscheiden können, wie sie sich zum Krieg verhalten sollte. Schon seit frühester Zeit findet sich das Bild vom »Soldaten Christi«, der für den Glauben kämpft. Dabei muß bedacht werden, daß die meisten Gesellschaften bis zum 20. Jahrhundert kriegerische Gesellschaften waren (und manche sind es heute noch), in denen der Beruf des Soldaten geachtet war, weil dieser nach allgemeiner Überzeugung einen wertvollen Dienst für den Staat leistete. Dennoch schien sich Blutvergießen niemals mit christlichem Denken vertragen zu haben. Der hl. Augustinus suchte einen Unterschied zu machen zwischen dem »gerechten« Krieg, durch den ein durch Invasion verursachter Schaden wiedergutgemacht werden soll, und dem Krieg, der um des Gewinns oder um der Herrschaft willen geführt wird. Zur Zeit der Kreuzzüge wurde die Idee eines heiligen Krieges, der von Gott unterstützt und in seinem Dienste unternommen wurde, im Westen weithin akzeptiert, wenn auch niemals im Osten.

Obwohl mit großem Eifer für antimuslimische Kreuzzüge gepredigt wurde, waren die Argumente der Prediger oft schwach, und die Begeisterung, mit der im Westen zu den Waffen gegriffen wurde, hatte wohl oft mehr mit lokaler Politik zu tun, denn mit religiösem Eifer. In der Renaissance warfen völkerrechtliche Diskussionen erneut die Frage nach dem gerechten Krieg auf. Die moralische Rechtfertigung von Kolonialkriegen, wie sie von spanischen Conquistadores in der Neuen Welt geführt wurden, beschäftigte Gelehrte wie den spanischen Theologen Francisco de Vitoria (1483/93–1546), der die Unterwerfung von Eingeborenenvölkern nicht einfach mit der Ausrottung heidnischen Irrtums durch christliche Wahrheit rechtfertigen wollte.

Viele moderne Christen in den Ländern des Westens sind Pazifisten, die gegen Krieg und für nukleare Abrüstung eintreten. Doch anderswo – z.B. in Nordirland – geht der Krieg zwischen christlichen Gemeinschaften weiter, und Protestanten wie Katholiken sind aufrichtig davon überzeugt, daß sie genauso für Gott wie für Irland kämpfen.

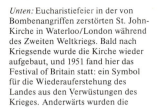

Oben: Georg von Lydda, der kürzlich aus dem Kanon der Heiligen in der römisch-katholischen Kirche entfernt wurde, galt lange Zeit als Soldat Christi, der den Drachen der Sünde (Satan) bekämpft. Hier ist er auf einem äthiopischen Bild dargestellt. Die Urgestalt aller christlichen Krieger ist der heilige Michael, dessen Kampf im Himmel gegen den »großen Drachen« in der Offenbarung beschrieben wird. Weil er an ritterliche Tugenden appelliert, wurde der heilige Georg zum Schutzpatron von England, Portugal und Aragon.

Unten: Eucharistiefeier in der von Bombenangriffen zerstörten St. John-Kirche in Waterloo/London während des Zweiten Weltkriegs. Bald nach Kriegsende wurde die Kirche wieder aufgebaut, und 1951 fand hier das Festival of Britain statt: ein Symbol für die Wiederauferstehung des Landes aus den Verwüstungen des Krieges. Anderwärts wurden die Ruinen zerstörter Kirchen absichtlich als geschichtliche Zeugnisse für spätere Generationen in ihrem Ruinenzustand belassen. In Coventry stehen beispielsweise die Mauertrümmer der alten Kathedrale unmittelbar neben dem neuen, nach dem Krieg entstandenen Kirchengebäude.

Unten: Diese Zeichnung von Gillray aus dem späten 18. Jahrhundert zeigt den Erzbischof von York, der ein Heer von Prälaten anführt, die ihre bischöfliche Hoheitsgewalt auf die Kolonien ausdehnen wollen – um, wie der Zeichner zu verstehen geben will, ihren eigenen Reichtum und ihre Macht zu vergrößern.

Unten rechts: Christliche Gruppen im Westen haben im 20. Jahrhundert Friedensbewegungen angeführt. Eine Demonstration in Oxfordshire zur Unterstützung der Kampagne für nukleare Abrüstung trägt hier Transparente, die das christliche Engagement der Teilnehmer zum Ausdruck bringen.

Unten: Soldaten in San Salvador warten neben einem Christusbild auf ihren Patrouillengang. Die Ikone ist ein Beispiel dafür, wie verbreitet der volkstümliche Herz-Jesu-Kult in der römisch-katholischen Kirche ist. Angesichts der Kampfbereitschaft der Soldaten lenkt seine liturgische Verehrung ironischerweise den Blick auf die Absicht, die durch Menschen erfolgten Verletzungen der göttlichen Liebe wiedergutzumachen. Und eine weitere unbewußte Ironie in diesem militärischen Kontext liegt darin, daß die Enthüllung des Herzens Jesu an eine Karte erinnert, die als Zielscheibe für ein Erschießungskommando über dem Herzen der zu füsilierenden Person angeheftet wird.

Die Kirche in der Stadt

In der städtischen Gesellschaft des Römischen Reiches, in der das Christentum seinen Anfang nahm, fand es Anklang bei den Sklaven und mit der Zeit auch in der Schicht der Wohlhabenderen und Einflußreicheren. Die Kirche mußte überall dort präsent sein, wo es Bevölkerungskonzentrationen gab. Wir hören von Predigern in der römischen Gesellschaft, so dem Briten Pelagius, den der hl. Augustinus angriff wegen dessen Arguments, daß die Menschen allein durch eigene Anstrengung die Sünde in sich selbst überwinden könnten. Vom Ende des Römischen Reiches bis zum Spätmittelalter waren Städte im wirtschaftlichen und gesellschaftlichen Leben des nördlichen Europa von untergeordneter Bedeutung. Nur in Italien bestand die alte Stadtgesellschaft in etwa weiter.

Der Brennpunkt verlagerte sich zu Dorfgemeinschaften und großen Landgütern, die oft von einem eingesessenen Kloster verwaltet wurden. Als seit dem 12. Jahrhundert die Städte im nördlichen Europa wichtig zu werden begannen, gab es Stimmen von Laien, welche die Notwendigkeit eines so zahlreichen Klerus und des kirchlichen Pomps in Frage stellten. Diese Andersdenkenden treten mit ungefähr ähnlich klingenden Einwänden in ganz Europa in Erscheinung. Ein Versuch, ihnen zu begegnen, wurde von den Bettelorden, den Franziskanern und Dominikanern, unternommen. Seit dem frühen 13. Jahrhundert konzentrierten sie ihren Predigerdienst auf die kleineren und größeren Städte. Diese Konzentration von Predigt und Lehre auf die Städte wurde verstärkt durch das Entstehen der Universitäten. Die ländlichen Gegenden waren oft unzureichend mit Geistlichen versehen und oft den irreführenden Lehren schlecht ausgebildeter Hilfsgeistlicher ausgeliefert. Die Auflösung der Klöster im England Heinrichs VIII. war ein Einschnitt, der in anderen Ländern später erfolgen sollte. Die überkommene Verantwortung der Kirche für die Armen und Bedürftigen war längst in der Hauptsache den Klöstern zugefallen, die nun nicht mehr in der Lage waren, wie bisher zu helfen. Langsam wurden dann Versuche unternommen, die Armut zu lindern oder ein Fürsorgewesen aufzubauen. Die Kirche wurde in der ganzen Welt zu einem wichtigen Faktor in der Ausübung tätiger Nächstenliebe in den Städten.

Unten: Die beiden geistlichen Ritterorden, die Johanniter und die Templer, dienten seit den Kreuzzügen im Heiligen Land. Sie waren aktive Soldaten, führten aber ein mönchisches Leben. Sie versahen ihre religiösen Pflichten während sie rasteten oder sich auf die Schlacht vorbereiteten und betrachteten sich im eigentlichen Sinn als Soldaten Christi.

Ganz unten: Seit dem 6. Jahrhundert unterhielt die Kirche Schulen. Hier abgebildet ist eine Schule für kleinere Kinder mit Nonnen als Lehrerinnen. Ähnliche Beispiele kann man noch heute da und dort in römisch-katholischen Gemeinden finden. Auf die Ausgewogenheit zwischen sittlicher und intellektueller Erziehung wird größter Wert gelegt, und die Andacht nimmt im Leben der kleinen Gemeinschaft einen festen Platz ein.

Links: Die Stadtgilden (städtischen Zünfte) waren eine Frühform der Gewerkschaft oder Berufsvereinigung. Sie achteten streng auf Mitgliedschaft (es war allgemein üblich, nur Zunftmitglieder zu beschäftigen) und Leistung. Die Gildemeister beurteilten die Arbeit des jungen Bewerbers, der seine siebenjährige Lehre beendet hatte und Geselle geworden war.

Wohlhabende Kaufleute, Händler und Handwerker zeigten gern ihren Reichtum und Erfolg, indem sie reichgeschmückte Kirchen bauten wie diese hier in Florenz.

Unten: Die Kirche wird hier als Mittelpunkt des kommunalen Lebens gezeigt. Markttreiben, Hausarbeit, Kinderspiele spiegeln das bunte Leben, Nonnen und Geistliche mischen sich unter das Stadtvolk. Man geht so selbstverständlich in der Kirche ein und aus wie im eigenen Haus. Dieser Ausschnitt aus einem Gemälde von Brueghel verrät etwas von der Erregtheit, zu der sich diese allgemeine Geschäftigkeit am Ende des Karnevals und zu Beginn der Fastenzeit steigert.

Links: Ein Prediger spricht im Freien zu einer großen Volksmenge im mittelalterlichen Oxford. Der Künstler bemühte sich zu zeigen, daß hier Laien, Mönche und Geistliche zusammenkamen. Derartige Predigten waren nur in Städten denkbar, wo viele Menschen zusammenlebten. Sie fanden reges Interesse, weil sie unterhaltsam und erbaulich zugleich waren.

Oben: Die Heilsarmee war die erste protestantische Bewegung, die sich systematisch auf die sozialen und spirituellen Nöte der städtischen Armen konzentrierte. Das aus dem Choralgesang entwickelte Musikkorps, die militärähnlichen Uniformen und die Vermittlung einer klaren, einfachen Botschaft waren seit jeher ihre Merkmale. Ihre »Soldaten« besitzen die Achtung und das Vertrauen vieler an den Rändern der Gesellschaft lebenden Menschen.

Das Ordensleben

Unten: Das Kloster Mar Saba in Israel. Das östliche beziehungsweise orthodoxe Mönchswesen unterschied sich von dem im Westen. Anders als im Westen war das Eremitendasein die verbreitetste Lebensform der frühen Patres in der ägyptischen Wüste. Zahlreiche orthodoxe Klöster erlauben ihren Mitgliedern, ihren religiösen Bedürfnissen entsprechend in Einzelzellen zu leben; nur zum Gottesdienst und zum gemeinsamen Mahl versammelt man sich.

Das Mönchtum im weitesten Sinne schließt eine Reihe verschiedener Wege ein, sich von der Welt abzusondern und freizuwerden für Gott. Die ersten Mönche entfernten sich möglichst weit von der Welt, indem sie sich in Einöden zurückzogen, wo sie entweder als Einsiedler oder in loser Verbindung in Gemeinschaften lebten, die sich von Zeit zu Zeit zu gemeinsamen Mahlzeiten oder zum gemeinsamen Gottesdienst trafen. Der erste, der diesen »Wüstenheiligen« eine Ordnung gab, war Pachomius. Im Osten blieb die Tradition des Eremitentums sehr stark. Im Westen lebten die Mönche für gewöhnlich in Gemeinschaften. Den stärksten Einfluß übte hier die Regel des hl. Benedikt von Nursia (6. Jahrhundert) aus. Von seinem italienischen Kloster aus verbreitete sich seine Regel und wurde bis zum 12. Jahrhundert in ganz Europa zu einer Grundlage des Mönchslebens. Sie gab praktische Anweisungen, sorgte für eine ausgeglichene Lebensweise und vor allem für ein System der Verwaltung innerhalb der Gemeinschaft, das es dem Abt ermöglichte, diese wirksam zu leiten. In den benediktinischen Gemeinschaften legten die Mönche oder Nonnen die Gelübde der Armut, der Keuschheit und des Gehorsams ab und sie praktizierten die *Stabilitas loci:* Das (nicht immer realisierte) Ideal war, daß sie für den Rest ihres Lebens in der Gemeinschaft, in der sie ihre Gelübde abgelegt hatten, verbleiben sollten. Die nächste wichtige Entwicklung brachten das 12. und das 13. Jahrhundert, als durch die kirchlichen Ordensbestimmungen (Priester, die unter einer Regel lebten) und dann durch die Bettelmönche der aktive Dienst an der Gemeinschaft dem kontemplativen Leben gleichberechtigt an die Seite gestellt wurde. Die Missionsarbeit, die die Bettelorden leisten konnten, entfaltete sich in neuerer Zeit bei einer großen Anzahl »aktiver« Orden zu ärztlicher und krankenpflegerischer Tätigkeit und zur Tätigkeit im

Oben: Zu den wichtigen Aufgaben der mittelalterlichen Klöster in Ost und West gehörte die Herstellung und Verbreitung geistlicher Schriften und Bücher. Hier sehen wir einen Mönch beim Abschreiben eines Textes.

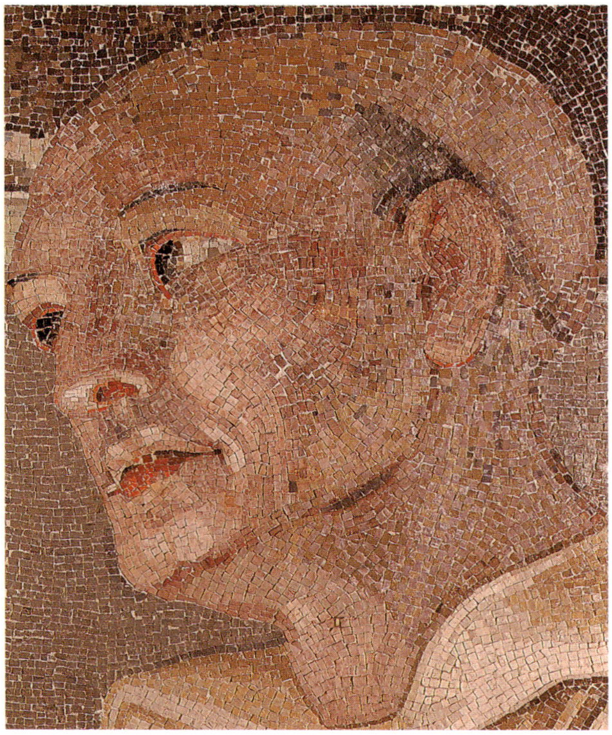

Rechts: Bernhard von Clairvaux war ein Prediger von seltener rhetorischer Begabung. Er gewann viele Menschen für den Zisterzienserorden, seitdem er ihm im frühen 12. Jahrhundert beigetreten war. Die Zisterzienser führten ein äußerst einfaches und streng geregeltes Leben. Anders als die Benediktiner vermieden sie die Versuchungen, sich Geld und Land schenken zu lassen.

Oben: Die Abtei von Cluny begann im 10. Jahrhundert das Mönchtum der Benediktiner zu erneuern. Ihr Erfolg führte zur Verbreitung der reformierten Regeln, besonders der Betonung einer langen und kunstvollen Liturgie in den von Cluny abhängigen Klöstern

Unten: Der heilige Franziskus von Assisi gründete im frühen 13. Jahrhundert einen Orden von Wanderpredigern. Ihn zog die Einfachheit eines »apostolischen Lebens« an, in den Idealen von Armut und Demut folgte er Jesus Christus. Diese Darstellung aus den ersten Jahren nach der Ordensgründung betont seine tiefe Spiritualität.

Unten rechts: Benedikt von Nursia spielte in einer entscheidenden Phase der Entwicklung des Ordenslebens im Westen eine führende Rolle. Seine Ordensregel erinnert an andere jener Zeit (besonders an die anonyme *Regula magistri*), aber sie wurde weithin akzeptiert als ausgewogene Anleitung für den genauen Tagesablauf des klösterlichen Lebens. Damit wurde seine Regel mehrere Jahrhunderte lang für fast alle Gemeinden der westlichen Kirche maßgeblich.

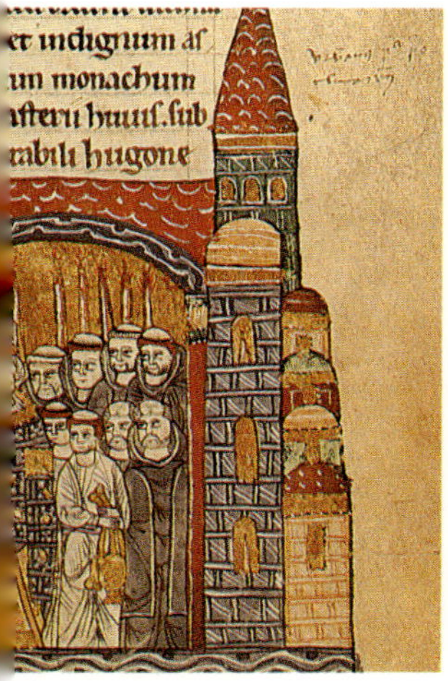

»Cluniazenser«). Im frühen 12. Jahrhundert fanden viele, daß Cluny selbst einer Reform bedurfte, und die Zisterzienser begannen, junge Menschen von Cluny abzuziehen. Das Bild zeigt die Weihe der Abtei von Cluny durch Papst Urban II. im Jahr 1095.

Unten: Die Teilnahme von Frauen am religiösen Leben hat eine lange Tradition. Hieronymus schrieb Briefe der Belehrung an römische Frauen, die im 4. und 5. Jahrhundert in ihren eigenen Häusern nach asketischen Regeln lebten. Die Äbtissinen zur Zeit der Karolinger verfügten über ein großes gelehrtes Wissen. Diese jungen Nonnen legen ihr Gelübde als Bräute Christi ab, nachdem sie ihre Vorbereitungszeit abgeschlossen haben.

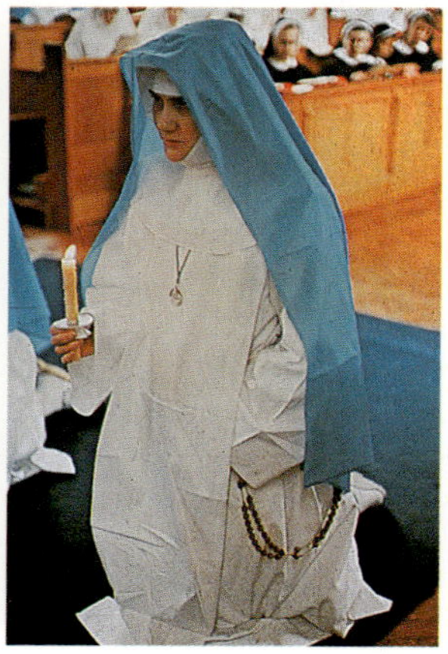

Bildungswesen. Daneben pflegen die kontemplativen Orden weiterhin das Gebetsleben.

In der Geschichte des Mönchtums gab es Perioden der Reform- und Experimentierfreudigkeit immer dann, wenn neue Orden entstanden. Das gemeinsame Thema dieser auf eine Verbesserung der Qualität des Mönchslebens abzielenden Bewegungen war die Rückkehr zu einem »apostolischen«, d.h. einfachen und heiligmäßigen Leben, wie die Jünger Jesu es vorgelebt hatten. Die meisten neuen Orden entstanden vom späten 11. bis zum 13. Jahrhundert sowie im 16. und im 19. Jahrhundert. Sie ließen sich nunmehr in »kontemplative« und »aktive« Orden einteilen, je nachdem, welche Einstellung bei ihnen stärker betont wurde. Sie stellen unterschiedliche Lösungen für ein Dilemma dar, das von Mönchsautoren zumindest seit der Zeit Cassians (ca.360–435) erörtert wurde. Der Mönch, der sich von der Welt zurückzieht, um in innerer Sammlung in der Gegenwart Gottes zu verweilen, empfindet die praktischen Notwendigkeiten des täglichen Lebens als Ablenkung. Für andere geht ihre Hingabe an Gott ganz natürlich über in das Wirken in der Welt zu deren praktischem Nutzen, für das sie auf diese Weise freigestellt sind. Das Mönchsideal hat Christen in zahlreichen Gemeinschaften angesprochen. Die folgende Übersicht beschreibt ausgewählte westliche Mönchsorden.

Augustiner Eremiten. Dieser Orden wurde von Papst Alexander IV. im Jahre 1256 gebildet, um eine Reihe von italienischen Kongregationen zusammenzuschließen. Er folgte der Regel des hl. Augustinus und begann dann in den Städten zu wirken. Luther gehörte diesem Orden an.

Benediktiner. Benedikt von Nursia leitete im späten 6. Jahrhundert eine Gemeinschaft in Monte Cassino. Seine Regel sollte im Westen bis zum 12. Jahrhundert beinahe überall die Grundlage des Mönchslebens sein. Er legte Wert auf den Wechsel von Arbeit, Lesung, Gebet und Gottesdienst und forderte Stabilitas loci, Armut, Keuschheit und Gehorsam.

Die regularen Kanoniker. Die Kanoniker, die im Dienst der Kathedralen des frühen Mittelalters standen, unterwarfen sich meist einer Regel, welche die Bewegungsfreiheit nicht in dem Maße einschränkte wie die Regel des hl. Benedikt, aber ihrem Leben eine Regelmäßigkeit verlieh. Im 12. Jahrhundert stellten andere Kanonikerorden, z.B. Prämonstratenser und Viktorianer, Gemeindepriester.

Kapuziner. Der Kapuzinerorden entstand im frühen 16. Jahrhundert als Ableger des Franziskanerordens. Die Kapuziner wollten zur ursprünglichen Einfachheit des franziskanischen Ideals zurückkehren. Andere Franziskaner waren über das Erscheinen der Kapuziner verärgert, doch leisteten diese der Kirche unermeßliche Dienste als Missionare.

Karmeliter. Die Karmeliter nahmen im 12. Jahrhundert ihren Ausgang von Palästina, wo sie auf dem Berg Karmel eine Tradition des Eremitenlebens fortsetzen wollten, die sie bis auf den Propheten Elias zurückführten. Nach den

Kreuzzügen gingen sie nach Europa, wo sie zu einem weitverbreiteten Orden wurden.

Konventualen. Die Konventualen waren ein milderer Zweig des Franziskanerordens, die sich in der Diskussion über die Frage der Armut im 13. Jahrhundert und danach der Auffassung widersetzten, daß Armut notwendig sei.

Dominikaner. Der Dominikanerorden wurde im 13. Jahrhundert in Südfrankreich und Spanien als Predigerorden gegründet, um den Häretikern entgegenzuwirken.

Franziskaner. Der Orden der Franziskaner wurde zur gleichen Zeit wie der der Dominikaner ebenfalls als Predigerorden gegründet, hatte aber das Ideal eines einfachen, in Armut verbrachten Wanderlebens, wie die Apostel es führten, und wollte dadurch den Menschen das Reich Gottes nahebringen.

Jesuiten. Der Jesuitenorden bzw. die Gesellschaft Jesu, in den 30er Jahren des 16. Jahrhunderts von Ignatius von Loyola begründet, war militärisch straff geführt und legte großen Wert auf bedingungslosen Gehorsam. Die Jesuiten erlangten Bedeutung als Gelehrte und Missionare.

Maristen. Der Orden der Maristen bzw. die Gesellschaft Mariä wurde 1824 gegründet. Die Mitglieder engagierten sich in der Missions- und Bildungsarbeit. Sie haben sich besonders der Jungfrau Maria geweiht und befolgen eine Regel, die auf derjenigen der Jesuiten beruht.

Minimen. Die Minimen oder minderen Brüder sind ein Orden aus dem 15. Jahrhundert. Sie sind dem franziskanischen Ideal verpflichtet und führen aufgrund ihrer Tradition ein äußerst strenges und einfaches Leben.

Salesianer. Der Orden der Salesianer bzw. die Gesellschaft des hl. Franz von Sales wurde 1859 gegründet. Die Salesianer sind als Erzieher tätig. Ihr besonderes Anliegen ist die Förderung des Priesternachwuchses.

Barmherzige Schwestern. Der Orden der Barmherzigen Schwestern, der im frühen 17. Jahrhundert vom hl. Vinzenz von Paul begründet wurde, war der erste Frauenorden, der sich der Armen annahm.

Trappisten. Die Trappisten sind ein reformierter Zisterzienserorden. Sie verpflichten sich zu lebenslangem Schweigen und zu einem Leben von schonungsloser Strenge. Ihren Namen haben sie von ihrem Haus La Trappe (Frankreich) abgeleitet, wo ihre Regel im Jahre 1664 eingeführt wurde.

Ursulinen. Die Ursulinen, 1535 begründet, sind der älteste Frauenorden in der katholischen Kirche, der sich der Unterrichtstätigkeit widmet.

Das Bildnis Christi

Die Darstellung Christi in der christlichen Kunst soll vermitteln, was er den Gläubigen als Erlöser bedeutet. Sarkophage des Altertums stellen ihn nach dem Vorbild zeitgenössischer Philosophen mit ihren Schülern sitzend als Lehrer dar, den seine Jünger umstehen. In der Kunst des griechischen Ostens wird er bezeichnenderweise als Pantokrator, als der Allmächtige, der alles in seiner Hand hält, dargestellt. Er wird in der Frontalansicht gezeigt mit Bart und ziemlich langem Haar, oft auf dem Thron der Majestät sitzend, in der einen Hand das Evangelienbuch, die andere zum Segen erhoben. Kurz, er ist der Freund der Menschheit und ihr Heiland. Andere Darstellungen, wie auf dem Sarkophag von Junius Bassus (359) in der Schatzkammer von St. Peter in Rom, zeigen Christus als eine junge bartlose Gestalt. Im Westen wurde die Kreuzigung zur meistdargestellten Szene aus dem Erdenleben Christi zusammen mit seiner Geburt, wobei er als kleines Kind mit seiner Mutter gezeigt wird.

Die Absicht des Künstlers war nicht unbedingt die naturalistische Darstellung eines Menschen, vielmehr wollte er durch die menschliche Form hindurch das Geheimnis der göttlichen Gegenwart und des Innewohnens, kurz die Inkarnation als Gottmensch, vermitteln.

Tiefe Ehrfurcht wurde dem Tuch entgegengebracht, das für das Schweißtuch gehalten wurde, welches Veronika Jesus auf dem Weg zum Kalvarienberg darreichte, und ebenso dem Leichentuch von Turin mit den darin abgedrückten ausnehmend schönen Gesichtszügen.

Unten: Dieser Christuskopf (Holz, 17. Jahrhundert), der von einem Kruzifix in Qito (Ecuador) stammt, zeigt die Dornenkrone und ein von Leid und Schmerz geprägtes Antlitz.

Ganz unten: Der sein Kreuz tragende Christus in einer Klosterkirche in Córdoba, Spanien. Man hat versucht, die Figur mit angemessener Kleidung auszustatten, aber das Gesicht drückt im Gegensatz zu der kostbaren Robe und der glänzenden Glorie den Schmerz und die Schwäche aus, die der biblischen Überlieferung der Leidensgeschichte entsprechen.

Unten: Dieser sein Volk segnende byzantinische Christus aus Konstantinopel zeigt eine ernste und würdevolle Gestalt. Die strenge Erhabenheit, wie sie für Christusdarstellungen der Ostkirche charakteristisch ist, hat ihre theologische Grundlage in der Bedeutung, die die Orthodoxen dem göttlichen Aspekt der Natur Jesu Christi beimessen – im Gegensatz zu der Tendenz in der westlichen christlichen Kunst, die die Identität von Christus und der leidenden Menschheit betont. Mosaike in einer byzantinischen Kirche wurden im allgemeinen nach einem strengen hierarchischen Schema angeordnet mit Christus als Pantokrator im Scheitelpunkt der Wölbung, wo er die ganze Schöpfung überschaut und erhaben über den Szenen aus seinem Erdenleben steht, die auf den unteren Wänden abgebildet sind.

Unten: Dieses Taxi in Port-au-Prince, Haiti, zeigt ein farbenfrohes westindisches Bild von Jesus, wie er auf einem Esel in Jerusalem einreitet. Die Festprozession folgt der biblischen Überlieferung, so wenn Palmzweige und Kleider auf dem Weg ausgebreitet werden, doch hat der Künstler die Szene durch einen bellenden Hund belebt. Christus blickt direkt aus dem Bild auf die Betrachter und stellt sie vor die Frage, ob sie bereit sind, ihn zu empfangen.

Oben: Eine schlichte, aber ausdrucksstarke Darstellung von Christus als fränkischer Krieger (Rheinland, 7. Jahrhundert) ist bezeichnend für das Bedürfnis neu bekehrter Völker, das Christentum mit ihren eigenen dringlichen Belangen in Einklang zu bringen. Ähnlich spricht die altenglische Dichtung sehr oft von Christus als einem Kriegerhäuptling, von seinen Jüngern als seinen Soldaten und von der Kreuzigung als einer Schlacht.

Links: Ein romanischer Christus in der Mandorla in der Kathedrale von Toulouse hält ein Buch mit der Inschrift »Friede mit Euch« und erteilt den Segen mit der gleichen Haltung wie der byzantinische Christus in der Mandorla in Konstantinopel (*gegenüber*). Um die in der Mitte sitzende Figur sind die Attribute der vier Evangelisten angeordnet: der Adler des Johannes, der Engel des Matthäus, der Löwe des Markus und der Stier des Lukas.

Oben: Ein kleines, schlichtes Elfenbeinkruzifix in romanischem Stil (11. Jahrhundert) betont Kopf, Hände und Füße. Der Ausdruck ist nach innen gekehrt, was auf die Gestaltung der Augen zurückzuführen ist.

Umseitig: Diese empfindsame Darstellung des Christuskopfes von Della Robbia (um 1500) verrät das neue Wissen um die Fülle seiner Menschlichkeit, das sich im Spätmittelalter entwickelte.

SECHSTER TEIL

DIE CHRISTLICHE WELT HEUTE

DAS CHRISTENTUM UND DIE ANDEREN WELTRELIGIONEN

Die Christen glauben an einen Gott, den allmächtigen und guten Schöpfer aller sichtbaren und unsichtbaren Dinge. Dieser monotheistische Glaube, den sie mit der jüdischen Religion und dem Islam, nicht aber mit den anderen Weltreligionen teilen, führt zu einer zweifachen Reaktion. Einerseits steht der Monotheismus in starker Antithese zur Volks- und Stammesreligion, zu regionalen und lokalen Kulten, zur »Naturreligion«, durch die der Anbeter irdischen Erfolg, eine fruchtbare Gattin und eine gute Ernte, einen gedeihlichen Handel und die Liebe und Treue seiner Kinder zu erreichen sucht. Hier duldet der Monotheismus keinen Kompromiß mit dem Polytheismus. Alle drei großen monotheistischen Religionen stellen absolute Forderungen an ihre Anhänger, so daß ihre Ethik bestimmt wird vom Begriff des freiwilligen Gehorsams. Auf der anderen Seite behandelt der Monotheismus alle räumlichen und zeitlichen Begrenzungen als bloß relative Größen. So läßt das Christentum z. B. keine Identifizierung mit Europa oder »westlichen Werten« zu. In seiner Kritik an der Abgeschlossenheit und Begrenztheit des alten Judaismus stellt der Apostel Paulus die Frage: Ist nicht Gott der Gott der ganzen Erde? Also ist »das, was von Gott erkannt werden kann« (*Römer* 1;19), allen Menschen zugänglich durch das Licht der Schöpfung, eine allgemeine Fähigkeit, für Gott empfänglich zu sein, die – wie die Christen glauben – durch das Evangelium des Neuen Testaments zur Verwirklichung gelangt. Folglich wird das religiöse Streben der Nicht-Christen niemals negativ beurteilt werden können.

Frühe Kontakte mit Judaismus und Islam

Von Anbeginn stand die Kirche in Diskussion mit der Synagoge; die konservativ Denkenden unter den Juden waren befremdet über den Anspruch, die ganze Welt zu missionieren, der von denjenigen ihrer Glaubensgenossen erhoben wurde, die davon überzeugt waren, daß in Jesus von Nazareth der von den Propheten des Altertums erwartete Messias erschienen war. Nachdem die Christen einmal entschieden hatten, daß die Heidenchristen sich nicht beschneiden lassen und nicht den Sabbat und die Feste der jüdischen Tradition einzuhalten brauchten, wurden die Beziehungen zwischen Christentum und Judaismus (zu unterscheiden von denen zwischen Christen und Juden, obwohl sie sich zu überschneiden pflegten) schwierig und heikel. In der griechischen und römischen Welt kamen die Christen sogleich in Berührung mit Polytheismus und Götzendienst, was schwierige Gewissensfragen aufwarf. Schritt für Schritt eroberte das Christentum die antike Gesellschaft, besonders nach der Bekehrung Kaiser Konstantins des Großen (312), und gegen Ende des 4. Jahrhunderts wurden die heidnischen Tempel von Staats wegen geschlossen und die polytheistischen Kulte verboten, worüber die zahlreichen noch verbliebenen Heiden empört waren. Diese konnten zwar konzedieren, daß ihre Lokalgottheiten untergeordnete Mächte waren, glaubten aber dennoch, daß man sie gnädig stimmen müsse, wenn man auf Erden Erfolg haben wollte.

Von den Religionen der Antike, mit denen sich das Christentum auseinanderzusetzen hatte, lebt heute nur noch der Judaismus weiter. Mit dem indischen Subkontinent kam die mediterrane Welt nur durch ein paar wagemutige Kaufleute in Berührung. Der Kirchenlehrer Clemens von Alexandria hatte vom Buddha gehört. Im 8. Jahrhundert wurde eine Buddha-Biographie für christliche Zwecke umgearbeitet zur Liebesgeschichte von *Barlaam und Josaphat,* doch gab es in der Antike und im frühen Mittelalter kaum einen Austausch von Ideen. In Indien, besonders an der Malabarküste, gab es schon früh die sogenannten Thomaschristen; wir erfahren aber nichts über theologische oder philosophische Diskussionen. Im 14. Jahrhundert verwendeten griechische Mönche auf dem Berg Athos Gebetstechniken, die auf erstaunliche Weise dem Yoga ähnelten; es gibt jedoch keine Hinweise auf indischen Einfluß.

Im 7. Jahrhundert beflügelte der Einfluß von Mohammeds neuer Religion der »Ergebung« in den Willen Gottes (Islam) die Stämme der arabischen Halbinsel zu kühnen militärischen Unternehmungen. Sie hatten bereits die Schwäche des oströmischen Reiches erkannt, das seinen östlichen Feind normalerweise in Persien sah. Die Araber oder Sarazenen drangen in Palästina ein, eroberten 638 Jerusalem und 641 Alexandria, das vom Patriarchen im Stich gelassen worden war. Unaufhaltsam drangen sie durch die reichen römischen Provinzen Nordafrikas schließlich über die Straße von Gibraltar nach Spanien vor. Erst die Streitmacht der Franken brachte sie 732 bei Poitiers zum Stehen.

Der Verlust großer Gebiete, die schon lange christlich gewesen waren, ließ die Gläubigen quälende Fragen nach der göttlichen Vorsehung in der Geschichte der Menschen stellen. Der Islam schloß eine häretische Form des Christentums ein, indem er z.B. die Kreuzigung Jesu leugnete, aber Jesus als einen Propheten Gottes anerkannte, der den Weg bereitete für Mohammed. Die arabischen Armeen stellten für Europa eine ungeheure militärische, die muselmanischen Gelehrten eine ebenso große ideologische Bedrohung dar. Wie die Christen besaßen sie ein heiliges Buch: den Koran. Sie waren Monotheisten. Sie legten großen Wert auf Jesus, seine Mutter Maria, die Propheten des Alten Testaments und die Apostel. Doch Mohammed war der Gesandte Gottes: »Es gibt keinen Gott außer Allah, und Mohammed ist sein Prophet.« Der Islam breitete sich von Arabien über Nordafrika, Persien, Pakistan und die Türkei aus. Das osmanische Reich ließ moslemische Enklaven in Europa zurück, die es auf der Balkanhalbinsel immer noch gibt. Aber Arabien war und blieb das Kernland des Islam; eine Wallfahrt nach Mekka ist der Traum und die Pflicht eines jeden frommen Moslems. Der Islam erhob den Anspruch auf Universalität und stellte zugleich eine Art arabischen Imperialismus dar.

Anfänglich kamen die Christen militärisch und kommerziell mit den Moslems in Berührung, dann ging man zu besonnener Koexistenz und gegenseitigen Bekehrungsversuchen über. Die militärische Bedrohung trug dazu bei, die Kreuzzüge auszulösen, durch die Europa die moslemischen Araber zurückzudrängen suchte mit dem religiösen Ziel der Wiedergewinnung der heiligen Stätten der Christenheit.

Die Araber lasen Bücher aus der griechischen Antike über Mathematik und Naturwissenschaften, und durch lateinische Übersetzungen arabischer Adaptionen dieser Bücher gelangte griechische Wissenschaft im Mittelalter

Oben: Das Christentum und die anderen Weltreligionen
Die globale Ausbreitung des Christentums spiegelt die politischen und wirtschaftlichen Erfolge der Nationen, die es in andere Länder trugen. Das Heilige Römische Reich trug das Christentum bis an seine äußersten Grenzen. Spanische und portugiesische Conquistadoren brachten es im 16. Jahrhundert in die Neue Welt, britische Kaufleute in den Fernen Osten. Aber die Ausbreitung trägt auch den Stempel missionarischen Eifers, zum Beispiel im Afrika des 19. Jahrhunderts. Das Christentum ist in vielen Kulturen aufgegangen, aber seine Identität wurde nie durch eine andere Religion verwischt. Christen leben heute in vielen Teilen der Welt neben Anhängern der anderen großen Weltreligionen, wie die Karte zeigt. Die Zahl der Gläubigen kann nur annähernd angegeben werden. Die Karte zeigt die ungefähre Verteilung der bedeutenderen Religionen in der Welt von heute.

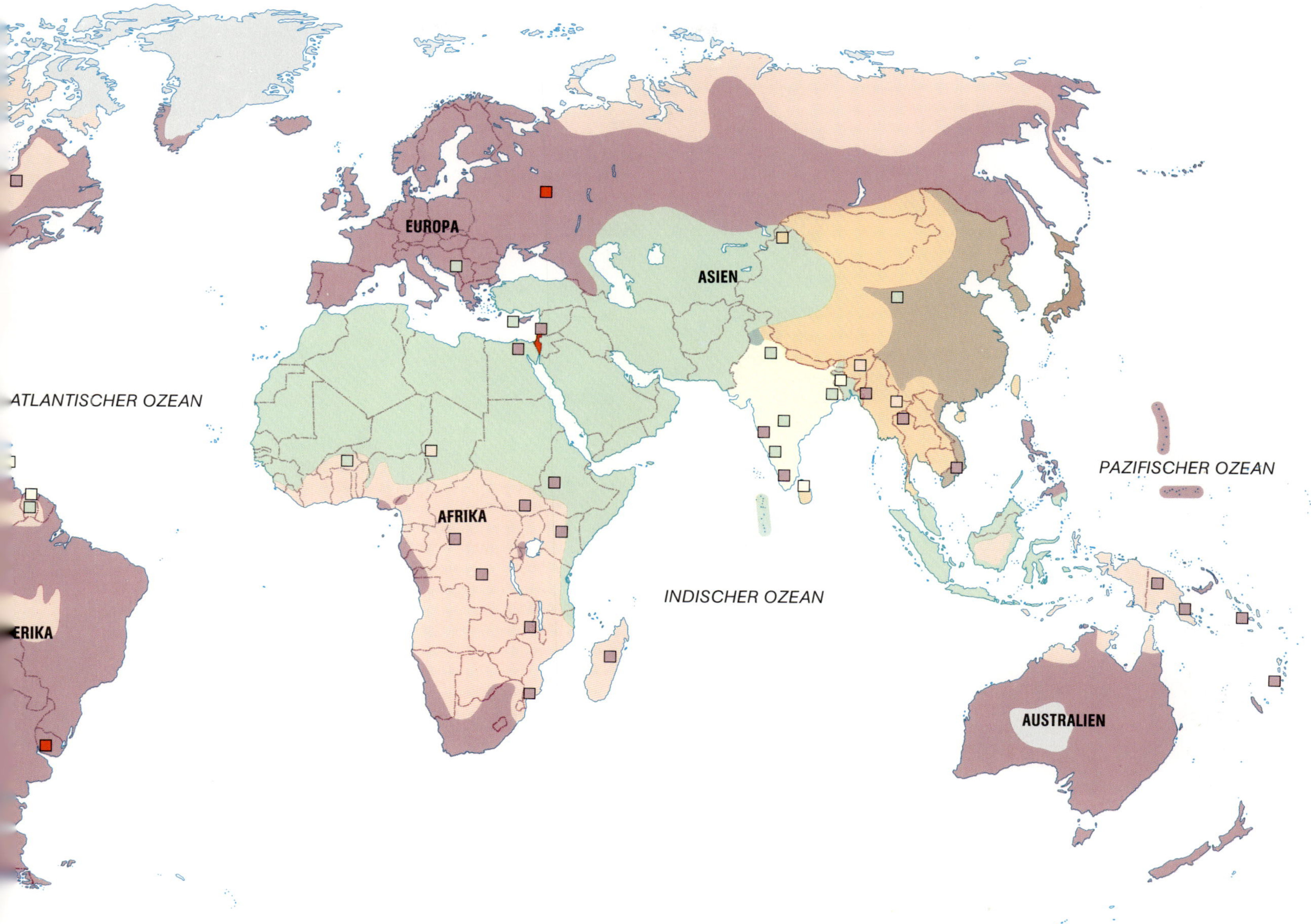

Rechts: Dieses Haus in Los Angeles dient gleichermaßen christlichen und jüdischen Gemeinden als Andachts- und Kultstätte. Sie benutzen das Haus zusammen, ohne ihre Gottesdienste gemeinsam zu gestalten, aber sie bewahren ein gutes Einvernehmen.

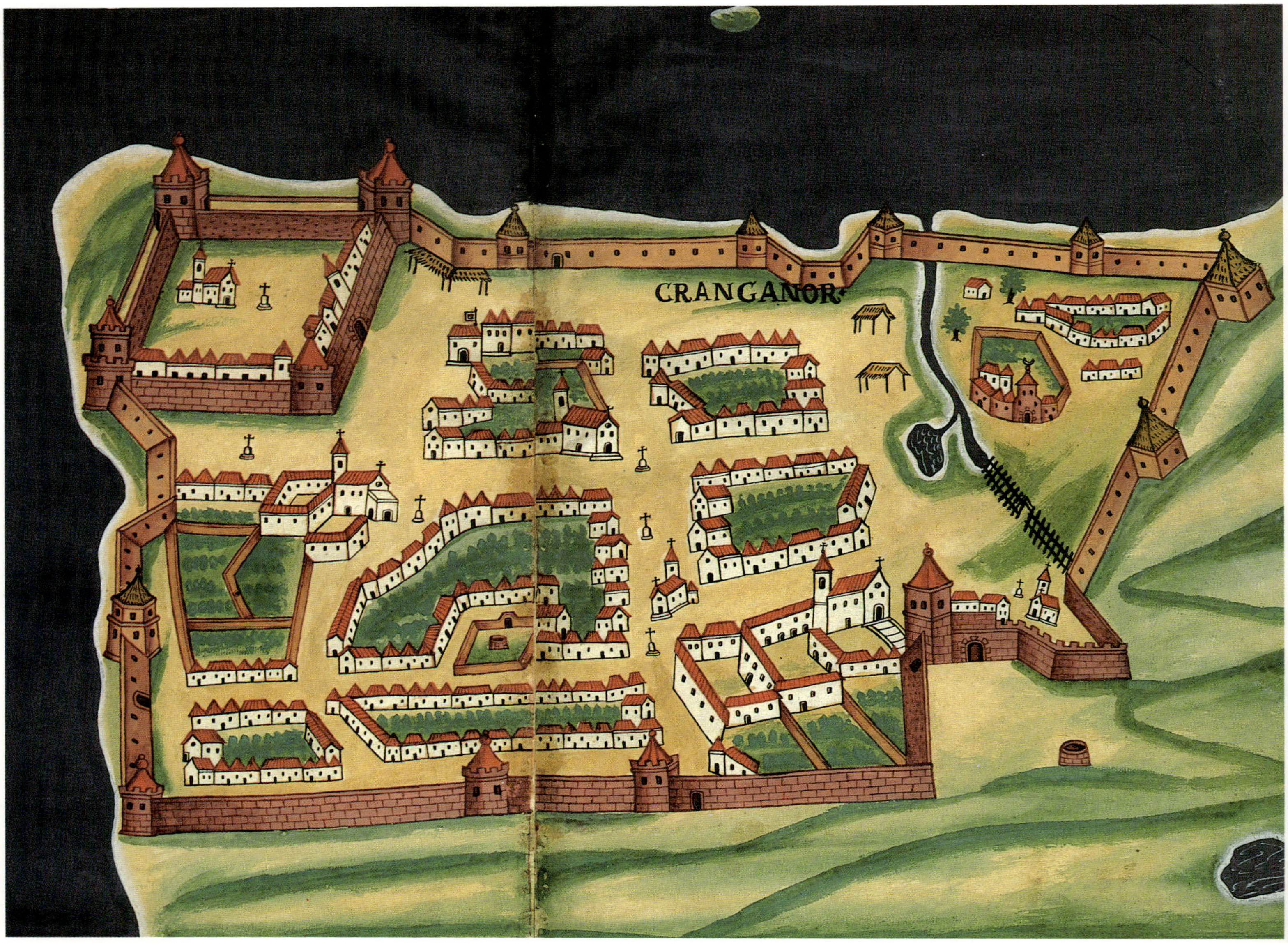

nach dem Westen, vor allem über Toledo und Cordoba. Der im 12. Jahrhundert lebende arabische Gelehrte Averroës beeinflußte durch sein Denken in tiefgehender Weise die christliche Theologie (von seinen arabischen Landsleuten wurde er indessen wenig beachtet).

Heute gibt es etwa 400 Millionen Moslems in der Welt. Der Islam hat sich fast von Anbeginn in verschiedenen Sekten und Richtungen der Auslegung aufgespalten. Die Einfachheit seines grundlegenden Glaubensbekenntnisses ermöglichte es dem Islam – oft mit mehr Erfolg, als das Christentum dabei hatte –, durch Rasse und Hautfarbe gegebene Barrieren zu überwinden. Doch war die arabische Einheit immer in Frage gestellt. Das moderne weltliche Denken des Westens hat weite Bereiche des Lebens in der Türkei und den arabischen Staaten durchdrungen, so daß die Bewahrung der islamischen Prinzipien und Werte scharfe antiwestliche Reaktionen im Gefolge hat. Dabei wird dem Westen vorgeworfen, eine araberfeindliche Politik zu betreiben und zugleich auf teuflische Weise die moslemische Religiosität zu zersetzen. Dennoch gibt es heute zahlreiche nachdenkliche und gebildete Moslems, die das traditionelle Gesicht des Islam verändert und diese Religion in größere Nähe zum Christentum gerückt sehen möchten.

Christentum in Indien und Japan

Die großen europäischen Entdeckungsfahrer der Renaissance eröffneten nicht nur Handelswege, sondern ebneten auch den Weg für die großen katholischen Missionen des hl. Franz Xaver und der Jesuiten, die bis nach Goa in Indien und in den Fernen Osten gingen. In Indien sahen sich die christlichen Missionare mit einer religiösen Situation konfrontiert, die auffallende Parallelen zu der im römischen Reich bestehenden aufwies. Die Religion in Indien läßt neben einer tiefen persönlichen Frömmigkeit in der liebenden Hingabe an den Gott Krischna-Wischnu (Bhakti) einen großen Spielraum für polytheistische und phallische Fruchtbarkeitskulte, für heilige Kühe, Fetische und Tempelprostitution. Neben Asketismus steht erotische Zügellosigkeit. Kurz, einige Aspekte des Hinduismus kommen christlichen Vorstellungen nahe, daneben gibt es andere Aspekte dieser Glaubenslehre, die ein Monotheist ablehnen muß.

Die christliche Reaktion auf den japanischen Shintoismus ist eine ähnliche: Shinto ist eine Religion der Familie und des Staates, die Naturkräfte, vor allem die Sonne, in einem geringeren Maße den Mond, vergöttlicht. Die Shintoreligion ist auch sehr duldsam gegenüber dem Erotischen, in einem Ausmaß, das den westlichen Beobachter erstaunt, der feststellt, wie zurückhaltend die Japaner im Ausdruck von Gefühlen sind. Shinto, als Ausdruck des japanischen Nationalismus, rückte die Verehrung des Kaisers in den Mittelpunkt. Die Säkularisierung von 1945 beseitigte den Kaiserkult, veränderte aber nicht die Denkweise der Menschen. Die Saat des Christentums geht nur schwer auf in dem Boden der japanischen Kultur.

Links: Diese Karte aus dem 16. Jahrhundert zeigt die portugiesische Niederlassung in Cranganor; mehrere Kirchen standen dort neben einer Moschee und Christentum und Islam entwickelten sich in einer Gemeinde gleichermaßen gedeihlich.

Unten: In Sri Lanka: eine buddhistische Dagoba und dahinter eine holländisch-reformierte Kirche. Hier bleibt der Buddhismus zusammen mit dem Christentum erhalten.

Christliche Reaktionen auf andere Religionen

Die Einstellung der Christen zu diesen Weltreligionen hat der Apostel Paulus in *Apostelgeschichte* 17 und in *Römer* 1–2 auf den Nenner gebracht: äußerst positiv gegenüber dem Streben, ablehnend gegenüber der Vergötterung des rein Kreatürlichen, gegenüber dem Aberglauben, der Volksreligion und (beispielsweise) Tierkulten. Die Kombination von positiv und negativ spiegelt sich in der unterschiedlichen theologischen Annäherung an das Thema. Die positive Einschätzung anderer Religionen ist vor allem angeregt worden durch die psychologische und soziologische Untersuchung der Religionen.

Im frühen 19. Jahrhundert definierte Schleiermacher Religion als das Gefühl schlechthinniger Abhängigkeit, von Scheu und Ehrfurcht, das jeder geistigen oder verbalen Formulierung einer Glaubenslehre vorangeht. Rudolf Otto schrieb in unserem Jahrhundert über die Vorstellung des Heiligen oder Numinosen, das für ihn eine universale Erfahrung der Menschheit darstellt, der die verschiedenen Religionen je nach dem kulturellen Hintergrund verschiedene rituelle Ausprägungen verleihen. Die Vorgegebenheit des religiösen Erlebens wurde auch stark von William James betont (1901), doch unter der Voraussetzung, daß das Fühlen dem Denken vorhergehe. Die nicht-rationale Annäherung an das Phänomen der Religion wurde noch weiter vorangetrieben durch C.G. Jung. Im Jahre 1901 empfahl Ernst Troeltsch den Christen, sie sollten aufhören, von der Endgültigkeit oder Absolutheit ihres Glaubens zu sprechen, und lieber die religiösen Werte der verschiedenen Weltreligionen auf einer Skala angeordnet sehen, wobei allerdings das Christentum der höchste bisher im Aufstieg der Menschheit erreichte Punkt sei. Die Protestanten des 20. Jahrhunderts konnten sich nicht zufriedengeben mit der Art und Weise, wie im 19. Jahrhundert vom »Scheitern« der anderen Religionen gesprochen wurde, und wollten statt dessen lieber von deren »Beitrag« sprechen.

Große Welt-Missionskonferenzen wurden 1910 in Edinburgh, 1928 in Jerusalem und 1938 in Tambaram (Indien) abgehalten. In Edinburgh dominierte noch ein christliches Selbstvertrauen gegenüber den anderen Religionen, eine Zuversicht, in der sich vielleicht unbewußt das Vertrauen spiegelte, das Europa vor dem August 1914 in die Überlegenheit seiner Technik und Kultur setzte. Das Hauptproblem sah man 1910 in der Zersplitterung der christlichen Kirchen: Wie konnte man einen Inder dazu bringen, zu glauben und sich taufen zu lassen, wenn er mit 13 konkurrierenden Versionen des Christentums konfrontiert wurde? Die Konferenz von Edinburgh gab daher einen Anstoß für die ökumenische Bewegung.

In Jerusalem (1928) sprach man davon, daß die Religionen der Welt gemeinsame Sache gegen den säkularen Geist machen müßten, sowie davon, wie das Christentum auf die von Buddhisten und Hindus gestellten Fragen Antwort geben könnte. Der Relativismus Troeltschs hingegen wurde heftig attackiert von dem Schweizer Theologen Karl Barth, der damals in Deutschland lehrte. Für Barth ist echter Glaube ein Geschenk der Offenbarung und Gnade und nicht etwas, was der Mensch durch Suchen findet: Wir kommen zu Gott durch Christus und nicht umgekehrt. Der holländische Theologe H. Kraemer betonte ebenfalls, daß die Christen, wenn sie nicht die Offenbarung durch Christus vertreten, jeden Anspruch darauf verwirken, die Wahrheit Gottes für die ganze Menschheit auszusagen. Entweder ist das Evangelium »wahr für alle oder es ist überhaupt nicht wahr«.

Die dritte Welt-Missionskonferenz (1938) befaßte sich mit der wachsenden Gefahr für den Weltfrieden und dem zunehmenden Widerstand gegen das Christentum in einigen Teilen der Welt. Da die Konferenz in Indien tagte, entging ihr nicht, daß die westliche Machtposition im Osten und die britische Herrschaft in Indien auf schwankendem Boden standen. Man konnte den Indern nicht die christliche Botschaft nahebringen, wenn diese mit einer fremden Besatzungsmacht identifiziert wurde. Es durfte daher keinen gesellschaftlichen Druck oder verschleierten Zwang geben.

Die implizite Frage war also, ob das Christentum, das das kulturelle Erbe Griechenlands und Roms in sich aufgenommen und in seinem Sinne ausgeformt und das Denken Europas seit nahezu zwei Jahrtausenden bestimmt hat, sich so weit von diesem klassischen Erbe und metaphysischen Rahmen würde lösen können, daß es andere Kulturen assimilieren kann. Seit einigen Jahren gibt es in Indien »Asrams«, welche gemeinsame Elemente des Christentums und des Hinduismus zusammenzubringen versuchen. Anhänger der Pfingstkirchen standen nicht an, ihre eigene afrikanische Musik und Rhythmik zu produzieren. Natürlich besteht dabei die Gefahr, Form und Inhalt zu verwechseln. In Afrika haben die Kirchen in ihrem Gottesdienst Raum geschaffen für Tänze – ein Ausdruck menschlicher Lebensfreude, vor dem das europäische Christentum immer eine merkwürdige Angst hatte. Doch in der gesamten Geschichte hat es immer Christen gegeben, die der äußeren Form gegenüber gleichgültig waren und sich vorwiegend um die Substanz des christlichen Glaubens und Lebens kümmerten.

Christen in Beirut heute

Seit dem Ausbruch des Bürgerkrieges im Jahre 1975 ist Beirut zu einem Brennpunkt der politischen und religiösen Spannungen im Nahen Osten geworden. Vormals das Handels- und Touristenzentrum der Region, ist es in eine Zone des Krieges verwandelt worden, die nur langsam wieder aufgebaut wird, da die wirtschaftliche Lage des Libanon auch heute noch instabil ist.

Das angeschlagene Zentrum der Stadt liegt wie eine blutende Wunde zwischen ihren beiden Bevölkerungsteilen: den weitgehend moslemischen Bewohnern des vormals blühenden westlichen Gebiets der Hauptstadt und den Christen im östlichen Sektor. Durch das Töten und die Entführungen der vergangenen Jahre ist Westbeirut noch ausschließlicher moslemisch und Ostbeirut noch eindeutiger christlich geworden, als dies schon zuvor der Fall war. Während das Wiedererwachen eines militanten Schiismus und der Zustrom von Flüchtlingen aus dem Süden das Gesicht Westbeiruts veränderten, beschworen gewaltsame Auseinandersetzungen in den Reihen der christlichen Miliz für die Bewohner des Ostteils der Stadt eine neue Gefahr herauf. Lange waren sie es gewohnt, sich gegen Scharfschützen zu verbarrikadieren durch aufgerichtete Frachtcontainer, hinter denen sie entlang den Straßen nahe der sogenannten »Grünen Linie« Deckung suchten. Es kam die Bedrohung durch die Rebellion von Abtrünnigen im eigenen Lager hinzu.

Links: Ein Kreuz markiert einen christlichen Bezirk nahe dem verwüsteten Streifen, den die Kämpfe in Beirut geschaffen haben. Eine elegante Straße ist von den Folgen des Krieges gezeichnet. Hier wurde das Kreuz zu einem Symbol für die Unnachgiebigkeit der Christen und ihre Entschlossenheit, in ihren Häusern auszuharren. Diese Menschen hofften auf den Schutz durch die Falange-Miliz, die Pierre Gemayel und sein Sohn Beshir aufbauten. (Beshir wurde 1982, kurz nach seiner Wahl zum Präsidenten, ermordet.) Die Gemayels waren gläubige Maroniten wie die Mehrheit der Christen im Libanon. Die Maroniten sind in ihrem Gottesdienst und der Tradition nach Christen der Ostkirche, hielten aber seit dem 12. Jahrhundert Verbindung mit dem päpstlichen Stuhl in Rom. Einige Maroniten unter den Milizsoldaten betrachteten sich als Kreuzfahrer, die einen Vorposten des Christentums gegen muslimische Einfälle verteidigten.

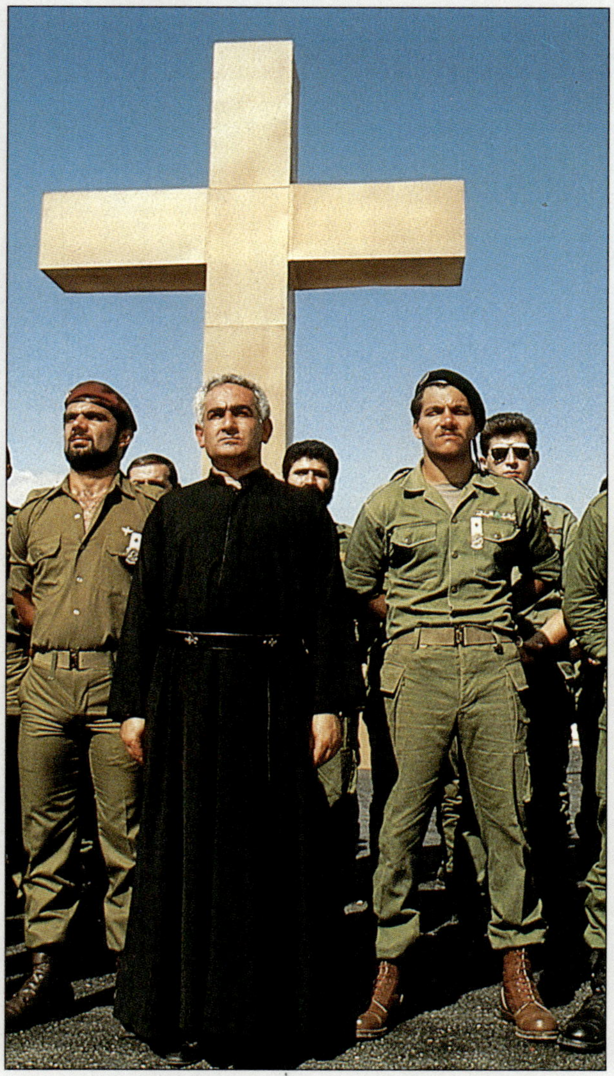

Oben: Eine römisch-katholische Messe wird von Franziskanern gefeiert. Es bestehen viele historische Bande zwischen den libanesischen Christen und dem westlichen Katholizismus. Unter den Maroniten ist Französisch noch immer die Sprache der gehobenen Gesellschaft, und in Ost-Beirut lehrte die Jesuitenuniversität St. Joseph Französisch für Diplomexamina. Verständlicherweise sind viele libanesische Christen in den letzten Jahren nach Frankreich ins Exil gegangen.

Links: Ein maronitischer Priester nimmt mit Soldaten der Falange-Miliz an einer Messe für Beshir Gemayel teil. Nicht alle Maroniten gingen mit der Miliz konform. Vor allem der maronitische Patriarch Nasrallah Sfeir versuchte, die Hitzköpfe in seiner Gemeinde zu beruhigen. Zu den Christen des Libanons gehören Griechisch-Orthodoxe, griechische Katholiken, Armenier (Orthodoxe und Katholiken), syrische Orthodoxe, syrische Katholiken und Protestanten. Diese christlichen Gemeinden vertraten im Libanon-Konflikt verschiedene Standpunkte: Die Griechisch-Orthodoxen waren traditionell für die Linken, während die Armenisch-Orthodoxen eine Politik der »positiven Neutralität« entwickelten.

Außen links: Diese maronitische Braut feierte ihre Hochzeit in typisch libanesischem Stil. Angesichts des Sonnenscheins und der Lebensfreude, der schicken Autos und der bunten Bänder könnte man für einen Augenblick die Agonie der letzten Jahre vergessen. Im Libanon werden alle Ehen nach dem Gesetz der Kirche oder der Moschee geschlossen. Es gibt keine Ziviltrauung und keine Eheschließungen zwischen Christen und Moslems. Wenn Christen und Moslems heiraten wollen, müssen sie ins Ausland reisen, um den gesetzlichen Formalitäten nachzukommen.

DIE SPUREN DES KOMMUNISMUS

Das Überleben des Christentums in Rußland seit 1917
Von Anfang an war die Russische Revolution von 1917 dem Christentum gegenüber feindlich eingestellt. Sie hatte von Karl Marx die Theorie übernommen, daß die Religion nur ein Opiat, eine Illusion sei, die mit dem Fortschritt des Sozialismus verschwinden würde. Die Zaren und die russisch-orthodoxe Kirche hatten das Volk viele Jahrhunderte hindurch gemeinsam unterdrückt. Die Romanows wurden hinweggefegt, und es stand zu erwarten, daß die Kirche ihnen alsbald in den Untergang folgen würde. Es war dies ein »Gesetz der Geschichte«.

Lenin aber wollte bei diesem »zwangsläufigen« Prozeß ein wenig nachhelfen, und in einer Reihe von drakonischen Verordnungen setzte er die »Trennung von Kirche und Staat« durch, was praktisch bedeutete, daß die Kirche ihren gesamten Besitz und den größten Teil ihrer Rechte verlor. Er startete eine heftige Kampagne, um die Bauern und Arbeiter von den Resten des »Aberglaubens« zu befreien. »Wissenschaftlicher Atheismus« wurde die staatliche Ideologie und vom Kindergarten bis zur Universität gelehrt. Mit denen, die sich dabei in den Weg stellten, wurde überaus brutal verfahren: Zwischen 1917 und 1923 fanden in der Sowjetunion mehr als 1200 orthodoxe Priester und 28 Bischöfe den Tod.

Lenins Nachfolger, Stalin, hatte einst in einem georgischen Priesterseminar studiert. Im Jahre 1928 führte er ein Gesetz über »religiöse Vereinigungen« ein, dessen Bestimmungen bis zum Untergang der Sowjetunion galten. Es wurde nach 1945 zum Modell für andere kommunistische Länder. Eine Kirche darf bestehen bleiben, sofern alle ihre Mitglieder registriert sind, die Besetzung ihrer Ämter beaufsichtigt wird, ihre Aktivitäten sich auf das (vom Staat gepachtete) Kirchengebäude beschränken und sie sich auf keinerlei »Propaganda« einläßt. In jedem kommunistischen Land gab es eine entsprechende staatliche Zentralbehörde, deren Aufgabe es war, die Kirche abhängig und fügsam zu halten.

Stalins Gesetz war in den 20er und 30er Jahren innerhalb der orthodoxen Kirche umstritten. Es gab Stimmen, die sagten, daß es mit den Mächten des Bösen keinen Kompromiß geben dürfe und daß Rußland ganz einfach die Passion Christi an sich erfahre; eines Tages würde es auch seine Auferstehung erleben. Andere meinten, daß die orthodoxe Kirche am Schicksal des Vaterlandes teilnehmen sollte und daß sie nun die gerechte Strafe empfange für ihren in der Vergangenheit bewiesenen Hochmut. Man wußte jedoch nie genau, wie aufrichtig derartige Bekundungen der Loyalität zum Sowjetstaat waren, denn damals wurden bereits durch Einschüchterung, Verhaftung und Anwendung von Drogen alle möglichen Aussagen erpreßt. Die Atmosphäre war durch und durch vergiftet durch Mißtrauen und Angst.

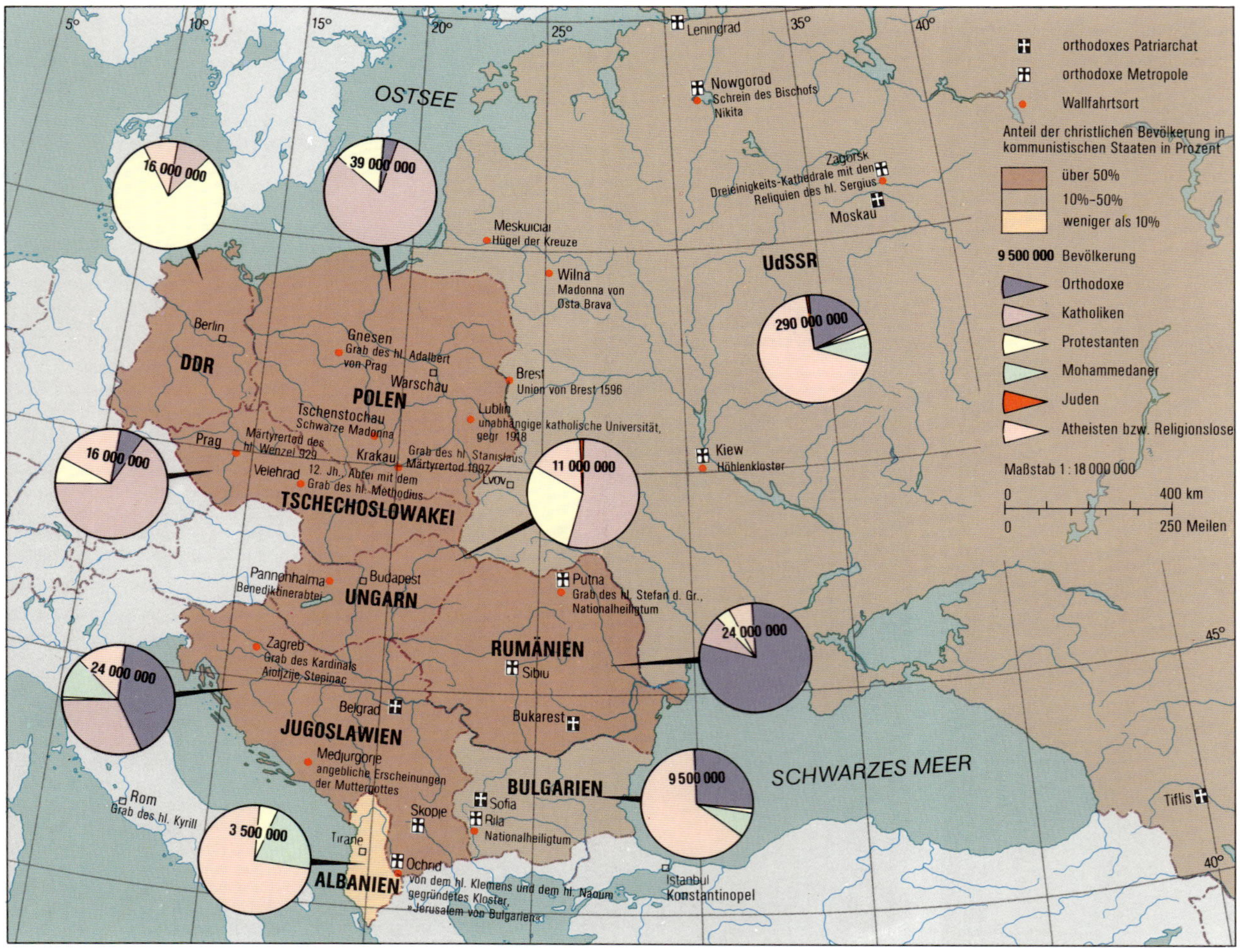

Links: Christentum und Kommunismu in den 80er Jahren
Die Karte läßt Spuren der beiden Bekehrungswellen in Osteuropa vor etwa 1000 Jahren erkennen. Aus dem Westen kamen lateinischsprechende Benediktinermönche. Prag war ihr Zwischenaufenthalt auf dem Weg nach Osten. Von Konstantinopel zogen Missionare nach Norden durch Bulgarien und Rumänien. Die beiden Wellen trafen sich in Südpolen und Jugoslawien.

Zwei griechische Mönche, die Heiligen Kyrill und Method, zeichneten sich dadurch aus, daß sie sogar mit dem Segen des Papstes in Rom aufbrachen. (Kyrill wird die Erfindung der »kyrillischen« Schrift zugeschrieben.) Ost und West, Orthodoxie und Katholizismus standen 1054 in fester Verbindung. Papst Johannes Paul II. träumte von der Neuschaffung der »spirituellen Einheit Europas« als er 1979 in Gniezno sprach.

Oben: Das Kloster Troize Sergijeva Lavra (Dreifaltigkeits-Sergij-Kloster) in Sagorsk an einem Festtag. Es bewahrt die Reliquien des Heiligen auf. Sagorsk ist auch Sitz der Moskauer theologischen Akademie und Residenz des Patriarchen der orthodoxen Kirche von Rußland und ein großer Anziehungspunkt für ökumenische Besucher. Aber der Schein trügt: 1914 gab es in Rußland 1025 Klöster, heute sind es nur noch ein Bruchteil Mönchsgemeinschaften, wenn auch wieder manche Klöster besiedelt werden.

Der von den Russen so genannte »Große Vaterländische Krieg« von 1941 bis 1945 veränderte die Situation der orthodoxen Kirche von Grund auf. Stalin brauchte Hilfe bei der Unterstützung der Kriegsmoral und dem entschlossenen Widerstand gegen die deutsche Invasion. Nun wurde die Kirche ebenso gründlich benutzt, wie sie vorher verfolgt worden war. Im Jahre 1943 wurde der Metropolit Sergej, nach einem Treffen mit Stalin, zum Patriarchen von Moskau, dem Oberhaupt der russisch-orthodoxen Kirche, gewählt. Seine Vorgänger waren alle umgekommen. Der Sitz des Patriarchen wurde von einem Blockhaus an einer ungepflasterten Straße in Moskau verlegt in den eindrucksvollen Amtssitz der früheren Deutschen Botschaft.

Das geschah deshalb, weil Stalin für das Moskauer Patriarchat eine Verwendung in der Nachkriegsära hatte. Länder mit einem hohen Anteil von orthodoxen Gläubigen - vor allem Rumänien und Bulgarien - fielen damals dem sowjetischen Machtbereich anheim. Das Moskauer Patriarchat bewies, daß es in der Sowjetunion »religiöse Freiheit« gab, und lehrte sie die Kunst des Überlebens durch Willfährigkeit. In der Ukraine waren härtere Maßnahmen vonnöten: Die vier Millionen »Unierten« (Christen mit orientalischem Ritus, die aber mit Rom verbunden waren) wurden zum Eintritt in die orthodoxe Kirche gezwungen. An der internationalen Front nahm das Moskauer Patriarchat teil an der Arbeit des Weltkirchenrates in Genf, wo es zuverlässig die Parteilinie der Regierung zu den Fragen des Friedens, der Abrüstung und der nationalen Befreiungsbewegungen vertrat.

Doch es konnte keinen Dank für seine Dienste ernten. In den sechziger Jahren gab es eine neue Welle religiöser Verfolgung unter Chruschtschow. Die antireligiöse Propaganda wurde verstärkt. Die Zahl der verbliebenen Klöster – es gab deren noch 63 (vor der Revolution hatte es über tausend gegeben) – wurde um die Hälfte reduziert. Der Romanschriftsteller und Nobelpreisträger Alexander Solženicyn drückte 1972 seinen Protest in einem »offenen Brief« an Patriarch Pimen aus: »Die russische Kirche zeigt sich besorgt über jeden Mißstand im fernen Asien oder Afrika, hat aber niemals etwas zu sagen zu Ungerechtigkeiten hier im eigenen Hause ... Die Kirche wird von Atheisten diktatorisch regiert – ein Bild, das man in zwei Jahrtausenden noch nicht gesehen hat.«

Während der kurzen Amtszeit von Jurij Andropow, vormals Chef des KGB, wurde ein erneuter Versuch unternommen, den »ideologischen Feldzug« gegen Christen zu »intensivieren«. Der Artikel 142 des sowjetischen Strafgesetzbuches, der Vergehen gegen die »Trennung von Kirche und Staat« ahndet, wurde herangezogen, um Gebets- oder Bibelstudientreffen in Privatwohnungen zu unterdrücken und jedermann außer den Eltern die Erteilung von Religionsunterricht an Kinder zu verbieten. Diese Maßnahmen waren eine Reaktion auf das Wiedererwachen der Religiosität in Rußland. Im Untergrund und unregistriert hatten sich kleine Gruppen von Christen weiterhin getroffen. Nach dem Zusammenbruch der Sowjetunion konnte das Christentum seine Freiheit wiedererringen.

Der polnische Katholizismus und ein polnischer Papst

In den nach 1945 errichteten »Volksdemokratien« wurde alsbald das sowjetische System der Gesetzgebung und Kontrolle eingeführt. Doch historische und soziologische Gegebenheiten bedingten gewisse Unterschiede.

Das eindrucksvollste Beispiel erfolgreichen Widerstandes gegen den Kommunismus bietet Polen. Die Katholiken machten 93 Prozent der polnischen Bevölkerung aus –

Christen in Polen heute

Seit über tausend Jahren hat sich die katholische Kirche in Polen als ein belagerter Außenposten des christlichen Westens gesehen. Während des ganzen 19. Jahrhunderts, als Polen zwischen seinen mächtigen Nachbarn Rußland, Österreich und Preußen aufgeteilt war, verkörperte sie die Seele der Nation. Nach bloß zwei Jahrzehnten der Unabhängigkeit in den Zwischenkriegsjahren war es wieder die Kirche, die den nationalen Widerstandswillen während der Besetzung durch die Nazis stärkte. Im kommunistischen Polen gelangte die Kirche nach anfänglicher Verfolgung allmählich zu einer schwierigen Koexistenz.

Sie handelte immer noch als das Gewissen der Nation und sah in der Entstehung der Gewerkschaft »Solidarität« den Ausdruck christlicher Werte (Bereitschaft zur Zusammenarbeit, Würde der Arbeit), welche tief im polnischen Volk verwurzelt sind. Die antireligiöse Propaganda des Regimes hat sich trotz seiner vollständigen Kontrolle über das Erziehungswesen und die Massenmedien als Fehlschlag erwiesen. Ganz im Gegenteil ist es zu einer religiösen Erneuerung gekommen. Diese hat sicher damit zu tun, daß Papst Johannes Paul II. die Verbindung zwischen Polen und dem christlichen Glauben allen bewußt gemacht hat. Heute herrscht in Polen Religionsfreiheit.

Oben: Das Begräbnis von Pater Jerzy Popieluszko am 3. November 1984. Popieluszko trat in seinen Predigten so entschieden für die Nation und für Solidarność ein, daß die Sicherheitskräfte in einer Entführung und brutalen Ermordung die Lösung des Problems sahen. Aber die Nation war tief betroffen. Seine Mörder wurden vor Gericht gestellt, und sein Begräbnis wurde zu einer Demonstration für Solidarność.

Links: Papst Johannes Paul II. während seiner zweiten Reise nach Polen 1983, als das Kriegsrecht noch in Kraft war. Eine dritte Reise fand 1987 statt. Er glaubte, daß seine Wahl zum Papst eine göttliche Wiedergutmachung für die vielen Leiden Polens war. Viele Polen stimmten mit ihm überein.

Oben rechts: Die Gläubigen in St.-Brigitta, der Kirche der Werftarbeiter in Danzig, hören von der Verhaftung Lech Walesas 1983. Der mutige Walesa blieb zwar nicht lange in Haft, doch wurde Solidarność offiziell für illegal erklärt. Im September 1986 wurden die übrigen politischen Gefangenen amnestiert, und Walesa und seine Freunde begannen für den »Pluralismus« in der Gewerkschaftsarbeit einzutreten.

Rechts: Ein Streikender schließt das Tor an der Lenin-Schiffswerft in Danzig. Das Bild am Tor ist eine Kopie der Schwarzen Madonna von Tschenstochau, einer Ikone, die geheimnisvollerweise aus dem Osten kam. Von schwedischen protestantischen Truppen wurde sie 1655 beschädigt. In Zeiten der Gefahr wird die gesamte Nation der Schwarzen Madonna auf dem Jasna Góra (Heller Berg) geweiht.

ein höherer Anteil als vor dem Krieg, als es eine ansehnliche jüdische und eine ebensolche orthodoxe Minderheit gab. Seit 1946 versuchte eine Handvoll in Moskau geschulter Männer, den Polen eine fremde und unpopuläre Ideologie aufzuzwingen. Doch zwischen Klerus und Bevölkerung konnten sie keinen Keil treiben; mehr als 2000 Priester waren von den Nazis erschossen worden oder in Konzentrationslagern umgekommen. 1966 erlebte Polen seine Tausendjahrfeier. Sie demonstrierte, daß Kirche und Nation zugleich geboren worden waren durch die Taufe des Königs. So verkörperte die Kirche Nationalbewußtsein, Tradition und Widerstand gegen Bedrückung von außen. Dagegen hatte der Anspruch der Partei, die Avantgarde des Sozialismus zu bilden, in diesem Land niemals eine große Chance.

Die Hohlheit diese Anspruchs wurde entlarvt durch die unerwartete Wahl eines Polen zum Papst im Oktober 1978. Der Besuch, den der frischgewählte Johannes Paul II. seinem Heimatland abstattete und der zu einem Triumphzug geriet, war in Wirklichkeit ein Plebiszit über die Frage, wer wirklich in Polen das Sagen hatte. Solidarność, die freie Gewerkschaft, war ein Ergebnis des durch den Papstbesuch gestärkten Selbstvertrauens. Doch dieses neuartige Phänomen barg eine Ansteckungsgefahr für ganz Osteuropa; also mußte Solidarność unterdrückt werden. Der zweite Besuch des Papstes in Polen im Juni 1983, der unter den Bedingungen des Kriesgsrechts erfolgte, gestaltete sich nüchterner und war von größerer Zurückhaltung gekennzeichnet. Der Papst hatte aber – wie sich zeigte – den »moralischen Sieg« schon errungen.

Die ehemalige Tschechoslowakei und Ungarn zur Zeit des Kommunismus

Die Tschechoslowakei bot niemals jenes Bild religiöser Geschlossenheit wie ihr Nachbarland Polen. Die Katholiken waren in der Mehrzahl, besonders in der Slowakei, aber die hussitische Kirche und die evangelische Kirche der Mährischen Brüder konnten mit mehr Recht für sich in Anspruch nehmen, die nationale Tradition zu verkörpern. Daß Jan Hus 1415 als Ketzer verbrannt wurde, war hier unvergessen. In der stalinistischen Ära war die katholische Kirche harten Repressionen ausgesezt, zum Teil deshalb, weil ihr Oberhaupt, Papst Pius XII., als »der Papst des Atlantischen Bündnisses« angesehen wurde.

Protestanten fanden, daß sie sich mit dem Regime arrangieren konnten. Der große Theologe Joseph Hromadka (1889–1969) glaubte, daß der Kommunismus nicht notwendigerweise antireligiös sei, sondern einen Platz habe im Kampf der Menschen für Freiheit und Gerechtigkeit. 1958 wurde in Prag eine kommunistische Version der internationalen ökumenischen Bewegung, die Christliche Friedenskonferenz, gegründet. In der Tschechoslowakei fanden auch die ersten »Dialoge zwischen Christen und Marxisten« statt. Jede Seite glaubte, sie könne von der anderen etwas lernen. Diese Treffen halfen den geistigen Boden vorzubereiten für den »Prager Frühling« von 1968. Aber die Hoffnungen wurden bald darauf niedergewalzt. Nach 1968 wurden gegenüber allen Kirchen wieder neostalinistische Methoden angewendet.

Die Katholiken machen etwas mehr als 70 Prozent (6,5 Millionen) der Bevölkerung Ungarns aus, und es gab zwei Millionen Mitglieder der (calvinistischen) Reformierten Kirche und eine halbe Million Lutheraner. Die katholische Kirche war zwar zahlenmäßig stark, jedoch, gesellschaftlich gesehen, war ihre Stellung schwach. In der Zeit der Gegenreformation hatte sie gemeinsame Sache mit den österreichischen Unterdrückern gemacht. In den Jahren zwischen den beiden Weltkriegen hatte sie, die selbst Großgrundbesitzer war, das faschistische Horthy-Regime unterstützt. Damit war sie verwundbar geworden für Angriffe der Kommunisten nach dem Krieg.

Der Schauprozeß gegen Kardinal Jozsef Mindszenty (1892–1975) im Jahre 1949 führte den Konflikt der ganzen Welt vor Augen. Offenbar verwirrt und unter Drogeneinfluß stehend, gestand der Kardinal ein, sich Währungsvergehen schuldig gemacht, Spionage betrieben und den Sturz der Regierung geplant zu haben. Er wurde zu lebenslanger Haft verurteilt. Doch während der Erhebung von 1956 wurde er aus dem Gefängis befreit und verbrachte die nächsten 16 Jahre als freiwilliger Gefangener in der US-Botschaft in Budapest. Nur mit diplomatischem Geschick konnte man Mindszenty dazu überreden, 1971 für dauernd ins Exil nach Österreich zu gehen. Sein Nachfolger, Kardinal László Lékai, war um Ausgleich bemüht, wo Mindszenty kämpferisch eingestellt war. Es gibt keine zuverlässigen Zahlen über den Kirchenbesuch, jedoch die beste Schätzung besagte, daß er auf dem Lande nicht höher lag als 15 Prozent und in den großen Städten auf 3 Prozent absank. »Verweltlichung« und »Konsumdenken« haben in Ungarn mehr Schaden angerichtet, als es der Verfolgung jemals gelang.

Rumänien und Bulgarien

Rumänien und Bulgarien ähneln einander darin, daß es während der vier Jahrhunderte, in denen sie unter türkischer Herrschaft standen, die orthodoxe Kirche war, die das Nationalbewußtsein lebendig erhielt. Ihre Unabhängigkeit erlangten sie reichlich spät – Rumänien 1859, Bulgarien 1878, und zwar dank russischer Hilfe. Unter dem Kommunismus gingen sie sehr verschiedene Wege.

In Rumänien fügte sich die Kirche dem Unvermeidlichen und fand sich damit ab, daß der Atheismus an die Stelle des Religionsunterrichts an den Schulen trat. Sie wurde dadurch entschädigt, daß der Klerus zum Teil vom Staat bezahlt wurde und vom Militärdienst befreit war und daß das Kirchenrecht als Bestandteil des bürgerlichen Rechts anerkannt wurde. Dieses Abkommen – einzigartig in Osteuropa – war weitgehend das Werk von Petru Groza, Präsident von 1952 bis zu seinem Tode 1958. Er war zugleich Kommunist und ein frommer Christ.

Grozas Tod traf zufällig zusammen mit der unter Chruschtschow erneuerten antireligiösen Kampagne in der Sowjetunion. Das erklärt vielleicht, warum die rumänische orthodoxe Kirche nunmehr Verfolgungen ausgesetzt war. Es kam zu staatlichen Eingriffen in das Leben der Klöster. Unter Präsident Nicolae Ceausescu brachte die Betonung der nationalen Unabhängigkeit und Solidarität gegenüber der Sowjetunion Kirche und Staat wieder enger zusammen. Aber erst nach seinem Sturz konnte die Kirche wieder aufatmen.

Bulgarien bot ein düsteres Bild. In den fünfziger Jahren nutzte die Regierung geschickt das Ressentiment der Kirche gegen den ökumenischen Patriarchen von Konstantinopel aus. Dieser als das nominelle Oberhaupt der orthodoxen Kirchen hatte es abgelehnt, dem Haupt der bulgarischen Kirche den Titel eines »Patriarchen« zuzuerkennen. So wurde die Wiedergewinnung des Patriarchats als eines Ausdrucks des Nationalgefühls eines der Ziele der kommunistischen Außenpolitik. Es wurde im Jahr 1953 erreicht, und 1961 wurde das bulgarische Patriarchat von der gesamten orthodoxen Welt anerkannt. Aber der Preis für diese weitgehend symbolische Errungenschaft war hoch: Die Jugend wußte nichts über den christlichen Glauben, die Kirchen waren leer, und die Klöster wurden als kuriose Beispiele von Folklore angesehen. Soziologen stellen heute fest, daß – von Albanien abgesehen – Bulgarien das verweltlichste Land der Erde ist.

Oben: Liturgie im Freien in Ieud, Rumänien. Die Verbindung von Kirche und Folklore wurde vom Regime nicht behindert. In Rumänien gibt es heute über 100 orthodoxe klösterliche Institutionen.

Links: Das Kloster von Bačkovo, Bulgarien, wurde weitgehend den Touristen zuliebe weitergeführt. Indessen spielten Mönche eine entscheidende Rolle, als es galt, das Leben der Nation durch vier Jahrhunderte türkischer Herrschaft zu bewahren, und es war ein Mönch, Paissi von Hilander, der im 19. Jahrhundert die Erneuerung Bulgariens möglich machte, die ihren Höhepunkt in der Unabhängigkeit fand, die 1878 erreicht wurde.

Ostdeutschland

Ostdeutschland – genauer, die ehemalige DDR – unterschied sich von allen anderen hier betrachteten Ländern dadurch, daß die Bevölkerung in der Mehrheit lutherisch war. Die meisten Stätten, die mit dem Wirken Luthers verknüpft sind, lagen in der DDR, und 1983 beging die Regierung gemeinsam mit der Kirche die Vierhundertjahrfeier seiner Geburt. Die Evangelische (oder Lutherische) Kirche war gut in die Gesellschaft integriert und unterhielt mehr als 2000 Krankenhäuser, Kliniken, Pflegeheime und Heime für behinderte Kinder. Für dieses ihr Privileg auf dem Dienstleistungssektor wurde von der Kirche erwartet, daß sie die Politik der Regierung ungefragt unterstützte. Sie tat dies in einem, wie es hieß, Geiste »kritischer Solidarität«. Von Zeit zu Zeit erhoben sich Stimmen, die die Kirchenführer als rückgratlose Kompromißler anprangerten. Die Zahl der Katholiken belief sich auf 1 300 000 (= 8 Prozent der Bevölkerung). Sie pflegten unter sich zu bleiben. Alle Kirchen waren unter Druck gesetzt durch die Jugendweihe, das Gelöbnis der Treue zum Staat, das das Sakrament der Firmung oder Konfirmation ersetzen sollte.

Die Zeit von 1917 bis heute ist, als historische Epoche betrachtet, keine lange Zeit. Sie reicht aber aus, um sagen zu können, daß die Religion tief im menschlichen Geist verwurzelt ist und daß es unwahrscheinlich ist, daß sie verschwinden wird, wie Marx dies voraussagte. Das hat man unter dem eher »pragmatischen« Regime Michail Gorbatschows erkannt. Dieses war nicht »liberaler«, aber »aufgeklärter«, was seine Methoden anging. Obwohl weiterhin Druck auf »religiöse Dissidenten« ausgeübt wurde und es einige erzwungene »Widerrufe« im Fernsehen gegeben hatte, fand man auch Hinweise auf eine neue Gesetzgebung, die den Kirchen größere Freiheiten geben sollte.

Weit davon entfernt, nach dem Zusammenbruch des Kommunismus im Osten dahinzuwelken, befindet sich die Religion dort heute in mancherlei Hinsicht in einem gesünderen Zustand als im Westen mit seinem verweltlichten Denken: »Das Blut der Märtyrer ist der Same der Kirche.«

Christen in Italien heute

Bei der Landbevölkerung Italiens kann der Katholizismus stark regional bestimmt sein. Oft geht er eine Verschmelzung mit alten bäuerlichen Bräuchen und Festen ein, denen der Klerus dann einen christlichen Charakter aufzuprägen hat. Die Bevölkerung dieses Landes hat großes Elend durchgemacht, einschließlich Krieg, Diktatur, Dürre- und Erdbebenkatastrophen, und hat dies alles irgendwie überlebt. Die Italiener fühlen sich von Natur aus Gott nahe und sind sich ihrer Verbundenheit mit den besten Freunden, die sie haben, nämlich den Heiligen und besonders mit Maria, stark bewußt. Ihre uralten Traditionen und die farbenprächtigen Zeremonien der Volksfrömmigkeit erleben sie als Bindeglied zu Christus und dem christlichen Glauben. Sie geben ihnen so eine Festigkeit, die sie den zahllosen Zufälligkeiten und Ungewißheiten des Lebens gewachsen sein läßt.

Die Religiosität des Volkes orientiert sich nicht nur an den Festen örtlicher Schutzheiliger und Altäre, sondern ebenso an den Hochfesten des christlichen Kalenders: Weihnachten, Erscheinung des Herrn, Fastenzeit, Palmsonntag und Karwoche, Karfreitag und Ostern, Himmelfahrt, Pfingsten und Fronleichnam (dem im 13. Jahrhundert eingeführten Fest der Danksagung für das Geschenk der hl. Eucharistie, das, ursprünglich am Donnerstag nach dem Dreifaltigkeitssonntag, gefeiert, jetzt gewöhnlich am darauffolgenden Sonntag begangen wird). Bemalte Christus- oder Heiligenstatuen werden in Prozessionen getragen. So werden zum Beispiel der triumphale Einzug Christi in Jerusalem oder seine Leidensstationen dargestellt. Die Menschen tragen oft weiße oder bunte Kleider. Freudenfeuer und Feuerwerke beschließen das Fest.

Rechts und nächste Seite unten: Am Monte Autore bei Vallepietra an der Grenze zwischen den Abruzzen und Latium haben seit mindestens fünf Jahrhunderten Pilger in langen Prozessionen den mühseligen Aufstieg zum 1200 m hoch gelegenen Schrein der Heiligen Dreifaltigkeit unternommen, um dort Gott anzubeten und ein altes Fresko zu verehren (besonders am Sonntag Trinitatis und am 26. Juli, dem Fest der heiligen Anna). Der Schrein befindet sich in einer engen Grotte von etwa fünfzehn Meter Länge, die in verschiedene Abschnitte unterteilt ist. Draußen steht eine neoklassische Kirche, die um 1860 erbaut wurde. Die Pilger singen Kirchenlieder und berühren die Wände des Schreins mit der rechten Handfläche (was nicht gerade zur Erhaltung der Malereien beiträgt). An gewöhnlichen Tagen wird der Schrein unter Aufsagen des Glaubensbekenntnisses siebenmal umwandelt, aber nur einmal an den beiden hohen Festtagen, wenn viele Hunderte kommen und wegen der großen Menschenmenge besondere Vorkehrungen notwendig sind.

Unten: Bei einem Begräbnis auf den schönen, aber melancholischen Wassern der Lagune von Venedig ist der Leichenwagen ein Motorboot. Auf der Friedhofsinsel San Michele finden gleichermaßen gewöhnliche und berühmte Sterbliche, wie beispielsweise der Komponist Igor Strawinsky, ihre letzte Ruhestätte.

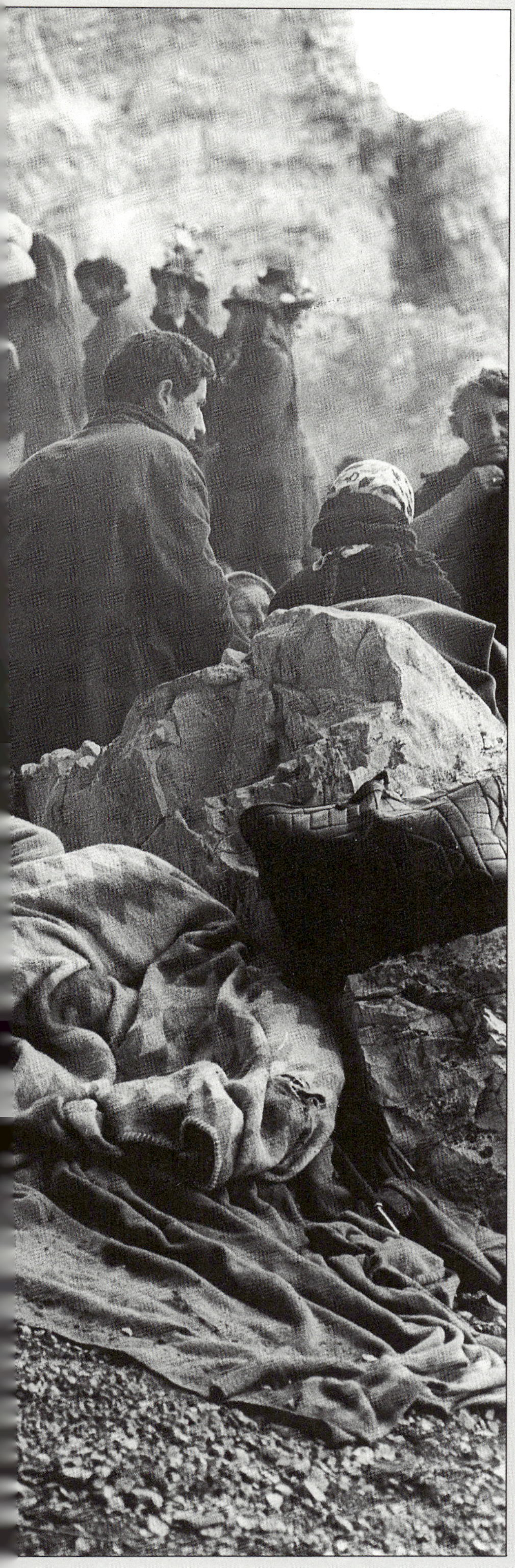

Unten: Der Ortsheilige der Stadt Gubbio in Italien ist der heilige Ubaldo. An seinem Festtag, dem 15. Mai, werden Statuen des Heiligen sowie der heiligen Georg und Antonius im Gefolge riesiger Kerzen in einer feierlichen Prozession durch die Straßen der Stadt getragen. Die Aufrichtung der Statuen in eine senkrechte Position ist sehr mühsam und erfolgt im Rahmen eines komplizierten Rituals. Die Tradition der Feier existiert seit einem Sieg Gubbios über rivalisierende Städte im Italien des 12. Jahrhunderts.

Umseitig: Die Danksagung für das Brot des Abendmahls (Corpus Christi) findet oft in Gestalt farbenfroher Prozessionen statt. Das Volk säumt die Straßen und am Ende wird ein feierliches Dankgebet gesprochen. In Gandino bei Bergamo tragen Laienbruderschaften ihre besonderen Seidenroben und Insignien. Die Häuser werden mit dekorativen Tüchern und Blumen geschmückt, und die Menschen treffen sich zu einem großen Volksfest, wie es bei religiösen Anlässen in Italien üblich ist.

CHRISTENTUM UND MODERNES DENKEN

Oben: Auf dem Gipfel des Croagh Patrick in der Grafschaft Mayo, Irland. Das Fest des St. Patrick am 17. März fällt in die Fastenzeit, und einige Pilger bezwingen den Berg auf den Knien. Für diese Bußhandlung benötigen sie drei oder vier Tage. Das irische Christentum war streng und unerbittlich. Nach den durch jahrelange Mißernten ausgelösten Hungersnöten in den vierziger Jahren des 19. Jahrhunderts wurde es in Anlehnung an die römisch-katholische Glaubensform erneuert.

Rechts: Die Massaker der Bartholomäusnacht (24. 8. 1572) sind im Gedächtnis der französischen Protestanten unauslöschlich geblieben. Erst durch das Edikt von Nantes 1598 wurde das Recht der besiegten Minderheit auf ihre Existenz (und den Besitz von hundert befestigten Städten) gesichert. Das Edikt wurde jeoch 1685 von Ludwig XIV. aufgehoben. Es bedeutete, daß die Hugenotten ins Exil gehen mußten oder sich nur heimlich treffen konnten. Das Foto zeigt eine Andacht zum Gedenken an dieses Ereignis.

Institutionelle Stärken und Schwächen

Gleich nach dem Zweiten Weltkrieg erlebten die Kirchen, zumindest außerhalb Osteuropas, vorwiegend eine Periode der Konsolidierung. So ist es sinnvoll, zu Beginn die Zonen ihrer Stärken und Schwächen um die Mitte des 20. Jahrhunderts als Profil darzustellen.

Die Stärke des Katholizismus strahlte aus von einem Zentrum im südlichen Mitteleuropa: von der katholischen Schweiz, den Berggegenden Österreichs und Frankreichs (einschließlich des Massif Central), von Süddeutschland, dem Veneto, von Kroatien und Slowenien. Es gab drei Außenbastionen: im Nordosten waren dies die Slowakei, Polen und Litauen; im Nordwesten der Pas de Calais, Flandern, Südholland, die Pfalz; im Südwesten der Norden der Iberischen Halbinsel, insbesondere Nordportugal und das Baskenland. Und es gab Außentaschen in der Bretagne und Irland. Gebiete der Schwäche oder eines desorganisierten abergläubischen Halbkatholizismus verliefen durch Südportugal und Spanien sowie Süditalien. In der orthodoxen Welt war die Stärke in Griechenland und Rumänien konzentriert, und was an relativer Kraft in der UdSSR verblieb, war in den westlichen Gebieten und in der Ukraine zu finden. Die Orthodoxie war schwach oder wurde systematisch geschwächt im südlichen Jugoslawien und in Bulgarien. Der nordeuropäische Protestantismus war bereits institutionell geschwächt, was sich jedoch durchaus mit einer diffusen Religiosität vertrug. Die einzigen partiellen Ausnahmen waren gewisse Bastionen neocalvinistischer Strenge in Holland und Randgebiete wie Ulster, Wales, Schottland und Westnorwegen. Die Kapitalen des weltlichen Denkens in Europa waren London, Birmingham, Amsterdam, Stockholm, Kopenhagen, Hamburg, Berlin, das Pariser Becken, die »rote« Emilia-Toskana, Prag, Titograd und Sofia.

In Nordamerika war der Protestantismus institutionell viel stärker verankert, ja er breitete sich aus. Eine grobe Charakterisierung würde relative Schwäche ausmachen bei allen Kirchen in den Appalachen, den Rocky Mountains und den Regionen an der Pazifikküste. Der amerikanische Katholizismus war überwiegend städtisch und konzentrierte sich auf die mittelatlantische sowie die östliche Zentralregion, während die evangelischen Kirchen in den ländlichen und kleinstädtischen Gebieten des Südens am stärksten vertreten waren. Der Volkskatholizismus war, ausgehend von Mexiko, über ganz Mittel- und Südamerika verbreitet. Einige Länder, wie Brasilien, boten mit der Desorganisiertheit oder dem abergläubischen Charakter ihrer Religion ein ähnliches Erscheinungsbild wie Südeuropa.

Volkszugehörigkeit und Religion

Eine derartige Verteilung von Stärke und Schwäche ist nicht zufällig, und man ist zu allgemeinen Feststellungen gelangt, die durchgängig für das gesamte moderne Industriezeitalter zutreffend sind. Die Religionsausübung geht zurück in städtischen Ballungsgebieten und in Gebieten, die durchweg von Angehörigen der Arbeiterklasse bewohnt sind. Sie schwindet ebenfalls mit zunehmender Größe der Industrieunternehmen: »Schwer«-industrie ist der Lebenskraft religiöser Institutionen abträglich. Indem diese auf persönlicher und gemeindlicher Kommunikation beruhen, läßt sich sogar ganz allgemein sagen, daß sie durch Größe überhaupt nachteilig beeinflußt werden: durch großflächig betriebene Landwirtschaft ohne persönliche Bindungen an das Land, durch eine aufgeblähte Bürokratie und durch Zusammenballungen in Großstädten. Auch gesellschaftliche und geographische Mobilität und rasche Veränderungen unterminieren die Bindung an die Formen institutioneller Religion.

Unter anderen, aber ebenso gleichartigen Bedingungen werden – umgekehrt – religiöse Bindungen gefördert: wo das Leben relativ beständig verläuft, wo Beziehungen auf der persönlichen Ebene stattfinden, wo Abhängigkeiten von väterlicher Fürsorge bestimmt sind, wo die Menschen ein Interesse an der Gemeinschaft haben, weil sie (wie in den Vorstädten) ein eigenes Haus oder weil sie ihren eigenen Hof haben. Die religiösen Bindungen werden ebenfalls gestärkt, wenn ein unterdrücktes oder bedrohtes Nationalgefühl (oder eine ethnische Enklave) durch die Religion definiert werden kann. Manchmal ist diese ethnische Solidarität durch die Sprache bestimmt, wie in Teilen Kataloniens; doch sehr häufig werden Sprache und Religion gleichzeitig verteidigt. Dafür gibt es zahlreiche Beispiele: Quebec, Flandern, Kroatien, die Slowakei, Litauen, Polen, Irland, das Baskenland, die Bretagne, Rumänien, das »walisische« Wales. Eine schwächere Version dieser Beziehung zwischen Religion, Sprache und Volkszugehörigkeit ist in gewissen oftmals (aber nicht immer) relativ unentwickelten Provinzen anzutreffen, in denen an einem besonderen Charakter oder Dialekt festgehalten wird gegen die Bedrohung durch ein verweltlichtes Kulturzentrum, so z.B. in Westnorwegen, Nordjütland, Westengland und Teilen des Languedoc. Sogar der Süden der USA kann als Beispiel einer solchen provinziellen Religiosität angesehen werden.

Volkszugehörigkeit und Religion verstärken einander auch dann, wenn (wie im Falle der Armenier und Juden) ein Volk verdrängt oder vertrieben wird oder wenn eine Masseneinwanderung in ein anderes Land die Gefahr der völligen Absorption durch die aufnehmende Kultur in sich birgt. Die Beispiele dafür sind Legion: die Iren in Preston, Liverpool und Glasgow oder in New York und Boston; die Polen und Griechen in Chicago; die Moslems und Sikhs in Nordengland und den Midlands. Manchmal wird dabei der Zusammenhalt wiederhergestellt. Ja, es kann sogar zu einem religiösen Konservatismus kommen, der im Ursprungsland bereits verlorgengegangen war. Beispiel dafür ist das Luthertum der Synode von Missouri.

Offensichtlich hängt die Art und Weise, in der die Religion von Auswanderern mitgenommen oder verstärkt wird, zum Teil von den wechselseitigen Beziehungen zwischen der politischen Macht, der gesellschaftlichen Klasse und der Religion im Heimatland ab. »Hispanier« in den USA schließen sich oft keiner Kirche an, wenn die Kirche in den Ländern, aus denen sie kommen, zu den Privilegierten hält. Im New York des späten 19. Jahrhunderts hatten Iren und Deutsche eine ganz unterschiedliche Einstellung zur Religion: Die ersteren waren schon aus patriotischen Gründen streng katholisch, letztere standen der Religion gleichgültig gegenüber. Man muß also diese entscheidend wichtigen Konstellationen von politischer Macht, Klassen- und Religionszugehörigkeit daraufhin betrachten, wie sie die religiöse Einstellung bestimmter Statusgruppen, der Intelligenz und des Staatsapparats beeinflussen.

Unterschiedliche politische und soziale Strukturen

Hier ist zunächst zwischen Kulturen zu unterscheiden, die immer noch von den englischen Revolutionen des 17. Jahrhunderts, von der Französischen Revolution und von der Russischen Revolution beeinflußt sind. Die jeweils spätere Revolution ist der konservativen Religion mit größerer Unduldsamkeit begegnet, hat einen umfassenden ideologischen Anspruch erhoben und war atheistischer gesinnt. In England hielt sich die Revolution noch in einem religiösen Rahmen mit chiliastischen Obertönen. In Frankreich und Rußland traten Diesseitsutopien an die Stelle der Religion.

Die gesellschaftlichen Konsequenzen dieser drei Revolutionen verfolgen uns bis heute. Die englische Revolution prägt die gesamte angelsächsische Welt, insbesondere das »weiße« Commonwealth. Sie erhielt ihre endgültige Gestalt 1776 in Amerika, wo sie sich mit aus der Aufklärung stammenden Elementen vermischte. Ihre Dynamik besteht im Individualismus und in der »protestantischen Ethik«. Die Französische Revolution durchdrang die gesamte lateinische Welt und beeinflußte zudem die deutschsprechende Intelligenz. In ihrem Gefolge bildete sich ein unversöhnlicher Gegensatz zwischen Kirche und Antiklerikalen, vor allem in der Intelligenz und (zuweilen) in den freien Berufen, heraus. Revolutionen und Konterrevolutionen lösten einander ab. In der gesellschaftlichen Auseinandersetzung ging es dabei vor allem um das Bildungswesen und die religiösen Orden. Die Russische Revolution, die sich wesentlich speiste aus der seit der Französischen Revolution entstandenen weltlich denkenden Intelligenz, führte den Prozeß in ein neues Stadium. Sie war ausgestattet mit einer militanten Mittelklassen-Ideologie, die sich versteckte hinter dem utopischen Mythos vom »Proletariat«. Nicht nur verschärfte sie die Konfrontation mit der institutionellen Kirche, sondern sie errichtete ein rein weltliches »religiöses« Monopol, unterstützt durch all jene Mechanismen der Anpassung und staatlichen Zwangsmittel, die man zuvor immer mit der römisch-katholischen Kirche in Verbindung gebracht hatte. Nach dem Zweiten Weltkrieg wurden diese Methoden auf ganz Osteuropa übertragen.

Jedoch lassen sich auch weniger globale Strukturen unterscheiden. In der protestantischen Welt gibt es zumindest vier, die kurz bezeichnet werden können als: (1) die amerikanische, (2) die englische, (3) die deutsche und skandinavische und (4) die holländische (und in einem gewissen Sinne die südafrikanische). Jede dieser Substrukturen weist ein anderes Verhältnis zwischen den beiden Grundformen des Protestantismus auf: der etablierten »Volks«kirche und der freireligiösen Vereinigung. Das Aufkommen freireligiöser Vereinigungen ohne eine ausdrückliche Verbindung zu Staat und Nationalität ist ein wichtiger Aspekt des Prozesses der gesellschaftlichen Differenzierung oder »Ausgrenzung« von Funktionen, der das Thema des letzten Abschnitts bilden wird.

In den *USA* waren um 1830 alle direkten Bindungen zwischen Staat und Kirche aufgelöst. Einerseits gab es religiöse Organisationen, die aus ursprünglich freireligiösen Vereinigungen entstanden waren, vor allem die baptistische und die methodistische Kirche. Auf der anderen Seite gab es einmal etablierte oder Mehrheitskirchen, Presbyterianer, Anglikaner, Katholiken usw., die sich entweder zu freiwilligen Vereinigungen hin entwickelt oder diesen Status plötzlich erhalten hatten, als sie in einem Amerika ankamen, das bereits von ethnischem und religiösem Pluralismus gekennzeichnet war. Die alten Mehrheitskirchen kümmerten sich immer noch weitgehend um ihre ethnisch bestimmte Anhängerschaft (irisch, griechisch, polnisch usw.), während die freireligiösen Vereinigungen an Zahl und Größe zunahmen und je nach den Zwängen des sozialen Milieus zahllose Stile ausbildeten.

Zwei weitere Aspekte verdienen Erwähnung. Die Verweltlichung des Denkens fand ihren Ausdruck innerhalb

Links: Papst Paul VI. begrüßt kurz nach seiner Wahl im Juli 1963 John F. Kennedy, den ersten römisch-katholischen Präsidenten der Vereinigten Staaten. Die Audienz sollte eigentlich bei Papst Johannes XXIII. stattfinden, der aber kurz vorher starb, Kennedy wurde am 22. November desselben Jahres ermordet. Dieses Bild fängt die Illusion von einer neuen Ära ein, in der »der mächtigste Mann der Welt« und »der Oberhirte der Welt« hätten zusammenwirken können. Es ist nicht ohne Ironie, daß die Gestalt mit dem Doppelkinn zur Rechten der einflußreiche Kardinal Alfredo Ottaviani ist, der die Trennung von Staat und Kirche für unmoralisch hielt. Die nachfolgenden Ereignisse haben gezeigt, daß es für einen nichtkatholischen amerikanischen Präsidenten, nämlich Ronald Reagan, leichter war, diplomatische Beziehungen zum Vatikan herzustellen.

Unten: Das Bündnis von Kirche und Staat, von Thron und Altar ist deutlich sichtbar bei der Krönung monarchischer Herrscher. Seit der Zeit von Elisabeth I. trägt der Monarch den Titel eines »Supreme Governor« der Kirche von England. Da Ihre Majestät aber auch Königin ihrer nichtanglikanischen und glaubenslosen Untertanen ist, legt sie kein Gewicht auf diese Rolle. Nur zu großen Anlässen wie der Krönung und königlichen Hochzeiten wird der ganze Pomp der Kirche entfaltet, und der Erzbischof von Canterbury präsidiert, als ob es »eine Kirche in einer Nation« gäbe. Aber selbst dieses Bild ändert sich, und bei jüngsten königlichen Hochzeiten war eine ökumenische Beteiligung selbstverständlich.

des religiösen Zusammenhanges; und zwar wurde anfänglich das Dogma in Transzendentalismus oder ethisches und humanitäres Gefühl aufgelöst, wie in den Neuenglandstaaten. Im 20. Jahrhundert wurden dann bei den meisten der Organisationen, die zum Hauptstrom des Protestantismus gehören, die Kriterien für die Zugehörigkeit heruntergeschraubt. Der religiöse Konservatismus blieb in zwei Hauptformen erhalten, die beide, wenn auch auf verschiedene Weise, mit der Demokratischen Partei verknüpft sind: der katholischen und der evangelischen (hauptsächlich baptistischen). Die Katholiken durchbrachen dadurch, daß sie zunächst gesellschaftlich wenig angesehen waren und sich die Politik der demokratischen Partei zu eigen machten, die Verbindung zwischen religiösem und politischem Konservatismus, zwischen Religion und privilegierter Stellung. Das war einfach eine Folge des niedrigen Status, den die Katholiken in der ganzen angelsächsischen Welt besaßen: in Kanada, Australien, Südafrika, auf Neuseeland und in England.

Bei den evangelischen Konfessionen verlief die Bewegung bis zu einem gewissen Grade in umgekehrter Richtung. Nachdem sie im 19. Jahrhundert in Nordamerika, ebenso wie in England und dem weißen Commonwealth, gesellschaftlich einflußreich gewesen waren, gerieten sie zwischen 1880 und 1920 zuerst in eine Krise, und dann ging ihr Einfluß zurück. Sie fanden sich von den liberal denkenden oder leicht verweltlichten großstädtischen Eliten verachtet und konzentrierten sich unverhältnismäßig stark auf Kleinstädte, ländliche Gebiete und in Gruppen der unteren sozialen Schichten. Wie noch gezeigt werden wird, gelang es ihnen jedoch, eine neue Infrastruktur aufzubauen, die es ihnen ermöglichte, gestärkt wieder hervorzutreten, seitdem der bis dahin tonangebende Liberalismus seine eigene Basis in der Kirche zu zerstören begann.

In *England* zeigt sich eine von den amerikanischen Verhältnissen abweichende Struktur. Das System der Staatskirche mit ihrer unmittelbaren Verbindung von Thron und Altar, Großgrundbesitz und Anglikanismus, bestand fort. Die freireligiösen Vereinigungen konnten sich nicht so ungehindert ausbreiten wie in Amerika. Sie verbanden sich mit dem sozialen Selbstbewußtsein bestimmter Gebiete des sich entwickelnden Landes, von Bergarbeitern und Fischern, Ladenbesitzern, von Arbeitern in kleineren Industriezweigen und der »achtbaren Arbeiterklasse«. Da dieses Selbstbewußtsein anfänglich mit der Liberalen Partei verknüpft war, bedeutete das, daß noch eine weitere Kraft an der Entflechtung von politischem Konservatismus und der Religion als solcher mitwirkte.

So konnten Liberalismus und »Fortschritts«denken in der ganzen angelsächsischen Welt ein Teilbündnis mit der Religion eingehen, ohne daß es zu den massiven antiklerikalen Angriffen kam, die in den meisten traditionell katholischen Ländern das Bild bestimmten. Die Aufrechterhaltung der etablierten Bindungen in England bedeutete indes, daß konkrete Religionsausübung immer weiter unten auf der sozialen Skala stattfand, ein Abstieg, der am ausgeprägtesten hervortrat an dem Punkt, der die untere Mittelschicht von der Arbeiterklasse trennt. Das weiße Commonwealth hält die Waage zwischen der amerikanischen und der englischen Struktur. Verglichen mit England ist das Prinzip der freiwilligen Vereinigung hier weiter verbreitet und der Anglikanismus nicht so dominant, gibt es eine größere katholische Minderheit und liegt die Beteiligung am religiösen Leben etwas höher.

Die *skandinavische (und norddeutsche) Struktur* betont das Prinzip der Volkskirche, der gegenüber die freireligiösen Vereinigungen eine geringere Rolle spielen. Das führt dazu, daß sich jede Gruppe mit einem neuerwachten Selbstbewußtsein vom Glaubensleben der Privilegierten absondert, so daß nur Teile der »alten« Mittelschicht und landbesitzenden Schichten in unmittelbarer Berührung mit der Kirche bleiben. Da indes die lutherischen Kirchen nicht mit dem theokratischen und internationalen Anspruch der katholischen Kirche auftreten, hat dies entweder zu einer diffusen Indentifikation mit »persönlicher« Religiosität oder zu einer auf die »Durchgangsriten« beschränkten Teilnahme geführt. Die neuen sozialdemokratischen Eliten, die an die Macht kamen, waren religiös indifferent. Ihr Antiklerikalismus war jedoch relativ gedämpft, obgleich es im späten 19. und frühen 20. Jahrhundert Zusammenstöße zwischen religiösen Konservativen und der Sozialdemokratie gegeben hatte. In Deutschland war das Verhältnis allerdings von Feindseligkeit bestimmt, und der Verfall der verschiedenen Staatskirchen wurde beschleunigt durch eine Allianz von Thron, Aristokratie und Altar, welche die Mittelschicht ebenso abstieß wie die Arbeiterklasse. Auf diese Weise wurde und bleibt die große norddeutsche Tiefebene ein Gebiet mit sehr geringer Lebendigkeit der institutionalisierten Religion. In Schweden führten ein Verbot des religiösen Nonkonformismus und dessen Verfolgung im allgemeinen zur Entfremdung neuer politischer Eliten und zu einer sehr schwachen religiösen Beteiligung der Arbeiterklasse. Die größten Spannungen gab es in den dreißiger Jahren.

Die *niederländische Struktur* ist durch das Prinzip des religiösen Ghettos gekennzeichnet, welches dadurch noch verstärkt wird, daß die verschiedenen religiösen Konfessionen bis zu einem gewissen Grade räumlich konzentriert sind. Verschiedene religiöse Subkulturen, und zumal die Katholiken, schirmten sich durch die Bildung ausgedehnter Ghettos ab, denen sozialistische Ghettos gegenüberstanden bzw. -stehen. Dadurch gelang es diesen religiösen Subkulturen, das Leben umfassend zu organisieren und der sozialen Differenzierung einen Riegel vorzuschieben. Sie wetteiferten auch untereinander und ließen sich auf wechselnde Bündnisse gegen die liberalen großstädtischen Eliten (und gelegentlich auch mit diesen) ein. Es gab kein etabliertes System gesellschaftlicher Macht, und liberale Eliten sahen sich stets konfrontiert mit der starken Kraft einer teilweise ausgeschlossenen katholischen Minderheit, die sich für die kulturelle Verteidigung und das gesellschaftliche Emporkommen wappnete. Entsprechungen zu dieser Situation finden sich in Deutschland, wo der süd- und westdeutsche Katholizismus ein System kultureller und politischer Absicherung schuf, welches sich auf die dortigen katholischen Eliten stützte, die ein Gegengewicht zu den »staatstragenden« protestantischen Eliten bildeten. Auch in den Vereinigten Staaten schufen die katholischen Eliten und Bevölkerungen bestimmter Gebiete in den größeren Städten ein ähnliches System kultureller und politischer Verteidigung.

In *Südafrika* wurde die kulturelle Verteidigung des Ghettos von der verdrängten Elite der Kapholländer gegen die englischen Eliten angewendet. Das führte zu einer Differenzierung der religiösen Gruppen. Bestimmend im Staat wurde schließlich ein konservativer kapholländischer Calvinismus; die nicht-etablierten Gemeinschaften wie die Methodisten, die separatistischen afrikanischen Organisationen und die katholische Kirche konzentrierten sich unverhältnismäßig stark auf die schwarzafrikanischen Fremdgruppen. Der calvinistische Anteil der Elite in Nordirland hat sich, wie auch der maronitische Anteil der christlichen Eliten im Libanon, ähnlich verhalten. Dabei wurde er unterstützt und sogar überboten durch militantere Elemente der Bevölkerung in den entsprechenden ethnischen Enklaven. Wo auch immer man sich das Ghetto-Prinzip zu eigen macht, ist eine starke religiöse Identifizierung vorhanden. Sowohl in Südafrika wie in Nordirland ist bei Katholiken und Calvinisten eine starke Lebendigkeit der religiösen Institutionen zu verzeichnen, und sogar die Beteiligung von Gruppen, die zwischen Anglikanern und Methodisten angesiedelt sind, geht über das Normalmaß hinaus. In die politische Diskussion dieser Gruppen gehen Elemente der religiösen Rhetorik und Polemik ein.

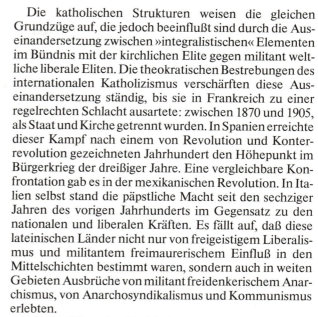

Die katholischen Strukturen weisen die gleichen Grundzüge auf, die jedoch beeinflußt sind durch die Auseinandersetzung zwischen »integralistischen« Elementen im Bündnis mit der kirchlichen Elite gegen militant weltliche liberale Eliten. Die theokratischen Bestrebungen des internationalen Katholizismus verschärften diese Auseinandersetzung ständig, bis sie in Frankreich zu einer regelrechten Schlacht ausartete: zwischen 1870 und 1905, als Staat und Kirche getrennt wurden. In Spanien erreichte dieser Kampf nach einem von Revolution und Konterrevolution gezeichneten Jahrhundert den Höhepunkt im Bürgerkrieg der dreißiger Jahre. Eine vergleichbare Konfrontation gab es in der mexikanischen Revolution. In Italien selbst stand die päpstliche Macht seit den sechziger Jahren des vorigen Jahrhunderts im Gegensatz zu den nationalen und liberalen Kräften. Es fällt auf, daß diese lateinischen Länder nicht nur von freigeistigem Liberalismus und militantem freimaurerischem Einfluß in den Mittelschichten bestimmt waren, sondern auch in weiten Gebieten Ausbrüche von militant freidenkerischem Anarchismus, von Anarchosyndikalismus und Kommunismus erlebten.

Seit der Mitte des 20. Jahrhunderts trat eine partielle Entspannung zwischen diesen antagonistischen Positionen ein. In einigen Ländern war dieser Antagonismus auch weniger scharf ausgeprägt oder er bestand über einen weniger langen Zeitraum hinweg, wie in Belgien, Österreich und Portugal. Polen und Irland bilden, worauf schon hingewiesen wurde, insofern eine Ausnahme, als hier der Katholizismus ein ganzes Volk gegen politische Fremdbestimmung mobilisierte.

Auch *Süd- und Mittelamerika* fügen sich heute nicht mehr ganz in das klassische Bild von der Konfrontation zwischen militanten freigeistigen Eliten – ob nun liberal oder sozialistisch – und integralistischen Elementen, insbesondere den Militärs und Großgrundbesitzern im Bündnis mit kirchlichen Eliten. Die moderne Entwicklung Südamerikas vollzog sich hauptsächlich, nachdem der Kampf zwischen der »Festung Katholizismus« mit dem Zentrum im Vatikan und weltlich denkenden Eliten abgeflaut war. Außerdem war der Katholizismus von den relativ neuen kreolischen Eliten bereits dadurch isoliert, daß er die spanische Herrschaft unterstützt hatte. Gewiß gibt es in einigen Ländern, wie in Argentinien, weiterhin eine gewisse konservative Allianz. Aber vor allem in Brasilien und Chile, in Nicaragua und El Salvador (wie auch auf den Philippinen) haben große Teile der kirchlichen Hierarchie Partei ergriffen für radikale Gruppen der Mittelschicht und echte Volksbewegungen unter den Besitzlosen gegen rechte Diktaturen, obwohl diese Bündnisse im Falle eines tatsächlich gelingenden Machtwechsels wahrscheinlich auseinanderbrechen werden, wie die in Nicaragua bereits bestehenden Spannungen anzeigen. In einem Land, auf Cuba, wurde die Kirche einfach aus allen gesellschaftlichen und politischen Positionen vertrieben, was durch ihre frühere Verbindung mit der spanischen Herrschaft, ausländischem Klerus und der gesellschaftlichen Oberschicht erleichtert wurde. In Venezuela und Uruguay befindet sich die Kirche, nachdem sie in der Vergangenheit mit der radikalen Mittelklasse zusammengestoßen ist und mit den Auswirkungen einer weitgehenden Verstädterung fertigwerden mußte, wieder in einer relativ gesicherten, wenn auch schwachen Position.

Wie weitgehend die weltlichen Eliten in *Osteuropa* totale Macht ausüben können, ist von der vorausgegangenen historisch-politischen Konstellation abhängig. Wenn die Kirche eng mit den privilegierten und landbesitzenden Gruppen liiert war, wie in Ungarn, oder mit einer Form von monarchischem Faschismus, wie in Bulgarien, dann

Christen in Lateinamerika heute

Um das Jahr 2000 wird mehr als die Hälfte der Katholiken der Welt in Lateinamerika leben. Von daher lassen sich dessen strategische Bedeutung und die wiederholten Papstbesuche verstehen. Doch die Volksreligion Lateinamerikas ist im Begriff, sich zu verändern. Seit der lateinamerikanischen Bischofskonferenz in Medellin (Kolumbien) im Jahre 1968 hat sich in zahlreichen der 27 Länder des Kontinents eine »Theologie der Befreiung« ausgebreitet. Obwohl sie vom Vatikan mit einigem Argwohn betrachtet wird, behaupten ihre Verfechter, daß sie auf die Anfänge des Glaubens in Lateinamerika zurückgeht, als der Bischof der einzige Beschützer der Armen vor einer räuberischen Soldateska war. Die »Reduktionen« der Jesuiten in Paraguay (im Film *The Mission* zu sehen) illustrieren einen anderen Weg, wie die Kirche die Unterdrückten unter ihre Fittiche nahm. Die Marienfrömmigkeit ist noch ein weiterer traditioneller Aspekt der Befreiung; denn im Magnificat singt sie: »Die Mächtigen werden von ihren Thronen gestürzt und die Armen erhöht werden.« Bei ihren »Erscheinungen« in Lateinamerika sprach Maria in den Indianersprachen. So kann das, was höchst traditionell erscheint, äußerst revolutionär zu wirken beginnen.

Unten: Ostern in Guatemala. Eine Figur hängt von einem Baum: es sieht sehr malerisch aus. Aber die Verfolgung der Kirche veranlaßte manche zu dem Satz »Christus ist hier noch nicht auferstanden.« 57 Prozent der Bevölkerung sind Indianer, die übrigen größtenteils Mischlinge. 63 Prozent sind Analphabeten, 34 Prozent arbeitslos. Genozid gehört zu den politischen Mitteln gegen drohende Rebellionen des Volkes.

Rechts: Eine andere Idylle. Der Yanqui-Priester feiert die Messe für die anspruchslosen Indianer. Heute wird er aus Guatemala vertrieben worden sein, und die Laienkatecheten sind ermordet. (Ein solches Schicksal traf mehr als 10000 von ihnen.) Warum? Die Regierung ist glücklicher mit von Amerika finanzierten evangelischen »Sekten«, die als Tröstung die Erlösung des einzelnen ohne politische Absicht versprechen.

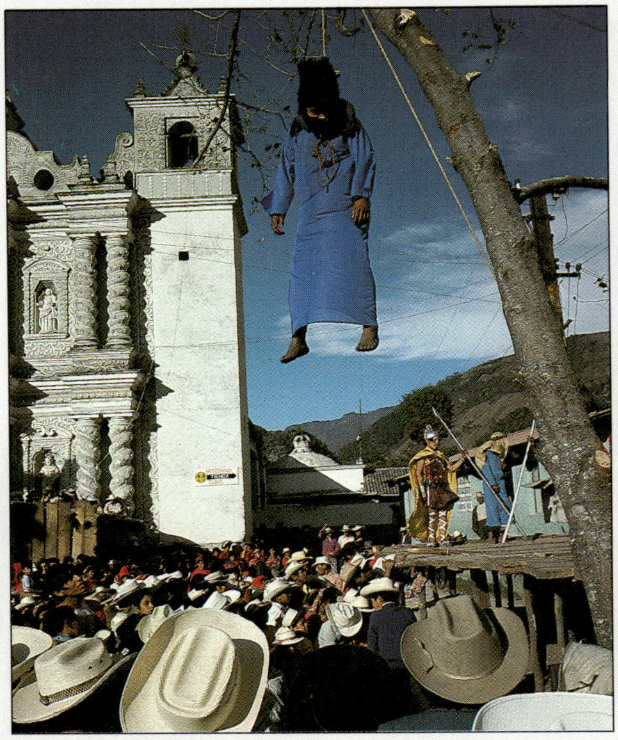

Oben: Votivgaben als Dank für Heilungen in einer Kirche in Juaneiro im Nordosten Brasiliens. Angesichts von 50 Millionen Farbigen afrikanischer Herkunft muß der brasilianische Katholizismus gegen Synkretismus, Spuren von Stammesreligionen und Voodoo ankämpfen.

Rechts: Zwei Millionen Aymara-Indianer leben auf dem Hochplateau von Peru, wo es im Sommer sengend heiß, im Winter bitterkalt ist. Für die Seelen der verstorbenen Verwandten zu beten, ist eine Form, die Gemeinschaft der Heiligen anzurufen und ihre Fürbitte zu erflehen.

Ganz rechts: Die Prozession am Sonntagmorgen zur Pfarrkirche Santo Tomás in Chichicastenango, Guatemala. Das Christentum in Lateinamerika wird nicht als etwas Aufgezwungenes empfunden, es ist volkstümlich und erfüllt menschliche und religiöse Sehnsüchte.

haben diese Machteliten bei ihrem Angriff auf Macht und Einfluß der Kirche leichtes Spiel. In Ungarn und Bulgarien führten Industrialisierung und die feindselige Einstellung des Staates zu einer weitgehenden Auflösung der institutionalisierten Religion. In der ehemaligen DDR und in Estland war das Luthertum bereits geschwächt, und die Religiosität war überwiegend bei lebendigen Minderheiten lutherischer Aktivisten und sektiererischer Schwärmer anzutreffen. In der ehemaligen Tschechoslowakei wurde der kommunistischen Machtelite die Arbeit erleichtert durch die Tradition liberaler und hussitischer Feindschaft gegenüber der Kirche sowie dadurch, daß die katholische Kirche seit der Zwangskonversion nach 1625 als etwas Fremdes empfunden wurde. Auf der anderen Seite konnte eine nationalistische kommunistische Elite, wie sie in Rumänien an der Macht war, sich aus Berechnung mit der kirchlichen Hierarchie verbünden gegen ethnische und religiöse Fremdgruppen und zum Ausdruck der nationalen Solidarität und geschichtlichen Identität gegenüber einer äußeren Bedrohung durch die Russen werden. In der ehemaligen Sowjetunion selbst wurde der Versuch unternommen, die Nationalkirchen der Ukraine, Georgiens und Armeniens zu enteignen und unter Kontrolle zu bringen. So konnten Nationalkirchen systematisch von innen her zersetzt und statt dessen Elemente der Folklore zum Ausdruck der nationalen Identität hochstilisiert werden. Dennoch blieben die besondere nationale Kultur und die angestammte Religion miteinander verbunden. Deshalb behielt die Religion auch bei den Russen ihren Einfluß, wenn dieser sich auch am stärksten in jenen Gebieten landwirtschaftlicher und industrieller Produktion bemerkbar machte, die am wenigsten in die gesamte staatliche Planwirtschaft einbezogen waren. Die Religion ist zu Randgruppen hin verdrängt worden. Ihre gesellschaftlichen Funktionen wurden teilweise von einem ganzen System rein weltlicher Rituale übernommen.

Langfristige Differenzierungen. Die sechziger Jahre

In all diesen komplizierten und miteinander verflochtenen Prozessen, bei denen es um die Auseinandersetzung zwischen weltlichen Zentren und religiösen Peripheriezonen und/oder um Bündnisse zwischen integralistischen kirchlichen und ideologisierten weltlichen Eliten sowie um die Beziehungen zwischen Religion und Klasse oder Religion und Volkszugehörigkeit geht, sind langfristig angelegte Differenzierungsprozesse am Werk. Diese hatten dramatische Konsequenzen, als sie in den sechziger Jahren ein fortgeschrittenes Stadium erreichten. In dem Maße, wie die Gesellschaft sich in komplexe Funktionen aufspaltet, verliert die Religion ihren Platz als Mittelpunkt des auf Solidarität gegründeten sozialen Systems und erhält sie eine spezialisiertere Rolle zugewiesen. In den protestantischen Gesellschaften ist das Auftreten der freireligiösen Vereinigung, die eine Trennungslinie zwischen Kirche und Staat zieht, ein Element in diesem Prozeß. Die Wirtschafts-, Wohlfahrts- und Bildungseinrichtungen dieser Organisationen werden sodann schrittweise von weltlichen Stellen übernommen. Die gleichen Prozesse, die zur Trennung der Kirche vom Staat und zu einem teilweisen Verlust der kirchlichen Wohlfahrts-, Wirtschafts- und Bildungsaufgaben führen, finden auch in katholischen Gesellschaften statt, wenn auch, wie bereits angedeutet, in ungestümerer Form, bei größerer ideologischer Geschlossenheit auf jeder Seite und bei ausdrücklicher Mitwirkung der Kirche in der Politik und in den Gewerkschaften.

Der Prozeß wird friedlich verlaufen, wenn Gesellschaftsprobleme wie die der Bürgerrechte oder wirtschaftlicher Ungerechtigkeit oder der Mobilisierung unter-

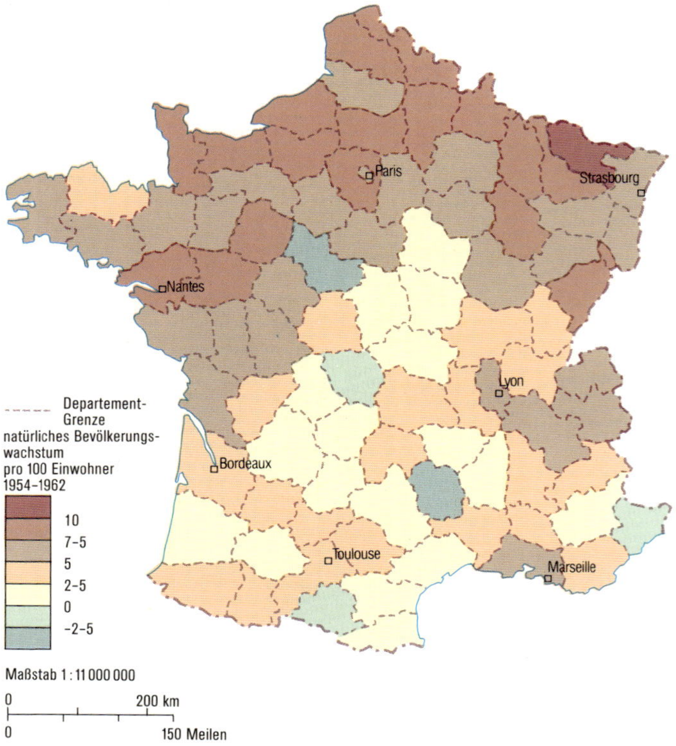

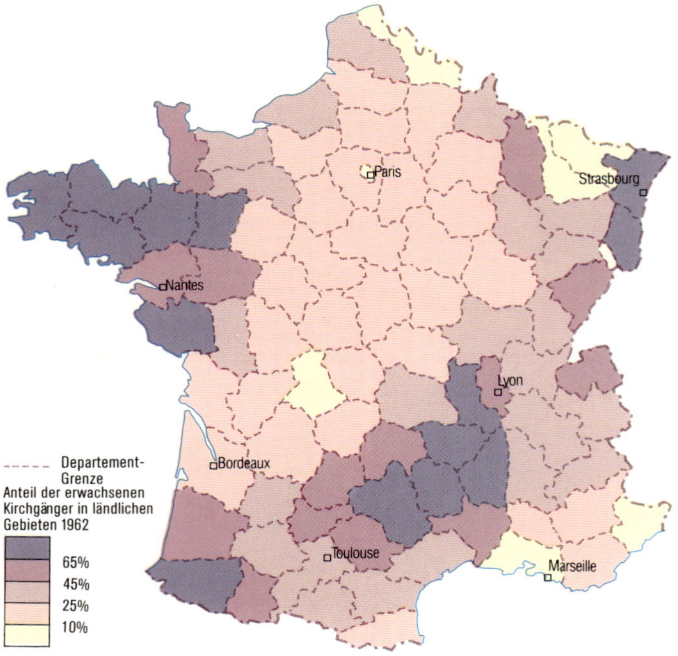

geordneter ethnischer Subkulturen der Reihe nach angegangen werden können, wie z. B. in England, Dänemark und der Schweiz. Der Prozeß wird gewaltsam und wahrscheinlich nicht ohne Perioden totalitärer Herrschaft ablaufen, wenn diese Probleme in zu rascher Folge auftauchen oder plötzlich durch einen verlorenen Krieg verschärft werden, wie in Deutschland oder Rußland. Wie angedeutet, wird der Prozeß der Differenzierung auf verschiedene Weise gehemmt, je nach den oben skizzierten Strukturen. In der skandinavischen und der englischen Kultur ist die Differenzierung so verlaufen, daß die symbolische Zusammengehörigkeit von Kirche und Staat nicht angetastet wurde, während ihre gesellschaftliche Grundlage zu einem großen Teil langsam ausgehöhlt und die Funktionen der Kirche ziemlich drastisch beschnitten wurden. In Holland, Nordirland, Südafrika und im Libanon ist die Differenzierung durch unterschiedliche Formen der Organisation in dicht abgeschlossenen Ghettos aufgehalten worden.

Die jüngsten Anzeichen der Differenzierung lassen sich am besten auf drei Ebenen abhandeln: derjenigen der entwickelten protestantischen Welt, derjenigen der entwickelten katholischen und derjenigen der unterentwickelten katholischen Welt. Mit der fortschreitenden Herausbildung weltweiter Interdependenzen jedoch sind Prozesse, die auf diesen verschiedenen Ebenen sehr unterschiedlich abgelaufen wären, einander ähnlicher geworden und zum Teil überschneiden sie sich.

Nehmen wir zunächst die *entwickelte katholische Welt,* so gingen in das II. Vatikanische Konzil zahlreiche unaufgelöste Spannungen ein, wodurch wiederum Kettenreaktionen ausgelöst wurden, die in die mannigfaltigen wirtschaftlichen und gesellschaftlichen Veränderungen der sechziger und siebziger Jahre hineinspielten. Diese Veränderungen schlossen u. a. eine beschleunigte Entwicklung hin zu einem »offenen« Pluralismus und eine Ausbreitung von Wohlstand und freier Lebensweise – besonders in einer eigenen Jugendkultur – ein, welche die persönliche Disziplin aushöhlten, und sie hatten eine schrittweise Zerstörung der noch verbliebenen Gemeinschaftsbindungen und Solidarbeziehungen zur Folge, in denen viele Religionsgemeinschaften verwurzelt waren.

Ein Symptom für die Veränderung war ein schroffes Absinken der Beteiligung am institutionellen Leben der katholischen Kirche, vor allem in jenen Gebieten der nordamerikanisch/angelsächsischen Welt – England, USA, Australien, Kanada (d. h. Quebec) –, in denen sie bemerkenswert hoch gewesen war. In anderen Gebieten, wo der Katholizismus sich bis zu einem gewissen Grade in einem Ghetto eingemauert hatte, vor allem in Holland, aber auch in Flandern und Deutschland, bekamen die Befestigungsanlagen Risse. Die Beteiligung an kirchlichen Einrichtungen ging stark zurück und damit sank oft auch die Unterstützung für katholische Verbände und Parteien. Darüber hinaus verfiel das Ansehen der Institutionen, sogar in vorher so treu ergebenen Bastionen wie Flandern. In Holland unternommene Versuche, durch konservative Personalentscheidungen Positionen zurückzugewinnen, provozierten starken Widerstand und führten zur Abwendung von der Kirche.

Der Niedergang in der Beteiligung am katholischen Leben und vornehmlich an den Partei- und Verbandsaktivitäten war in ganz Europa zu verzeichnen, und der Einfluß der »Christlichen Demokraten«, die nach 1945 führend gewesen waren, war sichtbar geschwächt. Die Regierungen Spaniens und Italiens, die sich einst an der katholischen Morallehre orientiert hatten, nahmen nun eine neutralere Haltung ein, indem sie mehr und mehr eine Pluralität von möglichen sittlichen Entscheidungen und persönlichen Lebensformen gelten ließen. In Frankreich, der ältesten Tochter des freigeistigen Denkens, begann die Beteiligung sich protestantischen Maßstäben anzunähern. Im ganzen katholischen Europa kehrten sich große Teile des Klerus von den alten politischen Denkweisen ab und machten sich sozialistische oder progressive »existentielle« Vorstellungen zu eigen.

In den *unterentwickelten katholischen Gesellschaften* folgte auf eine christdemokratische Phase eine Phase der Befreiungstheologie, oft als Gegenwirkung zur staatlichen Betonung der »nationalen Sicherheit«. In dem daraus entstehenden Konflikt scheute der Staat nicht davor zurück, geheiligte Orte, Rituale und Geistliche anzugreifen und herabzuwürdigen und dadurch die religiösen Stützen seiner eigenen Legitimität zu schwächen. Der lateinamerika-

Rechts: Der irische Pop-Star Bob Geldof war erschüttert von Berichten über die Hungersnot in Äthiopien im Oktober 1984. Er machte es sich zur Aufgabe, das soziale Gewissen der Pop-Welt zu wecken. Außerordentlich erfolgreiche Wohltätigkeitskonzerte im Wembley-Stadion und in Philadelphia im Juli 1985 erbrachten beträchtliche Summen für die Opfer der Hungersnot. Geldof tadelte afrikanische Politiker wegen Korruption und das Europaparlament wegen des Skandals der Nahrungsmittelüberschüsse. Er wurde 1986 für den Friedensnobelpreis vorgeschlagen. Das ganze Geldof-Phänomen wurde manchmal als Beweis dafür genommen, daß es unter den jungen Menschen Reserven an Mitleid und Solidarität gibt, die bisher noch nicht mobilisiert wurden.

Links: Sonntäglicher Kirchenbesuch in Frankreich
Die Zahlen über den Kirchgang lassen uns verschiedene Fakten erkennen. In römisch-katholischen Ländern beziehen sie sich auf den Besuch der Messe und ergeben eine verläßliche Information über die Zahl der »praktizierenden« Christen. In früheren Jahrhunderten lag die Zahl beinahe bei 100% unter den Gesunden und Gehfähigen. In anderen Teilen der Welt begeben sich viele Christen vielleicht nur einige Male im Jahr zum Heiligen Abendmahl, auch wenn sie regelmäßig am Sonntag einen Gottesdienst besuchen sollten. Im säkularisierten Westen dürften selbst engagierte Christen nicht jeden Sonntag in die Kirche gehen, sondern manchmal den Tag mit ihrer Familie zu irgendeiner Freizeitbeschäftigung nutzen. Zahlen für den Kirchgang am Sonntag können dann irreführende Indikatoren für die Zahl der Christen sein. Ein Vergleich der Karten des Bevölkerungswachstums und des Kirchenbesuchs in Frankreich läßt den Schluß zu, daß in Gebieten, wo die Bevölkerung am schnellsten wächst, der regelmäßige Kirchenbesuch zurückgeht und umgekehrt. (Nach Isambert und Terrenoire.)

nische Katholizismus umfaßte schon immer eine Bandbreite, die von der lokalen Verehrung von Heiligen und Gottheiten, die sich zum Teil priesterlicher Aufsicht entzog, bis zu zusammenhängenderen Theologien reichte, von denen die Befreiungstheologie nur die jüngste Erscheinungsform ist. Aber verschiedene Entwicklungen belegten den Zerfall der Solidarität in den Institutionen und der allumfassenden Verbundenheit in den Gemeinden. In Venezuela und Uruguay z. B. zeigte sich in ganzen Bereichen ein indifferentes weltliches Denken. In anderen Ländern, vor allem in Brasilien, gab es ein auffallendes Wiedererwachen von spiritistischen, Teufels- und Heilkulten, von denen sogar die Mittelklasse nicht unbeeinflußt blieb. Wohl am meisten fiel eine massive Ausbreitung protestantischen Sektierertums ins Gewicht, vor allem der Pfingstkirchen, aber auch der Zeugen Jehovas, der Mormonen und hundert anderer Splittergruppen, die Wärme, Weggenossenschaft und »Energie« zur Bewältigung der Herausforderungen des Lebens anboten. In Brasilien und Chile gehörte schließlich etwa ein Zehntel der Bevölkerung derartigen protestantischen Sekten an. Von den Philippinen bis Mexiko gibt es kaum ein katholisches Land, in welchem das protestantische Prinzip der freireligiösen Vereinigung nicht an Boden gewönne.

In der *entwickelten protestantischen Welt* gab es weniger an kirchlichem Zusammenhalt zu verlieren, obwohl Organisationen, die – wie die anglikanische Kirche in den USA und England – ziemlich stabil gewesen waren, einen deutlichen Abstieg erlebten. Aber wohl noch bedeutsamer war, daß viele junge Leute sich einem nach-prote-

Drive-in Altarstätte der Garden Grove Community in Los Angeles, wo die »Zukunft schon begonnen hat«. Aber man kann darüber streiten, ob die »elektronische Kirche« mit ihren organisierten Geldsammlungen und den Versprechen, Heilungen herbeizuführen, heute eine sehr entscheidende Rolle in der amerikanischen Religion spielt.

stantischen personalistischen Anarchismus verschrieben, der gleichermaßen in Amsterdam wie in Los Angeles oder Melbourne zu erkennen war. Gleichzeitig nahm die Feindschaft zwischen den meinungsbildenden Berufen und den kommerziellen Mittelschichten beträchtlich zu. Die Mentalität der Vorstädter, die zum Teil noch zur Kirche gingen, geriet unter zunehmenden Beschuß vor allem derjenigen, die nunmehr die elektronischen Medien bevölkerten. Die Bildungsinstitutionen ließen mehr und mehr jede Bindung an eine bestimmte religiöse Überzeugung fallen und verzichteten auf moralische Vorschriften. Statt dessen ließen sie eine Vielfalt von Glaubensüberzeugungen oder Ideologien als Zugang zur Erkenntnis oder Basis für Entscheidungen gelten. Sie traten ein für die Ziele persönlicher Selbstverwirklichung und standen allen Formen von Institutionalisierung und jeder Beteiligung an Organisationen, in denen ein Korpsgeist gefördert wird, ablehnend gegenüber. In diesem Zustand moralischer Verwirrung taten sich zahlreiche kirchliche Persönlichkeiten als Verfechter der Selbstbefreiung hervor oder lösten sich aus ihrer alten konservativen Verankerung.

Die Reaktion konnte nicht ausbleiben, und sie kam in verschiedener Gestalt. Rom stellte die Disziplin wieder her, wo es nur konnte. Inmitten einer desintegrierten liberalen Religiosität begann sich missionarischer Eifer zu regen. Machtvolle Interessenverbände traten auf den Plan, die sich für traditionelle Werte stark machten, wie die »Moralische Mehrheit« in den USA. Und die aus der auseinandergefallenen Generation der sechziger Jahre Übriggebliebenen machten kleine rigoristische Wandlungen in verschiedenen Sekten durch, die von Kalifornien bis Finnland operierten, aber zunehmend auch in das katholische Europa eindrangen.

Bei einer abschließenden Betrachtung gewisser allgemeiner Grundzüge können wir auf einen weitverbreiteten Zerfall der Institution verweisen, der in den sechziger Jahren begann, obwohl der Niedergang sich erst später in den späten siebziger Jahren deutlich zeigte. Dennoch blieb der Stil der gemeindehaften religiösen Gruppe, oft außerhalb der kirchlichen Kontrolle stehend, sehr beliebt.

Die traditionellen Kirchen waren bestrebt, viele Motive von dieser alternativen religiösen Kultur und von »alternativen« Stilen im allgemeinen zu entlehnen. Öfter noch nahmen sie einen abgeschwächten Stil von Pseudo-Gemeindehaftigkeit in die Liturgie auf, während sie selbst sich auf eine gedämpfte politische Kritik einließen.

Vor allem versuchten die Kirchen, sich von allen besonderen Bindungen an ihre jeweilige Nation und ihre jeweilige geschichtlich gewachsene kirchliche Identität zu lösen. Hierher gehört auch die ökumenische Bewegung mit ihrem neuen Zugang zur Nächstenliebe und ihrem Zusammenrücken zu gegenseitiger Hilfeleistung. Der Weltkirchenrat war ein beachtliches Forum für alle derartigen Probleme. Er schuf die Möglichkeit für eine Aussprache im Stil politischer Kritik, welche oft mehr die Einstellungen der Dritten Welt wiedergab als die Besorgnisse der gewöhnlichen Christen in den ehemaligen christlichen Herzländern Europas.

Christen auf den Philippinen heute

Unten: Die Filipinos übernahmen Formen der Religiosität, wie sie sich in der spanischen Gegenreformation und im Barock fanden, vor allem die farbenfrohen Straßenprozessionen. Hier werden eine Madonnenstatue und Heiligenfiguren durch die Straßen von Lucban getragen.

Der spanische Forschungsreisende Ferdinand Magalhães errichtete im Jahre 1521 auf der Insel Cebu ein Kreuz. So wurden die Philippinen zur Wiege des Katholizismus im Fernen Osten und zum Einfallstor nach China und Japan. 84 Prozent ihrer 68 Millionen Einwohner sind Katholiken. Kein anderes asiatisches Land weist einen so hohen Anteil von Christen auf.

Die Kirche hat die strategische Bedeutung der Philippinen für Asien erkannt, besonders nachdem Vietnam – das einzige andere vergleichbare Land – in die Hände der Kommunisten gefallen war. Die katholische Rundfunkstation Radio Veritas bringt regelmäßige Sendungen für China, wo sie viele Zuhörer hat. Papst Paul VI. besuchte die Philippinen im Jahre 1970. (Ein geistesgestörter brasilianischer Maler versuchte ihn damals zu ermorden.) Papst Johannes Paul II. kam 1981 und drängte Präsident Ferdinand Marcos unmißverständlich zu Reformen. Die Kirche unter ihrem Primas Kardinal Jaime Sin, dem Erzbischof von Manila, nahm zuerst gegenüber Marcos eine Haltung »kritischer Solidarität« ein, ging aber Ende 1985 zur unverblümten »Anklage« über. Die Entfaltung der »Volksmacht«, die zum Sturz von Marcos und zu seiner Ersetzung durch Corazon Aquino führte, wurde von der Kirche unterstützt, ja sogar inspiriert.

Die Philippinen werfen für Asien und für ihre Nachbarn jenseits des Pazifik in Lateinamerika eine entscheidende Frage auf: Kann eine Gesellschaft zu mehr Gerechtigkeit und Brüderlichkeit hin umgestaltet werden ohne Gewaltanwendung und ohne Zufluchtnahme zum Marxismus? Kann die Aussöhnung mit den Guerillas und der moslemischen Minderheit die Grundlage des Staates sein?

Unten: Die philippinische Religion liebt die Öffentlichkeit, ist emotional, nimmt die Überlieferung wörtlich und neigt zu Übertreibungen. Hier in Paombong, Provinz Bulacan, sehen wir eine Szene aus einem Passionsspiel, in dem eine Frau die Rolle des Christus spielt. Die Filipinos übernahmen die spanische Religion, aber sie neigen nicht zum typischen spanischen *machismo*.

Unten rechts: Eine andere Szene aus dem Passionsspiel in Paombang, in dem Christen am Karfreitag gegeißelt werden. Sie glauben, daß sie auf diese Weise an der Passion Christi teilhaben können – und an seiner Herrlichkeit.

DIE ÖKUMENISCHE BEWEGUNG

Die historischen Trennungen

Die Gläubigen haben einen Herrn, einen gemeinsamen Glauben und sind alle getauft, fanden es aber überaus schwer, beieinander zu bleiben, und ihre Uneinigkeit hat das christliche Zeugnis vor der Welt sehr geschwächt. Aus den Spaltungen ergeben sich vier Typen:

1. Die »vor-chalkedonensischen« oder »monophysitischen« Kirchen: Armenier, syrische Orthodoxe (»Jakobiten«), Kopten und Äthiopier, welche die Autorität der Schrift und die ersten drei allgemeinen Konzilien, nicht aber die christologische Definition von Chalkedon (451) anerkennen; in neuerer Zeit hat es gute bis brüderliche Kontakte zwischen ihnen und anderen traditionellen Kirchen (der römisch-katholischen, der orthodoxen und der anglikanischen Kirche) gegeben.

2. Die Konsequenzen aus der Trennung zwischen römischem Katholizismus und griechischer Orthodoxie, die letztlich zurückgeht auf den Anspruch der lateinischen Kirche, daß der Bischof von Rom als der Nachfolger Petri das Recht und die Pflicht hat, unumschränkte Jurisdiktion und die höchste Lehrautorität über alle Kirchen in der einen universalen Kirche auszuüben, und daß alle anderen Bischöfe ihre Amtsgewalt von ihm herleiten; die orthodoxe Ostkirche, im Bewußtsein, die Mutter aller anderen Kirchen zu sein, verwirft diesen Anspruch in seiner allgemeinen Formulierung und hält ihn durch die ungerechtfertigte Hinzufügung des *filioque* zum Satz über den Ausgang des Hl. Geistes im Credo des ökumenischen Konzils von Konstantinopel (381) für untergraben. Im Mittelalter kam es darüber und über Fragen der Disziplin, z. B. den Zölibat der Geistlichen, zum Bruch. Die im Jahre 1054 ausgesprochenen gegenseitigen Exkommunikationen wurden 1965 von Papst Paul VI. und dem Ökumenischen Patriarchen Athenagoras aufgehoben, doch bleiben Probleme bestehen. Die orthodoxe Vorstellung der Universalkirche ist eine eucharistische Gemeinschaft der einzelnen Kirchen, geleitet von ihren Bischöfen in den historischen Patriarchaten des christlichen Altertums (Rom, Konstantinopel, Alexandria, Antiochia, Jerusalem), die in ihrem eigenen Bereich die volle Jurisdiktion ausüben, aber dem Bischof von Rom einen Ehrenplatz unter Gleichen zugestehen. In römisch-katholischer Sicht macht das orthodoxe Modell die regionalen Kirchen anfällig für Nationalismus, wodurch die Universalität in den Hintergrund gedrängt wird. Die beiden großen Kirchen haben eine unvollkommene Gemeinschaft miteinander, indem jede die Gültigkeit der Sakramente und Weihen der anderen anerkennt, tatsächlich aber unabhängig bleibt.

3. Die traditionalistischen Kirchen, die sich in der Reformation von Rom trennten, aber in unterschiedlichem Grade vieles von der »klassischen« Gestalt des Kirchenlebens beibehalten: Anglikaner, Lutheraner, Presbyterianer (»Reformierte«), Kongregationalisten, Methodisten.

4. Derjenige Flügel der Reformation, der die Tradition ablehnt, besonders die Baptisten, die in der Taufe das öffentliche Zeichen und Siegel des inneren Glaubens sehen anstatt ein Sakrament, durch das der Gläubige Gnade empfängt und in den Leib Christi (d.h. die Kirche) eingegliedert wird, und die Anhänger der Pfingstkirchen (»Versammlungen Gottes« usw.), welche meinen, daß die historischen Kirchen mit ihrer beherrschten und geordneten Weise der Religionsausübung, ihrer argumentierenden Theologie und formelhaften Liturgie die Spontaneität und Ekstase des Geistes ersticken.

In drei Jahrhunderten eifrigen Bemühens ist es nicht gelungen, die monophysitischen Kirchen mit Chalkedon zu versöhnen. Ökumenische Bestrebungen im Mittelalter im griechischen Osten und lateinischen Westen führten zu kurzlebigen Aussöhnungen (Lyon 1274, Basel/Florenz 1439), die aber Papier blieben und sonst keine Wirkung zeitigten, weil sich das Volk, eingedenk der Plünderung Konstantinopels (1204) nach dem Vierten Kreuzzug und der anschließenden lateinischen Herrschaft im Osten, davon unberührt zeigte. Das Verhältnis der Unierten Christen in orthodoxen Ländern, die in voller Gemeinschaft mit Rom stehen – zu den orthodoxen Nationalkirchen ist immer noch heikel. Die Spaltung im Westen infolge der Reformation war so einschneidend und hatte so blutige Auswirkungen, daß Versuche, die Wunde zu heilen, erst im 20. Jahrhundert von offizieller Seite unterstützt wurden.

Der Weltkirchenrat

Die moderne ökumenische Bewegung entstand aus der Erkenntnis protestantischer Missionare des Westens, daß die alten europäischen Schismen nur Verwirrung stifteten, wenn man sie nach Asien und Afrika exportierte. Auf der internationalen protestantischen Welt-Missionskonferenz in Edinburgh (1910) wurde unter der fähigen Leitung des Amerikaners John R. Mott und des Engländers J. H. Oldham ein Konvergenzprozeß in Gang gesetzt. Es kam zu einer Reihe von Konferenzen, die sich mit zwei Themenkreisen befaßten: »Leben und Arbeit« und »Glaube und Ordnung« (Stockholm 1925, Lausanne 1927, Edinburgh und Oxford 1937, und weitere). Diese Tagungen wurden von zahlreichen Delegierten aus Asien und Afrika besucht. 1937 wurde vorgeschlagen, ein Zentralbüro einzurichten, das ein Forum für ökumenische Studien bilden und unbeabsichtigten Überschneidungen von

Die Einheit der Kirche zerbrach erstmals nach dem Konzil von Chalkedon (451) und wiederum 1054, als sich die östliche und westliche Kirche trennten. Im 16. Jahrhundert führten Reformbewegungen zu weiteren Teilungen, und der Spaltungsprozeß setzte sich bis zum Beginn der Wiedervereinigungsbewegung gegen Ende des 19. Jahrhunderts fort.

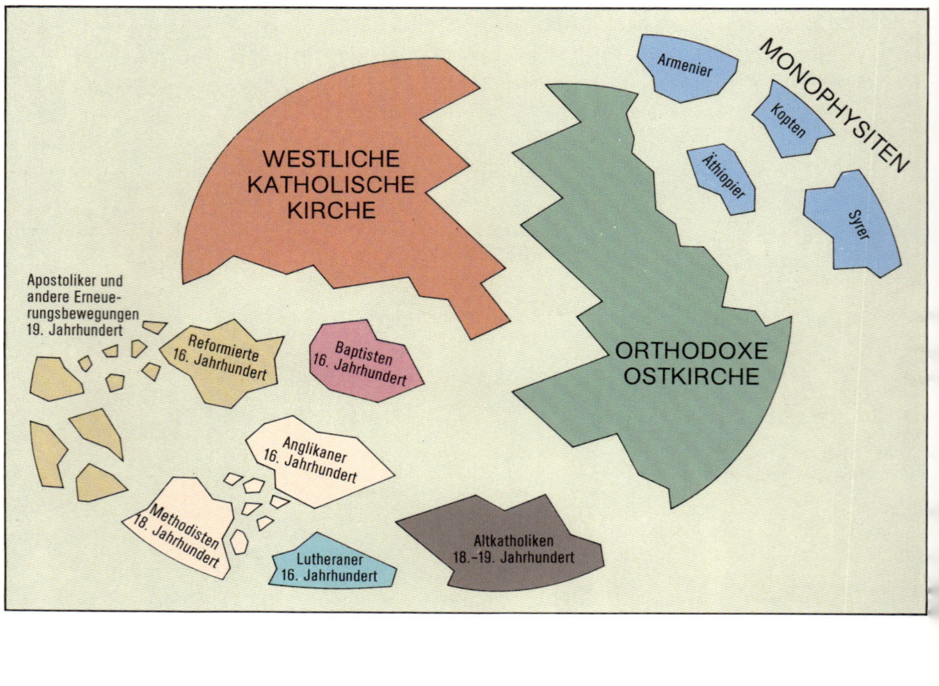

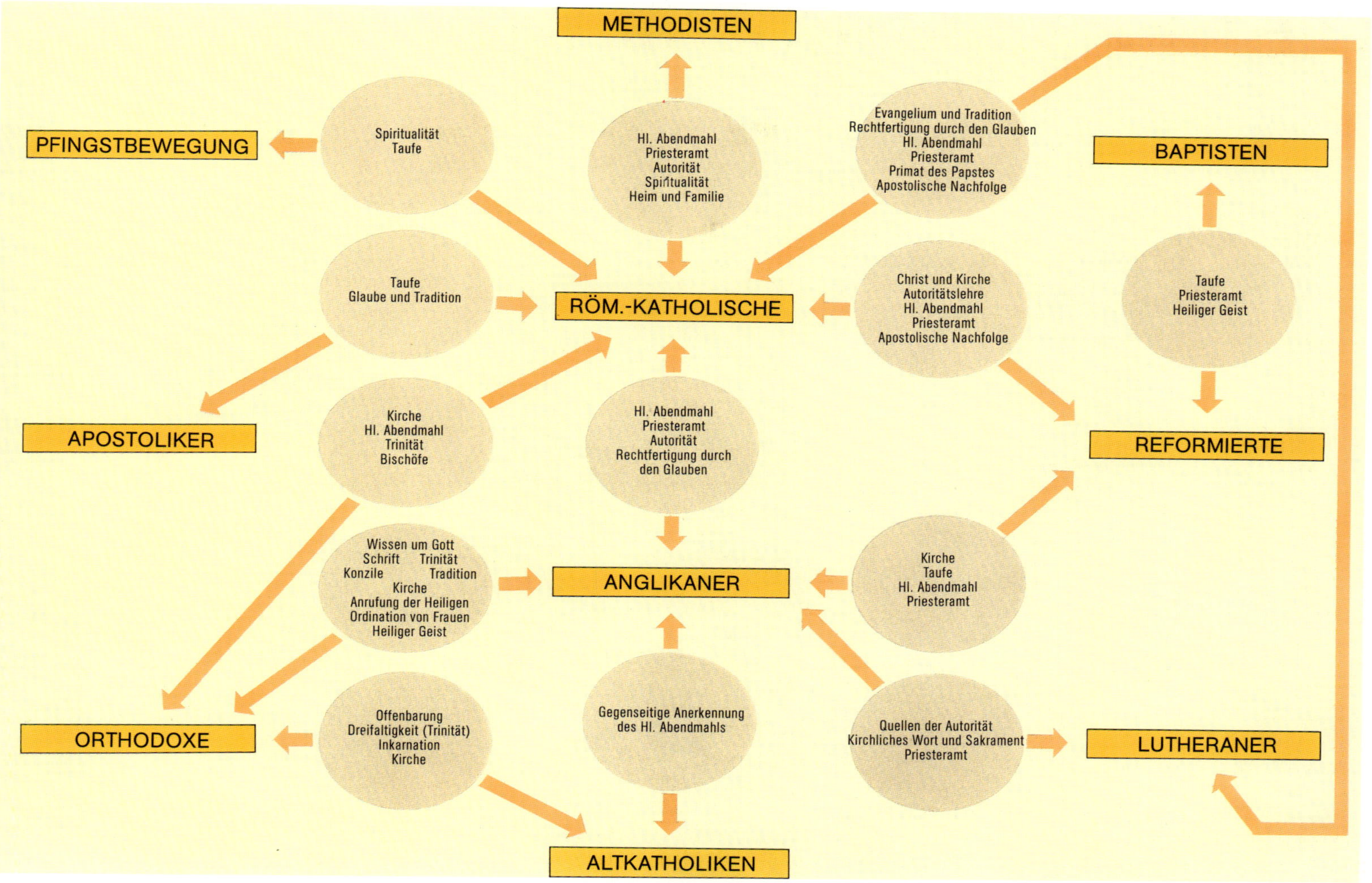

Oben: Das Diagramm zeigt, wie sich in den letzten Jahrzehnten verschiedene Konfessionen zusammengefunden haben, um ihre alten Meinungsverschiedenheiten zu diskutieren und den Versuch zu unternehmen, sie beizulegen. Die von ihnen erörterten Themen waren bestimmt durch die Bereiche, in denen sie herkömmlicherweise voneinander abweichen, und, positiver gesehen, durch das auf jeder Seite vorhandene echte Interesse an dem, was ihnen als verbindende Gemeinsamkeit historisch am wertvollsten war.

Unten: Das griechische Wort OIKOUMENE krönt den Umriß eines Kreuzes und eines Schiffes in diesem Symbol, das der Weltkirchenrat benutzt. Von oikoumene (»die bewohnte Welt«) ist das Wort »ökumenisch« abgeleitet.

Initiativen und dadurch entstehenden Rivalitäten vorbeugen sollte. Es war eine gute Wahl, den holländischen Theologen W. A. Visser t' Hooft (1900–1985) zum Sekretär zu ernennen. Die Vision wurde Realität 1948 in Amsterdam, als der Weltkirchenrat (WCC – World Council of Churches) sich formell konstituierte mit seinem Sitz in Genf. Die Mitgliedskirchen bekennen sich zum Glauben an die Gottheit Christi und die hl. Dreifaltigkeit.

In seiner Geschichte hat sich der Weltkirchenrat nicht nur mit der Förderung des theologischen Verständnisses, sondern auch mit sozialen und politischen Fragen befaßt: mit Frieden und Abrüstungskontrolle (die Konferenz von 1937 sprach sich gegen den Antisemitismus der Nationalsozialisten aus), mit der Religionsfreiheit, mit der Flüchtlingshilfe und Hilfe für die durch Ungerechtigkeit Bedrängten. Er hat sich auch der Frage des Laienpriestertums gewidmet und den Kirchen geholfen, eine konstruktive Einstellung zur Auflehnung der Frauen gegen ihre Benachteiligung zu gewinnen.

In einem protestantischen Milieu entstanden, ging die Bewegung, die den Weltkirchenrat ins Leben rief, anfänglich von einer Auffassung der Kirche aus, die dem kontinuierlichen und geordneten Dienst in der apostolischen Tradition eine untergeordnete Bedeutung beimaß. Doch 1910 machte sich die Schwierigkeit einer gemeinsamen Eucharistiefeier von episkopalen und nicht-episkopalen Kirchen bemerkbar. Ab 1925 fiel die Teilnahme der Orthodoxen ins Gewicht, und danach wurde es für den Weltkirchenrat schwierig, für das ökumenische Problem Lösungen auf der Grundlage eines liberalen protestantischen Kirchenverständnisses vorzuschlagen.

Obwohl schon früh Gruppen von Katholiken (stets vom 18.–25. Januar) eine Woche des Gebets für die Einheit im Glauben eingehalten hatten, verhielten sich die offiziellen Stellen der katholischen Kirche zum Weltkirchenrat neutral. Die Enzyklika *Mortalium Animos* von 1928, welche gegen die inoffiziellen Gespräche zwischen Anglikanern und Katholiken in Malines (1925/26) Stellung bezog, untersagte die ökumenische Diskussion und jedes gemeinsame Gebet, weil sie zum Indifferentismus verleiteten. Doch 1937 wies der Dominikaner Yves Congar mit seinem Buch *Chrétiens désunis* dem katholischen Denken eine neue Richtung. Ein Wandel in der Atmosphäre trat nur sehr langsam ein. 1948 warnte die Kurie alle katholischen Theologen vor der Teilnahme an der Tagung des Weltkirchenrats in Amsterdam. 1950 gab das Heilige Officium nach, indem es die Erlaubnis zu gemeinsamen Treffen und zum gemeinsamen Beten des Vaterunsers gab. In Frankreich war das ökumenische Denken stark verbreitet. Pionierarbeit leisteten hier der Abbé Couturier aus Lyon, der in der Trappistenabtei von Dombes eine Gruppe von Katholiken und Protestanten versammelte, sowie Dominikaner am Istina-Zentrum in Paris. 1960 wurde das Vatikanische Sekretariat für die Glaubenseinheit zunächst unter Kardinal Augustin Bea, dann unter Kardinal Johannes Willebrands eingerichtet. 1961 wurden fünf katholische Beobachter zur Tagung des Weltkirchenrates in Neu-Delhi entsandt.

Das II. Vatikanische Konzil und seine Nachwirkungen

Am 21. November 1964 brachte das II. Vatikanische Konzil ein Dekret zum Ökumenismus, *Unitatis Redintegratio,* heraus, das sich von der distanzierten Haltung der Enzyklika von 1928 weit entfernte. Angesichts dieses folgen-

schweren Dekrets und des veränderten Tonfalls in den anderen Bestimmungen des Konzils geriet die katholische Kirche aus dem Staunen über ihre eigene Mäßigung nicht mehr heraus. Das Dekret erkennt in der orthodoxen Kirche eine Schwesterkirche mit gültigen Sakramenten an und sieht in Mitgliedern der Reformationskirchen »Brüder im Herrn« in Gemeinschaften, die vom Hl. Geist als Mittel des Heils benutzt werden, aber wegen des Fehlens des Priestertums nicht am vollen Gehalt des eucharistischen Geheimnisses teilhaben. Die Bibelfrömmigkeit der Protestanten wird lobend anerkannt; es wird jedoch festgestellt, daß sie eine andere Auffassung von der Einstellung der Bibel zur Kirche und zu Sittenfragen (das bezieht sich vermutlich auf die Geburtenkontrolle) haben und nicht den Begriff eines autoritativen Lehramts kennen.

An einer Stelle wird anerkannt, daß die anglikanische Gemeinschaft »einen besonderen Platz unter den Gemeinden« einnimmt, »in denen einige katholische Traditonen und Institutionen weiterbestehen«. Der Warnung vor einem Dialog, in dem die dogmatische Position der katholischen Kirche nicht voll zur Darstellung kommt, steht das Zugeständnis gegenüber, daß nicht allen Dogmen die gleiche zentrale Bedeutung zukommt: Es gibt eine »Hierarchie von Wahrheiten«. Ebenso schließt »Einheit in den Grundlagen« in keiner Weise »legitime Vielfalt« in der Liturgie oder in der theologischen Ausfaltung der geoffenbarten Wahrheit aus. Vor allem ruft das Dekret zu einer Änderung der Gesinnung auf: Man soll die Rivalitäten zurückstellen, zuhören und nicht andere Parteien verletzen oder falsch darstellen.

Oben: Zum Zweiten Vatikanischen Konzil 1962 versammelten sich 2600 römisch-katholische Bischöfe aus aller Welt. Das Bild zeigt, wie Papst Johannes XXIII. das Konzil eröffnet. Dies war das erste ökumenische Konzil seit 92 Jahren, und es begründete eine neue Ära im Leben der Kirche. Es brachte eine Reihe von Änderungen in den Formen der Religionsausübung. Eines seiner wichtigsten Ergebnisse war die neue Hinwendung zu ökumenischen Bestrebungen.

Seit dem II. Vatikanischen Konzil werden von offizieller Seite zweiseitige Gespräche, vor allem mit Anglikanern, Orthodoxen, Lutheranern und Methodisten, geführt. Die erste Anglikanisch/Katholische Internationale Kommission (ARCIC) legte 1982 ihren Bericht vor. Dem Dokument wurde vom Heiligen Officium bzw. der Kongregation für die Glaubenslehre unter ihrem Präfekten Kardinal Joseph Ratzinger eine überwiegend negative Kritik zuteil. (Es wurde aber ausdrücklich nicht verurteilt.) Dennoch wurde nach einer gemeinsamen Erklärung von Erzbischof Robert Runcie von Canterbury und Papst Johannes Paul II., der Pfingsten 1982 an einem Gottesdienst in Canterbury teilnahm, eine zweite Kommission einberufen. Ebenfalls 1982 trat in Lima die Kommission für Glauben und Ordnung des Weltkirchenrates zusammen, um eine umfassende Erklärung zu Taufe, Eucharistie und geistlichem Amt zu verabschieden, die vieles gemein hat mit dem Bericht der ARCIC. Auch Gespräche zwischen Lutheranern und Katholiken in den USA und Deutschland führten unerwartet zu einer Wiederannäherung in hochsensiblen Bereichen.

Die ökumenische Bewegung wurde bei ihren Bestrebungen durch Kritik und Opposition behindert. Auf protestantischer Seite schlug der Bewegung heftige Kritik aus zwei entgegengesetzten Lagern entgegen: (a) von ultra-konservativen Gruppen, besonders (jedoch nicht ausschließlich) in Amerika, für die die absolute Unfehlbarkeit der Bibel der Prüfstein für die Anerkennung ist, (b) aus ultra-liberalen oder unitarischen Kreisen, für die der Ökumenismus eine unerwünschte Rekonfessionalisierung darstellt und vor allem eine Rückkehr zu der wesentlich illiberalen Vorstellung bedeutet, daß mit der Bibel und der lebendigen Tradition der Kirche eine verbindliche und klassische Form des Christentums gegeben ist, an der die gegenwärtige Kirche zu messen ist.

Trotz aller Rückschläge sind jedoch die Fortschritte, die die ökumenische Bewegung gemacht hat, besonders seitdem sich die Katholiken an ihr beteiligen und seit dem II. Vatikanischen Konzil, nicht zu übersehen. Auf protestantischer Seite hat man ein für allemal erkannt, daß der Nationalismus, der hauptsächlich in der Reformationsära entstand, das Grundlanliegen der Universalität der Kirche Christi verdunkeln und beeinträchtigen kann. Das Dekret des II. Vaticanums erkennt ein für allemal den wahrhaft christlichen Charakter der Reformationskirchen an. Es verneint nicht nur ausdrücklich, daß diejenigen, die ihnen angehören, sich dadurch in einem Zustand der Sünde befinden, sondern mit ihm übernimmt auch die katholische Seite eine gewisse Verantwortung dafür, daß es überhaupt zur Trennung kam. Eine Einigung ist prinzipiell möglich, wenn man denen, die miteinander im Gespräch stehen, erlaubt, hinter die polemischen und trennenden Formeln zurückzugehen und nach der positiven Basis ihrer Aussagen zu fragen.

Rechts: Papst Paul VI. reicht seinen Ring dem Erzbischof von Canterbury, Dr. Michael Ramsey, während des Besuchs des Erzbischofs in Rom 1966. Die beiden Kirchenführer vereinten sich zu einem gemeinsamen Gebetsgottesdienst und verpflichteten ihre Kirchen zu einem »ernsthaften Dialog« bei der Suche nach christlicher Einheit.

DIE AUTOREN DIESES BANDES

Alan Amos, Vizerektor von Westcott House, Cambridge, schrieb das Sonderkapitel *Christen in Beirut heute.*

Henry Chadwick, zeitweise Rektor des Christ Church College, Oxford, Prof. em. für Theologie an der Universität Cambridge, schrieb die Kapitel *Die frühe Kirche, Die ökumenische Bewegung* und *Christen in Italien heute.*

Priscilla Chadwick, Rektorin der Bishop Ramsey Church of England Comprehensive School in Hillington, London, schrieb das Kapitel *Das Christentum und die anderen Weltreligionen.*

Eamon Duffy, Dozent für Theologie am Magdalene College, Cambridge, schrieb die Kapitel *Das Spätmittelalter, Die Reformation, Die Gegenreformation* und *Krieg, Ausgleich und Zwietracht.*

Gillian Evans, Dozentin für Geschichte am Fitzwilliam College, Cambridge, schrieb über *Die mittelalterliche Kirche im Westen.*

Edwin Gaustad, Professor für Geschichte an der University of California, Riverside, schrieb über *Die Kirche in Nordamerika.*

Peter Hebblethwaite, Verfasser mehrerer Bücher, zum Beispiel *Christian-Marxist Dialogue and Beyond* (1977) und *John XXIII, Pope of the Council* (1984), schrieb das Kapitel *Christentum, Kommunismus und nationale Identität* und die Sonderkapitel über *Polen, Lateinamerika* und die *Philippinen.*

David Martin, Professor für Soziologie an der London School of Economics and Political Science, schrieb das Kapitel *Christentum und modernes Denken.*

Andrew Porter, Dozent für Geschichte am King's College London, schrieb die Kapitel *Die Kirche im 18. Jahrhundert, Die Kirche im 19. Jahrhundert, Die afrikanische Erfahrung* und *Missionen in Afrika.*

Mary Remnant, Dozentin am Royal College of Music, London, schrieb das Sonderkapitel über *Kirchenmusik.*

Jonathan Shepard, Dozent für Geschichte an der Universität Cambridge, schrieb die Kapitel *Die mittelalterliche Kirche im Osten* und *Die orthodoxen Kirchen.*

BILDQUELLENVERZEICHNIS

Abkürzungen: o = oben, ol = oben links, or = oben rechts, M = Mitte, u = unten usw.
BBC HPL = BBC Hulton Picture Library; RH = Robert Harding Picture Library; SH = Sonia Halliday, Weston Turville, Bucks.
Wenn nicht anders angegeben ist der Ort der Bildquellen London.

Vorsatz: Karte der Pilgerwege zu St. Jacobus von Compostela: Camio Frances de Santiago de Compostela, 1648.

Seite
2–6. Details vom Abendmahl der Apostel, Kirche zum Heiligen Kreuz, Platanistasa, Zypern: SH.
8–9. Zeichnungen: John Fuller, Cambridge.
13. Paulus: Leonhard von Matt, Buochs, Schweiz.
14–15u. Schafe und Brot: André Held, Ecublens, Schweiz.
15o. Malta: Ann Bolt.
15u. Der lehrende Christus: André Held.
18o. Rekonstruktionen: Dick Barnard, Milverton, Somerset.
18–19. Päpstliche Grabkammer, Katakombe des Kalixt, Rom: Zefa/Konrad Helbig
20o. Plan: John Brennan, Oxford.
20l. Adam und Eva, Elfenbein: Scala, Florenz.
20–21. Christus, der Hirte, Sarkophag: Scala.
20uM. Mausoleum der hl. Konstanze, Rom: Scala.
20ur. Mosaik der Weinlese, Santa Costanza, Rom: Scala.
21M. Christus zwischen Petrus und Paulus, Krypta des hl. Petrus und des hl. Marcellinus, Rom, 4. Jh.: SH.
21u. Porträt einer christlichen Familie: Scala.
22o. Drei Frauen am Grab, Elfenbein: SH (Nationalmuseum München).
22u. Der Gute Hirte, Lucina-Krypta, Katakombe des Kalixt, Rom, 3. Jh.: SH.
23o. Samson schlägt die Philister in die Flucht, Katakombe der Via Latina, Rom, 4. Jh.: SH.
23u. Sarkophag des Junius Bassus, Vatikan: RH.
24. Betende Figur aus Tarragona, Spanien: Foto MAS, Barcelona.
27. Drittes ökumenisches Konzil von Ephesos. Fresko von Symeon Axenti, 1513, Kirche St. Sozomenos, Galata, Zypern: SH.
29. S. Apollinaris in Classe bei Ravenna: Scala.
30o. Hl. Augustinus von Pacino di Buonaguida, Accademia, Florenz, 14. Jh.: Art and Architecture Library.
30u. Water Newton - Silberschale: British Museum.
31. Statue von der Kathedrale von Chartres: Equinox Archive.
32. Münze mit einer Abbildung Justinians: SH (Bibliothèque Nationale, Paris).
33. Katharinenkloster, Sinai: Werner Braun, Jerusalem.
34o. Kloster in Qalaat Seman, Syrien: SH.
34M. Koptischer Mönch, 6.–7. Jh.: mit freundlicher Erlaubnis der Byzantine Photograph Collection © 1986 Dumbarton Oaks, Trustees of Harvard University, Washingthon DC 20007.
36. Basilika St. Demetrios, Thessalonike: Nikos Kontos, Athen.
37. Die Verurteilung des Photius: SH (Nationalbibliothek, Madrid).
38l. Jungfrau Maria mit dem Kind, Katharinenkloster, Sinai: Jerusalem Publishing House.
38r. Brustbild Christi, Katharinenkloster, Sinai: Jerusalem Publishing House.
39u. Die vierzig Märtyrer, Elfenbein: Staatliche Museen, Preußischer Kulturbesitz, Berlin.
39o. Ikonoklastische Debatte: British Library, Add. MS. 19352, f. 27v.
41o. Kirche Mariä Schlaf, Orchomenos, Graham Speake, Oxford.
41u. Syrisches Kloster in Qalb Louzeh: Jason Wood, Lancaster.
42. Dionysiou Kloster, Berg Athos: Zefa/Konrad Helbig.
47. Zwei fränkische Edelleute wenden sich dem Christentum zu, um 1040: Hirmer Verlag, München.
48o. Augustinus von Canterbury von der Kirche St. Mary, Stowting, Kent, 15. Jh.: SH.
48u. Gregor I., 7. Jh.: Museo Civico, Brescia.
49. Evangeliar von Lindisfarne, f. 93b, Hl. Markus: Phaidon Achive (British Library).
51. Der Psalmist David betritt das Haus des Herrn. Elfenbeinerner Buchdeckel vom Gebetbuch Karls des Kühnen, um 87o, Schweizer Landesmuseum, Zürich: Equinox Archive.
52–53. Patmos: Zefa.
54 Hl. Lukas: British Library, Add. MS. 28815.
55. Mosaik mit Christus, Konstantin und Zoe, Hagia Sophia, Konstantinopel, 12. Jh.: SH.
57or. Die Heiligen Sergios und Bacchos, Konstantinopel: Agenzia Titus, Turin.
57u. Kloster des Christos Pantokrator, Konstantinopel: Mit freundlicher Erlaubnis von Electa Editrice, Mailand.
57Ml. Narthex der Hagia Sophia, Konstantinopel: Mit freundlicher Erlaubnis von Electa Editrice, Mailand.
60o. Konstantinopel: British Library, Add. MS. 421 30, f. 164.
60ul. Papst Urban II. ruft zum Ersten Kreuzzug auf, Livres des Passages d'Outremer, 15. Jh.: SH.
60–61. Krak des Chevaliers: Aerofilms.
61ol. Richard und Saladin: Britsh Library, Add. MS. 421 30, f. 82.
61or. Kreuze der Kreuzfahrer, Heiliges Grab, Jerusalem: SH.
61Mr Kreuzfahrerschiff: British Library, Add. MS. 421 30, f. 161v.
61ur. Belagerung von Jerusalem, MS. des 15. Jh.: British Library: Michael Holford.
62. Die Genealogie Christi, Gewölbe, Südkuppel von Kariye Cami, Konstantinopel: SH.
64–65. Kloster Pantanassa, Mistra: Graham Speake.
66. Konstantinische Schenkung, SS. Quattro Coronati, Rom, 13. Jh.: Scala.
68. Krönung Kaiser Friedrichs III. durch Papst Nikolaus V., 1452, Flämischer Meister: Germanisches Nationalmuseum, Nürnberg.
70. Dantes *Göttliche Komödie*, 15. Jh., Sienesisch: British Library, YT/36, f. 131.
72l. Königshof, Séance de la cour des pairs, procès de Robert d'Artois, Bibliothèque Nationale, Paris: Equinox Archive.
72o. Relief vom Südportal der Kathedrale Notre Dame, Paris, es stellt eine Vorlesung an der Universität Paris dar, 13. Jh. Alinari S.p.A., Florenz.
72or. Plan: Inkwell, Bicester, Oxford.
73o. Hussitische Karikatur des Papstes: Knihovna Narodniho Muzea, Prag.
72–73. Der Papst verurteilt Häretiker: Staatliche Museen der Stiftung Preußischer Kulturbesitz, Berlin, Min. 4215.
74. Christusmosaik mit Kaiser Leo VI., Hagia Sophia, Konstantinopel: Magnum, Paris/Erich Lessing © 1986.
75. Pilger: Bodleian Library, Oxford, MS. Laud. Misc. 93, f. 89.
76o. Pilgermedaillon aus der Johannesbasilika, Ephesos: SH.
76–77. Allegorie der Pilger von Domenico Ghirlandaio, San Martino dei Buonomini, Florenz: SH.
77o. Pilgerfenster, Trinity Chapel, Canterbury Cathedral: SH.
78–79. Osterwallfahrt, Kalwaria Zebrzydowska, Polen: Magnum.
80–81. Petersplatz in Rom im Heiligen Jahr 1975: RH.
81o. Lourdes: Magnum/Bruno Barbey.
81u. Palmsonntagprozession, Jerusalem: SH (Jane Taylor).
82o. Gottesdienst im Freien in Susdal: Magnum/Fred Mayer.
82u. Prozession in Unserer Lieben Frau von Copacabana, Argentinien: Magnum/René Burri.
83. Pilger in Fatima, Portugal: Magnum/Bruno Barbey.
84. Piazza in Loreto: Pepi Meriso, Rom.
85. Kaiser und Gegenpapst: Vatikanische Bibliothek, Vat. Reg. Lat. 580.
87u. Sixtus IV. und Platina von Melozzo da Forli, Vatikanische Sammlungen: Scala.
87ol. Alexander VI. von Pinturicchio, App. Borgia, Sala dei Misteri della Fede, Vatikan: Scala.
87or. Leo X. mit den Kardinälen Giulio de'Medici und Luigi de Rossi von Raffael, Uffizien, Florenz: Phaidon Archive.
88–89. Reliquiar vom Meister von Montefallo, 14. Jh., Umbrien: Michael Holford (Victoria and Albert Museum).
90–91. Prozession; Fotomas Index (British Library).
90u. *Aus Lob der Torheit,* Randzeichnung von Holbein d.J.: Kupferstichkabinett, Öffentliche Kunstsammlung, Basel.
91. Erasmus von Dürer: Phaidon Archive.
92. *Die Sieben Todsünden* von Bosch: Foto MAS (Prado).
93ol. *Luther als Mönch* von Lucas Cranach, 1520: Phaidon Archive.
93or. *Der predigende Luther* von Lucas Cranach: Kupferstichkabinett, Staatliche Museen Preußischer Kulturbesitz, Berlin.
95. Luthers Deutscher Katechismus, 1529: Equinox Archive.
96ur. Limoges von Pierre Viret, Louvre: Service de documentation photographique, Réunion des musées nationaux.
96M. Wiedertäufer: Fotomas Index (British Library).
96ul. Dies Dominica: Eamon Duffy, Cambridge.
96–97. *Fischen nach Seelen* von A. van der Venne: Rijksmuseum, Amsterdam.
97u. Altarvorsatz aus der Kirche von Torslunde: Nationalmuseum Kopenhagen.
98–99. Calvinistische Kongregation, Jean Perrissin zugeschrieben, Temple de Lyon, nommé paradis: Bibliothèque Publique et Universitaire, Genf.
101. Heinrich VIII. triumphiert über den Papst: National Portrait Gallery, London.
102ol. *Vier Reiter* aus der *Apokalypse* von Dürer: Phaidon Archive (British Museum).
102r. Cranmers *Book of Common Prayer,* 1549: Equinox Archive.
104. *Auto de fé celebrado por la inquisicion francesa en Albi durante la cruzada contra los catars* von Pedro Berruguete: Foto: MAS (Prado Madrid).
104–105. Konzil von Trient: Fotomas Index (British Museum).
106o. *Der Auferstandene* von Michelangelo, Santa Maria sopra Minerva, Rom: Phaidon Archive.
106–107u. *Die Allegorie der Heiligen Liga* von El Greco: Phaidon Archive (National Gallery, London).
19o. Ingatius von Loyola: Foto MAS.
109u. *Der Triumph der Katholischen Kirche* von Rubens: Phaidon Archive (Prado, Madrid).
110. *Le Sette Chiese* von A. Lafrery: Kunstbibliothek mit Museum für Architektur, Modebild und Grafik Design, Staatliche Museen Preußischer Kulturbesitz, Berlin.
113o. Das Massaker der Bartholomäusnacht: André Held (Musée Cantonal des Beaux Arts, Lausanne).
113u. Die Befestigungen von La Rochelle: Zefa/Kerth Klaus.
115o. *St. Odolphus-Kirche* von Saenredam: Rijksmuseum, Amsterdam.
114–115u. *Johannes der Täufer predigt* von Pieter Brueghel d. Ä.: Museum der Schönen Künste, Budapest.
117o. *Eine alte Frau liest in einem Evangelien-Lesebuch* von Gerard Dou: Rijksmuseum, Amsterdam.
116–117. *Mutter Agnes Arnauld und Catherine de Ste Suzanne* von Champaigne: Giraudon, Paris.
120ol. Oaxaca, Mexiko: Zefa/G.Heil.
120or. Kruzifix, Institut des Beaux Arts Mexiko: Giraudon, Paris.
121u. Taufe der Indianer aus dem Codex Azcatitla: SH (Bibliothèque Nationale, Paris).
122o. Portugiesischer Priester, Goa: British Library, Sloane MS. 197, f.56v.
122–123 Ankunft des hl. Franz Xaver in Goa von Doningos de Gunha: Michael Holford (Museu Nacional de Arte Antiga, Lissabon).
123u. Matteo Ricci: BBC HPL.
125o. Landung in Jamestown: BBC HPL/Bettman.
126o. Pilgerväter von G.H.Boughton: BBC HPL.
127u. Lagertreffen der Methodisten, 1819, Aquatinta: Library of Congress, Washington.
128–129. Gemälde von Lewis Miller: Historical Society of York County, Pennsylvania.
130o. Missionsstation San Luis Rey: Mirielle Vautier, Paris.
130u. Shaker, Lebanon, New York: BBC HPL.
132o. Baptistenprediger; Richard und Sally Greenhill.
132u. Haitianische Gemeinde: Magnum/Abbas.
133o. Jesus People: Frank Spooner Pictures.
133u. Taufe: Frank Spooner Pictures.
134u. *Fest des Höchstens Wesens* von De Machy: Jean-Loup Charmet (Musée Carnavalat, Paris).
136o. Eine Prozession der Göttin Vernunft: SH (Bibliothèque Nationale, Paris).
136M. Whitefield predigt in Moorefields: BBC HPL.
137. Graf Nikolaus von Zinzendorf: Mansell Collection.

138–139. Wesley predigt in der Old Cripplegate Church: Fotomas Index.
140. Sonntag, französische Lithographie: Jean-Loup Charmet, Paris.
141ul. Félicité Robert de La Mennais: Bibliothèque Nationale, Paris.
141ol. Johann Ignaz von Döllinger: Mary Evans Picture Library.
141or. Papst Pius IX.: Scala (Museo del Risorgimento, Mailand).
142ol. E.B.Pusey: BBC HPL.
142or. Keble College in Oxford: Linda Proud, Oxford.
142ul. Konvertiten werden mit Netzen eingefangen: Oscott College, Sutton Coldfield.
142ur. John Henry Newman: Mit Erlaubnis des Warden und der Fellows von Keble College, Oxford.
145u. *Drei Frauen in der Kirche* von Leibl: Kunsthalle, Hamburg.
145o. Joanna Southcott: Mary Evans Picture Library.
146. Königin Victoria präsentiert die Bibel: National Portrait Gallery London.
147. George Grenfell: Bodleian Library, Oxford.
148. David Livingstone: Council for World Mission (School of Oriental and African Studies).
150o. Gruppe von Missionaren, Mombasa, um 1901; 150M. Afrikanische, Mauritianische, Creolische und Indische Priester; 151o. Schottische Missionarsstation, Blantyre; 151M. Afrikanischer Diakon auf dem Treck, 151u. Leseklasse, G.E.A.: Alle Fotografien mit freundlicher Genehmigung von The Royal Commonwealth Society, London.
152–153. Kirchenchor, Uganda: Magnum/Chris Steele Perkins.
153u. Römisch-katholische Bischöfe in Kisumu, Kenia: RH/David Lomax.
153r. Sierra Leone: Magnum/Jean Gaumy.
154l. Sonntagsmesse in der Nähe von Pretoria: Magnum/A. Venzango.
154r. Ein schwarzer Priester segnet eine weiße Frau, Johannesburg: Abbas Magnum.
155ol. Feierliche Einsetzung des Erzbischofs Tutu, Kathedrale Kapstadt: Frank Spooner Pictures.
155or. Holländisch-Reformierte Kirche, Worcester, Kapprovinz: Magnum/Berry.
155ul. Taufe im See: Magnum/Berry.
155ur. Kirche der Rheinischen Mission, Stellenbosch: Graham Speake.
156. Dorfkirche, Papua Neu-Guinea: Zega/Dr.D. Holdsworth.
157. Christlicher Pilger in Indien: Magnum/Ian Berry.
159. J. Hudson Taylor: Overseas Missionary Fellowship, Sevenoaks, Kent.
160. Katholische Kirche von Urakami, Nagasaki: AGE Fotostock, Barcelona.
160–161. Taufe des Maori-Häuptlings, Te Puni, Otaki Kirche, Neuseeland, von Charles Decimus Barraud, 1853: Rex Nan Kivell Collection (NK 1103), National Library of Australia, Canberra.
163. Bemalte Kirche in der Moldau: Nationales Rumänisches Touristenbüro.
164. Basilikuskathedrale, Moskau: Zefa/L.Hrdlicka.
166–167. Zar Nikolaus II. zeigt seinen Soldaten eine Ikone: Popperfoto.
168o. Kirche auf Zypern: SH.
168u. Griechischer Priester: Magnum/René Burri.
169ol. Russisch-orthodoxe Kirche: Magnum/Fred Mayer.
169or. Armenische Kirche, Israel, Weihnachten: Magnum/Micha Bar.
169u. Koptische Kirche in Ägypten: Magnum/Alex Webb.
171. Christus in der Mandorla aus dem Athelstan Psalter: British Library, MS, Cott. Galba A VIII, f.21.
172o. Bronzenes Taufbecken: Foto Marburg.
172M. Riha Paten, Konstantinopel, 565–578 n. Chr.: mit freundlicher Erlaubnis der Byzantine Photograph Collection © Dumbarton Oaks, Trustees of Harvard University, Washington DC 20007.
172u. Beichte: David Richardson, Coventry.
172–173. Ordination, Vatikan: Magnum/Eve Arnold.
172–173u. Russisch-orthodoxe Hochzeit: Magnum/Fred Mayer.
173or. Firmung: David Richardson, Coventry.
173ur. Letztes Gebet: Magnum/Robert Capa.
174–174: Illustrationen vom Kircheninneren: Dick Barnard, Milverton, Somerset.
175ol. Plan einer Kirche: Inkwell, Bicester, Oxford.
176o. Kanadische Kirche: Magnum/Taconis.
176u. Dom von Siena; Zefa.
176–177. Kirche in den Dolomiten: Zefa.
177or. Kristallkathedrale: Mirielle Vautier.
177ul. St. Sophia, Kiev: Zefa.
177ur. Pilgerkirche, Neviges, Bundesrepublik Deutschland: Zefa.
178ol. David und Kircheninstrumente: British Library, Add.MS. 62925,f.97v.
178or. Sänger in der Prozession: National Library of Scotland, MS 18.1.7,f.149v. (Collection Mary Remnant).
178ur. Titelseite von *Theatrum Instrumentorum* von Michael Praetorius: Collection Mary Remnant.
178–179o. *Prozession auf der Piazza S. Marco* von Gentile Bellini: Scala (Accademia, Venedig).
179u. *Ein Dorfchor* von Thomas Webster: Bridgeman Art Library (Forbes Magazine Collection, New York).
179Mr. Moderne Musik in einer katholischen Kirche, USA: Sally und Richard Greenhill.
180. Mittelalterlicher Kalender aus dem Stundenbuch von Nicolas von Firmian, Flandern, um 1500: Sothebys 10. September 1980.
181. Palmsonntagprozession, Rom: Impact/Mark Cator.
182ul. Petrus: Leonard von Matt.
182ur. Innozenz III., Scala (Subiaco).
183ul. Pius VII. von Davide: Giraudon (Louvre).
183ur. Julius II. von Raffeal, Uffizien Florenz: Phaidon Archive.
183or. Büste von Johannes XXIII. von Giacomo Manzù, Vatikan, Sammlung moderner religiöser Kunst: Scala.
184o. Hl. Georg, Äthiopische Darstellung: RH (British Library).
184or. Zerbombte Kirche: Magnum.
184ul. Karikatur der militanten Kirche: Equinox Archive.
184ur. Christliche Kampagne für nukleare Abrüstung: Andes Press Agency.
185. Soldaten mit Ikone in San Salvador: Magnum.
186or. Tabernakel von Orcagna, Orsanmichele, Florenz: Scala.
186M. Johanniter bereiten sich darauf vor, Rhodos gegen die Türken zu verteidigen, MS des 15. Jh.: SH (Bibliothèque Nationale, Paris).
186u. *In der Schule der Nonnen* von G. Pennasilco: Galleria d'Arte Moderna, Mailand.
187o. *Der Kampf zwischen Karneval und Fasten* von Pieter Brueghel d.Ä., Kunsthistorisches Museum, Wien: Phaidon Archive.
187M. Die Heilsarmee im 19. Jh.: Heilsarmee.
187u.l. Vorlesung am New College, Oxford: Fotomas Index (British Library).
188–189o. Mar Saba: SH.
188Mu. Hl. Bernhard, Petersdom, Rom: RH.
188ul. Mönch am Pult: Fotomas Index (British Library).
189u. Weihe der Abtei von Cluny durch Papst Urban II., 1095: SH (Bibliothèque Nationale, Paris, MS.Lat.17716,f.91).
1891. Hl. Franz von Assisi von Cimabue, Assisi: SH.
189or. Hl. Benedikt, Subiaco: Scala.
189ur. Junge Nonnen legen ihre Gelübde ab: Magnum/Eve Arnold.
190–191. Alle Bilder: Frank Monaco/Rex Features.
192M. Christuskopf, 17. Jh.: Mirielle Vautier (Collection Olga Fisch).
192ul. Cristo de los Toreros, Convento de San Cayetano, Córdoba: AGE Fotostock 4-RMT-32015-0.
192–193. Mosaik aus der Hagia Sophia, Konstantinopel: Zefa 544.9-5.
193ol. Taxi, Port-au-Prince: Mirielle Vautier.
193or. Deutsche Stele aus Niederdollendorf: Rheinisches Landesmuseum, Bonn.
193r. Christus am Kreuz, 1063, Monasterio de Carrizo, Leon: AGE Fotostock 4-JBZ-51487-0.
1931. Christus in der Mandorla, St. Sernin, Toulouse, um 1090: Leonard von Matt.
194. Christus. Terracottabüste von Giovanni della Robbia, um 1500: Victoria und Albert Museum.
195. Ronchamp, Kirche von Le Corbusier: Zefa.
197. Kirche und Synagoge, USA: Zefa.
198. Moschee in christlicher Siedlung: British Library, Sloane MS. 197.
199. Buddhistische dagoba und holländisch-reformierte Kirche, Sri Lanka: AGE Fotostock, Barcelona.
200u. Hochzeit: Magnum/Raymond Depardon.
200-201o. Kreuz über der Straße: Magnum/Abbas.
201o. Inneres einer Kirche: Magnum/Raymond Depardon.
201u. Priester mit einer Phalanx von Soldaten bei Gemayels Begräbnis: Magnum/Abbas.
202–203. Kloster und Schrein von Sagorsk, Rußland: RH.
204o. Begräbnis von Pater Popieluszko: Frank Spooner Pictures.
204u. Johannes Paul II. und die Menge: Photo Source.
205o. Betende Polen: Frank Spooner Pictures.
205u. Streikposten und Ikone: Photo Source.
206–207. Kloster Bačkovo, Bulgarien: Zefa/Dr. Hans Kramarz.
207o. Messe in Ieud, Rumänien: Magnum/Mark Riboud.
208ul. Venezianisches Begräbnis: Pepi Meriso, Bergamo.
208–209, 209u. Pilger am Monte Autore: Pepi Meriso.
209o. Aufrichten der Kerzen, Tag des hl. Ubaldo, Gubbio: Pepi Meriso.
210–211. Prozession der Carmines an Corpus Domini, Gandino: Pepi Meriso
212–213. Wallfahrt auf den Croagh Patrick, Irland: RH.
213b. Hugenotten: RH.
214. J.F. Kennedy und Papst Paul VI.: Popperfoto.
214u. Krönung von Elisabeth II.: Popperfoto.
216M. Judas, Passionsspiel, Guatemala: Magnum/Gilles Peress.
216l. Votivbilder, Brasilien: Mirielle Vautier.
216u. Gebet für die Toten, Peru: Magnum/Sebastio Salgado.
216–217o. US-Missionare feiern eine Messe, Guatemala: AGE Fotostock.
217u. Prozession, Chichicastenango: P. Chadwick.
219. Wohltätigkeitskonzert, London: Frank Spooner Pictures.
220. Drive-in-Kirche, Los Angeles: Magnum/Paul Fusco.
221or. Heilige werden durch die Straßen von Lucban getragen, Philippinen: Magnum/Philip Jones Griffiths.
221ul/r. Kreuzigung und Karfreitagsflagellanten, Paombong, Provinz Bulacan, Philippinen: RH.
222–223. Illustrationen: Inkwell, Bicester, Oxford.
224. II. Vatikanisches Konzil: Popperfoto.
225. Erzbischof Ramsey und Papst Paul VI. in Rom, 1966: Popperfoto.

BIBLIOGRAPHIE

Die frühe Kirche

C. Andresen und G. Denzler, *dtv-Wörterbuch der Kirchengeschichte.* München 1984.
Augustin, *Bekenntnisse.* Hg. W. Thimme. München 1982.
Augustin, *Confessiones.* Hg. J. Bernhart. 4. Aufl. München 1980.
J. Beckwith, *Early Christian and Byzantine Art.* Harmondsworth 1970.
L. Bieler, *The Life and Legend of St. Patrick.* Dublin 1949.
G. Bonner, *St. Augustine of Hippo, Life and Controversies.* 2. Aufl. Norwich 1986; dt. Übers. *Augustinus von Hippo.* Frankfurt a. M. 1973; München 1975 (Heyne-Taschenbuch).
P. Brown, *Augustine of Hippo.* London 1967; dt. Übers. *Augustinus von Hippo.* Frankfurt a. M. 1982.
– *The Cult of the Saints.* London 1981.
H. von Campenhausen, *Die Entstehung der christlichen Bibel.* Tübingen 1968.
– *Kirchliches Amt und geistliche Vollmacht in den ersten drei Jahrhunderten.* Tübingen 1953.
– *Die griechischen Kirchenväter.* Stuttgart 1955.
– *Lateinische Kirchenväter.* Stuttgart 1960.
H. Chadwick, *The Early Church.* 2. Aufl. Harmondsworth 1986; dt. Übers. *Die Kirche in der antiken Welt.* Berlin 1972.
– *Early Christian Thought and the Classical Tradition.* Oxford 1966.
– *Origen contra Celsum.* 3. Aufl. Cambridge 1980.
– *Augustine.* Oxford 1986; dt. Übers. *Augustin.* Göttingen 1987.
O.Chadwick, *John Cassian.* 2.Aufl. Cambridge 1968.
D.J. Chitty, *The Desert a City.* Oxford 1966.
L. Duchesne, *The Early History of the Church.* 3 Bde. London 1924 (= *Histoire ancienne de Eglise.* 3 Bde., Paris 1907–1920).
K. Flash, *Augustin. Einführung in sein Denken.* Stuttgart o. J. (RUB 9962).
W. H. C. Frend, *The Donatist Church.* 2. Aufl. Oxford 1985.
A. Grabar, *The Beginnings of Christian Art,* London 1967; dt. Übers. *Die Kunst des frühen Christentums.* München 1967.
– *Christian Iconography. A Study of its Origins.* London 1969.
R. M. Grant, *Augustine to Constantine.* London 1971.
– *Eusebius as Historian,* Oxford 1980.
– *Early Christianity and Society.* New York 1977; dt. Übers. *Christen als Bürger im Römischen Reich.* Göttingen 1981.
M. Greschat, *Gestalten der Kirchengeschichte.* 12 Bde. Stuttgart 1981–1986.
A. Grillmeier, *Christ in Christian Tradition.* 2. Aufl. London 1975.
G. Grützmacher, *Hieronymus.* 3 Bde. Neudruck v. 1901–1908, Aalen 1969.
L. Hertling und E. Kirschbaum. *Die römischen Katakomben und ihre Märtyrer.* Wien 1950.
K. Heussi, *Kompendium der Kirchengeschichte.* 16. Aufl. Tübingen 1986.
E. D. Hunt, *Holy Land Pilgrimage in the Later Roman Empire.* Oxford 1982.
K. Jaspers, *Augustin.* 2. Aufl. München 1985.
H. Jedin, *Handbuch der Kirchengeschichte.* Bd. 2: *Die Kirche in Ost und West von Chalkedon bis zum Frühmittelalter.* Freiburg 1982.
J. A. Jungmann, *The Early Liturgy to the Time of Gregory the Great.* London und Notre Dame, Ind. 1962; dt. Übers. *Liturgie d. christl. Frühzeit bis auf Gregor den Großen.* Freiburg/Schweiz 1967.
J. N. D. Kelly, *Early Christian Creeds.* London 1972; dt. Übers. *Altchristliche Glaubensbekenntnisse.* Göttingen 1972.
– *Early Christian Doctrines.* 5. Aufl. London 1977.
– *Jerome.* London 1975.
R. Krautheimer, *Early Christian and Byzantine Architecture.* 3. Aufl. Harmondsworth 1979.
K. Kupisch, *Kirchengeschichte.* Stuttgart 1983–1986.
R. Lane Fox, *Pagans and Christians.* London 1986.
H. Lietzmann, *Geschichte der alten Kirche.* 4 Bde., Berlin 1932–1944.
R. A. Markus, *Saeculum, History and Society in the Theology of St. Augustine.* Cambridge 1970.
H. J. Marrow, *Augustinus.* Reinbek 1984 (romono 8).
F. van der Meer, *Altchristliche Kunst.* Köln 1960.
F. van der Meer und C. Mohrmann, *Bildatlas d. frühchristlichen Welt.* Gütersloh 1959.
K. S. Painter, *The Water Newton Early Christian Silver.* London 1977.
J. Pelikan, *The Emergence of the Catholic Tradition.* Chicago, Ill., und London 1971.
P. Rousseau, *Authority and the Church in the Age of Jerome and Cassian.* Oxford 1978.
– *Pachomius.* Berkeley, Calif. 1985.
K. Rudolph, *Gnosis.* 2. Aufl. Göttingen 1980.
K. D. Schmidt, *Grundriß der Kirchengeschichte.* Göttingen 1984.
M. Simon, *Verus Israel.* Oxford 1985.
H. v. Soden, *Urchristentum und Geschichte.* Tübingen 1956.
J. M. C. Toynbee und J. Ward-Perkins, *The Shrine of St. Peter and the Vatican Excavations.* London 1957.

Die Kirche im Osten

H. Beck, *Geschichte der orthodoxen Kirche im byzantinischen Reich.* Göttingen 1980.
P. Brown, *The World of Late Antiquity.* London 1971; dt. Übers. *Welten im Aufbruch.* Bergisch-Gladbach 1980.
R. Browning, *Justinian and Theodora.* 2. Aufl. London 1987; dt. Übers. *Justinian und Theodora.* Bergisch-Gladbach 1981.
A. Bryer und J. Herrin (Hg.), *Iconoclasm.* Birmingham 1977.
A. Cameron, *Continuity and Change in 6th-Century Byzantium.* London 1982.
R. Cormack, *Writing in Gold. Byzantine Society and its Icons.* London 1985.
J. V. A. Fine, *The Early Medieval Balkans.* Ann Arbor, Mich. 1983.
J. Galey, *Sinai and the Monastery of St. Catherine.* Kairo 1985.
J. M. Hussey, *The Orthodox Church in the Byzantine Empire.* Oxford 1986.
J. v. Hutter, *Byzanz und der Westen.* Wien 1984.
E. v. Ivánka (Hg.), *Handbuch der Ostkirchenkunde,* Düsseldorf 1971.
F. G. Maier, *Die Verwandlung der Mittelmeerwelt.* 9. Aufl. Frankfurt a. M. 1986 (Fischer Weltgeschichte 9).
K. Onasch, *Kunst und Liturgie der Ostkirche.* Wien 1982.
D. Obolensky, *The Byzantine Commonwealth.* London 1974.
G. Podskalsky, *Theologie und Philosophie in Byzanz.* München 1977.
L. Rodley, *Cave Monasteries of Byzantine Cappadocia.* Cambridge 1985.
S. Runciman, *The Byzantine Theocracy.* Cambridge 1977.
– *Kunst und Kultur in Byzanz.* München 1978.
W. Schubert, *Justinian und Theodora.* Neudruck von 1943, Hildesheim 1984.
H. Schulz, *Die byzantinische Liturgie.* 2. Aufl. Trier 1980.
U. Süßenbach, *Christuskult und kaiserliche Baupolitik bei Konstantin,* Bonn 1977.
P. Whitting (Hg.), *Byzantinum. An Introduction.* 2. Aufl. London 1981.

Die Kirche im Westen

D. Ayerst und A. S. T. Fisher (Hg.), *Records of Christianity.* Bd. 2, Oxford 1977.
N. Brox, *Kirchengeschichte des Altertums.* 2. Aufl. Düsseldorf 1986.
T. Burns, *The Ostrogoths: Kingship and Society.* Wiesbaden 1980.
T. Hodgkin, *Italy and her Invaders 376–814.* Neudruck New York 1967.
D. Knowles, *Christian Monasticism.* London 1969.
P. Llewellyn, *Rome in the Dark Ages.* London 1971.
B. Moeller, *Geschichte des Christentums in Grundzügen.* 3. Aufl. Göttingen 1983.
K. J. Pelikan, The Pelikan, *The Christian Tradition.* Bd. 3, Chicago, Ill. 1978.
P. Riché, *Education and Culture in the Barbarian West.* Columbia, Ohio 1976 (= *Education et culture dans l'occident barbare.* Paris 1967).
K. Schäferdieck, *Die Kirche in den Reichen der Westgoten und Suewen bis zur Errichtung der westgotischen katholischen Staatskirche.* Berlin 1967.
R. W. Southern, *The Making of the Middle Ages.* London 1953; dt. Übers. *Gestaltende Kräfte des Mittelalters.* Stuttgart 1960.
– *Western Society and the Church in the Middle Ages.* London 1970; dt. Übersetzung *Kirche und Gesellschaft im Abendland des Mittelalters,* Berlin 1976.
W. Ullmann, *The Growth of Papal Government in the Middle Ages.* London 1955; dt. Übers. *Die Machtstellung des Papsttums im Mittelalter.* Köln 1960.
J. M. Wallace-Hadrill, *The Barbarian West.* Rev. Ausg. New York 1962.
C. Wickham, *Early Mediaeval Italy.* London 1981.

Ost und West: Wege zur Trennung

M. Angold, *The Byzantine Empire, 1025–1204.* London 1984.
C. M. Brand, *Byzantium Confronts the West, 1180–1204.* Cambridge, Mass. 1968.
G. Every, *The Byzantine Patriarchate, 451–1204.* London 1962.
W. Fischer (Hg.), *Das Heilige Land im Mittelalter.* Neustadt 1982.
J. Godfrey, *1204: The Unholy Crusade.* Oxford 1980.
G. Gunther, *Ost und West in der christlichen Kirche des 4. und 5. Jahrhunderts.* Stamsried 1978.
J. Hergenröther, *Photius, Patriarch von Constantinopel,* Neudruck v. 1867–1869, Darmstadt 1966.
E.v. Ivánka, *Handbuch der Ostkirchenkunde.* Düsseldorf 1971.
H. E. Mayer, *Geschichte der Kreuzzüge.* 6. Aufl. Stuttgart 1985.
J. Meyendorff, *Die orthodoxe Kirche gestern und heute.* Salzburg 1963.
S. Runciman, *A. History of the Crusades.* 3 Bde. Cambridge 1951–54; dt. Übers. *Geschichte der Kreuzzüge.* München 1978.
– *The Eastern Schism.* Oxford 1955.
J. F. Schmale, *Studien zum Schisma des Jahres 1130.* Köln 1961.
K. M. Setton (Hg.), *A History of the Crusades.* Bd. 1. Madison, Wis. 1955.
P. Sherrard, *The Greek East and the Latin West.* Oxford 1959.
H. Wollschläger, *Die bewaffneten Wallfahrten gen Jerusa-lem. Geschichte der Kreuzzüge.* Zürich 1973.

Schisma und Union

W. Bauer, *Rechtgläubigkeit und Ketzerei im ältesten Christentum.* Tübingen 1934.
H. Beck, *Kirche und theologische Literatur im byzantinischen Reich.* 2. Aufl. München 1964.
Y. Congar, *Zerrissene Christenheit.* Wien 1959.
G. P. Fedotov, *The Russian Religious Mind.* 2 Bde. Cambridge, Mass. 1946–66.
– *A. Treasury of Russian Spirituality.* London 1950.
E. R. Galbiati, *Berg Athos.* (Welt d. Religionen Bd. 13) Freiburg 1983.
D. J. Geanokoplos, *Emperor Michael Palaeologus and the West: A Study in Byzantine-Latin Relations.* Cambridge, Mass. 1959.
E. Kästner, *Die Stundentrommel vom heiligen Berg Athos.* Frankfurt a. M. o. J. (Insel Taschenbuch 56).
J. Meyendorff, *A Study of Gregory Palamas.* London 1964.
– *Byzantinum and the Rise of Russia; A Study of Byzantine-Russian Relations in the Fourteenth Century.* Cambridge 1981.
– *Byzantine Theology.* 2. Aufl. London 1983.
D. M. Nicol, *Church and Society in the Last Centuries of Byzantium.* Cambridge 1979.
– *The End of the Byzantine Empire.* London 1979.
G. Ostrogorsky, *Geschichte des byzantinischen Staates.* München 1965.
S. Runciman, *The Fall of Constantinople.* Cambridge 1965; dt. Übers. *Die Eroberung von Konstantinopel, 1453.* München 1966 (dtv-Taschenbuch 1977).
– *Mistra: Byzantine Capital of the Peloponnese.* London 1980.
P. Sherrard, *Athos. The Mountain of Silence.* London 1960; dt. Übers. *Der Berg des Schweigens.* Olten/Freiburg 1959.
D. Talbot Rice, *Byzantine Art.* London 1968.
P. A. Underwood (Hg.), *The Kariye Djami.* 4 Bde. London 1967–75.
C. Walter, *Art and Ritual of the Byzantine Church.* London 1982.
M. A. Wittig, *Athos – Der Heilige Berg von Byzanz,* Würzburg 1985.

Kirche und Staat

G. Barraclough, *The Mediaeval Papacy.* London 1968.
H. Beilner, *Von der mittelalterlichen Reichsidee zum souveränen Staat.* München 1976.
R. L. Benson und G. Constable, *Renaissance and Renewal in the Twelfth Century.* Cambridge, Mass. 1982.
M. D. Chenu, *Nature, Man and Society in the Twelfth Century.* Chicago, Ill. 1968.
G. Denzler (Hg.), *Päpste und Papsttum.* 23 Bde. Stuttgart 1971–1984.
S. C. Ferruolo, *The Origins of the University.* Stanford, Calif. 1985.
R. Fischer-Wolpert, *Lexikon der Päpste.* Regensburg 1985.
N. Gussone, *Thron und Inthronisation des Papstes von den Anfängen bis zum 13. Jahrhundert.* Bonn 1978.
J. Haller, *Das Papsttum. Idee und Wirklichkeit.* 5 Bde. 2. Aufl. Stuttgart 1950–1959, Neudruck Darmstadt 1962.
E. Kantorowicz, *The King's Two Bodies.* Princeton, N. J. 1957.
J. Leclercq, *The Love of Learning and the Desire for God.* Fordham 1974.
G. Leff, *The Dissolution of the Mediaeval Outlook.* New York 1976.
B. Smalley, *The Study of the Bible in the Middle Ages.* 3. Aufl. Oxford 1983.
J. Sumption, *Pilgrimage.* London 1974.
W. Ullmann, *Kurze Geschichte des Papsttums im Mittelalter.* Berlin 1978.
Siehe auch Knowles, Southern und Ullmann, oben.

Das Spätmittelalter

W. Andreas, *Deutschland vor der Reformation.* 7. Aufl. Berlin 1972.
M. Bainton, *Erasmus of Christendom.* New York 1969; dt. Übers. *Erasmus. Reformer zwischen den Fronten.* Göttingen 1972.
J. Bossy, *Christianity in the West 1400–1700.* Oxford 1985.
E. Ennen, *Die europäische Stadt des Mittelalters.* 2. Aufl. Göttingen 1975.
J. Fehr, *Der Aberglaube und die katholische Kirche des Mittelalters.* Stuttgart 1857.
R. Finucane, *Miracles and Pilgrims.* London 1977.
J. Hansen, *Zauberwahn, Inquisition und Hexenprozeß im Mittelalter und die Entstehung der großen Hexenverfolgung.* München 1909, Nachdruck Aalen 1964.
W. Hentze, *Kirche und kirchliche Einheit bei Desiderius Erasmus von Rotterdam.* Paderborn 1974.
J. Huizinga, *Herbst des Mittelalters.* 11. Aufl. Stuttgart 1975.
R. Kieckhefer, *European Witch Trials 1300–1500.* London 1976.
I. Origo, *The World of San Bernardino.* London 1963.
S. Ozment (Hg.), *The Reformation in Medieval Perspective.* Chicago, Ill. 1971.
P. Partner, *Renaissance Rome.* Berkeley, Calif. 1976.
R. Röhricht, *Deutsche Pilgerreisen nach dem Heiligen Land.* Nachdruck von 1900, Aalen 1967.
W. G. Soldan, *Geschichte d. Hexenprozesse.* Stuttgart 1843, bearb. v. H. Heppe u. M. Bauer, Nachdruck Darmstadt 1972.
R. Stupperich, *Erasmus von Rotterdam und seine Welt.* Berlin 1977.

T. F. Tentler, *Sin and Confession on the Eve of the Reformation.* Princeton, N.J. 1977.
K. Thomas, *Religion and the Decline of Magic.* London 1971.
C. Trinkaus und H. Oberman (Hg.), *The Pursuit of Holiness in Late Medieval and Renaissance Religion.* Leiden 1974.
D. Weinstein und R. M. Bell, *Sains and Society.* Chicago, Ill. 1982.

Die Reformation
K. Aland, *Die Reformation Martin Luthers.* Gütersloh 1982.
– , *Die Reformatoren.* 3. Aufl. Gütersloh 1983.
R. M. Bainton, *Here I Stand. A Life of Martin Luther.* New York 1950; dt. Über. *Hier stehe ich. Das Leben Martin Luthers.* Göttingen 1952.
K. Barth, *Calvin.* München 1936.
J. Baur, *Gott, Recht und weltliches Regiment im Werke Calvins.* Bonn 1965.
P. Bickle (Hg.), *Bauer, Reich und Reformation.* Stuttgart 1982.
F. Büsser, *Das katholisch Zwinglibild von der Reformation bis zur Gegenwart.* Zürich 1968.
– , *Huldrych Zwingli.* Göttingen 1973.
O. Chadwick, *The Reformation.* London 1964.
A. G. Dickens, *Reformation and Society in 16th Century Europe,* London 1966.
– , *The German Nation and Martin Luther,* London 1974.
– , *The English Reformation.* London 1964.
O. Farner, *Huldrych Zwingli.* 4 Bde. Zürich 1943–1960.
U. Gäbler, *Ulrich Zwingli.* München 1983.
H. J. Grimm, *The Reformation Era 1500–1650.* London 1973.
K. Guggisberg, *Das Zwinglibild des Protestantismus im Wandel der Zeiten.* Leipzig 1934.
M. Haas, *Hyldrich Zwingli und seine Zeit.* Zürich 1969.
W. Jacob, *Politische Führungsschicht und Reformation.* Zürich 1970.
H. Jedin (Hg.), *Handbuch der Kirchengeschichte.* Bd. IV.: *Reformation, katholische Reform und Gegenreformation.* 3. Aufl. Freiburg 1979.
H. Kremers (Hg.), *Die Juden und Martin Luther.* Neukirchen 1985.
H. W. Krummwiede, *Glaubenszuversicht und Weltgestaltung bei Martin Luther.* Göttingen 1983.
H. Lilje, *Martin Luther.* Reinbek 1965 (romono 98).
G. W. Locher, *Huldrych Zwingli in neuer Sicht.* Zürich 1969.
– , *Die Zwinglische Reform im Rahmen der europäischen Kirchengeschichte.* Göttingen 1979.
– , *Zwingli und die schweizerische Reformation.* Göttingen 1982.
M. Luther, *Ausgewählte Schriften.* Frankfurt a. M. 1983 (Fischer TB 6547).
– , *Sämtliche Schriften* (Hg. J. G. Walch). 23 Bde. Groß-Oesingen 1986 ff.
– , *Werke in Auswahl* (Hg. O. Clemen u.a.). 8 Bde. Berlin 1912–1968.
Luther deutsch (Hg. K. Aland). 10 Bde. Stuttgart/Göttingen 1959–1969.
H. Mayer, *Martin Luther.* Gütersloh 1986.
B. Moeller, *Deutschland im Zeitalter der Reformation.* 2. Aufl. Göttingen 1981.
W. Monter, *Calvin's Geneva.* New York 1967.
W. Neusser, *Calvin.* Berlin 1971.
H. A. Oberman, *Luther.* Berlin 1982.
– , *Die Reformation. Von Wittenberg nach Genf.* Göttingen 1986.
S. Ozment, *The Reformation in the Cities.* New Haven, Conn. 1975.
T. H. L. Parker, *John Calvin.* London 1975.
U. Plath, *Calvin und Basel in den Jahren 1552–1556.* Zürich 1973.
G. R. Potter, *Zwingli.* Cambridge 1976.
H. Rudolfs, *Gesammelte Studien zur Theologie Luthers und der Reformation.* Göttingen 1966.
E. G. Rupp, *Luther's Progress to the Diet of Worms.* London 1951.
– , *Patterns of Reformation.* London 1969.
H. Scholl, *Reformation und Politik.* Stuttgart 1976.
H. J. Schönstädt, *Antichrist, Weltheilsgeschehen und Gottes Werkzeug.* Wiesbaden 1978.
R. Scribner, *For the Sake of Simple Folk: Popular Propaganda for the German Reformation.* Cambridge 1981.
– , *The German Reformation.* London 1986.
S. Skalweit, *Der Beginn der Neuzeit.* Darmstadt 1982.
J. Staedtke, *Johannes Calvin. Erkenntnis und Gestaltung.* Göttingen 1969.
R. Wagner, *Martin Luther und die historischen Stätten der Reformation.* Berlin 1983 (Ullstein TB 34134).
J. Wallmann, *Kirchengeschichte Deutschlands seit der Reformation.* 2. Aufl. Tübingen 1985.
G. H. Williams, *The Radical Reformation.* London 1962.
G. Wolf (Hg.), *Luther und die Obrigkeit.* Darmstadt 1972.
H. Zahrnt, *Martin Luther.* München 1986.

Die Gegenreformation
R. Bäumer (Hg.), *Von Konstanz nach Trient.* München 1972.
K. Brandi, *Reformation und Gegenreformation.* Göttingen 1975.
J. Brodrick, *The Origin of the Jesuits.* London 1940.
– *The Progress of the Jesuits.* London 1946.
W. Christian, *Local Religion in Sixteenth Century Spain.* Princeton, N.J. 1981.
J. Delumeau, *Catholicism between Luther and Voltaire.* London 1977.
A. G. Dickens, *The Counter Reformation.* London 1968.
G. Droysen, *Geschichte der Gegenreformation.* Essen 1983.
D. Evenett, *The Spirit of the Counter Reformation.* Cambridge 1968.
D. Fenlon, *Heresy and Obedience in Tridentine Italy.* Cambridge 1972.
F. Haskell, *Patrons and Painters.* New Haven, Conn. 1980.
H. Jedin, *Katholische Reformation oder Gegenreformation.* Luzern 1946.
– , *Der Abschluß des Trienter Konzils.* Münster 1963.
– (Hg), *Handbuch der Kirchengeschichte.* Bd. IV. 3. Aufl. Freiburg u.a. 1979.
H. Lutz, *Reformation und Gegenreformation.* 2. Aufl. München 1982.
A. Mullet, *The Counter Reformation.* London 1985.
K. D. Schmidt, *Die katholische Reformation und die Gegenreformation.* Göttingen 1975.
A. D. Wright, *The Counter Reformation.* London 1982.
E. W. Zeeden, *Das Zeitalter der Gegenreformation.* Freiburg 1967.
– (Hg.), *Gegenreformation.* Darmstadt 1972.

Krieg, Ausgleich und Zwietracht
P. Benedict, *Rouen during the Wars of Religion.* Cambridge 1981.
W. J. Bouwsma, *Venice and the Defence of Republican Liberty: Renaissance Values in the Age of the Counter Reformation.* Berkeley, Calif. 1968.
P. Collinson, *The Religion of Protestants.* Oxford 1982.
P. M. Crew, *Calvin's Preaching and Iconoclasm in the Netherlands.* Cambridge 1978.
N. Z. Davis, *Society and Culture in Early Modern France.* London 1975.
R. J. W. Evans, *The Making of the Habsburg Monarchy.* Oxford 1979; dt. Übers. *Das Werden der Habsburger Monarchie 1550–1700.* Wien 1980.
J. R. Grigulevič, *Ketzer – Hexen – Inquisitoren. Geschichte der Inquisition.* 2 Bde. 2. Aufl. Berlin 1986.
D. Harmening, *Superstitio.* Berlin 1979.
M. Hroch und A. Skýbová. *Die Inquisition im Zeitalter der Gegenreformation.* Stuttgart 1985.
H. Jedin, *Handbuch der Kirchengeschichte.* Bd. IV. Freiburg 1970.
H. Kamen, *Die spanische Inquisition.* 2. Aufl. München 1980.
– , *The Rise of Toleration.* London 1967.
W. Monter, *Ritual, Myth and Magic in Early Modern Europe.* Brighton 1983.
Mr. Prestwich, *International Calvinism.* Oxford 1986.
B. Rill, *Die Inquisition und ihre Ketzer.* Gilching 1982.
E. Saxer, *Aberglaube, Heuchelei und Frömmigkeit.* Zürich 1970.
Siehe auch oben unter Reformation und Gegenreformation.

Expansion nach Osten und Westen
C. Boxer, *The Christian Century in Japan.* London 1951.
– *The Portuguese Sea-Borne Empire.* London 1969.
– *The Church Militant and Iberian Expansion.* Baltimore, Md. 1978.
J. Brodrick, *Saint Francis Xavier.* London/New York 1952; dt. Übers. *Abenteurer Gottes. Leben und Fahrten des hl. Franz Xaver 1506–1522.* Stuttgart 1954.
V. Cronin, *The Wise Man from the West.* London 1955; dt. Übers. *Der Jesuit als Mandarin.* Stuttgart 1959.
– *A Pearl to India.* London 1959.
G. H. Dunne, *Generation of Giants, the Jesuits in China.* London 1969; dt. Übers. *Die Chinamission der Jesuiten.* Stuttgart 1965.
J. H. Elliot, *Imperial Spain.* London 1963.
P. A. Gen, *Die Missionstätigkeit des hl. Franz Xaver in Japan aus japanischer Sicht.* Nettetal o.J.
J. Gernet, *Christus kam bis nach China.* Zürich 1984.
J. Laures, *Geschichte der katholischen Kirche in Japan.* Kaldenkirchen 1956.
S. Neill, *A History of Christianity in India.* 2 Bde. Cambridge 1984–85.
F. A. Plattner, *Pfeffer und Seelen.* 2. Aufl. Zürich/Köln 1955.
H. J. Prien, *Geschichte des Christentums in Lateinamerika.* Göttingen 1977.
R. Ricard, *The Spiritual Conquest of Mexico.* Berkeley, Calif. 1966.
G. Schurhammer, *Franz Xaver. Sein Leben und seine Zeit.* 3 Bde. Freiburg 1955–1971.

Die Kirche in Nordamerika
S. E. Ahlstrom, *A Religious History of the American People.* New Haven, Conn. 1972.
C. L. Albanese, *America: Religion and Religions.* Belmont, Calif. 1981.
J. W. Carrol et al., *Religion in America: 1950 to the Present.* San Francisco, Calif. 1979.
M. Douglas und S. M. Tipton, *Religion and America: Spirituality in a Secular Age.* Boston, Ma. 1983.
Gallup Report, *Religion in America, Fifty Years: 1935–85.* Princeton, N.J. 1985.
E. S. Gaustad, *Historical Atlas of Religion in America.* Rev. Aufl. New York 1976.
R. T. Handy, *A History of the Churches in the United States and Canada.* New York 1977.
W. S. Hudson, *Religion in America.* 3. Aufl. New York 1981.
P. Kaweran, M. Begrich, M. Jacobs, *Kirchengeschichte Nordamerikas, Kirchengeschichte Brasiliens, Kirchengeschichte Südamerikas spanischer Zunge.* Göttingen 1963.
B. G. Längin, *Die Hutterer.* Hamburg 1986.
M. E. Marty, *Pilgrims in Their Own Land: 500 Years of Religion in America.* Boston, Ma. 1984.
J. G. Melton, *The Encyclopedia of American Religions.* Wilmington, N.C. 1978.
J. M. Mulder und J. F. Wilson (Hg.), *Religion in American History: Interpretive Essays.* Englewood Cliffs, N. J. 1978.
M. A. Noll (Hg.) u. a., *Eerdsman's Handbook to Christianity in America.* Grand Rapids, Mich. 1983.
K. Schmidt, *Religion, Versklavung und Befreiung.* Stuttgart 1978.
I. I. Zaretsky und M. P. Leone, *Religious Movements in Contemporary America.* Princeton, N. J. 1974.

Die Kirche im 18. Jahrhundert
E. Beyreuther, *Geschichte des Pietismus.* Stuttgart 1978.
W. J. Callahan and D. Higgs (Hg.), *Church and Society in Catholic Europe of the Eighteenth Century.* Cambridge 1979.
O. Chadwick, *The Popes and the European Revolution.* Oxford 1981.
G. Cragg, *The Church and the Age of Reason 1648–1789.* The Pelican History of the Church. Bd. 4. Harmondsworth 1960.
M. Geiger, *Aufklärung und Erweckung.* Zürich 1963.
A. D. Gilbert, *Religion and Society in Industrial England. Church, Chapel and Social Change, 1740–1914.* London 1976.
M. Greschat, *Gestalten der Kirchengeschichte,* 12 Bde., Bd. 7: *Orthodoxie und Pietismus.* Stuttgart 1982.
N. Hammerstein, *Aufklärung und katholisches Reich.* Berlin 1977.
N. Hampson, *The Enlightenment.* The Pelican History of European Thought. Bd. 4. Harmondsworth 1968.
E. Hegel, *Die katholische Kirche Deutschlands unter dem Einfluß der Aufklärung.* Opladen 1975.
K. Kupisch, *Kirchengeschichte.* Bd. 4: *Das Zeitalter der Aufklärung.* Stuttgart 1975.
J. McManners, *French Ecclesiastical Society under the Ancien Regime.* Manchester 1960.
– *Death and the Enlightenment. Changing Attitudes to Death in Eighteenth-Century France.* Oxford 1981.
K. S. Pinson, *Pietism as a Factor in the Rise of German Nationalism.* New York 1967.
R. Porter und M. Teich (Hg.), *The Enlightenment in National Context.* Cambridge 1981.
H. Reinalter (Hg.) *Freimaurer und Geheimbünde seit dem 18. Jahrhundert,* Frankfurt a. M. 1982.
A. Ritschel, *Geschichte des Pietismus.* 3 Bde. Nachdruck von 1880–1884, Berlin 1966.
M. Schmidt, *Pietismus.* 3. Aufl. Stuttgart 1983.
N. Sykes, *Church and State in England in the 18th Century.* Cambridge 1934.
M. R. Watts, *The Dissenters.* Bd 1. *From the Reformation to the French Revolution.* Oxford 1978.

Die Kirche im 19. Jahrhundert
O. Chadwick, *The Victorian Church.* 2 Bde., 1. Bd. 3. Aufl. London 1971. 2 Bd. 2. Aufl. London 1972.
– *The Secularization of the European Mind in the Nineteenth Century.* Cambridge 1975.
G. Faber, *Oxford Apostles. A Character Study of the Oxford Movement.* 2. Aufl. London 1974.
E. E. Y. Hales, *Pio Nono. A Study in European Politics and Religion in the Nineteenth Century.* London 1954.
J. F. C. Harrison, *The Second Coming. Popular Millenarianism 1780–1850.* London 1979.
W. Kerber (Hg.), *Säkularisierung und Wertewandel.* München 1986.
J. Köhler (Hg.), *Säkularisation in Ostmitteleuropa. Zur Klärung der Verhältnisse von geistlicher und weltlicher Macht im Mittelalter, von Kirche und Staat in der Neuzeit.* Köln 1984.
A. Langner (Hg.), *Säkularisation und Säkularisierung im 19. Jahrhundert.* Paderborn 1978.
H. McLeod, *Religion and the People of Western Europe 1789–1970.* Oxford 1981.
– *Religion and the Working Class in Nineteenth Century Britain.* London 1984.
J. McManners, *Church and State in France 1870–1914.* London 1972.
E. Norman, *The English Catholic Church in the Nineteenth Century.* Oxford 1984.
A. Rauscher, *Deutscher Katholizismus und Revolution im frühen 19. Jahrhundert.* Paderborn 1975.
H. G. Schenk, *Die Entchristlichung Europas (1750–1900).* Basel 1977.
N. Schiffers, *Die Einheit der Kirche nach John Henry Newman.* Düsseldorf 1956.
D. Stutzer, *Klöster als Arbeitgeber um 1800.* Göttingen 1986.
A. R. Vidler, *The Church in an Age of Revolution.* The Pelican History of the Church. Bd. 5. Harmondsworth 1961.
– *A Century of Social Catholicism 1820–1920.* London 1964.

Die afrikanische Erfahrung
J. F. A. Ajayi, *Christian Missions in Nigeria 1841–1891: The Making of a New Elite.* London 1965.
H. Berger, *Mission und Kolonialpolitik.* Immensee 1978.
H. W. Gensichen, *Missionsgeschichte der neueren Zeit.* 3. Aufl. Göttingen 1976.
C. P. Groves, *The Planting of Christianity in Africa.* 4 Bde. London 1948, 1954, 1955, 1958. Nachdruck 1964.
H. Gründer, *Christliche Mission und deutscher Imperialismus.* Paderborn 1982.
J. Guy, *The Heretic. A Study of the Life of John William Colenso 1814–1883.* Pietermaritzburg und Johannesburg 1983.
K. Hammer, *Weltmission und Kolonialismus.* München 1981 (auch: dtv-TB 4368).
A. Hastings, *African Christianity: An Essay in Interpretation.* London 1976.
– *A History of African Christianity 1950–1975.* Cambridge 1979.
– *Das schwarze Experiment.* Graz 1964.
S. Hertlein, *Christentum und Mission im Urteil der neoafrikanischen Prosaliteratur.* Münsterschwarzach 1963.
M. Hope und J. Young, *The South African Churches in a Revolutionary Situation.* Maryknoll, N.Y. 1979.
T. Jeal, *Livingstone.* London 1973.
M. D. Markowitz, *Cross and Sword: The Political Role of Christian Missions in the Belgian Congo.* Stanford, Calif. 1973.
B. Mirtschink, *Zur Rolle christlicher Mission in kolonialen Gesellschaften.* Berlin 1980.
A. Mulders, *Missionsgeschichte.* Regensburg 1960.

S. Neill, *A History of Christian Missions.* The Pelican History of the Church. Bd. 6. Rev. Aufl. Harmondsworth 1986; dt. Übers. *Geschichte der christlichen Mission.* Erlangen 1974.
R. Oliver, *The Missionary Factor in East Africa.* 2. Aufl. London 1965.
A. Ross, *John Philip (1775–1851). Missions, Race and Politics in South Africa.* Aberdeen 1986.
F. B. Welbourn, *East African Rebels: A Study of some Independent Churches.* London 1961.

Missionen in Asien

C. Caldorola, *Christianity: The Japanese Way.* Leiden 1979.
J Ch'en, *China and the West. Society and Culture 1815–1937.* London 1979.
P. A. Cohen, »Christian Missions and their Impact to 1900«, in J.K. Fairbank (Hg.), *The Cambridge History of China.* Bd. 10. Cambridge 1978.
R.H. Drummond, *A History of Christianity in Japan.* Grand Rapids, Mich. 1971.
H. Fautsch, *Christus kam auch zu den Papuas.* Freiburg 1983.
R. Fischer, *Die Basler Missionsindustrie in Indien 1850–1913.* Zürich 1978.
N. Gunson, *Messengers of Grace. Evangelical Missionaries in the South Seas 1797–1860.* Melbourne 1978.
R. Hartwich, *Steyler Missionare in China.* 3 Bde. Nettetal 1980–1987.
H. J. Klimkeit, *Antireligiöse Bewegungen im modernen Indien.* Bonn 1971.
K. S. Latourette, *A History of Christian Missions in China.* New York 1929.
– *Christianity in a Revolutionary Age.* Bde. 3 und 5. London 1961, 1963.
– *Geschichte d. Ausbreitung des Christentums.* Göttingen 1956.
A Lehmann, *Die Kunst der jungen Kirche.* Berlin 1955.
W. P. Morell, *The Anglican Church in New Zealand: A History.* Dunedin 1973.
S. Neill, *A History of Christianity in India 1707–1858.* Cambridge 1985.
– *Geschichte der christlichen Mission.* Erlangen 1974.
P. J. O'Farrell, *The Catholic Church in Australia: A Short History 1788–1967.* Melbourne 1968.
F. A. Plattner, *Pfeffer und Seelen.* 2. Aufl. Zürich/Köln 1955.
D. Potts, *British Baptist Missionaries in India 1793–1837.* Cambridge 1967.
O. Stoffel, *Die katholischen Missionsgesellschaften.* Immensee 1984.
B. Sundkler, *Church of South India. The Movement towards Union 1900–1947.* Rev. Aufl. London 1965.
(Siehe auch Gensichen und Gründer, oben).

Die orthodoxen Kirchen

G. Dédéyan (Hg.), *Histoire des Arméniens.* Toulouse 1982.
P. Evdokimov, *L'Orthodoxie.* Paris 1959.
F. Heiler, *Die Ostkirchen.* Hg. H. Hartog und A. M. Heiler, München/Basel 1971.
F. Heyer (Hg.), *Die Kirche Armeniens.* Berlin 1978.
E. von Ivánka, *Handbuch der Ostkirchenkunde.* Düsseldorf 1971.
D. M. Lang, *The Armenians: A People in Exile.* London 1981; dt. Übers. *Die Armenier.* Oldenburg 1985.
Mother Mary und Kallistos (= T.) Ware (Übers.), *Liturgy and Ritual: The Festal Menaion.* London 1977.
V. Mehedintu, *Offenbarung und Überlieferung. Neue Möglichkeiten eines Dialogs zwischen der orthodoxen und der evangelisch-lutherischen Kirche.* Göttingen 1980.
O. F. A. Meinardus, *Christian Egypt: Faith and Life.* Kairo 1970.
– *Christian Egypt: Ancient and Modern.* 2. Aufl. Kairo 1977.
J. Meyendorff, *Die orthodoxe Kirche gestern und heute.* Salzburg 1963.
K. Onash, *Kunst und Liturgie der Ostkirche in Stichworten.* Wien 1982.
L. Ouspensku and V. Lossky, *The Meaning of Icons.* Olten 1952.
M. Rinvolucri, *Anatomy of a Church. Greek Orthodoxy Today.* London 1966; dt. Übers. *Anatomie einer Kirche.* Köln 1967.
S. Runciman, *The Great Church in Captivity.* Cambridge 1968; dt. Übers. *Das Patriarchat von Konstantinopel.* München 1970.
A. Salaville, *An Introduction to the Study of Eastern Liturgies.* London 1938.
Th. M. Seebohm, *Ratio und Charisma.* Bonn 1977.
N. Struve, *Christians in Contemporary Russia.* London 1967; dt. Übers. *Die Christen in der UdSSR.* Mainz 1965.
B. H. Sumner, *Survey of Russian History.* 2. Aufl. London 1947.
T. Ware, *The Orthodox Church.* London 1963.
– *Eustratios Argenti: A Study of the Greek Church under Turkish Rule.* Oxford 1964.
– *The Orthodox Way.* London 1981.

Das Christentum und die anderen Weltreligionen

A. Bertholet, H. v. Campenhausen, *Wörterbuch der Religionen.* 2. Aufl. Stuttgart 1962.
S. G. F. Brandon (Hg.), *A Dictionary of Comparative Reli-gion.* London 1970.
E. Brunner, *Die fünf großen Weltreligionen.* 13. Aufl. Freiburg 1985.
M. Eliade, *Die Religionen und das Heilige.* Salzburg 1954.
H. H. Farmer, *Revelation and Religion.* London 1954.
J. Finegan, *The Archaeology of Word Religions.* Princeton, N.J. 1952.
H. v. Glasenapp, *Die fünf Weltreligionen.* 51. Tsd. Köln 1985.
– *Die Religionen Indiens.* Stuttgart 1943.
J. Hastings (Hg.), *Encyclopaedia of Religion and Ethics.* 13 Bde. Edinburgh 1908–26.
F. Heiler (Hg.), *Die Religionen der Menschheit in Vergangenheit und Gegenwart.* 2. Aufl. Stuttgart 1962.
E. O. James, *Christianity and Other Religions.* London 1968.
F. König (Hg.), *Christus und die Religionen der Erde.* 3 Bde., 2. Aufl. Wien 1956.
G. Lanczkowski, *Geschichte der Religionen,* Frankfurt a. M. 1972 (Fischer Lexikon).
G. Mensching, *Soziologie der großen Religionen.* Bonn 1966.
S. C. Neill, *Christian Faith and Other Faiths.* London 1961.
G. Parrinder, *Comparative Religion.* London 1962.
A. Schweitzer, *Das Christentum und die Weltreligionen.* 2. Aufl. München 1984.
W. Strolz, *Heilswege der Weltreligionen.* 3 Bde. Freiburg 1984–1987.
R. C. Zaehner, *At Sundry Times.* London 1958.
– *Concordant Discord.* Oxford; dt. Übers. *Mystik, Harmonie und Dissonanz.* Olten/Freiburg 1980.

Christentum, Kommunismus und nationale Identität

S. Alexander, *Church and State in Yugoslavia since 1945.* Cambridge 1979.
T. Beeson, *Discretion and Valour, Religious Conditions in Russia and Eastern Europe.* Rev. Aufl. London 1982; dt. Übers. *Mit Klugheit und Mut. Die religiöse Situation in Osteuropa.* Wien/Freiburg 1979.
B. R. Bociurkiw und J. W. Strong (Hg.), *Religion and Atheism in the USSR and Eastern Europe.* London 1975.
M. Bourdeaux, *Faith on Trial in Russia.* London und New York 1971.
– *Land of Crosses (Lithuania).* Keston 1979.
– *Be Our Voice.* Keston 1984.
R. Boyes und J. Moody, *The Priest who had to Die. The Tragedy of Father Jerzy Popieluszko.* London 1986.
H. Falkenstein, *A. Solschenizyn.* Berlin 1975.
C. Lawrence, *Chinas Christen.* Marburg 1986.
J. Popieluszko, *An das Volk. Predigten und Überlegungen.* Berlin 1985.
I. Ratushinskaya, *No I'm not Afraid.* Newcastle-upon-Tyne 1986.
R. Rössler, *Kirche und Revolution in Rußland.* Köln 1969.
M. Scammell, *Solzhenitsyn.* London 1984.
G. Schubert, *Unversöhntes Polen nach dem Priestermord.* Köln 1985.
Cardinal S. Wyszynski, *A Freedom Within.* London 1985.
– *Aus ungebrochener Kraft des Glaubens.* Berlin 1972.
Siehe auch die Zeitschriften *Religion in Communist-Dominated Areas* und *Religion in Communist Lands.*

Christentum und modernes Denken

H. U. v. Balthasar, *Romano Guardini. Reform aus dem Ursprung.* Einsiedeln 1970.
– *Karl Barth, Darstellung und Deutung seiner Theologie.* 2. Aufl. Köln/Olten 1962.
K. Barth, Die kirchliche Dogmatik, 13 Bde. Zürich 1932–1967.
P. Berger, *The Heretical Imperative.* New York 1979; dt. Übers. *Der Zwang zur Häresie.* Frankfurt a. M. 1980.
J. Billiet und K. Dobbelaere, *Godsdienst in Vlaanderen.* Leuven 1976.
R. Bultmann, *Theologie des Neuen Testamtens,* Tübingen 1953.
K. H. Deschner (Hg.), *Das Christentum im Urteil seiner Feinde.* München 1987.
K. Dobbelaere. »Secularization: A Multi-Dimensional Concept« in *Current Sociology.* Bd. 29. Nr. 2. Sommer 1981.
M. Douglas und S. Tipton (Hg.), *Religion and America.* Boston, Ma. 1983.
R. Guardini, *Das Ende der Neuzeit,* Basel 1950.
J. Hunter, *American Evangelicalism.* New Brunswick, N. J. 1983.
H. Küng, *Christsein.* München 1983 (auch dtv-Taschenbuch 1220).
– *Theologie im Aufbruch.* München 1987.
– *Rechtfertigung. Die Lehre Karl Barths und eine katholische Besinnung.* 2. Aufl. Einsiedeln 1957.
H. Kuhn, *Romano Guardini. Der Mensch und das Werk.* München 1961.
K. Kupisch, *Karl Barth.* Reinbek 1971 (romono).
C. Lane, *Christian Religion in the Soviet Union.* London 1978.
J. Matthes, *Einführung in die Religionssoziologie.* Bd. 1: *Religion und Gesellschaft.* Reinbek 1967. Bd. 2: *Kirche und Gesellschaft.* Reinbek 1969.
H. Mc.Leod, *Religion and the People of Western Europe 1789–1970.* Oxford 1981.
– »Protestantism and the Working Class in Imperial Germany« in *European Studies Review.* Bd. 12. 1982.
W. McSweeney, *Roman Catholicism.* Oxford 1980.
G. Marsden, *Fundamentalism and American Culture.* New York 1980.
D. Martin, *A General Theory of Secularization.* Oxford 1978.
W. u. M. Pauck, *Paul Tillich. Sein Leben und Werk.* Stuttgart/Frankfurt a. M. 1978.
A. Schifferle, *Marcel Lefebvre. Ärgernis und Besinnung.* 2. Aufl. Kevelaer 1984.
W. Schmidthals, *Die Theologie Rudolf Bultmanns,* Tübingen 1966.
H. J. Schultz, *Tendenzen der Theologie im 20. Jahrhundert.* Stuttgart/Berlin 1966.
H. Thielicke, *Glauben und Denken in der Neuzeit,* Tübingen 1983.
– *Auf der Suche nach dem verlorenen Wort.* Hamburg 1986.
G. Wehr, *Paul Tillich.* Reinbek 1979 (romono).
J. Whyte, *Catholics in Western Democracies: A Study of Political Behaviour.* Dublin 1981.
B. Wilson, *Magic and the Millennium.* London 1973.
– *Religion in Sociological Perspective.* Oxford 1982.
W. Zdancewicz, *Religion and Social Life.* Poznań/Warschau 1983.

Die ökumenische Bewegung

Y. M. J. Congar, *Chrétiens désunis.* Paris 1937.
– *Je crois en l'Esprit Saint.* Paris 1979–80; dt. Übers. *Der Heilige Geist.* 2. Aufl. Freiburg 1986.
– *Essais oecumeniques.* Paris 1984; dt. Übers. *Im Geist und im Feuer. Glaubensperspektiven.* Freiburg 1987.
U. Duchrow, *Konflikt um die Oekumene.* München 1980.
A. Dulles, *The Catholicity of the Church.* Oxford 1985.
H. Fries, *Wegbereiter und Wege. Ökumenische Verantwortung.* Olten 1968.
N. Goodall, *The Ecumenical Movement.* 2. Aufl. Oxford 1964.
M. Hardt, *Papsttum und Ökumene.* Paderborn 1981.
R. Kottje u. a., *Ökumenische Kirchengeschichte.* 3 Bde. 3. Aufl. Mainz 1983.
H. Krüger u. a. *Ökumene-Lexikon.* Frankfurt a. M. 1983.
B. Leeming, *The Church and the Churches. A Study of Ecumenism.* 2. Aufl. London 1963.
J. L. Leuba u. a. *Freiheit in der Begegnung.* Stuttgart/Frankfurt a. M. 1969.
H. Meyer und L. Vischer, *Growth in Agreement.* New York und Genf 1984.
J. Ratzinger, *Theologische Prinzipienlehre.* München 1982.
R. Rouse und S. C. Neill, *A History of the Ecumenical Movement.* 2 Bde. London 1954, 1970; dt. Übers. *Geschichte der ökumenischen Bewegung.* 3. Bde. Göttingen 1957–1974.
W. G. Rusch, *Ecumenism, a Movement towards Church Unity.* Philadelphia, Pa. 1985.
G. Söhngen, *Die Einheit in der Theologie.* München 1952.
B. G. M. Sundkler, *Church of South India.* London 1954.
E. Winter, *Rom und Moskau. Ein halbes Jahrtausend Weltgeschichte in ökumenischer Sicht.* Wien 1972.
J. D. Zizioulas, *Being as Communion.* New York 1985.
Jahresüberblicke in den Zeitschriften *Istina, Ireniken, Ecumenical Review, One in Christ, Midstream.*

REGISTER GEOGRAPHISCHER NAMEN

Ein geographischer Begriff mit nachfolgendem Sternchen bezieht sich auf ein kleines Territorium (z. B. Grafschaft, Herzogtum, Provinz oder Region).

Changsha (China), 28°15′N 112°59′O, 158
Charcas (Bolivien), 19°02′S 65°17′W, 118
Charleston (USA), 32°48′N 79°58′W, 124
Chartres (Frankreich), 48°27′N 1°30′O, 71, 89
Chengdu (China), 30°39′N 104°04′O, 158
Chernigov (Ukraine), 51°30′N 31°18′O, 64
Cherson (Chersonesus), (Ukraine), 44°31′N 33°36′O, 33, 45, 64
Chiapas (Mexiko), 16°30′N 93°00′W, 118
Chiaravalle (Italien), 38°41′N 16°25′O, 69
Chicago (USA), 41°50′N 87°45′W, 131
Chieri (Italien), 45°01′N 7°49′O, 70
Chieti (Italien), 42°21′N 14°10′O, 56
Ching-Hai* (China), 156
Chioggia (Italien), 45°13′N 12°17′O, 56
Chios (Insel), (Griechenland), 38°27′N 26°09′O, 35, 59, 63
Chitambo (Sambia), 12°55′S 30°40′O, 147
Chonae *siehe* Colossae
Chongqing (China), 29°39′N 106°34′O, 158
Christchurch (Neuseeland), 43°33′S 172°40′O, 161
Christopolis *siehe* Kavalla
Chur (Schweiz), 46°51′N 9°32′O, 50
Cilicia* (Türkei), 17
Cincinatti (USA), 39°10′N 84°30′W, 124
Circesium (Syrien), 35°10′N 40°26′O, 33
Citeaux (Frankreich), 47°10′N 5°05′O, 28, 69, 71
Città di Castello (Italien), 43°27′N 12°14′O, 56
Clairmarais (Frankreich), 50°46′N 2°18′O, 69
Clairvaux (Frankreich), 48°09′N 4°47′O, 69, 71
Classe (Italien), 44°24′N 12°13′O, 69
Clermont (Frankreich), 49°23′N 2°24′O, 70, 89, 112
Cleveland (USA), 41°30′N 81°41′W, 131
Clonard (Republik Irland), 53°27′N 6°58′W, 28, 46
Cluny (Frankreich), 46°25 N 4°39′O, 44, 69, 71, 94
Cnidus (Türkei), 36°40′N 27°22′O, 17
Cochin (Indien), 9°56′N 76°15′O, 119
Cochin-China* (Vietnam), 119
Coimbra (Portugal), 40°12′N 8°25′W, 71
Colonia (Türkei), 40°30′N 38°47′O, 33
Colossae (Chonae), (Türkei), 37°40′N, 29°16′O, 17, 89
Columbus (USA), 39°57′N 83°00′W, 124
Comacchio (Italien), 44°42′N 12°11′O, 56
Concepción (Chile), 36°50′S 73°03′W, 118
Concord (USA), 43°12′N 71°32′W, 124
Conques (Frankreich), 44°36′N 2°24′O, 89
Constantinopolis *siehe* Istanbul
Cooktown (Australien), 15°29′S 145°15′O, 161
Cordoba (Spanien), 3°53′N 4°46′W, 24, 50, 67
Cordoba (Argentinien) 31°25′S 64°10′W, 118
Coria (Spanien), 39°59′N 6°32′W, 46
Cortona (Italien), 43°16′N 11°59′O, 56
Corvey (Dt.), 51°47′N 9°24′O, 50, 71, 89
Coyran (Frankreich), 43°21′N 2°55′O, 70
Crampagna (Frankreich), 43°05′N 1°26′O, 70
Cranganore (Indien), 10°12′N 76°11′O, 119
Cremona (Italien), 45°08′N 10°01′O, 56, 70
Cuenca (Ekuador), 2°54′S 79°00′W, 118
Culemborg (Niederlande), 51°57′N 5°14′O, 114
Cuneo (Italien), 44°23′N 7°32′O, 70
Cuzco (Peru), 13°32′S 71°57′W, 118
Cyrene (Libyen), 32°48′N 21°54′O, 16, 33
Cyrrhus (Türkei), 36°33′N 36°51′O, 89
Cyzikus (Türkei), 40°23′N 27°53′O, 25, 26, 33, 63

Dallas (USA), 32°47′N 96°48′W, 131
Dalmatia* (Kroatien), 17, 33, 100, 108
Daman (Indien), 20°25′N 72°51′O, 156
Damaskus (Syrien), 33°30′N 36°19′O, 17, 25, 26, 33, 89
Dara (Türkei), 37°19′N 40°46′O, 33
Darwin (Australien), 12°23′S 130°44′O, 156, 161
Delft (Niederlande), 52°01′N 4°23′O, 114
Delhi (Indien), 28°40′N 77°13′O, 156
Demetrias (Griechenland), 39°25′N 23°00′O, 35
Den Haag (Niederlande), 52°05′N 4°16′O, 114
Denver (USA), 39°43′N 105°01′W, 131
Derbe (Türkei), 37°18′N 33°25′O, 17, 33
Deshima (Japan), 33°04′N 129°17′O, 156
Detroit (USA), 42°20′N 83°03′W, 131
Deventer (Niederlande), 52°15′N 6°10′O, 94
Dieppe (Frankreich), 49°56′N 1°05′O, 89
Dijon (Frankreich), 47°19′N 5°01′O, 44, 69
Diksmuide (Belgien), 51°01′N 2°52′O, 114
Dillingen (Dt.), 48°34′N 10°29′O, 71, 108
Diocaesarea (Libanon), 32°46′N 35°13′O, 33
Diu (Indien), 20°42′N 70°59′O, 156
Dôle (Frankreich), 47°06′N 5°30′O, 71, 108
Domfront (Frankreich), 48°36 N, 0°39′W, 112
Dongo (Italien), 46°08′N 9°17′O, 70
Dorylaeum (Türkei), 39°46′N 30°30′O, 35, 59
Douai (Frankreich), 50°22′N 3°05′O, 108
Dourdan (Frankreich), 48°32′N, 2°01′O, 112
Downpatrick (Großbritannien), 54°20′N 5°43′W, 89
Draguignan (Frankreich), 43°32′N 6°28′O, 70
Dresden (Dt.), 51°03′N 13°44′O, 111
Dristra *siehe* Silistra
Dublin (Republik Irland), 53°20′N 6°15′W, 50, 67, 71, 94
Dumio (Portugal), 41°35′N 8°23′W, 46
Dunedin (Neuseeland), 45°52′S 170°30′O, 161
Durango (Mexiko), 24°01′N 104°00′W, 118
Durazzo (Dyrrachium), (Albanien), 41°18′N 19°28′O, 25, 26, 33, 45, 59, 63
Durostorum *siehe* Silistra
Dyrrachium *siehe* Durazzo

Eauze (Elusa), (Frankreich), 43°52′N 0°06′O, 25, 26
Ebersberg (Dt.), 48°04′N 11°59′O, 69
Eburacum *siehe* York
Edessa (Türkei), 37°08′N 38°45′O, 17, 25, 26, 28, 33, 35, 59
Edinburgh (Großbritannien), 55°57′N, 3°13′W, 71, 94
Eichstätt (Dt.), 48°54′N 11°13′O, 89, 111
Eindhoven (Niederlande), 51°26′N 5°30′O, 114
Einsiedeln (Schweiz), 47°08′N 8°45′O, 69, 89
Elba (Insel), (Italien), 42°46′N 10°17′O, 114
Elne (Frankreich), 42°36′N 2°58′O, 46
Elusa *siehe* Eauze
Elvira (Spanien), 37°17′N 3°53′W, 24
Embrun (Frankreich), 44°34′N 6°30′O, 67, 70
Emerita *siehe* Merida
Emilia* (Italien), 56
Emmaus (Jordanien), 31°50′N 27°19′O, 17, 25, 26, 33, 35, 59, 63, 89
Ephraim (Jordanien), 31°57′N 35′17′O, 89
Epirus* (Griechenland), 16, 33, 63
Erfurt (Dt.), 50°58′N 11°02′O, 50, 71
Ergani (Türkei), 38°17′N 39°44′O, 35
Erzerum* (Türkei), 59
Essonnes (Frankreich), 48°35′N 2°29′O, 112
Estland*, 67, 135
Esztergom (Gran), (Ungarn), 47°48′N 18°45′O, 67, 89
Euboea (Insel), (Griechenland), 38°40′N 24°00′O, 35, 59, 63
Euchaita (Türkei), 40°29′N 34°50′O, 89
Evora (Portugal), 38°34′N 7°54′W, 71

Faenza (Italien), 44°17′N 11°53′O, 56, 70
Famagusta (Zypern), 35°07′N 33°57′O, 59
Fanjeaux (Frankreich), 43°11′N 2°02′O, 70
Fano (Italien), 43°50N 13°00′O, 56
Farfa (Italien), 42°13′N 12°40′O, 56, 69
Fécamp (Frankreich), 49°45′N 0°23′O, 69
Fermo (Italien), 43°09′N 13°44′O, 56
Fernando de Noronha (Insel), 3°50′S 32°25′W, 118
Ferrara (Italien), 44°50′N 11°38′O, 56, 71
Feuchtwangen (Dt.), 49°10′N 10°20′O, 69
Fiac (Frankreich), 43°42′N 1°53′O, 70
Flandern* (Niederlande), 86
Fleury (Frankreich), 47°56′N 1°55′O, 69, 71
Florenz (Italien), 43°46′N 11°15′O, 56, 67, 70, 71, 94
Foix (Frankreich), 42°58′N 1°36′O, 70, 112
Fondi (Italien), 41°21′N 13°25′O, 56
Fontenay (Frankreich), 46°28′N, 0°48′W, 69
Fontfroide (Frankreich), 43°66′N, 2°59′O, 69
Forli (Italien), 44°13′N 12°03′O, 56
Formosa (Insel), (Taiwan), 24°00′N, 121°00′O, 156, 158
Fossanova (Italien), 41°30′N 13°05′O, 69
Fountains (Großbritannien), 54°07′N 1°34′W, 69
Franeker (Niederlande), 53°13′N, 5°31′O, 71
Frankfurt (Dt.), 50°07′N 8°40′O, 94, 111
Freiburg (Dt.), 47°59′N 7°51′O, 71
Fruttuaria (Italien), 45°13 N 7°37′O, 69
Fujian* (China), 119, 158
Fukuoka (Japan), 33°39′N 130°21′O, 158
Fulda (Dt.), 50°33′N 9°14′O, 50, 69, 71, 89, 108
Fünfkirchen *siehe* Pécs
Funai (Japan), 33°14′N 131°36′O, 119
Funchal (Madeira), 32°40′N 16°55′W, 118
Fuzhou (China), 26°O9′N 119°21′O, 158

Gadara (Jordanien), 32°39′N 35°41′O, 89
Gaeta (Italien), 41°13′N 13°36′O, 56
Galatia* (Türkei), 17, 33
Galizien* (Polen), 135
Gallipoli (Türkei), 40°25′N 26°41′O, 59, 63
Gangra (Türkei), 40°35′N 33°37′O, 25, 26, 33
Gansu* (China), 158
Gargano, Mte. (Italien), 41°43′N 15°58′O, 89
Gaza (Ägypten), 31°30′N 34°28′O, 28, 89
Genezareth (Israel), 32°51′N 35°32′O, 89
Genf (Schweiz), 46°12′N 6°09′O, 94, 100, 111, 112
Gent (Belgien), 51°02′N 3°42′O, 44, 69, 114
Genua (Italien), 44°24′N 8°56′O, 25, 67, 70, 108, 135
Geraldton (Australien), 28°49′S 114°36′O, 161
Gerasa (Jordanien), 32°17′N 35°53′O, 89
Gerona (Spanien), 41°59′N 2°49′O, 89
Gießen (Dt.), 50°35 N 8°40′O, 71
Glasgow (Großbritannien), 55°53′N 4°15′W, 67, 71
Glastonbury (Großbritannien), 51°09′N 2°43′W, 50, 89
Glatz (Polen), 50°27′N 16°39′O, 108
Gniezno (Gnesen), (Polen), 52°32′N, 17°32′O, 67, 89, 202
Goa (Indien), 15°30′N 74°00′O, 119, 156
Gortyna (Griechenland), 35°07′N, 24°58′O, 25, 26, 33
Gorze (Frankreich), 49°03′N 6°00′O, 44, 69
Gran *siehe* Esztergom
Granada (Spanien), 37°10′N 3°35′W, 71, 86
Graz (Österreich), 47°05′N 15°22′O, 71, 108, 111
Greifswald (Dt.), 54°06′N 13°24′O, 71
Grenoble (Frankreich), 45°11′N, 5°43′O, 71, 112
Greymouth (Neuseeland), 42°28′S 171°12′O, 161
Grodno (Weißrußland), 53°40′N 23°50′O, 64
Groningen (Niederlande), 53°13′N 6°35′O, 71, 114
Grosseto (Italien), 42°46′N 11°08′O, 56
Grottaferrata (Italien), 41°47′N 12°40′O, 45
Gruaro (Italien), 45°50′N 12°55′O, 70
Guadalajara (Mexiko), 20°30′N, 103°20′W, 118
Guadalupe (Spanien), 39°27′N 5°19′W, 89
Guangdong* (China), 158
Guangxi* (China), 158
Guangzhou (Canton), (China), 23°08′N 113°20′O, 156, 158
Guangzhou Bay (China), 20°30′N, 112°00′O, 158
Guatemala (Guatemala), 14°38′N, 90°22′W, 118
Gubbio (Italien), 43°21′N 12°35′O, 56
Guilin (China), 25°20′N 110°10′O, 158
Guiyang (China), 26°31′N 106°39′O, 158
Guizhou* (China), 119, 158
Gujarat* (Indien), 156

Haarlem (Niederlande), 52°22′N 4°38′O, 114
Hadat (Türkei), 38°00′N 36°30′O, 35
Hadrianopolis *siehe* Adrianopel
Hadrumetum (Tunesien), 35°55′N 10°45′O, 32
Haifa (Israel), 32°49′N 34°59′O, 59
Hainan (Insel), (China), 19°00′N 109°30′O 156, 158
Hakodate (Japan), 41°46′N 140°44′O, 158
Halle (Belgien), 50°44′N 4°13′O, 89
Halle (Dt.), 51°28′N 11°58′O, 71, 111, 135
Halmahera (Indonesien), 0°45′N 128°00′O, 156
Halytsch (Ukraine), 58°20′N 42°12′O, 64
Hamburg (Dt.), 53°33′N 10°00′O, 67, 89, 94
Hanzhou (China), 30°45′N 120°08′O, 156
Hankou (China), 30°45′N 114°30′O, 158
Haraldstedt (Dänemark), 55°35′N 11°48′O, 89
Harderwijk (Niederlande), 52°21′N, 5°37′O, 71, 114
Hasselt (Belgien), 50°56′N 5°20′O, 114
Havanna (Kuba), 23°07′N 82°25′W, 118
Hebron (Jordanien), 31°32′N 35°06′O, 89
Heidelberg (Dt.), 49°25′N 8°43′O, 71
Heiligenblut (Österreich), 47°02′N 12°50′O, 89
Helenopolis (Türkei), 40°15′N 29°12′O, 33
Helmond (Niederlande), 51°28′N 5°40′O, 114
Helmstedt (Dt.), 52°13′N 11°00′O, 7]
Henan* (China), 158
Heraclea, Ikonion* (Türkei), 37°40′N 34°10′O, 59
Heraclea, Nicaea* (Türkei), 41°17′N 31°26′O, 63
Heraclea, Trakien* (Türkei), 41°02′N 27°59′O, 25, 63
Herrnhut (Dt.), 51°01′N 14°44′O, 135
Hersfeld (Dt.), 50°53′N 9°43′O, 69
Hessen* (Dt.), 111
Hessen-Kassel* (Dt.), 135
Heusden (Niederlande), 51°44′N 5°09′O, 114
Hierapolis, Phrygia* (Türkei), 37°57′N 28°50′O, 17
Hierapolis, Syria* (Türkei), 37°18′N, 36°16′O, 33
Hildesheim (Dt.), 52°O9′N 9°58′O, 50, 69, 71
Hippo Regius *siehe* Annaba
Hiroshima (Japan), 34°30′N 132°27′O, 158
Hirsau (Dt.), 48°44′N 8°44′O, 69
Hispalis *siehe* Sevilla
Hispaniola (Insel), 19°00′N 71°00′W, 118
Hobart (Australien), 42°54′N 147°18′O, 156, 161
Hokkaido* (Japan), 158
Hong Kong, 22°15′N 114°15′O, 158
Honshu* (Japan), 158
Hosn al-Akrad (Syrien), 34°43′N 36°28′O, 59
Hostein (Slowakei), 48°25′N 18°02′O, 89
Houdan (Frankreich), 48°47′N 1°36′O, 112
Houston (USA), 29°46′N 95°22′W, 131
Hubei* (China), 158
Hülfsberg (Dt.), 41°38′N 10°28′O, 89
Huesca (Spanien), 42°08′N 0°25′W, 71
Huguan* (China), 119
Hunan* (China), 158
Hyderabad* (Indien), 156

Iconium (Türkei), 37°51′N 32°30′O, 17, 25, 26, 33, 59
Ieper (Belgien), 50°51′N 2°53′O, 114
Île de Noirmoutier (Frankreich), 47°01′N 2°15′W, 28
Illyricum*, 46
Imbros (Insel), (Türkei), 40°10′N, 26°00′O, 63
Imola (Italien), 44°22′N 11°43′O, 56
Indianapolis (USA), 39°45′N 86°10′W, 131
Ingolstadt (Dt.), 48°46′N 11°27′O, 71, 108
Innichen (Italien), 46°44′N 12°17′O, 25
Innsbruck (Österreich), 47°17′N 11°25′O, 111
Ioannina (Griechenland), 39°40′N 20°50′O, 59, 63
Iona (Insel), (Großbritannien), 56°20′N 6°25′W, 28, 50
Ios (Insel), (Griechenland), 36°44′N 25°16′O, 35
Isernia (Italien), 41°36′N 14°14′O, 89
Isfahan* (Iran), 119
Istanbul (Constantinopolis, Konstantinopel), (Türkei), 41°02′N 28°57′O, 25, 26, 28, 33, 35, 45, 59, 63, 89, 94

Jamestown (USA), 37°12′N 76°38′W, 124
Jarnac (Frankreich), 45°41′N 0°10′W, 112
Jarrow (Großbritannien), 54°59′N 1°29′W, 28, 71
Java (Insel), (Indonesien), 7°25′S 110°00′W, 119, 156
Jazopolk Zalesskij (Rußland), 56°21′N 38°54′O, 64
Jena (Dt.), 50°56′N 11°35′O, 71
Jericho (Jordanien), 31°51′N 35°27′O, 33, 89
Jerusalem (Israel), 31°47′N 35°13′O, 17, 25, 26, 28, 33, 35, 45, 59, 89
Jiangsu* (China), 158
Jiangxi* (China), 119, 158
Joppe (Israel), 32°05 N 34°46′O, 17, 89
Josselin (Frankreich), 47°57′N 2°33′W, 112
Julias (Israel), 32°55′N 35°36′O, 89
Jurjew (Rußland), 49°38′N 30°06′O, 64
Justiniana Prima, 42°49′N 21°46′O, 33

Kagoshima (Japan), 51°37′N 130°32′O, 158
Kaifeng (China), 34°46′N 114°22′O, 158
Kalabrien (Italien), 35
Kalkutta (Indien), 22°32′N 88°22′O, 156

REGISTER

Kursiv gesetzte Seitenangaben weisen auf Bilder beziehungsweise Bildlegenden hin.